SOLIDWORKS 솔리드웍스 고급 완전정복

NCS 기반-따라하기

정종길 · 강대화 지음

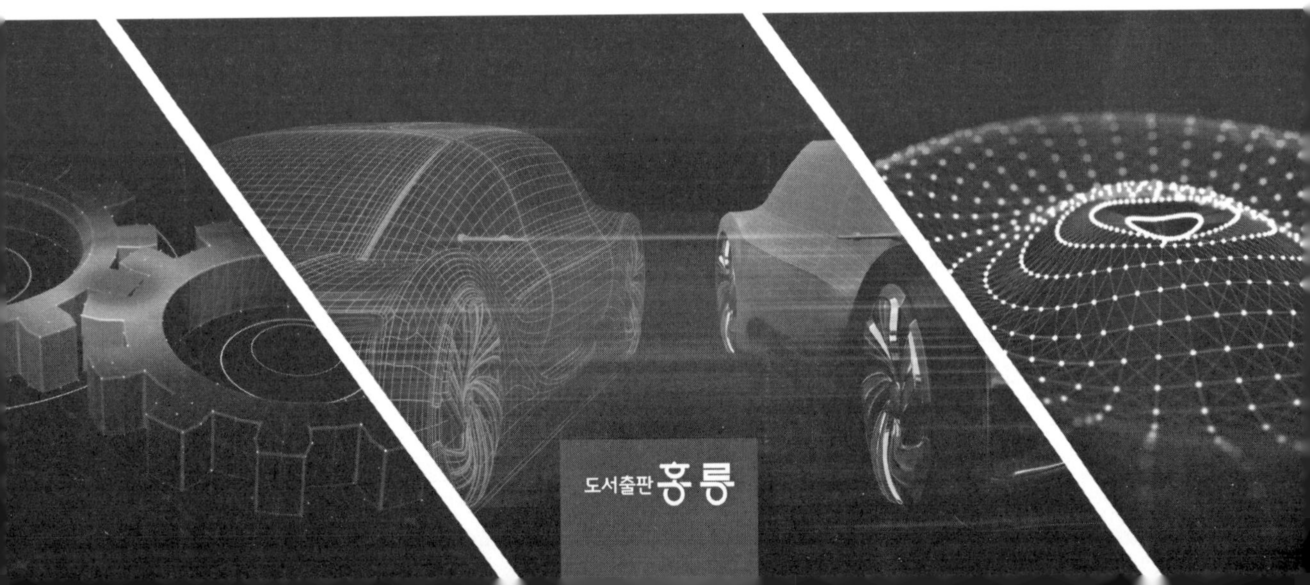

솔리드웍스 고급 완전정복

NCS 기반-따라하기

인　쇄 : 2024년 2월 14일 초판 1쇄
발　행 : 2024년 2월 23일 초판 1쇄

저　자 : 정종길 · 강대화
발행인 : 송 준
발행처 : 도서출판 홍릉
주　소 : 01093 서울시 강북구 인수봉로 50길 10
등　록 : 1976년 10월 21일 제5-66호

전　화 : 02-999-2274~5, 903-7037
팩　스 : 02-905-6729
e-mail : hongpub@hongpub.co.kr
http://www.hongpub.co.kr
ISBN : 979-11-5600-167-6(93550)

정　가 : 29,000원

저자의 글

본 교재는 3D 모델링(솔리드웍스)의 기초를 배운 학생을 대상으로 저술되었으나 경험이 적은 독자를 위해 따라하기 방식을 사용하여 학습할 수 있도록 교재를 저술하여 3D 모델링에 관심을 가진 독자들이 혼자서라도 학습할 수 있도록 구성하였습니다.

그러나 각 단원의 중간부터는 중, 고급의 모델을 실습과제로 실어 솔리드웍스의 기능에 대해 좀 더 상세한 내용이 학습되도록 하였습니다.

P1~P56까지 돌출과 돌출 컷에 대해 다루었으며, P57~P100까지 회전과 회전 컷에 대해 다루었고, P101~P149까지 로프트 및 로프트 컷에 대해 다루었습니다.

이어서 P150~P209까지 스윕 및 스윕 컷에 대해 다루고 P210~P239까지는 바운더리 보스에 대해 P240~P308까지는 어셈블리 및 동영상 작성에 대해 다루었습니다.

그리고 솔리드웍스의 또 다른 모델링 기법인 서피스(Surface) 모델링을 활용한 복잡한 형상의 제품을 모델링하는 것을 P309~P376까지 다루었으며, 작성된 모델의 완벽을 기하기 위해 솔리드웍스에서 제공하는 모델해석에 대해 P377~P393까지 다루었습니다.

또한 작성된 모델의 품위를 높이기 위해 P394~P414까지 완성된 모델의 표면에 색상이나 텍스쳐(무늬)를 부여해 보았고, P414~P428까지 솔리드웍스에서 제공되는 Tool Box 기능을 활용한 모델링 기법에 대해 다루어 자주 사용하는 기계요소 부품을 솔리드웍스에서 제공하는 툴박스 라이브러리에서 불러와 사용함으로서 시간적, 기술적으로 매우 많은 이익을 얻을 수 있도록 하였습니다.

기능별 자세한 설명은 각 단원에서 모델링 실습을 하며 상세한 해설을 하였고, 이를 통해 잘 쓰지 않는 기능까지 모두 설명하였습니다. 독자들은 이 교재를 통해 모든 기능을 잘 활용하는 능력을 습득해 3D 모델링의 전문가가 되기를 바라마지 않습니다.

이 교재를 통해 솔리드웍스의 기능중 일부만 사용하는 우를 범하지 않도록 학생들을 가르치면서 느낀 부분을 가능한 많이 담았습니다.

또한 실무에서나 기업체 등에서 잘 사용하지 않는 기능이나 활용 빈도가 낮은 것들은 가능한 배제하고 알면 많은 도움이 되는 기능 위주로 저술하였으며, 예제를 최대한 많이 수록하여 본 교재를 구입해 공부할 경우 충분한 실습이 되어 독자들이 모델링 전문가가 될 수 있도록 구성하였습니다.

따라서 시간적인 여유가 없는 직장인이나 학생 및 솔리드웍스에 대해 좀더 학습이 필요한 경우에 본 교재를 활용하여 따라하면서 배우면 본인의 실력이 확실히 향상될 것으로 믿습니다.

만약 본 교재로 따라하기가 벅찬 경우에는 기초 수준으로 상세히 저술한 "NCS 교육과정을 따른 솔리드웍스 따라하기"(건기원) 교재로 먼저 학습하면 많은 도움이 될 것이며 이 교재를 통해 많은 진전이 있기를 희망합니다.

차 례

CHAPTER 01 돌출 및 돌출 컷

아래와 같은 간단한 모델을 만드는 과정을 통해 솔리드웍스를 새롭게 시작하는 준비 학습으로 돌출과 돌출컷을 이용해 제품을 모델링해 보자.

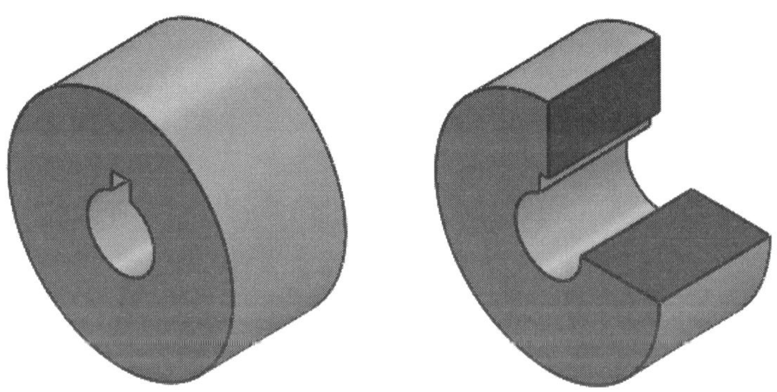

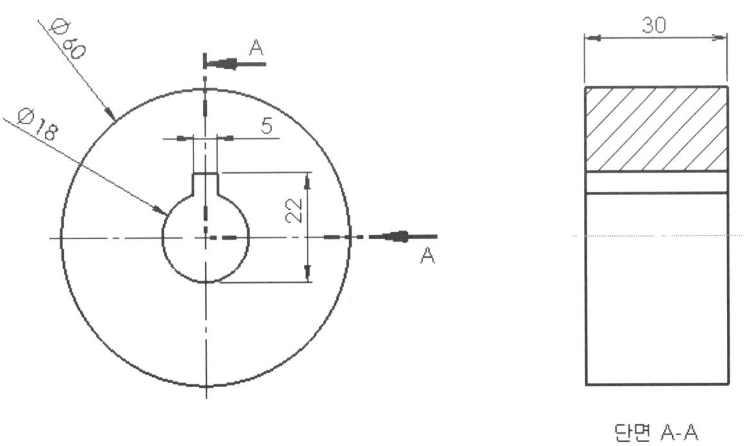

이 제품의 모델링 방법을 살펴보면

① "ϕ60 원" → "ϕ18"+"키홈" → "돌출(30mm)"

② "ϕ60 원" → "돌출(30mm)" → "ϕ18"+"키홈" → "돌출컷(30mm)"

이렇게 간단한 제품도 상기와 같이 두 가지의 모델링 방법으로 모델링 가능하며, 추후 모델이 변경될 경우도 감안해 변경이 쉽도록 모델을 작성해야 하겠다.

모델의 변경을 감안한 기법으로 모델링을 수행해 보자.

1) "새문서" 아이콘 선택

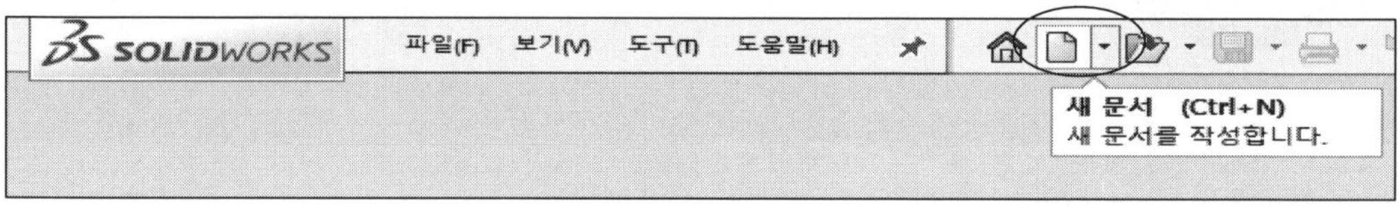

2) "파트" ➔ "확인"

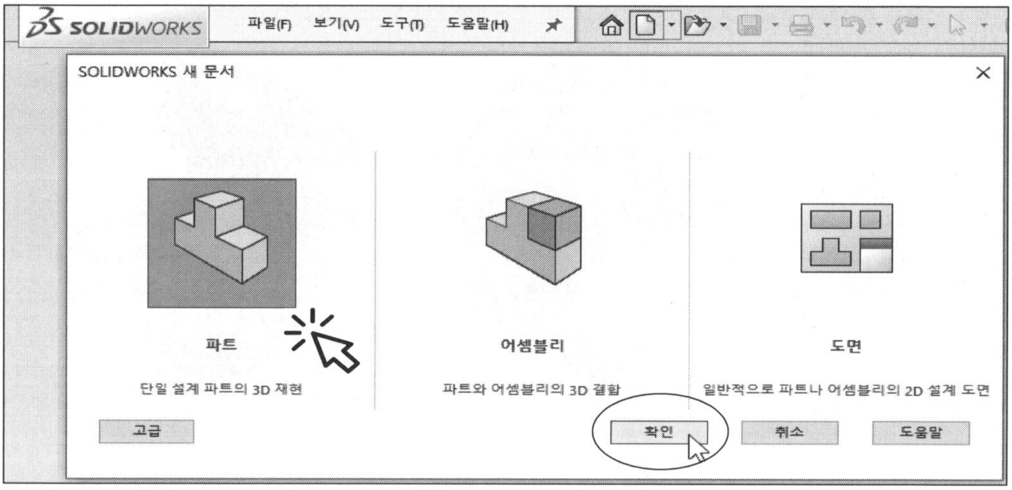

3) "정면" ➔ "퀵메뉴" ➔ "스케치"

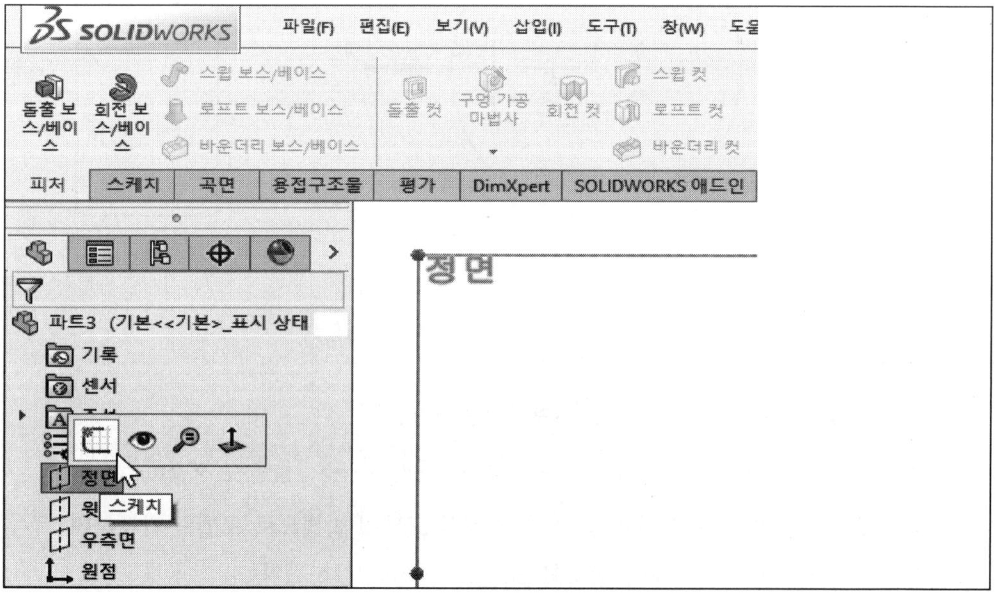

4) “원” ➔ “원점 선택” ➔ “원 그리기”

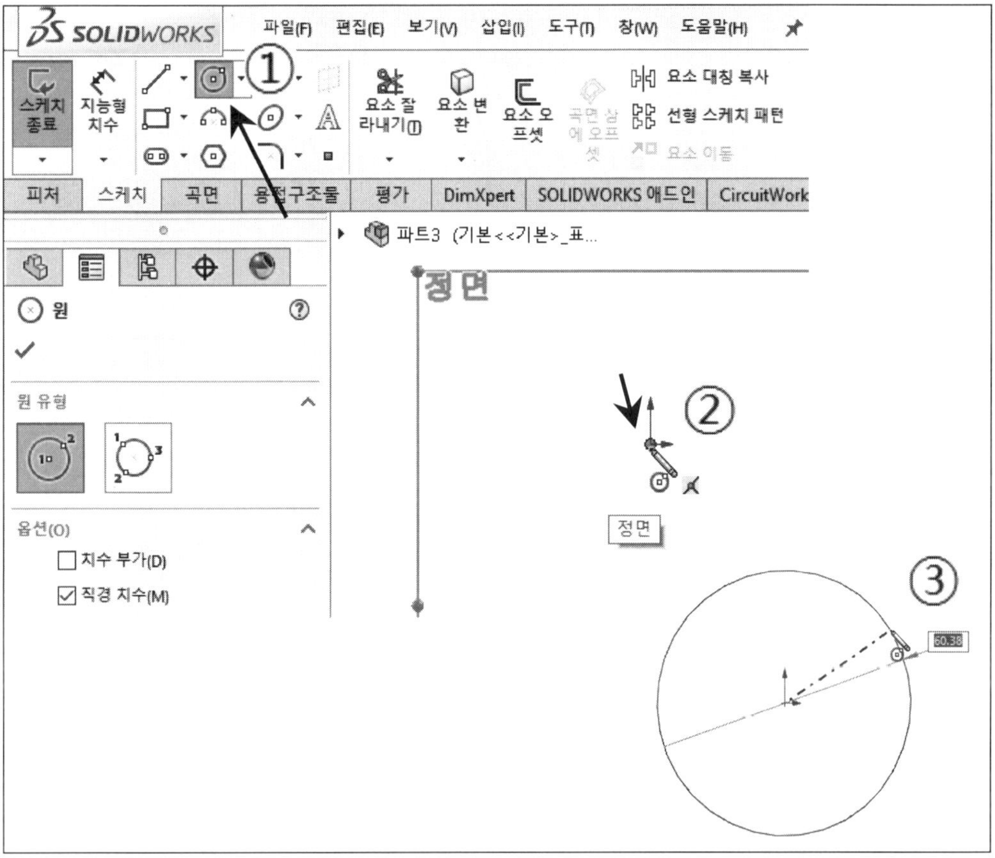

5) “오른쪽 마우스” ➔ “지능형 치수” ➔ “치수기입” ➔ “원 선택” ➔ “정확한 치수 지정”

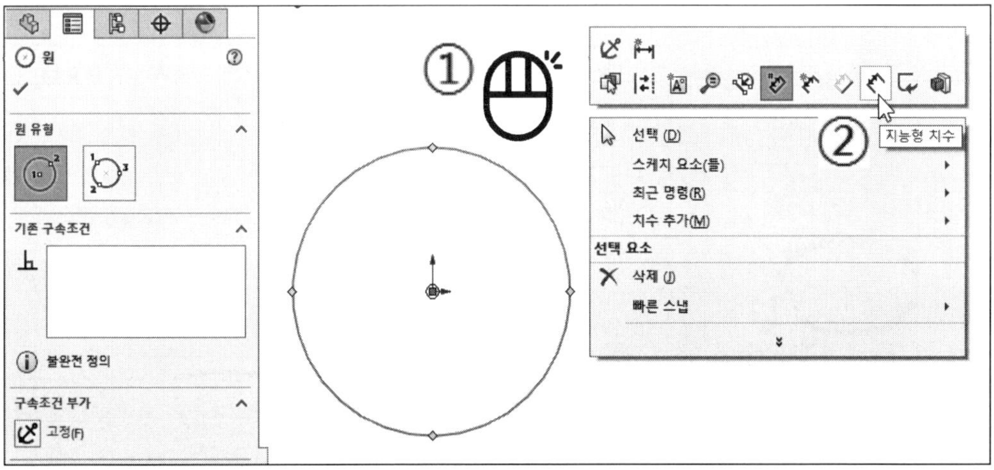

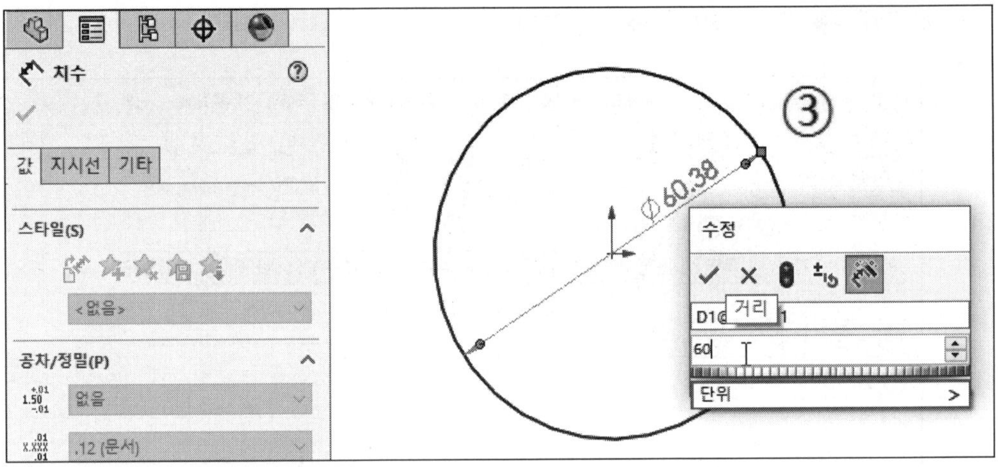
치수
값
지시선
기타
스타일(S)
<없음>
공차/정밀(P)
없음
.12 (문서)
ϕ60.38
③
수정
D1@
거리
60
단위

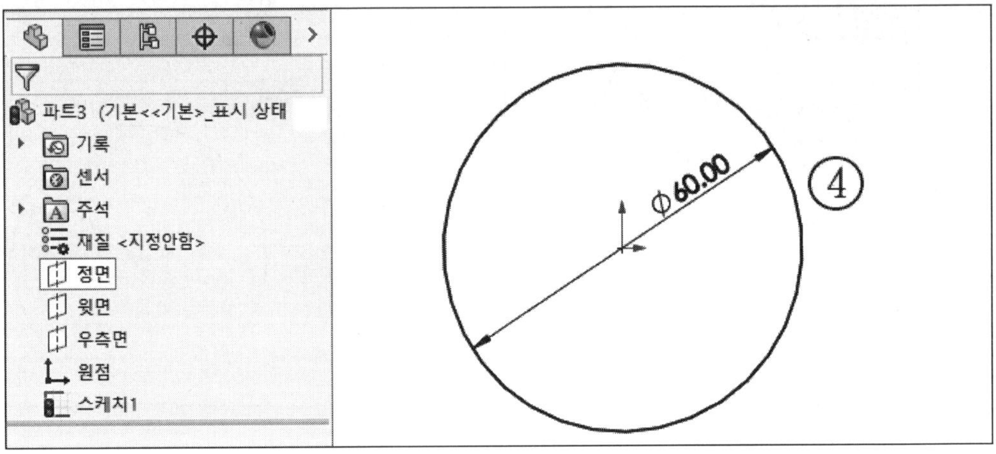
파트3 (기본<<기본>_표시 상태
기록
센서
주석
재질 <지정안함>
정면
윗면
우측면
원점
스케치1
ϕ60.00
④

6) "피처" ➔ "돌출" ➔ "돌출값" ➔ "확인"

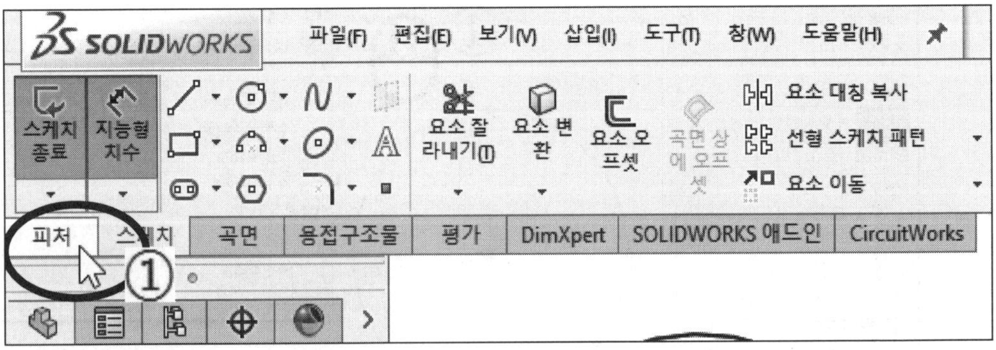
SOLIDWORKS
파일(F)
편집(E)
보기(V)
삽입(I)
도구(T)
창(W)
도움말(H)
스케치 종료
지능형 치수
요소 잘라내기(T)
요소 변환
요소 오프셋
곡면 상에 오프셋
요소 대칭 복사
선형 스케치 패턴
요소 이동
피처
스케치
곡면
용접구조물
평가
DimXpert
SOLIDWORKS 애드인
CircuitWorks
①

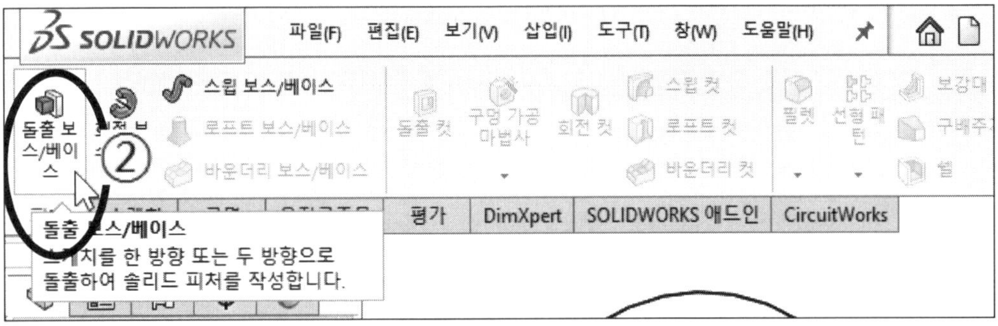
SOLIDWORKS
파일(F) 편집(E) 보기(V) 삽입(I) 도구(T) 창(W) 도움말(H)
돌출 보스/베이스
스윕 보스/베이스
로프트 보스/베이스
바운더리 보스/베이스
돌출 컷
구멍 가공 마법사
회전 컷
스윕 컷
로프트 컷
바운더리 컷
필렛
선형 패턴
보강대
구배주기
쉘
평가
DimXpert
SOLIDWORKS 애드인
CircuitWorks
②
돌출 보스/베이스
스케치를 한 방향 또는 두 방향으로 돌출하여 솔리드 피처를 작성합니다.

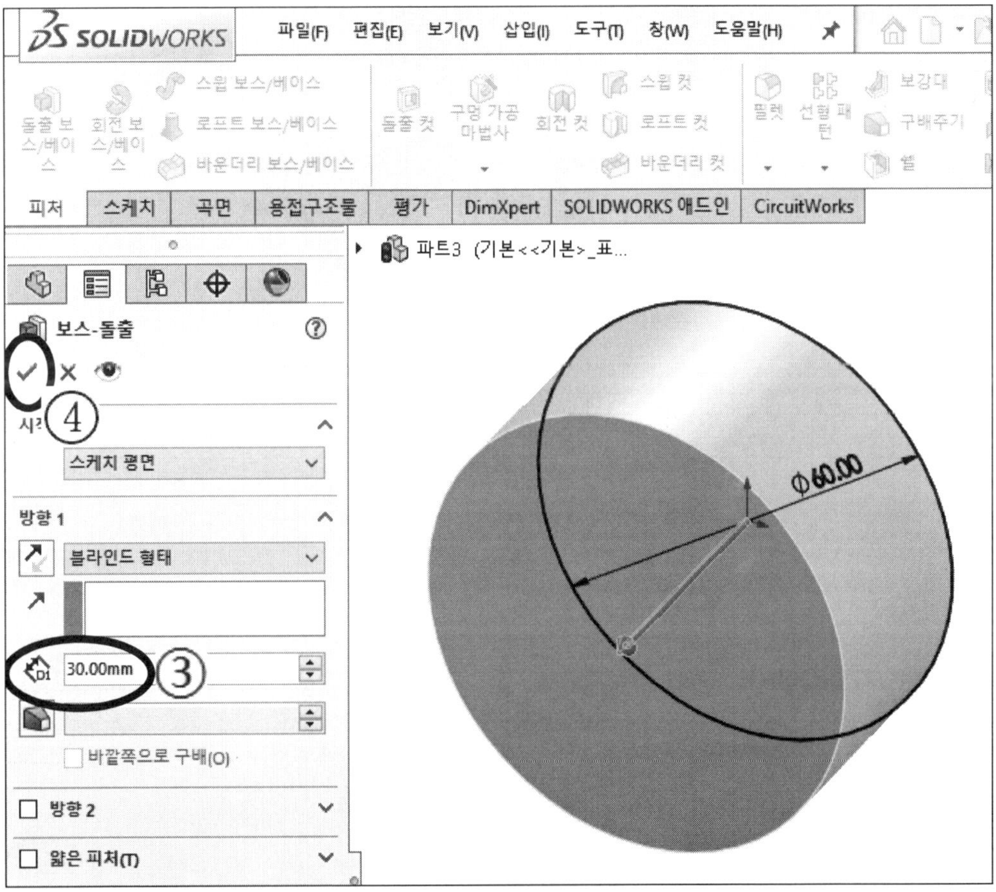
SOLIDWORKS
파일(F) 편집(E) 보기(V) 삽입(I) 도구(T) 창(W) 도움말(H)
돌출 보스/베이스
회전 보스/베이스
스윕 보스/베이스
로프트 보스/베이스
바운더리 보스/베이스
돌출 컷
구멍 가공 마법사
회전 컷
스윕 컷
로프트 컷
바운더리 컷
필렛
선형 패턴
보강대
구배주기
쉘
피처
스케치
곡면
용접구조물
평가
DimXpert
SOLIDWORKS 애드인
CircuitWorks
파트3 (기본<<기본>_표...
보스-돌출
④
스케치 평면
방향 1
블라인드 형태
30.00mm
③
바깥쪽으로 구배(O)
방향 2
얇은 피처(T)
ϕ60.00

7) “모델 윗면 선택” ➔ “퀵메뉴(오른쪽 마우스)” ➔ “스케치”

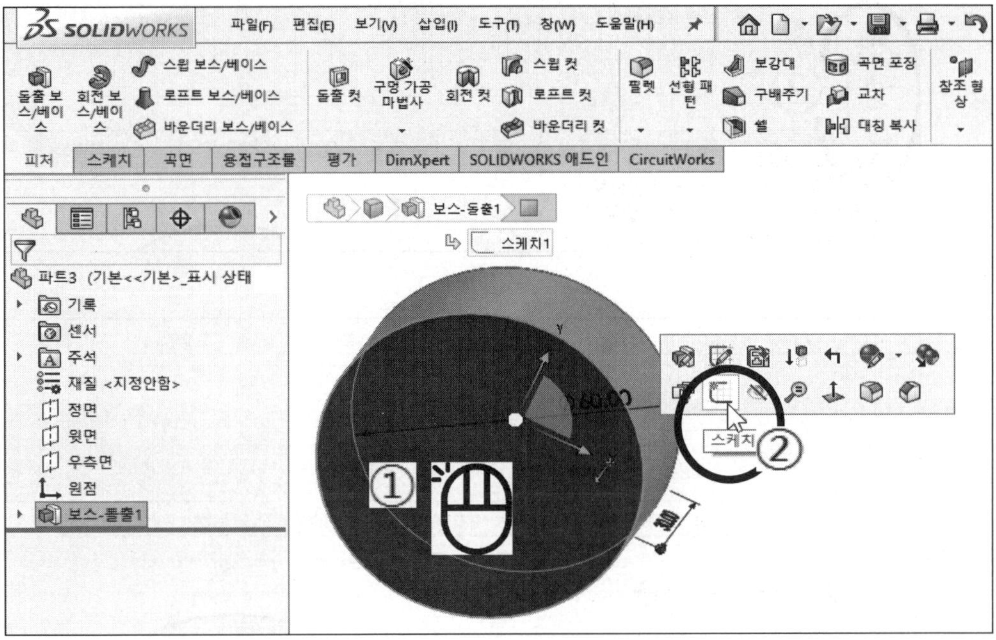

8) “원” ➔ “원 작성” ➔ “퀵메뉴” ➔ “치수기입(18mm)”

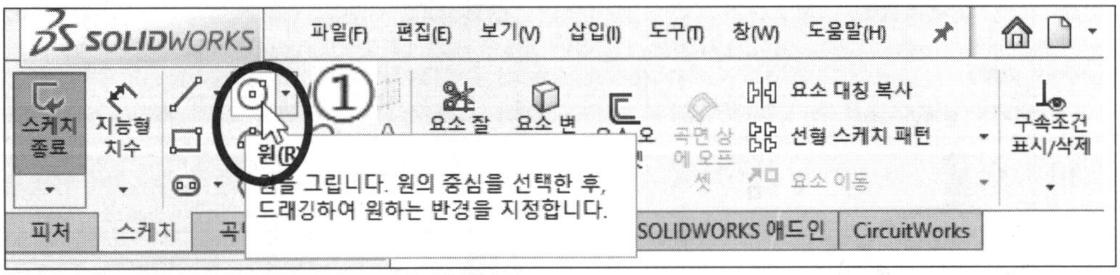

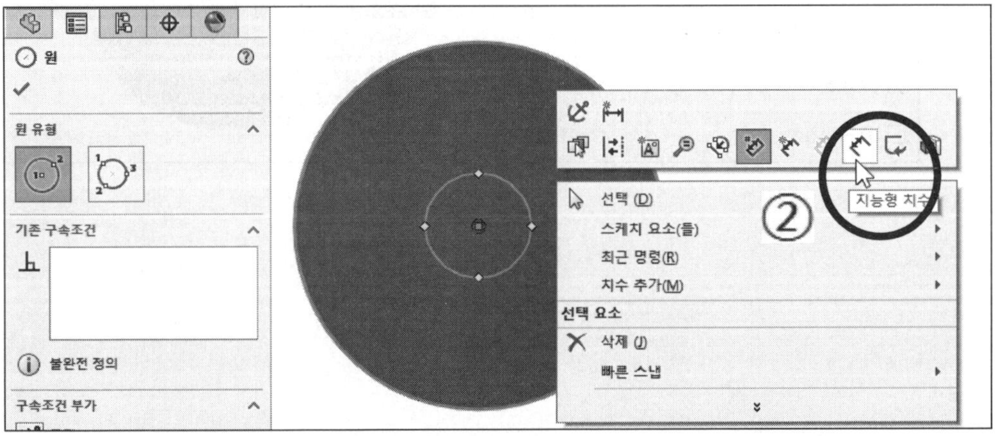

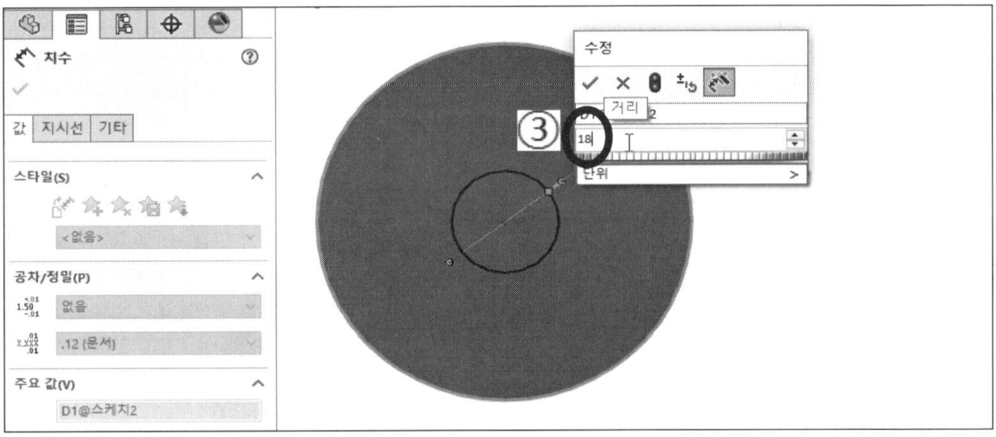

9) “중심 사각형” → “사각형 작성” → “치수기입(5×22mm)”(Shift+원 선택)

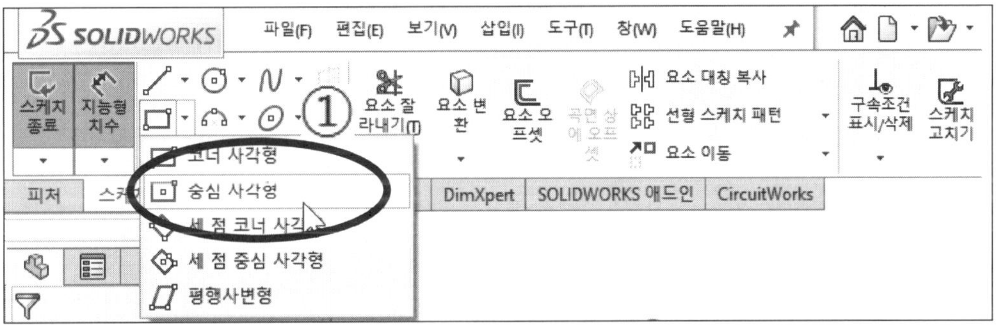

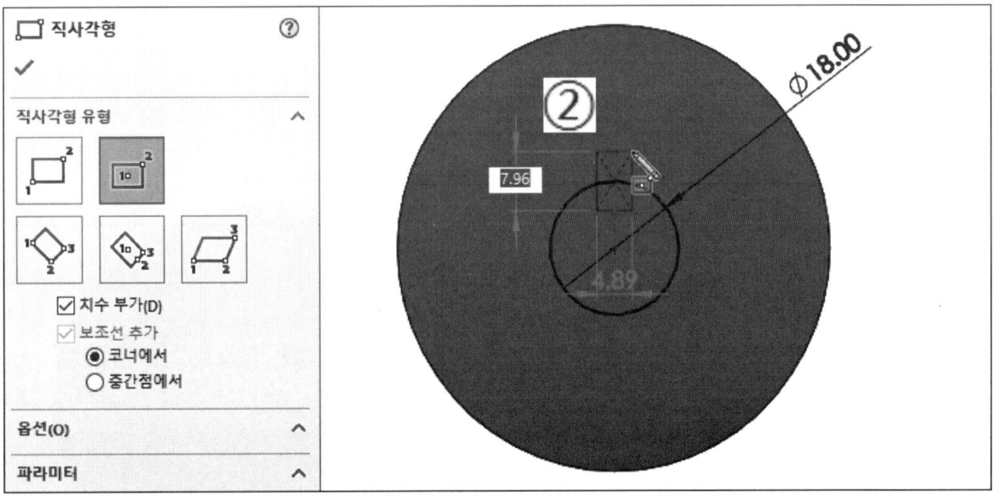

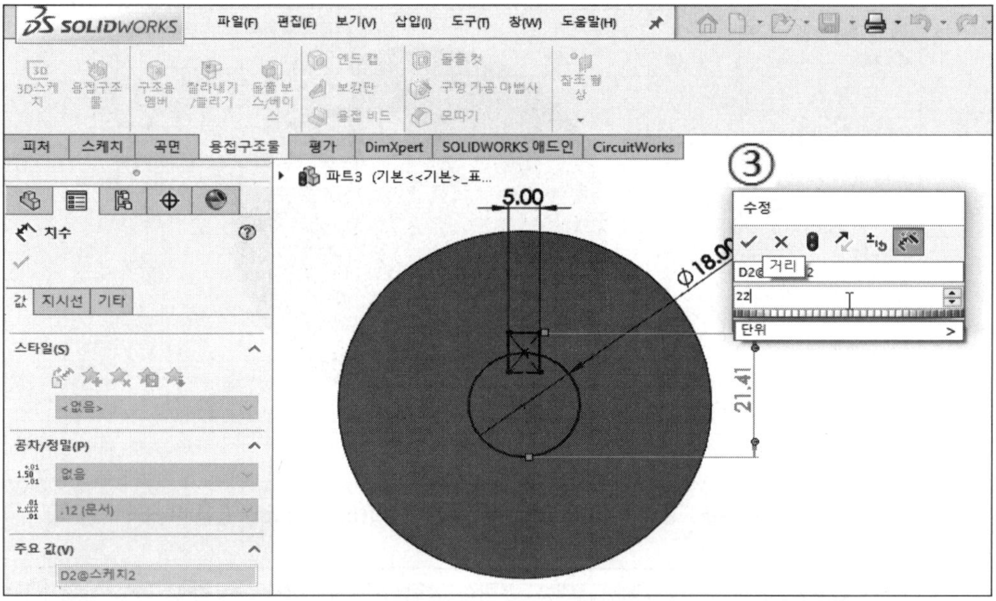

※ 키(Key) 홈의 치수 22mm를 입력하기 위해 치수기입 상태에서 Shift Key를 누른 상태로 키홈(사각형)의 윗면과 원(테두리)을 선택하면 원의 외곽 치수가 기입된다.

10) “돌출 컷” ➔ “영역 선택” ➔ “확인”

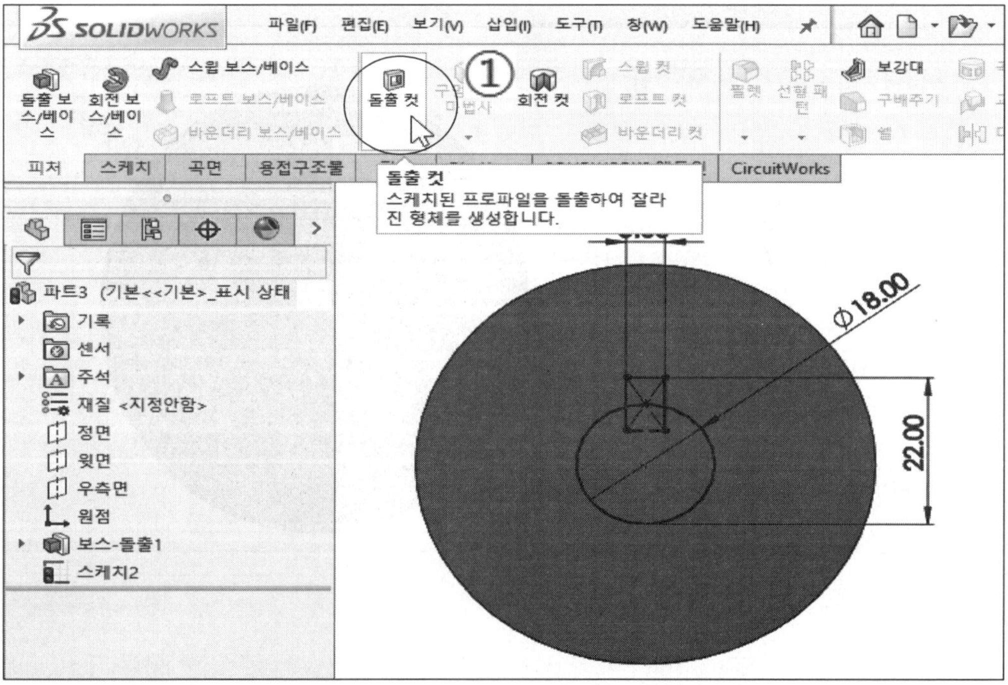

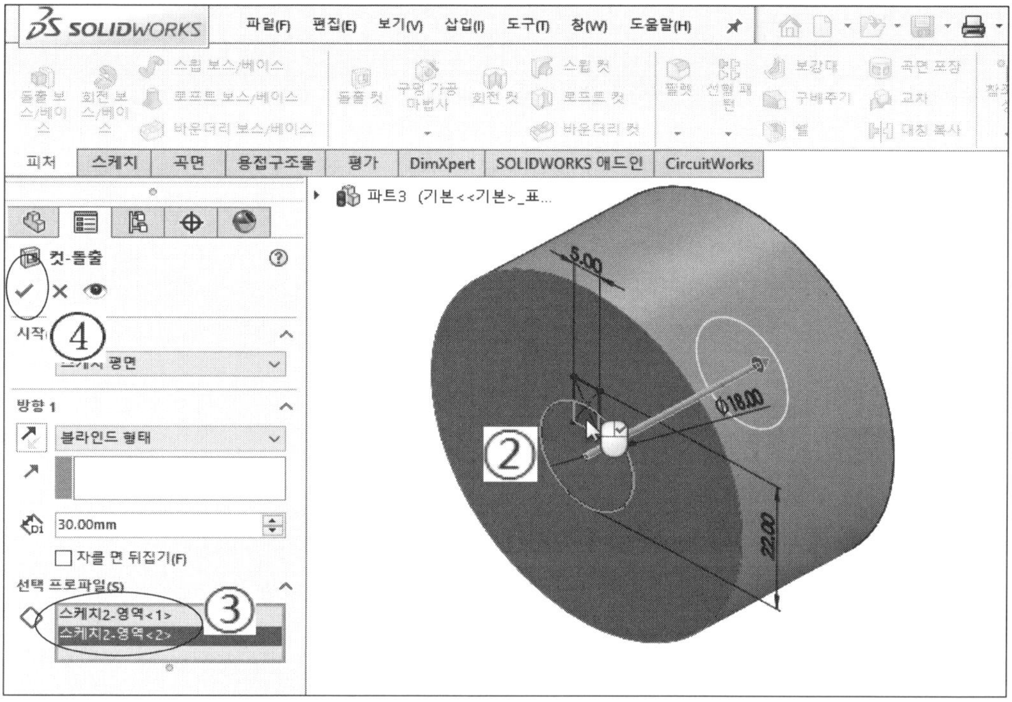

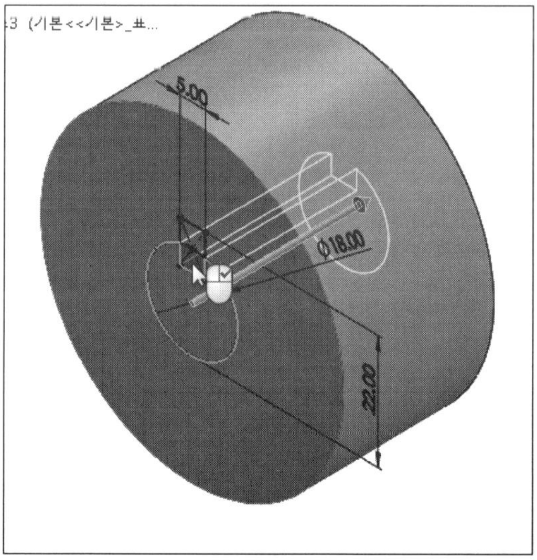

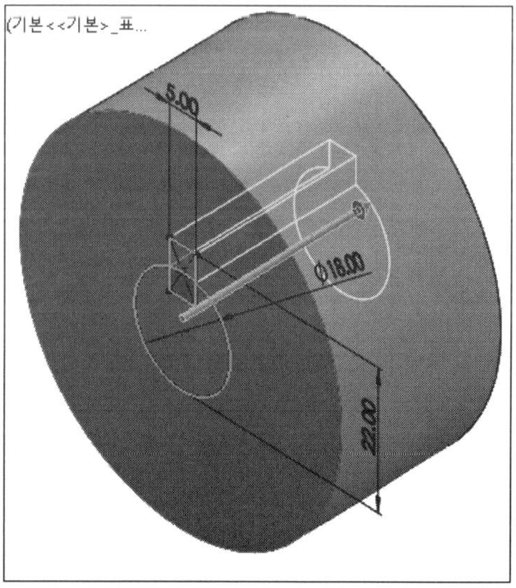

※ 돌출 컷은 돌출하면서 그 영역을 제거하여 원하는 형상의 모델을 만드는 명령으로 다양한 모델을 "돌출"과 "돌출 컷" 명령을 통해 작성할 수 있으며, 선택하는 영역에 따라 다양한 형상이 될 수 있으니 설계자는 이점을 잘 활용하면 좋은 결과를 얻을 수 있다.

11) "완성된 모델"

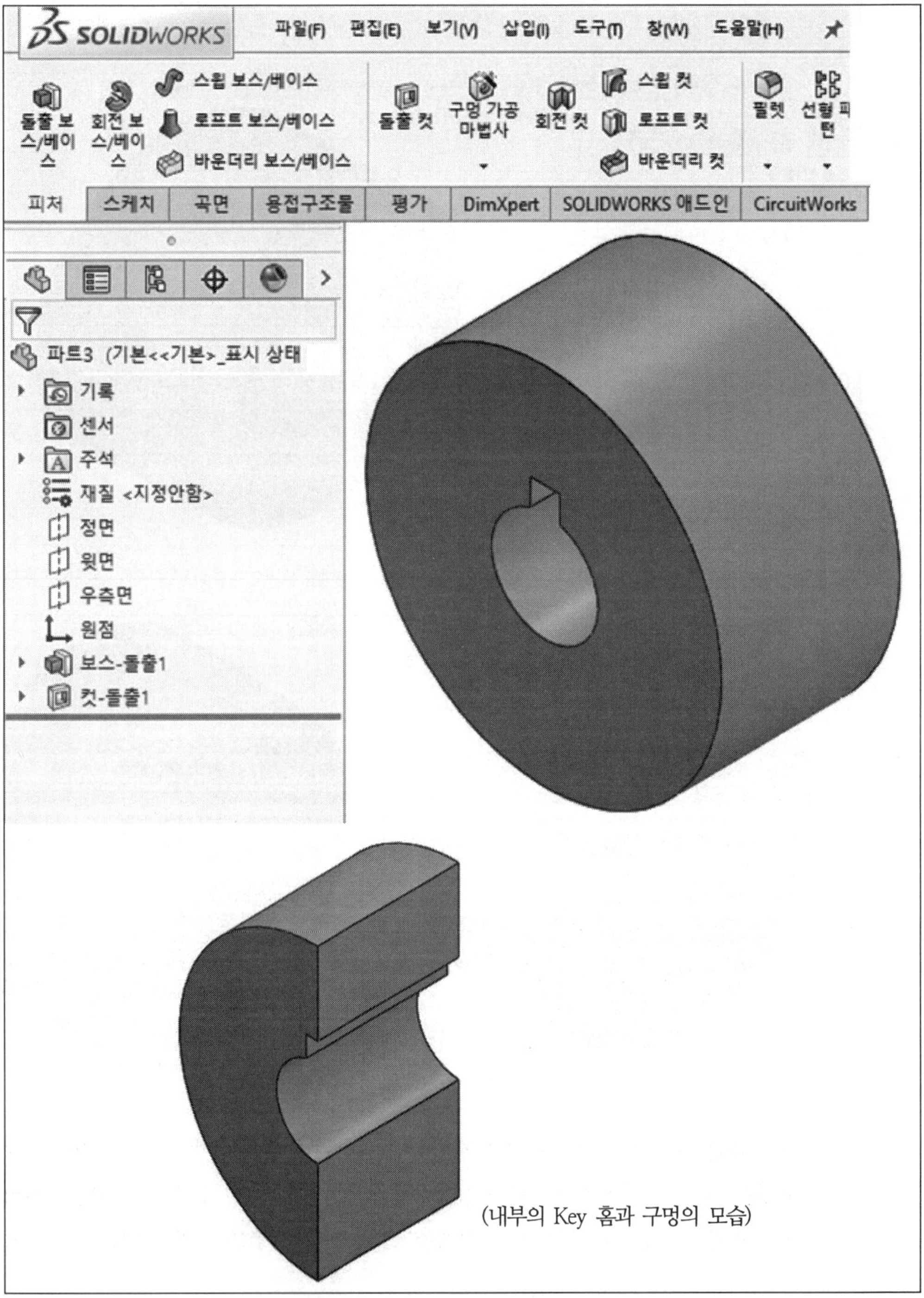

(내부의 Key 홈과 구멍의 모습)

1.1 돌출의 다양한 기능

스케치를 작성한 다음 돌출의 기능에는 “시작”, “방향1”, “방향2”, “얇은 피처”, “선택 프로파일” 등의 다양한 옵션이 있는데 하나씩 알아보도록 하자

1.1.1 시작(F) 메뉴

돌출을 어디에서 시작할지 4종류로 지정하며 설명과 같다.

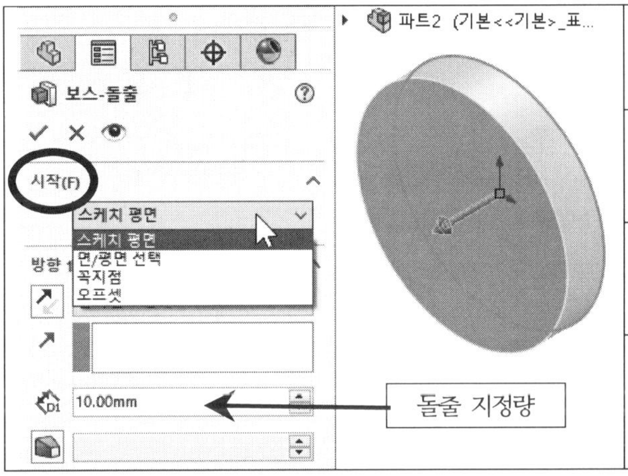

스케치 평면 : 현재 스케치를 작성한 “스케치”부터 지정량 돌출
면/평면 선택 : 작업자가 선택한 “면”부터 지정량 돌출
꼭지점 : 작업자가 선택한 “점”부터 지정량 돌출
오프셋 : 현재 스케치를 작성한 면부터 오프셋(Offset) 만큼 간격을 띄우고 지정량 돌출

1.1.2 방향1 메뉴

돌출을 어떤 방향으로 어디까지 진행할지 지정한다.

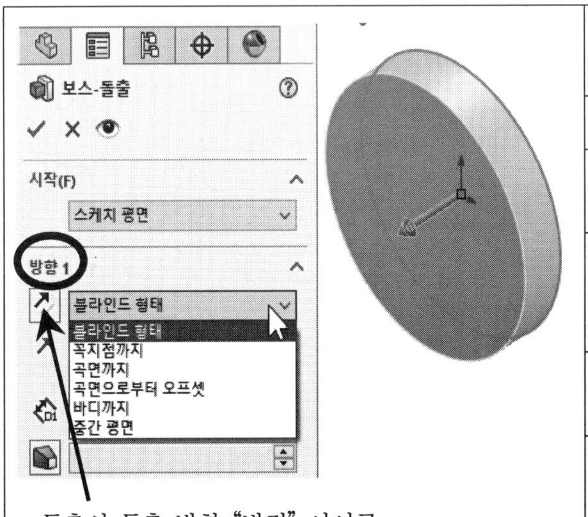

돌출시 돌출 방향 “반전” 아이콘

블라인드 형태 : 돌출 시작면부터 돌출 값을 지정하고 지정량 만큼 돌출
꼭지점 : 작업자가 선택한 점까지 돌출
곡면까지 : 작업자가 선택한 곡면까지 돌출
곡면으로부터 오프셋 : 작업자가 선택한 곡면까지 돌출하되 오프셋 값만큼 간격 유지
바디까지 : 작업자가 선택한 바디까지 돌출
중간평면 : 돌출 시작면을 중심으로 양쪽으로 지정량의 $\frac{1}{2}$씩 돌출

1.1.3 구배 메뉴

모델의 돌출시 각도를 부여해 원뿔 형태의 모델을 작성한다.

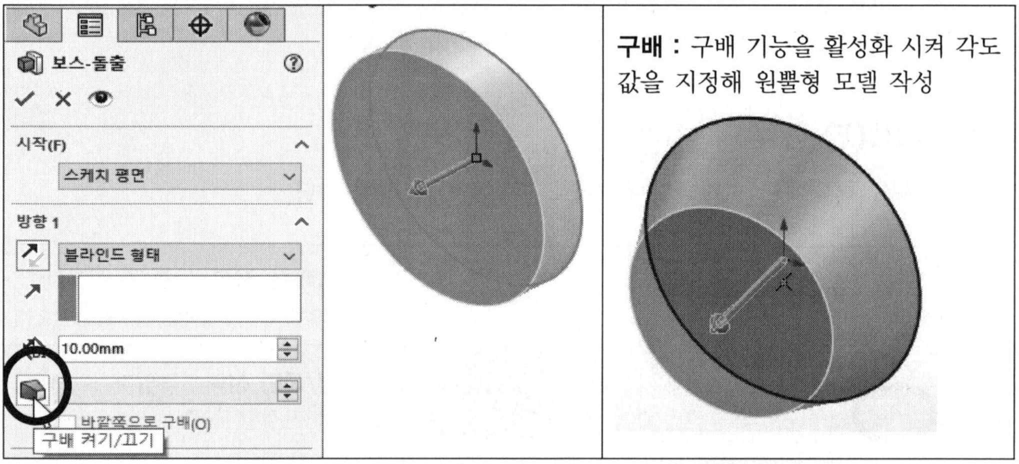

1.1.4 방향2 메뉴

모델 돌출시 시작면의 반대 방향으로 모델을 작성한다.

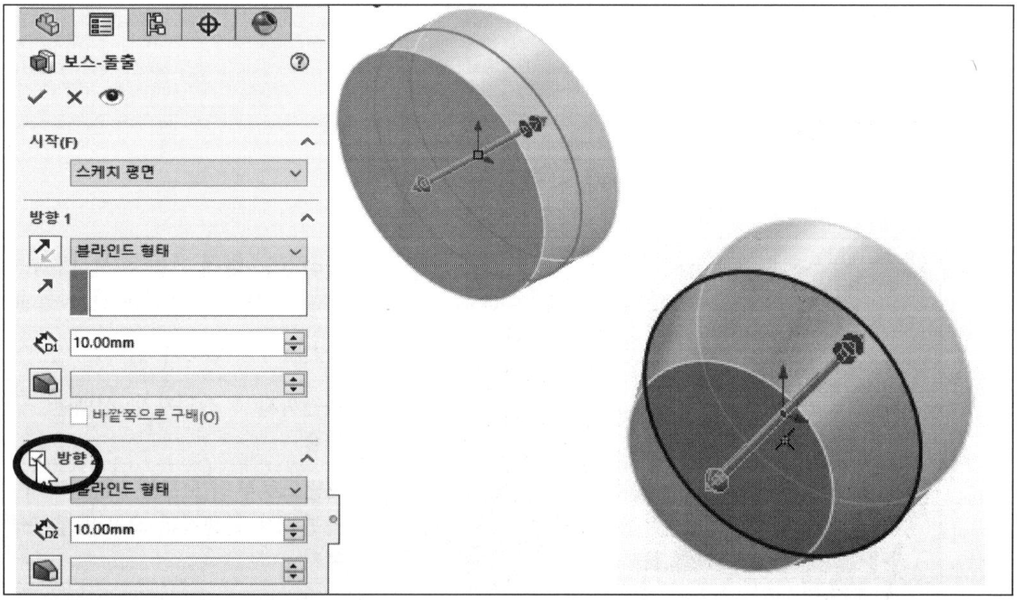

※ 돌출량 및 각도 등을 방향 1과 다르게 지정 가능하다.

1.1.5 얇은 피처 메뉴

모델 돌출시 두께를 가진 모델을 작성한다.

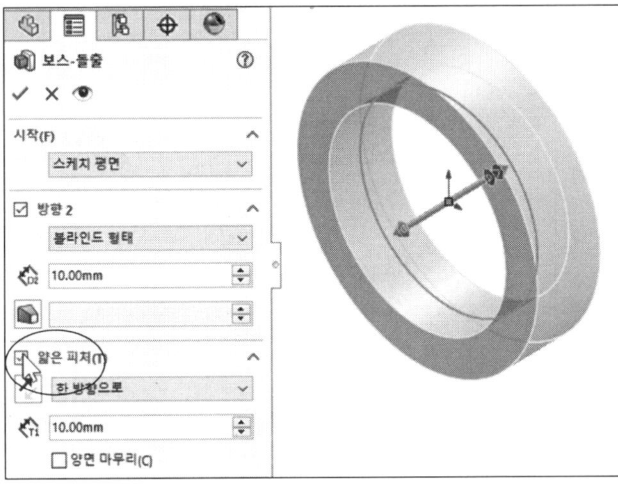

얇은 피처는
"선, 원, 사각형" 등 다른 도형도
얇은 피처 생성 가능하다.

1.1.6 선택 프로파일 메뉴

스케치한 부분에서 선택한 부분만 돌출한다.

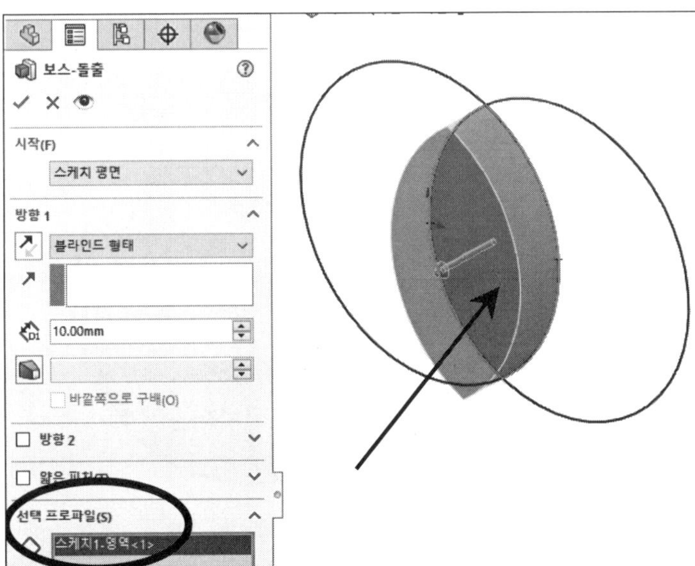

"선택 프로파일" 메뉴부분을 클릭한 다음 돌출할 부분을 선택

1.1.7 돌출 방향 메뉴

돌출 방향을 앞 뒤로 변경하기

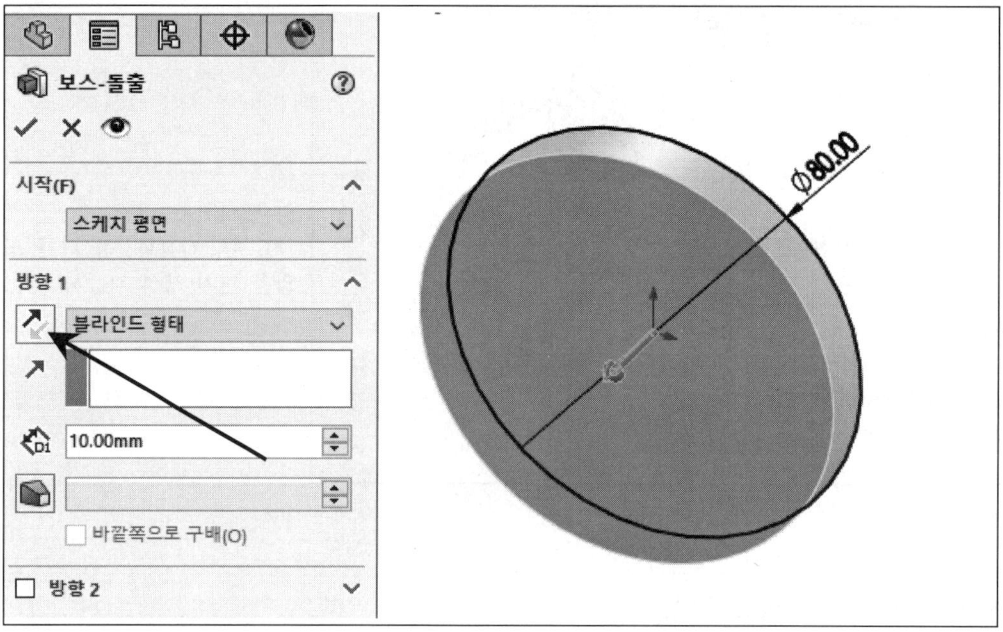

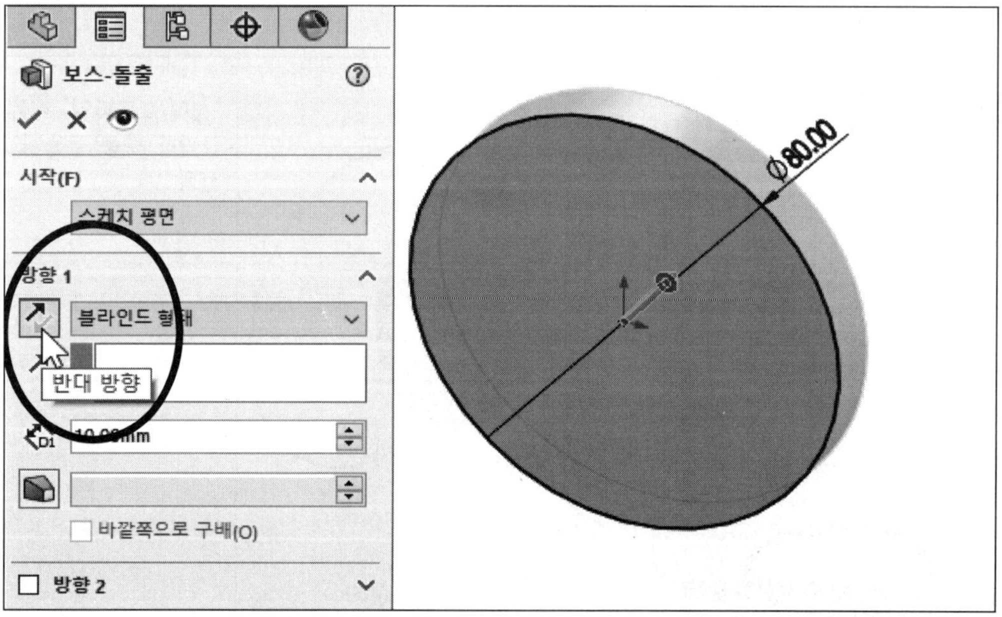

1.2 돌출 실습을 통한 연습

1.2.1 시작 옵션 4가지의 돌출 상태

스케치 작성한 평면부터 돌출 시작

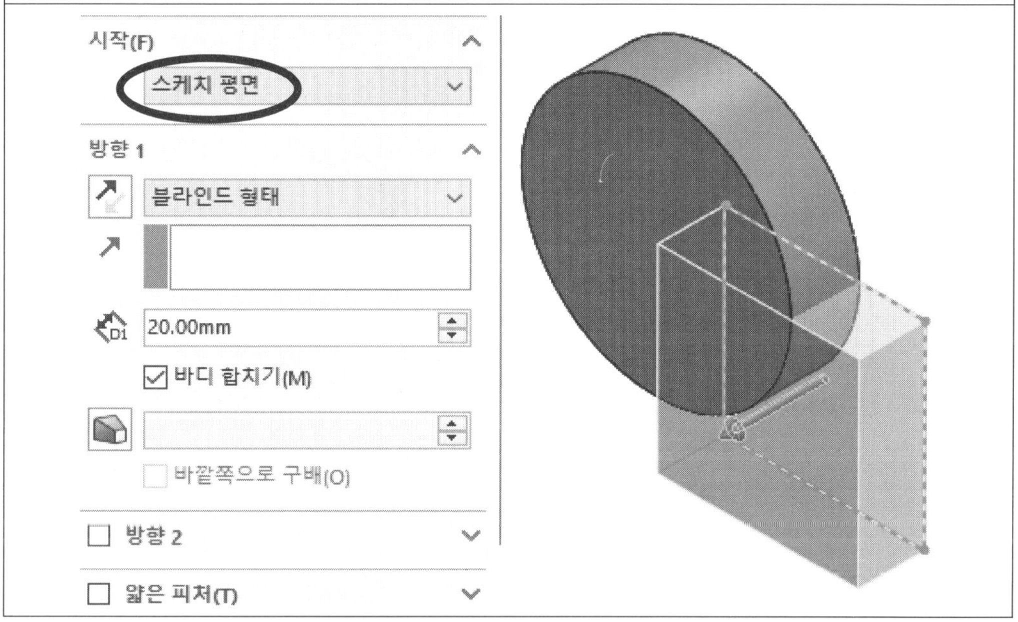

선택한 면부터 돌출 시작

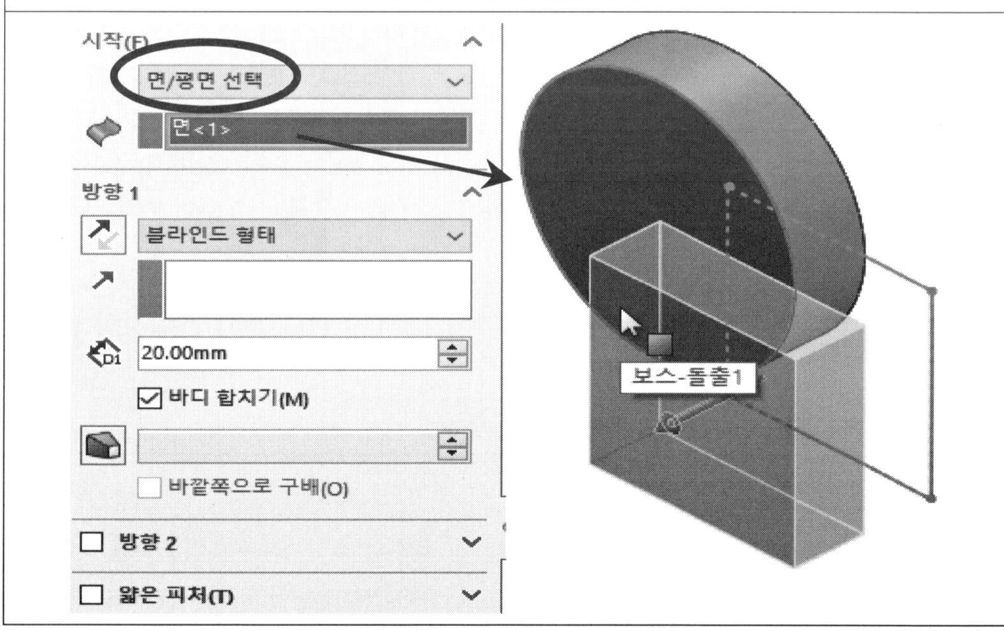

선택한 꼭지점부터 돌출 시작

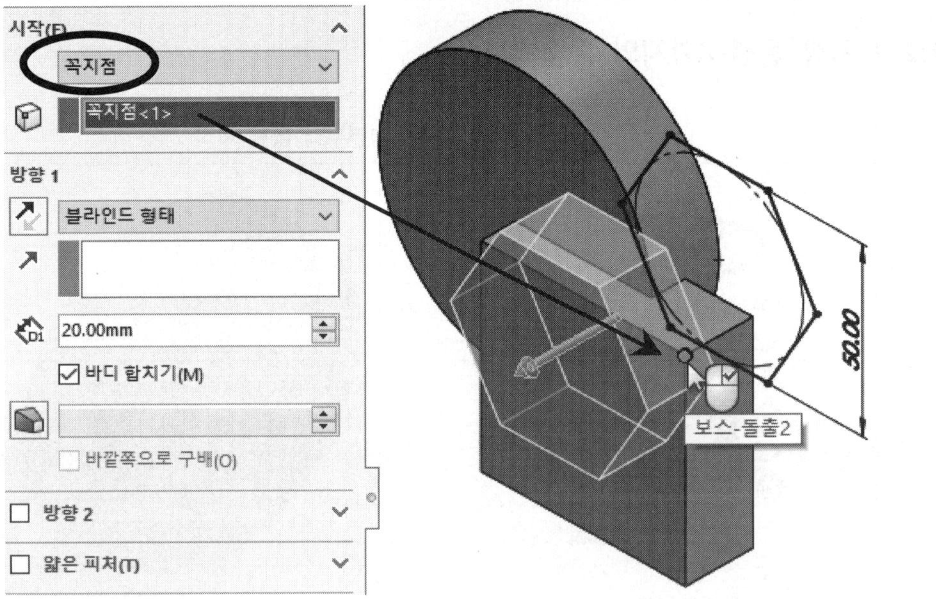

오프셋 거리만큼 간격 두고 돌출 시작

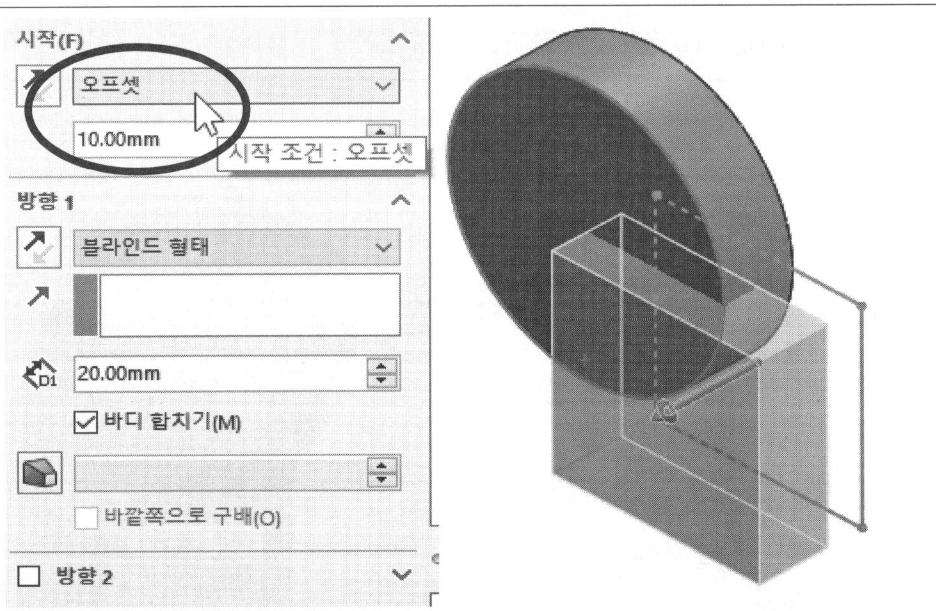

1.2.2 방향 1 옵션을 사용한 돌출 모델

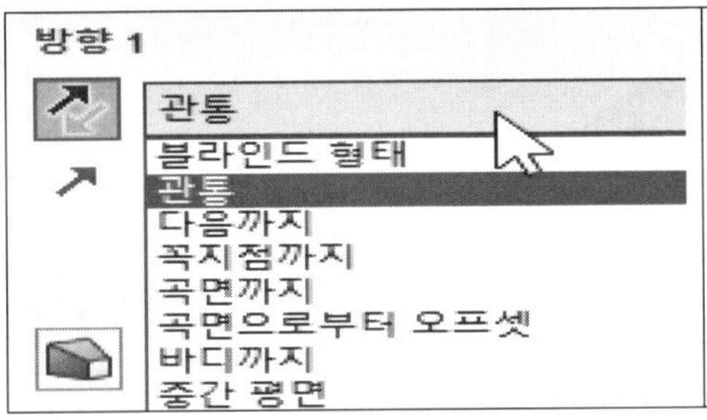	방향1의 옵션 종류는 아래 그림과 같이 8가지이며 하나씩 알아보자

“블라인드 형태” 옵션을 선택해 지정량 돌출(돌출 할 길이 입력)	
	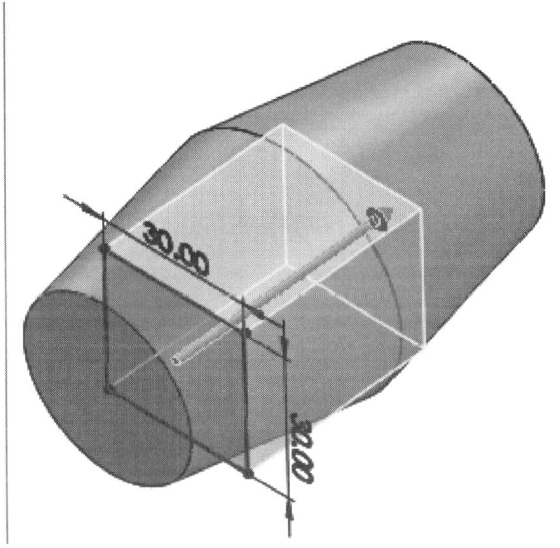
“관통” 옵션을 선택한 전 길이 돌출(모델의 전체 길이 만큼 돌출)	
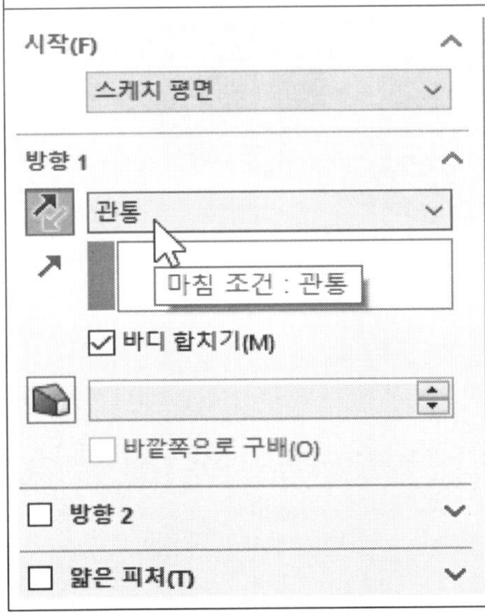	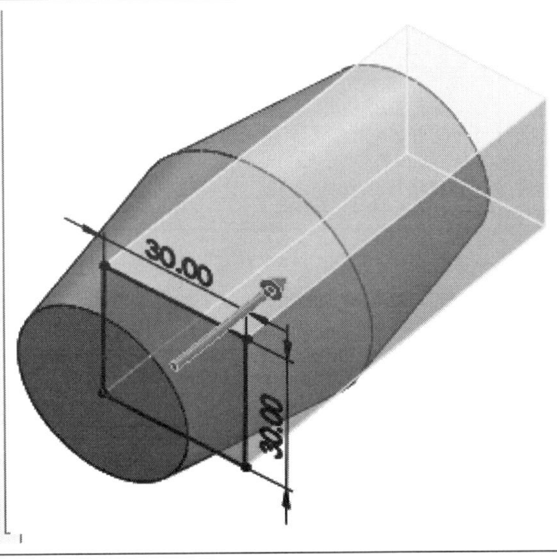

"다음까지" 옵션 선택한 돌출(스케치한 면의 다음 면까지 돌출)

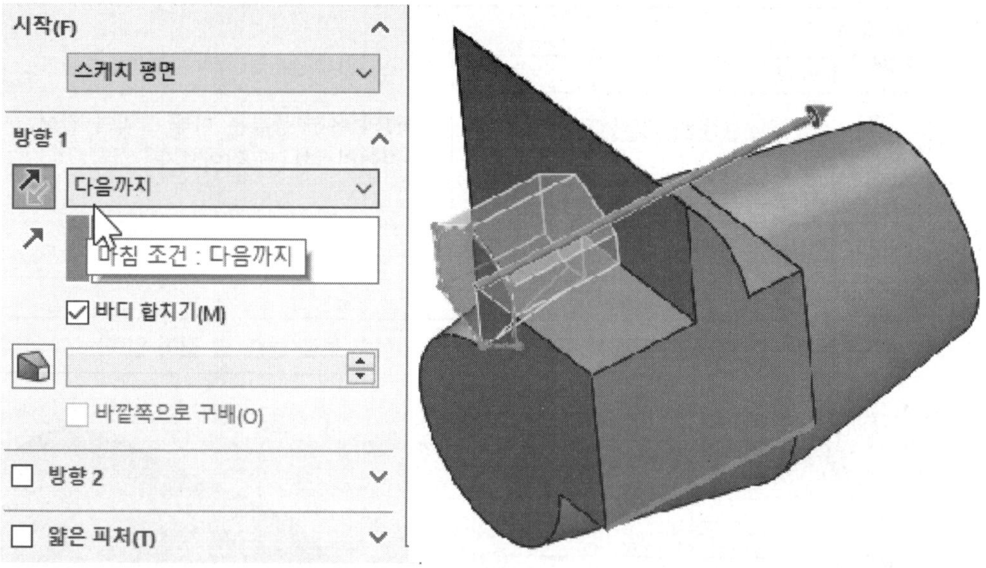

"꼭지점까지" 선택한 돌출(스케치한 면에서 사용자가 선택한 꼭지점까지 돌출)

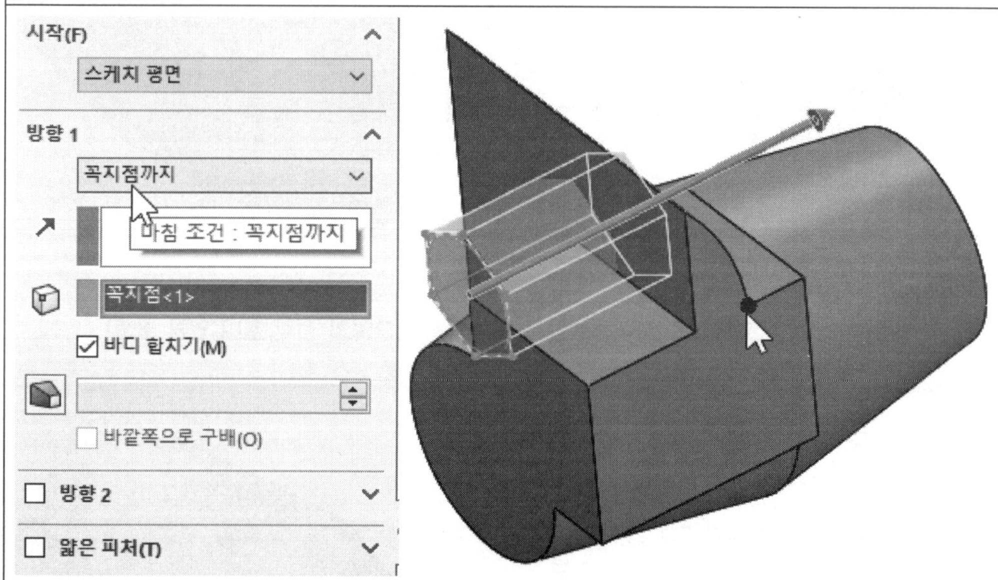

“곡면까지” 옵션 선택한 돌출(스케치한 면에서 선택한 곡면 모양대로 접촉 돌출)

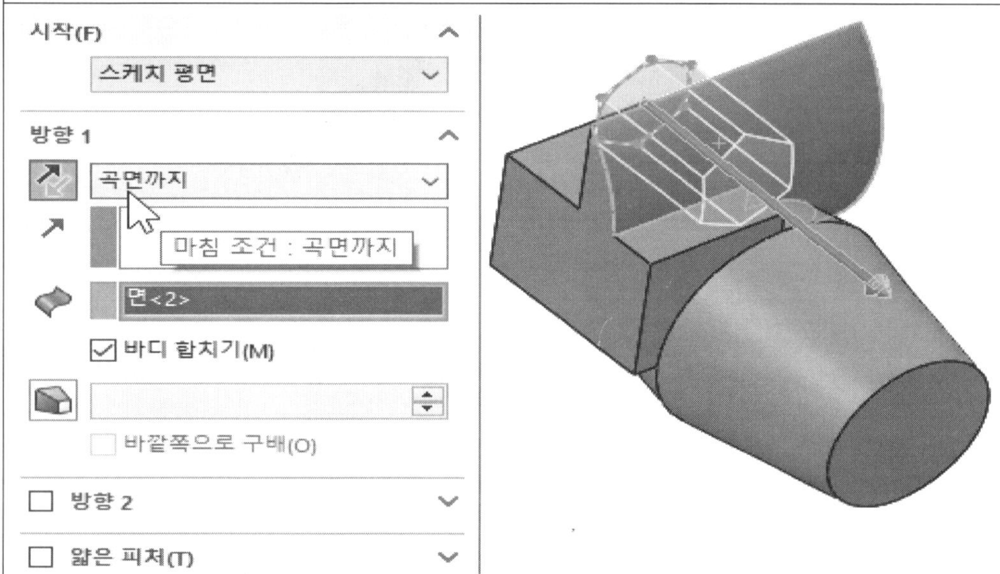

“곡면으로부터 오프셋” 옵션 선택한 돌출
(스케치한 면에서 선택된 곡면과 지정한 거리만큼 띄우고 돌출)

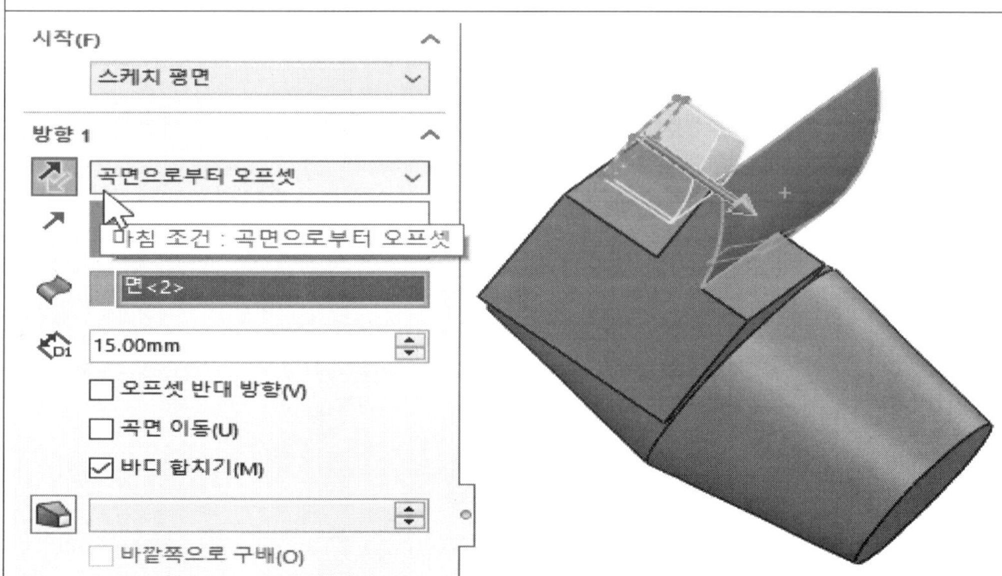

“바디까지” 옵션 선택한 돌출(스케치한 면에서 선택된 바디에 접촉 돌출)
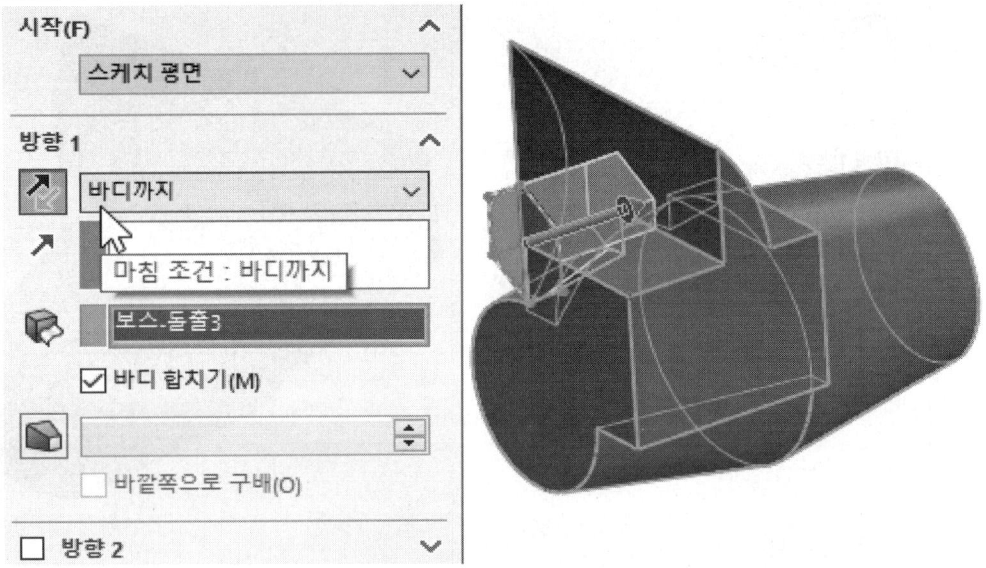
“중간 평면”과 “구배” 10° 옵션 선택한 돌출 (스케치한 면에서 양쪽으로 동일한 거리를 돌출해 지정된 길이를 맞추어 주면서 각도를 부여하는 돌출, 아래 그림에서는 총 돌출 거리 80mm가 됨)
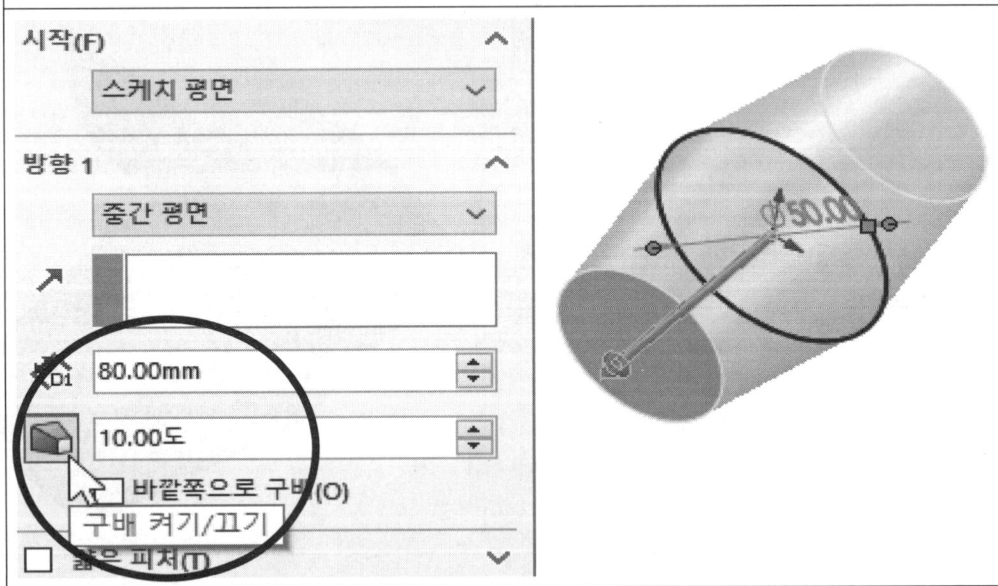

1.2.3 다양한 옵션을 사용한 돌출 모델 연습하기

예제 도면 1

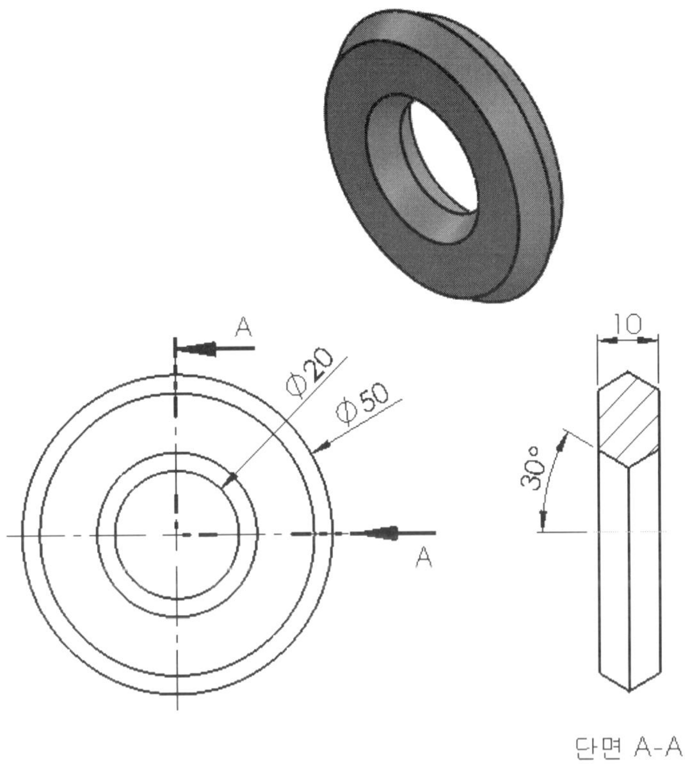

모델링 방법

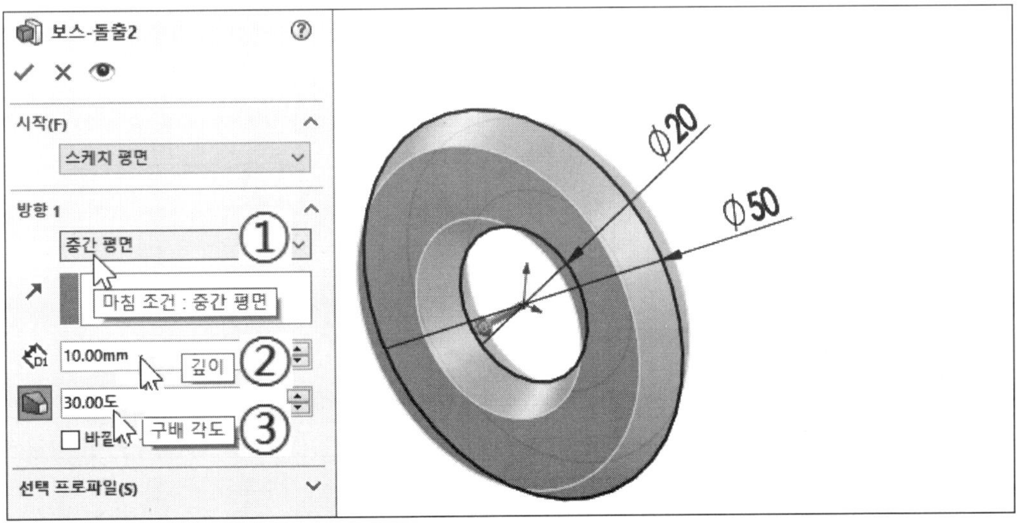

예제 도면 2

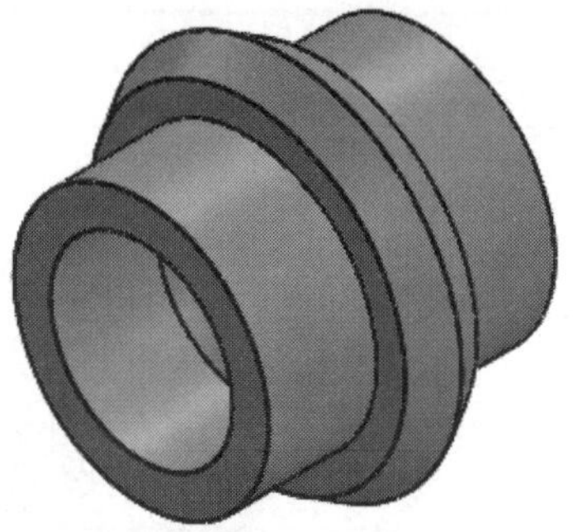

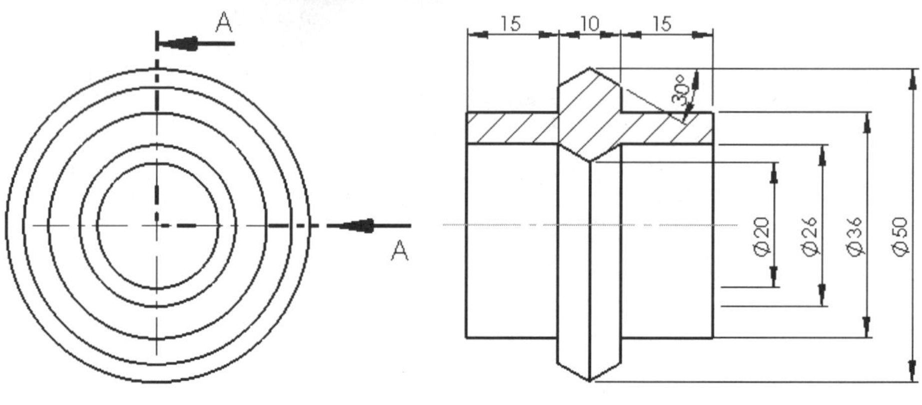

단면 A-A

모델링 방법

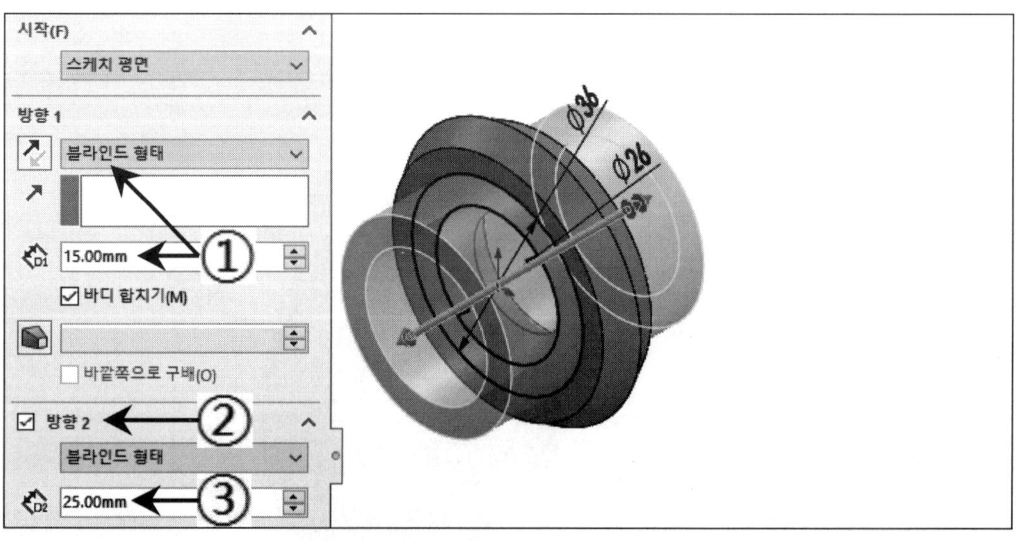

예제 도면 3

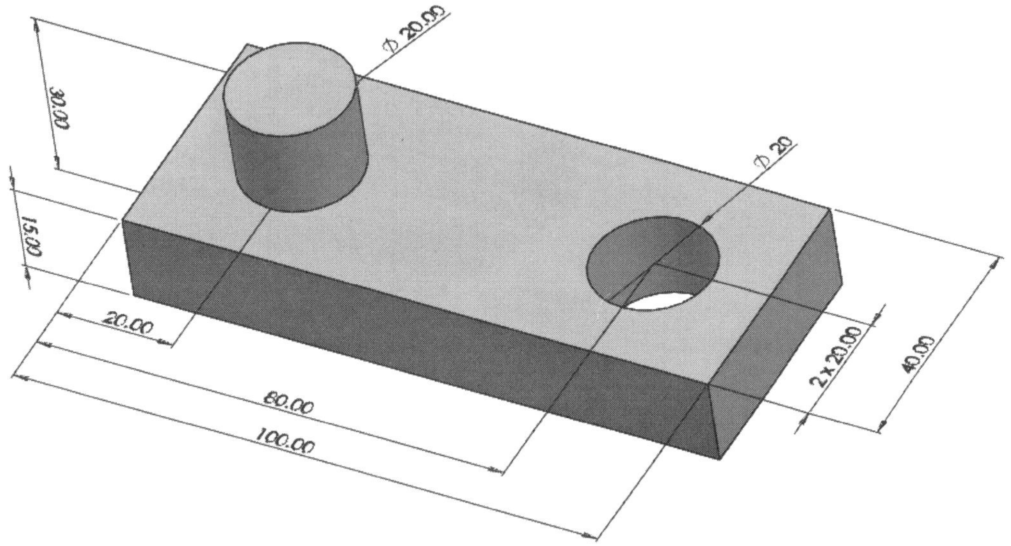

Ø 20.00
30.00
Ø 20
15.00
20.00
80.00
100.00
2 X 20.00
40.00

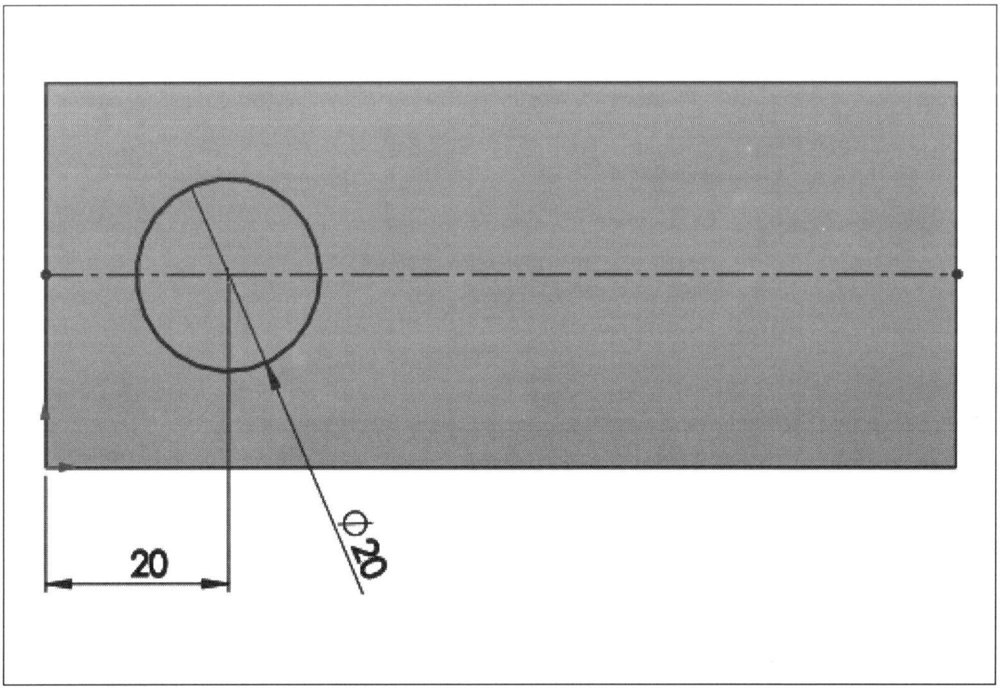

20
Ø20

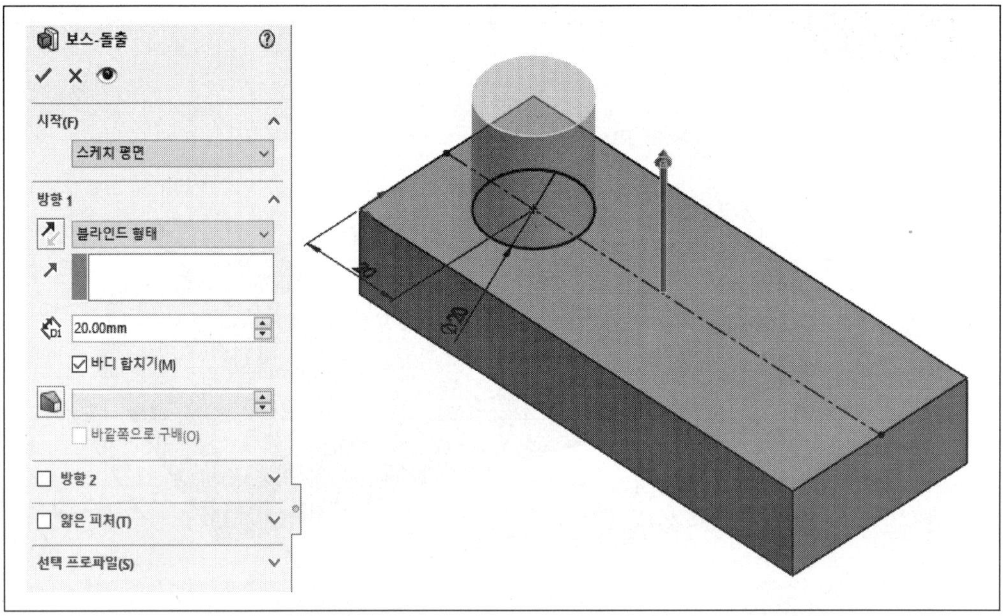
보스-돌출
시작(F)
스케치 평면
방향 1
블라인드 형태
20.00mm
바디 합치기(M)
바깥쪽으로 구배(O)
방향 2
얇은 피처(T)
선택 프로파일(S)
20
⌀20

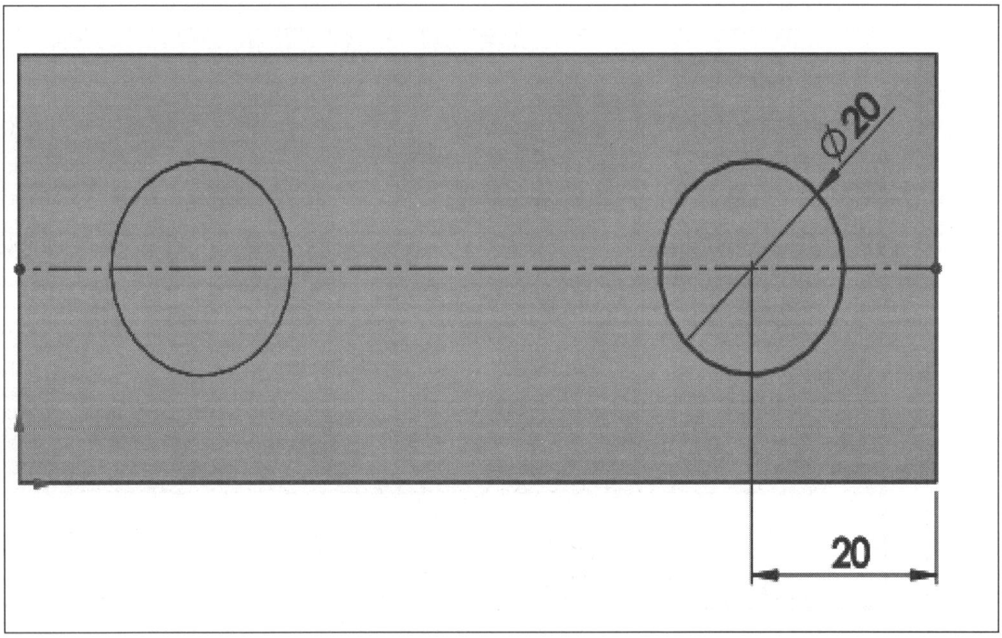
⌀20
20

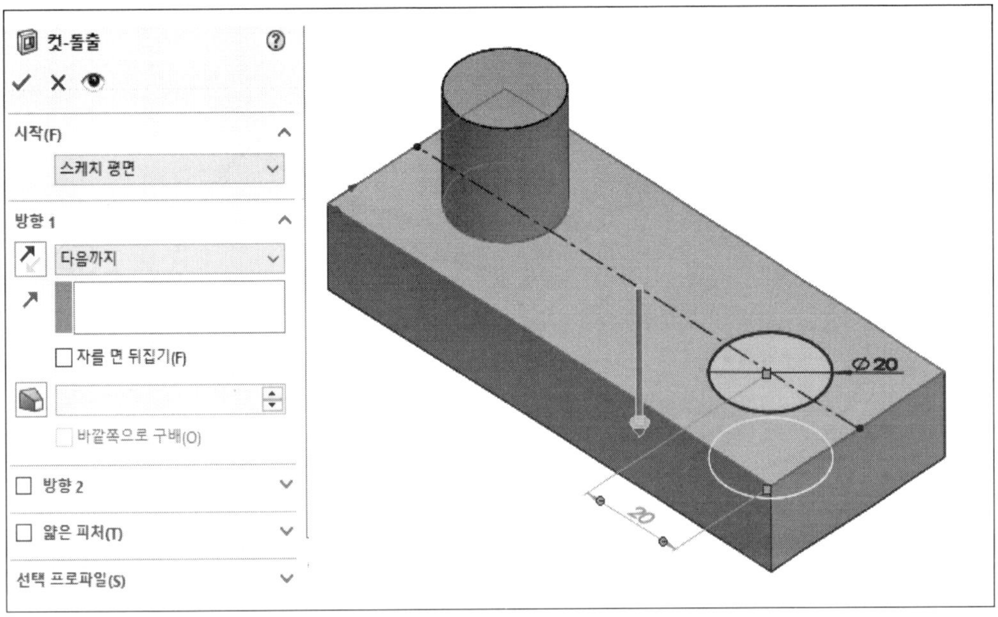
컷-돌출
시작(F)
스케치 평면
방향 1
다음까지
자를 면 뒤집기(F)
바깥쪽으로 구배(O)
방향 2
얇은 피처(T)
선택 프로파일(S)
⌀20
20

예제 도면 4

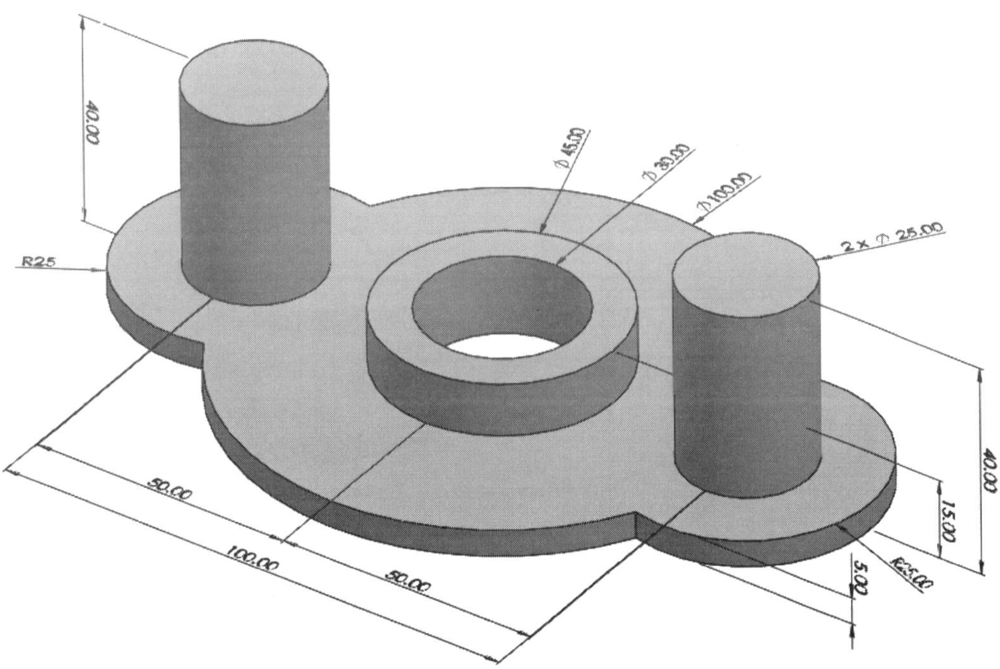
40.00
R25
⌀45.00
⌀30.00
⌀100.00
2 X ⌀25.00
50.00
100.00
50.00
40.00
15.00
5.00
R25.00

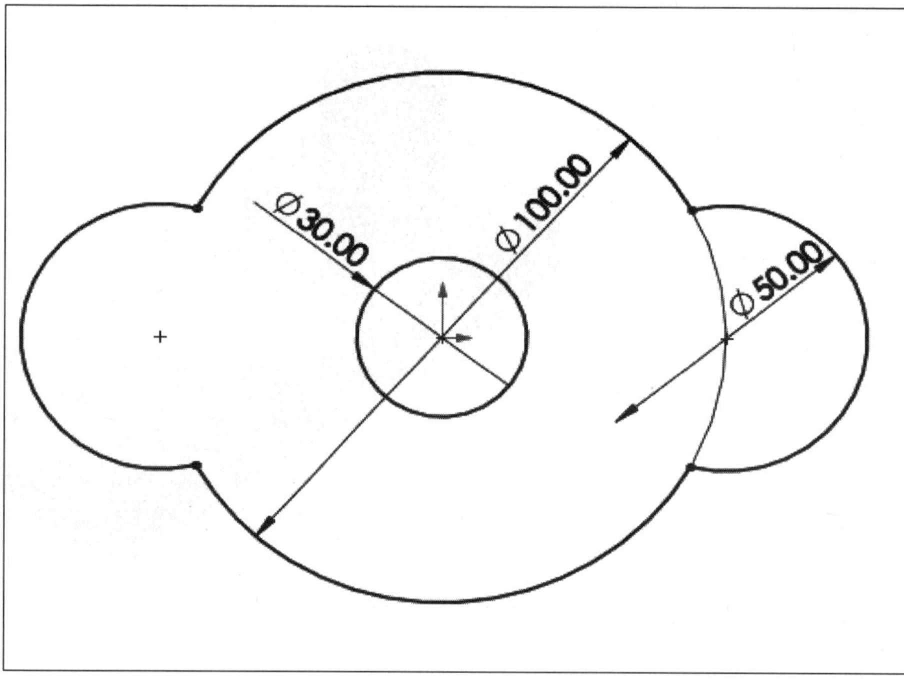
Ø30.00
Ø100.00
Ø50.00

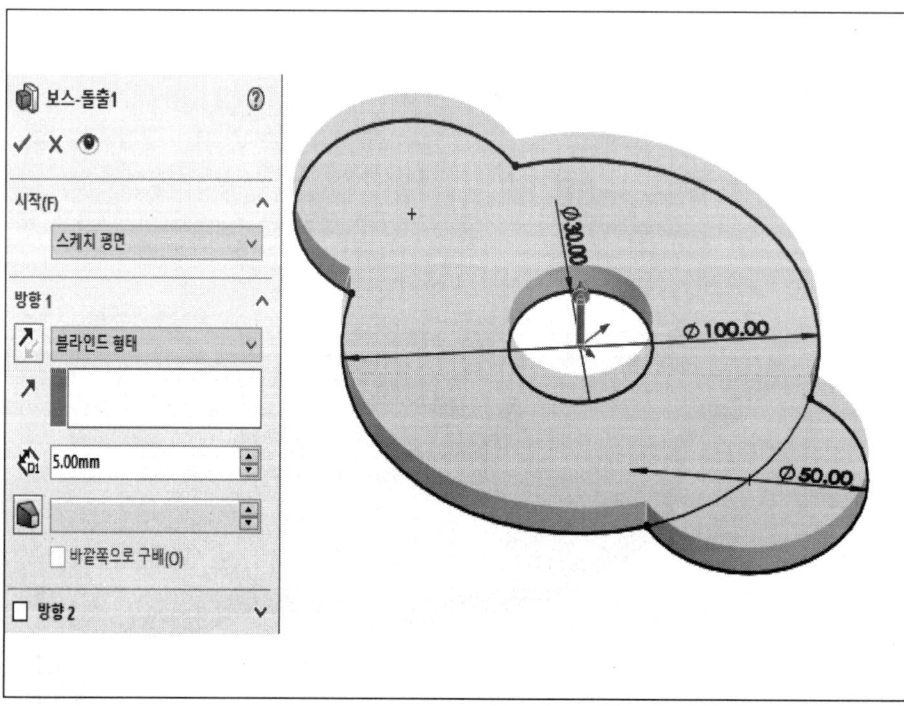
보스-돌출1
시작(F)
스케치 평면
방향 1
블라인드 형태
5.00mm
바깥쪽으로 구배(O)
방향 2
Ø30.00
Ø100.00
Ø50.00

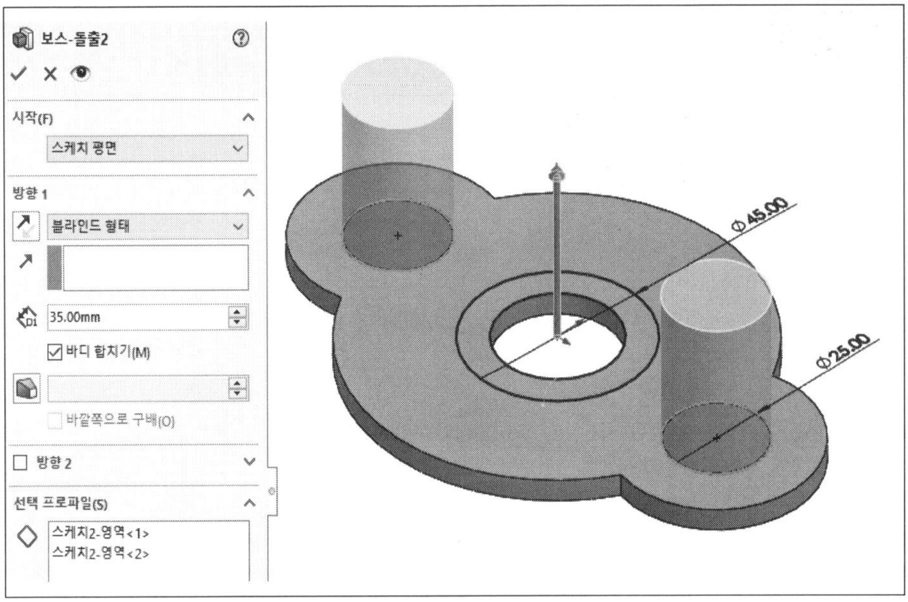
보스-돌출2
시작(F)
스케치 평면
방향 1
블라인드 형태
35.00mm
바디 합치기(M)
바깥쪽으로 구배(O)
방향 2
선택 프로파일(S)
스케치2-영역<1>
스케치2-영역<2>
Φ45.00
Φ25.00

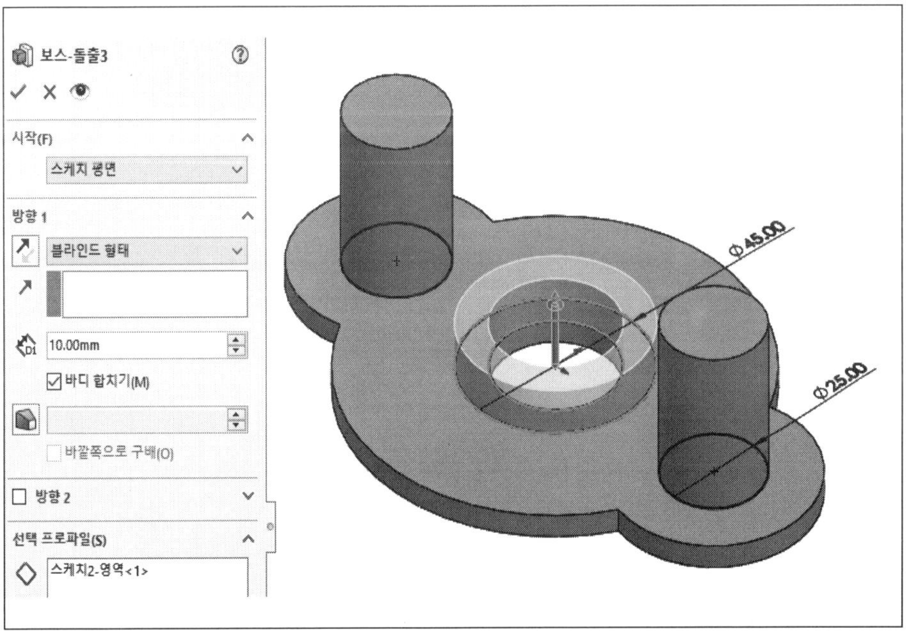
보스-돌출3
시작(F)
스케치 평면
방향 1
블라인드 형태
10.00mm
바디 합치기(M)
바깥쪽으로 구배(O)
방향 2
선택 프로파일(S)
스케치2-영역<1>
Φ45.00
Φ25.00

예제 도면 5

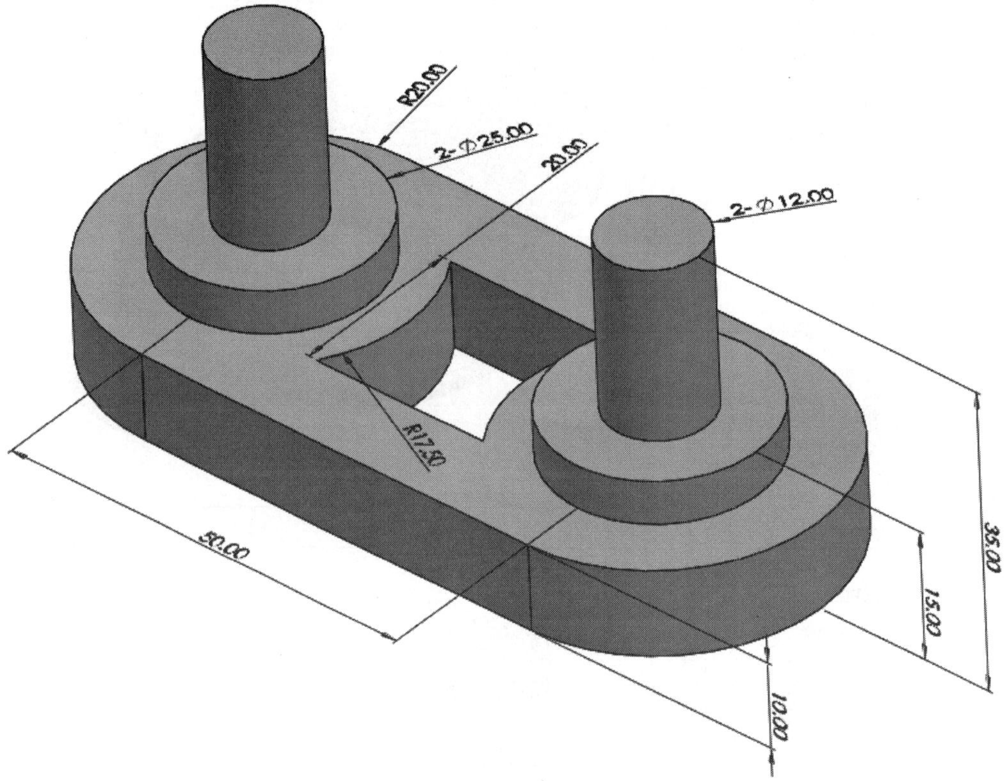
R20.00
2-Φ25.00
20.00
2-Φ12.00
R17.50
50.00
35.00
15.00
10.00

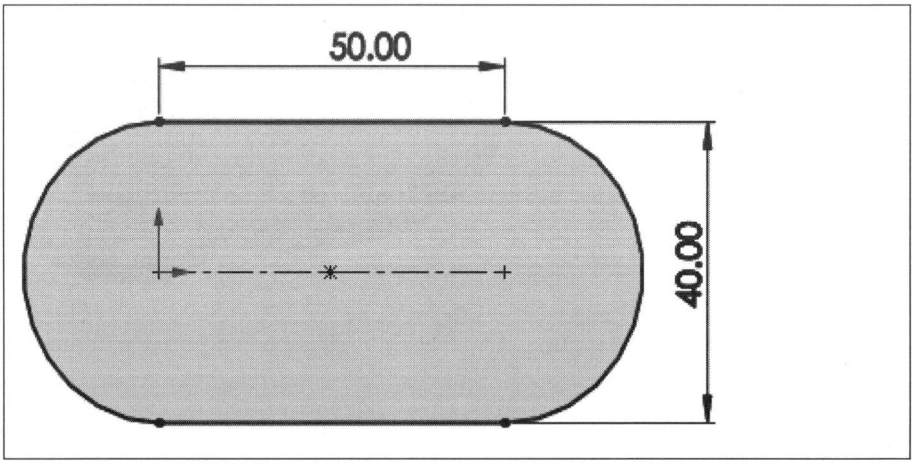
50.00
40.00

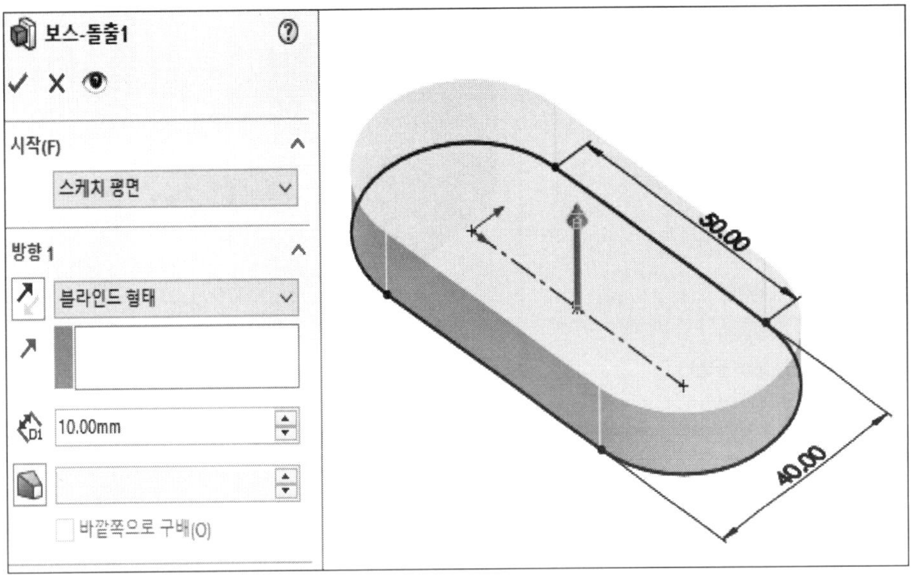
보스-돌출1
시작(F)
스케치 평면
방향 1
블라인드 형태
10.00mm
바깥쪽으로 구배(O)
50.00
40.00

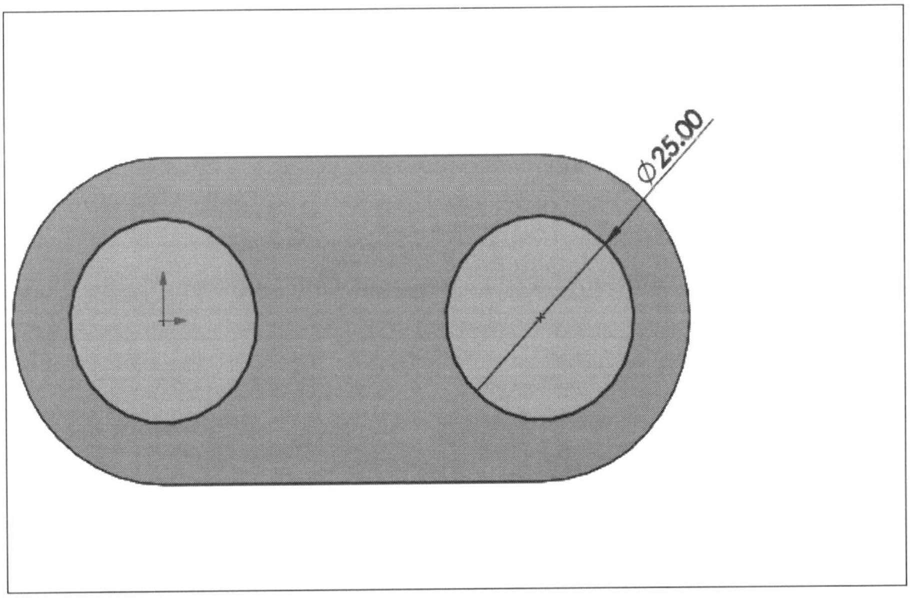
ϕ25.00

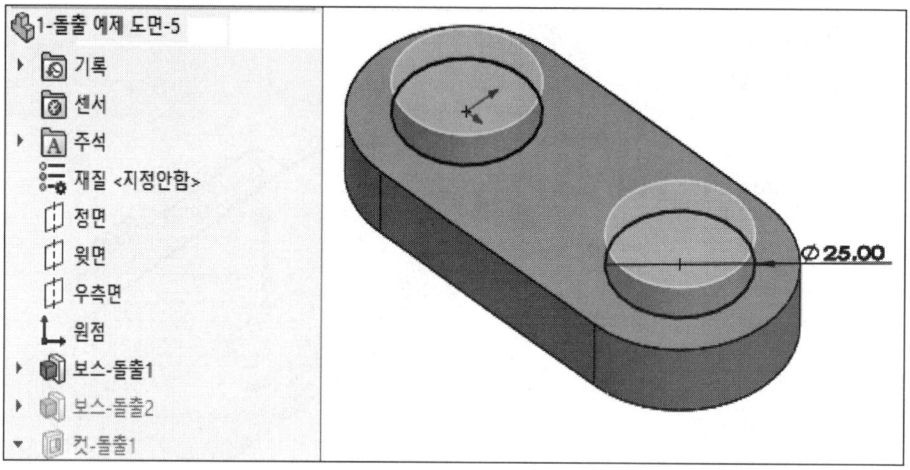
1-돌출 예제 도면-5
기록
센서
주석
재질 <지정안함>
정면
윗면
우측면
원점
보스-돌출1
보스-돌출2
컷-돌출1
Ø25.00

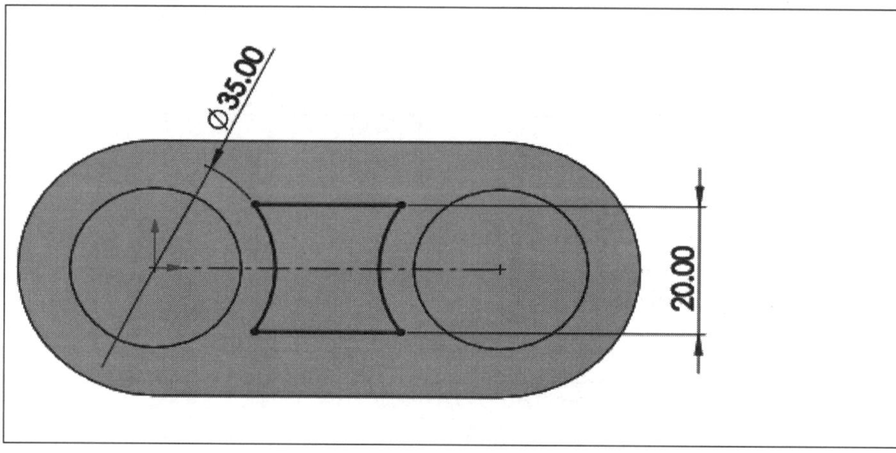
Ø35.00
20.00

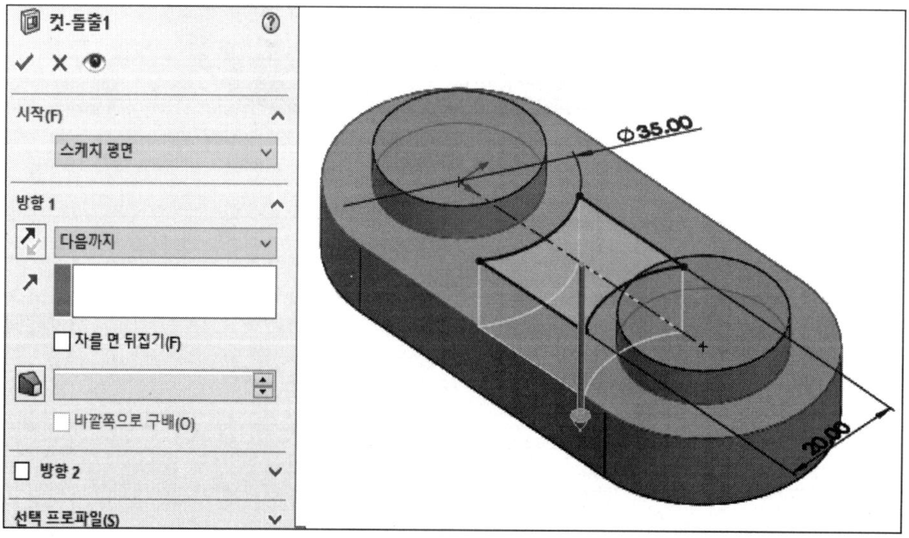
컷-돌출1
시작(F)
스케치 평면
방향 1
다음까지
자를 면 뒤집기(F)
바깥쪽으로 구배(O)
방향 2
선택 프로파일(S)
Ø35.00
20.00

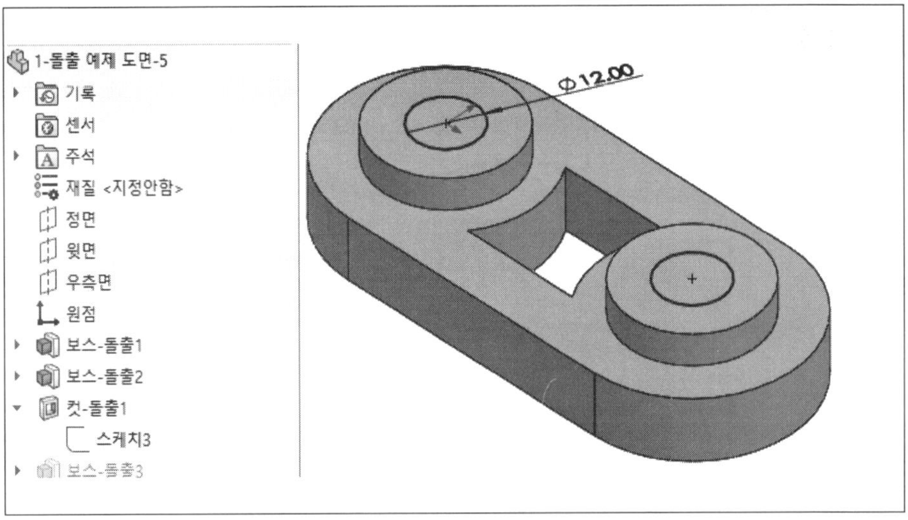
1-돌출 예제 도면-5
기록
센서
주석
재질 <지정안함>
정면
윗면
우측면
원점
보스-돌출1
보스-돌출2
컷-돌출1
스케치3
보스-돌출3
Φ12.00

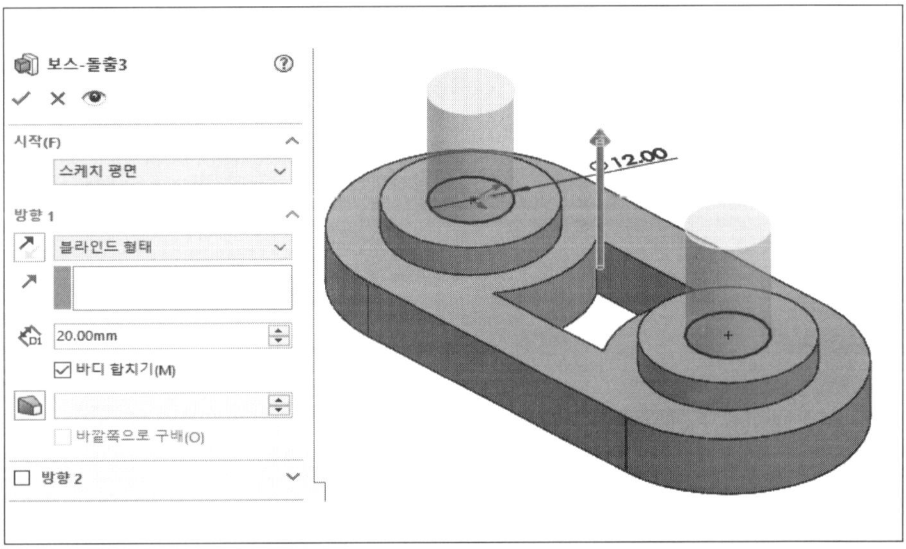
보스-돌출3
시작(F)
스케치 평면
방향 1
블라인드 형태
20.00mm
바디 합치기(M)
바깥쪽으로 구배(O)
방향 2
Φ12.00

예제 도면 6

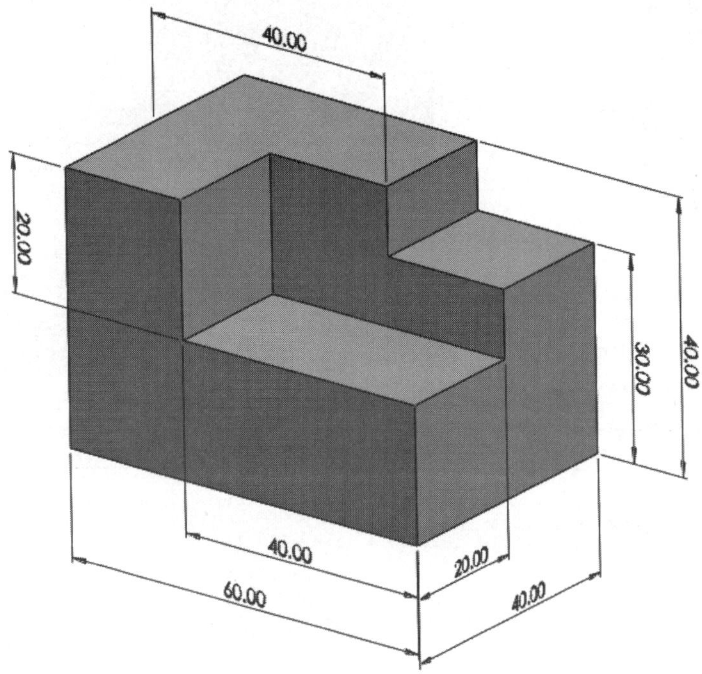

40.00
20.00
30.00
40.00
40.00
20.00
60.00
40.00

예제 도면 7

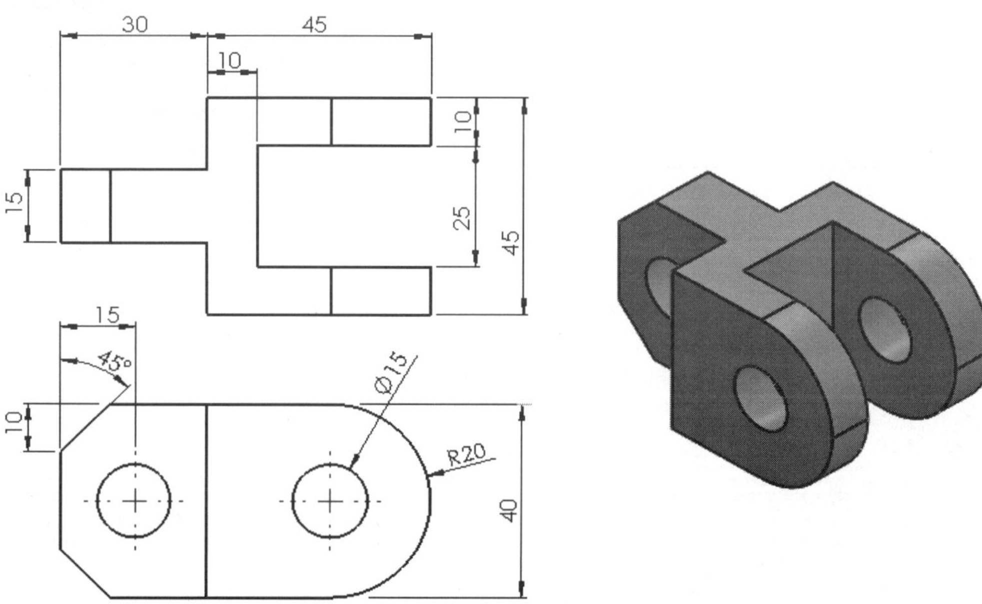

30
45
10
10
15
25
45
15
45°
Ø15
10
R20
40

예제 도면 8

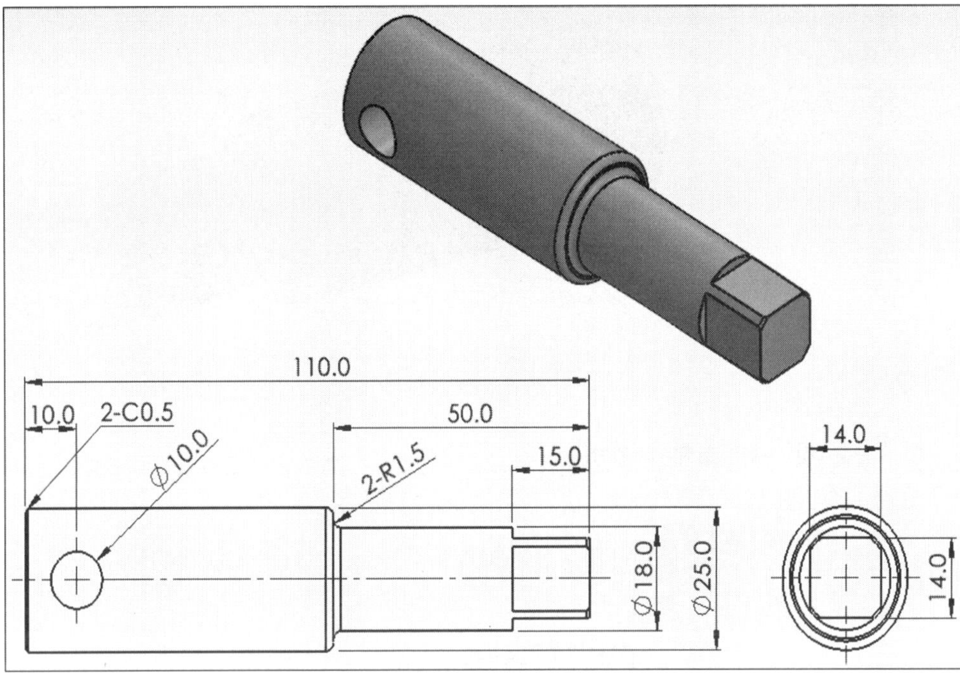

1) "스케치"(Ø25 원) → "돌출 90mm" → Ø25 원 → "돌출 50mm"

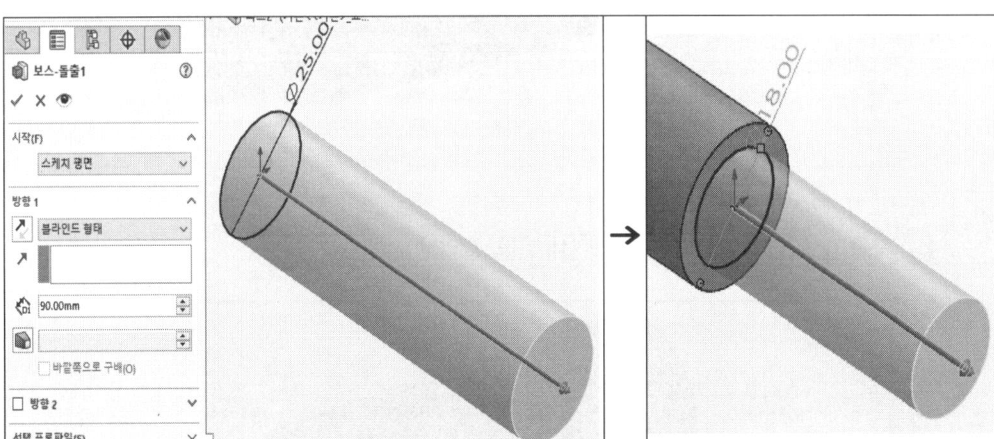

2) “0.5 모따기” ➔ “1.5 필렛” ➔ “단면에 스케치”

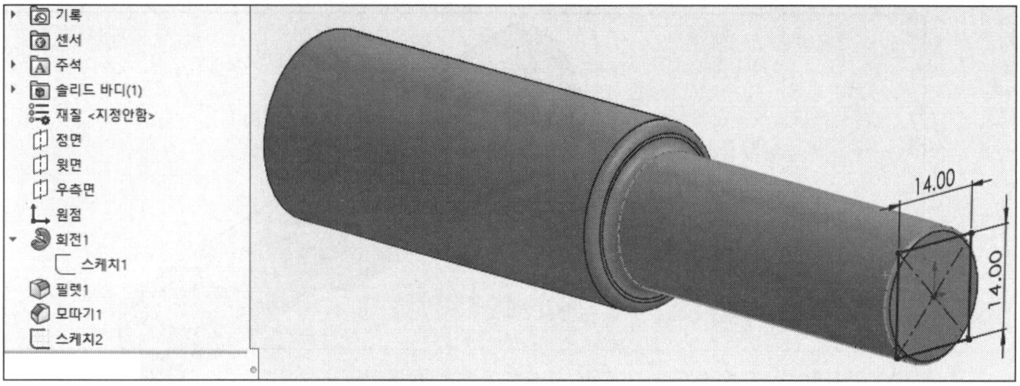

3) “돌출 컷” ➔ “스케치 선택”

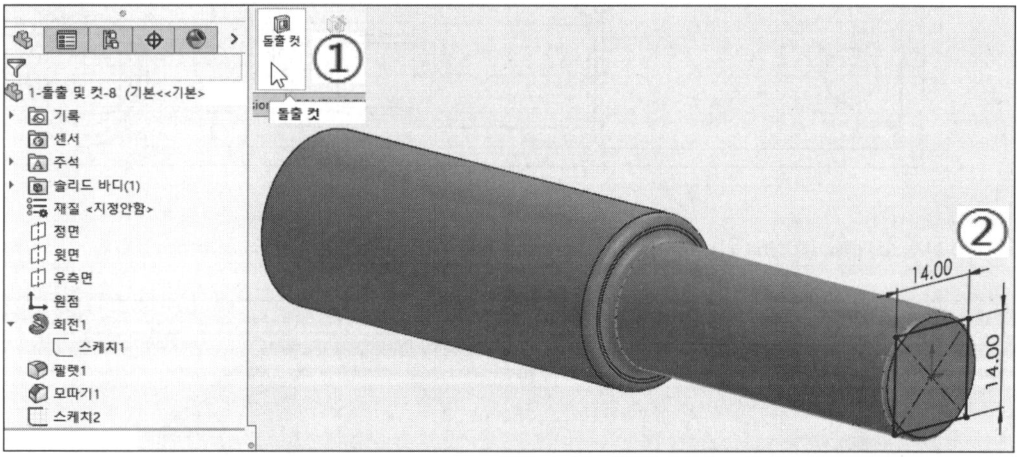

4) “자를면 뒤집기 전 기본 상태”(내부를 잘라냄)

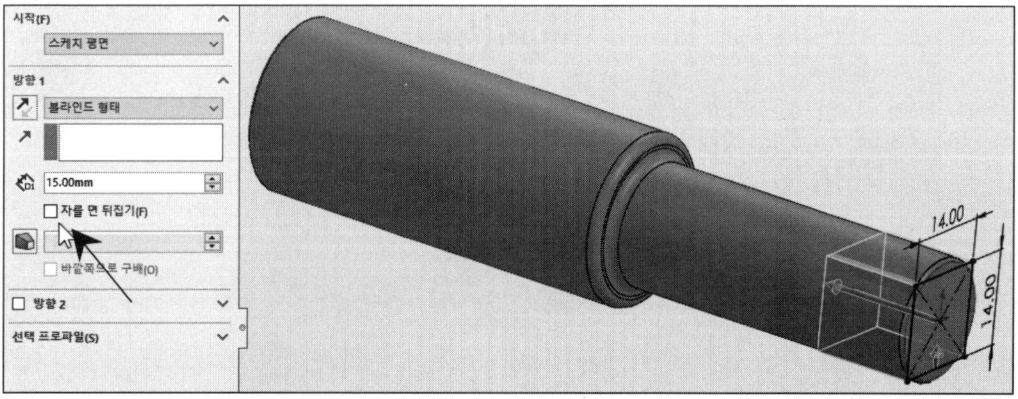

5) **"자를면 뒤집기 선택 상태"**(외부를 잘라냄)

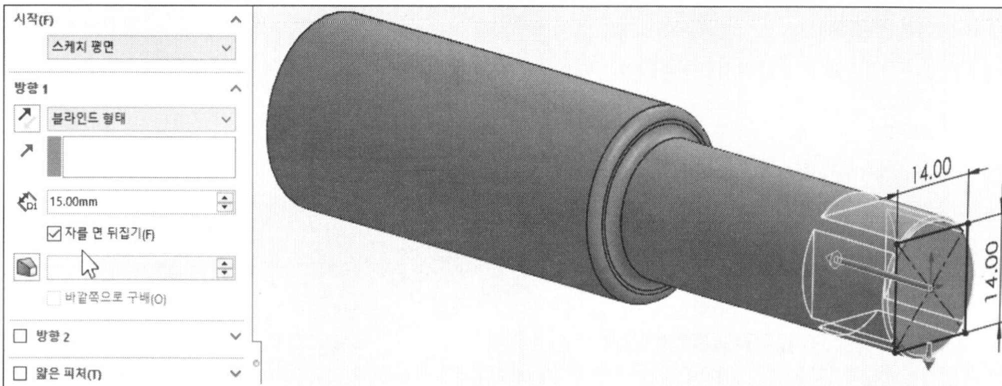

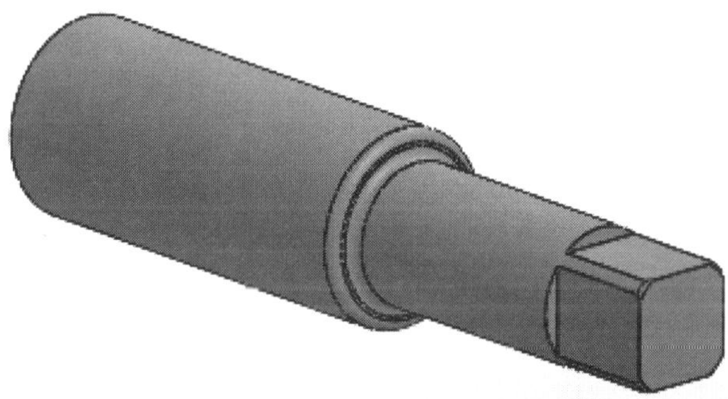

(돌출 컷 상태)

6) **"정면"** → "스케치" → "스케치 및 치수기입"

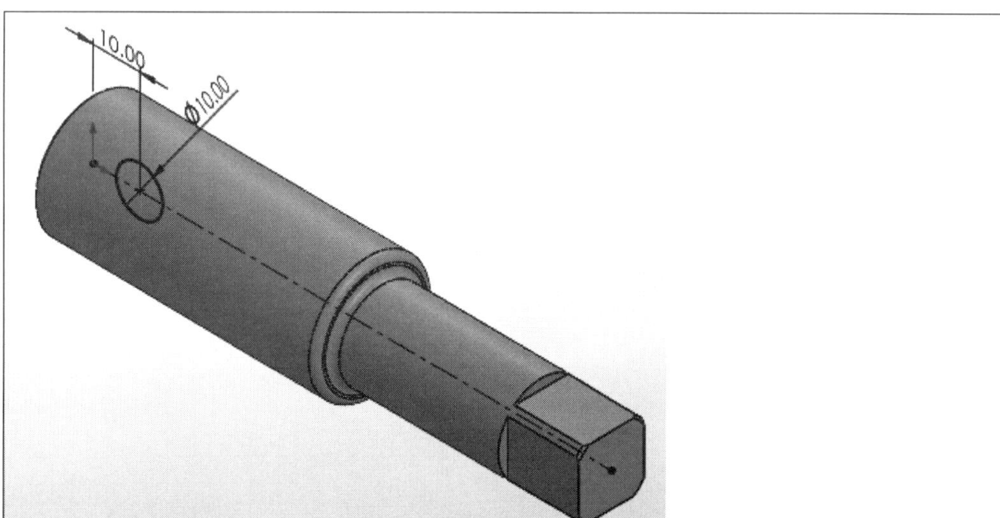

7) "돌출" → "관통–양쪽"

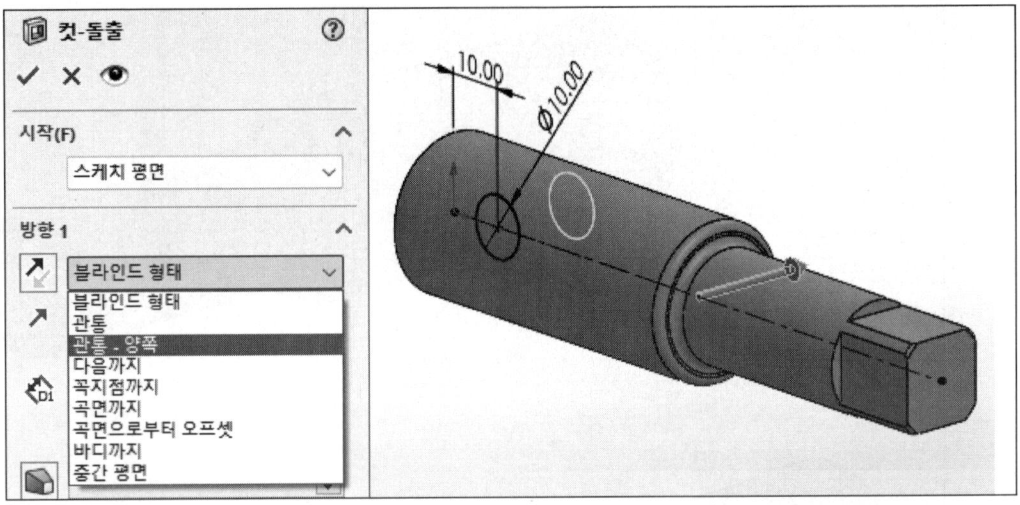

8) 완성된 모델

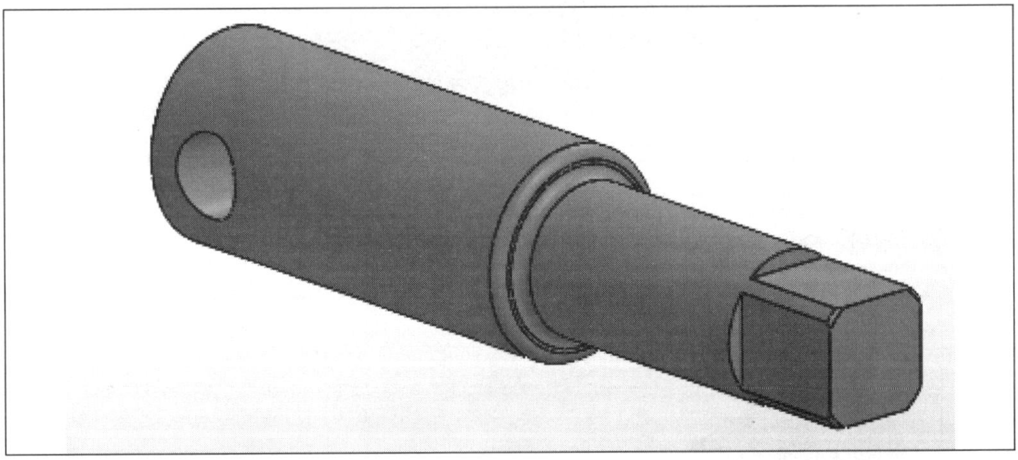

1.3 도면 작성하기

아래와 같이 돌출된 모델의 도면 작성을 연습해 보자.

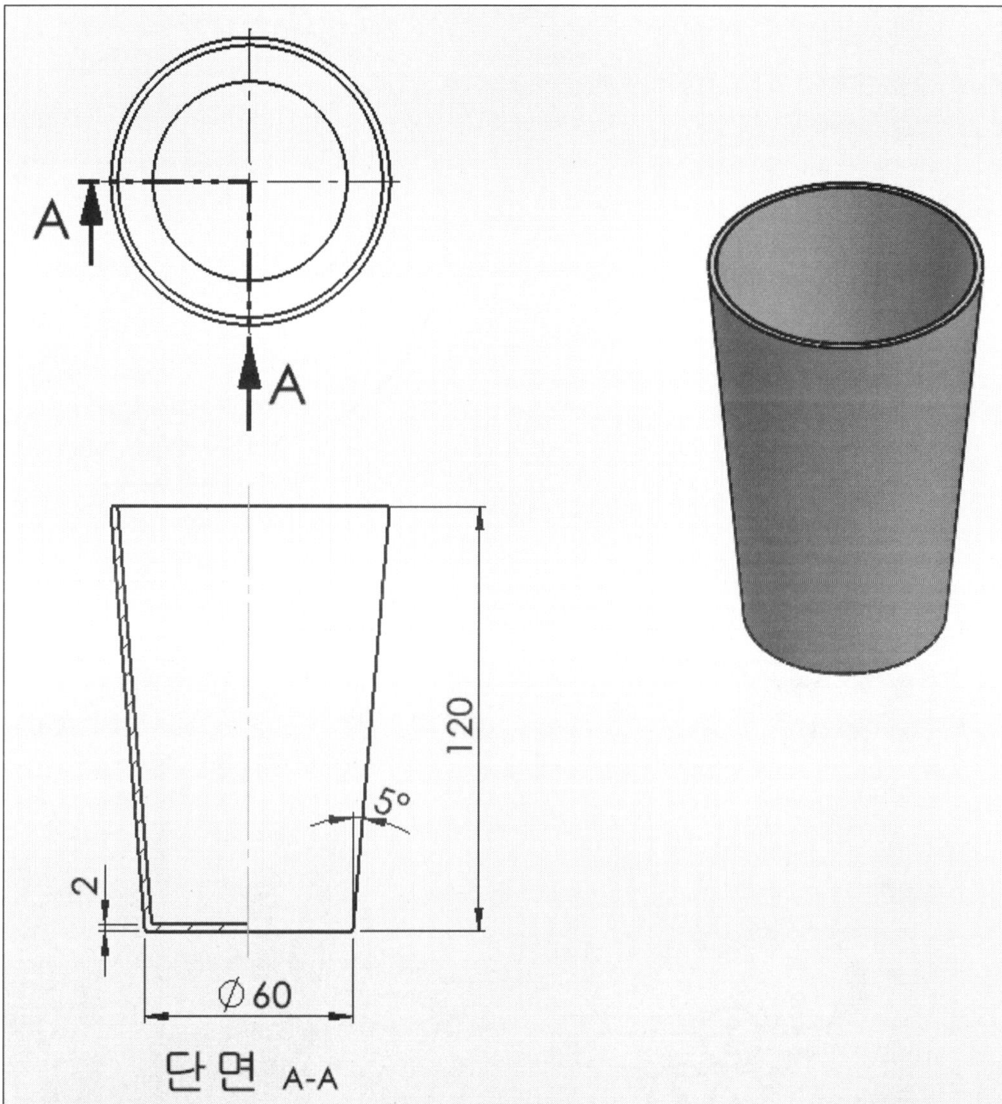

1.4 모델 작성하기

1) "윗면" → "퀵메뉴" → "스케치" → "원 작성 후 ∅60 치수 기입"

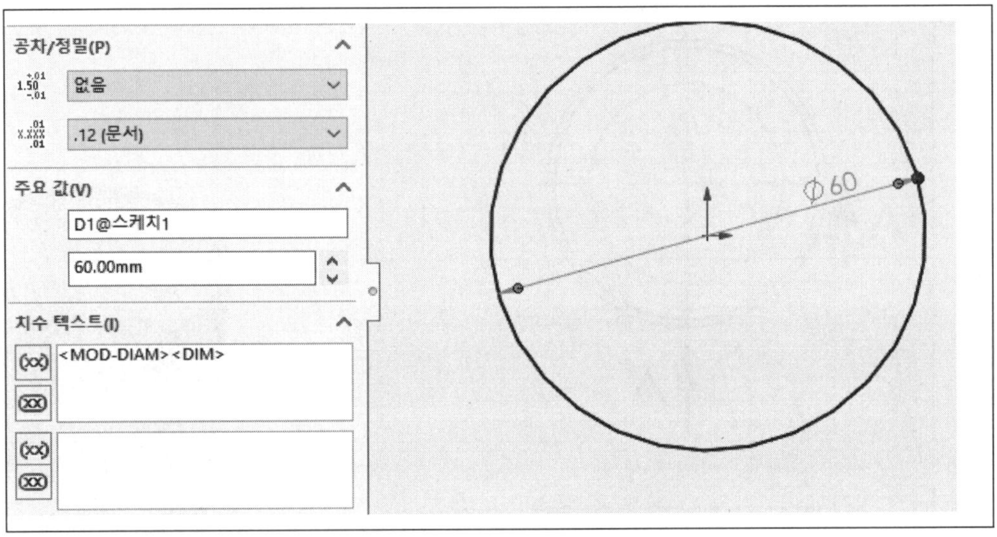

2) "돌출" → "120mm" → "5° (각도)" → "바깥쪽으로 구배"

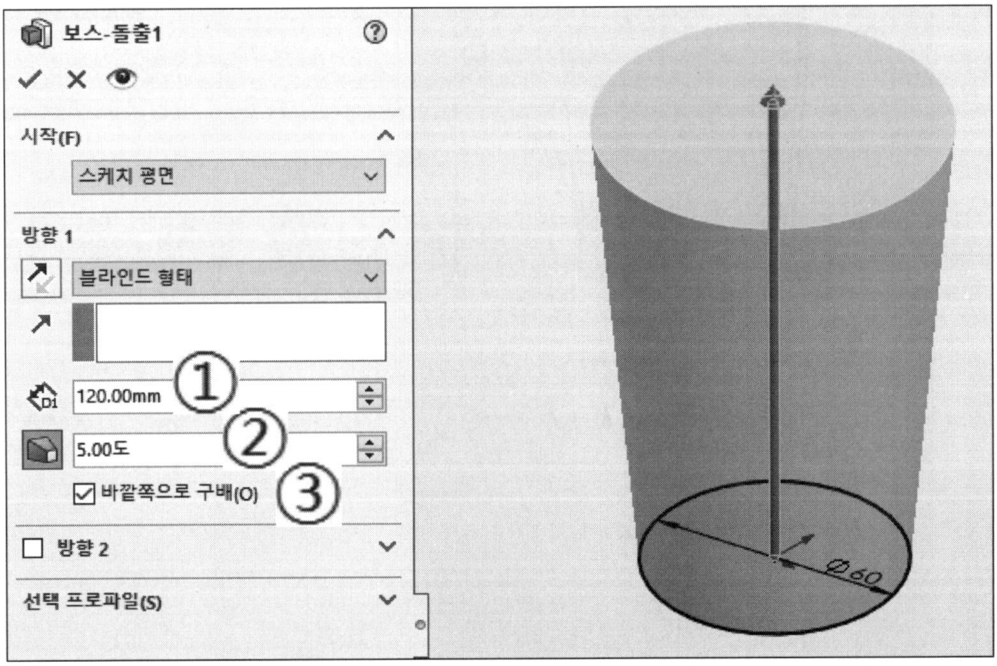

3) “윗면” → “퀵메뉴” → “스케치” → “아래 모서리 선택” → “요소 오프셋(2mm)”

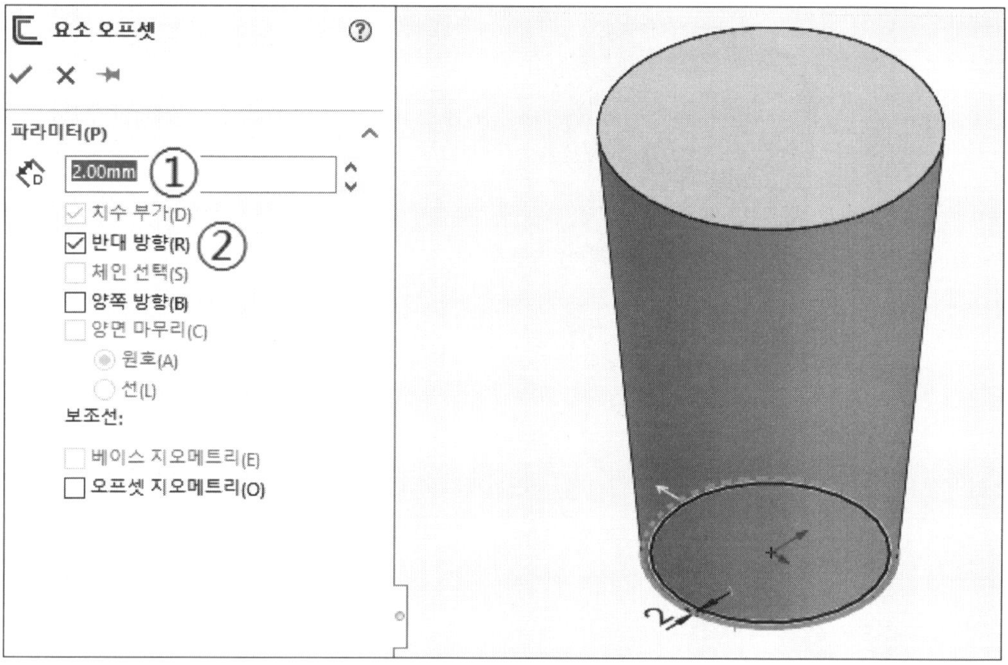

4) “컷 돌출” → “오프셋” → “2mm” → “블라인드 형태” → “120mm)” → “5도” → “바깥쪽으로 구배”

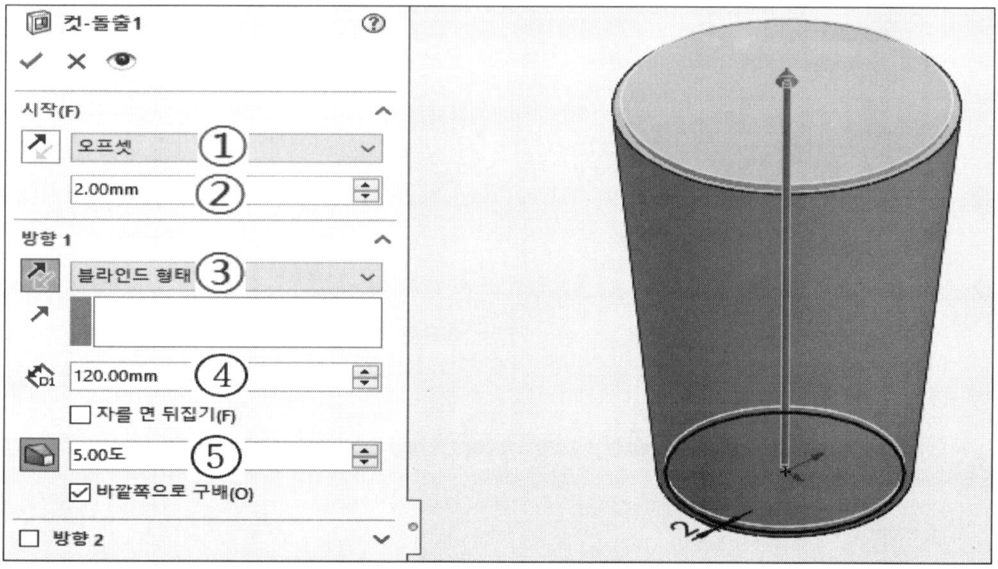

※ 오프셋 기능 : 돌출 컷을 스케치 작성면에서 지정한 옵셋량(2mm) 만큼 띄우고 돌출 컷하는 기능

5) “완성된 모델”

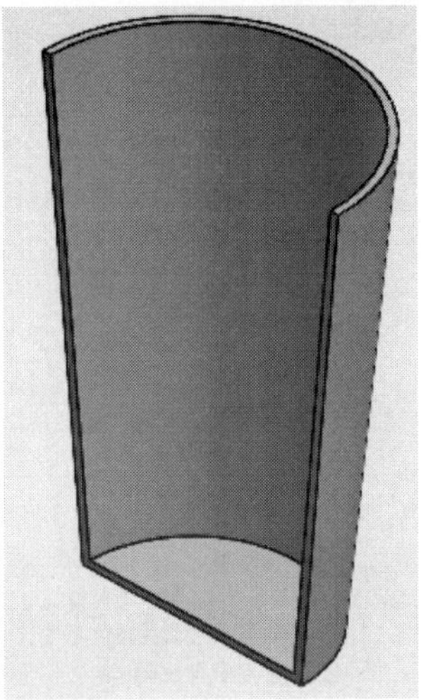

1.5 모델을 도면으로 변환하기

1) “새문서” → “도면” → “확인”

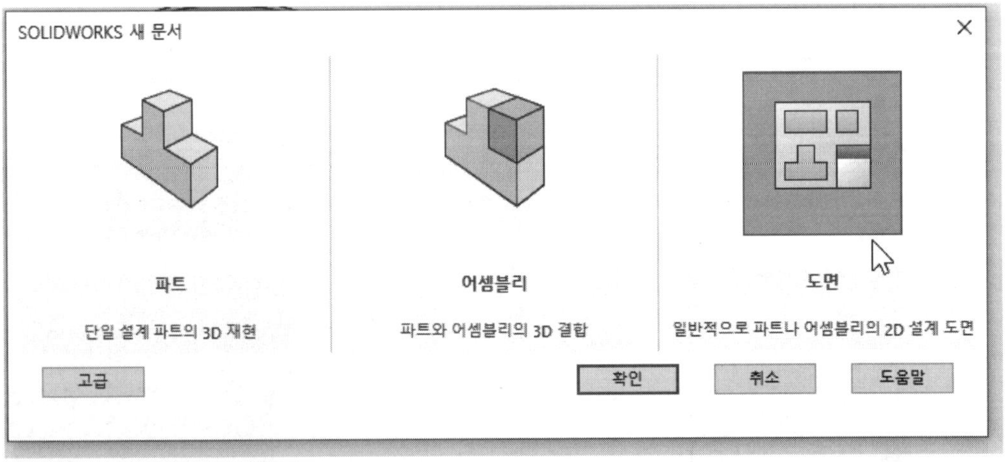

2) "도면 시트 형식 설정" → "A3" → "시트 형식 표시 해제" → "확인"

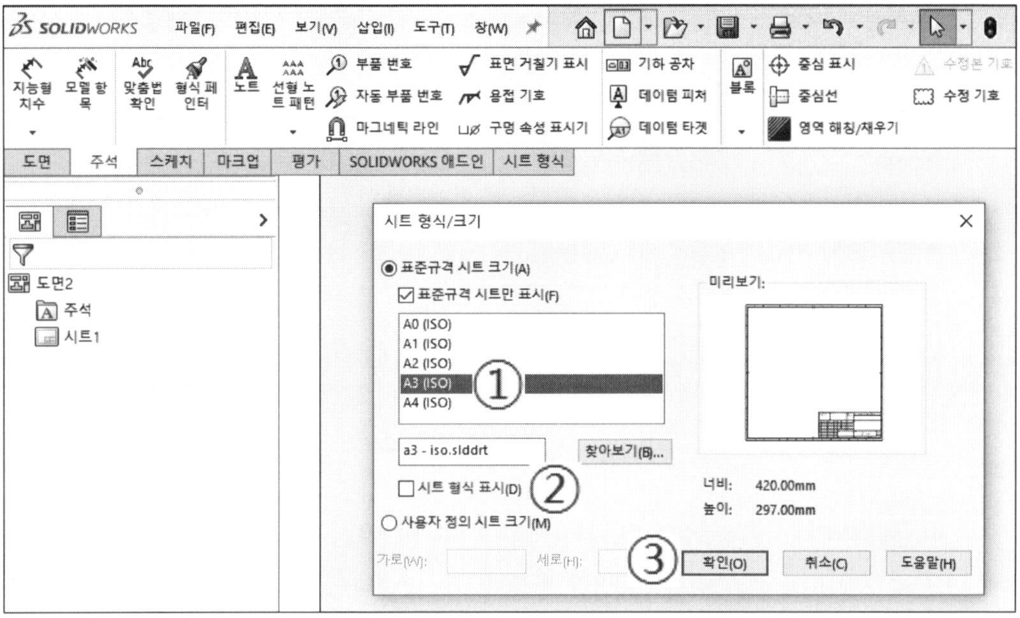

3) "모델뷰" → "다음" → "정면"

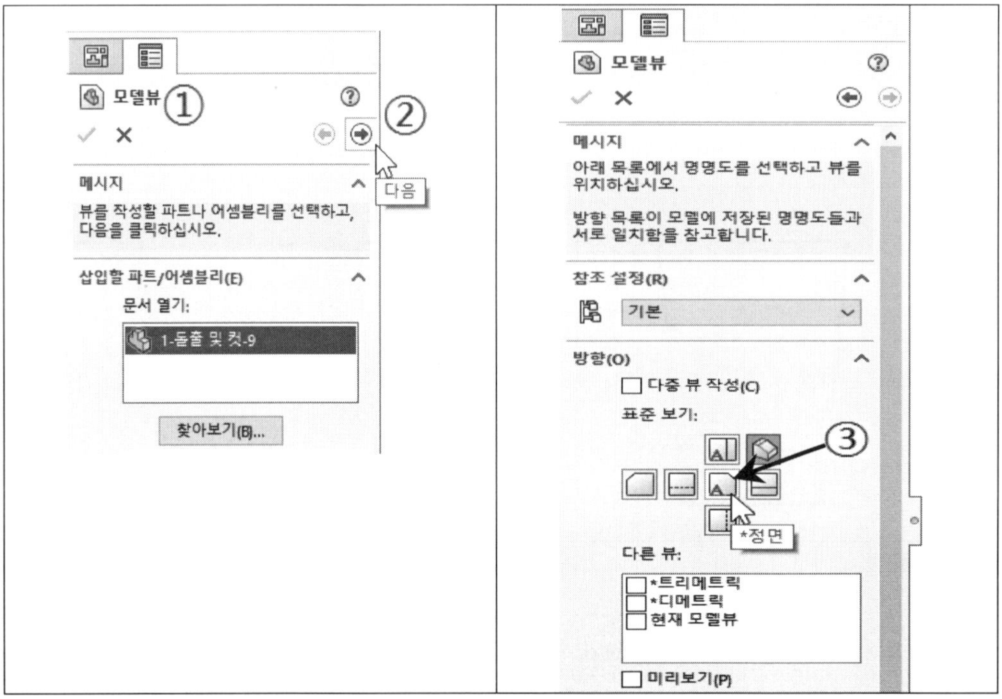

4) “정면도 배치”(도면상에 정면도가 배치되면 좋을 곳을 클릭 해 배치한다)

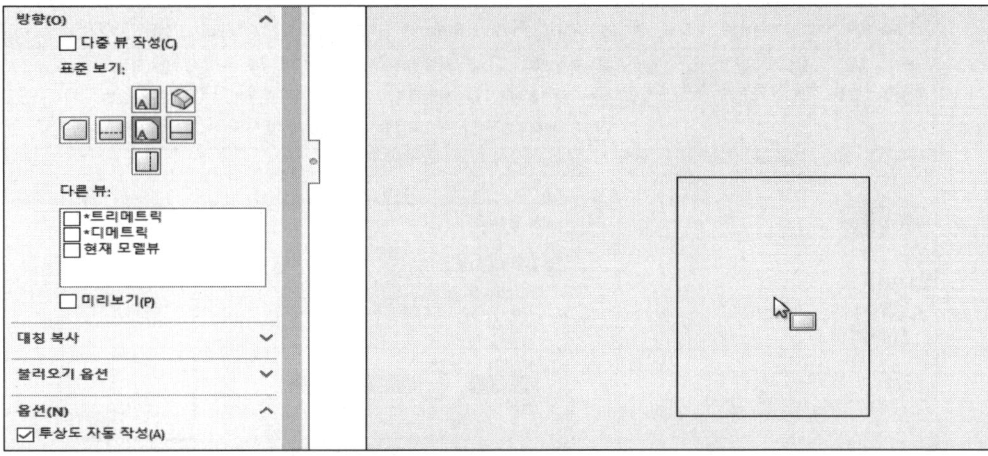

5) “평면도 배치”(도면상에 임의로 배치 후 조정) → “우측면도 배치

※ 정면도와 우측면도가 동일한 형상이므로 생략하고 등각투상도 배치.

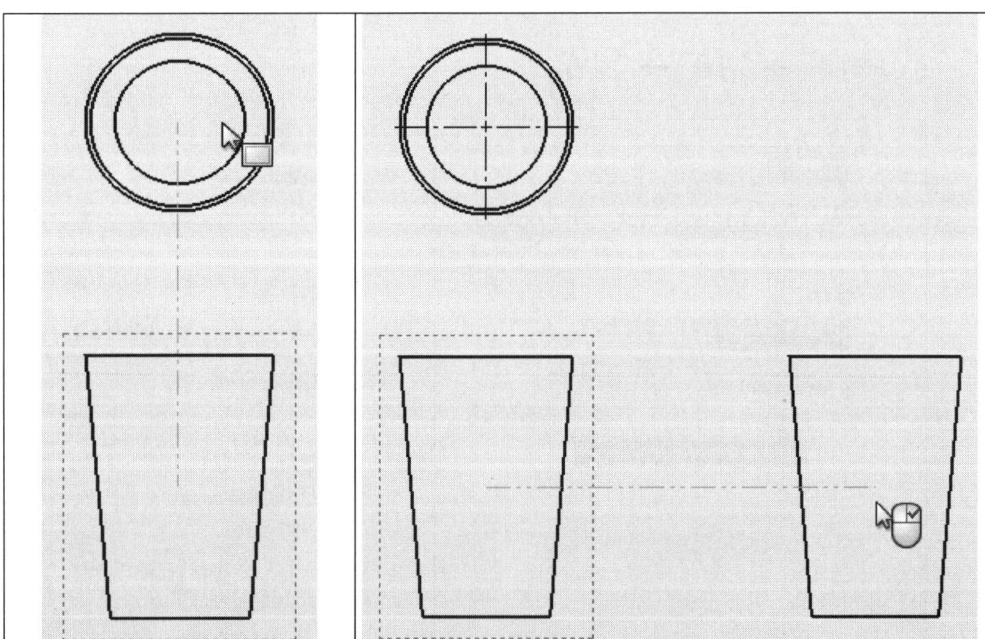

6) “등각 투상도 배치”(배치되면 좋을 곳에 임의로 배치 후 조정)

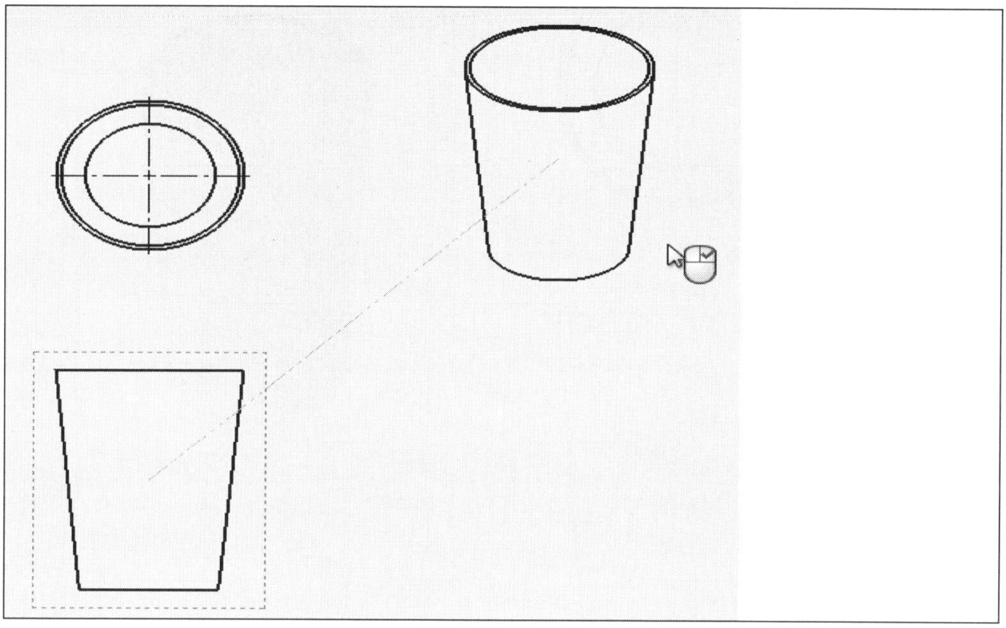

7) “등각 투상도 선택” ➔ “모서리 음영”

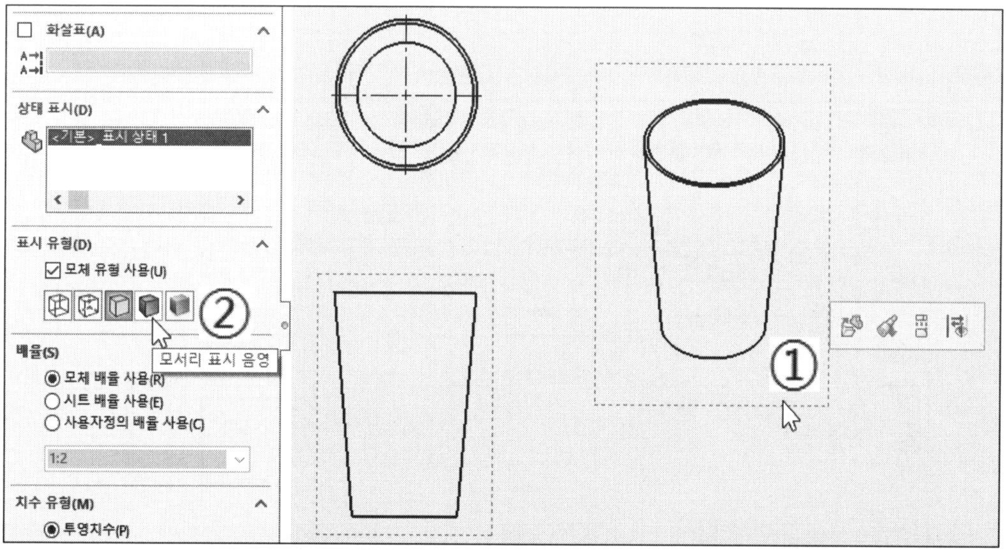

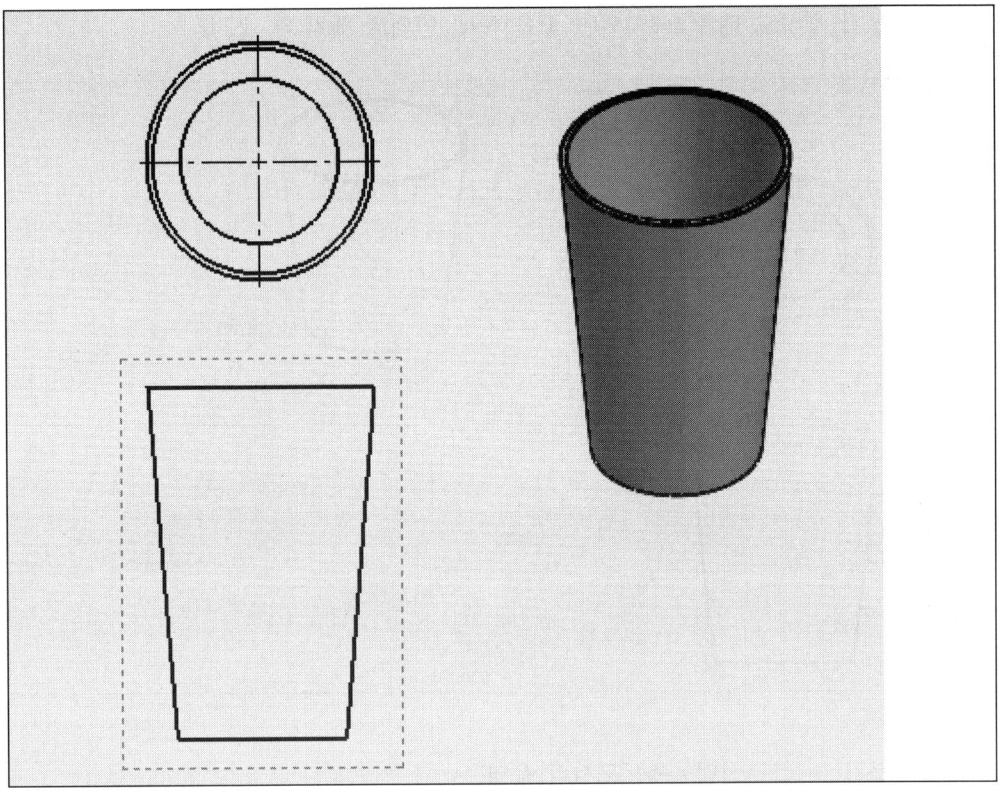

8) “도면” → “단면도”

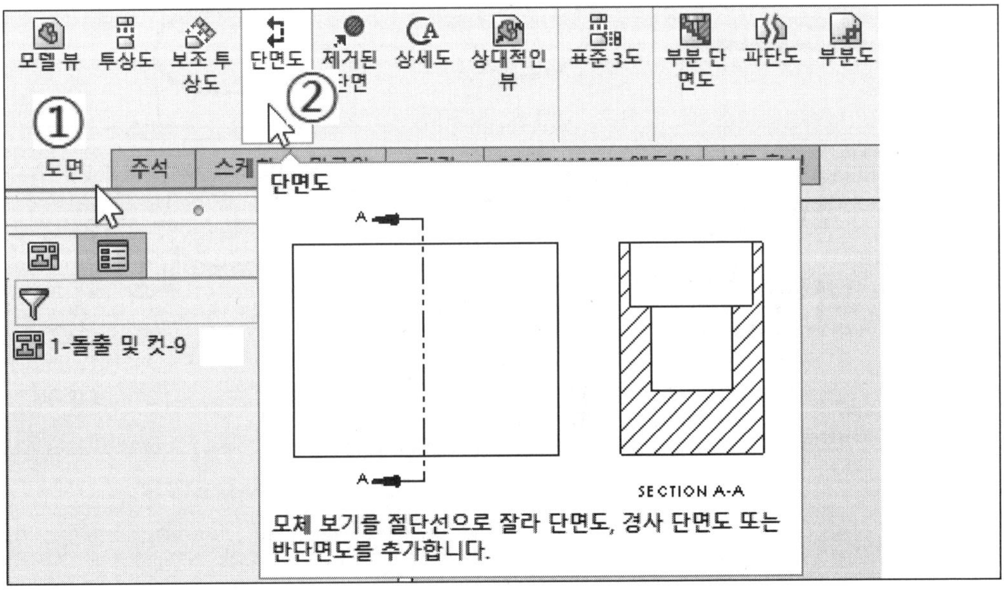
모델 뷰
투상도
보조 투상도
단면도
제거된 단면
상세도
상대적인 뷰
표준 3도
부분 단면도
파단도
부분도
①
②
도면
주석
단면도
A
A
SECTION A-A
모체 보기를 절단선으로 잘라 단면도, 경사 단면도 또는 반단면도를 추가합니다.
1-돌출 및 컷-9

9) “반 단면” ➔ “시점(단면도 보는 방향) 선택〈아래 좌측〉”

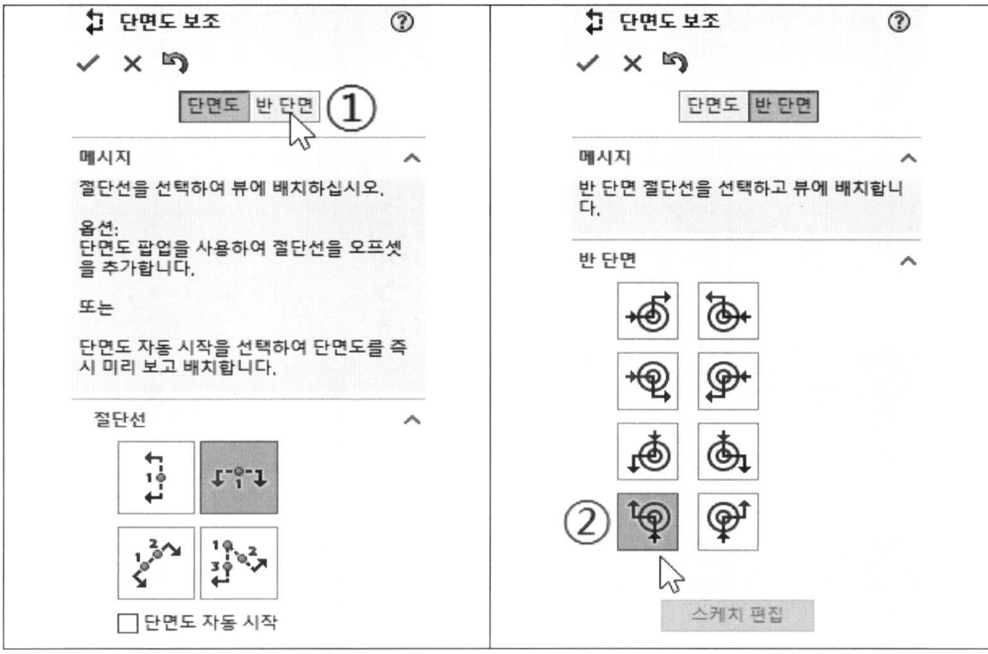

10) “평면도 중심점” ➔ “일치” ➔ “단면도 배치 위치 지정”

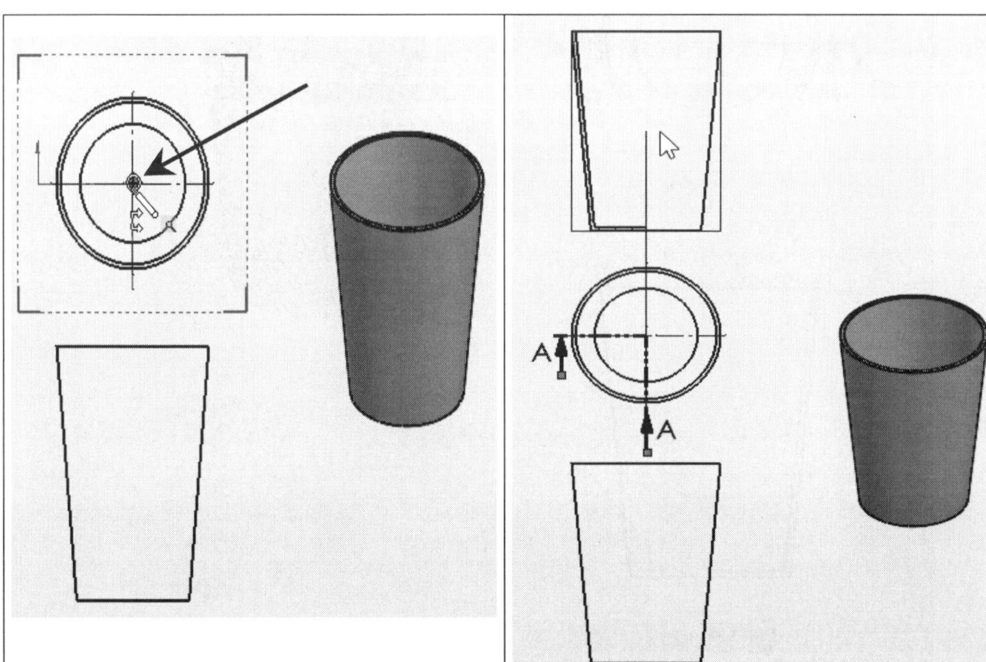

11) “정면도 선택” ➔ “Del 〈정면도 삭제〉”(단면도를 작성하면 외측과 내측의 형상이 동시에 나타나므로 정면도가 불필요) ➔ “지우기 재 확인” ➔ “작성된 단면도 이동”

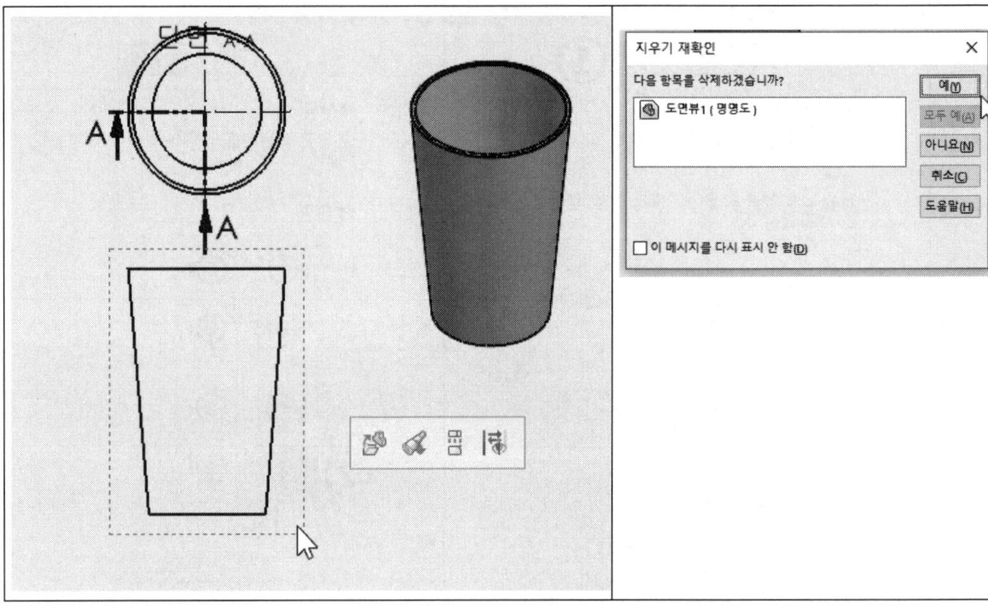

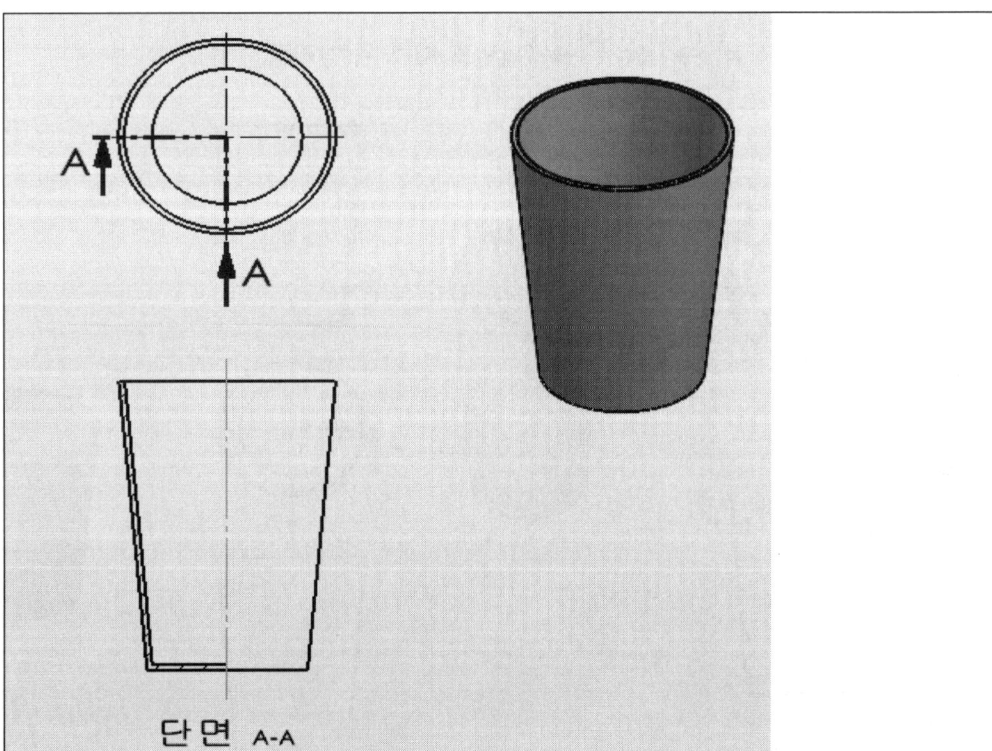

12) 〈치수기입〉"삽입" ➔ "모델 항목" ➔ "전체 모델" ➔ "모든 뷰에 항목 불러오기"

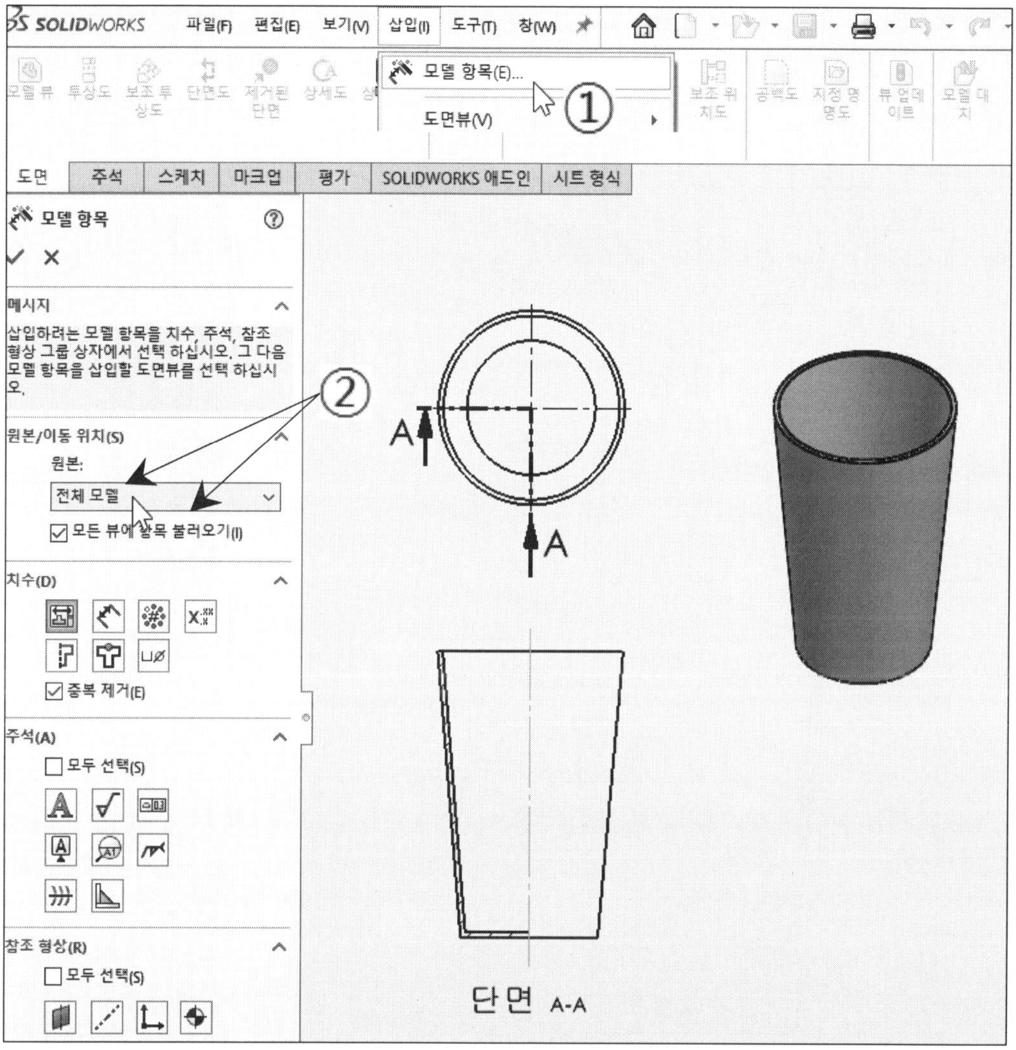

13) “완성된 도면”

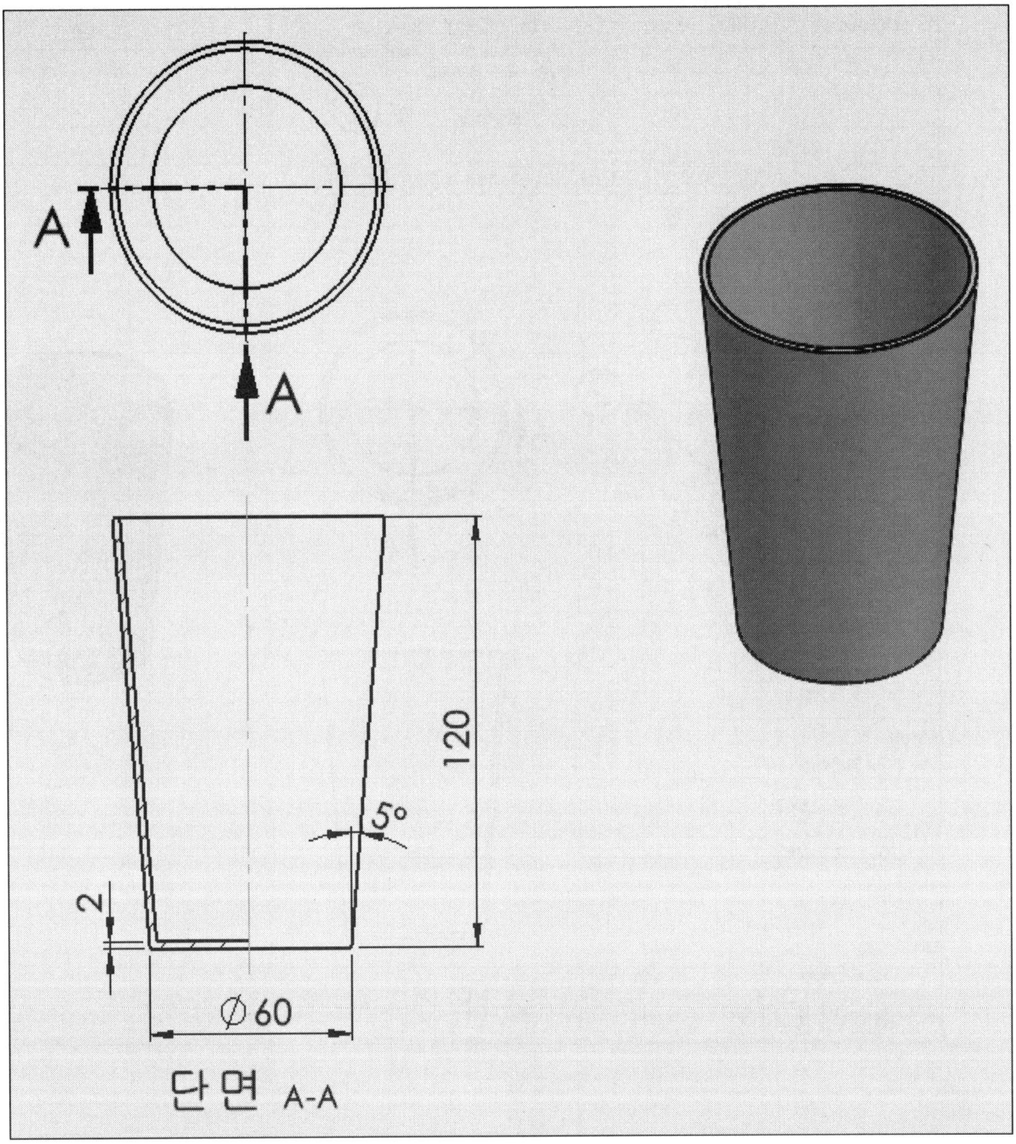

※ 치수의 위치는 도면을 보기 좋고 읽기 편하게 조정 필요

예제 도면 9

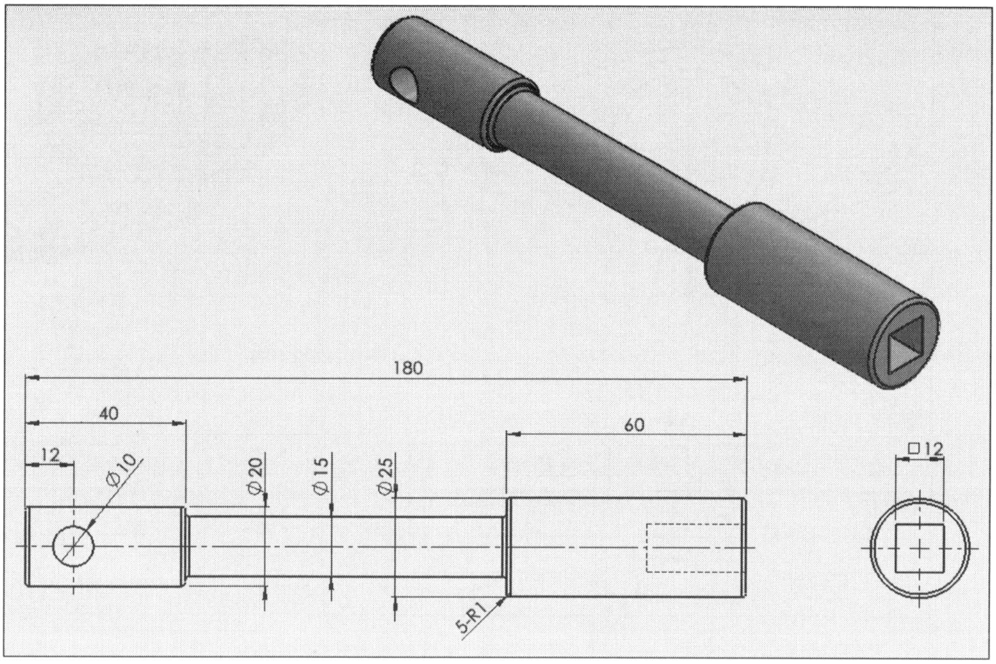

예제 도면 10

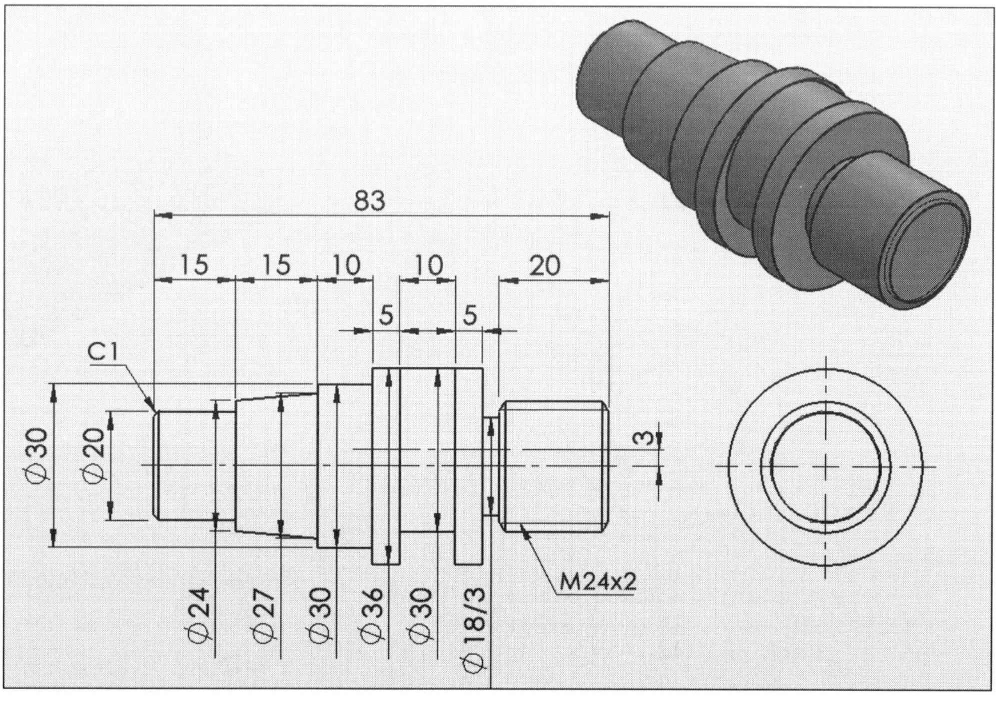

예제 도면 11

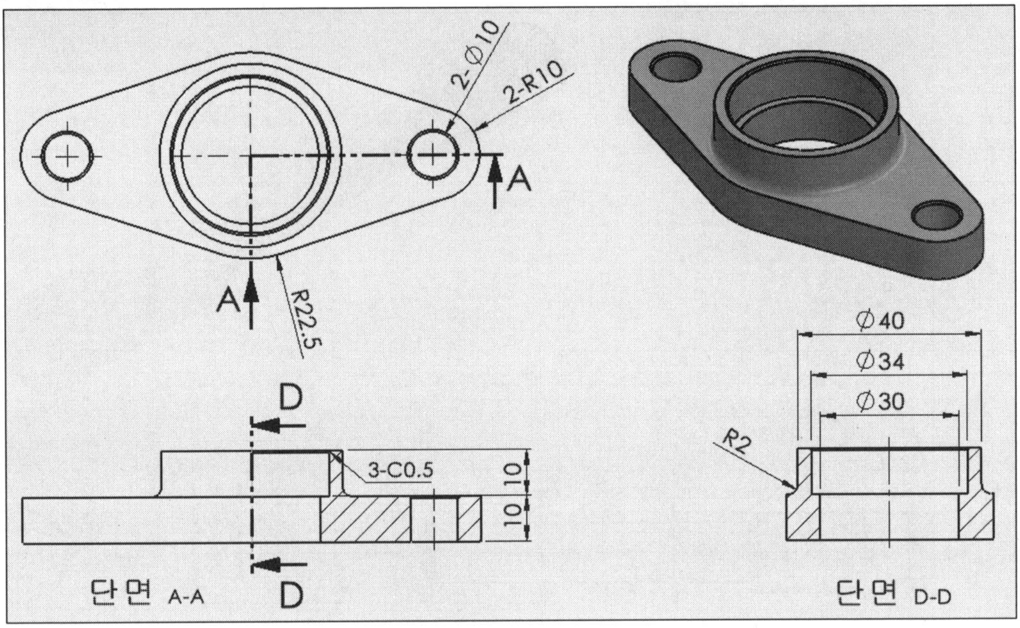

예제 도면 12

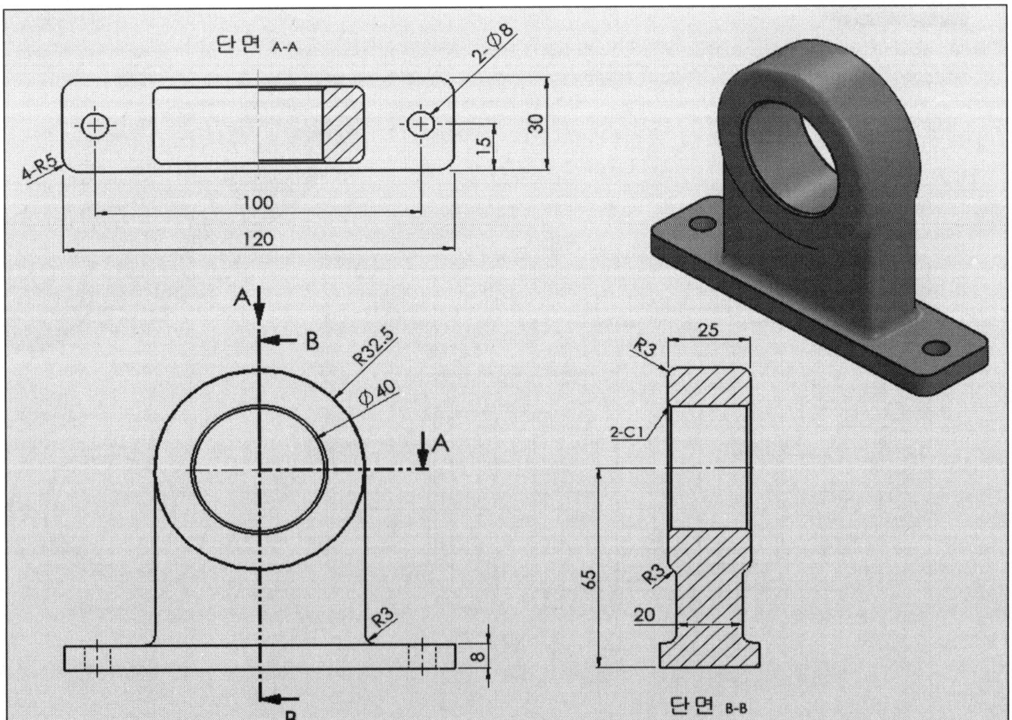

1.6 NCS 능력단위 평가

3D형상모델링 검토하기(1501020114_16v3.1) 능력단위 요소

능력단위요소-수행준거	평가방법	비고
1.1 3D형상모델링의 관련 정보를 도출하고 수정할 수 있다.	현장평가 : 스케치의 정보를 확인해 오류를 파악하고 적절한 방법으로 수정할 수 있는 능력 보유 파악	
	질문 : 스케치 오류 부위를 찾고 적절한 수정 방법을 질문이나 체크리스트 등을 통해 파악	
1.2 각각의 단품으로 조립형상 제작 시 적절한 조립 구속조건을 사용하여 조립품을 생성 할 수 있다.	추후 어셈블리에서 평가	
1.3 조립품의 간섭 및 조립여부를 점검하고 수정할 수 있다.	추후 어셈블리에서 평가	
1.4 편집기능을 활용하여 모델링을 하고 수정할 수 있다.	현장평가 : 작성중 오류나 모델 변경시 수정 능력보유 여부 파악	
	질문 : 스케치 수정 방법을 질문이나 체크리스트 등을 통해 파악	

<table>
<tr><th>교육시간</th><td>48</td><th>강사</th><td></td></tr>
<tr><th>교육개요</th><td colspan="3">학생은 기계요소 설계 분야에서 중요한 업무인 형상모델링 능력을 모델링 프로그램을 사용하여 단순형상과 복잡형상의 모델링 데이터를 생성하고, 작성된 도면에 준하여 데이터를 확인 할 수 있다.</td></tr>
<tr><th>교육육표</th><td colspan="3">모델링 프로그램을 사용하여 단순형상과 복잡형상의 모델링 데이터를 생성하고, 작성된 도면에 준하여 데이터를 확인 할 수 있다.</td></tr>
<tr><th>단원명</th><th colspan="3">단원별 학습목표</th></tr>
<tr><td rowspan="4">1501020204_
14v2.1
모델링 작업
준비하기</td><td colspan="3">1.1 모델링 데이터 생성에 필요한 정보를 정의하여 수집할 수 있다.</td></tr>
<tr><td colspan="3">1.2 모델링 프로그램의 환경을 효율적으로 설정할 수 있다.</td></tr>
<tr><td colspan="3">1.3 모델트리 구성을 결정하여 모델링 작업시간을 단축할 수 있다.</td></tr>
<tr><td colspan="3">1.4 단순형상과 복잡형상을 확인하기 위해 모델링 데이터의 오류여부를 확인할 수 있다.</td></tr>
<tr><td rowspan="4">1501020204_
14v2.2
모델링
작업하기</td><td colspan="3">2.1 이용 가능한 모델링 프로그램의 기능을 사용하여 요구되는 형상을 완벽하게 구현할 수 있다.</td></tr>
<tr><td colspan="3">2.2 모델링의 수정 및 편집을 용이하게 할 수 있다.</td></tr>
<tr><td colspan="3">2.3 관련 산업표준을 준수하여 모델링 할 수 있다.</td></tr>
<tr><td colspan="3">2.4 영역, 길이, 각도, 공차, 지시 등 모델링에 관련된 추가적인 정보를 도출하고 생성할 수 있다.</td></tr>
<tr><td rowspan="4">1501020204_
14v2.3
모델링
분석하기</td><td colspan="3">3.1 도면과 모델링을 비교 · 검토하여 모델링의 오류 발생 정보를 최소화하고, 오류 발생 시 즉각적으로 수정할 수 있다.</td></tr>
<tr><td colspan="3">3.2 제작상의 문제점 및 핵심부를 검토하여 오류 발생 시 관계부서와 협의하여 모델링 데이터를 수정할 수 있다.</td></tr>
<tr><td colspan="3">3.3 제작성을 고려하여 모델링 작업의 결과물을 수정 · 보정할 수 있다.</td></tr>
<tr><td colspan="3">3.4 부품 간 상호 결합상태를 검증할 수 있다.</td></tr>
<tr><td rowspan="3">1501020204_
14v2.4
모델링 데이터
출력하기</td><td colspan="3">4.1 작업 표준서에 의하여 요구되는 2D 데이터 형식의 파일로 저장하거나 출력할 수 있다.</td></tr>
<tr><td colspan="3">4.2 작업 표준서에 의하여 요구되는 3D 모델링 데이터 형식의 파일로 저장하거나 출력할 수 있다.</td></tr>
<tr><td colspan="3">4.3 출력된 모델링 데이터에 요구되는 소요자재목록, 부품목록 등의 정보를 산출할 수 있다.</td></tr>
<tr><th>선수능력
(필요한 경우)</th><td colspan="3">그래픽 툴의 원활한 사용</td></tr>
</table>

학습활동

학습활동	특기사항

[모델링 작업 준비하기]
1 모델링 데이터 생성에 필요한 정보를 정의하여 제출하시오.
2 모델링 프로그램의 환경을 효율적으로 설정하는 방법을 정리하여 제출하시오.
3 모델트리 구성을 결정하여 모델링 작업시간을 단축할 수 있도록 설정하고 그 방법을 정리하여 제출하시오.
4 단순형상과 복잡형상을 확인하기 위해 모델링 데이터의 오류여부를 판단하고 정리하여 제출하시오.
 	
[모델링 작업하기]
1 이용 가능한 모델링 프로그램의 기능을 사용하여 요구되는 형상을 완벽하게 구현한 후 파일을 제출하시오.
2 모델링의 수정 및 편집을 용이하게 할 수 있는 방법을 정리하여 제출하시오.
3 관련 산업표준을 준수하여 모델링 하고 파일을 제출하시오.
4 영역, 길이, 각도, 공차, 지시 등 모델링에 관련된 추가적인 정보를 도출하고 생성한 후 파일을 제출하시오.
 	
[모델링 분석하기]
1 도면과 모델링을 비교 · 검토하여 모델링의 오류 발생 정보를 최소화하고 정리 하여 제출하시오.
2 제작상의 문제점 및 핵심부를 검토하여 오류 발생 시 관계부서와 협의하여 모델링 데이터를 수정한 후 파일로 제출 하시오.
3 제작성을 고려하여 모델링 작업의 결과물을 수정 · 보정한 후 그 내용을 정리하여 제출 하시오.
4 부품 간 상호 결합상태를 검증 분석하고 그 방법을 정리하여 제출하시오.
 	
[모델링 데이터 출력하기]
1 작업 표준서에 의하여 요구되는 2D 형식으로 출력하여 제출하시오.
2 작업 표준서에 의하여 요구되는 3D 모델링 데이터 형식의 파일로 저장하여 제출하시오.
3 출력된 모델링 데이터에 요구되는 소요자재목록, 부품목록 등의 정보를 산출 정리하여 제출하시오.
	• 질문 사항 및 도면 검토(검도)는 이메일로 제출
	  – 메일주소 :
	
	• 컴퓨터 전원 관리 철저 및 안전에 주의(문어발식 콘센트 사용금지)
	
	• 실습 및 학습과 무관한 소프트웨어 및 허가받지 않은 소프트웨어를 설치하지 말것(비허가 및 불법 소프트웨어는 삭제 될 수 있음)
	
	• USB의 사용전, 후 반드시 바이러스 검사를 실시
	
	• 바이러스가 예상되는 웹사이트에 접근금지
	
	• 책상주변에 커피, 물 등의 음식물 보관 금지
	
	• 실습실 개방시간 : 9:00 ~ 18:00
	
	• 컴퓨터 고장 및 프린터, 플로터 사용시 관리자
	  – 연락처 : 학과사무실
	  – 전화번호 :

학습자료

<table>
<tr><td>보조자료</td><td colspan="2">• 개발시 필요한 국/내외 표준
• 한국소프트웨어기술진흥협회 가이드
• 개발 시 적용되는 국/내외 개발표준 문서
• 개발 시 적용되는 개발표준 문서
• 표준 및 절차 매뉴얼(템플릿 포함)
• 전자정부 웹 표준 준수지침</td></tr>
<tr><td>사용장비 및 공구</td><td colspan="2">• 컴퓨터
• 프린터, 플로터
• 형상모델링 작성 프로그램</td></tr>
<tr><td>소요재료</td><td colspan="2">프린터잉크 및 토너, 플로터잉크</td></tr>
<tr><td rowspan="4">관련
지식 · 기술 · 태도</td><td>구 분</td><td>주 요 내 용</td></tr>
<tr><td>지 식</td><td>• 공작기계의 종류 및 특성에 대한 지식
• 기계재료의 종류 및 특성에 대한 지식
• 모델링 프로그램 전반에 대한 지식
• 모델링 프로그램 매뉴얼에 대한 지식
• 부품 상호운동의 기구학적 특성에 대한 지식
• 유사 사례의 성공, 실패요인에 대한 지식
• 좌표계의 종류 및 특성에 대한 지식
• 치수공차 및 기하공차에 대한 지식
• KS 및 ISO 등 규격에 대한 지식
• SI 및 MKS 단위에 대한 지식
• 2D 도면해독에 대한 지식</td></tr>
<tr><td>기 술</td><td>• 모델링 데이터 검증 기술
• 모델링 분석 기술
• 모델링 제품의 제작방법 검토 기술
• 모델링 공정 단축을 위한 설계기술
• 모델링 프로그램 전반에 대한 운용 기술
• 유사 사례에 대한 분석 기술
• 관련 분야의 산업표준에 대한 검토 기술
• 공차 및 기하학적 기호에 대한 이해 능력
• 체크리스트 확인 능력</td></tr>
<tr><td>태 도</td><td>• 가공시간을 단축시켜 생산성 향상을 위한 적극적인 자세
• 관련 분야 산업표준에 대한 분석 의지
• 도면에 따른 모델링의 치밀한 분석 자세
• 모델링 데이터 오류에 대한 객관적 분석 의지
• 모델링 분석을 위한 객관적 판단 의지
• 모델링 프로그램 매뉴얼 습득 의지
• 유사 사례를 면밀하게 분석할 수 있는 태도
• 정확한 도면분석을 위한 검토 의지
• 타 부서와의 협력 검토 의지</td></tr>
<tr><td>교재</td><td colspan="2">본 교재, NCS 학습모듈, 솔리드웍스 따라하기(전기원)</td></tr>
</table>

자기평가서

자 기 평 가 서				
평가영역 (단원명)	문 항	미흡	보통	우수
모델링 작업 준비하기	1.1 모델링 데이터 생성에 필요한 정보를 정의하여 수집할 수 있다.			
	1.2 모델링 프로그램의 환경을 효율적으로 설정할 수 있다.			
	1.3 모델트리 구성을 결정하여 모델링 작업시간을 단축할 수 있다.			
	1.4 단순형상과 복잡형상을 확인하기 위해 모델링 데이터의 오류여부를 확인할 수 있다.			
모델링 작업하기	2.1 이용 가능한 모델링 프로그램의 기능을 사용하여 요구되는 형상을 완벽하게 구현할 수 있다.			
	2.2 모델링의 수정 및 편집을 용이하게 할 수 있다.			
	2.3 관련 산업표준을 준수하여 모델링 할 수 있다.			
	2.4 영역, 길이, 각도, 공차, 지시 등 모델링에 관련된 추가적인 정보를 도출하고 생성할 수 있다.			
모델링 분석하기	3.1 도면과 모델링을 비교 · 검토하여 모델링의 오류 발생 정보를 최소화하고, 오류 발생 시 즉각적으로 수정할 수 있다.			
	3.2 제작상의 문제점 및 핵심부를 검토하여 오류 발생 시 관계부서와 협의하여 모델링 데이터를 수정할 수 있다.			
	3.3 제작성을 고려하여 모델링 작업의 결과물을 수정 · 보정할 수 있다.			
	3.4 부품 간 상호 결합상태를 검증할 수 있다.			
모델링 데이터 출력하기	4.1 작업 표준서에 의하여 요구되는 2D 데이터 형식의 파일로 저장하거나 출력할 수 있다.			
	4.2 작업 표준서에 의하여 요구되는 3D 모델링 데이터 형식의 파일로 저장하거나 출력할 수 있다.			
	4.3 출력된 모델링 데이터에 요구되는 소요자재목록, 부품목록 등의 정보를 산출할 수 있다.			

평가자 체크리스트 평가 표

평가 항목(체크 리스트)		교수자 평가	
		배점	득점
1. 3D 형상 모델링 작업 준비할 수 있는가?		30점	
	– 명령어를 이용하여 3D CAD 프로그램을 사용자 환경에 맞도록 설정할 수 있다.	10점	
	– 3D 형상 모델링에 필요한 부가 명령을 설정할 수 있다.	10점	
	– 작업 환경에 적합한 템플릿을 제작하여 도면의 형식을 균일화 시킬 수 있다.	10점	
2. 3D 형상 모델링 작업할 수 있는가?		70점	
	– KS 및 ISO 관련 규격을 준수하여 형상을 모델링할 수 있다.	10점	
	– 스케치 도구를 이용하여 디자인을 형상화할 수 있다.	10점	
	– 모델에 치수를 기입하여 치수에 맞게 형상을 수정할 수 있다.	10점	
	– 기하학적 형상을 구속하여 원하는 형상을 유지시키거나 선택되는 요소에 다양한 구속 조건을 설정할 수 있다.	10점	
	– 특징 형상 설계를 이용하여 요구되어지는 3D 형사 모델링을 완성할 수 있다.	10점	
	– 연관 복사 기능을 이용하여 원하는 형상으로 편집하고 변환할 수 있다.	10점	
	– 요구되어지는 형상과 비교, 검토하여 요류를 확인하고 발견되는 오류를 즉시 수정할 수 있다.	10점	
점수 환산 (총 득점 / 만점) x 100		100점	

※ 평가 문제는 앞 페이지의 예제 도면에서 교수자가 선정하여 실시한다.

※ 평가에서 평가 시점 및 방법은 매 단원마다 실시하거나 중간평가, 기말평가 또는 교육기관 형편에 맞추어 적합한 평가 시점이나 횟수 방법을 적용해 실시한다.

CHAPTER 02 회전 및 회전 컷

아래와 같은 원통형 모델을 만드는 과정을 통해 솔리드웍스 회전과 회전컷을 이용해 제품을 모델링해 보자.

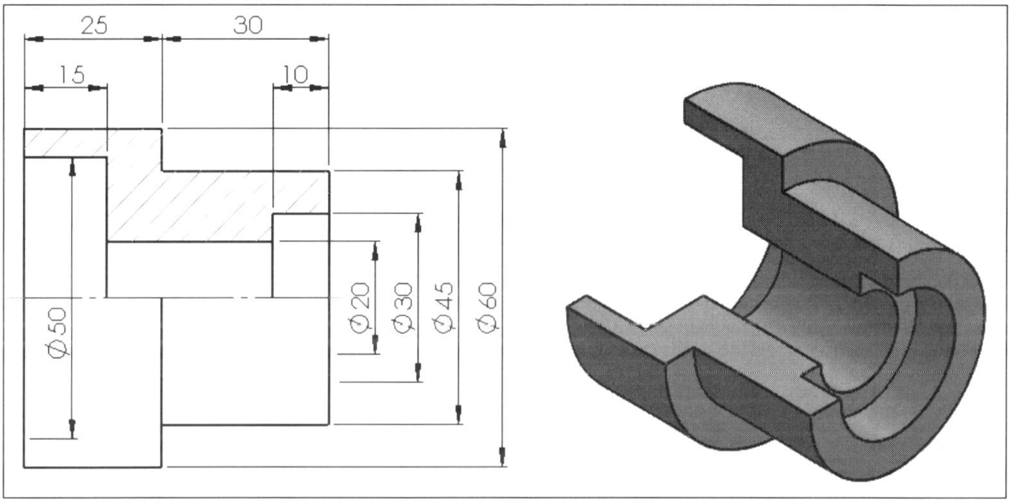

1) "새문서" 아이콘 선택

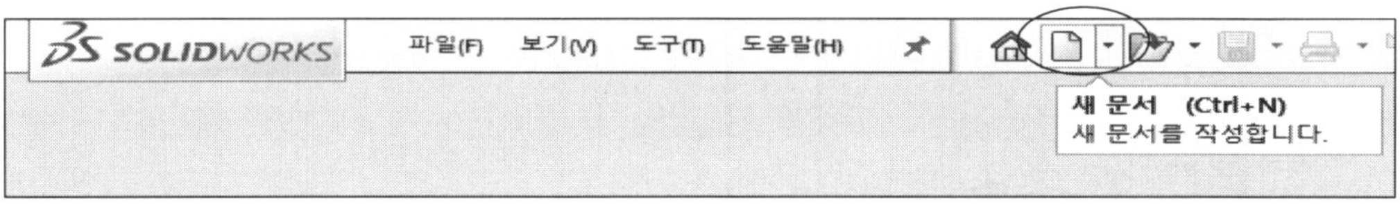

2) “파트” → “확인”

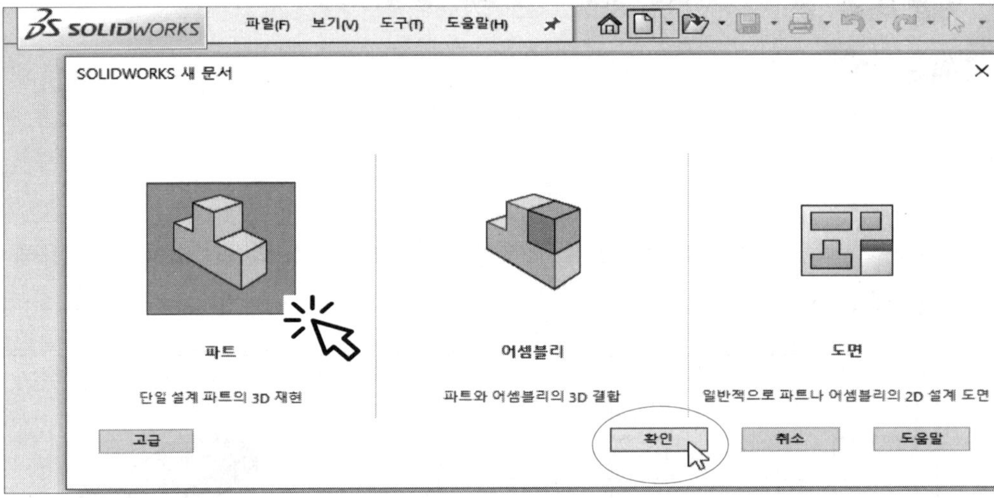

3) “정면” → “퀵메뉴” → “스케치”

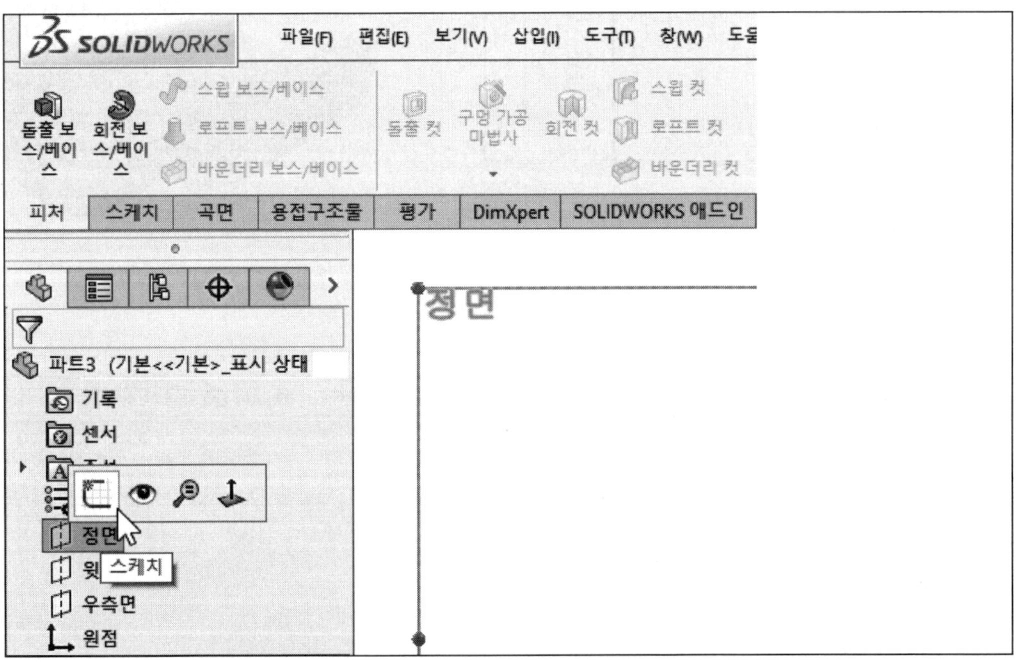

4) “중심선 그리기” → “선 그리기”

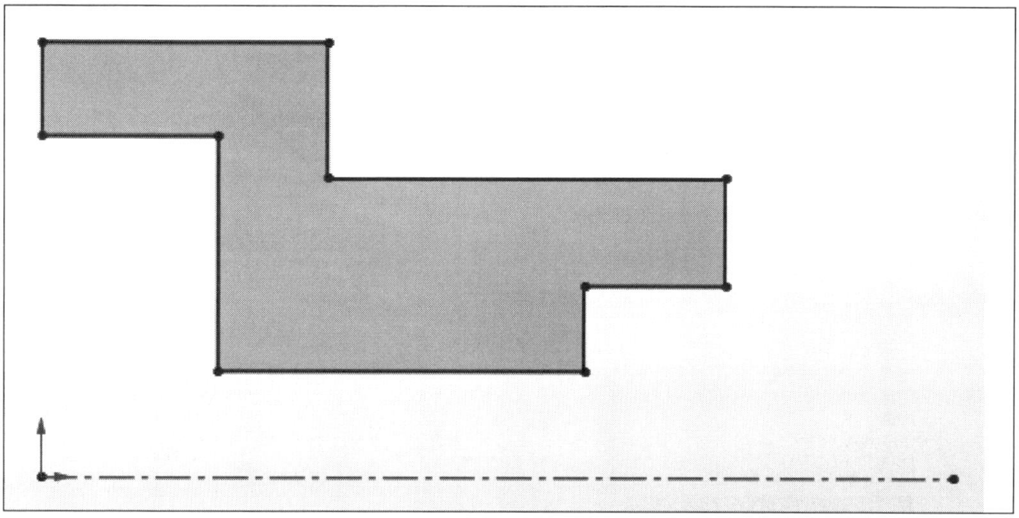

※ Command Manager 구성하기(중심선 아이콘 만들기)

중심선은 스케치 작성시 매우 많이 사용하는 요소로써 “메뉴” → “선” → “중심선”으로 선택해야 하므로 자주 사용하는 입장에서는 아쉬움이 많다.

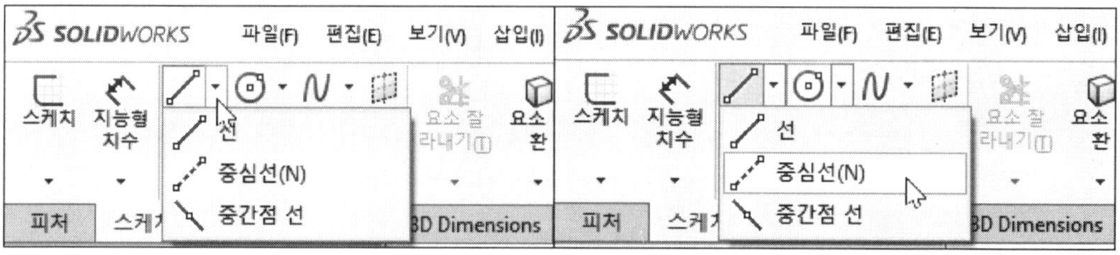

따라서 빠르게 중심선을 작성하기 위해 아래의 그림과 같이 “Command Manager”에 등록하여 쉽게 사용하는 방법을 살펴보자.

① “사용자 정의” ➔ “명령” ➔ “스케치” ➔ “중심선” ➔ “승인”

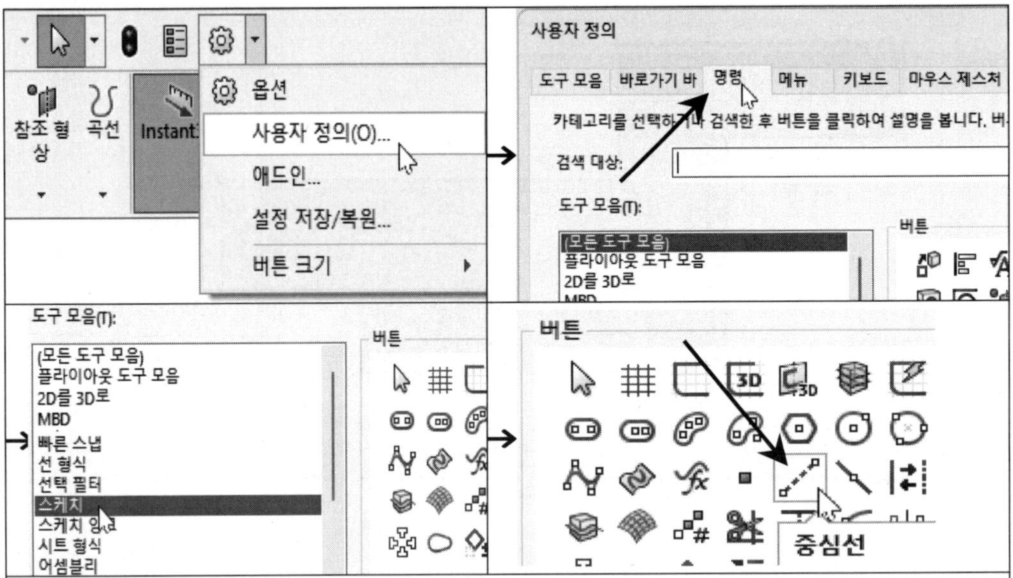

※ 중심선을 드래그해서 Command Manager에 끌어다 놓는다.

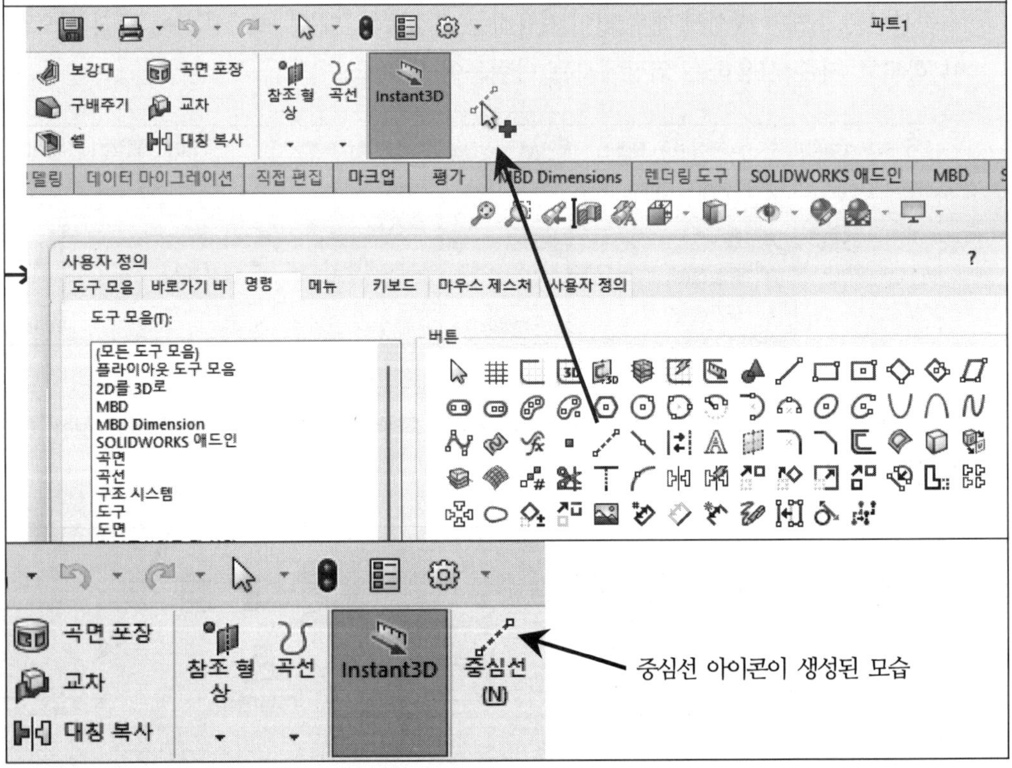

5) "치수기입"(지름치수=중심선+외측선)[1]

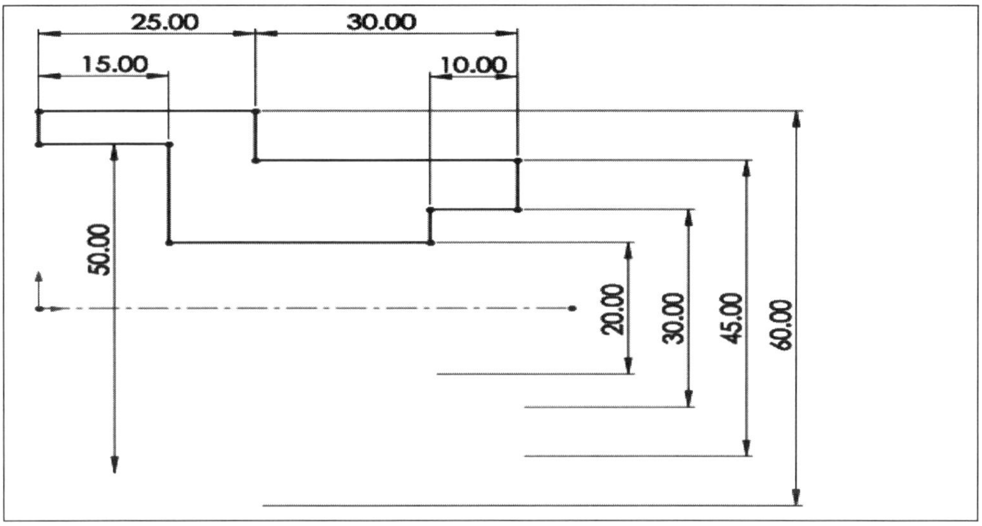

6) "피처" ➔ "회전"

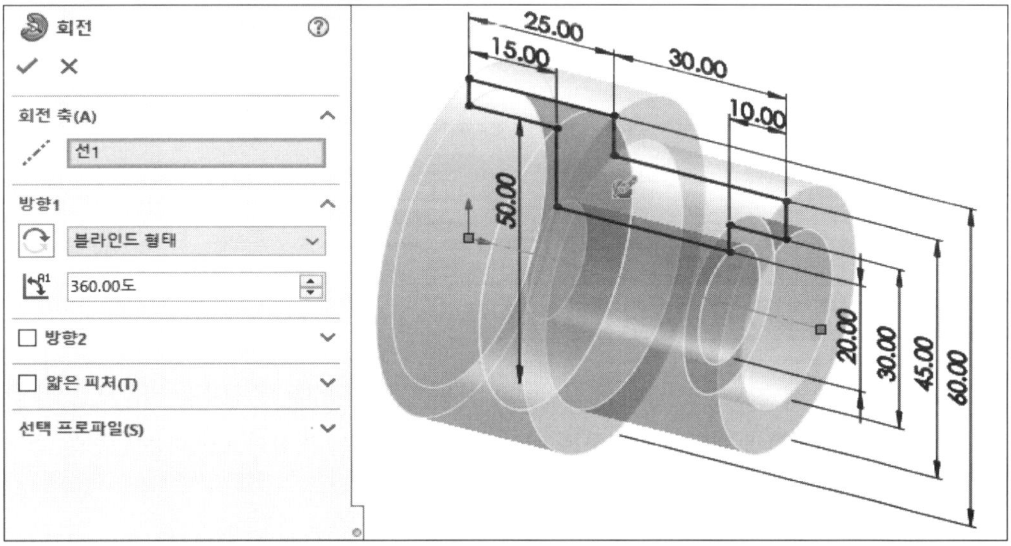

---

1) 지름 치수 기입은 선과 중심선을 선택한 다음 커서를 중심선 아래로 이동시키면 나타난다.

7) 완성된 모델

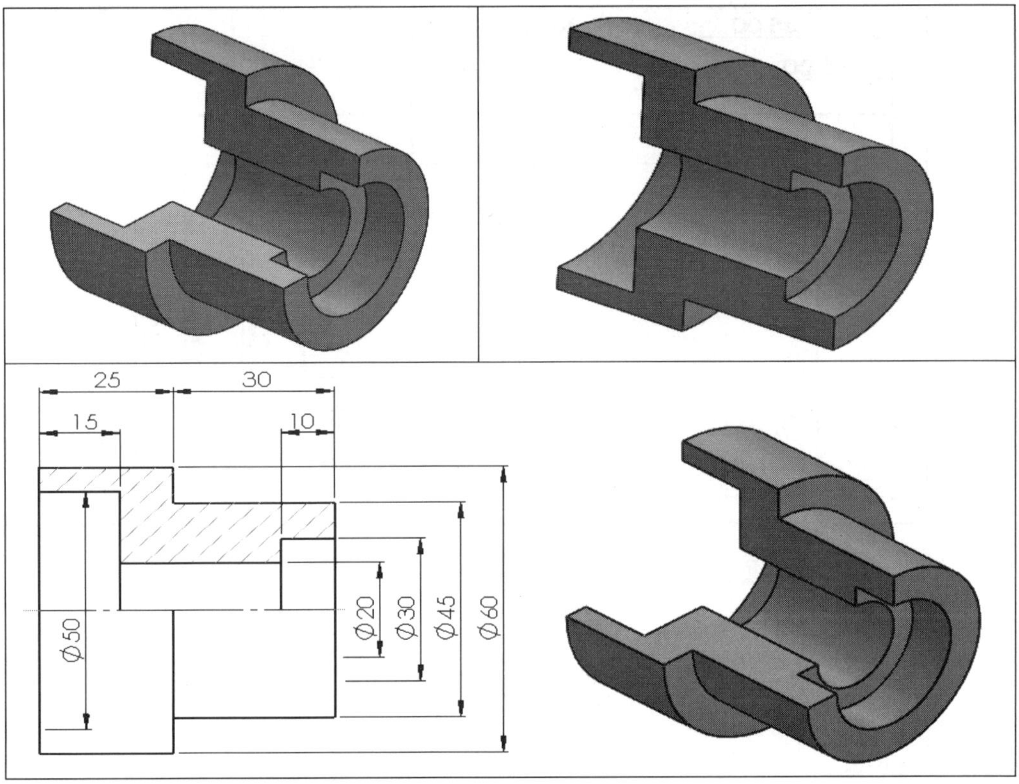

2.1 회전 모델링 방법의 다양한 기능

회전 모델은 상기 모델과 같이 중심선이나 사용자가 지정하는 중심축을 기준으로 지정한 회전 값 만큼 회전해 3D 모델링을 작성하는 것이고, 상기 과제는 회전하고자 하는 단면을 스케치하고 360도 회전시켜 모델을 작성한 모델이다.

그러므로 모델 형상에 따라 필요시 사용자가 희망하는 각도로 회전시켜 3D 형상을 만드는 모델링 기법으로 주로 원형, 원통형 모델에 유용하다.

스케치를 작성한 다음 회전하는 기능에는 "시작", "방향1", "방향2", "얇은 피처", "선택 프로파일" 등의 다양한 옵션이 있는데 하나씩 실습을 통해 알아보도록 하자.

2.1.1 회전 축(A)과 방향1 메뉴

"회전축"은 회전할 모델의 회전축의 지정을 "방향1"은 회전 종료점을 지정한다.

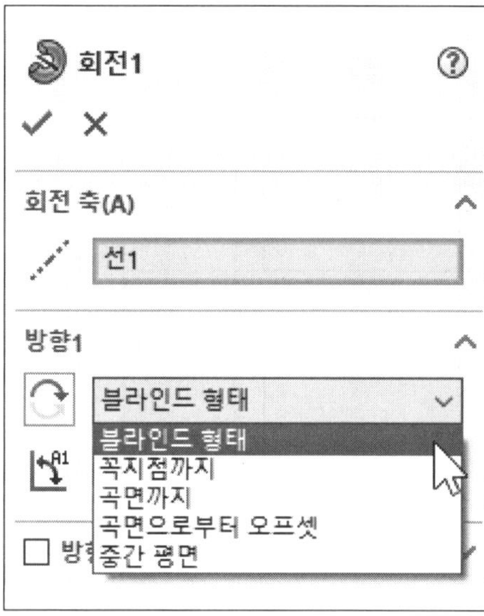

회전 축	회전할 스케치의 기준이 되는 선 (일반적으로 중심선이나 다른 선도 가능)
블라인드 형태	스케치한 면부터 지정한 각도 만큼 회전(미지정시 360°)
꼭지점까지	작업자가 선택한 점까지 회전
곡면까지	작업자가 선택한 면까지 회전
곡면으로부터 오프셋	스케치한 면부터 간격을 띄우고 지정량 회전
중간 평면	스케치한 면을 기준으로 양쪽으로 동일량 회전

2.1.2 방향 2와 얇은 피처 및 선택 프로파일(S) 메뉴

회전 모델을 작성할 때 대부분 한쪽 방향으로 회전시켜 3D 모델을 작성하지만 모델의 형상이 특이한 경우 반대쪽 방향으로도 회전을 추가적으로 진행해 모델을 만들어야 하는 경우에 사용하는 명령으로 사용 횟수는 적으나 잘 활용하면 여러번 수행해야 할 모델링 작업을 한번에 완성할 수 있으므로 유용하게 활용이 가능하다.

방향2	회전 모델 작성시 반대 방향으로도 회전시켜 모델을 작성할 경우 사용하며 필요한 각도 입력(양쪽의 각도가 다른 경우 주로 사용)
얇은 피처	회전 모델 작성시 스케치된 선분에 두께를 부여해 캔(빈용기) 형태의 모델 형성
선택 프로파일(S)	스케치 단면이 여러개 존재할 경우 선택한 부분만 회전 모델로 작성

2.1.3 회전 및 회전 컷 모델 연습하기

예제 도면 1

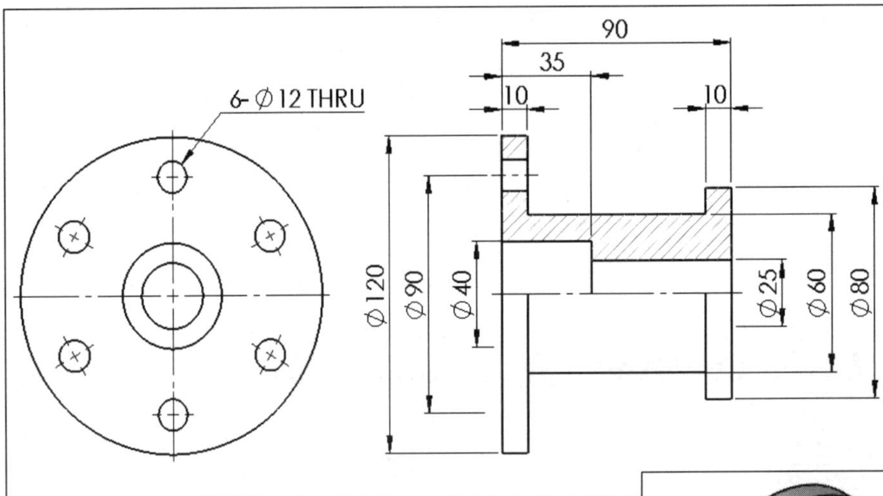

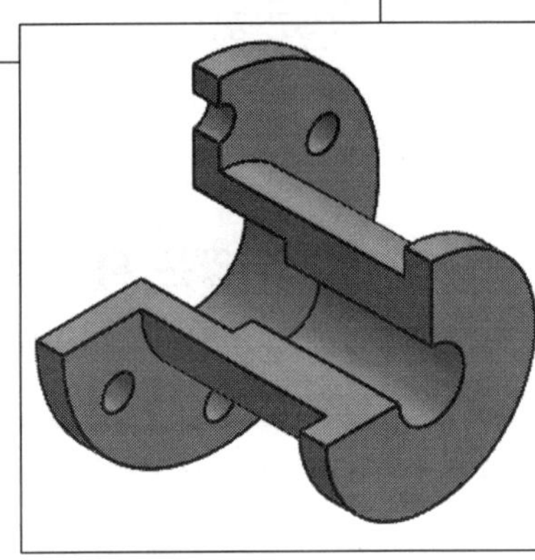

1) "정면" → "퀵메뉴" → "스케치"

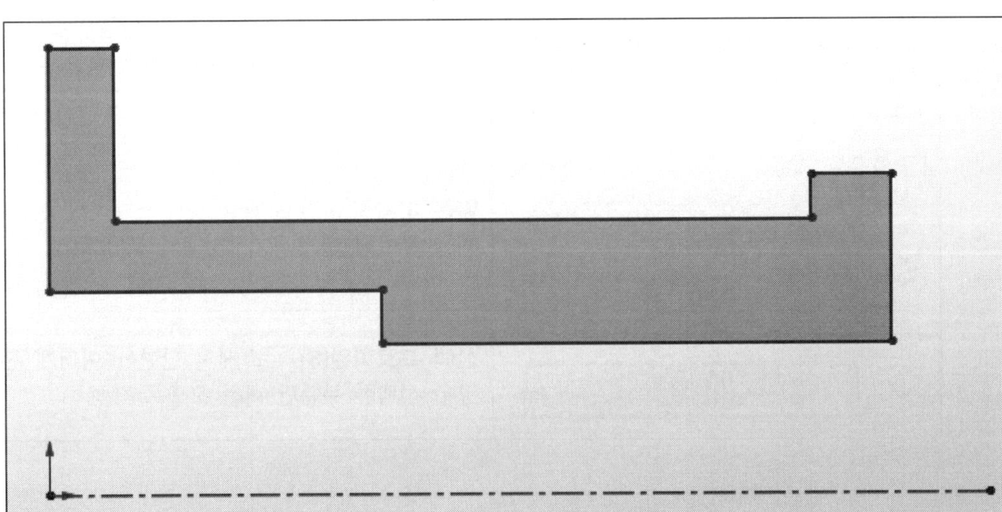

2) "치수 기입"(지름 치수기입 방법 : 중심선과 치수기입 대상 선택 후 중심선 아래 위치로 이동시켜 지름 치수를 기입, 길이 치수로 복귀는 Esc 눌러 직경 치수 해제)

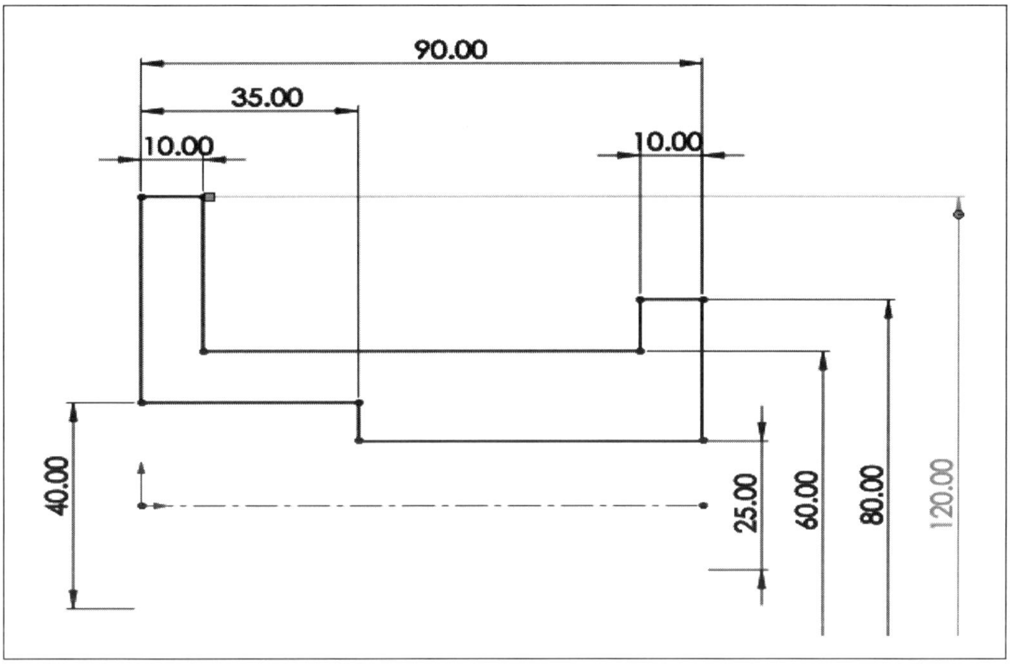

3) "회전" → "중심선" → "확인

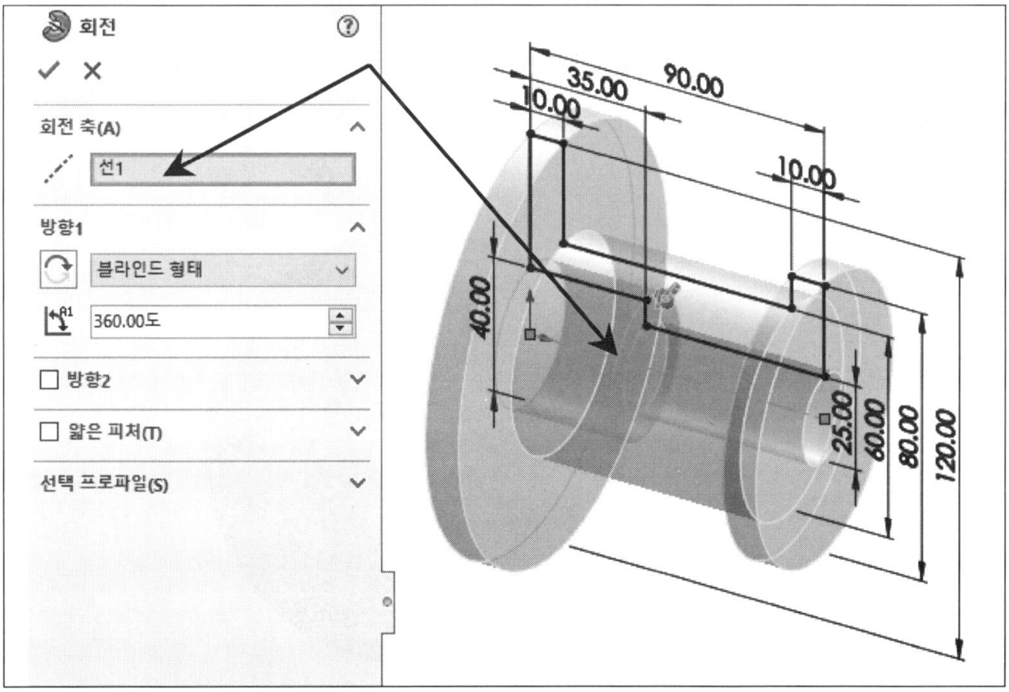

4) “면 선택” → “퀵메뉴” → “스케치” → “∅90 ”원 작성 → “중심선”변경 → “∅12 원 작성”

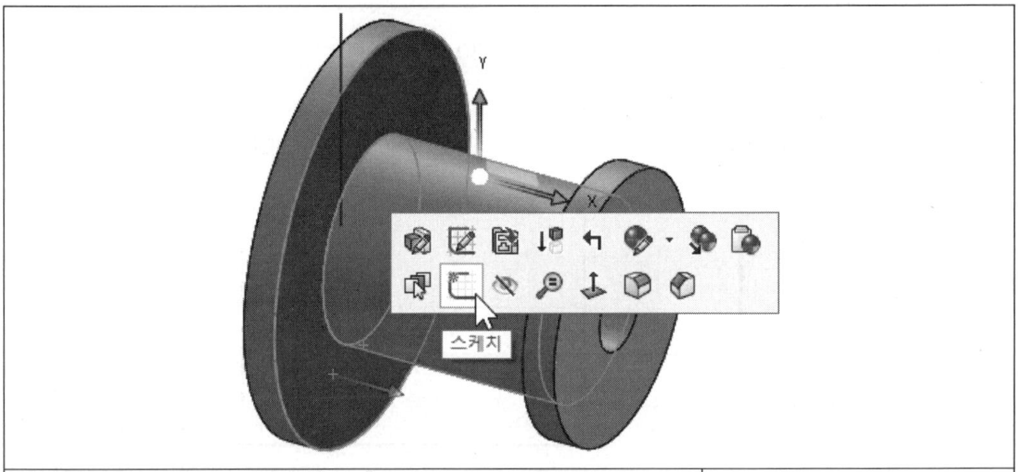

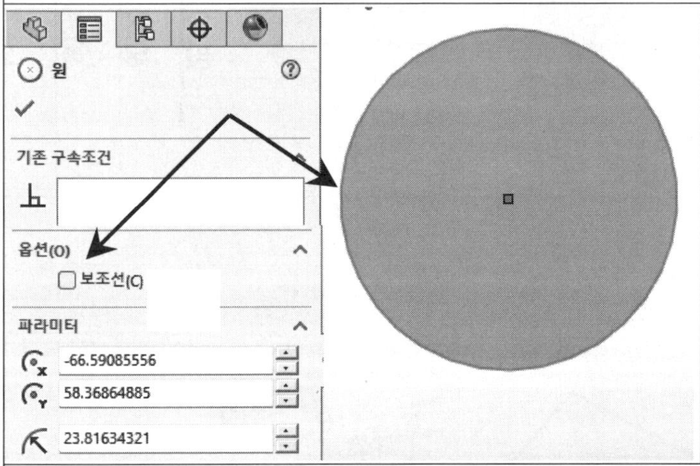

중심선으로 바꿀 도형을 선택하고 “보조선(C)”을 선택하면 실선이 중심선으로 변경되며, 중심선인 경우 선택하면 실선으로 변경된다.

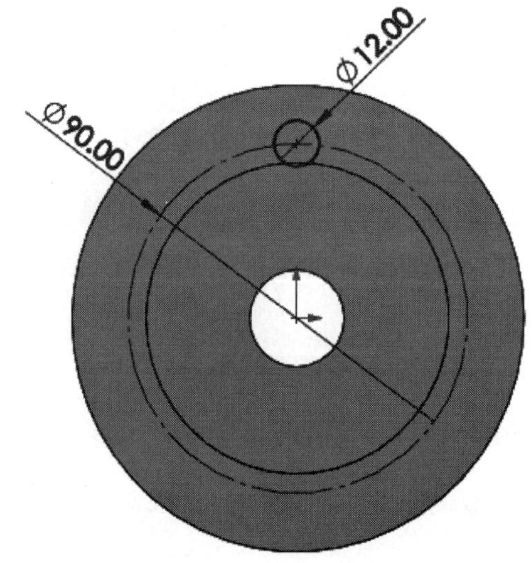

5) "원형 패턴" → "중심점 지정" → "구멍 수량" → "⌀12 원"(대상) → "확인"

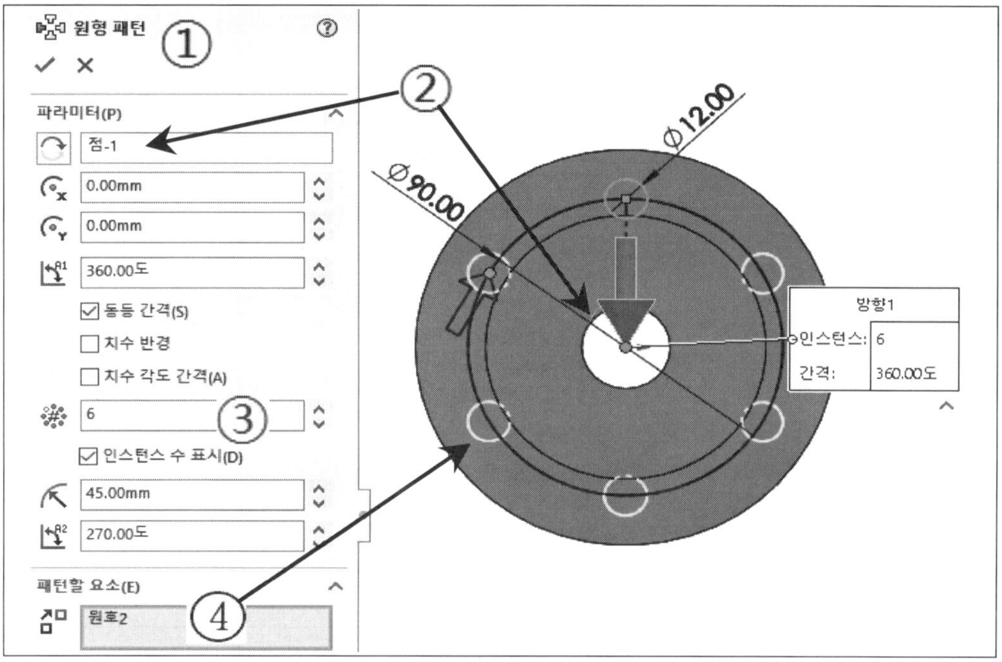

6) "돌출 컷" → "다음까지" → "확인"

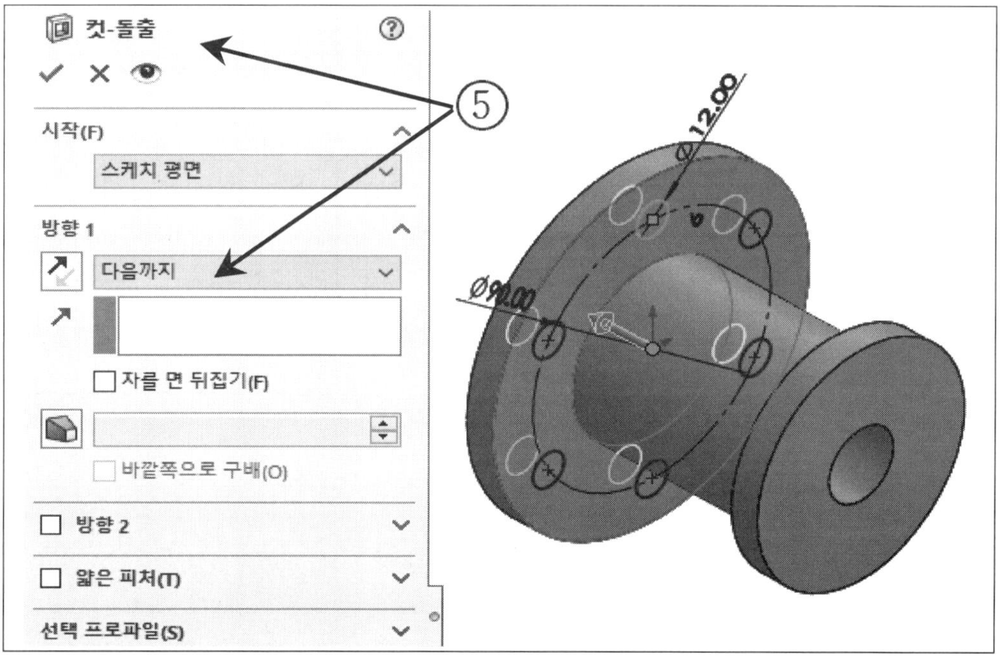

7) "완성된 모델"

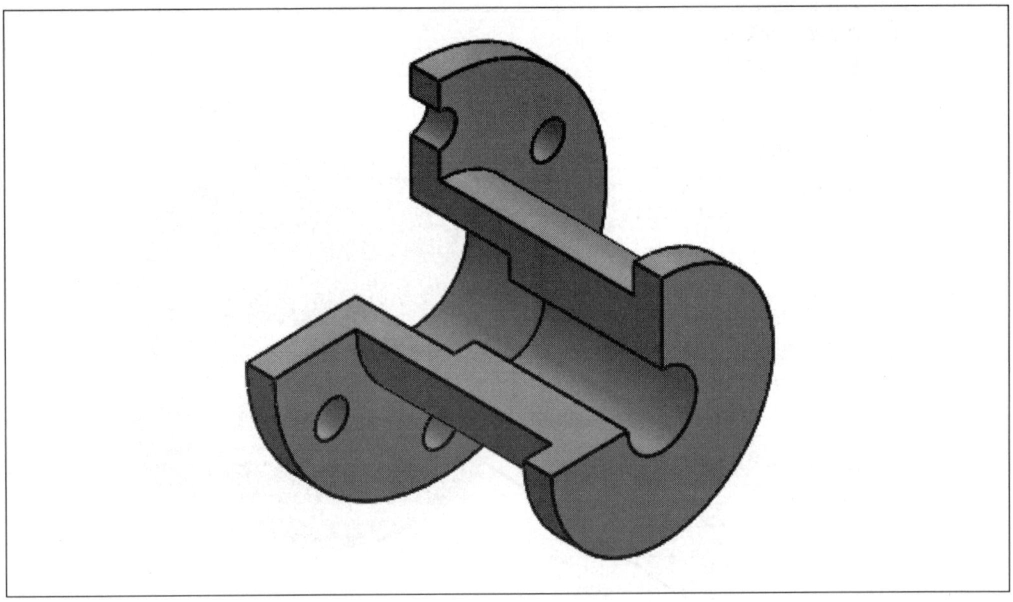

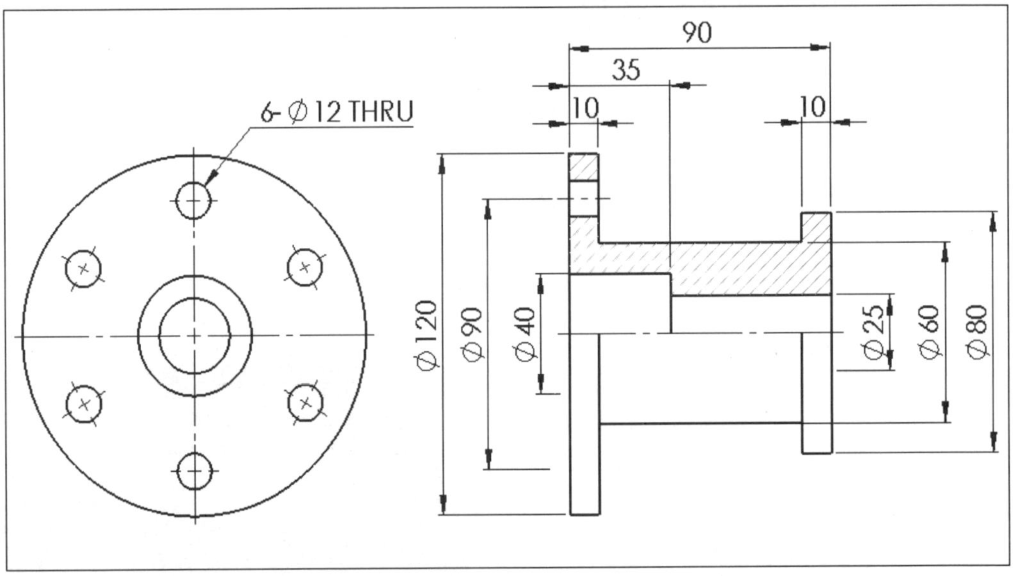

90
35
6-Ø12 THRU
10
10
Ø120
Ø90
Ø40
Ø25
Ø60
Ø80

예제 도면 2

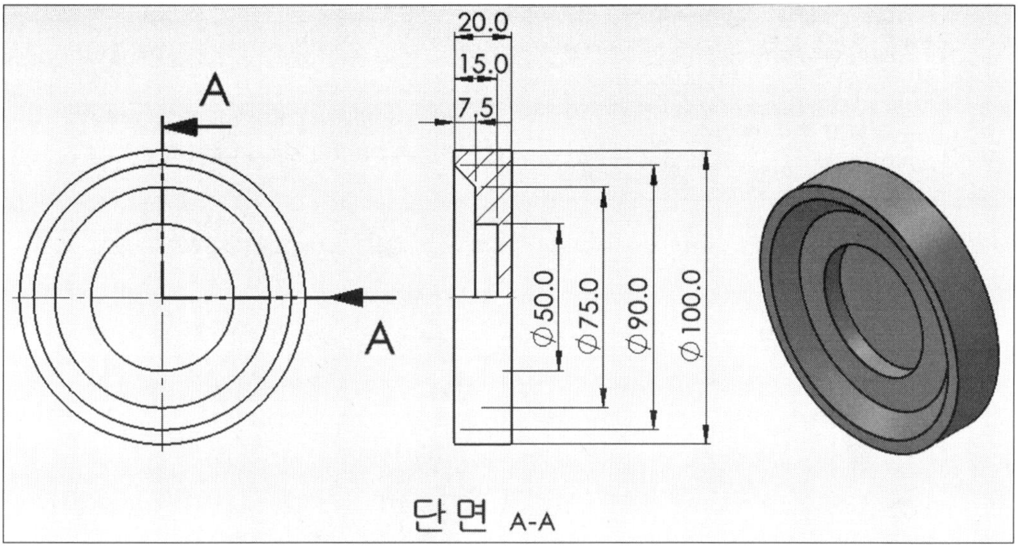

1) "우측면" ➔ "스케치" ➔ "원"

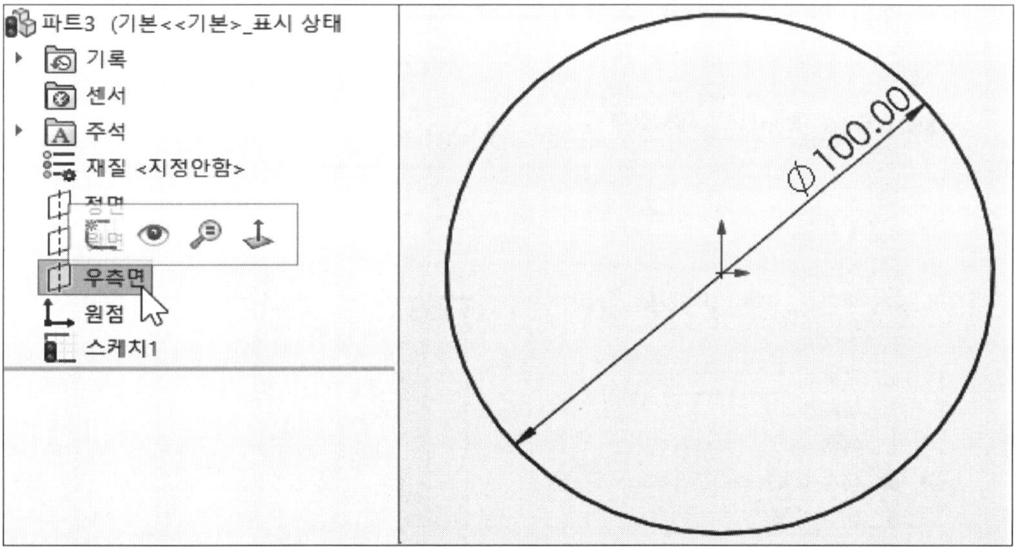

2) "돌출" → "돌출량 20mm" → "확인"

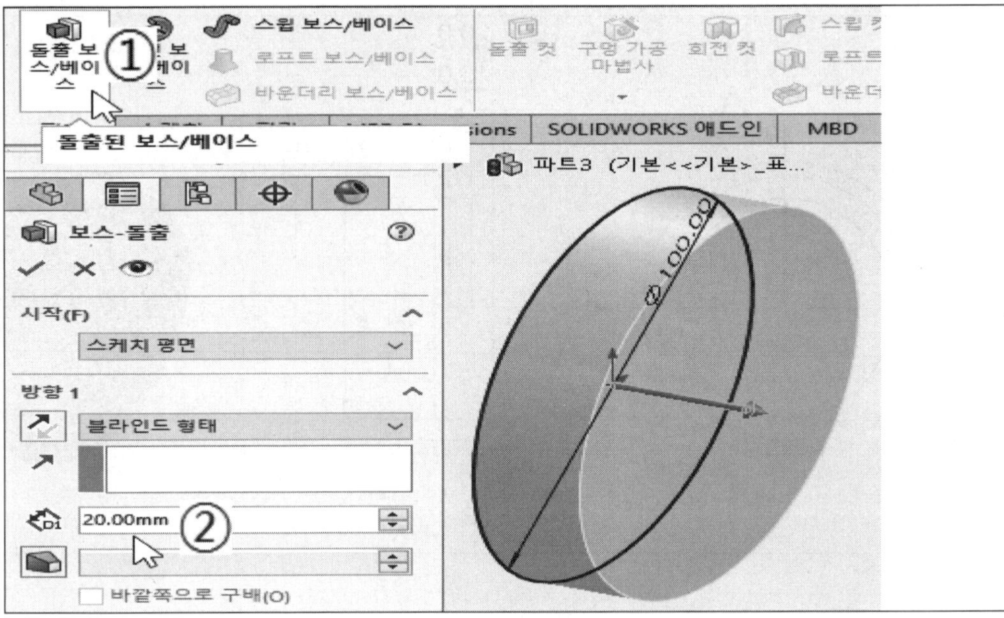

3) "정면" → "스케치" → "도형 작성" → "치수 기입"

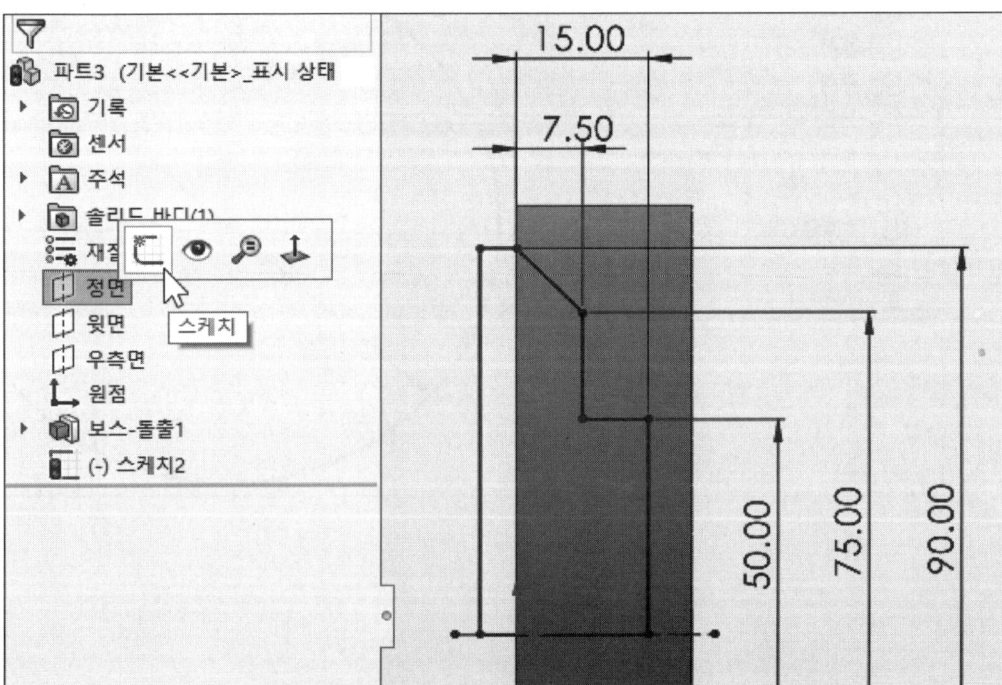

4) “회전 컷” → “중심선” → “360°”

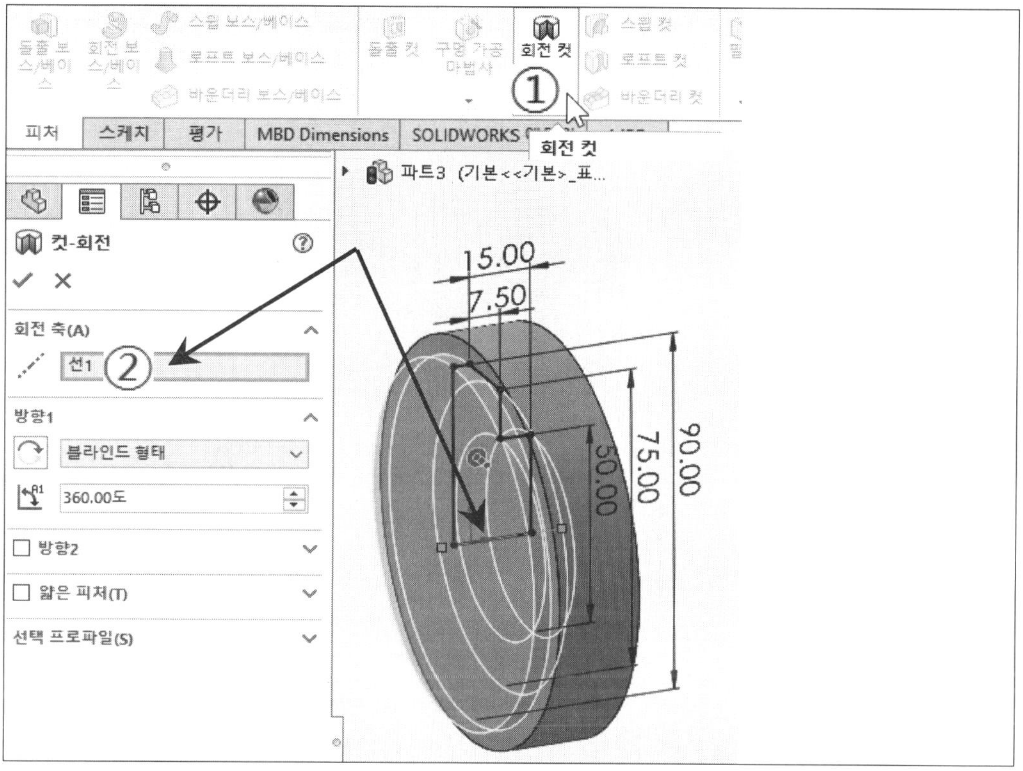

5) “완성된 모델”

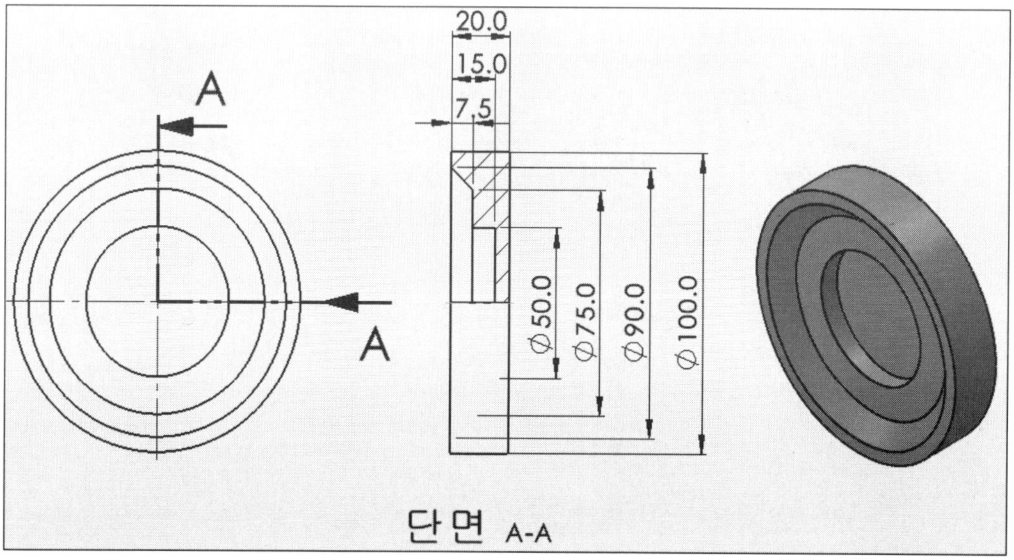

예제 도면 3

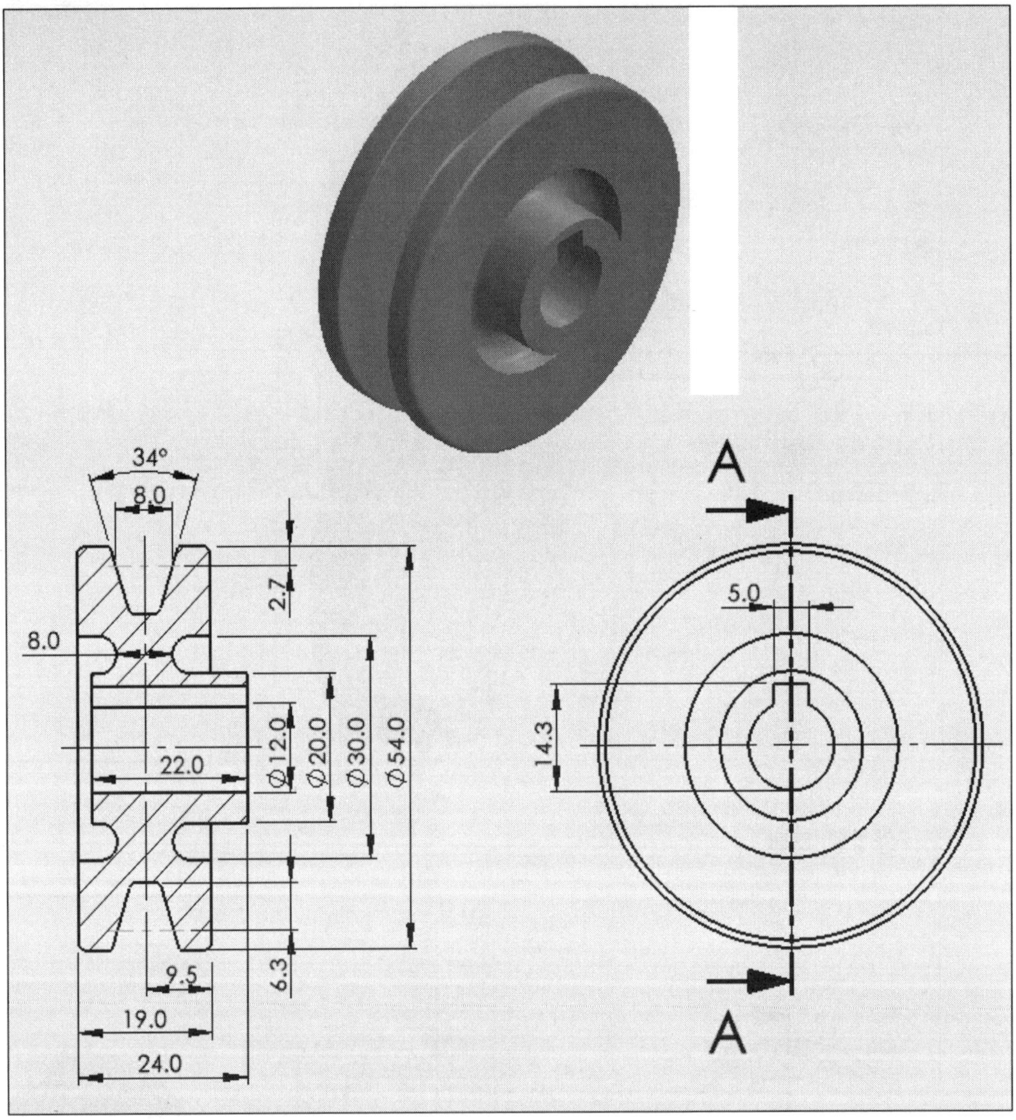
34°
8.0
2.7
8.0
22.0
Ø12.0
Ø20.0
Ø30.0
Ø54.0
9.5
6.3
19.0
24.0
A
5.0
14.3
A

1) "정면" → "스케치" → "아래 형상 작성" → "치수 기입" → "회전"

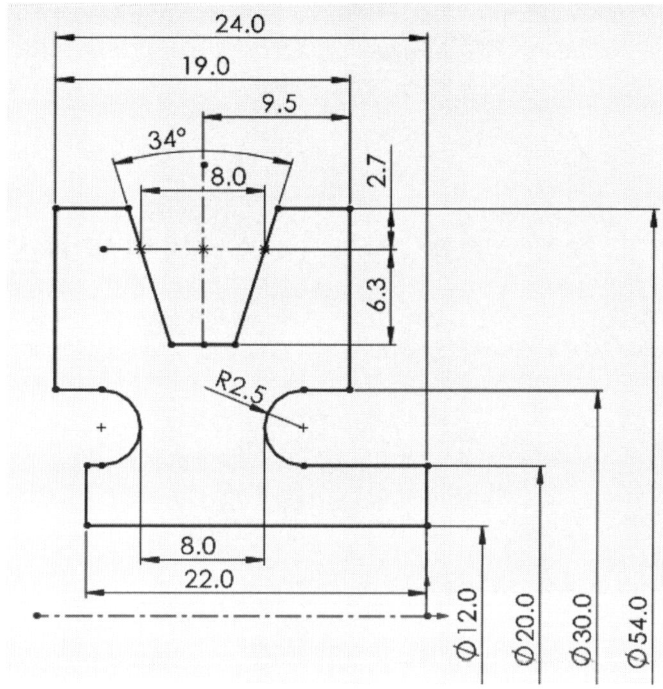

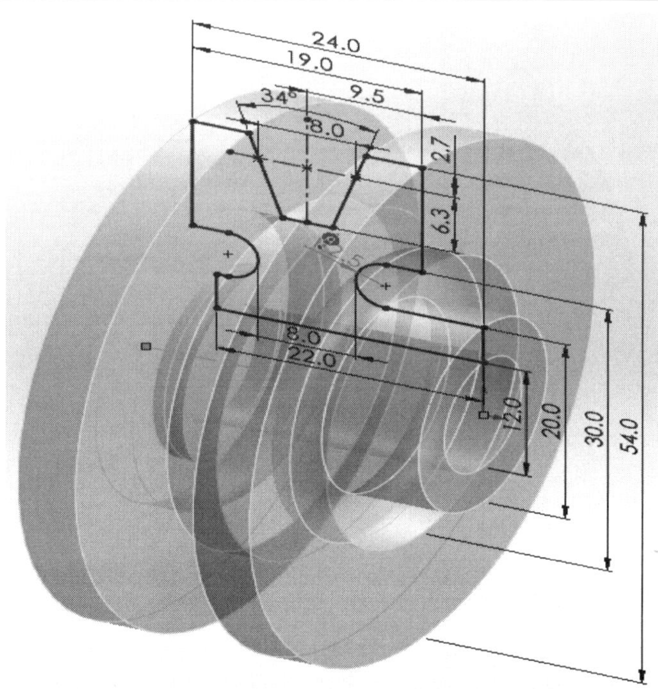

2) “측면” → “스케치” → “아래 형상 작성”

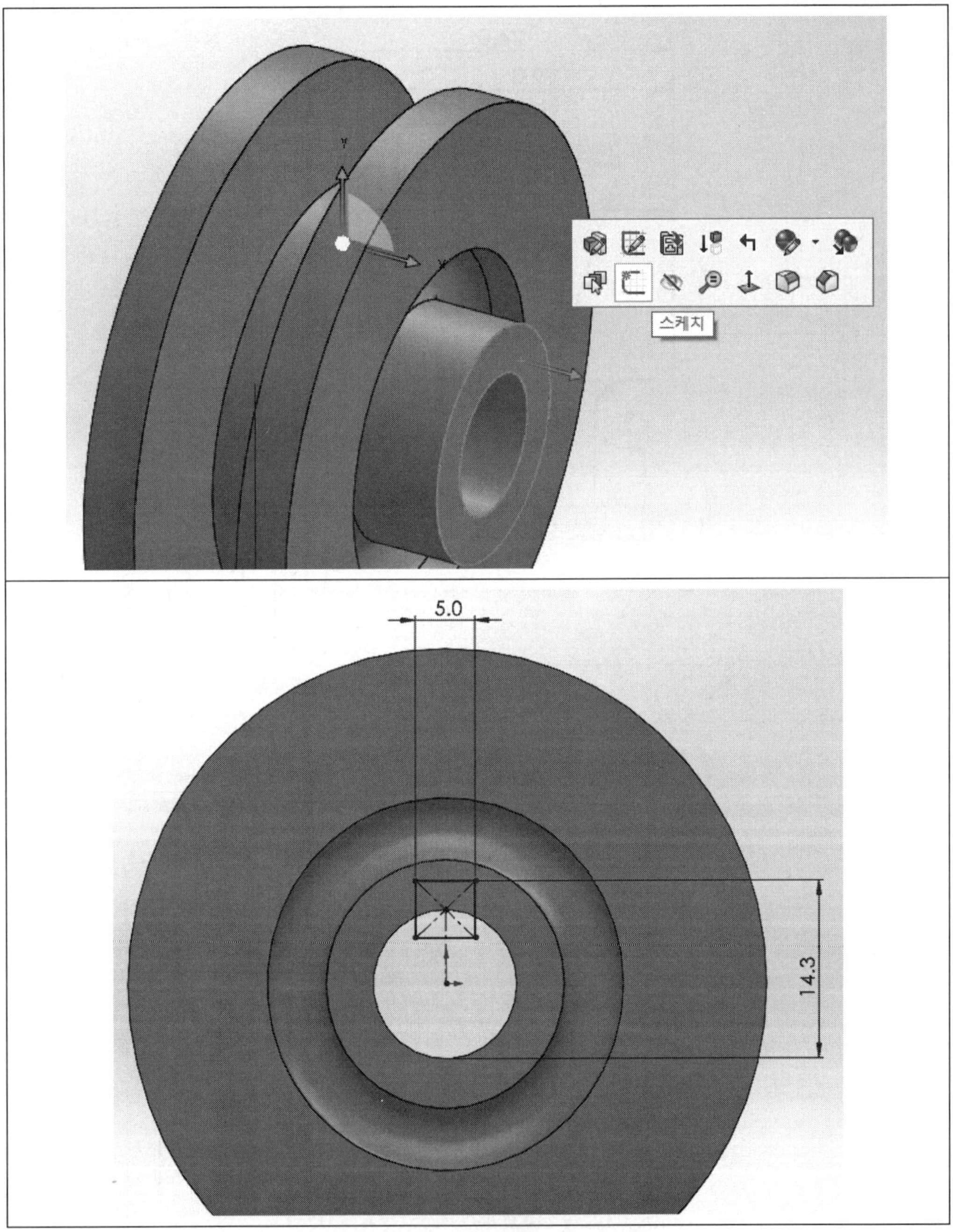

※ 시프트(Shift) 누른 상태로 사각형 윗선과 원의 아래 테두리 선택해 14.3mm 부 치수 기입한다.

3) “돌출 컷” → “다음까지”

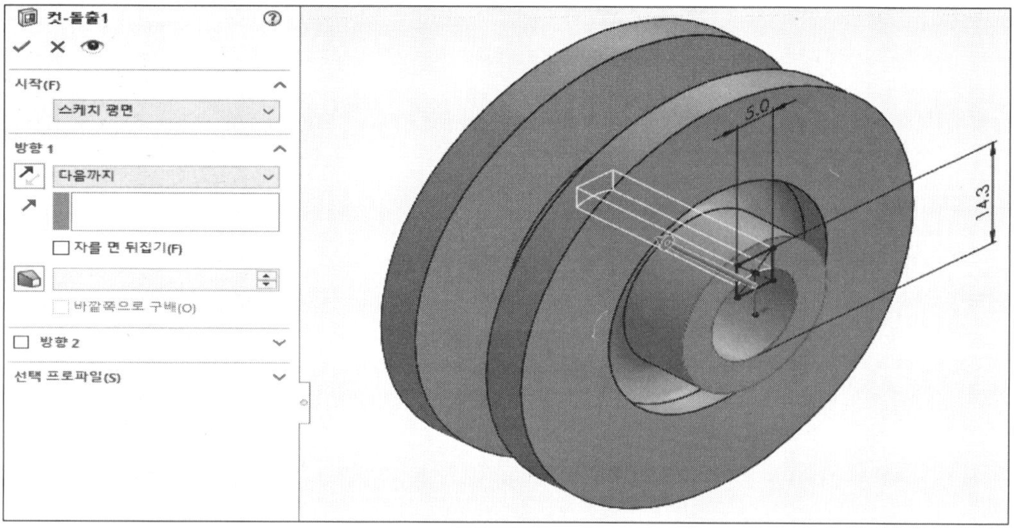

4) “완성된 모델”

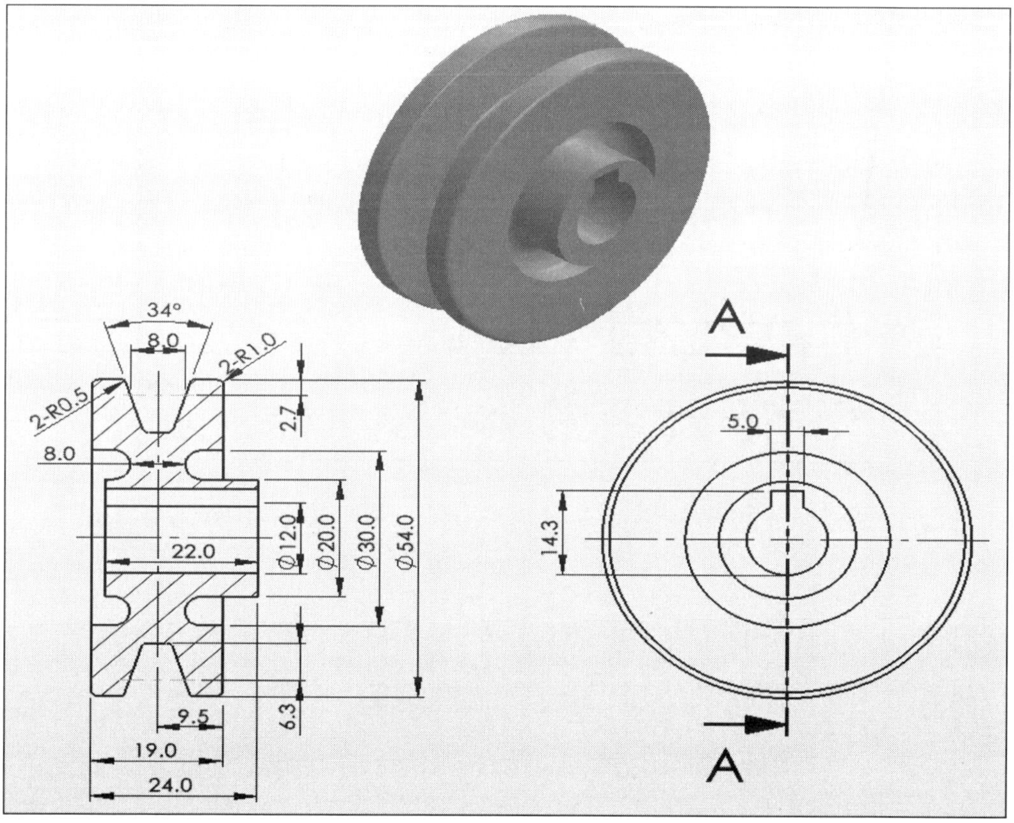

예제 도면 4

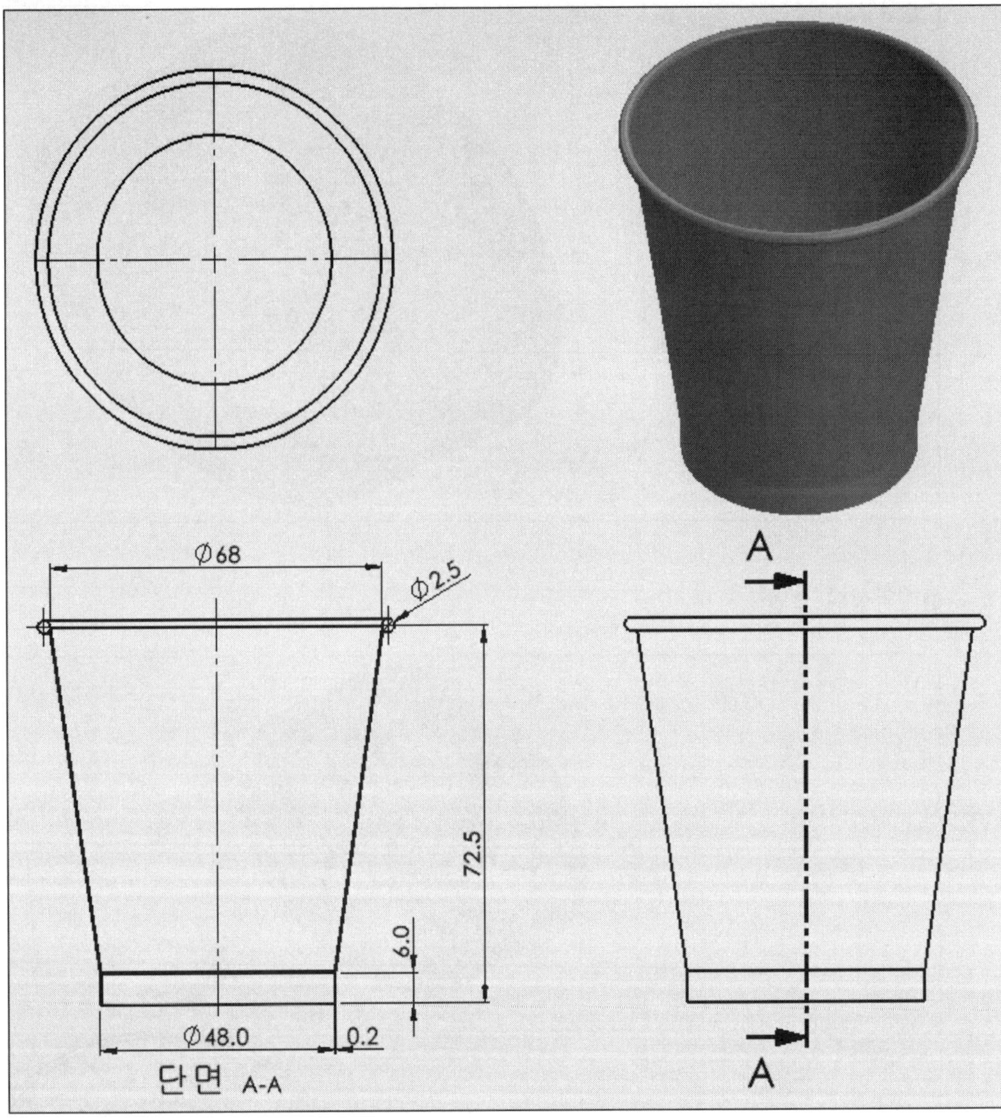

Ø68
Ø2.5
72.5
6.0
Ø48.0
0.2
단면 A-A
A
A

1) “정면” ➔ “스케치” ➔ “아래 형상 작성” ➔ “회전” ➔ “확인”

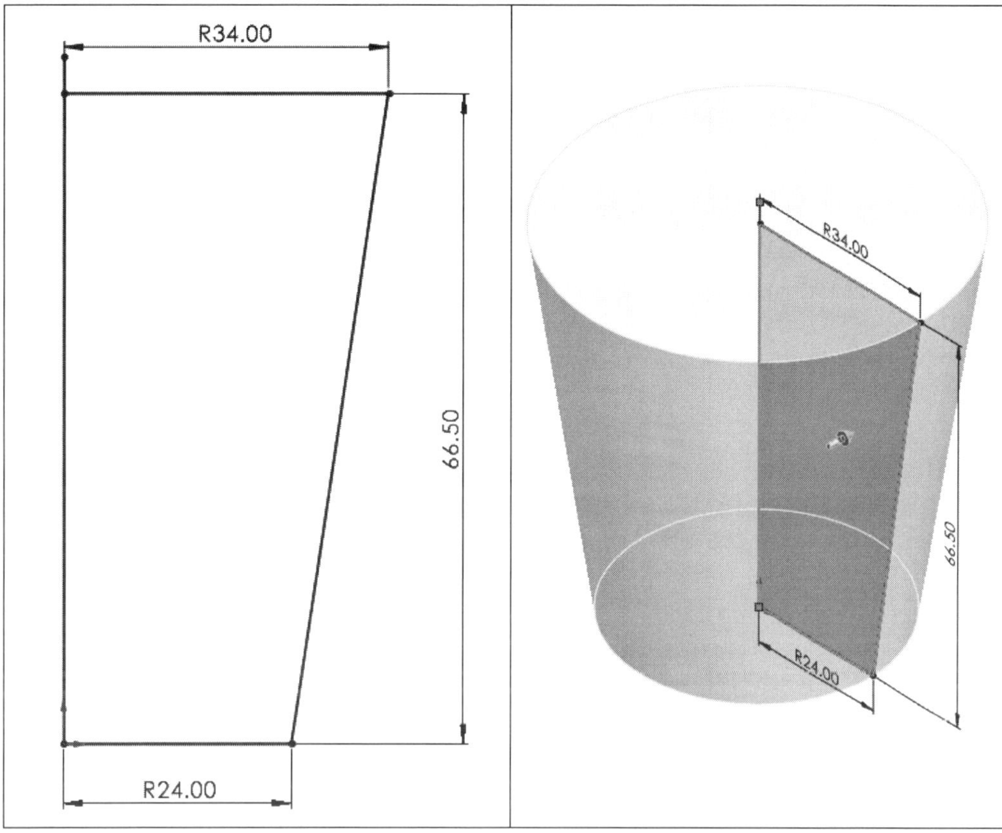

2) “쉘”

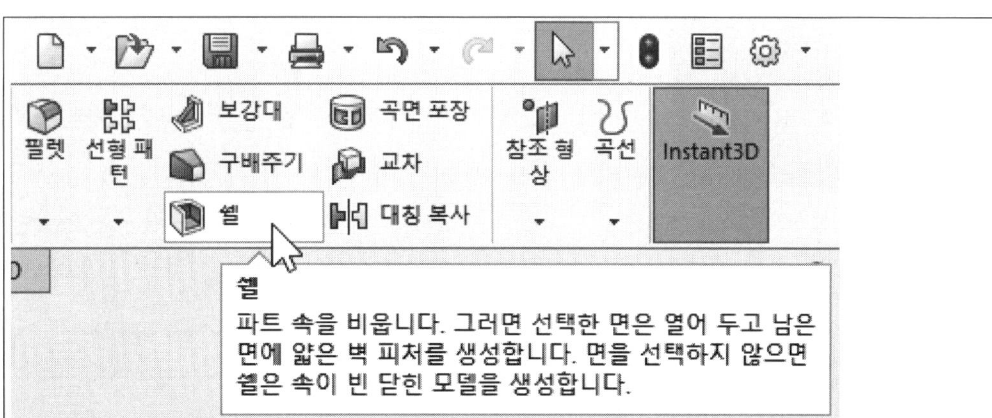

※ 쉘 작업은 병이나 용기 같이 일정한 두께의 속이 빈 모델을 작성할 때 유용한 모델링 기법이며, 쉘 작업을 위해 선택하는 부분은 입구 부분을 선택하면 된다.

3) "파라미터 : 0.2mm〈두께〉" → "윗면 선택" → "확인"

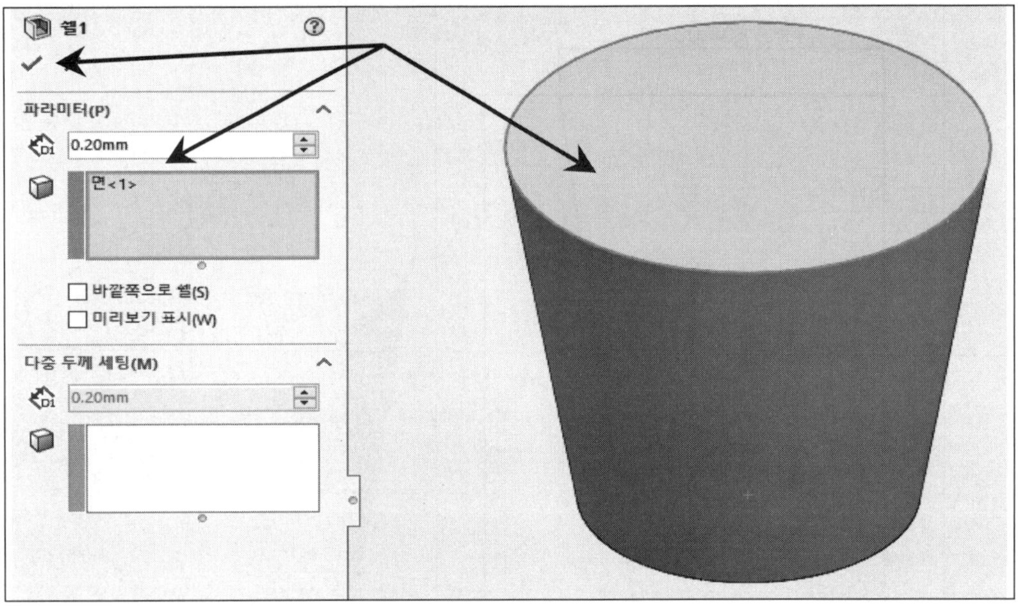

4) "정면" → "스케치" → "선 작성" → "회전" → "얇은 피처" → "0.2mm" → "확인"

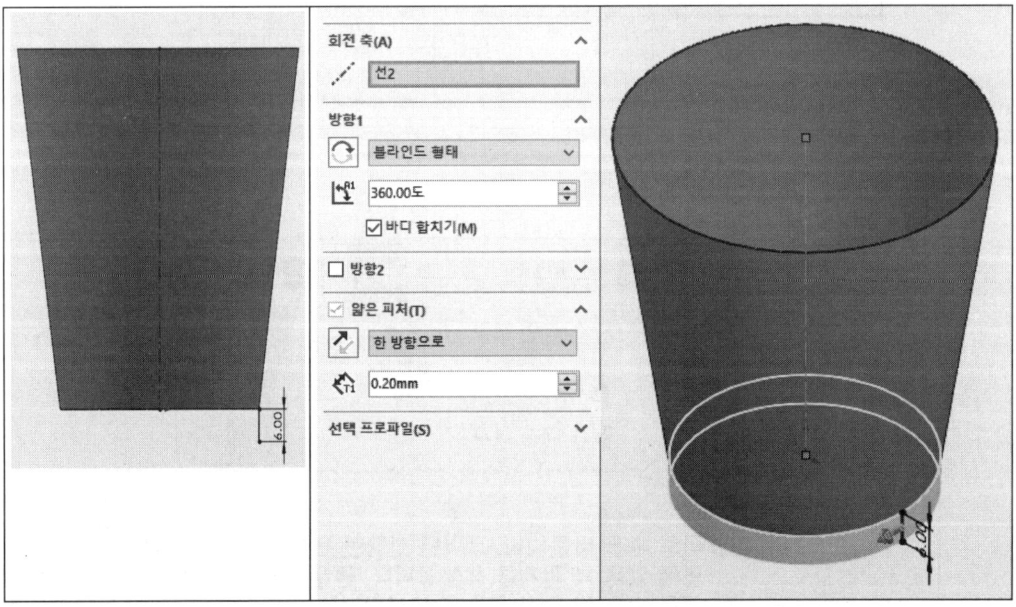

※ 컵의 밑 받침 부분 생성

5) “정면” ➔ “스케치” ➔ “⌀2.5 원 작성” ➔ “회전” ➔ “확인”

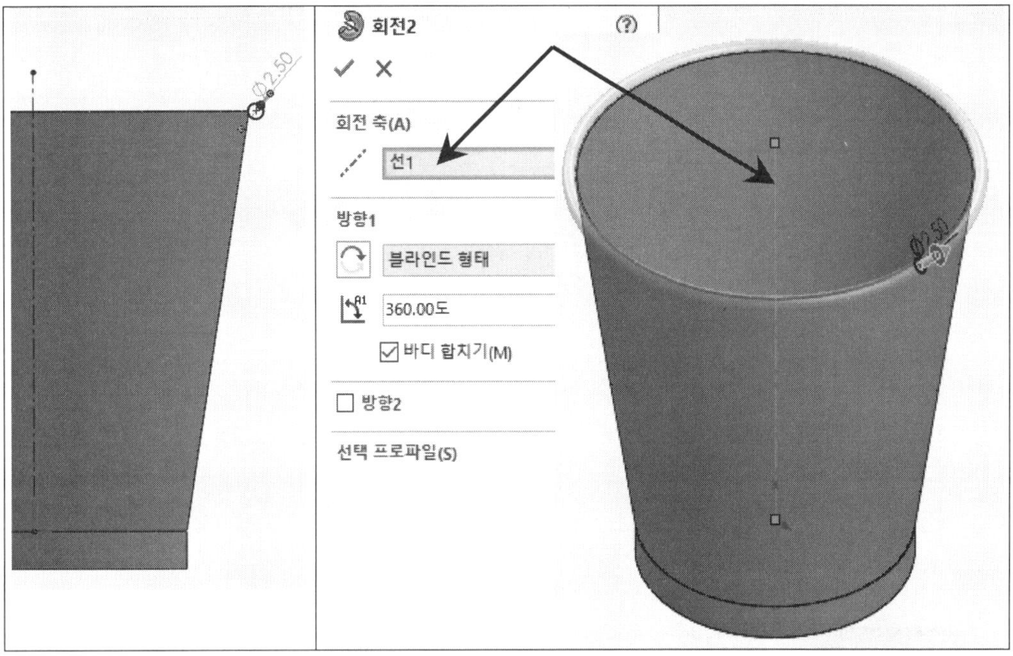

6) “완성된 모델”

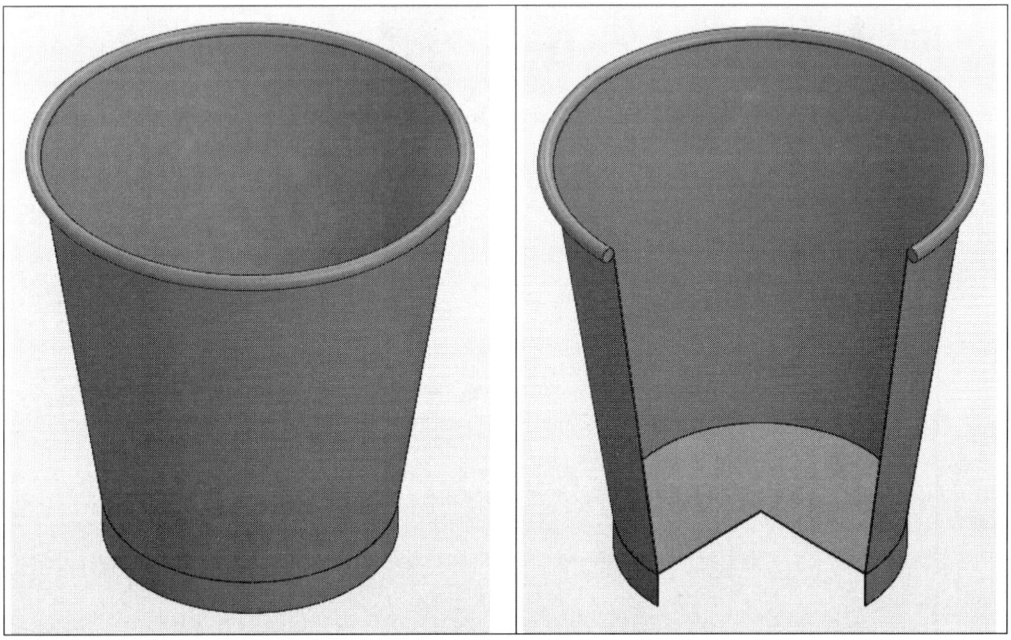

예제 도면 5

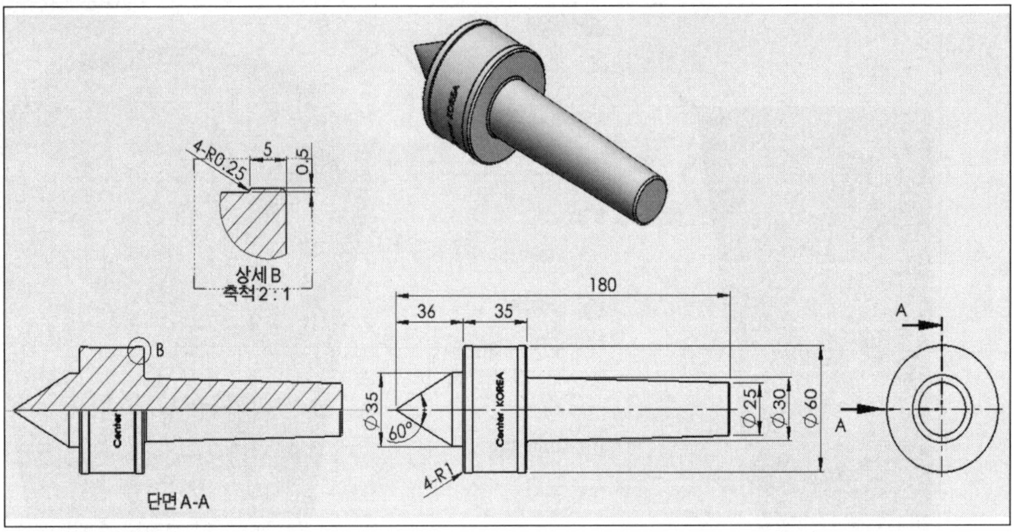
4-R0.25
5
0.5
상세B
축척2 : 1
B
Center
단면A-A
180
36
35
Ø35
60°
4-R1
Center KOREA
Ø25
Ø30
Ø60
A
A

예제 도면 6

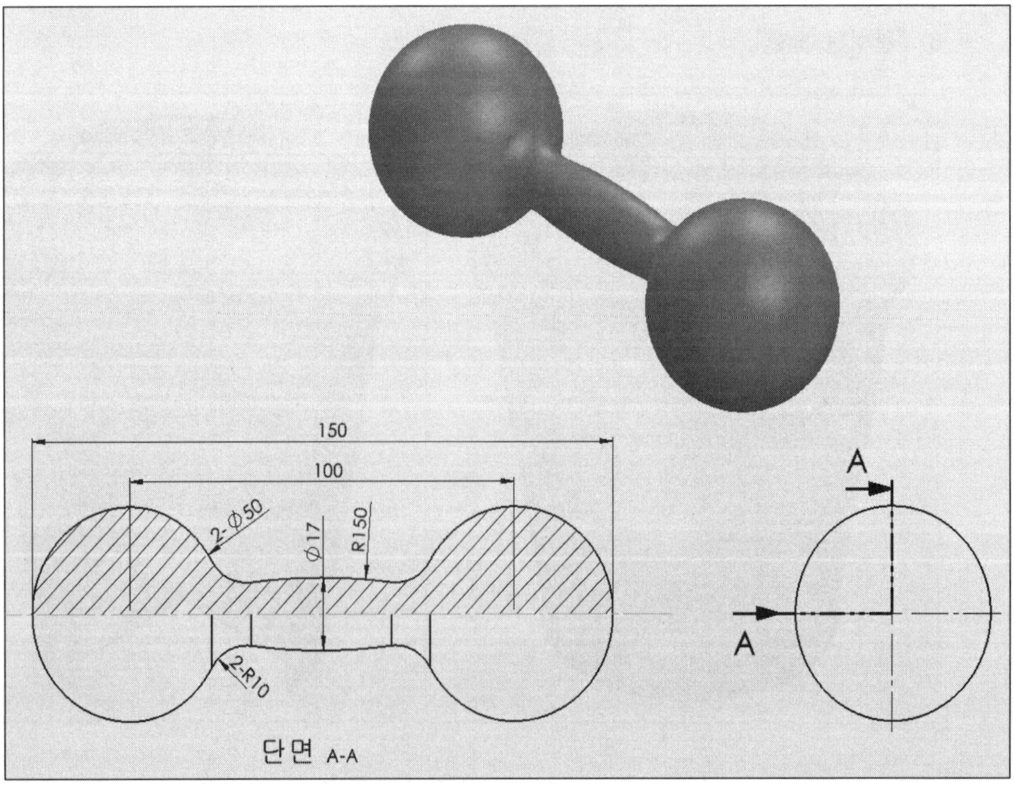
150
100
2-Ø50
Ø17
R150
2-R10
단면 A-A
A
A

예제 도면 7

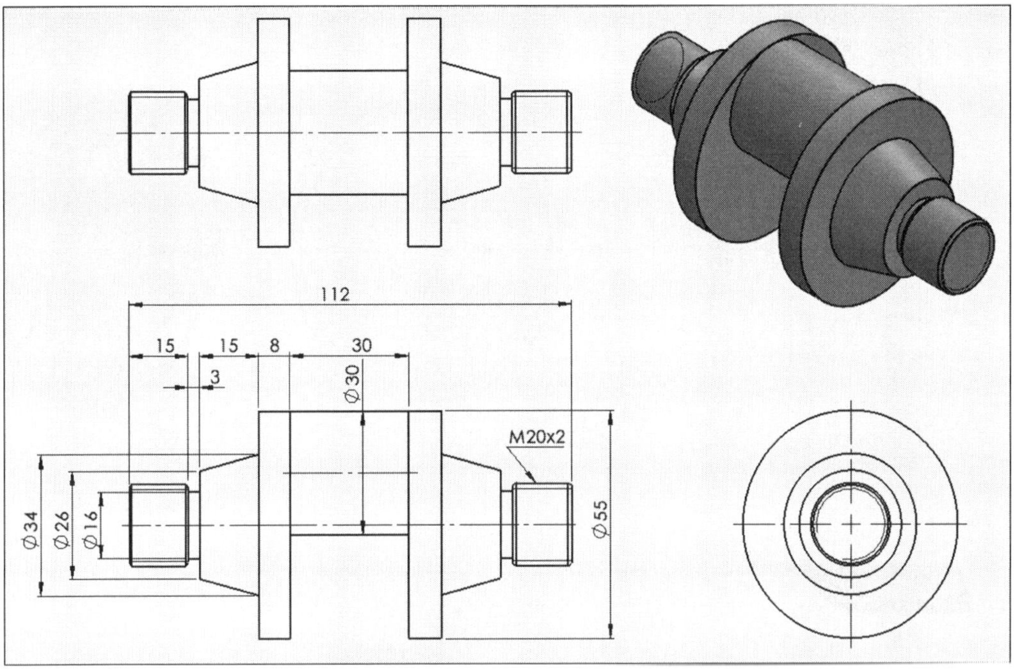

112
15
15
8
30
3
Ø30
M20x2
Ø34
Ø26
Ø16
Ø55

예제 도면 8

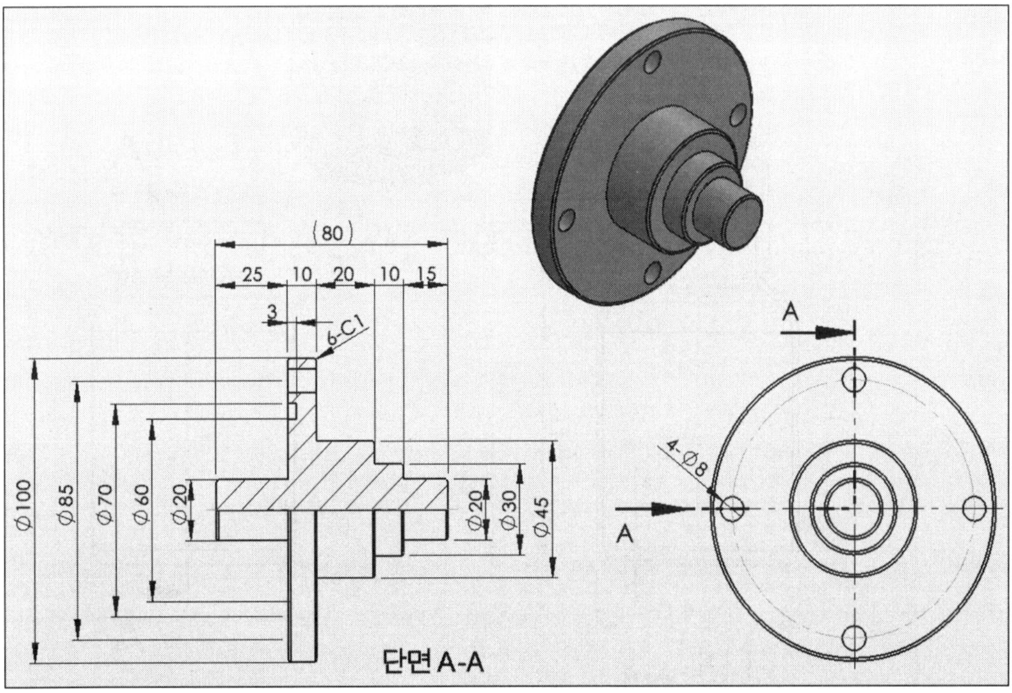

(80)
25
10
20
10
15
3
6-C1
Ø100
Ø85
Ø70
Ø60
Ø20
Ø20
Ø30
Ø45
A
A
4-Ø8
단면 A-A

예제 도면 9

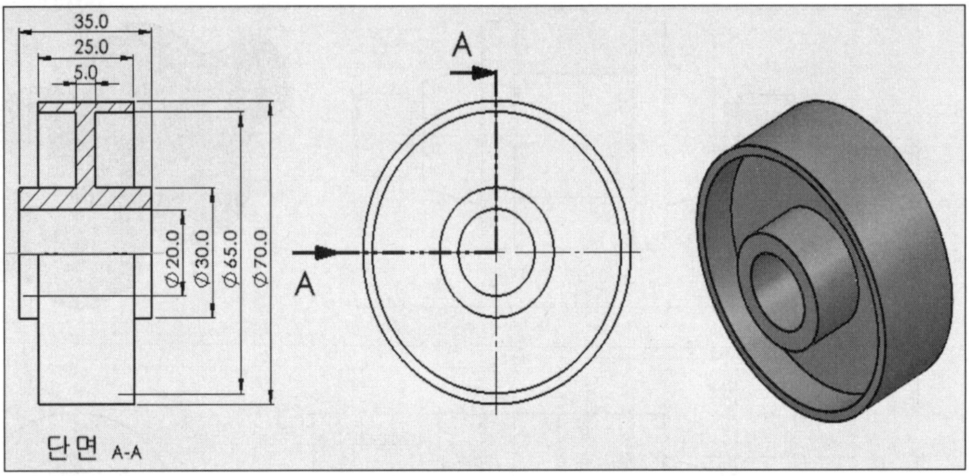

예제 도면 10

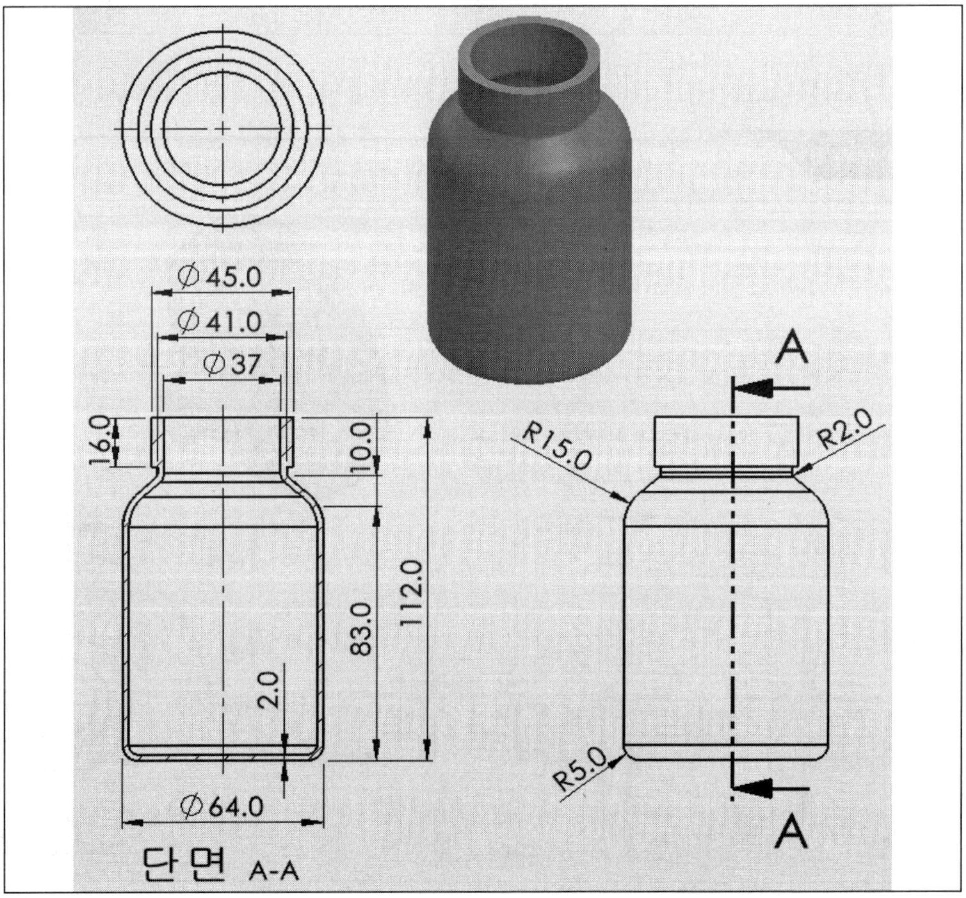

예제 도면 11

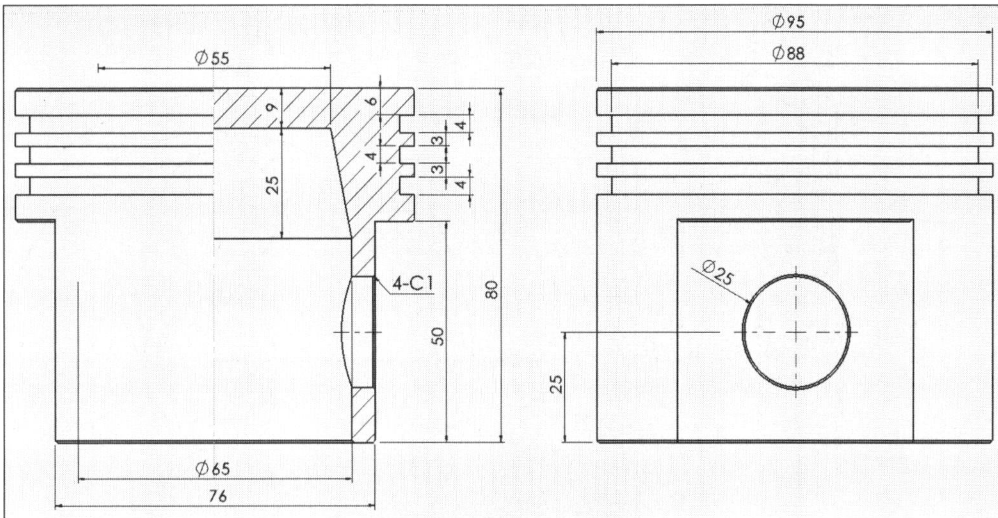
Ø55
9
6
4
3
4
3
4
25
4-C1
80
50
Ø65
76
Ø95
Ø88
Ø25
25

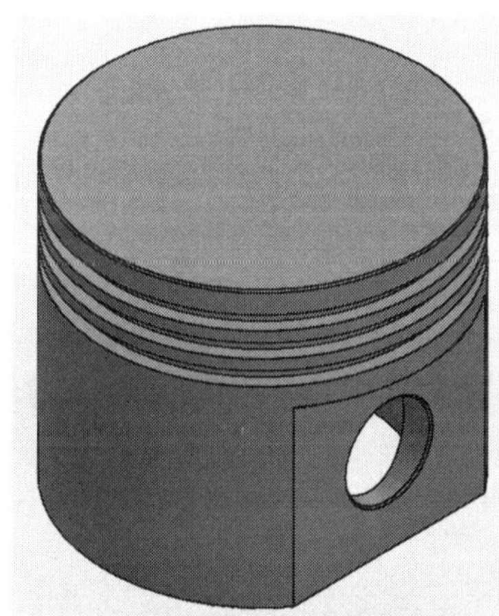

예제 도면 12

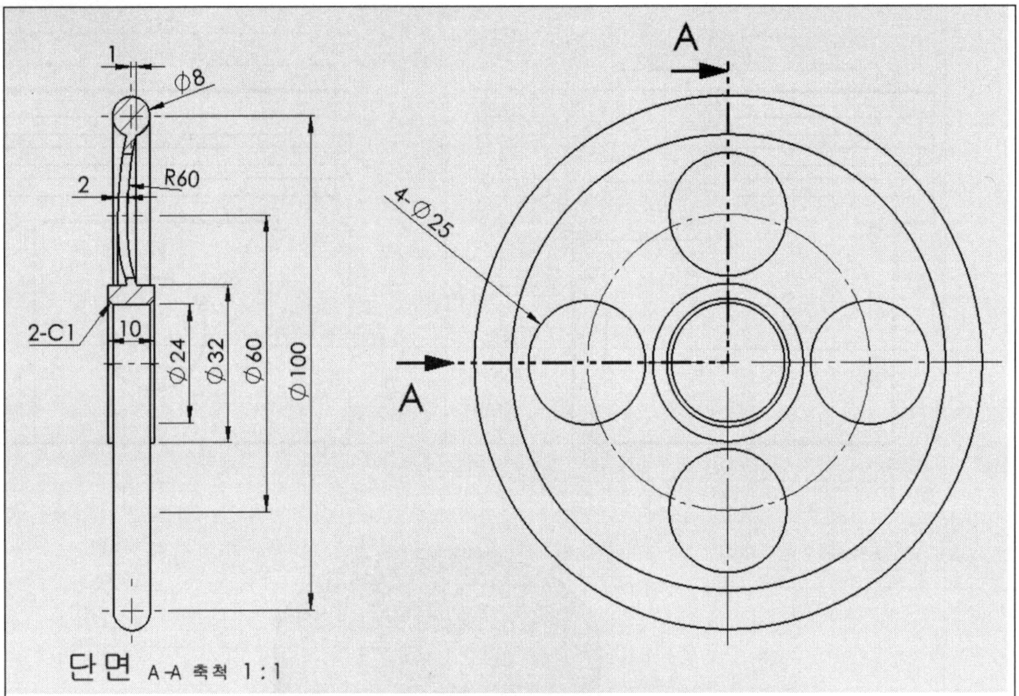
1
Φ8
2
R60
4-Ø25
2-C1
10
Ø24
Ø32
Ø60
Ø100
A
A
단면 A-A 축척 1:1

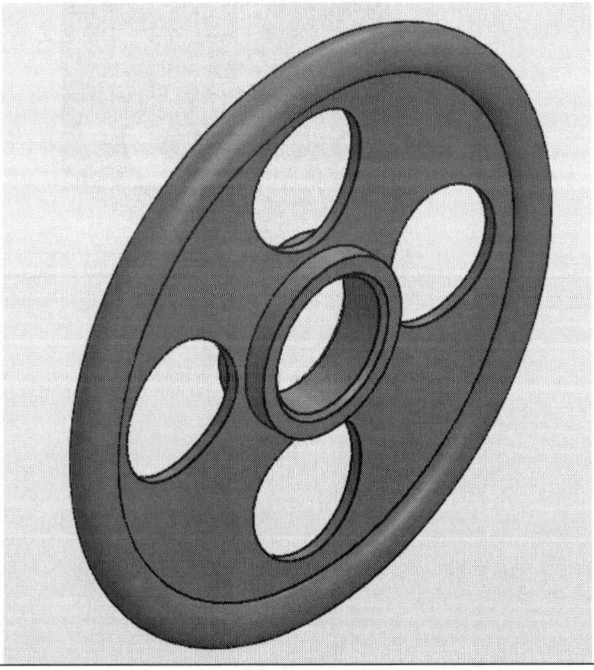

예제 도면 13

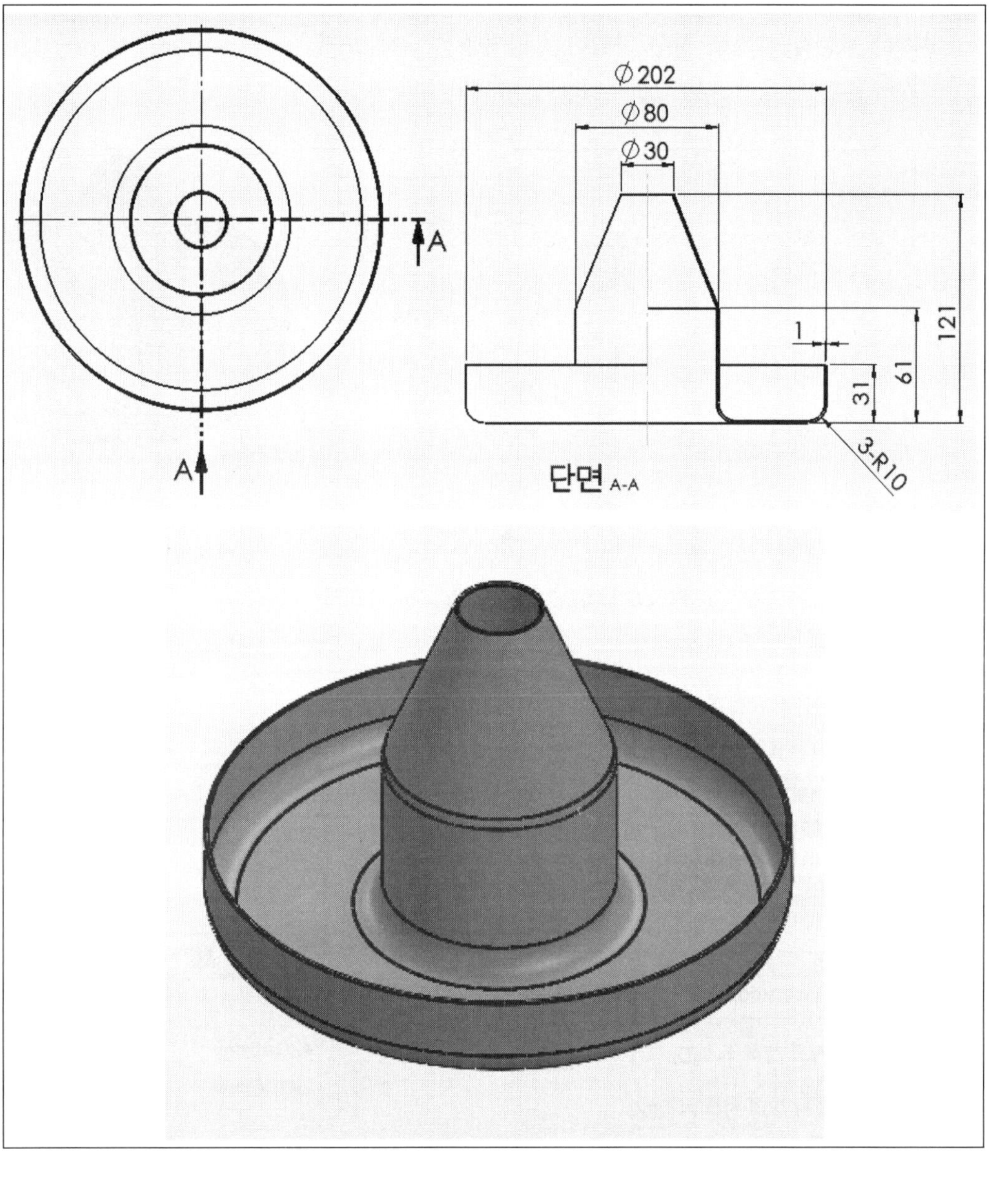

Ø202
Ø80
Ø30
A
A
1
121
61
31
3-R10
단면 A-A

2.1.4 회전모델 도면 작성하기

상기 회전 모델을 작성한 다음 도면으로 변환해 보고 반 단면도를 작성하는 연습과 치수기입이 부족한 부분을 추가로 치수 기입하는 방법을 학습해 보자.

1) "새문서" → "도면" → "확인"

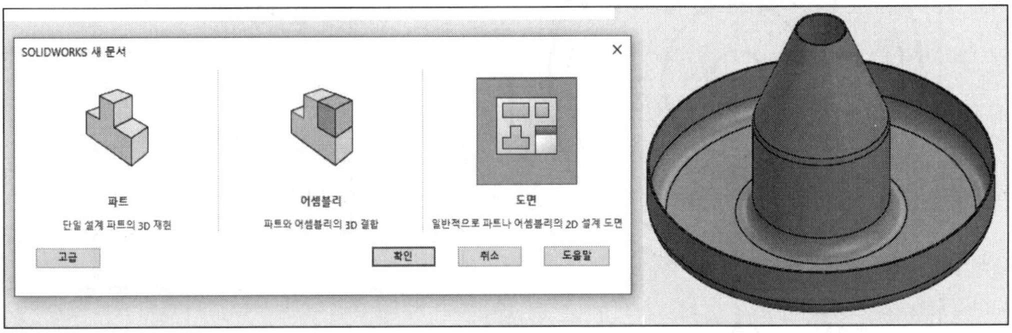

2) "A3" → "시트 형식 표시 해제" → "확인"

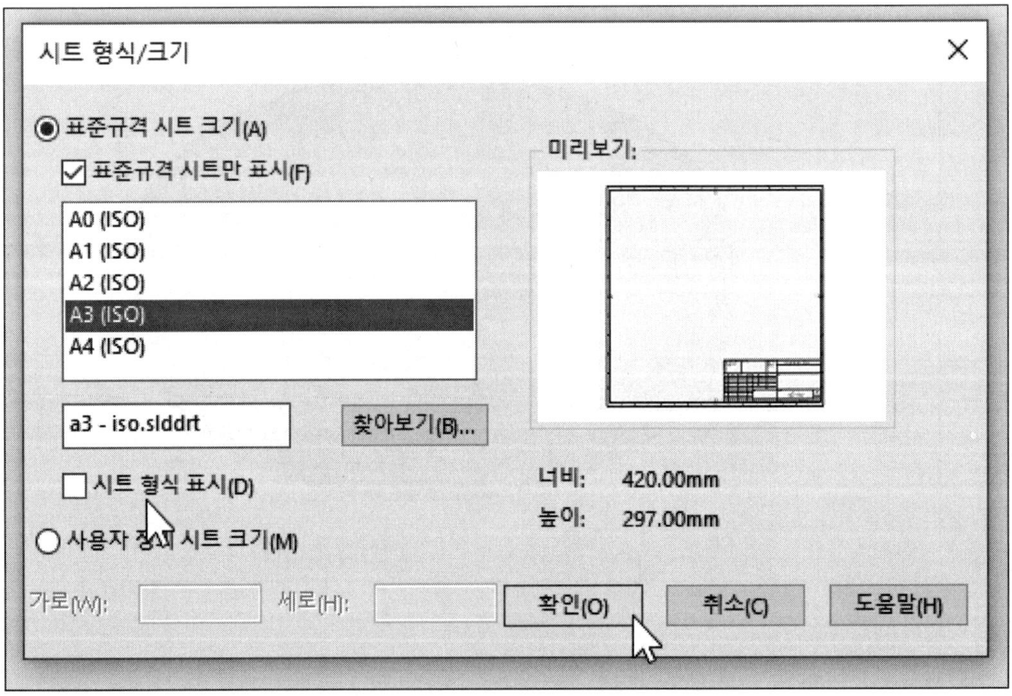

3) “모델뷰” → “다음” → “정면도”

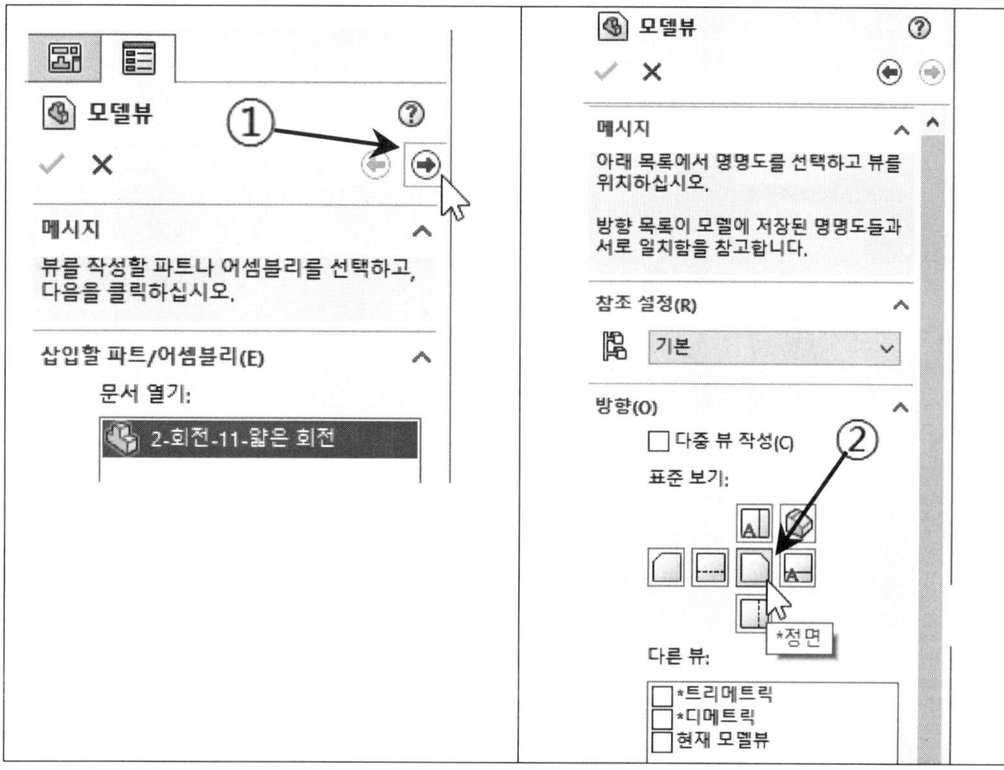

4) “정면도 배치” → “평면도 배치” → “등각 투상도 배치”(정면도 사선 방향배치)

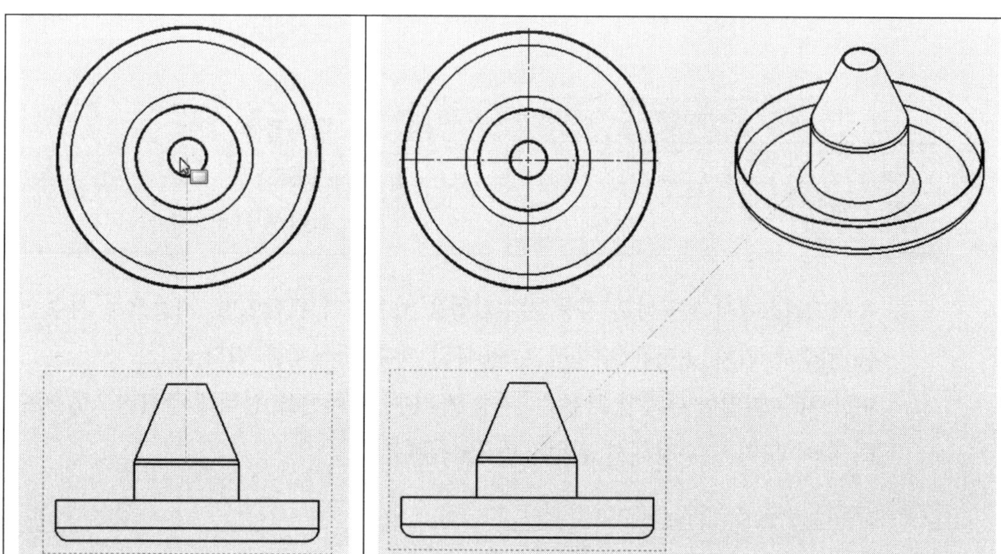

5) “등각 투상도 선택” ➔ “모서리 표시 음영”

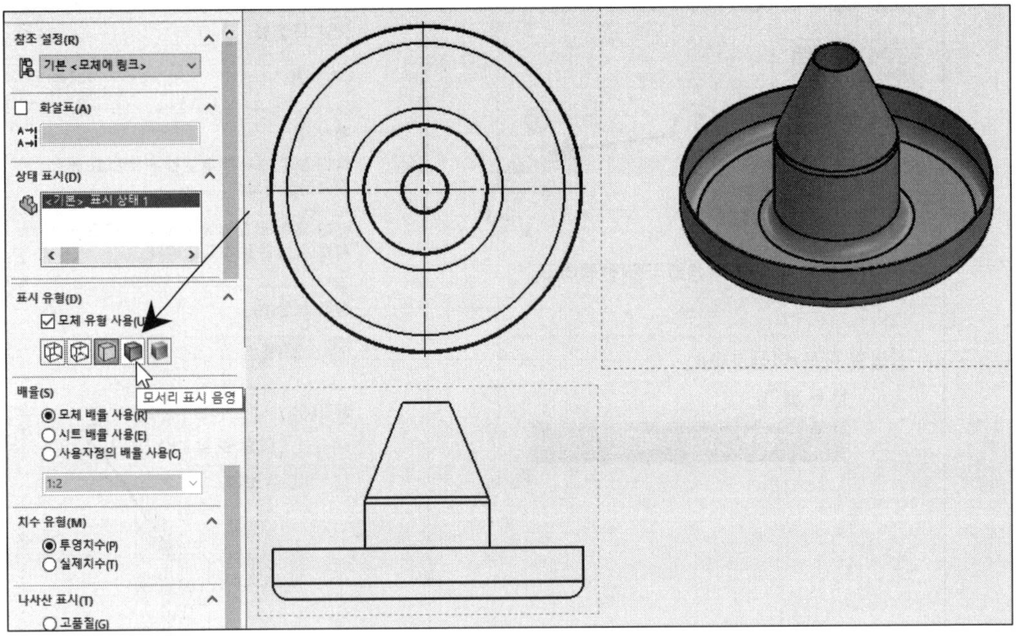

6) “삽입” ➔ “모델 항목”

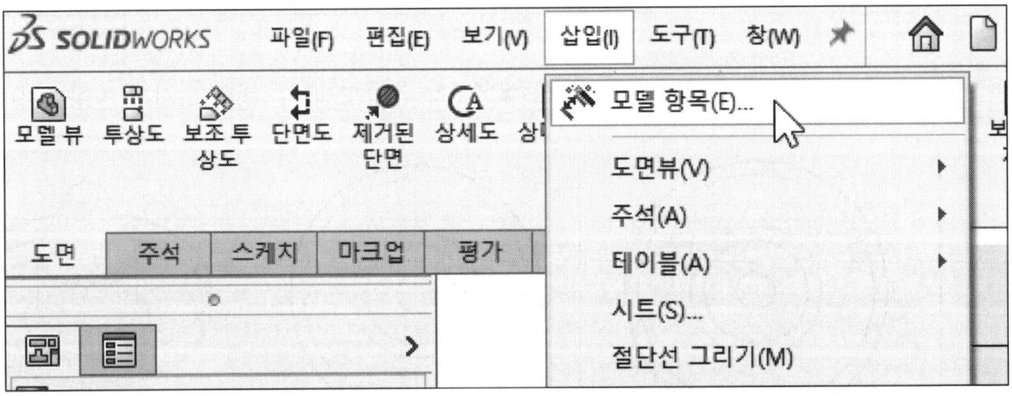

※ 솔리드웍스에서 제공하는 자동 치수기입을 사용하기 위함이며, 자동으로 치수 기입된 다음 치수의 위치 조정을 수행하고, 중복된 치수는 삭제를 한다.
또한 치수 기입이 부족한 부분은 “지능형 치수” 아이콘을 선택해 추가적으로 치수 기입을 해 주어 도면을 수정해서 완성도를 높여준다.

7) "전체 모델" → "확인"

[자동 치수 기입 형상 (옵션에서 소수점 자리, 문자크기 등 수정 필요)]

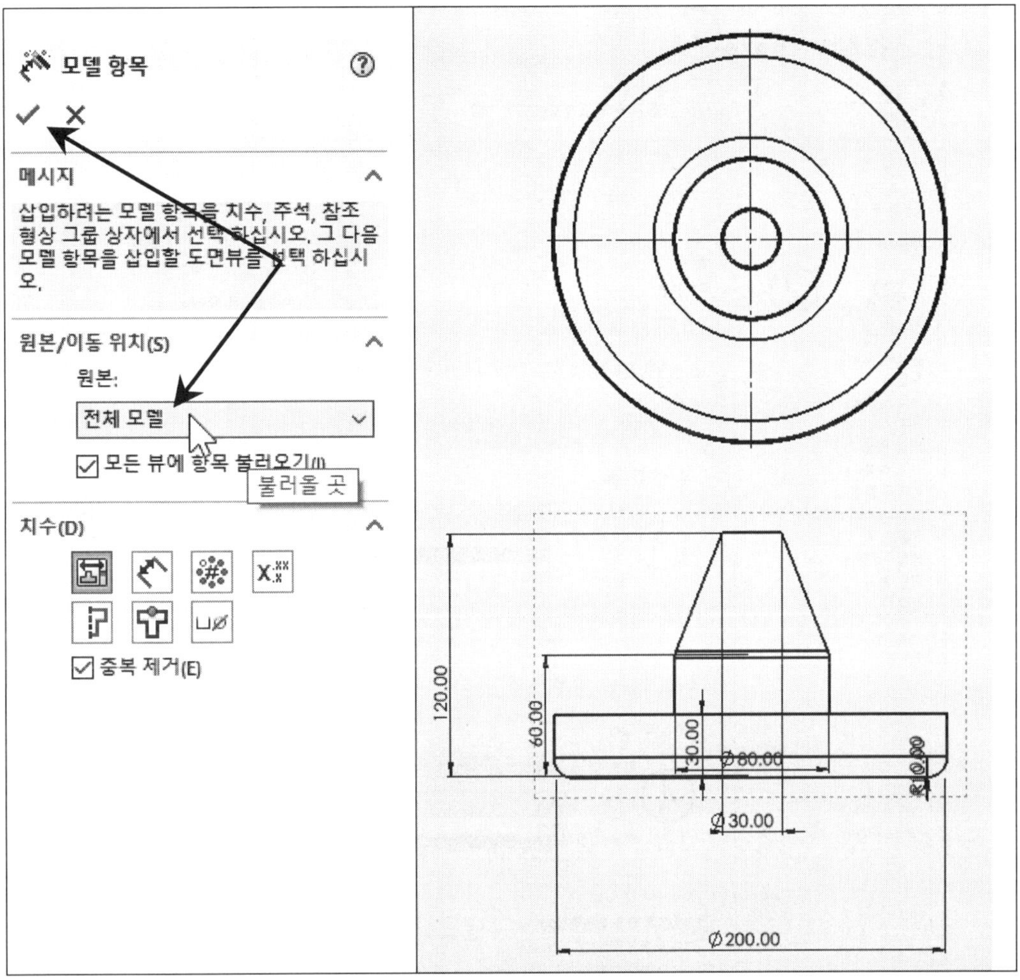

8) "옵션"

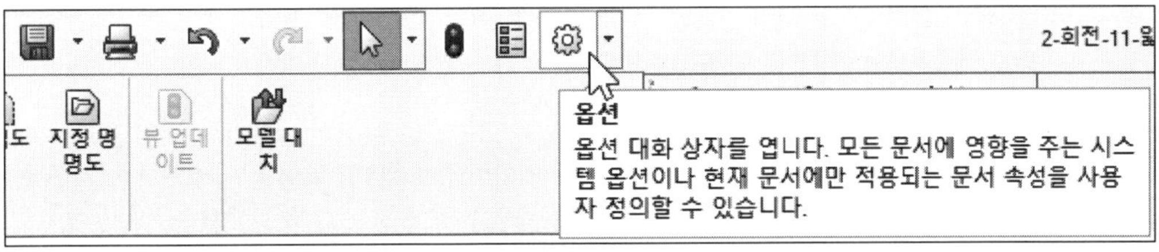

9) “문서속성” → “치수” → “소수점표시” → “치수–삭제” → “공차–제거” → “확인”

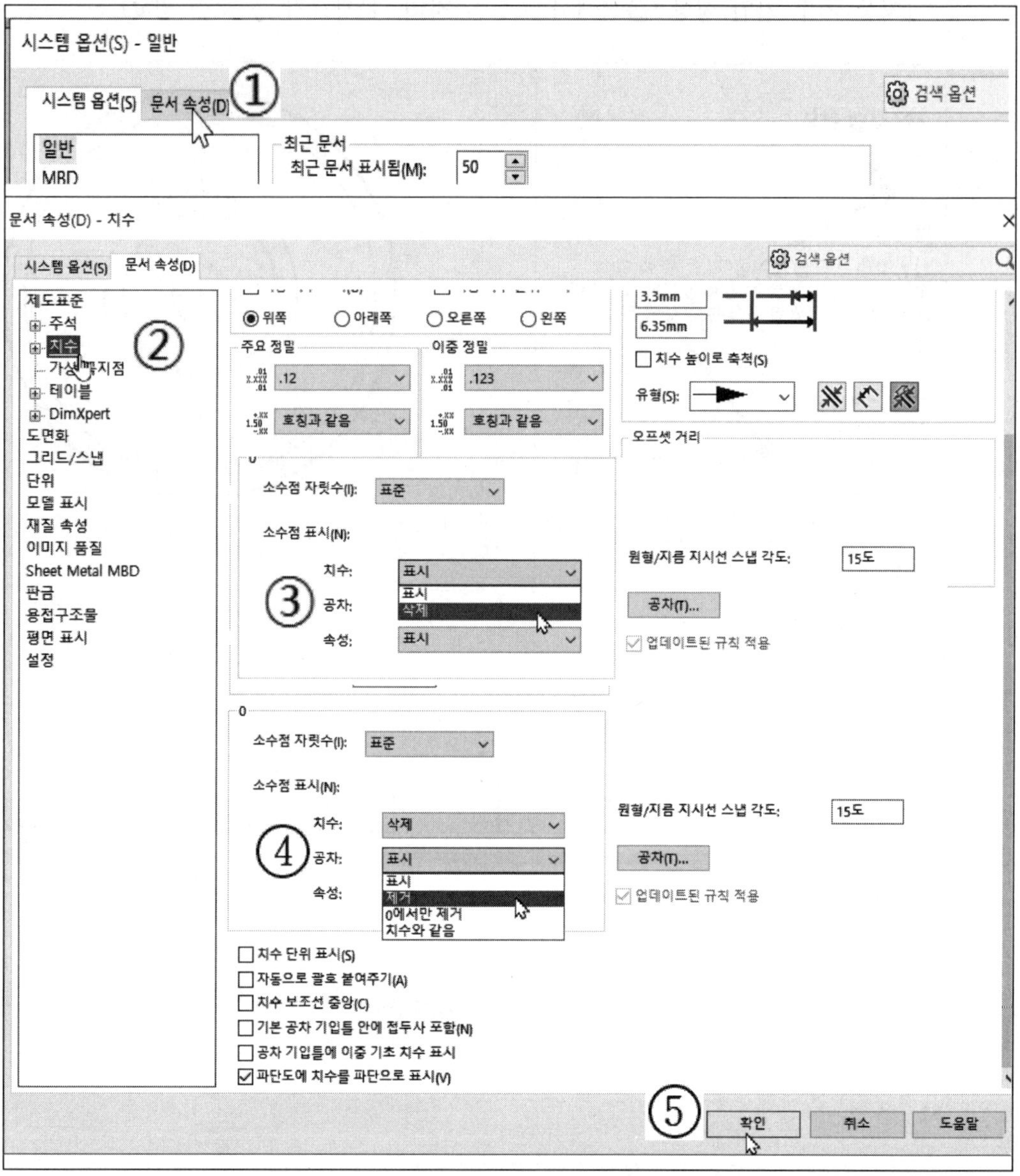

10) "글꼴" ➔ "글자 높이 3.5mm" ➔ "글자 높이 5mm 로 수정"(필요시 조정함)

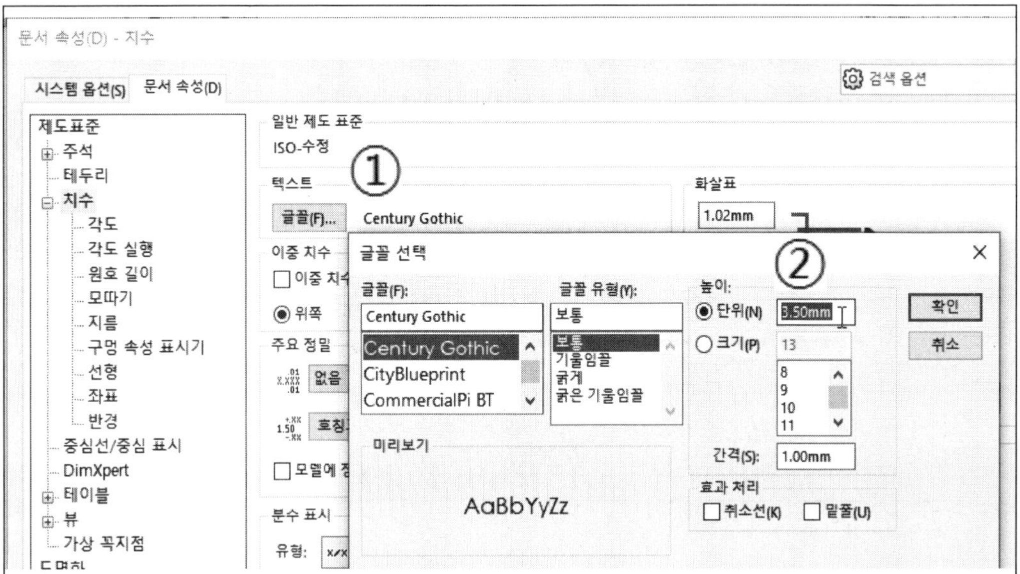

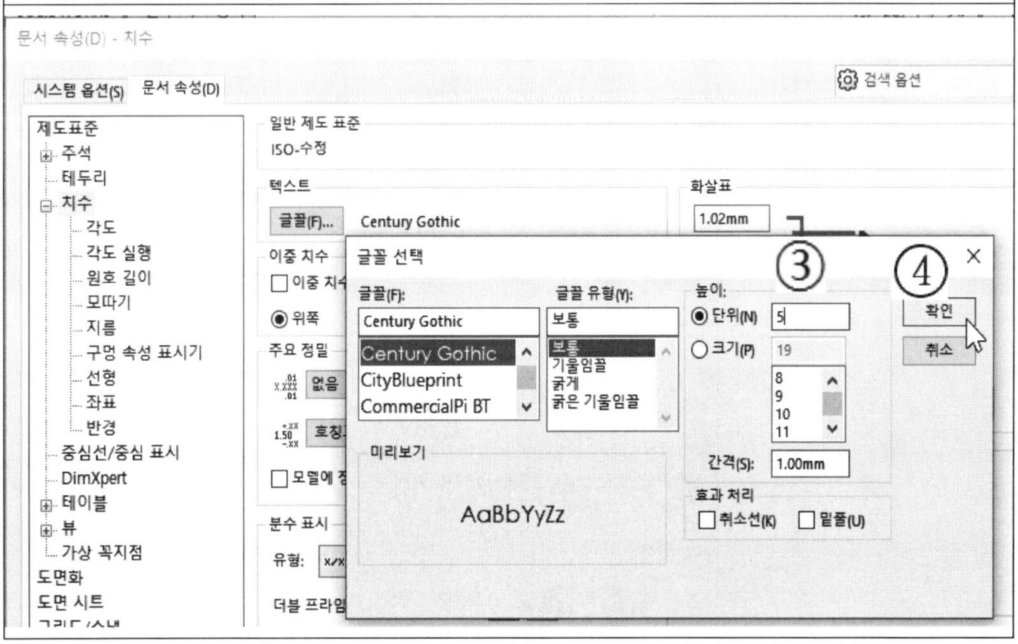

11) “옵션 변경 〈문자 크기 5mm로 커지고 소수점 없어짐〉”

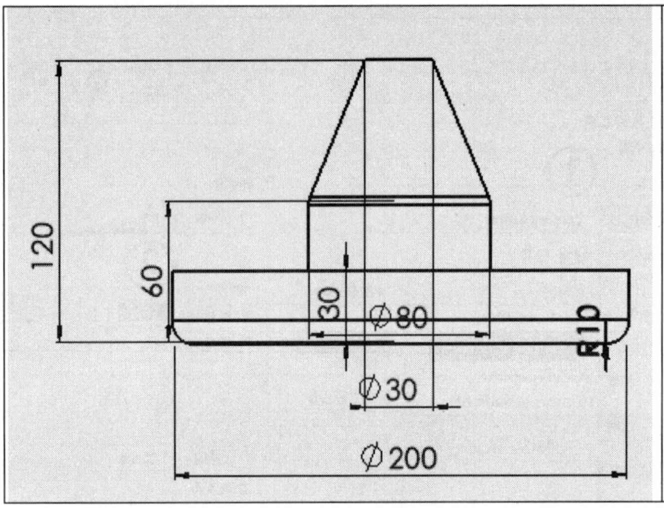

※ 좌측의 그림과 같이 자동 치수 기입하면 치수들의 위치를 조정해 주어야한다.
또한 제도 규칙에 따라 치수를 완성된 도면과 같은 모양으로 보완 작업을 해주어 도면의 완성도를 높여준다.

12) “정면도 삭제 후” → “단면도” → “반 단면도” → “단면도 방향 지정”

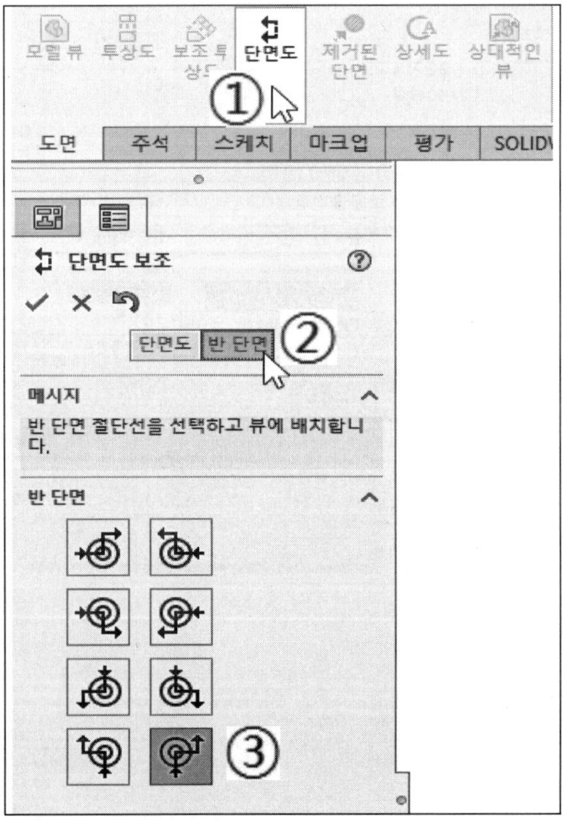

13) "단면도 작성할 도면의 센터점 지정"

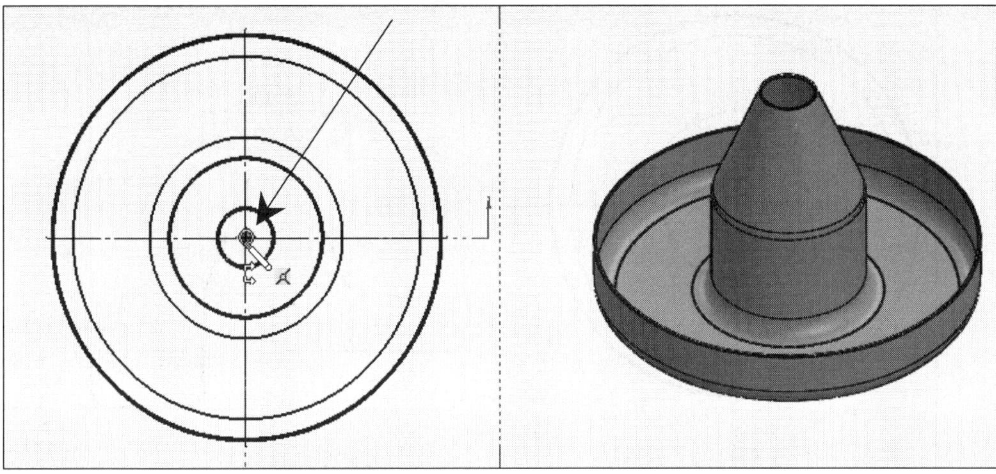

14) "단면도 배치" ➔ "삽입" ➔ "모델 항목" ➔ "전체 모델"(재 치수 기입)

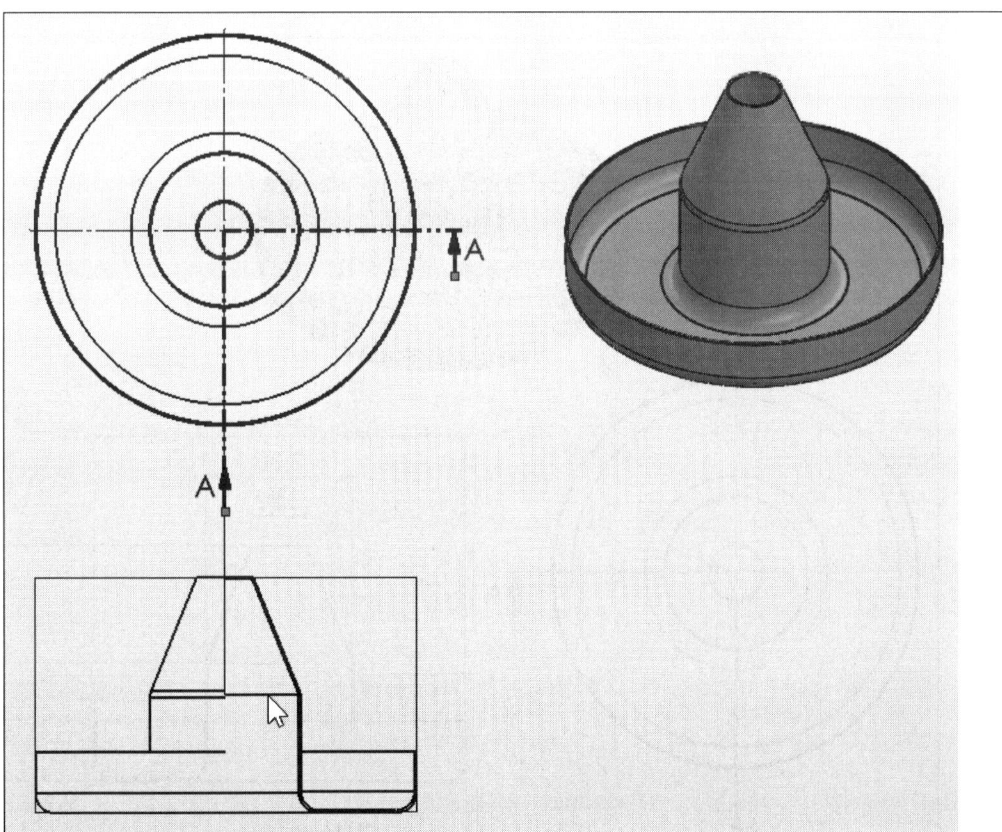

15) "치수 위치 조정 및 필요한 부분 치수 기입"

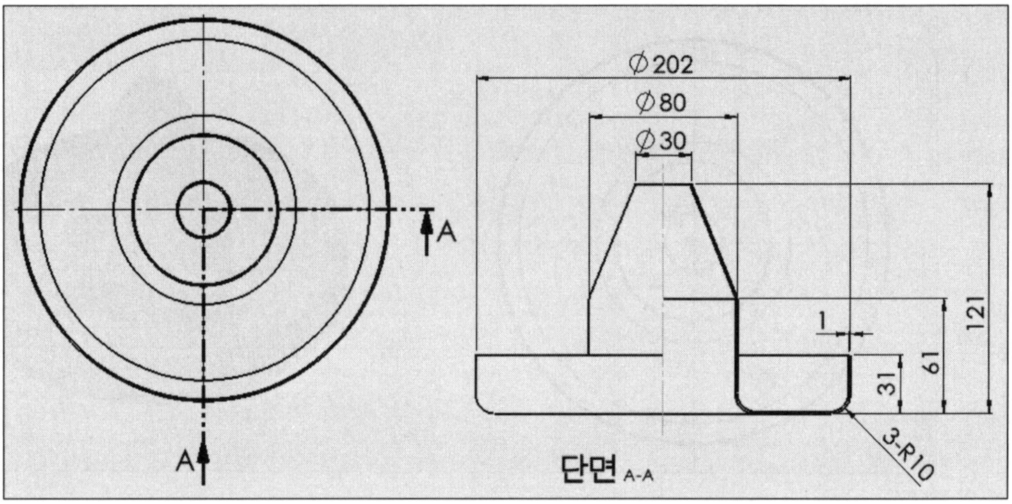

16) "완성된 도면"

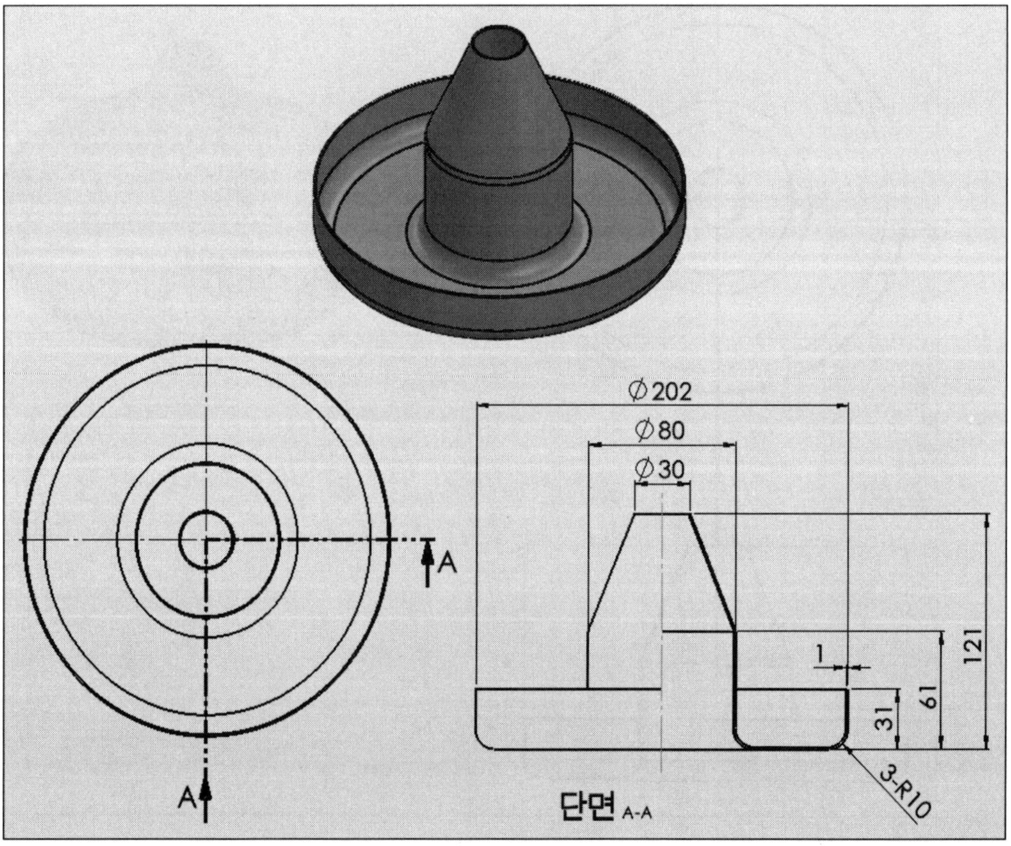

2.1.5 NCS 능력단위 평가

3D형상모델링 검토하기(1501020114_16v3.1) 능력단위 요소

능력단위요소-수행준거	평가방법	비고
1.1 3D형상모델링의 관련 정보를 도출하고 수정할 수 있다.	현장평가 : 스케치의 정보를 확인해 오류를 파악하고 적절한 방법으로 수정할 수 있는 능력 보유 파악	
	질문 : 스케치 오류 부위를 찾고 적절한 수정 방법을 질문이나 체크리스트 등을 통해 파악	
1.2 각각의 단품으로 조립형상 제작 시 적절한 조립 구속조건을 사용하여 조립품을 생성 할 수 있다.	추후 어셈블리에서 평가	
1.3 조립품의 간섭 및 조립여부를 점검하고 수정할 수 있다.	추후 어셈블리에서 평가	
1.4 편집기능을 활용하여 모델링을 하고 수정할 수 있다.	현장평가 : 작성중 오류나 모델 변경시 수정 능력보유 여부 파악	
	질문 : 스케치 수정 방법을 질문이나 체크리스트 등을 통해 파악	

<table>
<tr><th>교육시간</th><td>48</td><th>강사</th><td></td></tr>
<tr><th>교육개요</th><td colspan="3">학생은 기계요소 설계 분야에서 중요한 업무인 형상모델링 능력을 모델링 프로그램을 사용하여 단순형상과 복잡형상의 모델링 데이터를 생성하고, 작성된 도면에 준하여 데이터를 확인 할 수 있다.</td></tr>
<tr><th>교육육표</th><td colspan="3">모델링 프로그램을 사용하여 단순형상과 복잡형상의 모델링 데이터를 생성하고, 작성된 도면에 준하여 데이터를 확인 할 수 있다.</td></tr>
<tr><th>단원명</th><th colspan="3">단원별 학습목표</th></tr>
<tr><td rowspan="4">1501020204_
14v2.1
모델링 작업
준비하기</td><td colspan="3">1.1 모델링 데이터 생성에 필요한 정보를 정의하여 수집할 수 있다.</td></tr>
<tr><td colspan="3">1.2 모델링 프로그램의 환경을 효율적으로 설정할 수 있다.</td></tr>
<tr><td colspan="3">1.3 모델트리 구성을 결정하여 모델링 작업시간을 단축할 수 있다.</td></tr>
<tr><td colspan="3">1.4 단순형상과 복잡형상을 확인하기 위해 모델링 데이터의 오류여부를 확인할 수 있다.</td></tr>
<tr><td rowspan="4">1501020204_
14v2.2
모델링
작업하기</td><td colspan="3">2.1 이용 가능한 모델링 프로그램의 기능을 사용하여 요구되는 형상을 완벽하게 구현할 수 있다.</td></tr>
<tr><td colspan="3">2.2 모델링의 수정 및 편집을 용이하게 할 수 있다.</td></tr>
<tr><td colspan="3">2.3 관련 산업표준을 준수하여 모델링 할 수 있다.</td></tr>
<tr><td colspan="3">2.4 영역, 길이, 각도, 공차, 지시 등 모델링에 관련된 추가적인 정보를 도출하고 생성할 수 있다.</td></tr>
<tr><td rowspan="4">1501020204_
14v2.3
모델링
분석하기</td><td colspan="3">3.1 도면과 모델링을 비교 · 검토하여 모델링의 오류 발생 정보를 최소화하고, 오류 발생 시 즉각적으로 수정할 수 있다.</td></tr>
<tr><td colspan="3">3.2 제작상의 문제점 및 핵심부를 검토하여 오류 발생 시 관계부서와 협의하여 모델링 데이터를 수정할 수 있다.</td></tr>
<tr><td colspan="3">3.3 제작성을 고려하여 모델링 작업의 결과물을 수정 · 보정할 수 있다.</td></tr>
<tr><td colspan="3">3.4 부품 간 상호 결합상태를 검증할 수 있다.</td></tr>
<tr><td rowspan="3">1501020204_
14v2.4
모델링 데이터
출력하기</td><td colspan="3">4.1 작업 표준서에 의하여 요구되는 2D 데이터 형식의 파일로 저장하거나 출력할 수 있다.</td></tr>
<tr><td colspan="3">4.2 작업 표준서에 의하여 요구되는 3D 모델링 데이터 형식의 파일로 저장하거나 출력할 수 있다.</td></tr>
<tr><td colspan="3">4.3 출력된 모델링 데이터에 요구되는 소요자재목록, 부품목록 등의 정보를 산출할 수 있다.</td></tr>
<tr><th>선수능력
(필요한 경우)</th><td colspan="3">그래픽 툴의 원활한 사용</td></tr>
</table>

학습활동

학습활동	특기사항
[모델링 작업 준비하기] 1 모델링 데이터 생성에 필요한 정보를 정의하여 제출하시오. 2 모델링 프로그램의 환경을 효율적으로 설정하는 방법을 정리하여 제출하시오. 3 모델트리 구성을 결정하여 모델링 작업시간을 단축할 수 있도록 설정하고 그 방법을 정리하여 제출하시오. 4 단순형상과 복잡형상을 확인하기 위해 모델링 데이터의 오류여부를 판단하고 정리하여 제출하시오. **[모델링 작업하기]** 1 이용 가능한 모델링 프로그램의 기능을 사용하여 요구되는 형상을 완벽하게 구현한 후 파일을 제출하시오. 2 모델링의 수정 및 편집을 용이하게 할 수 있는 방법을 정리하여 제출하시오. 3 관련 산업표준을 준수하여 모델링 하고 파일을 제출하시오. 4 영역, 길이, 각도, 공차, 지시 등 모델링에 관련된 추가적인 정보를 도출하고 생성한 후 파일을 제출하시오. **[모델링 분석하기]** 1 도면과 모델링을 비교 · 검토하여 모델링의 오류 발생 정보를 최소화하고 정리 하여 제출하시오. 2 제작상의 문제점 및 핵심부를 검토하여 오류 발생 시 관계부서와 협의하여 모델링 데이터를 수정한 후 파일로 제출 하시오. 3 제작성을 고려하여 모델링 작업의 결과물을 수정 · 보정한 후 그 내용을 정리하여 제출 하시오. 4 부품 간 상호 결합상태를 검증 분석하고 그 방법을 정리하여 제출하시오. **[모델링 데이터 출력하기]** 1 작업 표준서에 의하여 요구되는 2D 형식으로 출력하여 제출하시오. 2 작업 표준서에 의하여 요구되는 3D 모델링 데이터 형식의 파일로 저장하여 제출하시오. 3 출력된 모델링 데이터에 요구되는 소요자재목록, 부품목록 등의 정보를 산출 정리하여 제출하시오.	• 질문 사항 및 도면 검토(검도)는 이메일로 제출 - 메일주소 : • 컴퓨터 전원 관리 철저 및 안전에 주의(문어발식 콘센트 사용금지) • 실습 및 학습과 무관한 소프트웨어 및 허가받지 않은 소프트웨어를 설치하지 말것(비허가 및 불법 소프트웨어는 삭제 될 수 있음) • USB의 사용전, 후 반드시 바이러스 검사를 실시 • 바이러스가 예상되는 웹사이트에 접근금지 • 책상주변에 커피, 물 등의 음식물 보관 금지 • 실습실 개방시간 : 9:00 ~ 18:00 • 컴퓨터 고장 및 프린터, 플로터 사용시 관리자 - 연락처 : 학과사무실 - 전화번호 :

학습자료

보조자료	• 개발시 필요한 국/내외 표준 • 한국소프트웨어기술진흥협회 가이드 • 개발 시 적용되는 국/내외 개발표준 문서 • 개발 시 적용되는 개발표준 문서 • 표준 및 절차 매뉴얼(템플릿 포함) • 전자정부 웹 표준 준수지침
사용장비 및 공구	• 컴퓨터 • 프린터, 플로터 • 형상모델링 작성 프로그램
소요재료	프린터잉크 및 토너, 플로터잉크

관련 지식 · 기술 · 태도	구 분	주 요 내 용
	지 식	• 공작기계의 종류 및 특성에 대한 지식 • 기계재료의 종류 및 특성에 대한 지식 • 모델링 프로그램 전반에 대한 지식 • 모델링 프로그램 매뉴얼에 대한 지식 • 부품 상호운동의 기구학적 특성에 대한 지식 • 유사 사례의 성공, 실패요인에 대한 지식 • 좌표계의 종류 및 특성에 대한 지식 • 치수공차 및 기하공차에 대한 지식 • KS 및 ISO 등 규격에 대한 지식 • SI 및 MKS 단위에 대한 지식 • 2D 도면해독에 대한 지식
	기 술	• 모델링 데이터 검증 기술 • 모델링 분석 기술 • 모델링 제품의 제작방법 검토 기술 • 모델링 공정 단축을 위한 설계기술 • 모델링 프로그램 전반에 대한 운용 기술 • 유사 사례에 대한 분석 기술 • 관련 분야의 산업표준에 대한 검토 기술 • 공차 및 기하학적 기호에 대한 이해 능력 • 체크리스트 확인 능력
	태 도	• 가공시간을 단축시켜 생산성 향상을 위한 적극적인 자세 • 관련 분야 산업표준에 대한 분석 의지 • 도면에 따른 모델링의 치밀한 분석 자세 • 모델링 데이터 오류에 대한 객관적 분석 의지 • 모델링 분석을 위한 객관적 판단 의지 • 모델링 프로그램 매뉴얼 습득 의지 • 유사 사례를 면밀하게 분석할 수 있는 태도 • 정확한 도면분석을 위한 검토 의지 • 타 부서와의 협력 검토 의지

교재	본 교재, NCS 학습모듈, 솔리드웍스 따라하기(건기원)

자기평가서

자 기 평 가 서				
평가영역 (단원명)	문 항	미흡	보통	우수
모델링 작업 준비하기	1.1 모델링 데이터 생성에 필요한 정보를 정의하여 수집할 수 있다.			
	1.2 모델링 프로그램의 환경을 효율적으로 설정할 수 있다.			
	1.3 모델트리 구성을 결정하여 모델링 작업시간을 단축할 수 있다.			
	1.4 단순형상과 복잡형상을 확인하기 위해 모델링 데이터의 오류여부를 확인할 수 있다.			
모델링 작업하기	2.1 이용 가능한 모델링 프로그램의 기능을 사용하여 요구되는 형상을 완벽하게 구현할 수 있다.			
	2.2 모델링의 수정 및 편집을 용이하게 할 수 있다.			
	2.3 관련 산업표준을 준수하여 모델링 할 수 있다.			
	2.4 영역, 길이, 각도, 공차, 지시 등 모델링에 관련된 추가적인 정보를 도출하고 생성할 수 있다.			
모델링 분석하기	3.1 도면과 모델링을 비교 · 검토하여 모델링의 오류 발생 정보를 최소화하고, 오류 발생 시 즉각적으로 수정할 수 있다.			
	3.2 제작상의 문제점 및 핵심부를 검토하여 오류 발생 시 관계부서와 협의하여 모델링 데이터를 수정할 수 있다.			
	3.3 제작성을 고려하여 모델링 작업의 결과물을 수정 · 보정할 수 있다.			
	3.4 부품 간 상호 결합상태를 검증할 수 있다.			
모델링 데이터 출력하기	4.1 작업 표준서에 의하여 요구되는 2D 데이터 형식의 파일로 저장하거나 출력할 수 있다.			
	4.2 작업 표준서에 의하여 요구되는 3D 모델링 데이터 형식의 파일로 저장하거나 출력할 수 있다.			
	4.3 출력된 모델링 데이터에 요구되는 소요자재목록, 부품목록 등의 정보를 산출할 수 있다.			

평가자 체크리스트 평가 표

평가 항목(체크 리스트)		교수자 평가	
		배점	득점
1. 3D 형상 모델링 작업 준비할 수 있는가?		**30점**	
	– 명령어를 이용하여 3D CAD 프로그램을 사용자 환경에 맞도록 설정할 수 있다.	10점	
	– 3D 형상 모델링에 필요한 부가 명령을 설정할 수 있다.	10점	
	– 작업 환경에 적합한 템플릿을 제작하여 도면의 형식을 균일화 시킬 수 있다.	10점	
2. 3D 형상 모델링 작업할 수 있는가?		**70점**	
	– KS 및 ISO 관련 규격을 준수하여 형상을 모델링할 수 있다.	10점	
	– 스케치 도구를 이용하여 디자인을 형상화할 수 있다.	10점	
	– 모델에 치수를 기입하여 치수에 맞게 형상을 수정할 수 있다.	10점	
	– 기하학적 형상을 구속하여 원하는 형상을 유지시키거나 선택되는 요소에 다양한 구속 조건을 설정할 수 있다.	10점	
	– 특징 형상 설계를 이용하여 요구되어지는 3D 형사 모델링을 완성할 수 있다.	10점	
	– 연관 복사 기능을 이용하여 원하는 형상으로 편집하고 변환할 수 있다.	10점	
	– 요구되어지는 형상과 비교, 검토하여 요류를 확인하고 발견되는 오류를 즉시 수정할 수 있다.	10점	
점수 환산 (총 득점 / 만점) x 100		**100점**	

※ 평가 문제는 앞 페이지의 예제 도면에서 교수자가 선정하여 실시한다.

※ 평가에서 평가 시점 및 방법은 매 단원마다 실시하거나 중간평가, 기말평가 또는 교육기관 형편에 맞추어 적합한 평가 시점이나 횟수 방법을 적용해 실시한다.

CHAPTER

03 로프트(Loft) 및 로프트 컷

로프트 모델링 기법은 아래의 모델처럼 윗면이 6각형이고 아래면이 원형인 형상과 같이 서로 상이한 경우 각각의 단면을 부드럽게 연결하여 원하는 형상을 만드는 모델링 기법이며, 아래의 제품 모델링을 통해 로프트에 대해 알아보자.

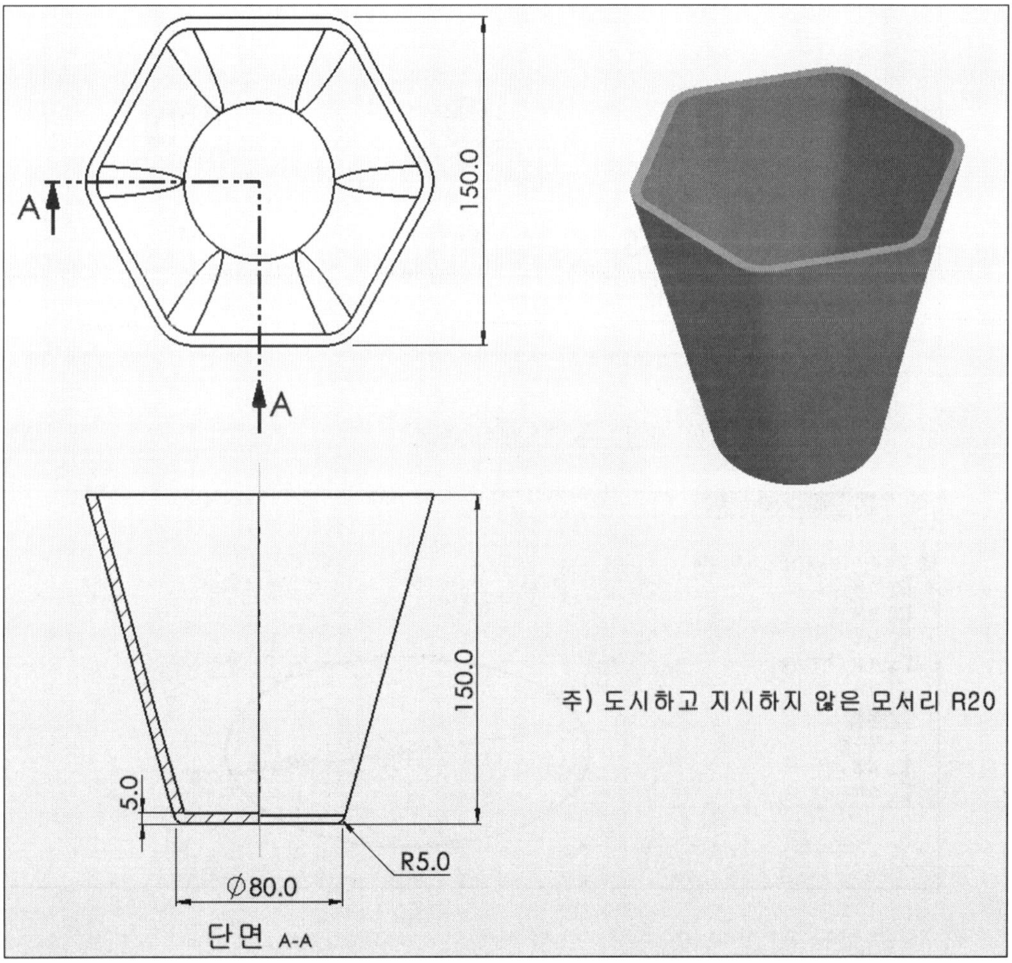

1) "새문서" 아이콘 선택

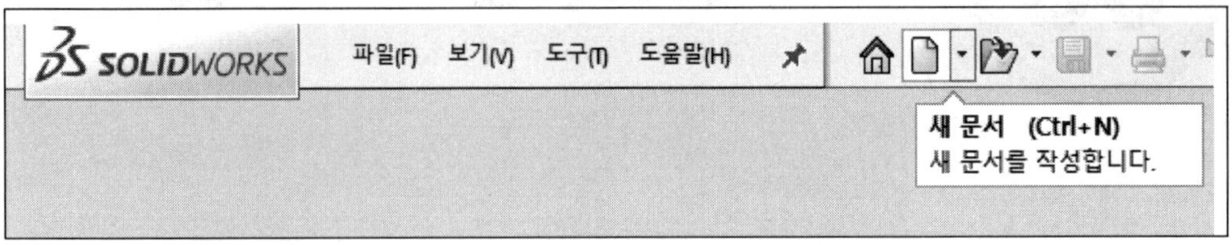

2) "파트" → "확인"

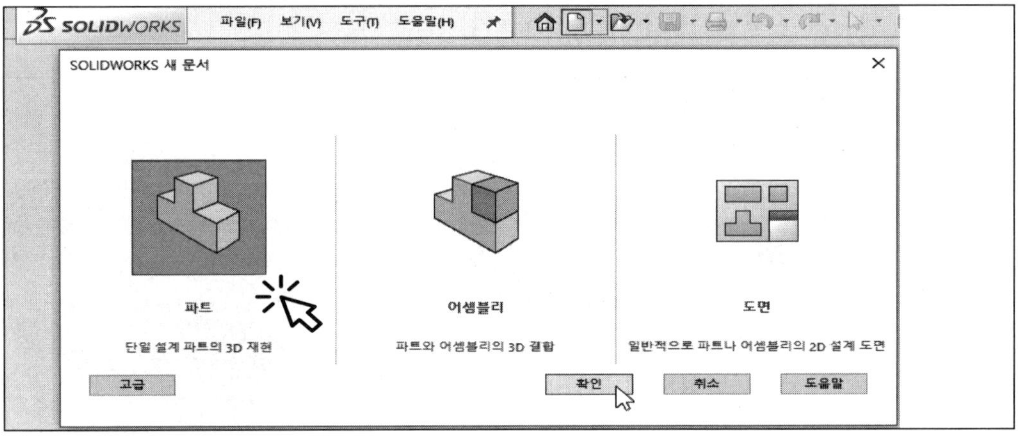

3) "윗면" → "Ø80 원 작성" → "스케치 종료"

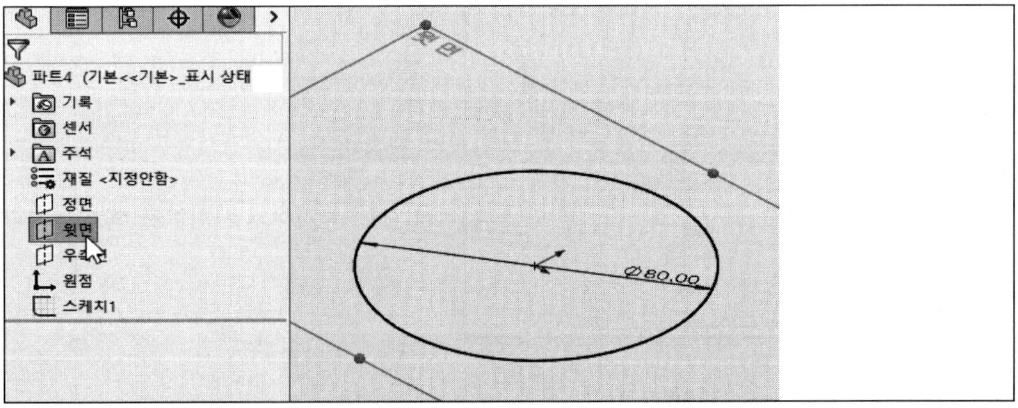

4) “윗면” ➔ “참조 형상” ➔ “기준면”

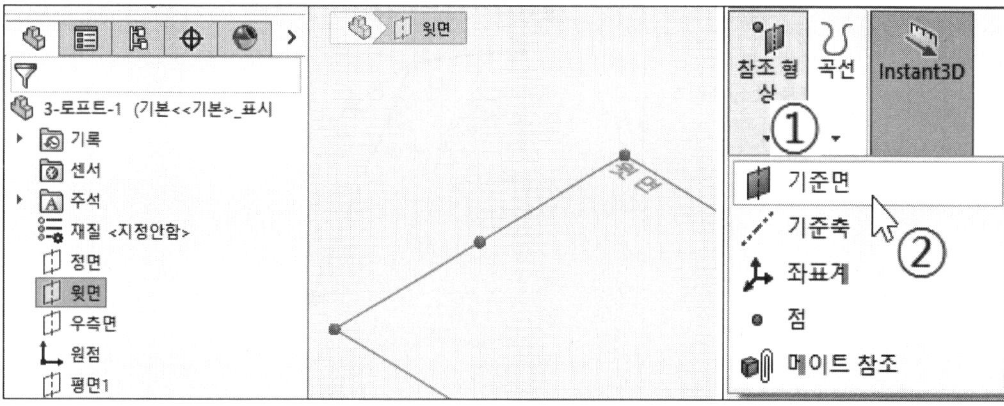

5) “거리값(150mm)” ➔ “확인”

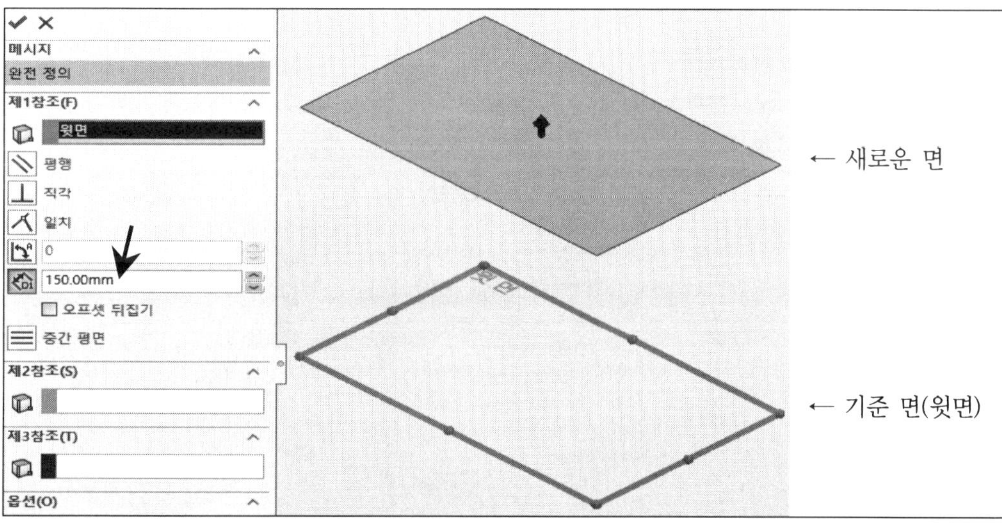

6) “평면1” ➔ “스케치” ➔ “150mm 육각형” ➔ “스케치 종료”

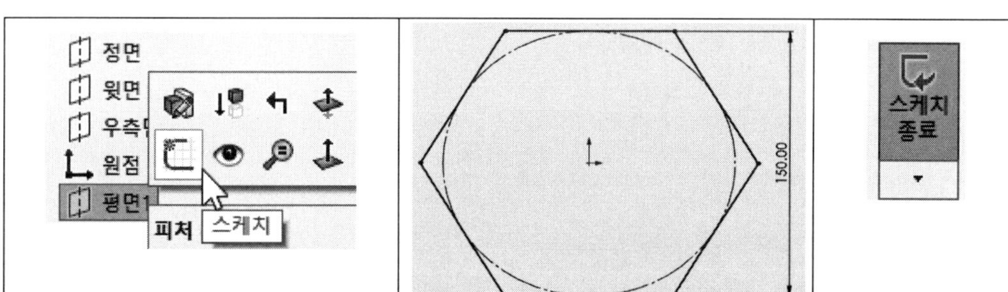

7) “로프트 보스/베이스” → “원 스케치” → “육각형 스케치” → “확인”

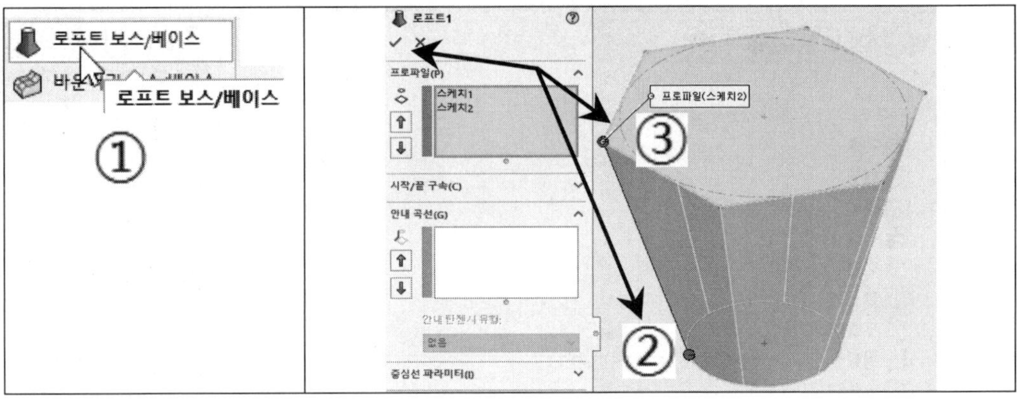

8) “필렛” → “R20” → “6개 모서리 선택” → “확인”

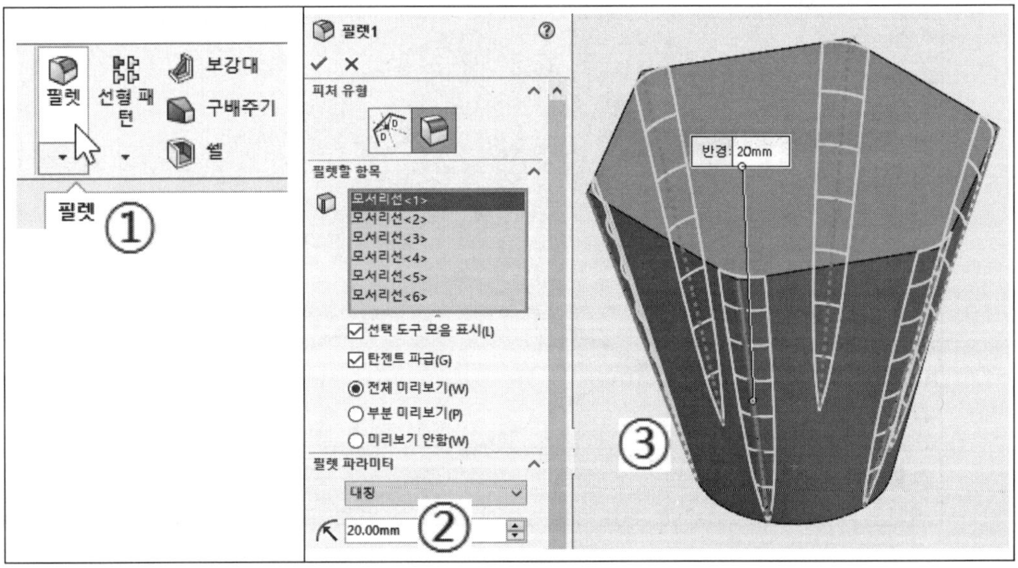

9) “필렛” ➔ “반경 5mm” ➔ “밑면 모서리” ➔ “확인”

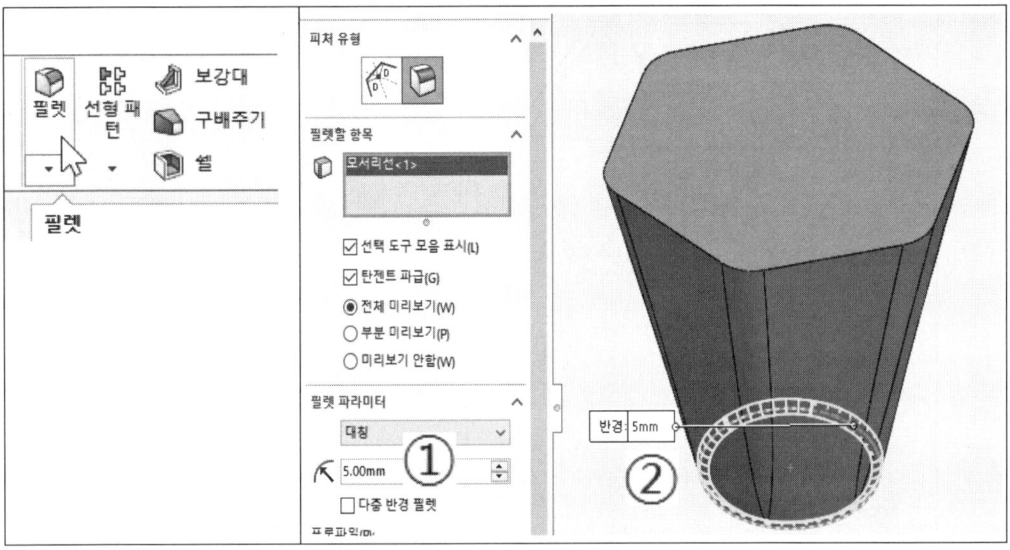

10) “셸” ➔ “5mm” ➔ “윗면” ➔ “확인”

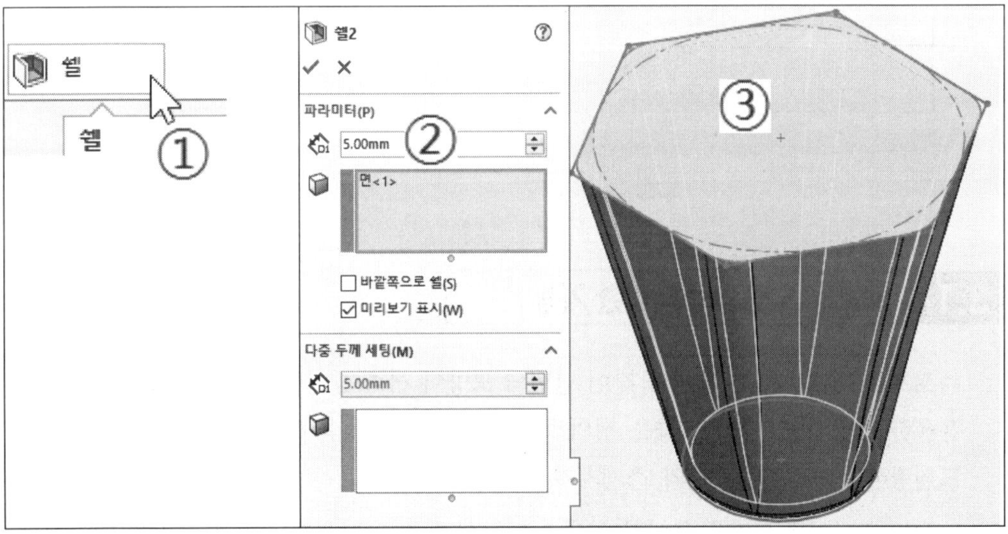

11) “완성된 모델”

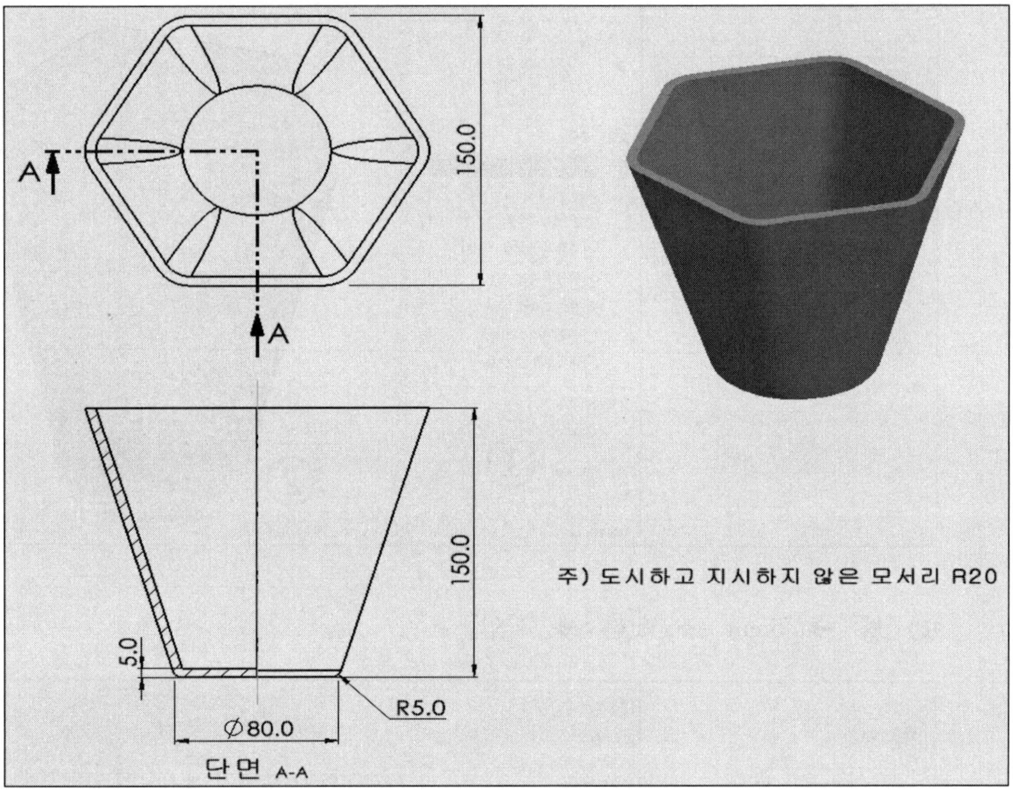

3.1 로프트 모델링의 다양한 기능

로프트 모델은 상기 모델과 같이 단면의 모양이 서로 상이한 형상을 손쉽게 모델링하기 위한 유용한 기법이며, 단면 모양을 정의해 준 다음 스케치들을 부드럽게 연결하여 원하는 형상을 모델링하므로 두 개 이상의 스케치가 필요하게 된다.

그러나 단면의 모양을 특이한 형태로 만들고자 하는 경우에는 단면 모양의 변화 과정을 안내 곡선을 사용해서 제어가 가능하며 이를 연습해 보자.

3.1.1 안내 곡선(라인) 활용한 로프트

안내 곡선(라인)은 로프트 모델 작성시 곡선간의 연결 통로 역할을 한다.

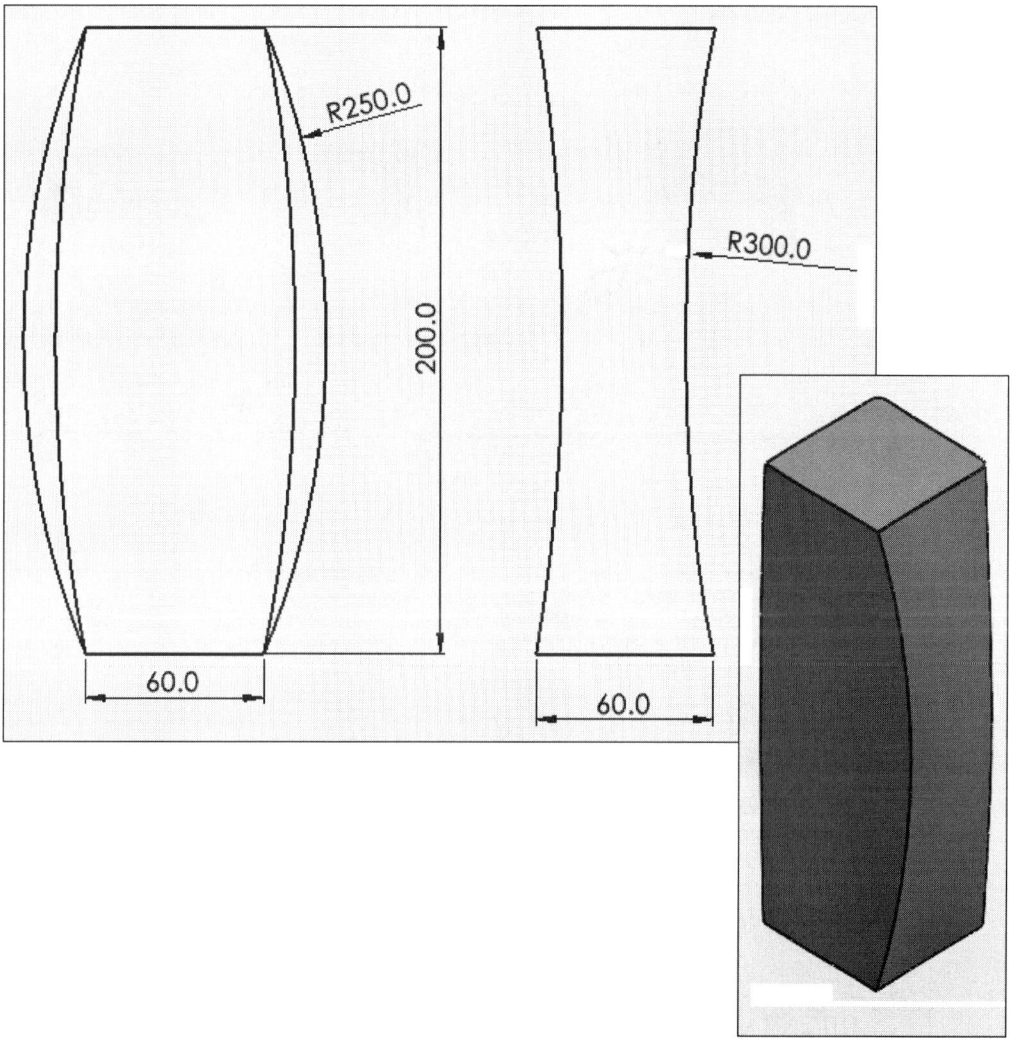

1) "새문서" 아이콘 선택

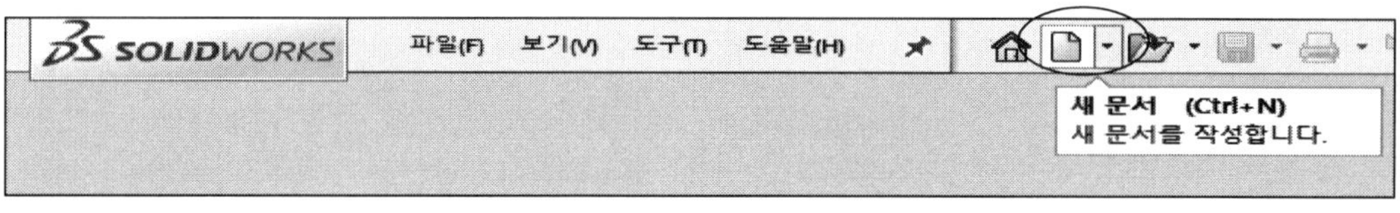

2) “파트” ➔ “확인”

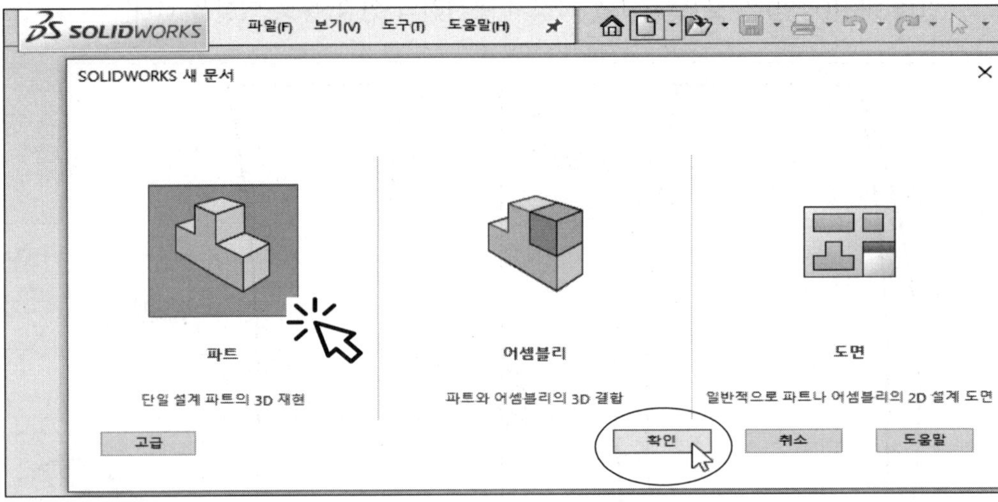

3) “윗면”➔ “퀵메뉴”➔ “스케치”

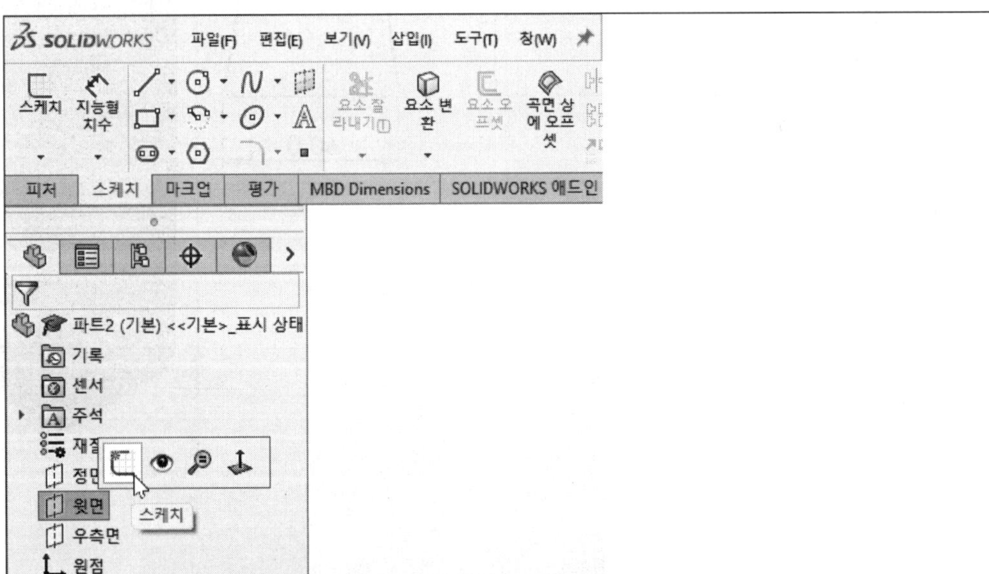

4) “중심사각형” ➔ “□ 60mm” 작성 ➔ “치수기입” ➔ “스케치 종료”

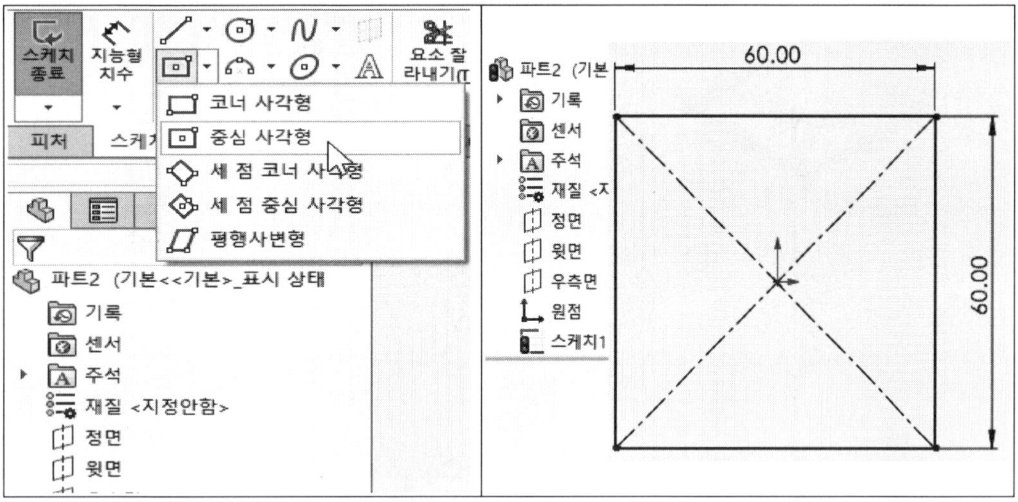

5) “참조형상” ➔ “기준면” ➔ “삼각 아이콘 선택(접혀진 트리 펼침)”
➔ “윗면” ➔ “200”(윗면부터 200mm 위에 스케치를 할 기준면 생성)

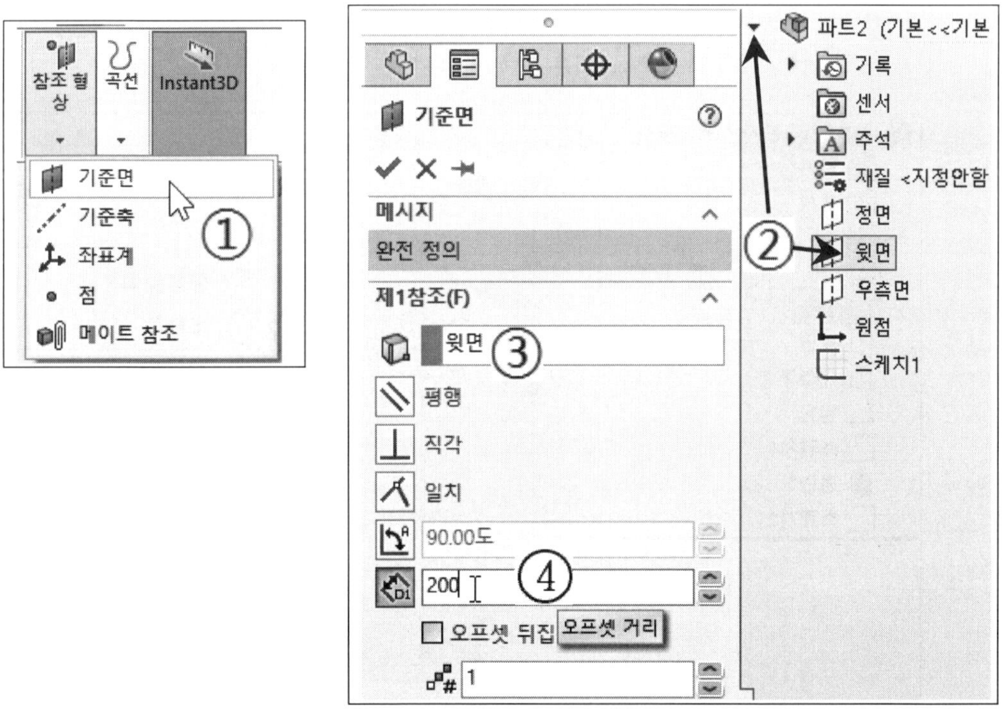

6) 윗면 200mm 위의 “평면1” ➔ “스케치” ➔ “ㅁ 60mm 작성” ➔ “스케치 종료”

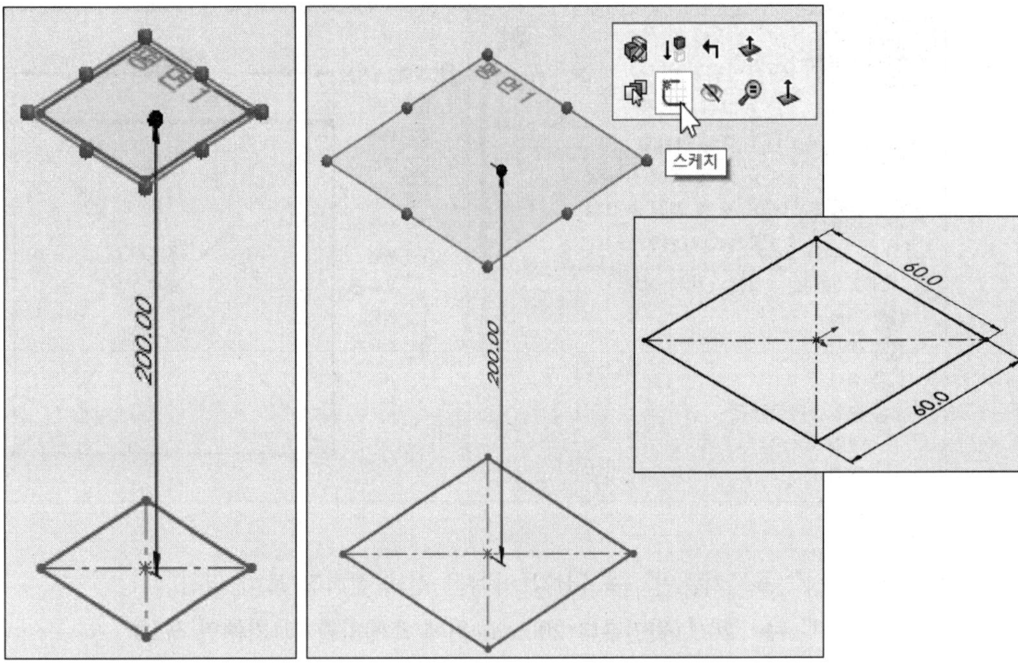

7) “정면” ➔ “스케치” ➔ “3점호” ➔ “Ctrl + 8”(수직 보기)

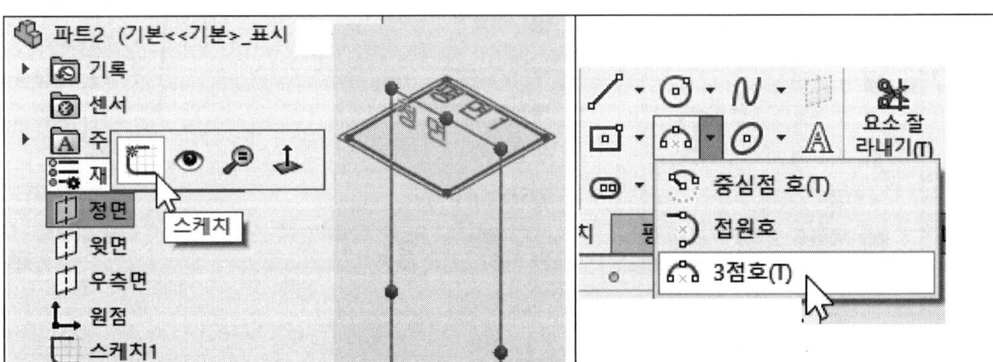

※ 안내 곡선을 작성하기 위해 정면에 스케치 수행

8) “1위치 지정” ➔ “2위치 지정” ➔ “호의 중간부 위치 지정” ➔ “중심선 작성” ➔ “스케치 종료”

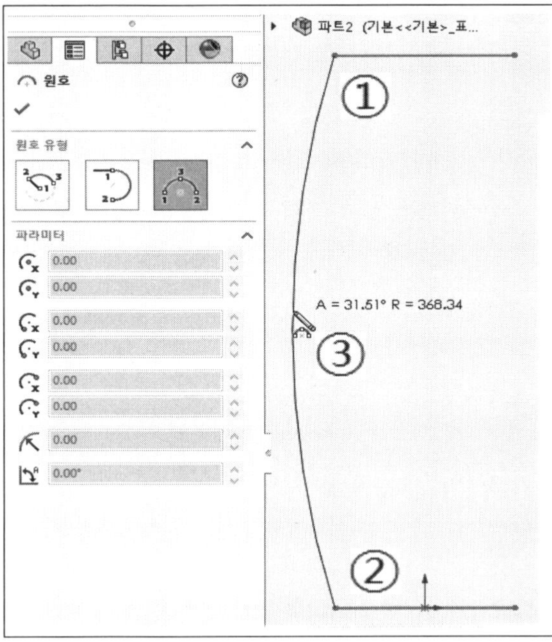

1) 원호의 시작점①과 끝점②는 앞에서 작성된 윗면 사각형과 평면1 사각형 끝점에 일치하게 작성

2) 원점부터 수직으로 중심선 작성

9) “요소 대칭 복사” ➔ “중심선” ➔ “원호” ➔ “확인”

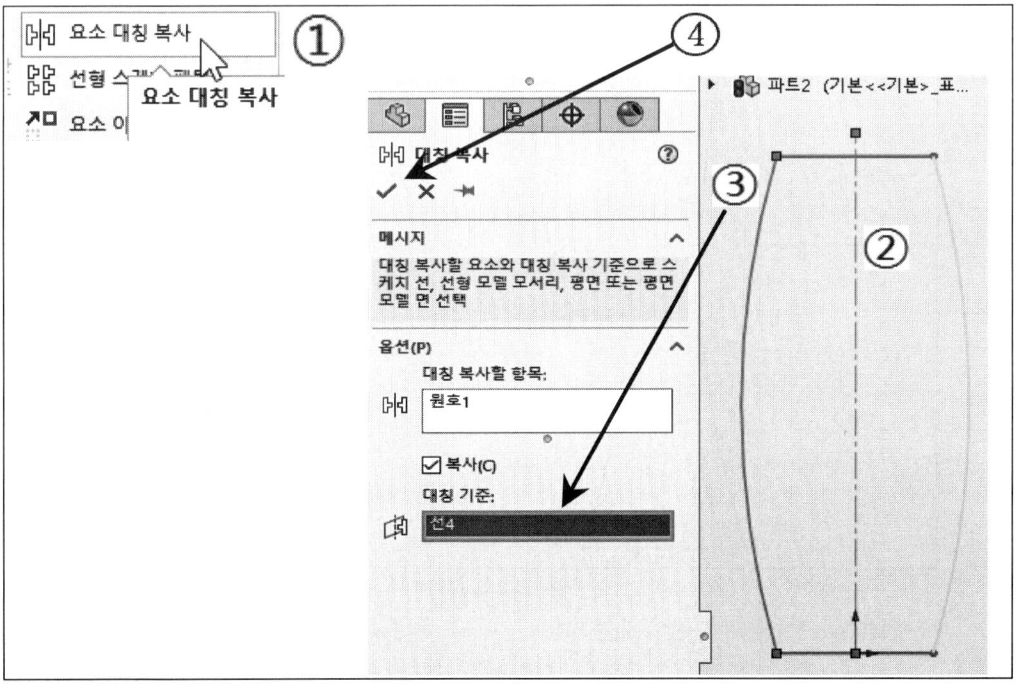

10) "등각보기(Ctrl+7) → "지능형치수" → "원호" → "250" → "스케치 종료"

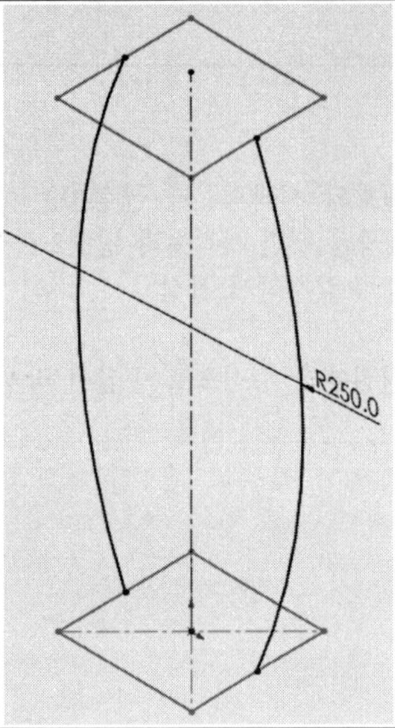

11) "우측면" → "스케치" → "3점호" → "대칭"→ "지능형치수" → "원호" 선택 → "300"
→ "Ctrl+7"(등각보기) → "스케치 종료"

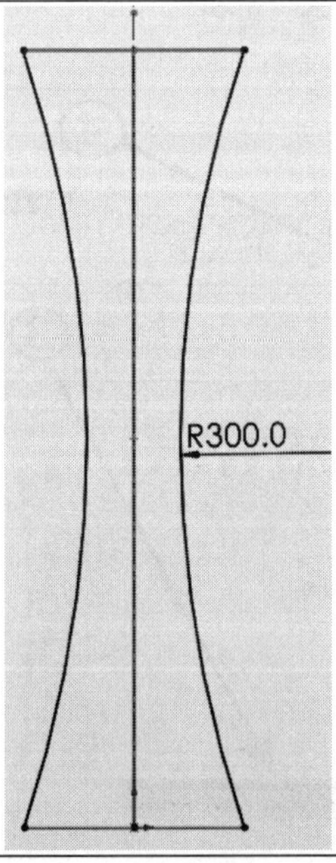

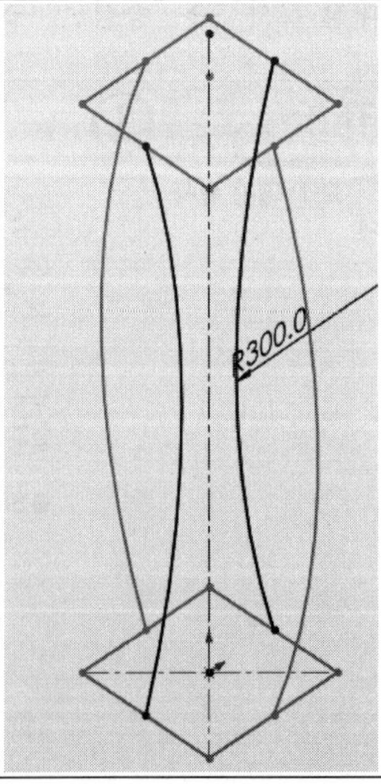

12) “로프트” ➔ “밑면 스케치(사각형)” ➔ “윗면 스케치”(사각형)

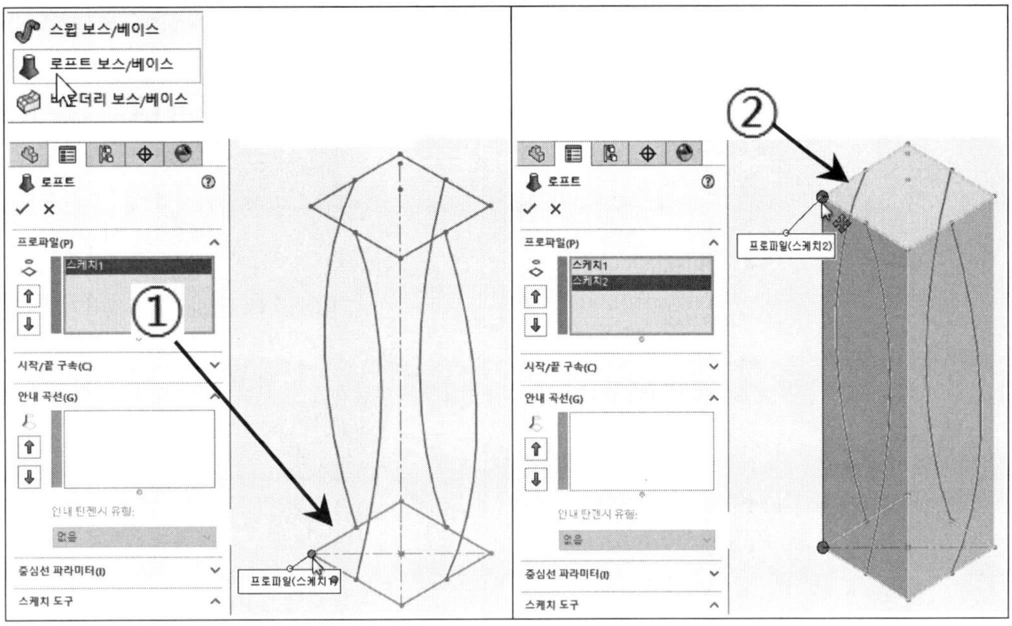

13) “안내 곡선(G)” ➔ “좌측 안내 곡선” ➔ “확인”

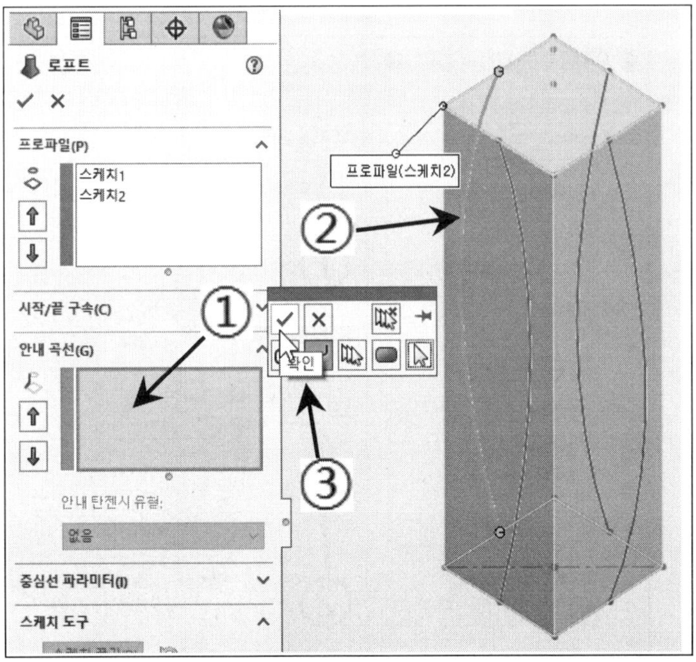

14) “우측 안내 곡선” ➔ “확인”

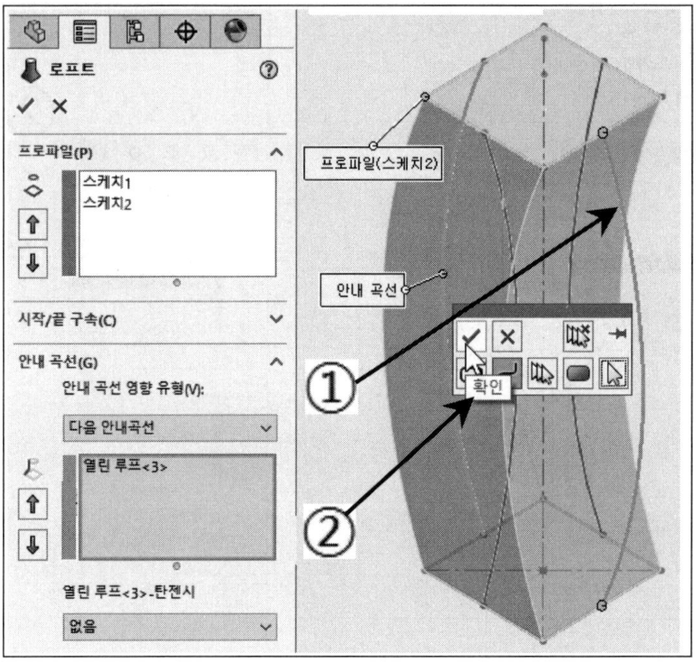

15) “앞쪽 안내 곡선” ➔ “확인”

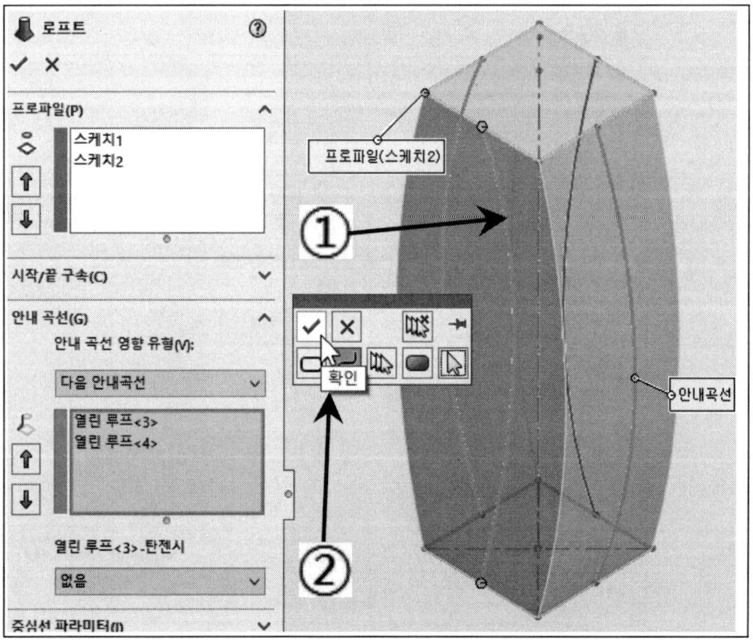

16) “뒤쪽 안내 곡선” ➔ “확인”

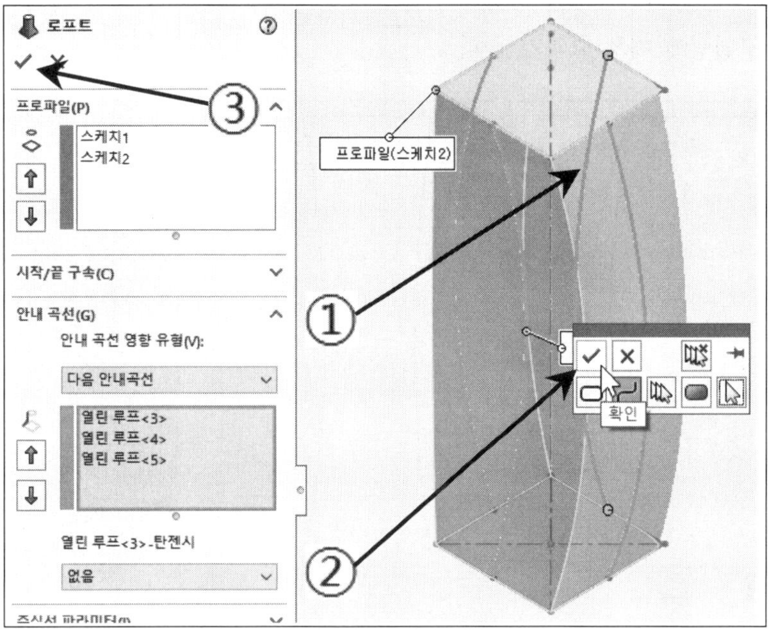

17) 안내 라인(곡선)을 이용한 로프트 모델

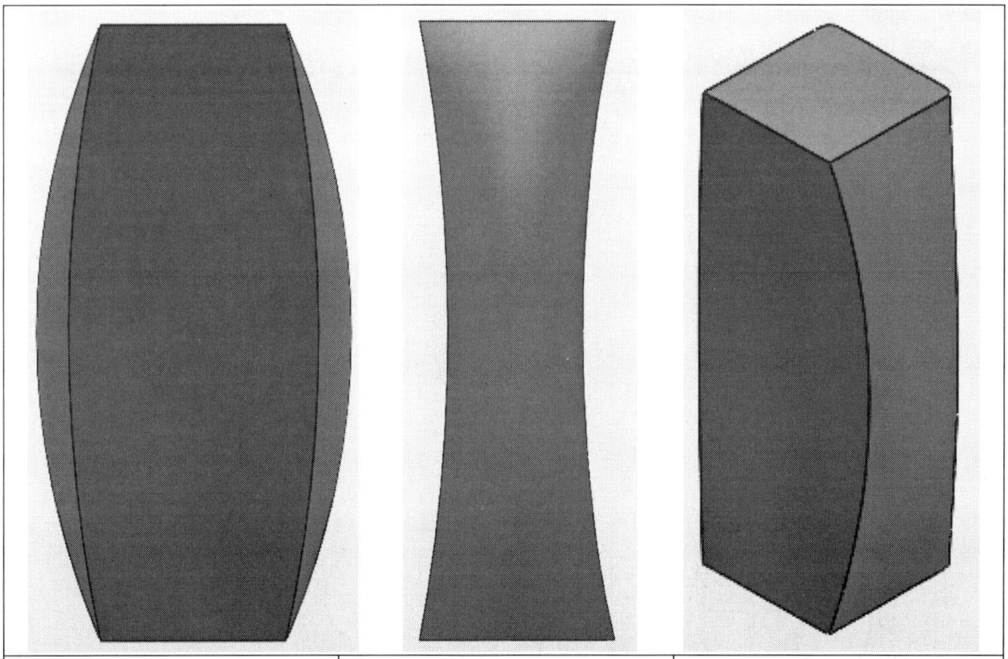

정면 형상	우측면 형상	등각 형상

안내 라인(곡선)을 이용한 로프트 모델은 모델의 형상을 작성할 때 스케치의 형상을 만족하면서 안내 라인을 따라 3차원 형상을 만들어 주는 기법으로 고급 모델 작성에 유용하고 복잡한 형상의 모델링에 매우 효과가 좋다.

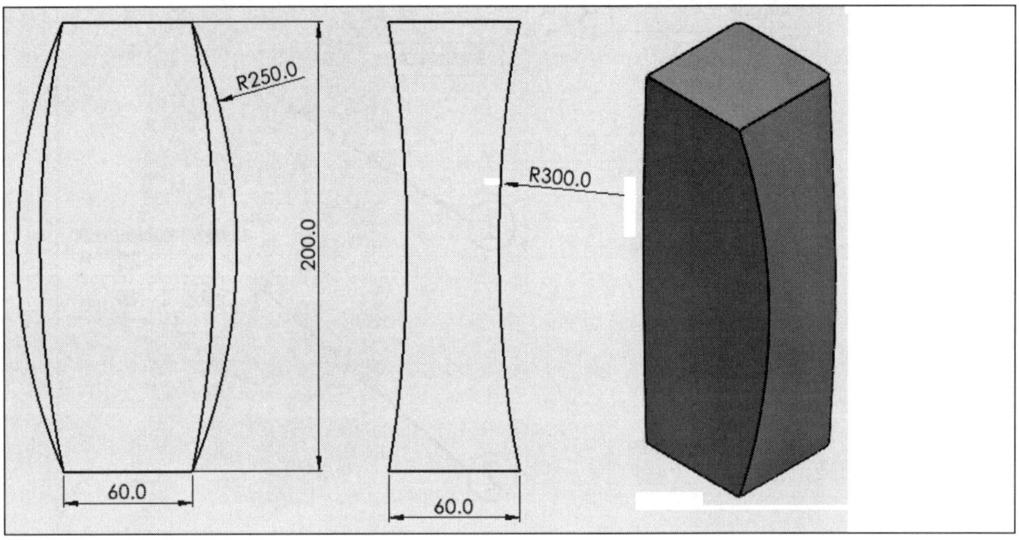

3.1.2 연습 모델을 통한 로프트

예제 도면 1

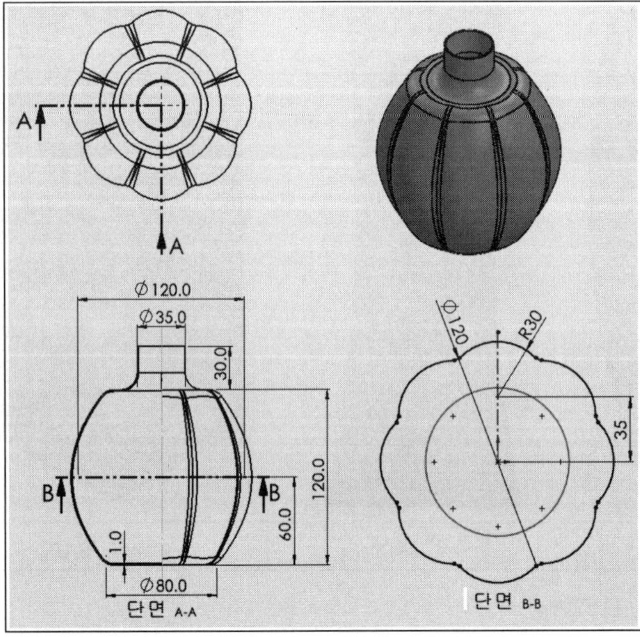

이 모델은 상하가 원형이고 중간부가 R30과 R120 곡면으로 이루어진 형상이다.
따라서 스케치를 해야 할 면은 "기준면(윗면)"+"평면1(60mm)"+"평면2(120mm)" 이렇게 3개 스케치 할 평면이 필요하다.

1) "참조형상" ➔ "기준면" ➔ "윗면" ➔"60"(동일간격 2개 작성) ➔"확인"

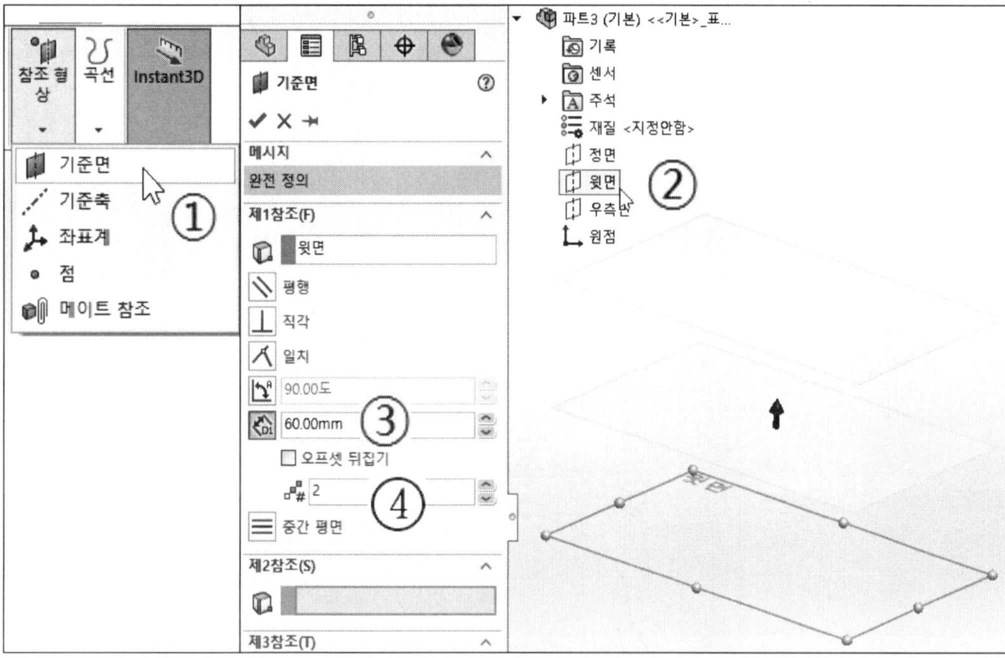

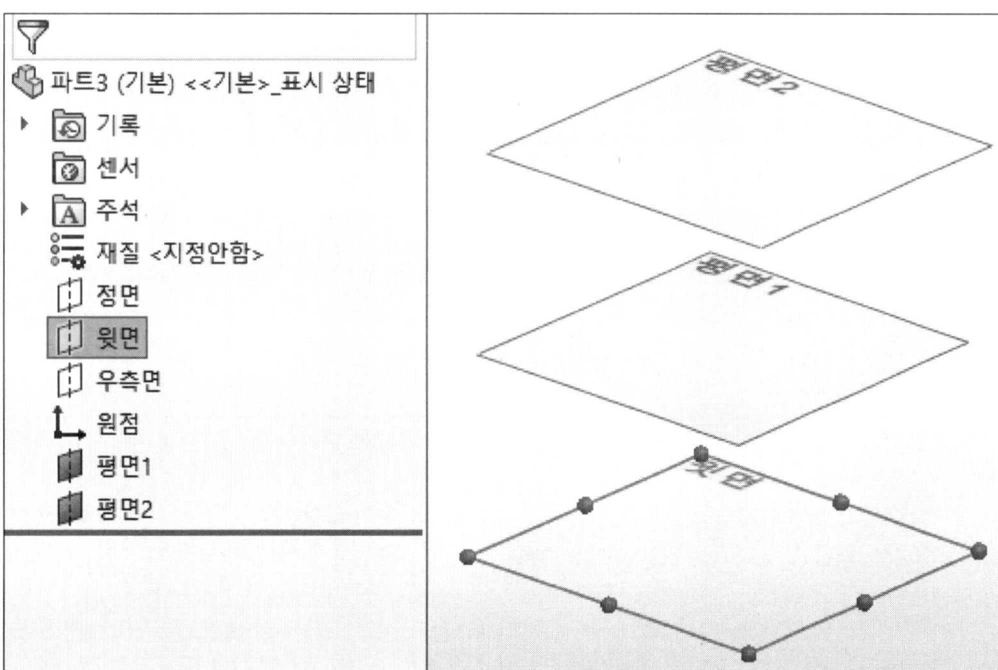

(평면을 2개 만든 형상, 기본면인 윗면 1개 포함 총 3개의 스케치 면이 보인다.)

2) "윗면" → "스케치" → "Ø80 작성" → "치수 기입"
→ "스케치 종료"

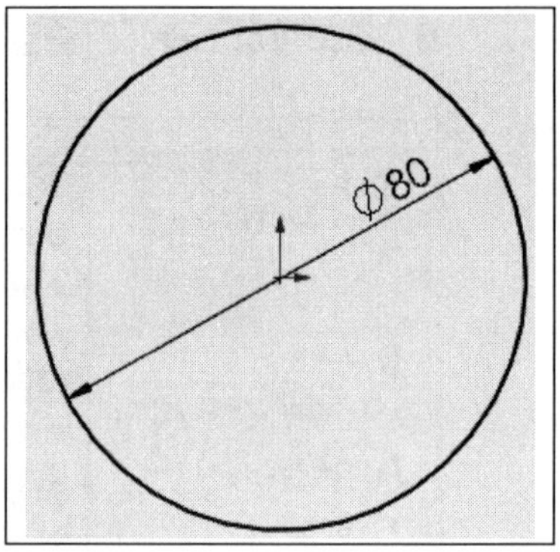

3) "평면1" → "스케치 R30 ϕ120" → "스케치 종료"

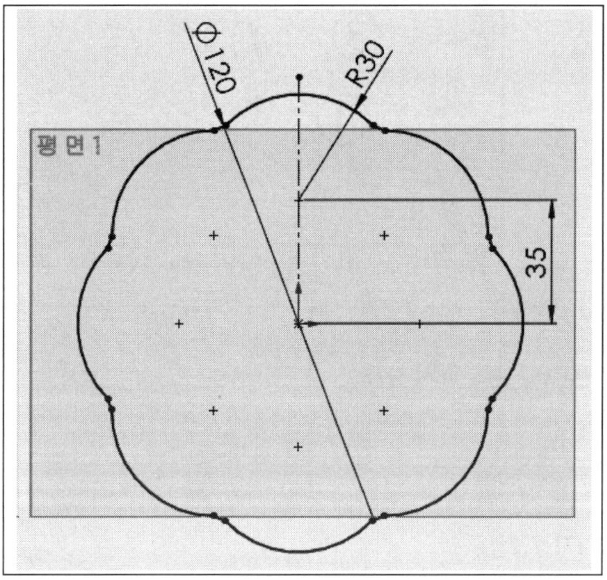

4) "평면2" → "스케치" → "Ø80 작성" → "스케치 종료"

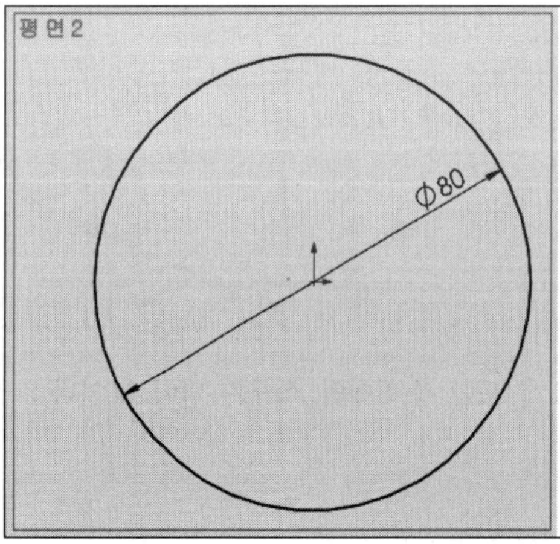

상부 형상(Ø80) 작성 위해 평면2에 Ø80 원 스케치를 작성하고 치수 기입

5) “로프트” ➔ “스케치1” ➔ “스케치2” ➔ “스케치3” 순으로 순차 선택 ➔ “확인”

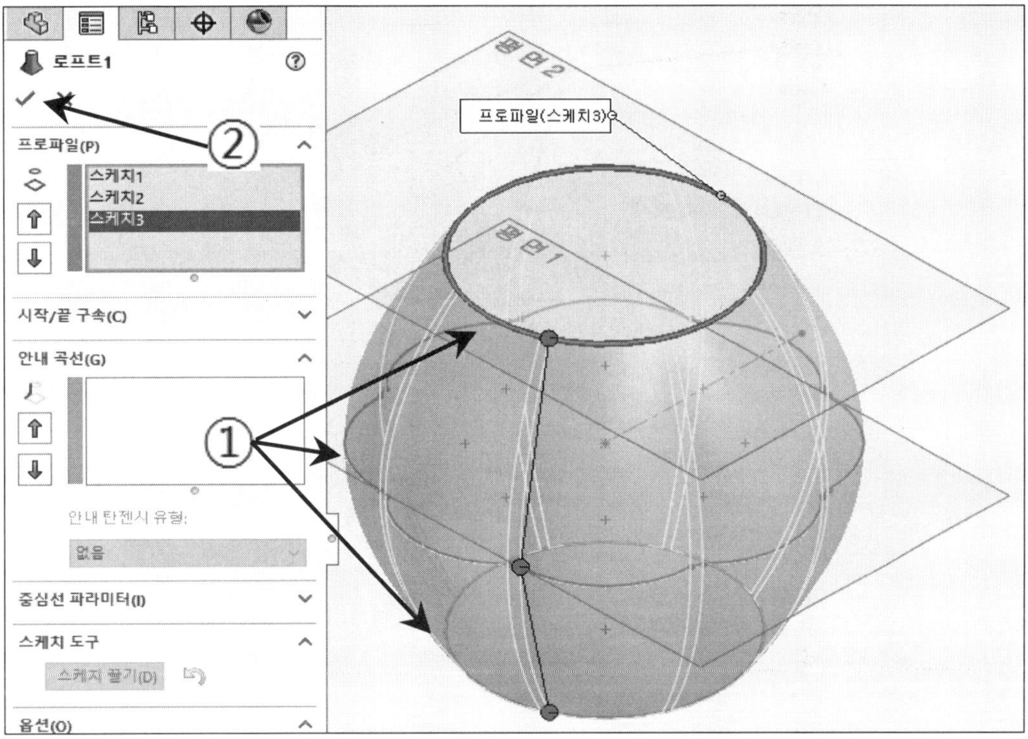

6) “모델 윗면 원 스케치” ➔ “⌀35 치수 기입” ➔ “30mm 돌출” ➔ “확인”

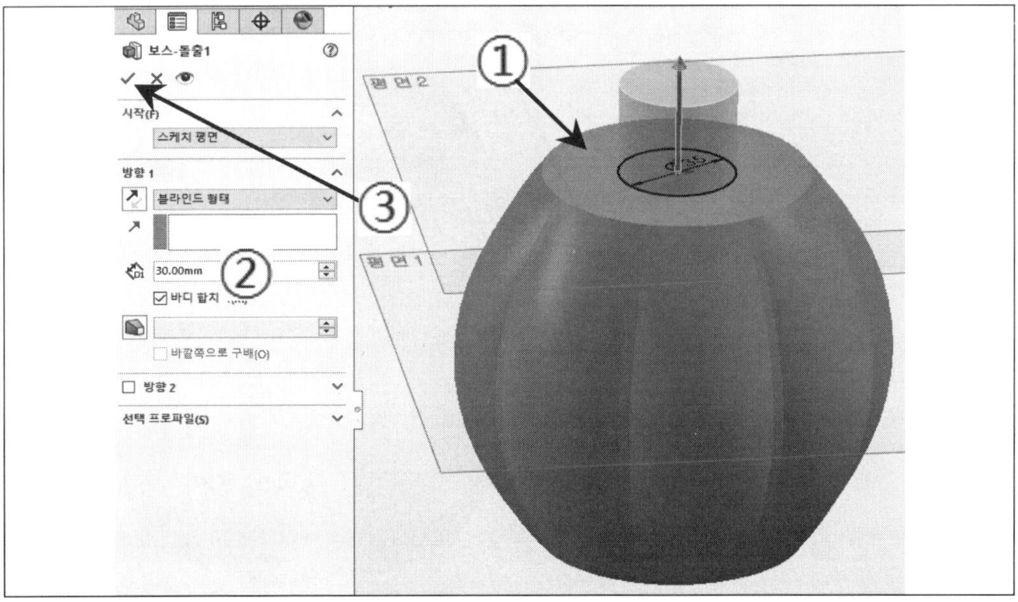

7) “R12 필렛” ➔ “모서리 3개소 선택” ➔ “확인”

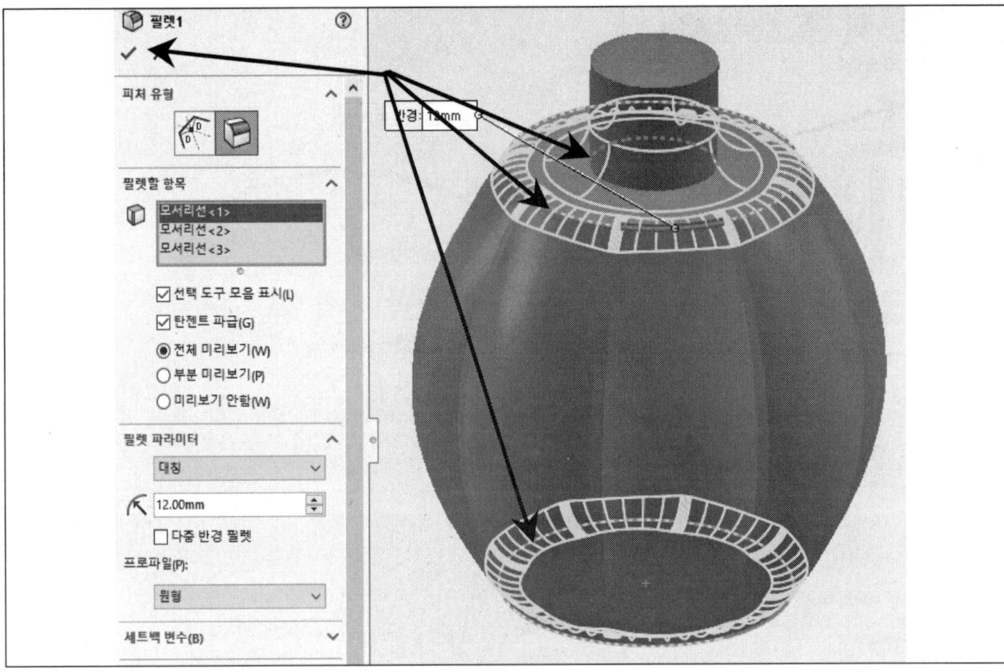

8) “R10 필렛” ➔ “로프트1 선택”(로프트1로 작성된 모델 전체가 R10으로 필렛됨)

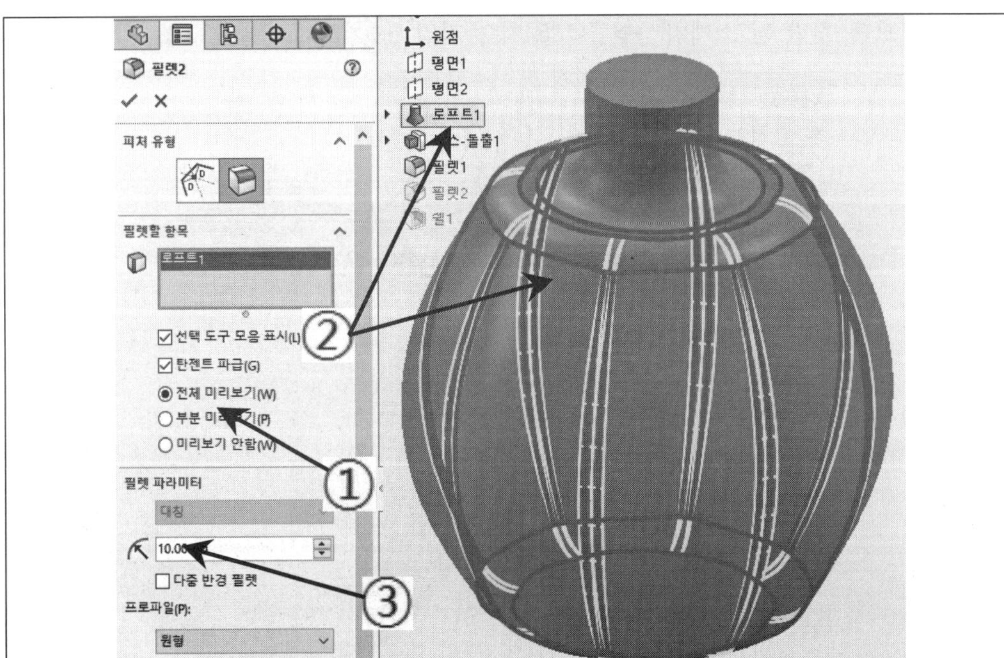

9) "쉘" ➔ "파라미터(P)[두께 값]" ➔ "윗면 선택" ➔ "미리보기" ➔ "확인"

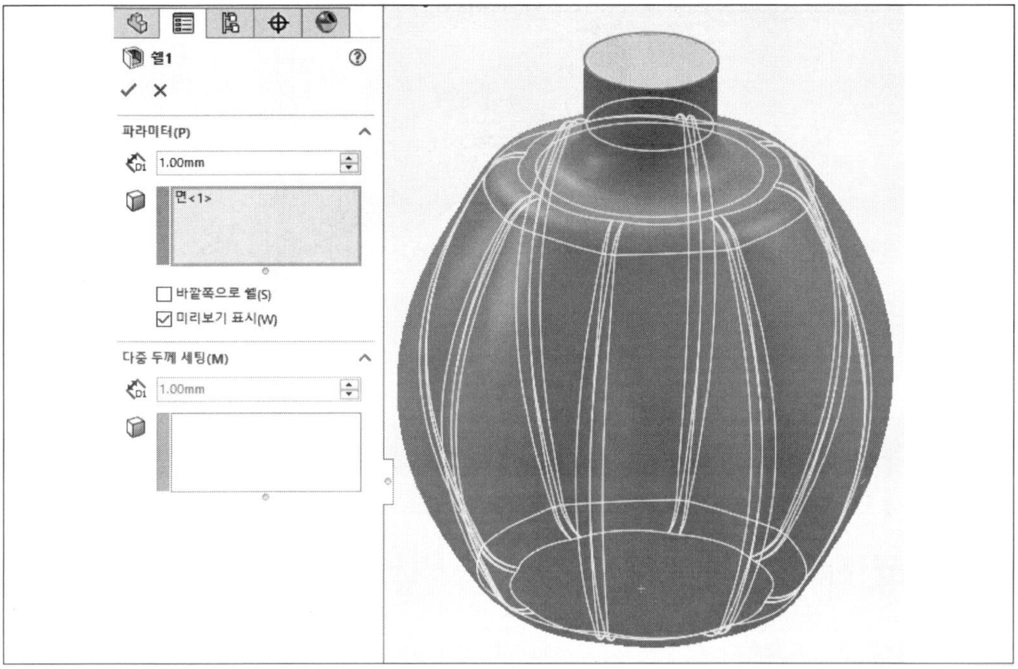

10) 완성된 모델

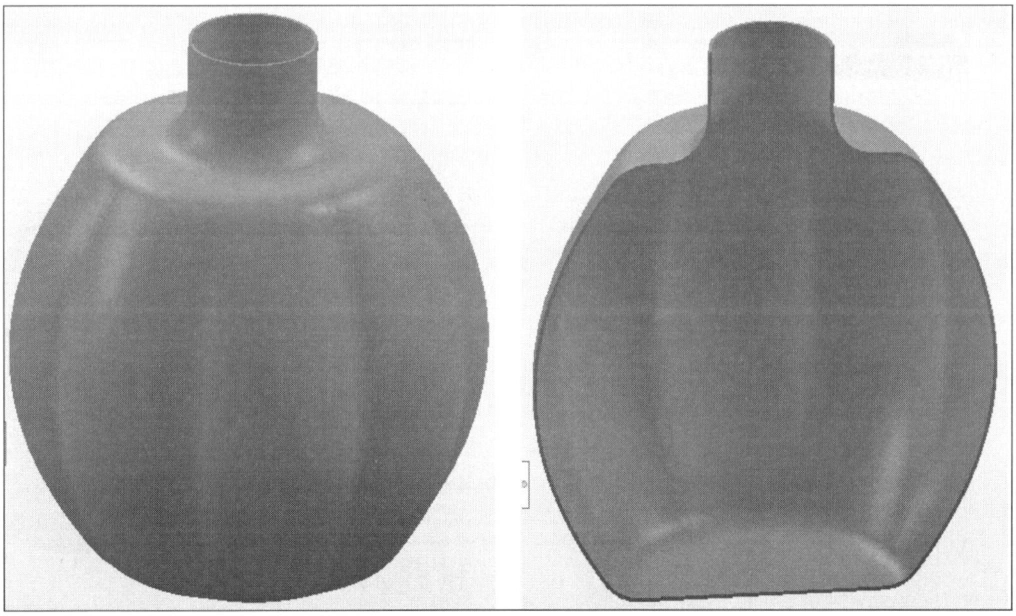

예제 도면 2

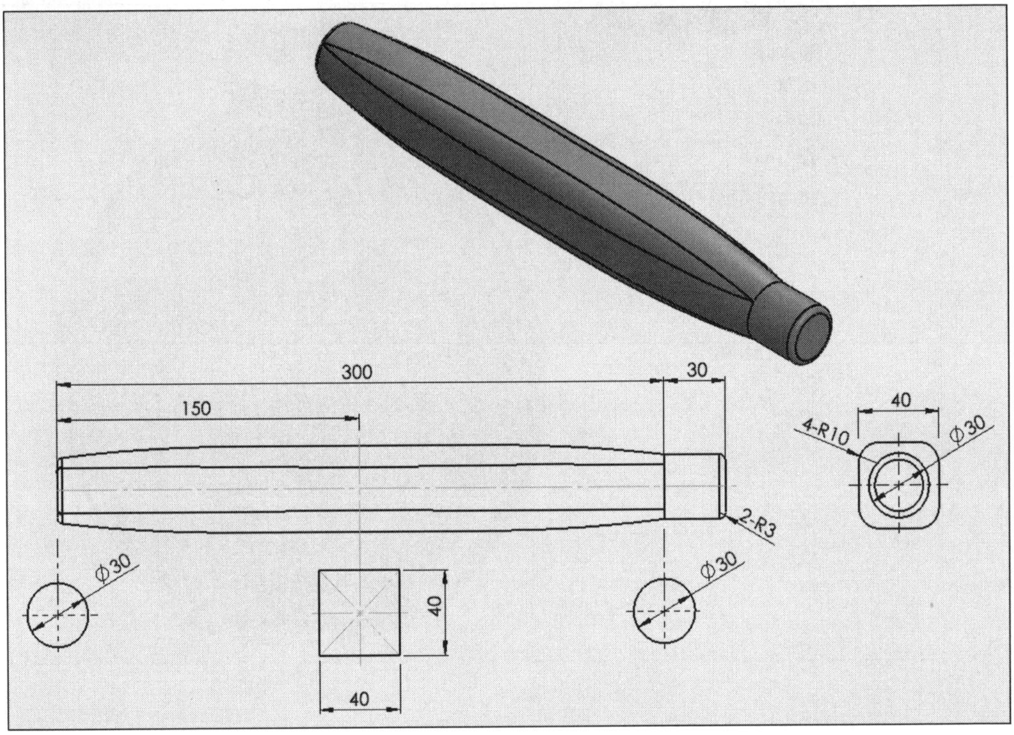

예제 도면 3

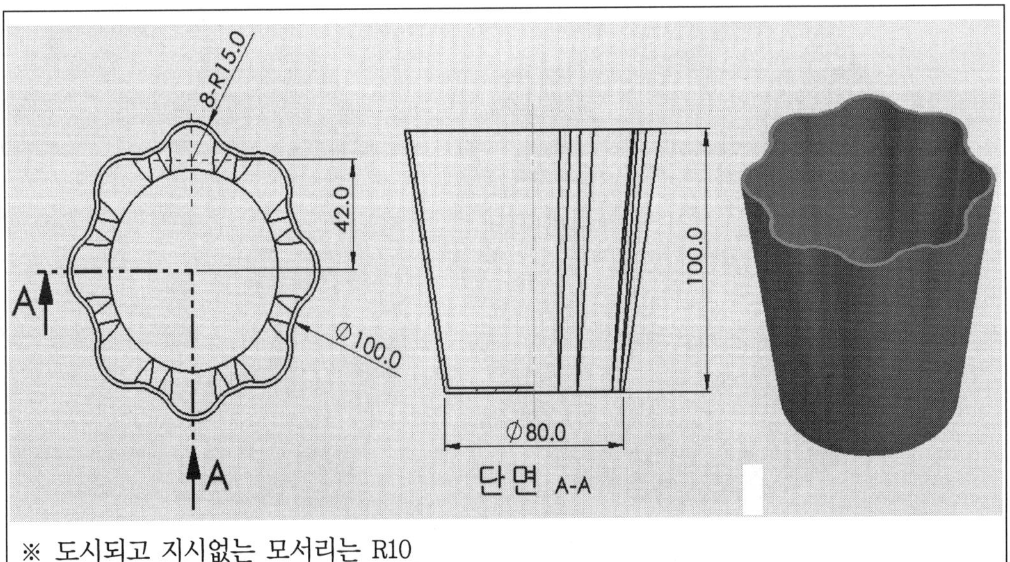

※ 도시되고 지시없는 모서리는 R10

예제 도면 4

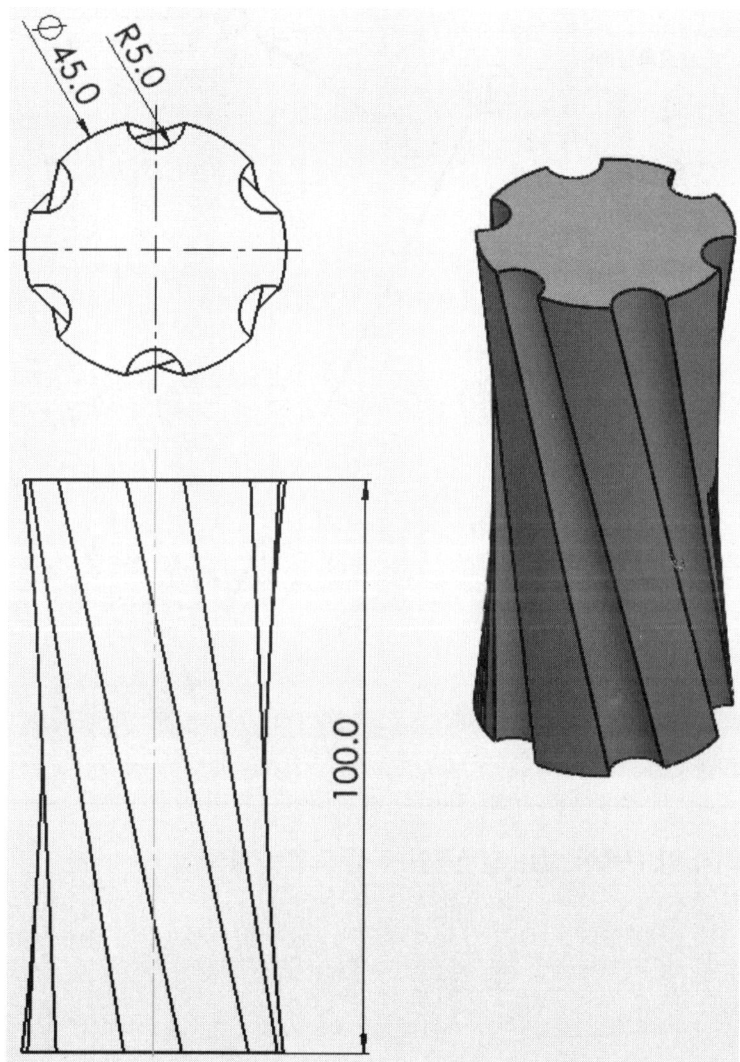

Ø45.0
R5.0
100.0

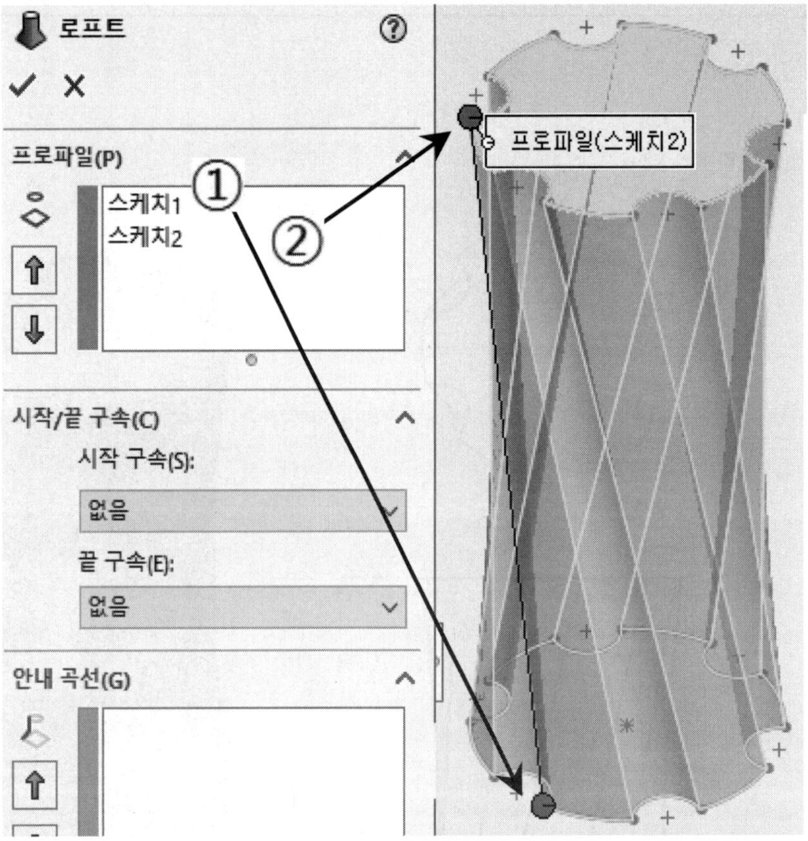

※ 시작/끝 구속이 없는 일반적인 직선 로프트 형상

예제 도면 5

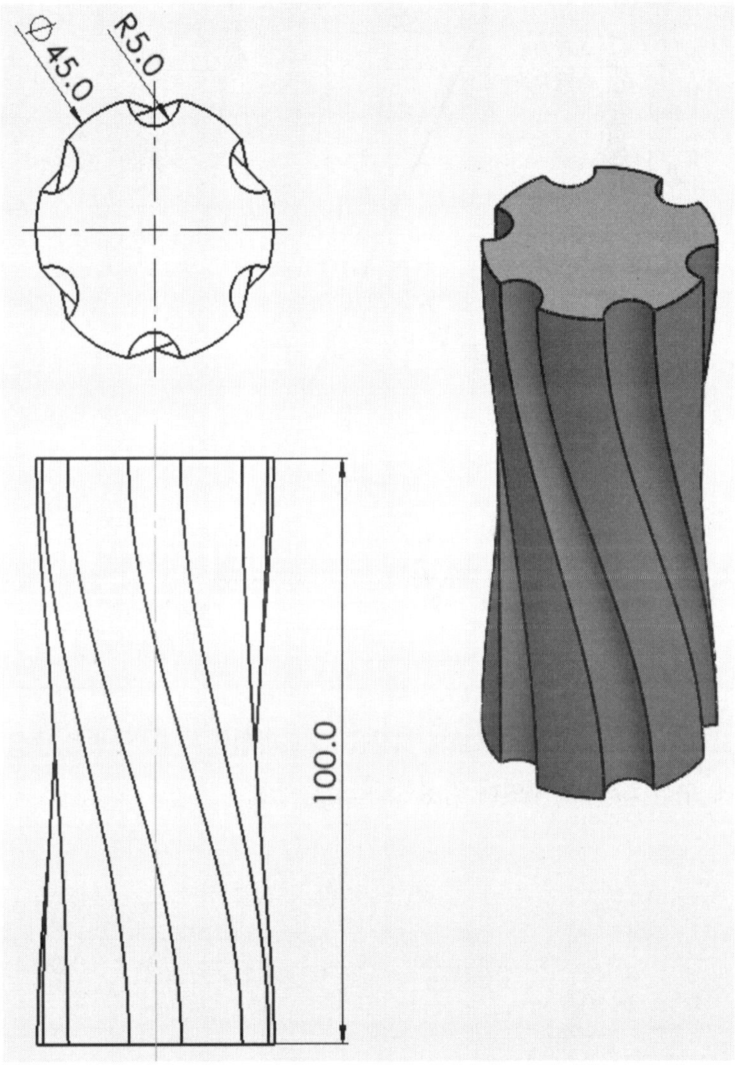

Φ45.0
R5.0
100.0

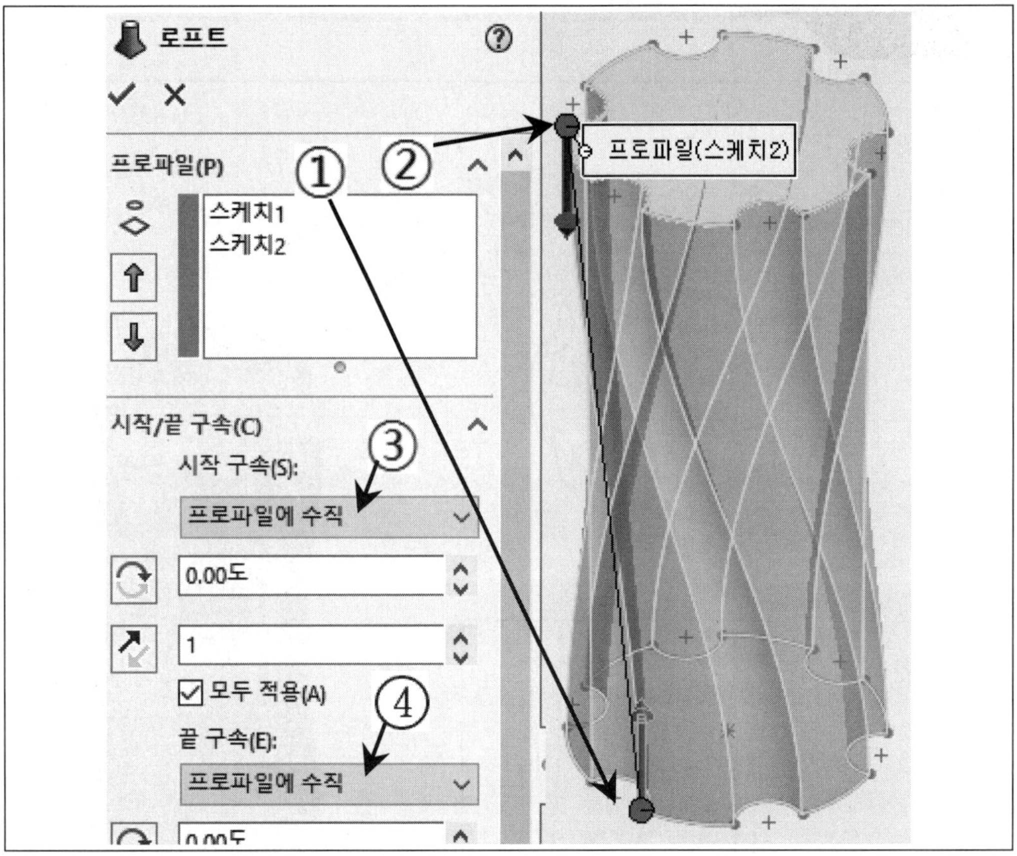

※ 시작/끝의 구속에서 로프트의 시작을 "프로파일에 수직" 구속을 주고 끝부분도 "프로파일에 수직" 구속을 부여해 작성한 로프트 형상

예제 도면 6

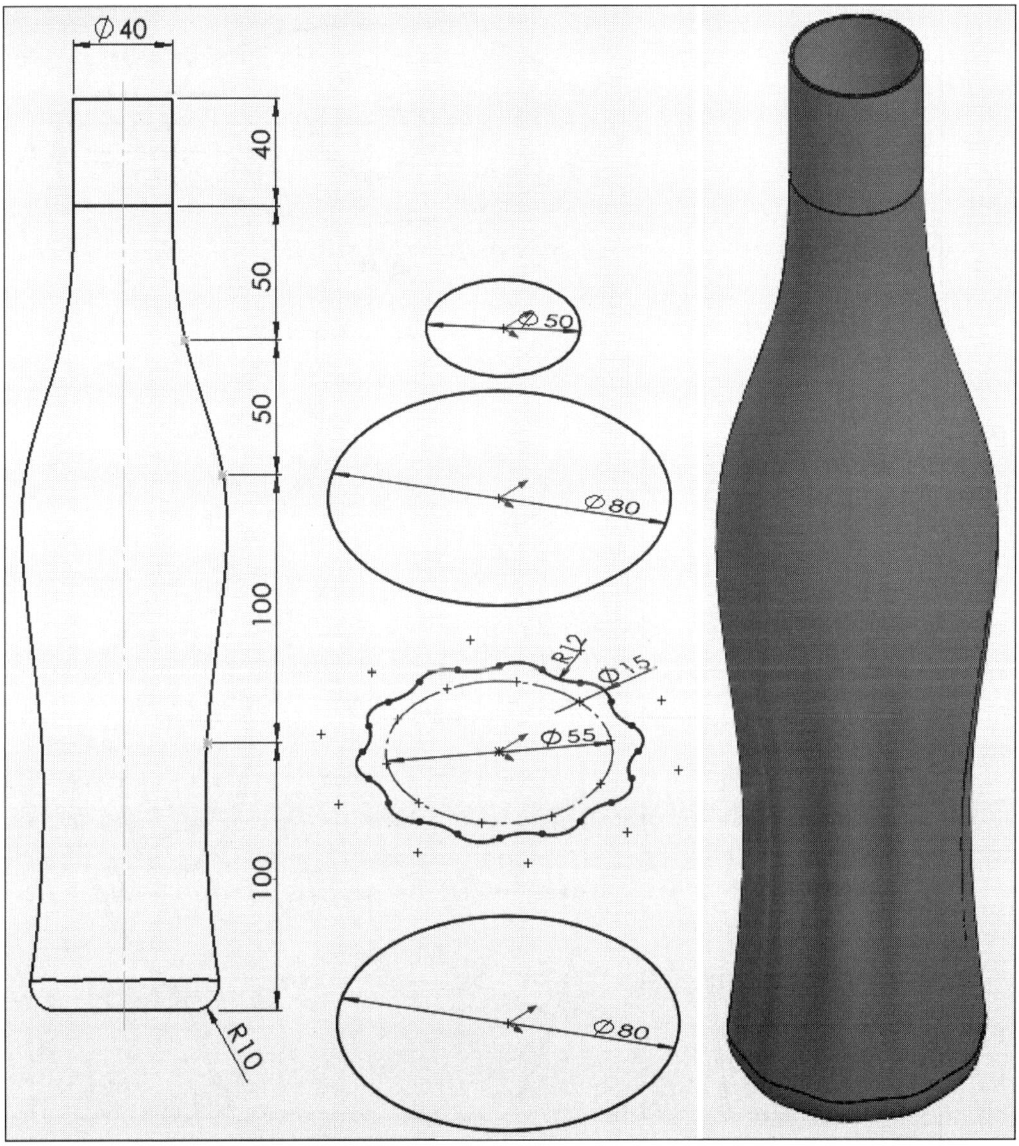

∅40
40
50
50
100
100
R10
∅50
∅80
R12
∅15
∅55
∅80

예제 도면 7

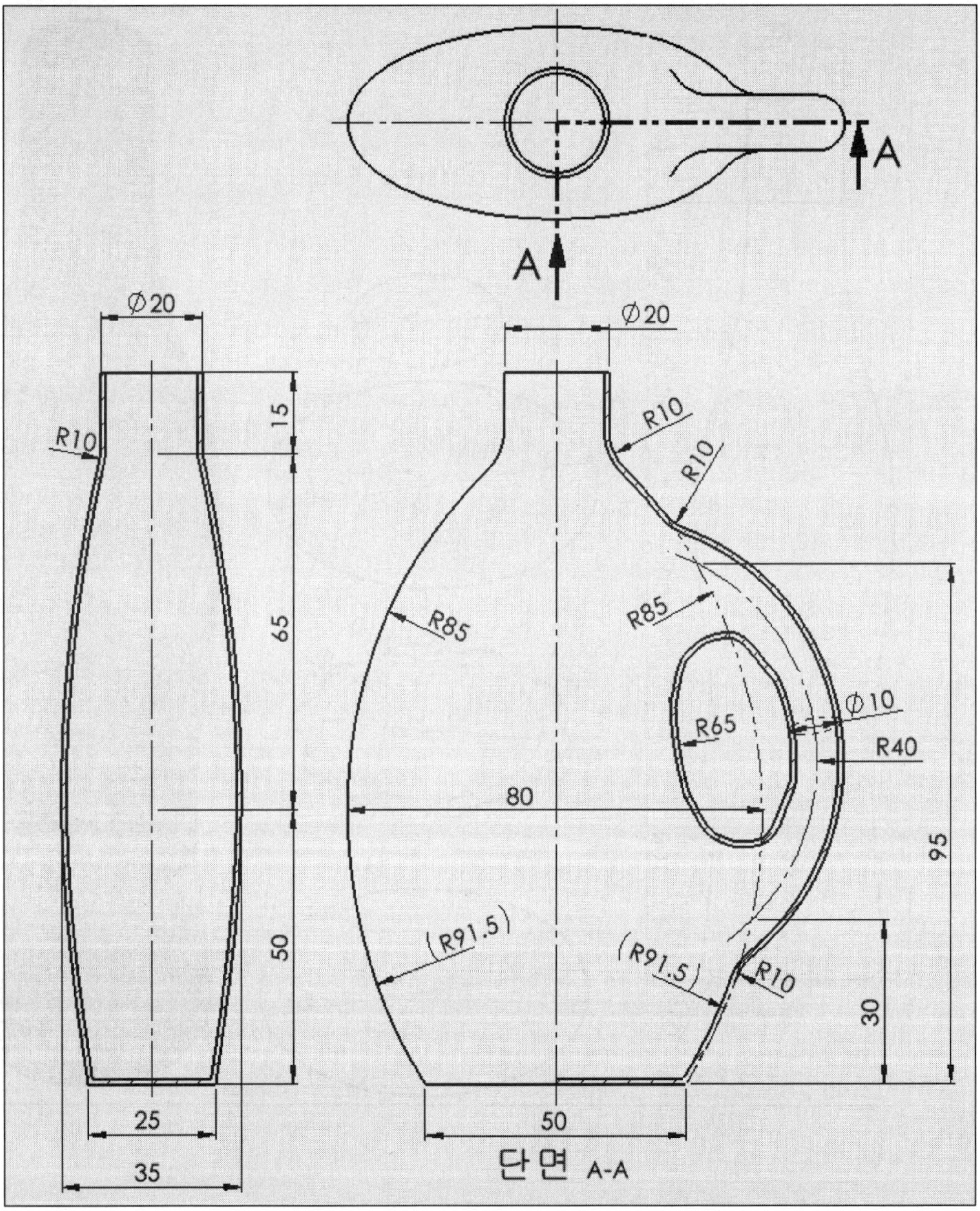

A
A
Ø20
Ø20
15
R10
R10
R10
65
R85
R85
Ø10
R65
R40
80
95
50
(R91.5)
(R91.5)
R10
30
25
50
35
단면 A-A

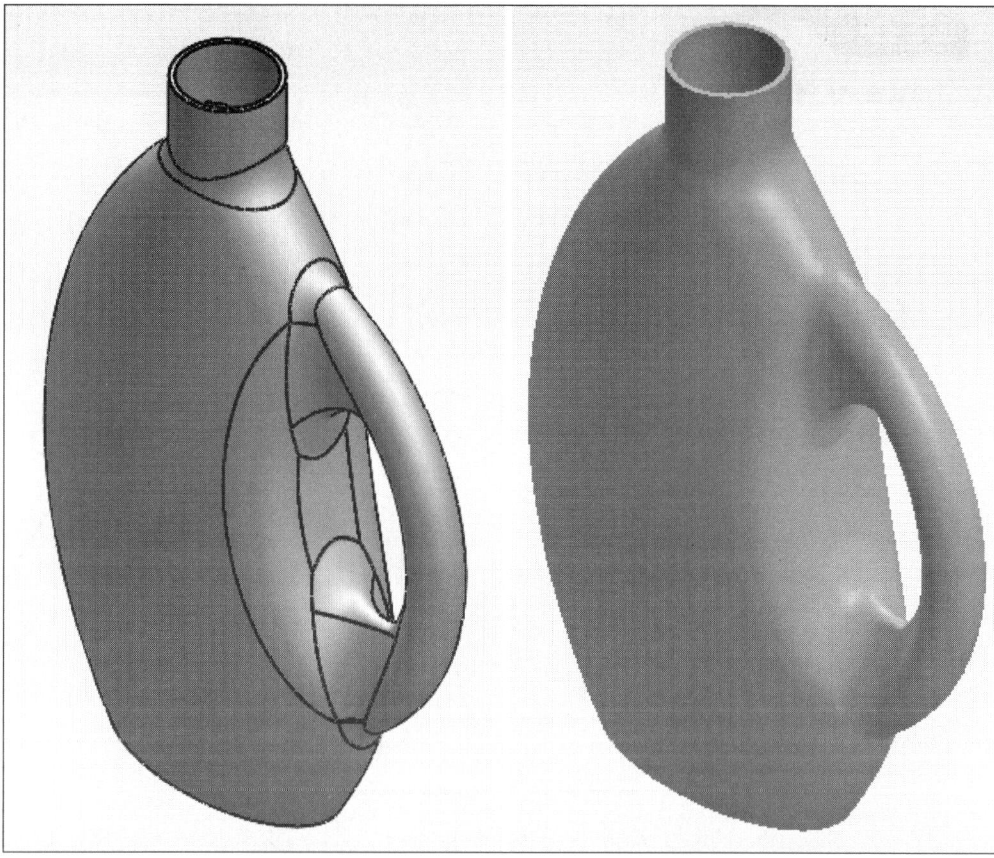

예제 도면 8

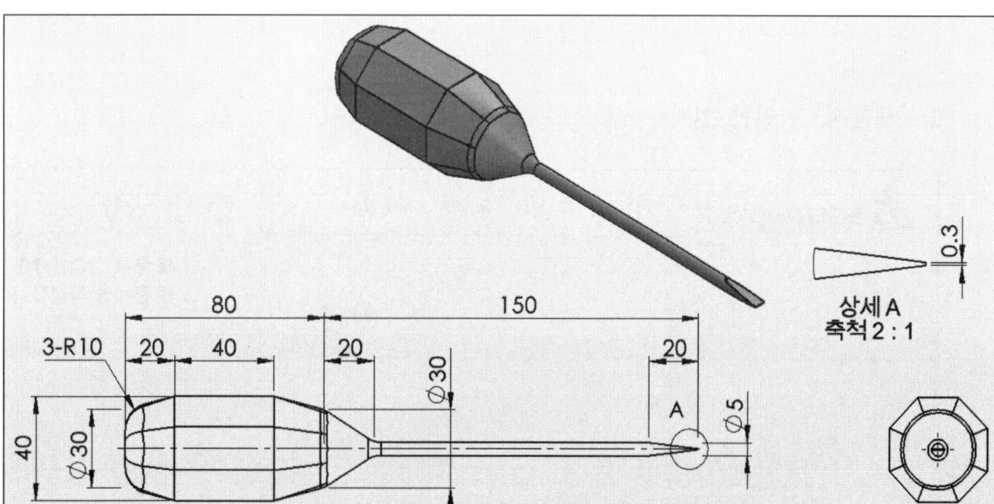

예제 도면 9

[로프트 컷 연습 - 1]

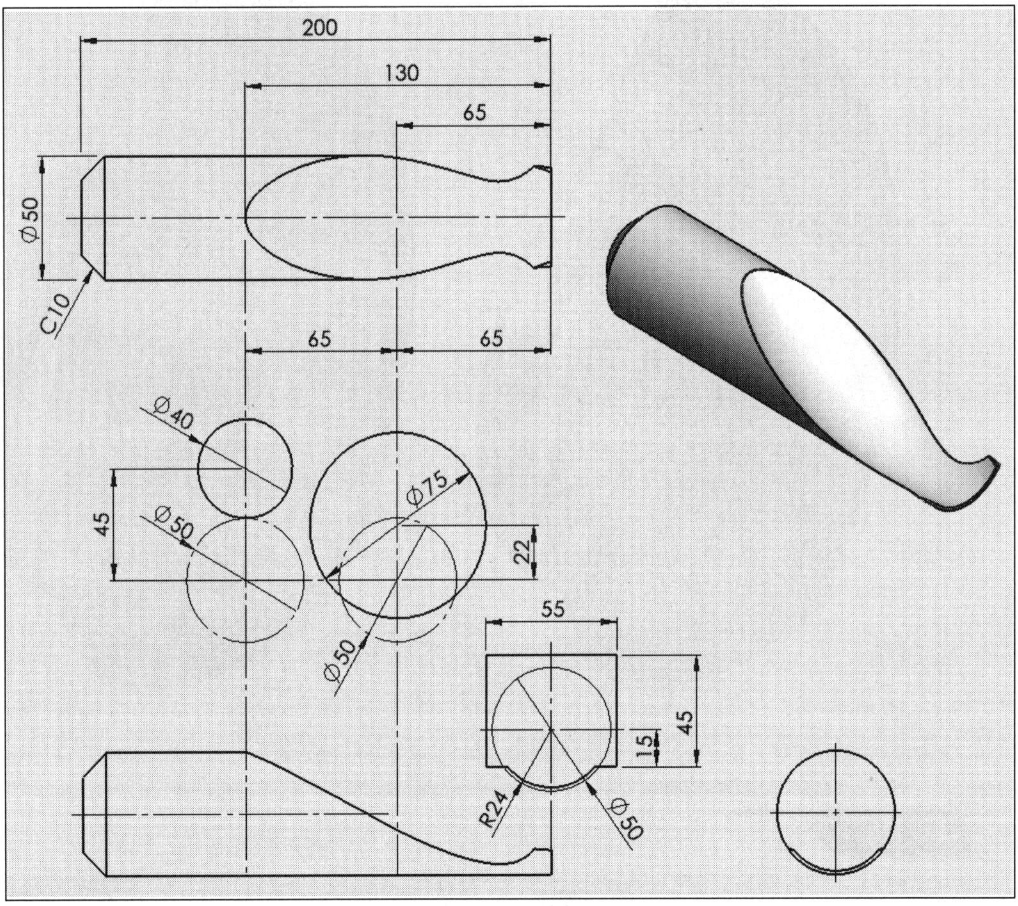

1) "새문서" 아이콘 선택

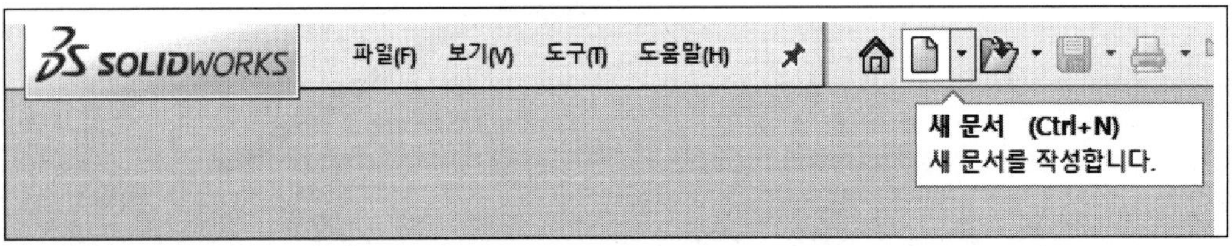

2) “파트” → “확인”

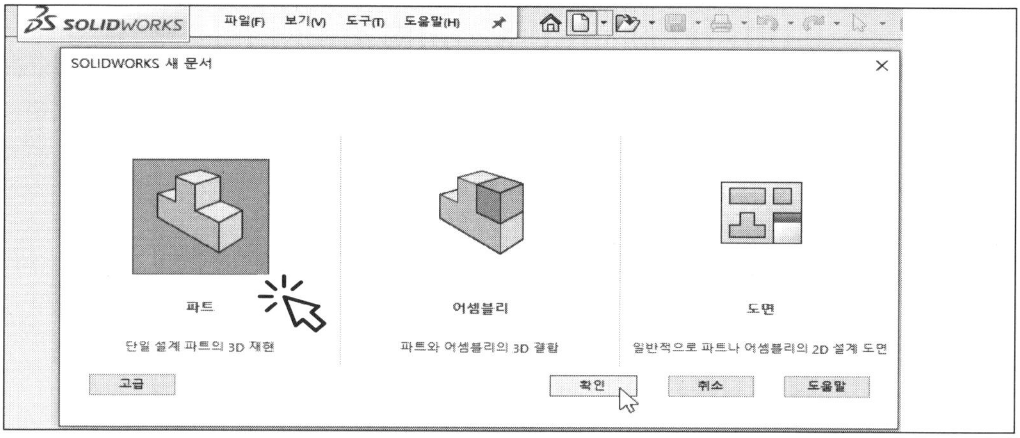

3) “우측면” → “∅50 원 작성” → “스케치 종료” → “돌출” → “200mm” → “확인”

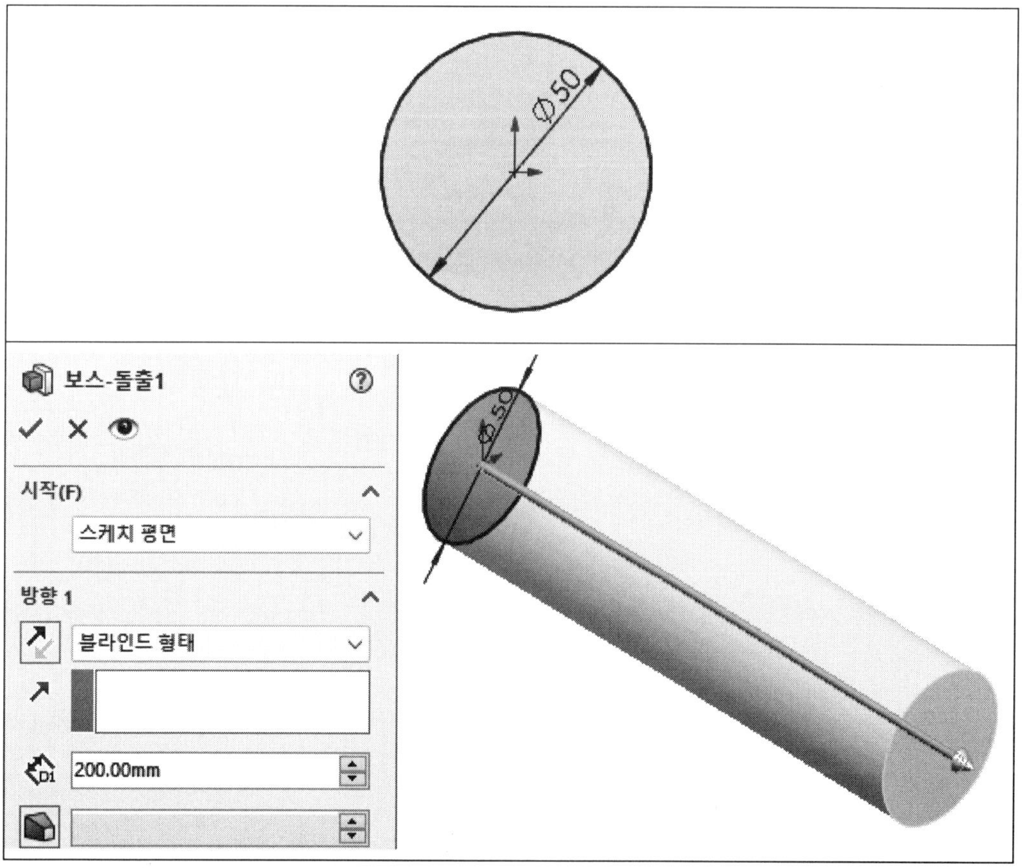

4) “돌출된 모델 우측면” ➔ “스케치” ➔ “Ø47원+직사각형” ➔ “치수기입” ➔ “스케치종료”

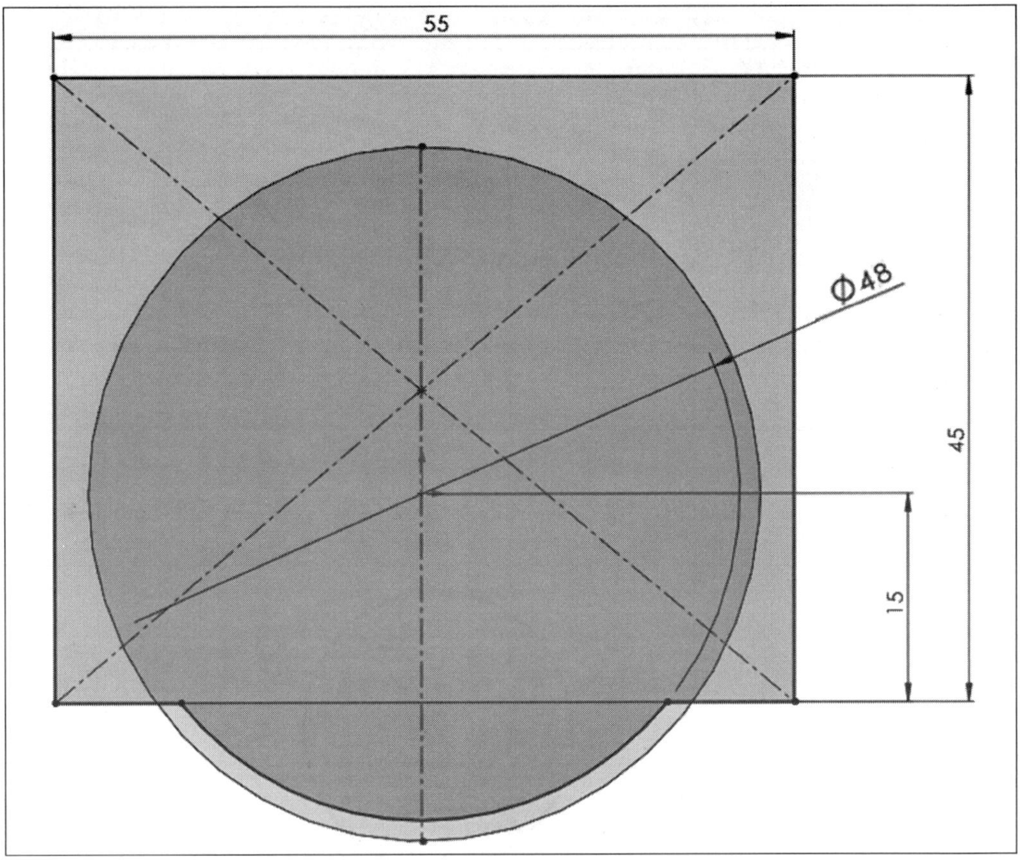

5) “참조형상” ➔ “기준면” ➔ “평면1 [65mm]”, “평면2 [130mm]”

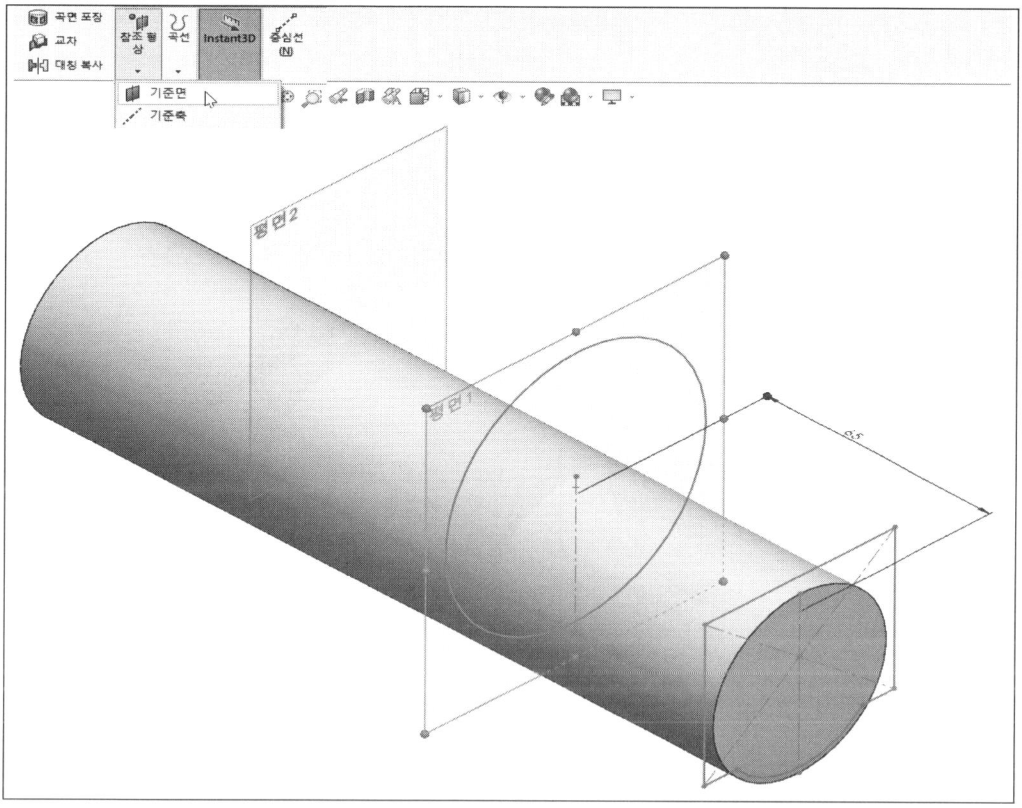

6) “평면1 선택” ➔ “스케치” ➔ “ϕ75 원” ➔ “치수 기입”

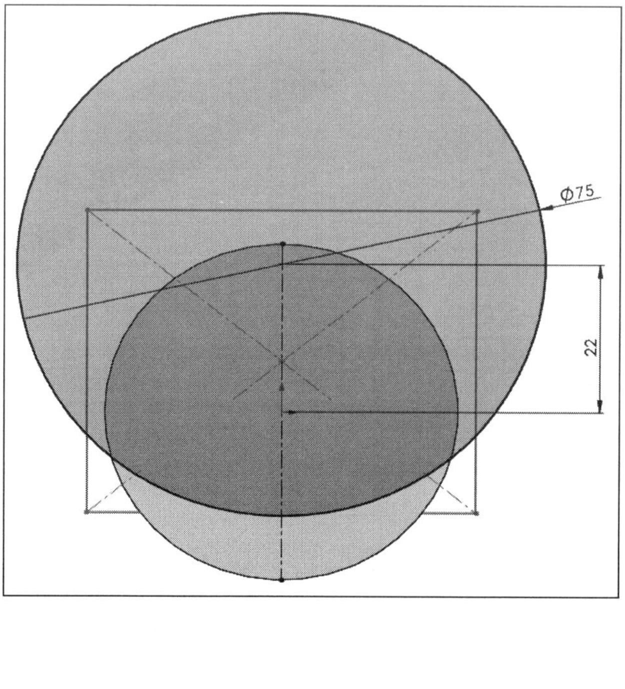

7) “평면2 선택” → “스케치” → “ϕ40 원” → “치수 기입”

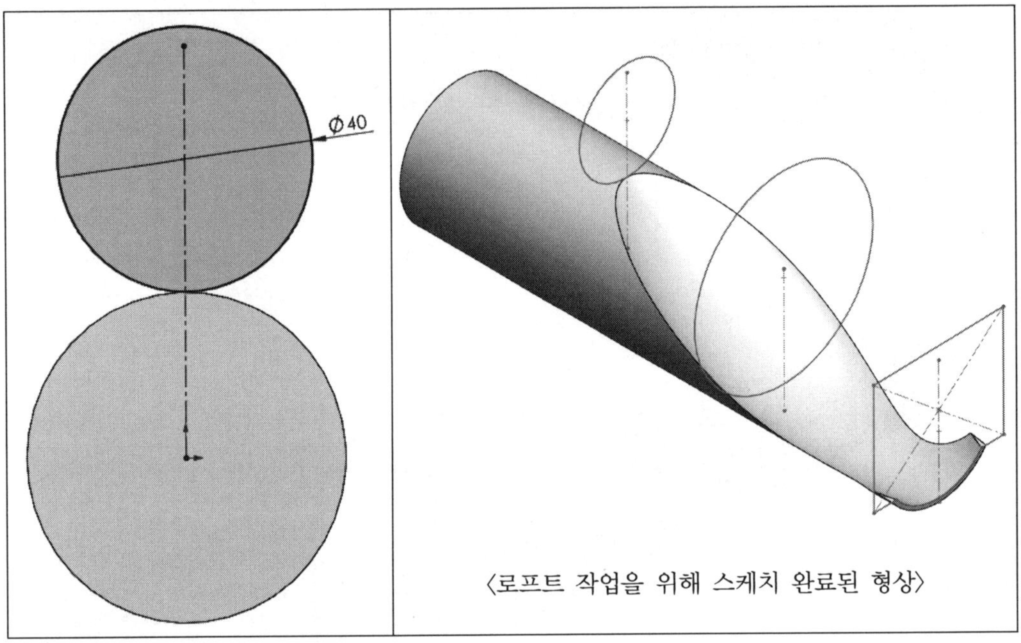

〈로프트 작업을 위해 스케치 완료된 형상〉

8) “컷-로프트” → “스케치4” → “스케치3” → “스케치2” → “확인”

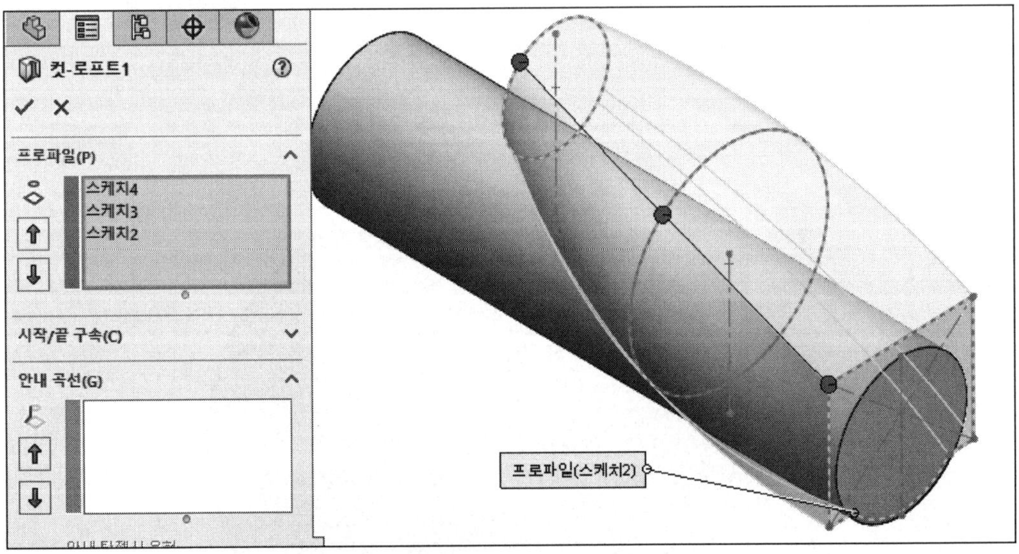

9) "모따기" ➔ "모따기 할 모서리" ➔ "모따기 량(10mm)" ➔ "확인"

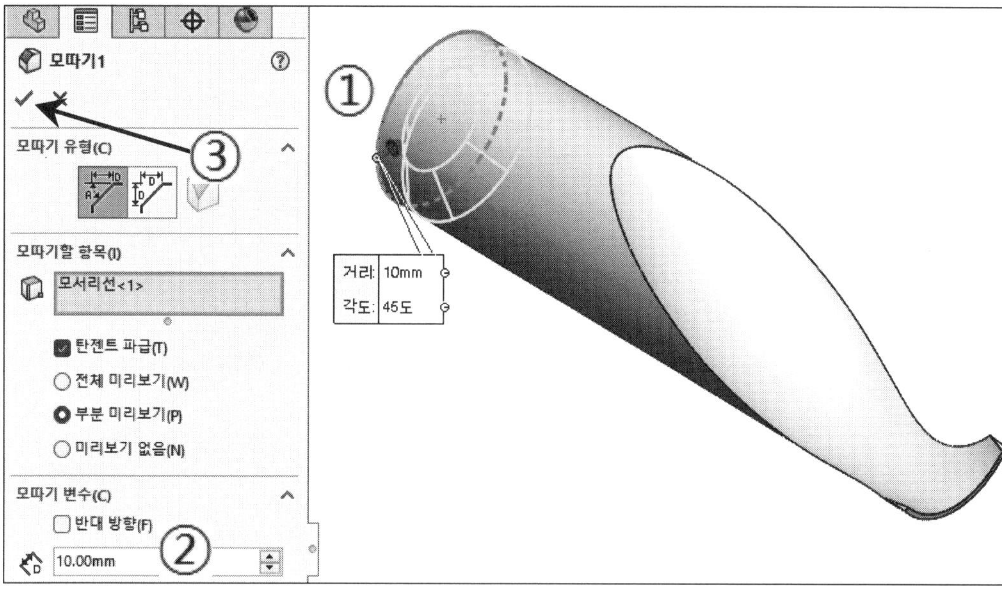

10) 완성된 형상

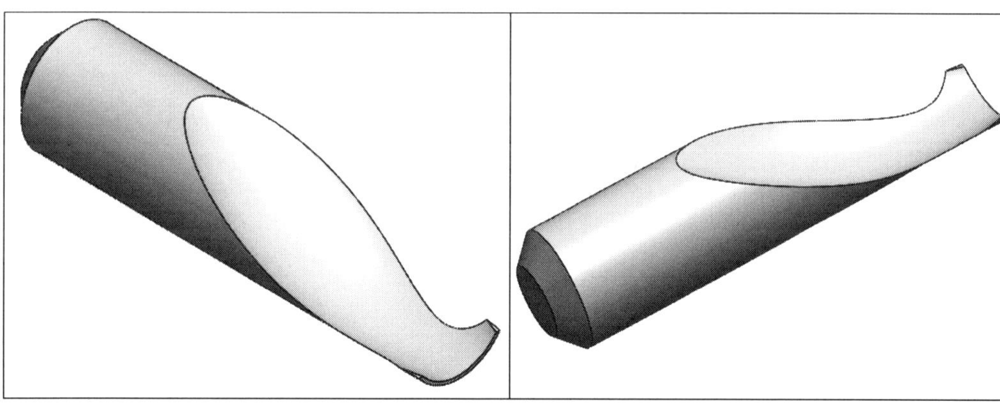

11) 완성된 도면

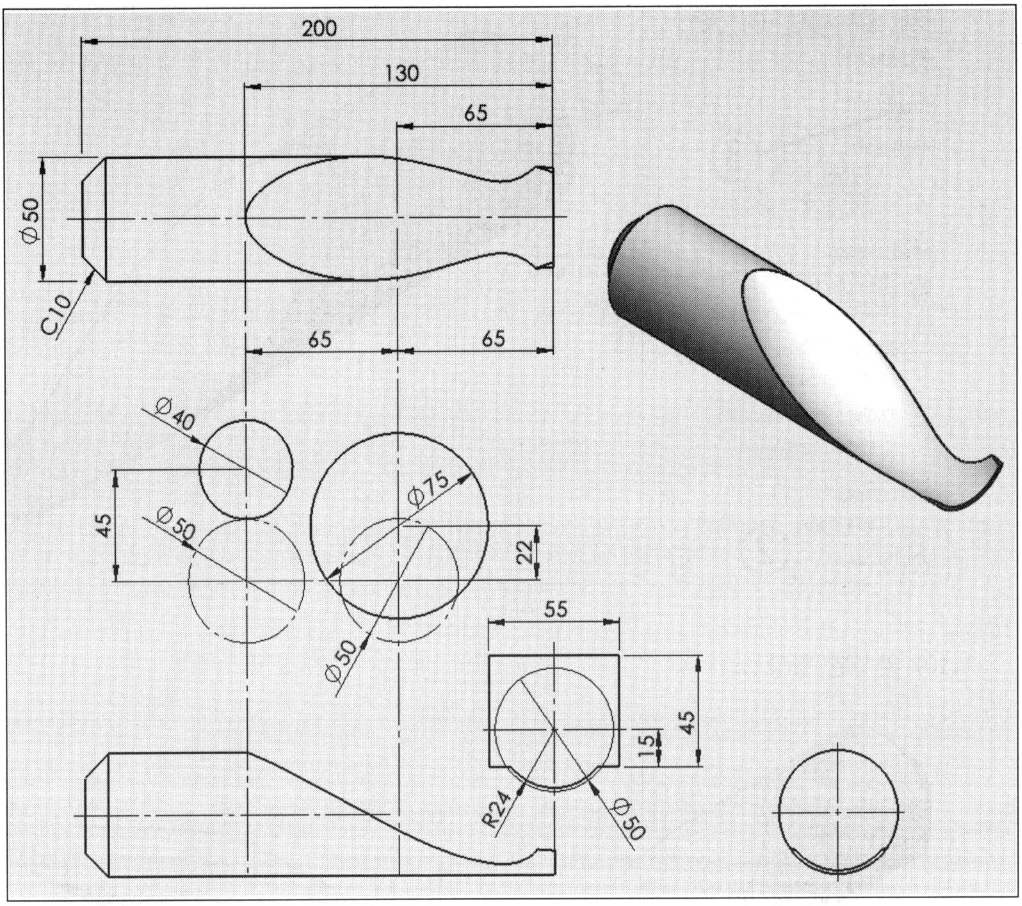
200
130
65
Φ50
C10
65
65
Φ40
45
Φ50
Φ75
22
Φ50
55
45
15
R24
Φ50

예제 도면 10

[로프트 컷 연습 - 2]

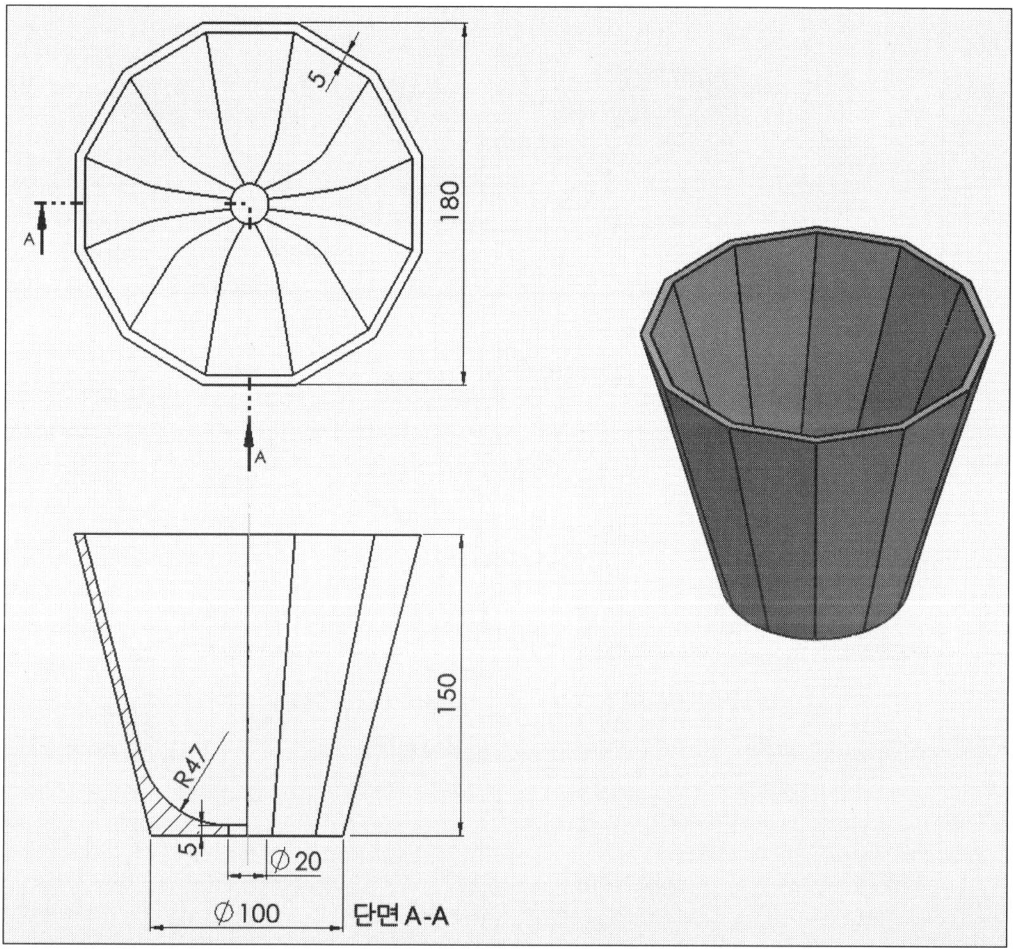

1) "새문서" 아이콘 선택

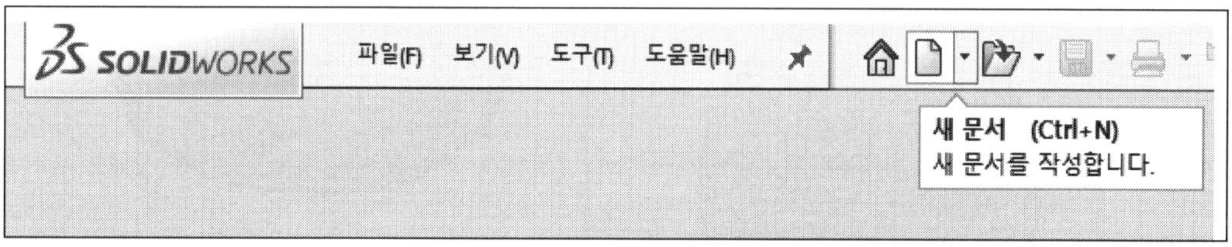

2) “파트” ➔ “확인”

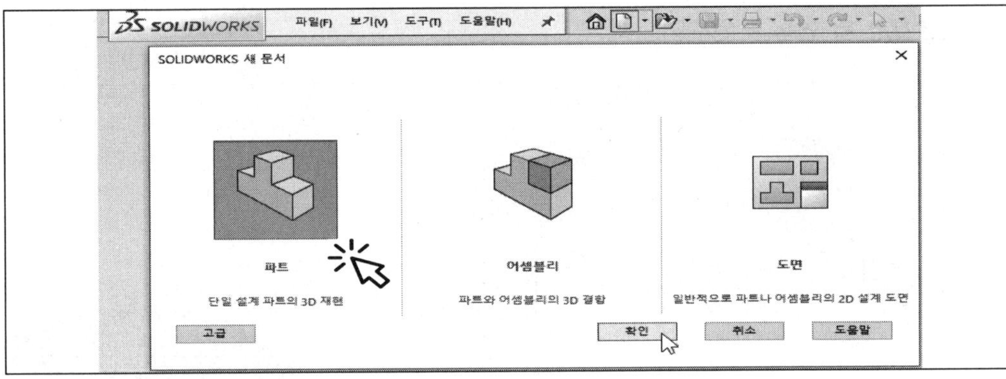

3) “참조형상” ➔ “기준면” ➔ “윗면” ➔ “150mm”

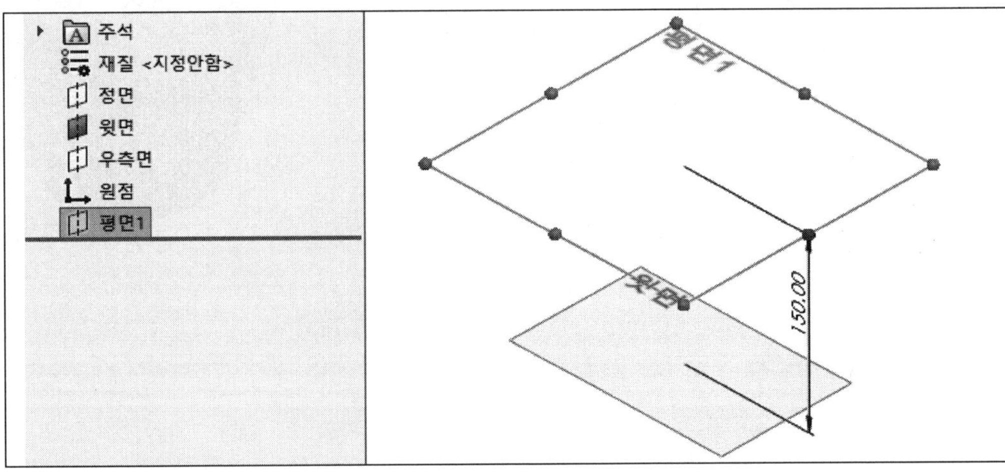

4) “윗면” ➔ “⌀100 원 작성” ➔ “치수 기입(100mm)” ➔ “스케치 종료”

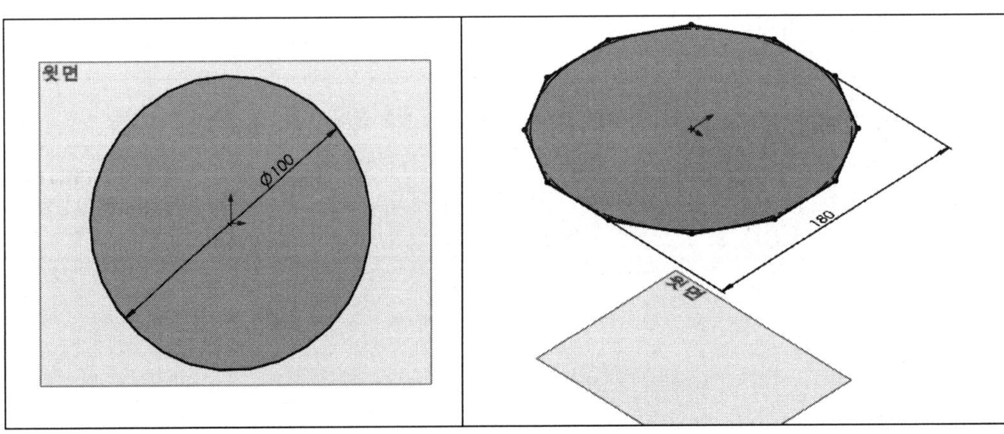

5) "평면1" ➔ "스케치" ➔ "다각형" ➔ "12각형" ➔ "치수기입" ➔ "종료"

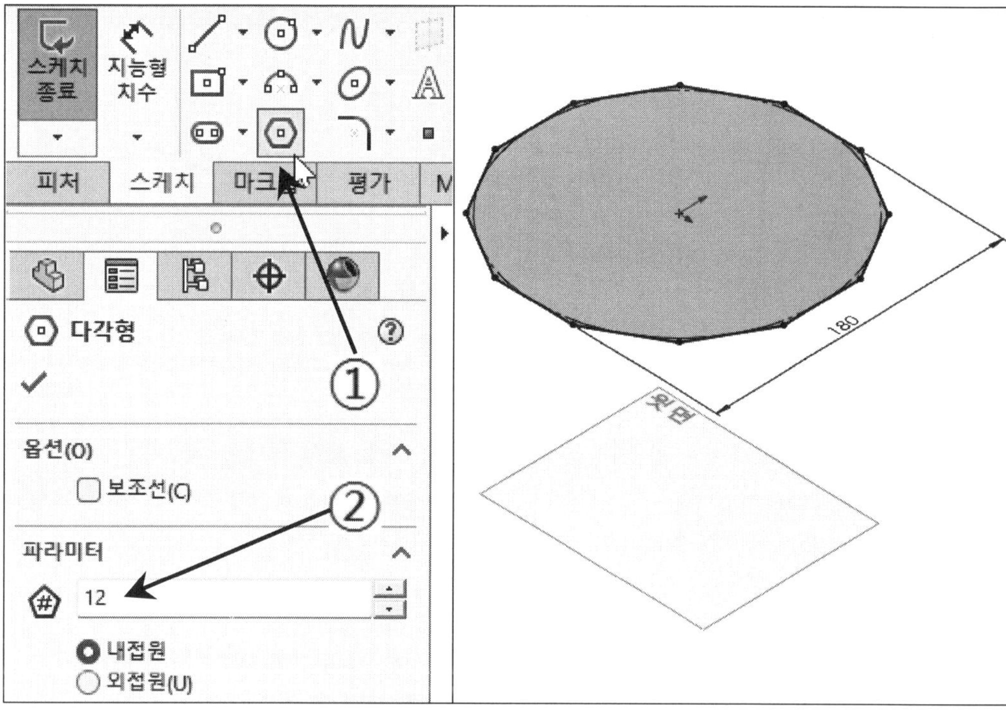

6) "로프트" ➔ "밑면 원" ➔ "윗면 12각형" ➔ "승인"

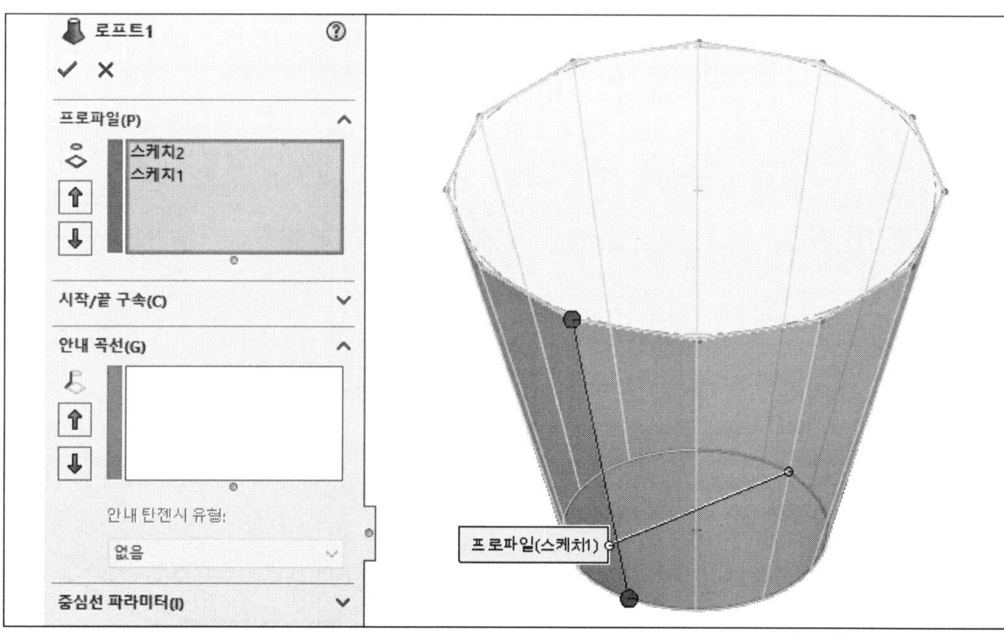

7) “참조형상” ➔ “기준면” ➔ “윗면” ➔ “5mm” ➔ “승인”

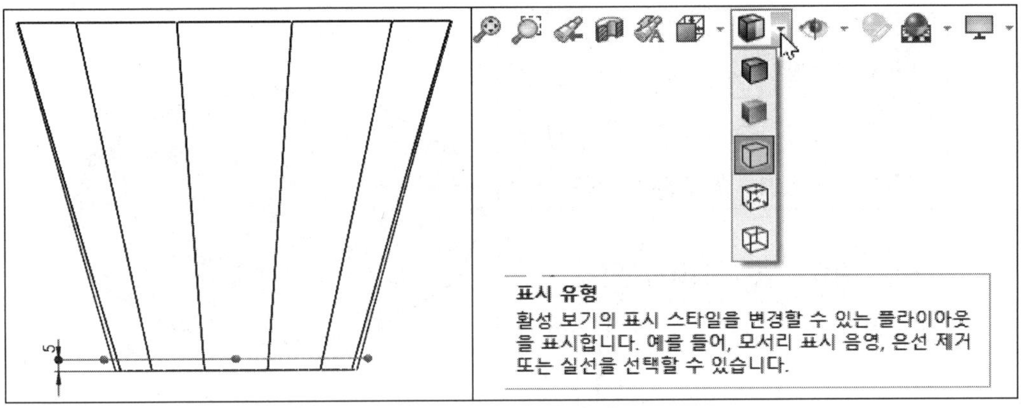

※ 바탕화면의 표시 유형 변경을 통해 모델의 외형 보기 형태를 변경할 수 있으며 필요에 따라 “모서리 표시 음영”, “음영 처리”, “은선 제거”, “은선 표시”, “실선 표시”와 같이 5 종류로 화면상에 보이는 외형을 변경할 수 있다.

8) “로프트 윗면” ➔ “스케치” ➔ “요소 오프셋” ➔ “5mm” ➔ “반대 방향” ➔ “스케치 종료”
(“**요소 오프셋**”: 평행한 방향으로 지정된 만큼 간격 형성하는 기능)

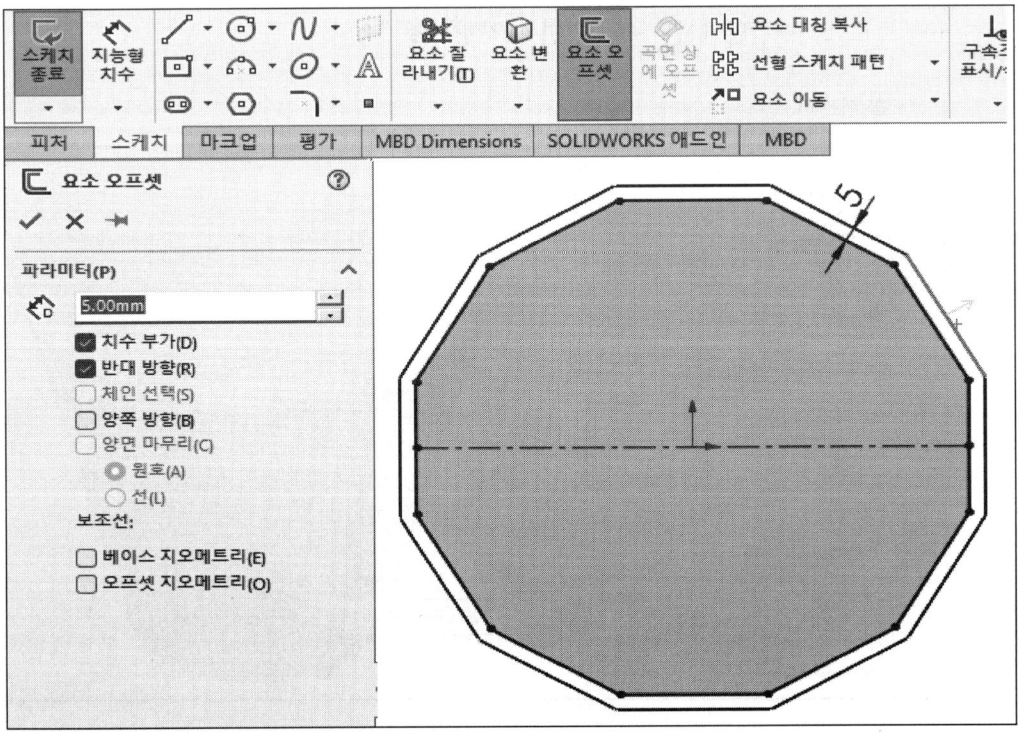

9) “평면2” → “스케치” → “원 작성” → “치수기입(ϕ20mm)” → “스케치 종료”

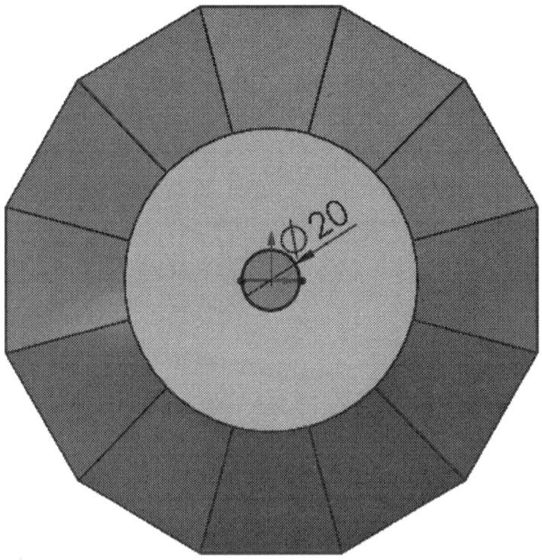

※ 다각형과 원 작성시 가로방향(X 방향)으로 중심선을 작성해 주면 다음 로프트의 안내선 역할을 하는 직선과 곡선 작성시 편리하다.

10) “정면” → “스케치” → “4개 도형 작성(직선 2개, 원호 2개)” → “구속조건 부여” → “치수기입” → “스케치 종료”

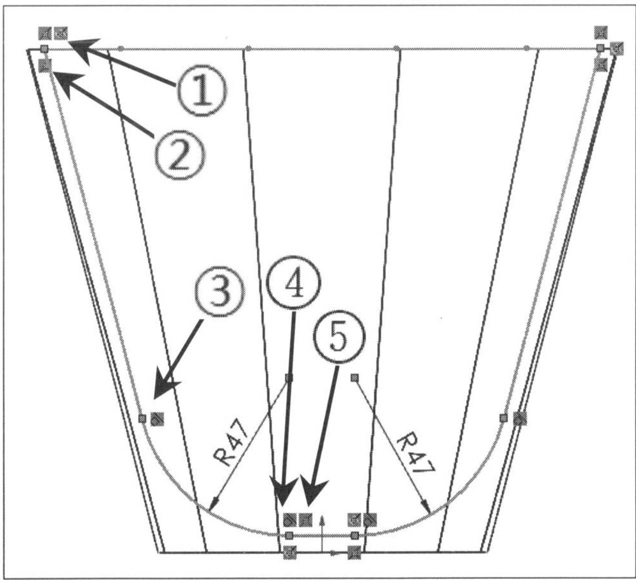

1. 다각형과 직선의 끝점을 관통
2. 직선의 시작점은 다각형 중심선의 끝점과 일치.
3. R47 곡선은 직선과 접선 구속
4. R47 끝점은 ϕ20 원 중심선 끝점과 일치.
5. R47 곡선의 끝점과 ϕ20 원 관통
6. 우측도 좌측과 동일한 구속 조건을 부여한다.

11) "로프트 컷" → "다각형+원 선택" → "안내곡선" → "열린 루프 선택"(좌, 우) → "승인"

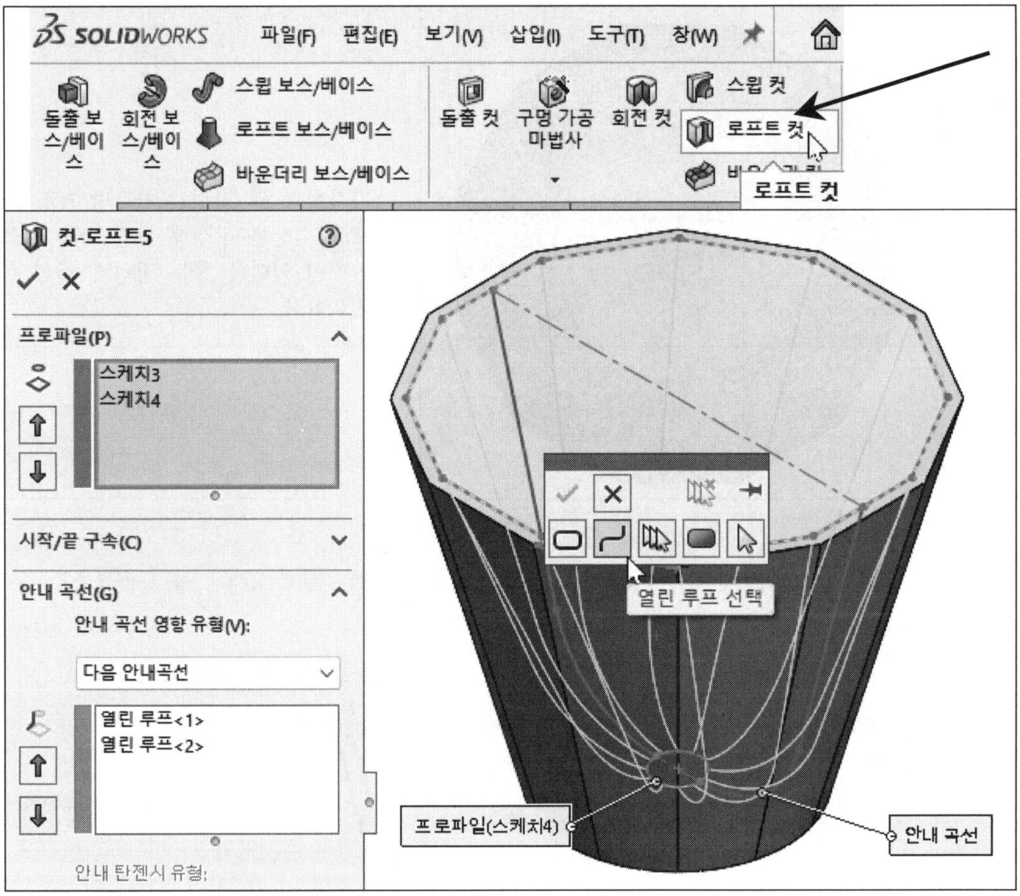

12) 완성된 모델 형상

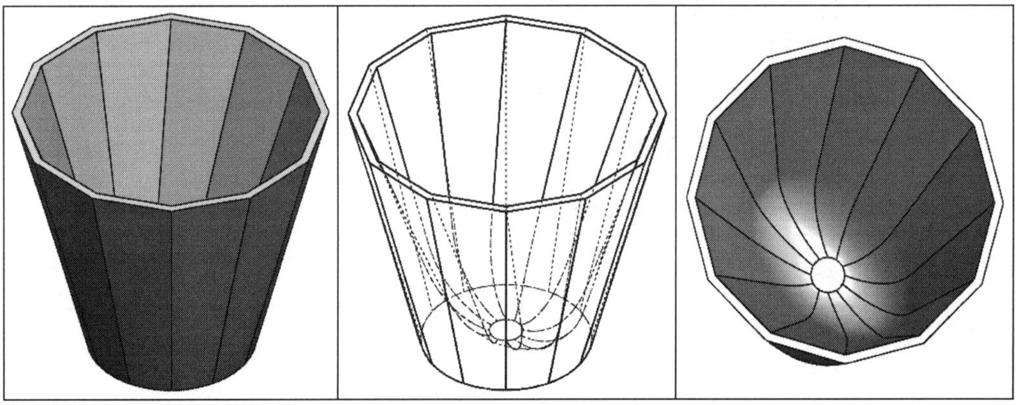

13) 완성된 도면

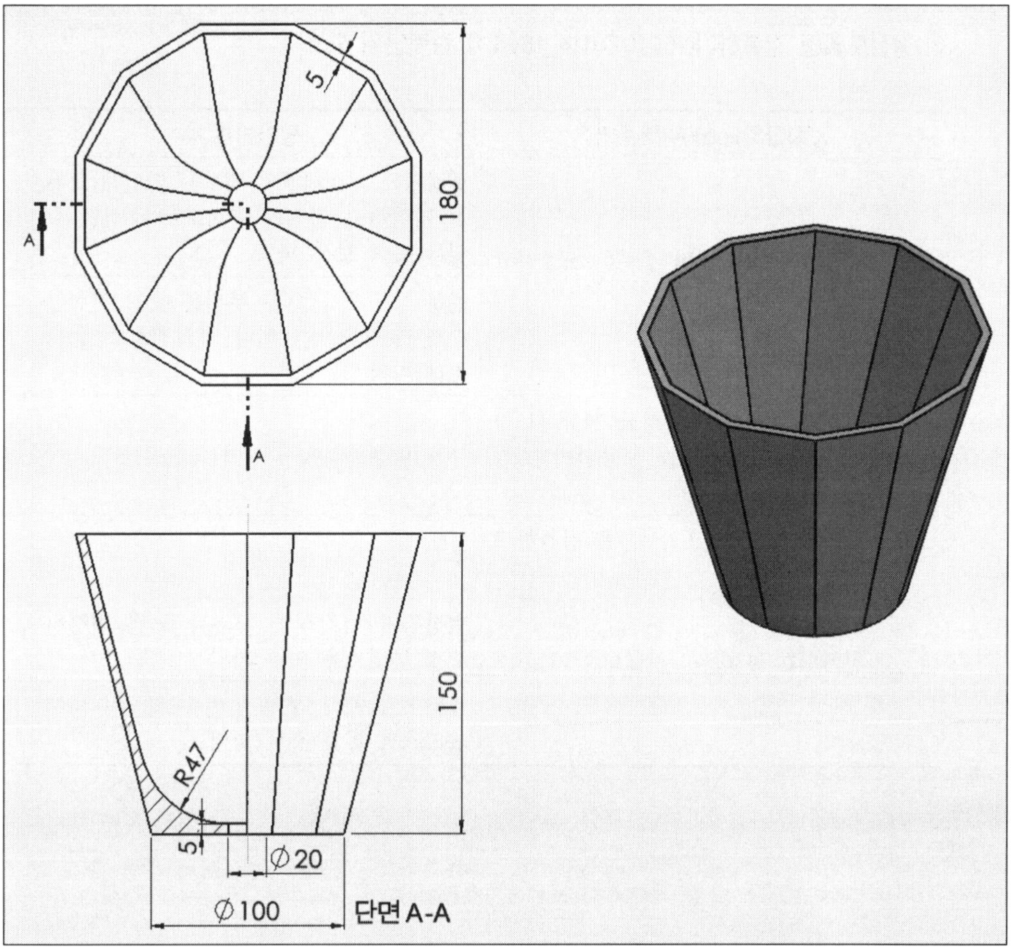

※ 지금까지 "로프트" 기능과 "로프트 컷" 기능을 통해 다양한 모델을 작성해 보았다. 그러나 혼자서 실제로 모델링 과정을 수행하는 과정중에는 다양한 오류 등으로 인한 에러가 발생하게 되며, 이러한 에러를 해결하는 과정을 통해 한층 숙달된 설계 기술자가 되므로 꾸준히 솔리드 웍스로 모델링하다 보면 어느 순간 기술이 향상됨을 느끼게 될 것입니다.

3.2 NCS 능력단위 평가

3D형상모델링 검토하기(1501020114_16v3.1) 능력단위 요소

능력단위요소-수행준거	평가방법	비고
1.1 3D형상모델링의 관련 정보를 도출하고 수정할 수 있다.	현장평가 : 스케치의 정보를 확인해 오류를 파악하고 적절한 방법으로 수정할 수 있는 능력 보유 파악	
	질문 : 스케치 오류 부위를 찾고 적절한 수정 방법을 질문이나 체크리스트 등을 통해 파악	
1.2 각각의 단품으로 조립형상 제작 시 적절한 조립 구속조건을 사용하여 조립품을 생성 할 수 있다.	추후 어셈블리에서 평가	
1.3 조립품의 간섭 및 조립여부를 점검하고 수정할 수 있다.	추후 어셈블리에서 평가	
1.4 편집기능을 활용하여 모델링을 하고 수정할 수 있다.	현장평가 : 작성중 오류나 모델 변경시 수정 능력보유 여부 파악	
	질문 : 스케치 수정 방법을 질문이나 체크리스트 등을 통해 파악	

교육시간	48	강사	
교육개요	학생은 기계요소 설계 분야에서 중요한 업무인 형상모델링 능력을 모델링 프로그램을 사용하여 단순형상과 복잡형상의 모델링 데이터를 생성하고, 작성된 도면에 준하여 데이터를 확인 할 수 있다.		
교육육표	모델링 프로그램을 사용하여 단순형상과 복잡형상의 모델링 데이터를 생성하고, 작성된 도면에 준하여 데이터를 확인 할 수 있다.		

단원명	단원별 학습목표
1501020204_14v2.1 모델링 작업 준비하기	1.1 모델링 데이터 생성에 필요한 정보를 정의하여 수집할 수 있다.
	1.2 모델링 프로그램의 환경을 효율적으로 설정할 수 있다.
	1.3 모델트리 구성을 결정하여 모델링 작업시간을 단축할 수 있다.
	1.4 단순형상과 복잡형상을 확인하기 위해 모델링 데이터의 오류여부를 확인할 수 있다.
1501020204_14v2.2 모델링 작업하기	2.1 이용 가능한 모델링 프로그램의 기능을 사용하여 요구되는 형상을 완벽하게 구현할 수 있다.
	2.2 모델링의 수정 및 편집을 용이하게 할 수 있다.
	2.3 관련 산업표준을 준수하여 모델링 할 수 있다.
	2.4 영역, 길이, 각도, 공차, 지시 등 모델링에 관련된 추가적인 정보를 도출하고 생성할 수 있다.
1501020204_14v2.3 모델링 분석하기	3.1 도면과 모델링을 비교 · 검토하여 모델링의 오류 발생 정보를 최소화하고, 오류 발생 시 즉각적으로 수정할 수 있다.
	3.2 제작상의 문제점 및 핵심부를 검토하여 오류 발생 시 관계부서와 협의하여 모델링 데이터를 수정할 수 있다.
	3.3 제작성을 고려하여 모델링 작업의 결과물을 수정 · 보정할 수 있다.
	3.4 부품 간 상호 결합상태를 검증할 수 있다.
1501020204_14v2.4 모델링 데이터 출력하기	4.1 작업 표준서에 의하여 요구되는 2D 데이터 형식의 파일로 저장하거나 출력할 수 있다.
	4.2 작업 표준서에 의하여 요구되는 3D 모델링 데이터 형식의 파일로 저장하거나 출력할 수 있다.
	4.3 출력된 모델링 데이터에 요구되는 소요자재목록, 부품목록 등의 정보를 산출할 수 있다.
선수능력 (필요한 경우)	그래픽 툴의 원활한 사용

학습활동

학습활동	특기사항
[모델링 작업 준비하기] 1 모델링 데이터 생성에 필요한 정보를 정의하여 제출하시오. 2 모델링 프로그램의 환경을 효율적으로 설정하는 방법을 정리하여 제출하시오. 3 모델트리 구성을 결정하여 모델링 작업시간을 단축할 수 있도록 설정하고 그 방법을 정리하여 제출하시오. 4 단순형상과 복잡형상을 확인하기 위해 모델링 데이터의 오류여부를 판단하고 정리하여 제출하시오. **[모델링 작업하기]** 1 이용 가능한 모델링 프로그램의 기능을 사용하여 요구되는 형상을 완벽하게 구현한 후 파일을 제출하시오. 2 모델링의 수정 및 편집을 용이하게 할 수 있는 방법을 정리하여 제출하시오. 3 관련 산업표준을 준수하여 모델링 하고 파일을 제출하시오. 4 영역, 길이, 각도, 공차, 지시 등 모델링에 관련된 추가적인 정보를 도출하고 생성한 후 파일을 제출하시오. **[모델링 분석하기]** 1 도면과 모델링을 비교·검토하여 모델링의 오류 발생 정보를 최소화하고 정리 하여 제출하시오. 2 제작상의 문제점 및 핵심부를 검토하여 오류 발생 시 관계부서와 협의하여 모델링 데이터를 수정한 후 파일로 제출 하시오. 3 제작성을 고려하여 모델링 작업의 결과물을 수정·보정한 후 그 내용을 정리하여 제출 하시오. 4 부품 간 상호 결합상태를 검증 분석하고 그 방법을 정리하여 제출하시오. **[모델링 데이터 출력하기]** 1 작업 표준서에 의하여 요구되는 2D 형식으로 출력하여 제출하시오. 2 작업 표준서에 의하여 요구되는 3D 모델링 데이터 형식의 파일로 저장하여 제출하시오. 3 출력된 모델링 데이터에 요구되는 소요자재목록, 부품목록 등의 정보를 산출 정리하여 제출하시오.	• 질문 사항 및 도면 검토(검도)는 이메일로 제출 − 메일주소 : • 컴퓨터 전원 관리 철저 및 안전에 주의(문어발식 콘센트 사용금지) • 실습 및 학습과 무관한 소프트웨어 및 허가받지 않은 소프트웨어를 설치하지 말것(비허가 및 불법 소프트웨어는 삭제 될 수 있음) • USB의 사용전, 후 반드시 바이러스 검사를 실시 • 바이러스가 예상되는 웹사이트에 접근금지 • 책상주변에 커피, 물 등의 음식물 보관 금지 • 실습실 개방시간 : 9:00 ~ 18:00 • 컴퓨터 고장 및 프린터, 플로터 사용시 관리자 − 연락처 : 학과사무실 − 전화번호 :

학습자료

<table>
<tr><td>보조자료</td><td colspan="2">• 개발시 필요한 국/내외 표준
• 한국소프트웨어기술진흥협회 가이드
• 개발 시 적용되는 국/내외 개발표준 문서
• 개발 시 적용되는 개발표준 문서
• 표준 및 절차 매뉴얼(템플릿 포함)
• 전자정부 웹 표준 준수지침</td></tr>
<tr><td>사용장비 및 공구</td><td colspan="2">• 컴퓨터
• 프린터, 플로터
• 형상모델링 작성 프로그램</td></tr>
<tr><td>소요재료</td><td colspan="2">프린터잉크 및 토너, 플로터잉크</td></tr>
<tr><td rowspan="4">관련
지식 · 기술 · 태도</td><td>구 분</td><td>주 요 내 용</td></tr>
<tr><td>지 식</td><td>• 공작기계의 종류 및 특성에 대한 지식
• 기계재료의 종류 및 특성에 대한 지식
• 모델링 프로그램 전반에 대한 지식
• 모델링 프로그램 매뉴얼에 대한 지식
• 부품 상호운동의 기구학적 특성에 대한 지식
• 유사 사례의 성공, 실패요인에 대한 지식
• 좌표계의 종류 및 특성에 대한 지식
• 치수공차 및 기하공차에 대한 지식
• KS 및 ISO 등 규격에 대한 지식
• SI 및 MKS 단위에 대한 지식
• 2D 도면해독에 대한 지식</td></tr>
<tr><td>기 술</td><td>• 모델링 데이터 검증 기술
• 모델링 분석 기술
• 모델링 제품의 제작방법 검토 기술
• 모델링 공정 단축을 위한 설계기술
• 모델링 프로그램 전반에 대한 운용 기술
• 유사 사례에 대한 분석 기술
• 관련 분야의 산업표준에 대한 검토 기술
• 공차 및 기하학적 기호에 대한 이해 능력
• 체크리스트 확인 능력</td></tr>
<tr><td>태 도</td><td>• 가공시간을 단축시켜 생산성 향상을 위한 적극적인 자세
• 관련 분야 산업표준에 대한 분석 의지
• 도면에 따른 모델링의 치밀한 분석 자세
• 모델링 데이터 오류에 대한 객관적 분석 의지
• 모델링 분석을 위한 객관적 판단 의지
• 모델링 프로그램 매뉴얼 습득 의지
• 유사 사례를 면밀하게 분석할 수 있는 태도
• 정확한 도면분석을 위한 검토 의지
• 타 부서와의 협력 검토 의지</td></tr>
<tr><td>교재</td><td colspan="2">본 교재, NCS 학습모듈, 솔리드웍스 따라하기(건기원)</td></tr>
</table>

자기평가서

자 기 평 가 서				
평가영역 (단원명)	문 항	미흡	보통	우수
모델링 작업 준비하기	1.1 모델링 데이터 생성에 필요한 정보를 정의하여 수집할 수 있다.			
	1.2 모델링 프로그램의 환경을 효율적으로 설정할 수 있다.			
	1.3 모델트리 구성을 결정하여 모델링 작업시간을 단축할 수 있다.			
	1.4 단순형상과 복잡형상을 확인하기 위해 모델링 데이터의 오류여부를 확인할 수 있다.			
모델링 작업하기	2.1 이용 가능한 모델링 프로그램의 기능을 사용하여 요구되는 형상을 완벽하게 구현할 수 있다.			
	2.2 모델링의 수정 및 편집을 용이하게 할 수 있다.			
	2.3 관련 산업표준을 준수하여 모델링 할 수 있다.			
	2.4 영역, 길이, 각도, 공차, 지시 등 모델링에 관련된 추가적인 정보를 도출하고 생성할 수 있다.			
모델링 분석하기	3.1 도면과 모델링을 비교·검토하여 모델링의 오류 발생 정보를 최소화하고, 오류 발생 시 즉각적으로 수정할 수 있다.			
	3.2 제작상의 문제점 및 핵심부를 검토하여 오류 발생 시 관계부서와 협의하여 모델링 데이터를 수정할 수 있다.			
	3.3 제작성을 고려하여 모델링 작업의 결과물을 수정·보정할 수 있다.			
	3.4 부품 간 상호 결합상태를 검증할 수 있다.			
모델링 데이터 출력하기	4.1 작업 표준서에 의하여 요구되는 2D 데이터 형식의 파일로 저장하거나 출력할 수 있다.			
	4.2 작업 표준서에 의하여 요구되는 3D 모델링 데이터 형식의 파일로 저장하거나 출력할 수 있다.			
	4.3 출력된 모델링 데이터에 요구되는 소요자재목록, 부품목록 등의 정보를 산출할 수 있다.			

평가자 체크리스트 평가 표

평가 항목(체크 리스트)	교수자 평가	
	배점	득점
1. 3D 형상 모델링 작업 준비할 수 있는가?	**30점**	
- 명령어를 이용하여 3D CAD 프로그램을 사용자 환경에 맞도록 설정할 수 있다.	10점	
- 3D 형상 모델링에 필요한 부가 명령을 설정할 수 있다.	10점	
- 작업 환경에 적합한 템플릿을 제작하여 도면의 형식을 균일화 시킬 수 있다.	10점	
2. 3D 형상 모델링 작업할 수 있는가?	**70점**	
- KS 및 ISO 관련 규격을 준수하여 형상을 모델링할 수 있다.	10점	
- 스케치 도구를 이용하여 디자인을 형상화할 수 있다.	10점	
- 모델에 치수를 기입하여 치수에 맞게 형상을 수정할 수 있다.	10점	
- 기하학적 형상을 구속하여 원하는 형상을 유지시키거나 선택되는 요소에 다양한 구속 조건을 설정할 수 있다.	10점	
- 특징 형상 설계를 이용하여 요구되어지는 3D 형상 모델링을 완성할 수 있다.	10점	
- 연관 복사 기능을 이용하여 원하는 형상으로 편집하고 변환할 수 있다.	10점	
- 요구되어지는 형상과 비교, 검토하여 요류를 확인하고 발견되는 오류를 즉시 수정할 수 있다.	10점	
점수 환산 (총 득점 / 만점) x 100	**100점**	

※ 평가 문제는 앞 페이지의 예제 도면에서 교수자가 선정하여 실시한다.

※ 평가에서 평가 시점 및 방법은 매 단원마다 실시하거나 중간평가, 기말평가 또는 교육기관 형편에 맞추어 적합한 평가 시점이나 횟수 방법을 적용해 실시한다.

스윕(sweep) 및 스윕 컷

스윕 모델링 기법은 단면의 형상이 그 단면의 중심선을 따라가면서 이루어지는 모델로 부드럽게 연결하여 만드는 기법이며 아래의 형상을 모델링해 알아보자.

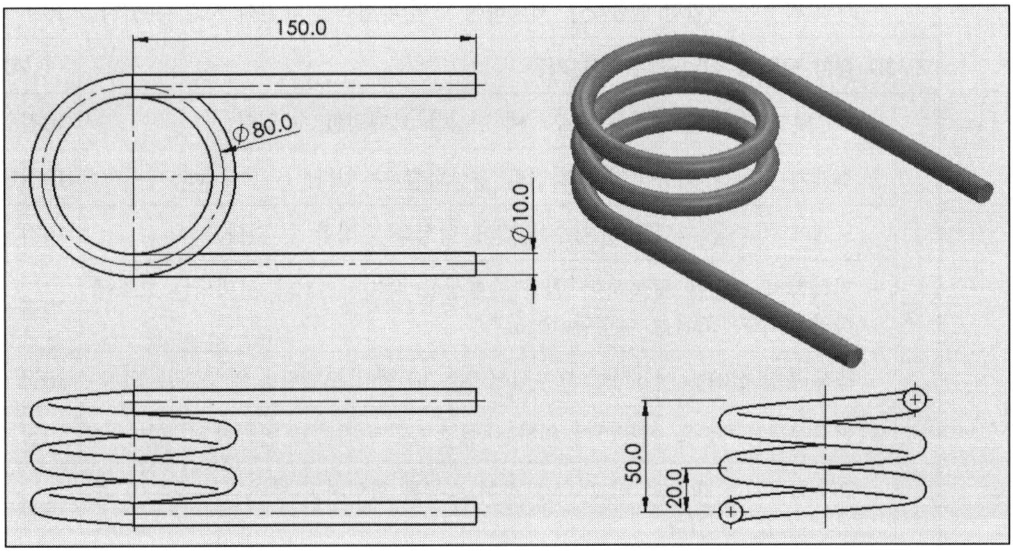

1) "새문서" → "파트" → "확인"

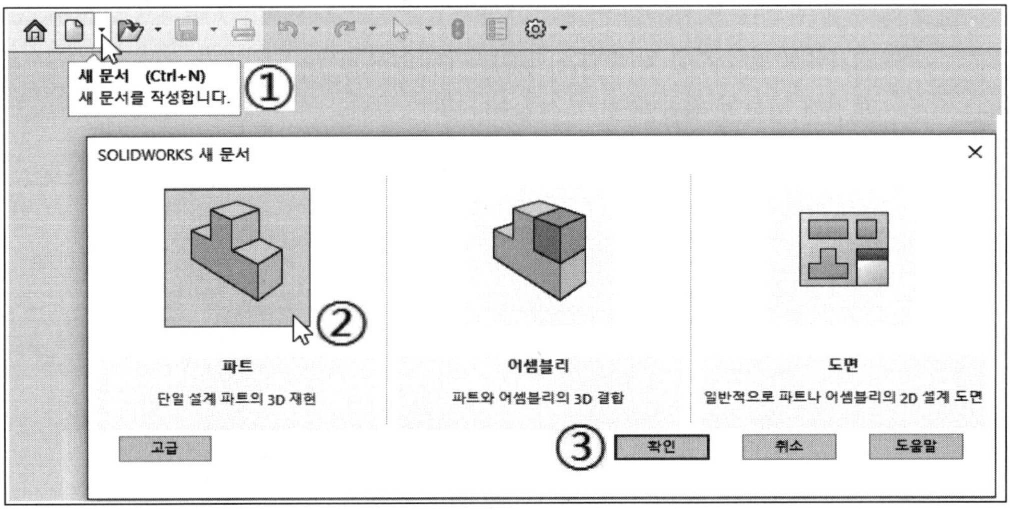

2) “윗면” ➔ “∅80 원 작성”

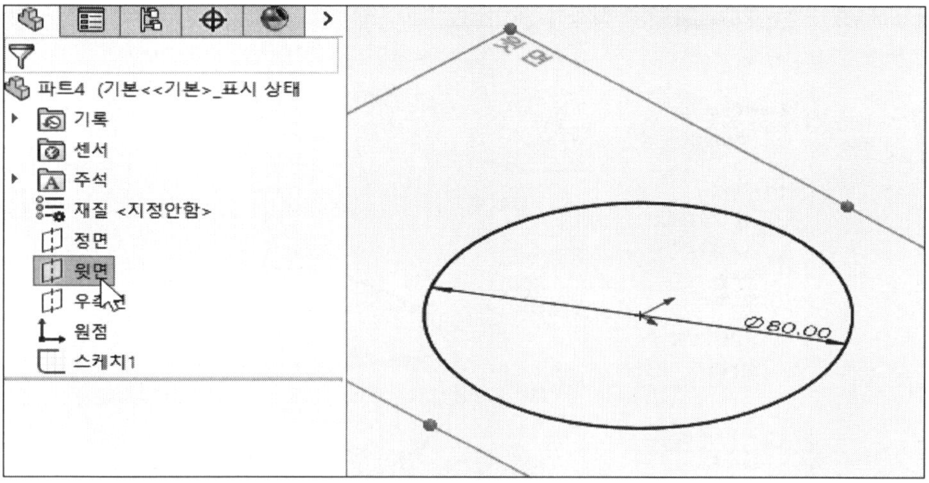

3) “메뉴” ➔ “삽입” ➔ “곡선” ➔ “나선형 곡선”

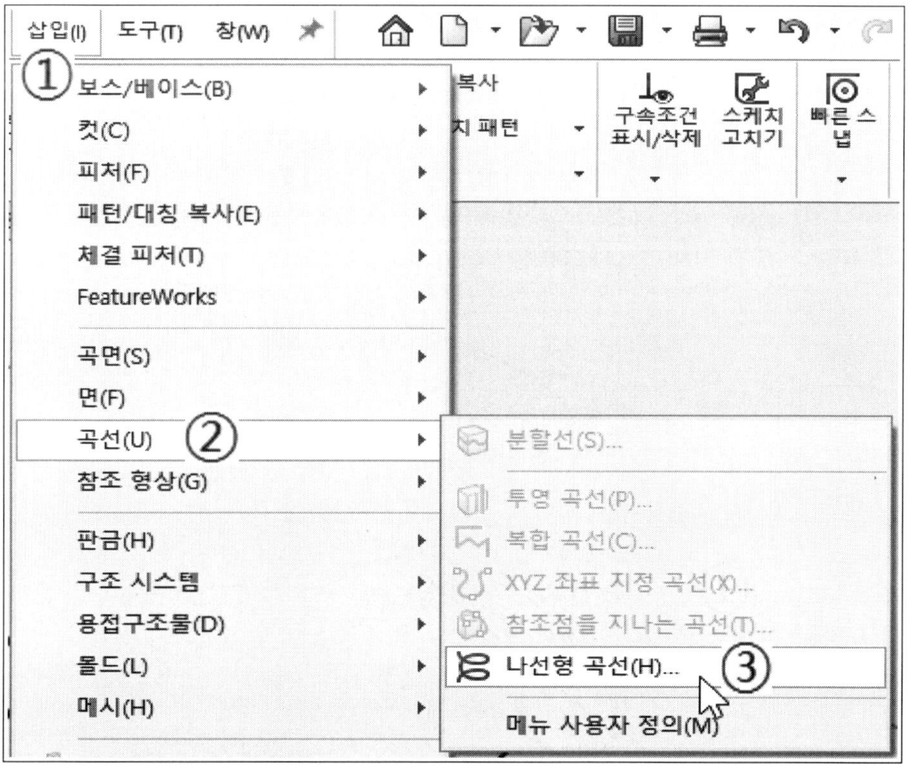

4) "일정 피치" → "20mm" → "2.5 회전" → "각도 0" → "시계방향" → "확인"

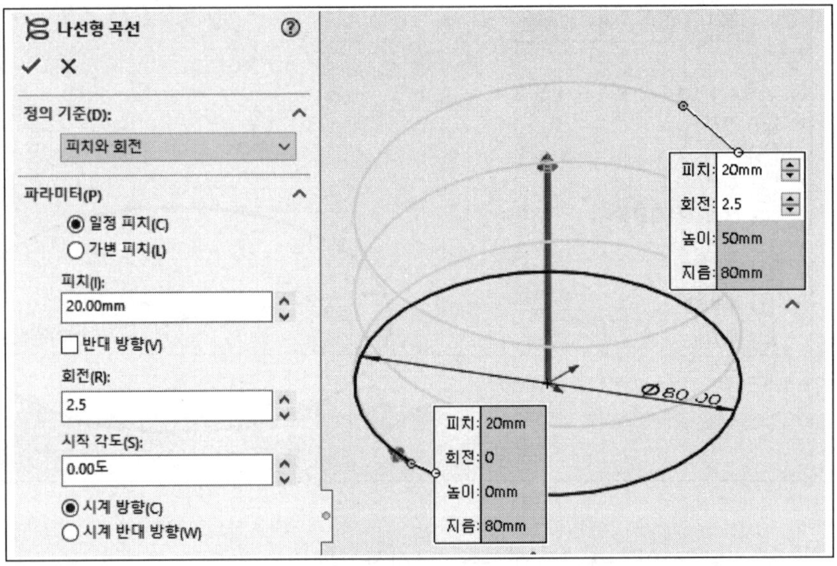

5) "우측면" → "스케치" → "Ø10원 작성"

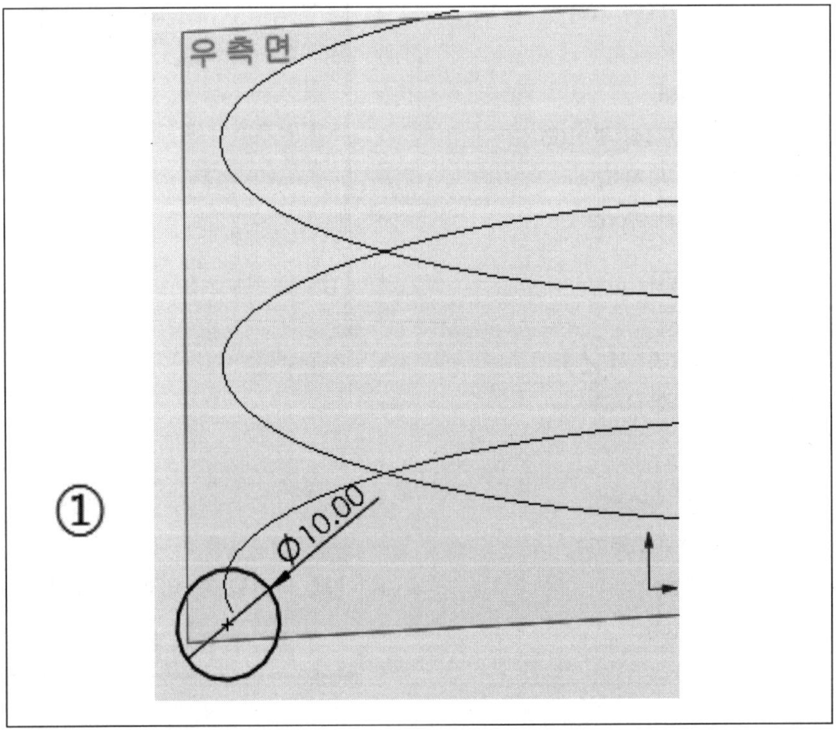

6) "Ctrl + 나선형 곡선 + 원중심" ➔ "관통" ➔ "확인"

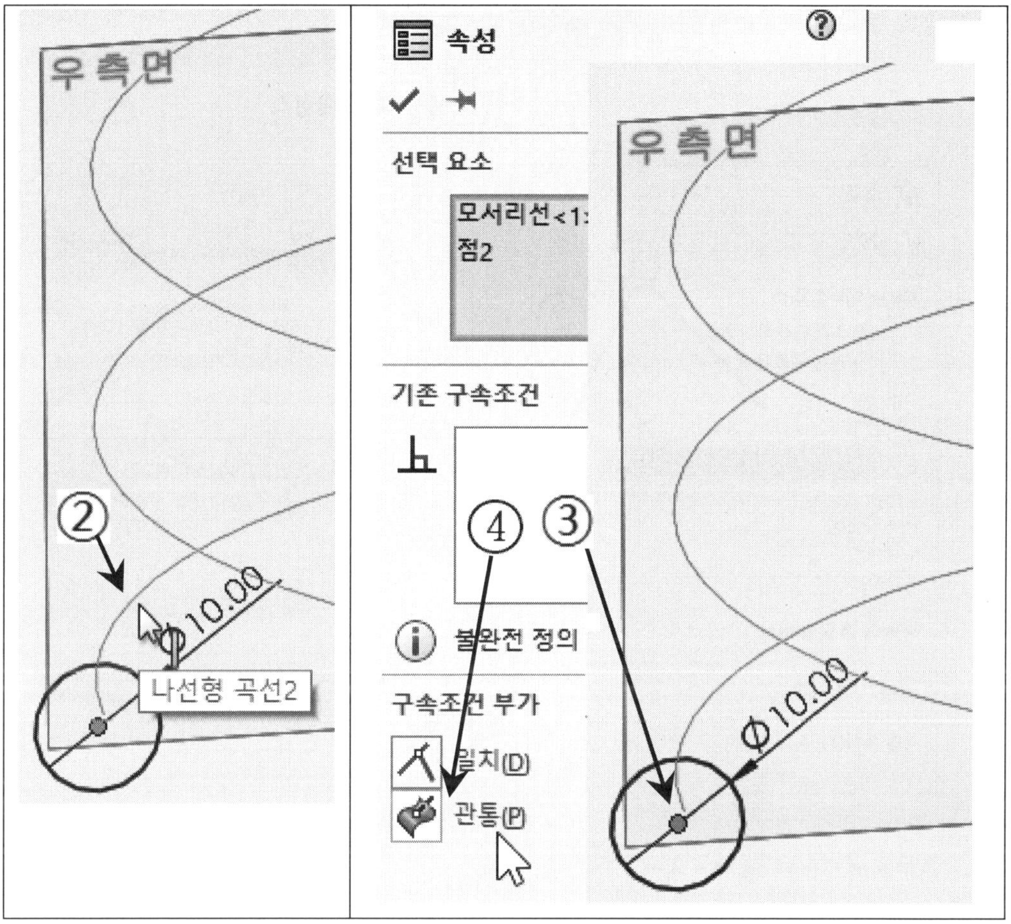

7) “스윕 보스/베이스” → “원” → “나선 곡선”

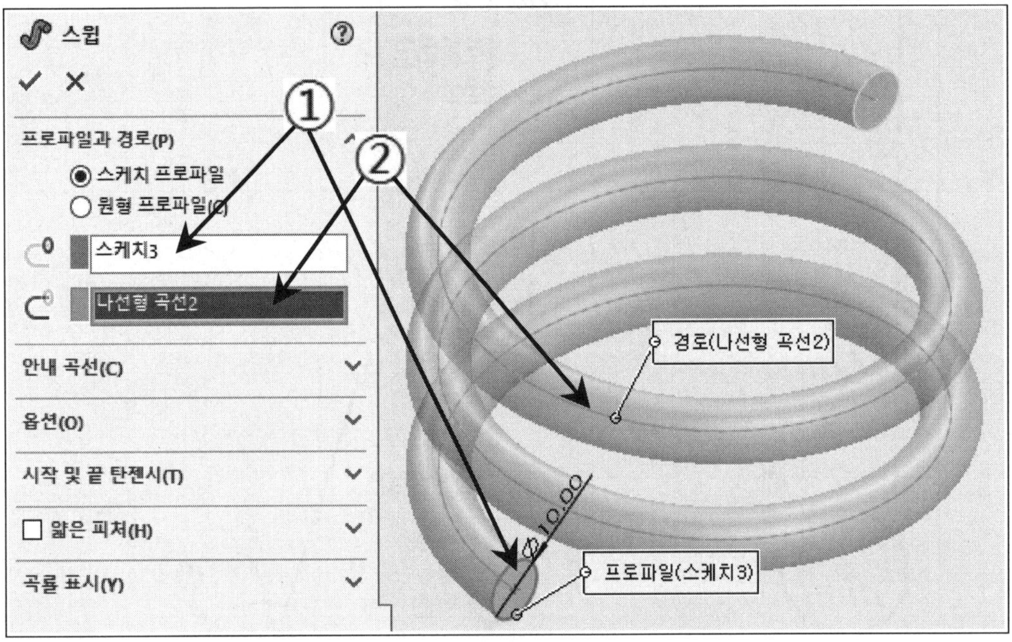

8) “측면 선택” → “스케치”

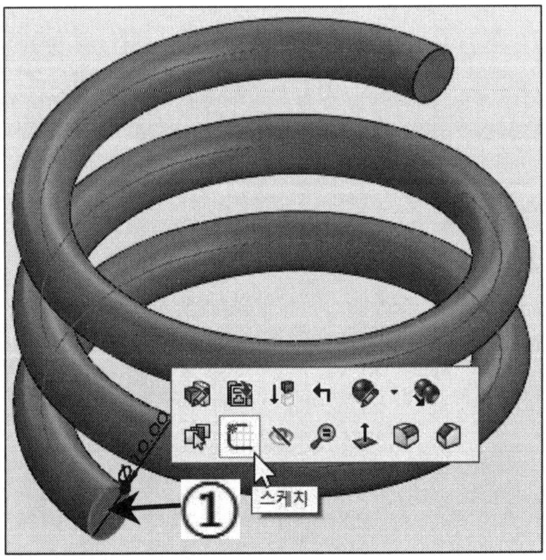

9) "측면 모서리 선택" ➔ "요소변환"

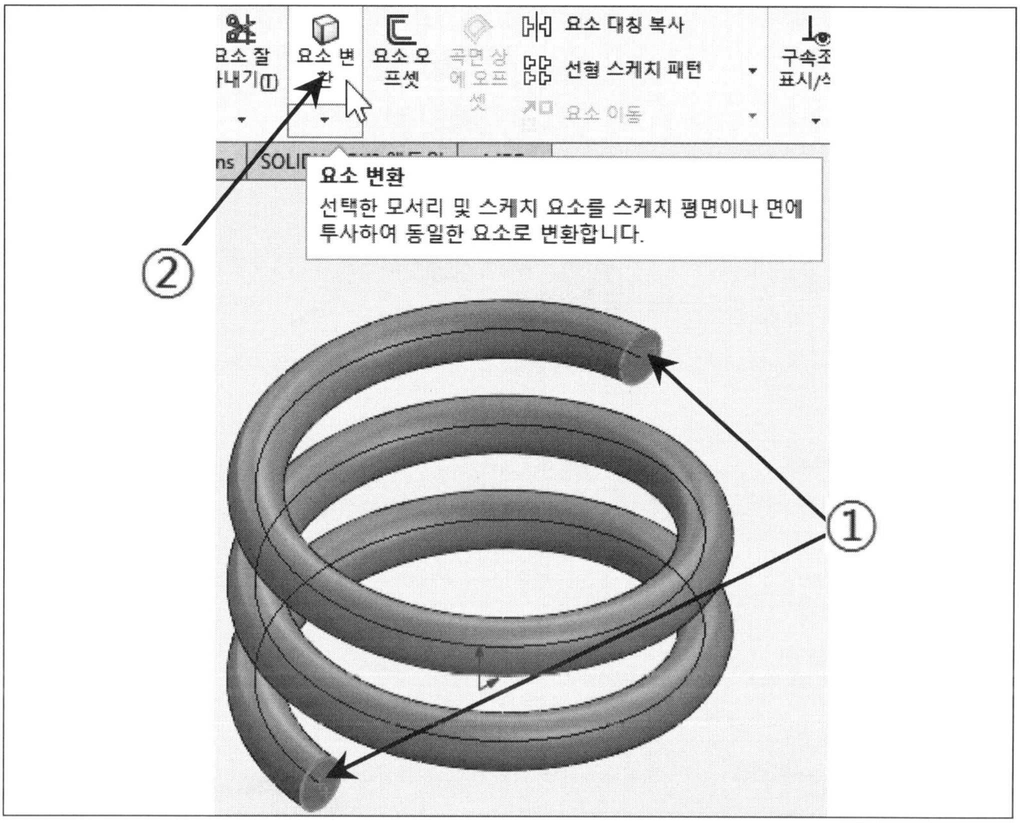

10) “돌출” ➔ “150mm”

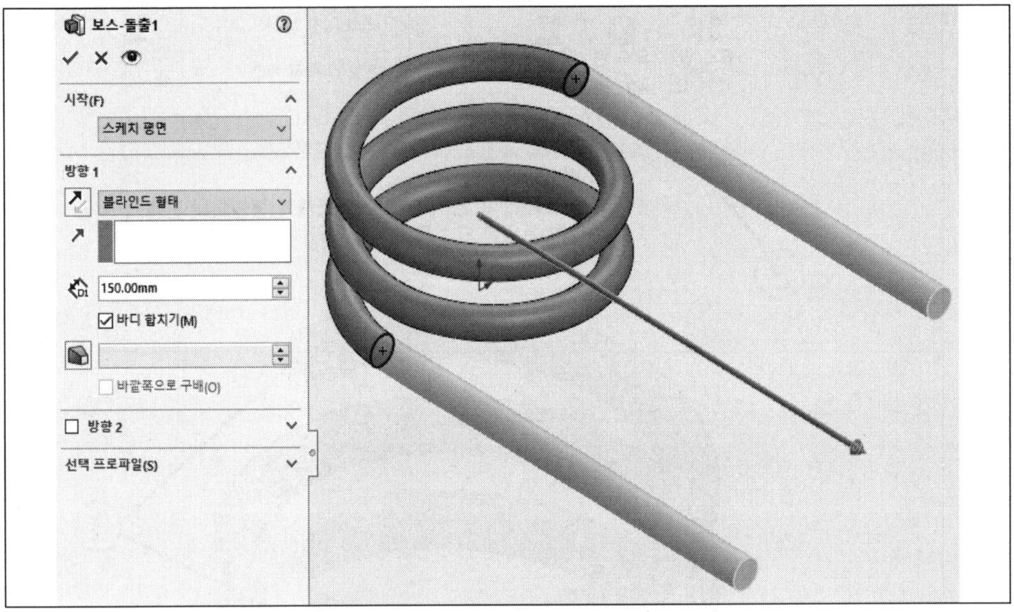

11) “완성된 모델”

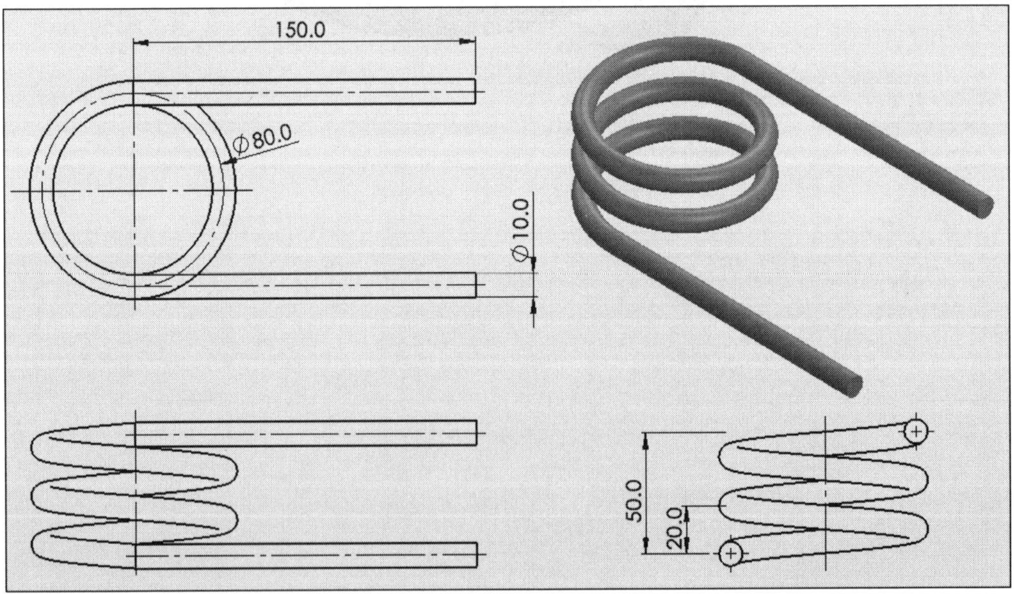

4.1 나선형 곡선의 종류

나선형 곡선은 다양한 방법으로 나사(스프링) 형상의 곡선을 형성할 수 있는 기능으로 스윕모델 작성시 경로 역할을 수행하는 곡선으로 자주 사용되는 곡선이며, 내용을 자세히 살펴 보자

4.1.1 정의 기준

나선의 형상을 아래와 같이 지정해 원하는 형상을 구현한다.

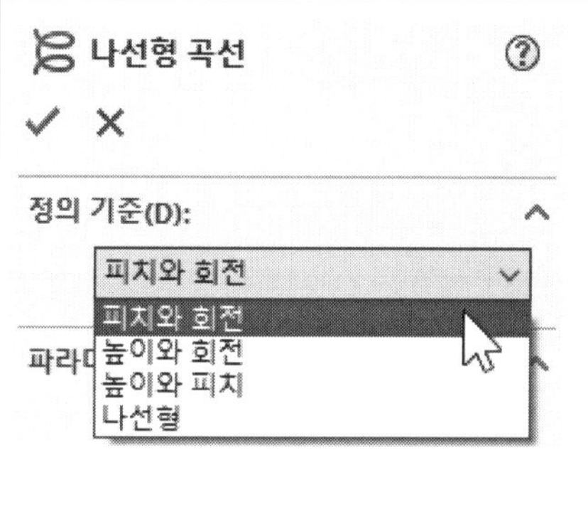

► 피치와 회전 : 나선의 간격인 피치와 나선의 감긴 회전수로 나선형 곡선 정의

► 높이와 회전 : 나선의 전체 높이와 나선의 감긴 회전수로 나선형 곡선 정의

► 높이와 피치 : 나선의 전체 높이와 나선의 간격인 피치로 나선형 곡선 정의

► 나선형 : 나선의 형상이 평판형인 나선형 곡선 정의

4.1.2 파라미터

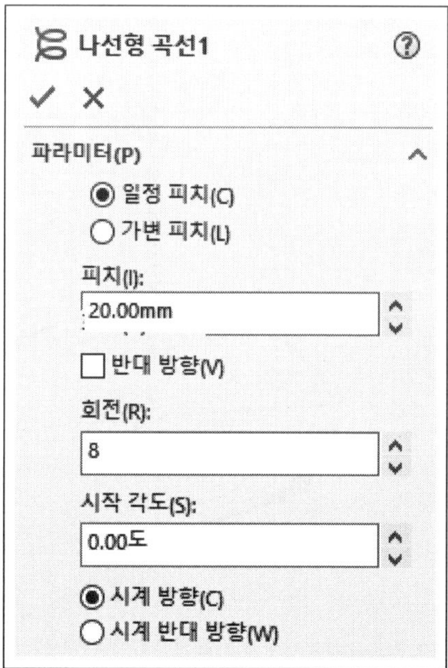

► 일정 피치 : 나선의 피치 간격이 전부 동일

► 가변 피치 : 나선의 피치 간격이 부분적으로 다르게 지정하여 나선형 곡선을 정의 가능

► 높이와 피치 : 나선의 전체 높이와 나선의 간격인 피치로 나선형 곡선 정의

► 나선형 : 나선의 형상이 평판형인 나선형 곡선 정의

"피치-20" → "회전-8" → "시작 각도-0도" → "시계 방향"

4.1.3 테이퍼 나사산

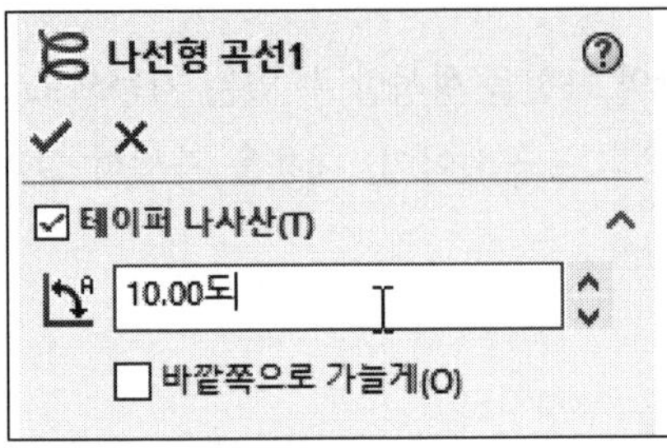

► 테이퍼 나사산 : 테이퍼 형상 각도 부여

► 바깥쪽으로 가늘게 지정 가능

4.1.4 나선형 정의 형상

◉ 피치와 회전

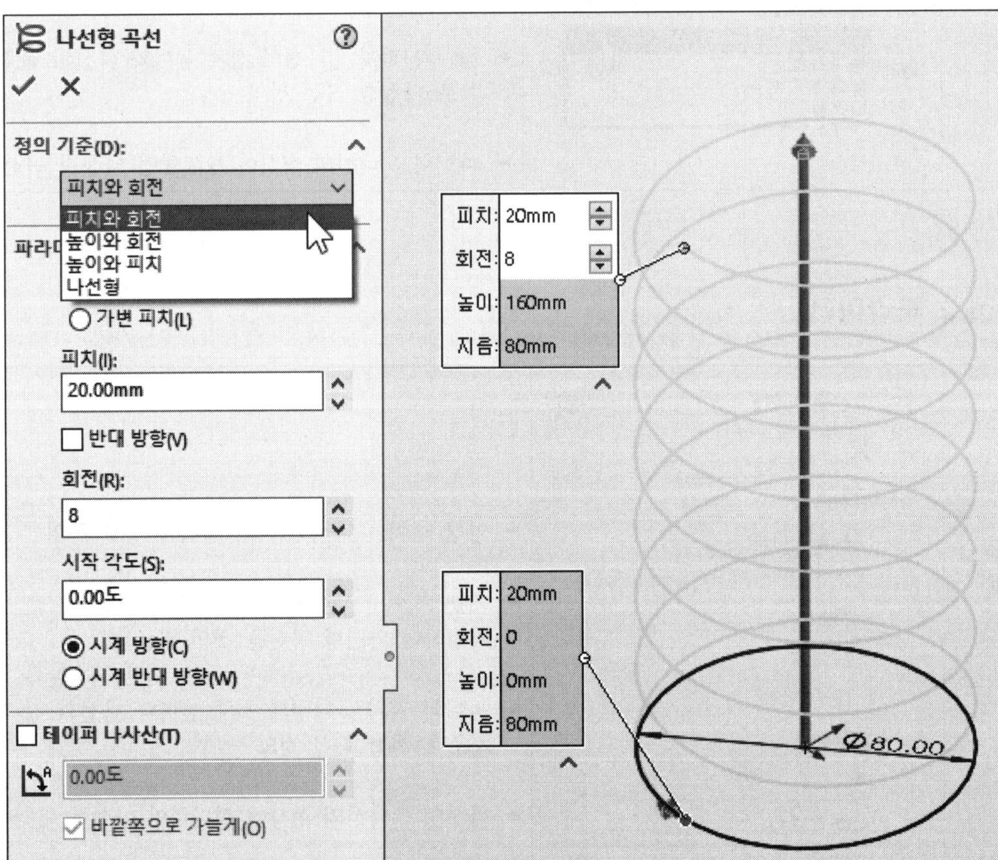

◉ 높이와 회전

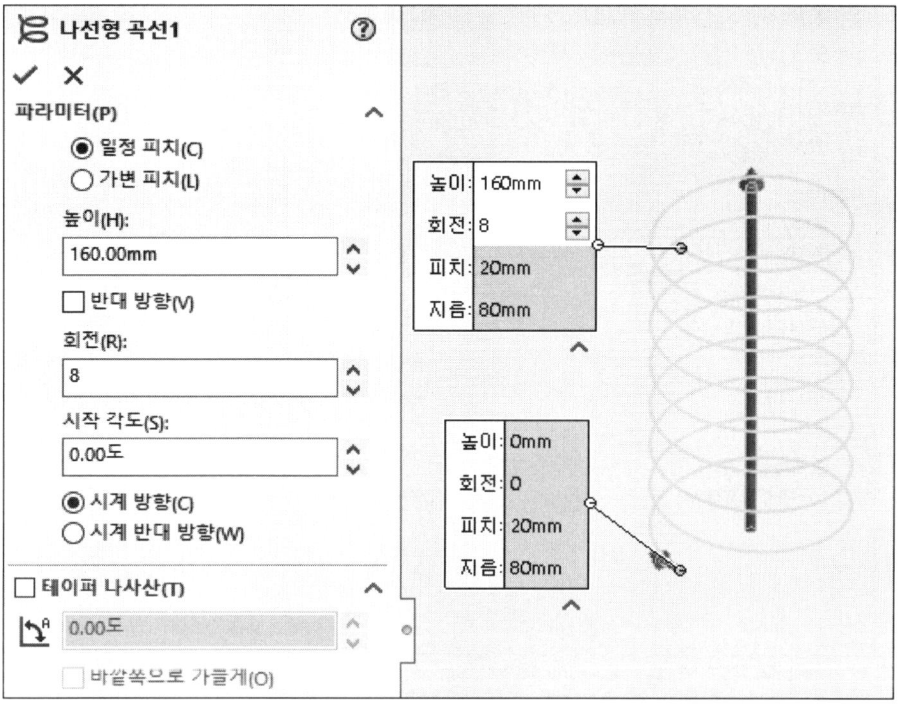
나선형 곡선1
파라미터(P)
일정 피치(C)
가변 피치(L)
높이(H):
160.00mm
반대 방향(V)
회전(R):
8
시작 각도(S):
0.00도
시계 방향(C)
시계 반대 방향(W)
테이퍼 나사산(T)
0.00도
바깥쪽으로 가늘게(O)
높이: 160mm
회전: 8
피치: 20mm
지름: 80mm
높이: 0mm
회전: 0
피치: 20mm
지름: 80mm

◉ 높이와 피치

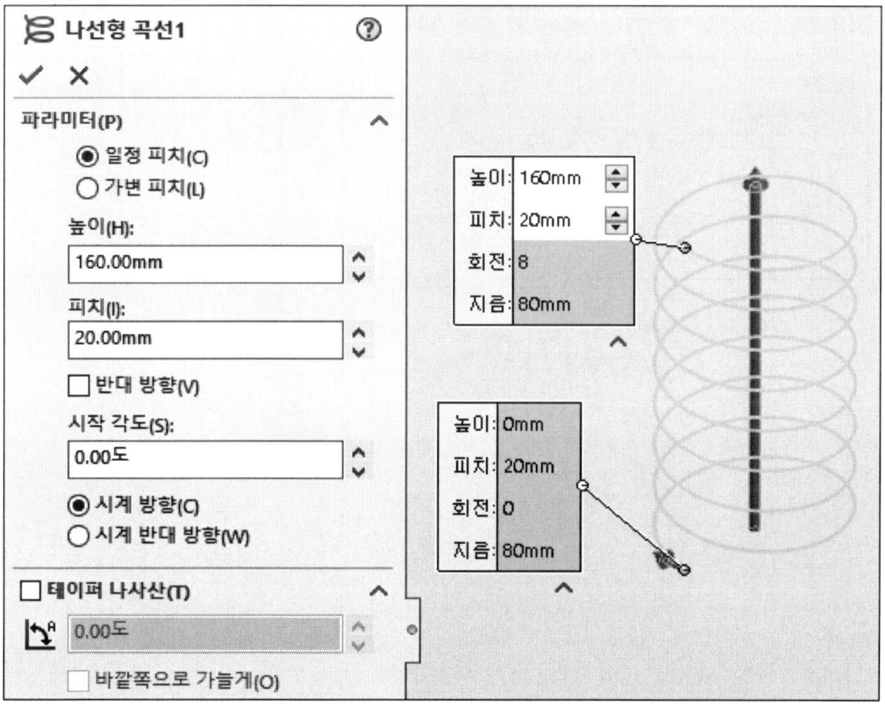
나선형 곡선1
파라미터(P)
일정 피치(C)
가변 피치(L)
높이(H):
160.00mm
피치(I):
20.00mm
반대 방향(V)
시작 각도(S):
0.00도
시계 방향(C)
시계 반대 방향(W)
테이퍼 나사산(T)
0.00도
바깥쪽으로 가늘게(O)
높이: 160mm
피치: 20mm
회전: 8
지름: 80mm
높이: 0mm
피치: 20mm
회전: 0
지름: 80mm

◉ 나선형

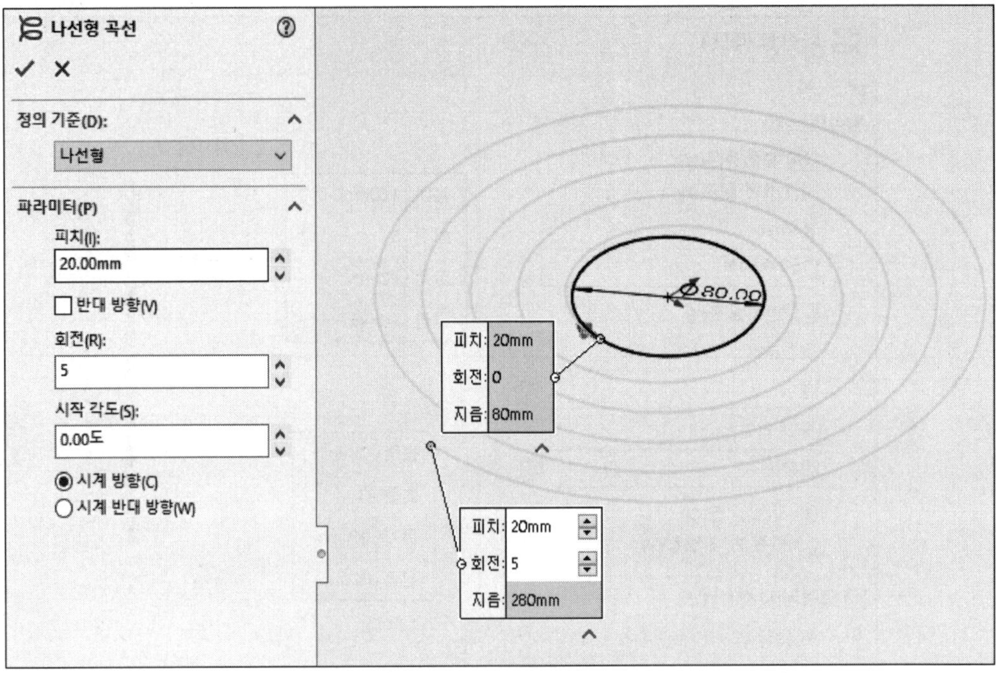

나선형 곡선
정의 기준(D):
나선형
파라미터(P)
피치(I):
20.00mm
반대 방향(V)
회전(R):
5
시작 각도(S):
0.00도
시계 방향(C)
시계 반대 방향(W)
피치: 20mm
회전: 0
지름: 80mm
Ø80.00
피치: 20mm
회전: 5
지름: 280mm

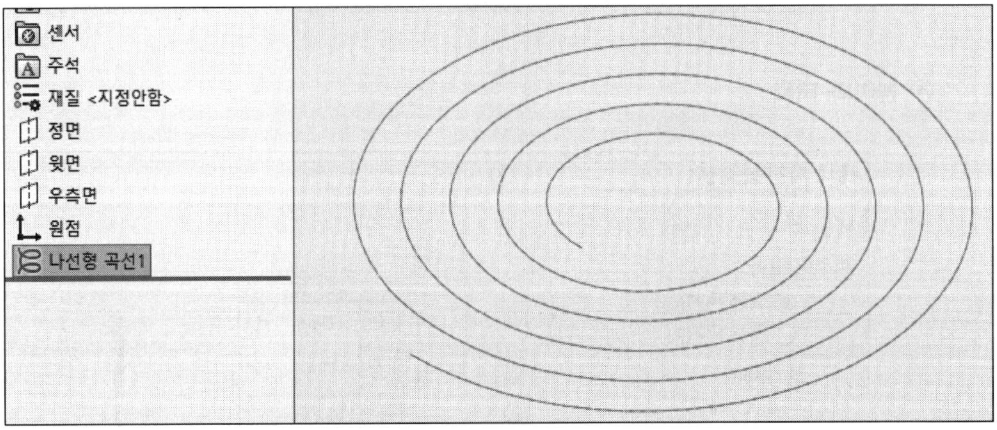

센서
주석
재질 <지정안함>
정면
윗면
우측면
원점
나선형 곡선1

◉ 나선형

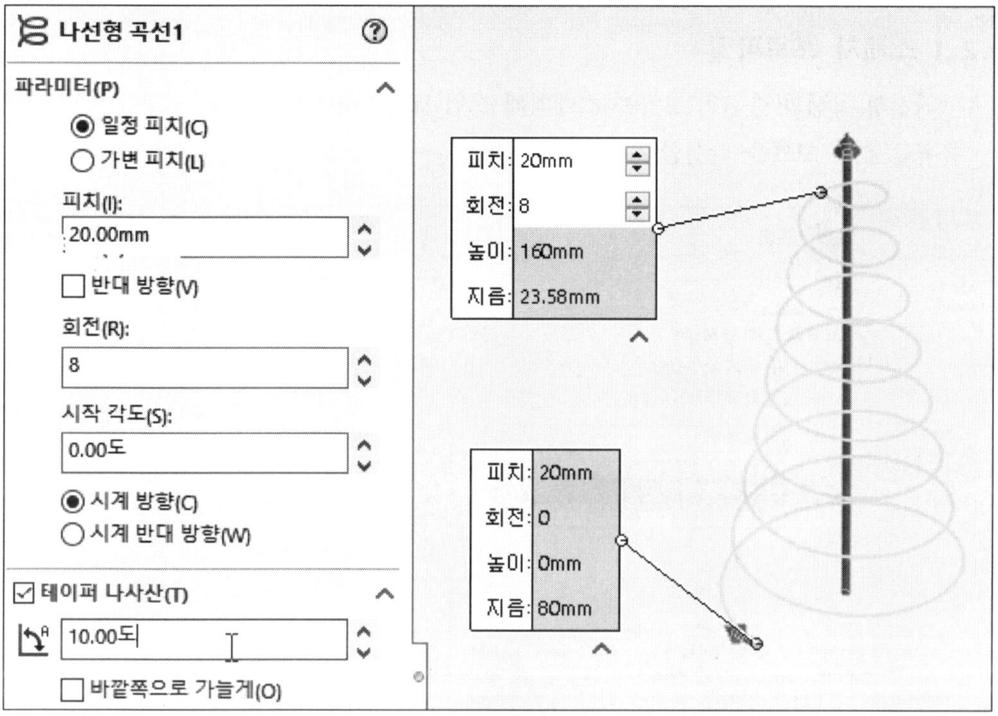

나선형 곡선1
파라미터(P)
일정 피치(C)
가변 피치(L)
피치(I):
20.00mm
반대 방향(V)
회전(R):
8
시작 각도(S):
0.00도
시계 방향(C)
시계 반대 방향(W)
테이퍼 나사산(T)
10.00도
바깥쪽으로 가늘게(O)
피치: 20mm
회전: 8
높이: 160mm
지름: 23.58mm
피치: 20mm
회전: 0
높이: 0mm
지름: 80mm

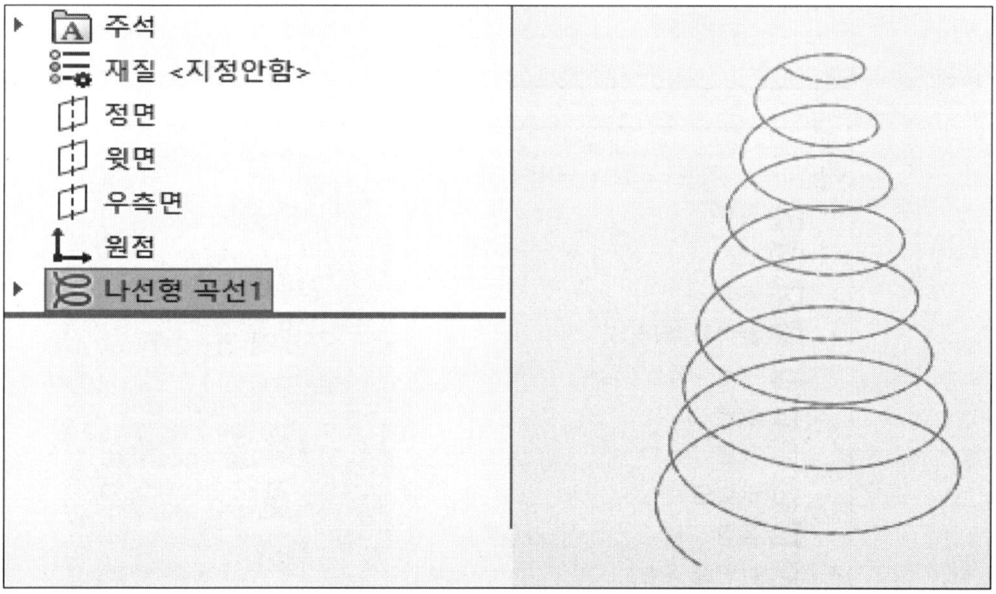

주석
재질 <지정안함>
정면
윗면
우측면
원점
나선형 곡선1

4.2 나선형 스윕의 종류

4.2.1 스케치 프로파일

나선형 곡선과 단면의 모양을 스케치해 스윕 모델링하는 전통적인 모델링 방법으로 다양한 윤곽을 갖는 모델을 작성할 수 있다.

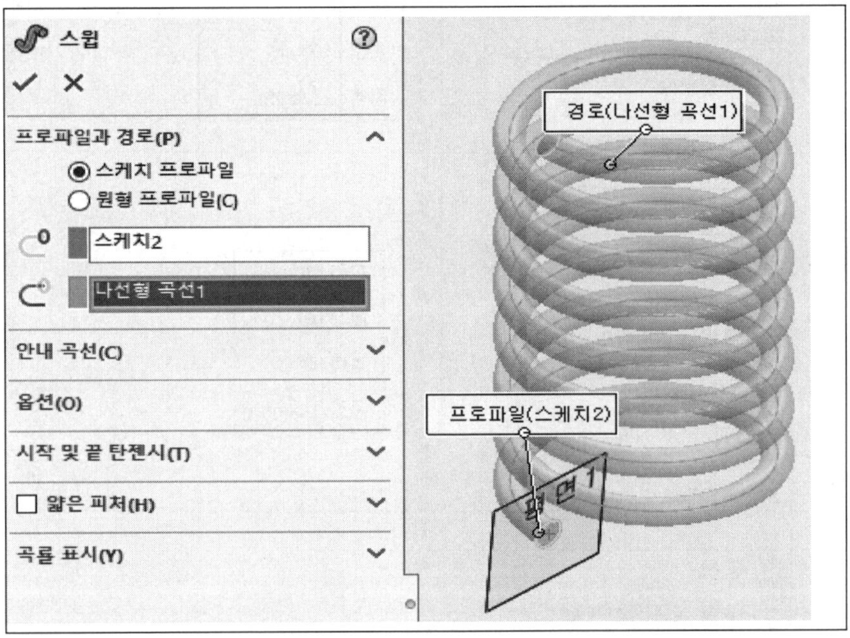

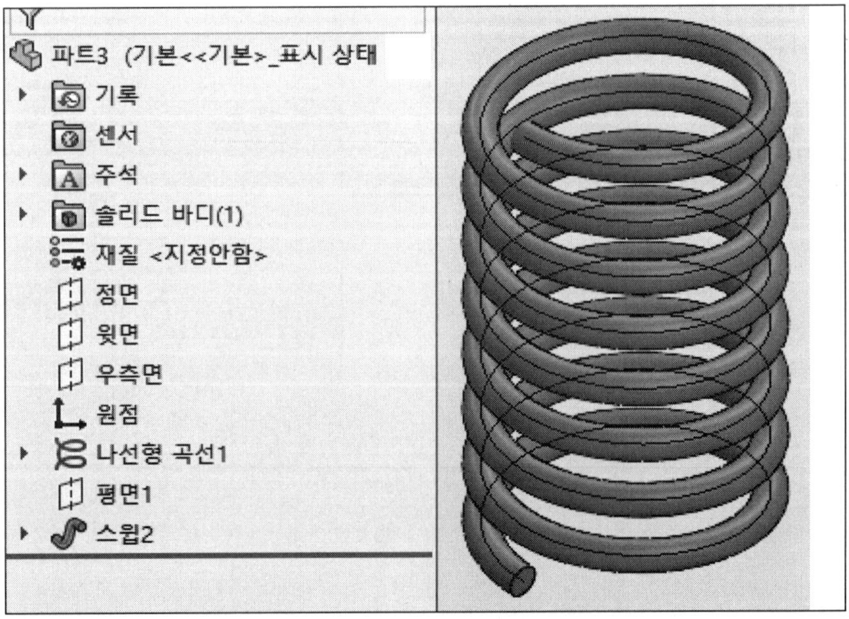

4.2.2 원형 프로파일

단면 곡선 없이 나선형 곡선 하나만을 이용해 스윕 작업을 할 수 있으며 "경로"와 스윕 단면 "지름 값"으로 정의 한다.

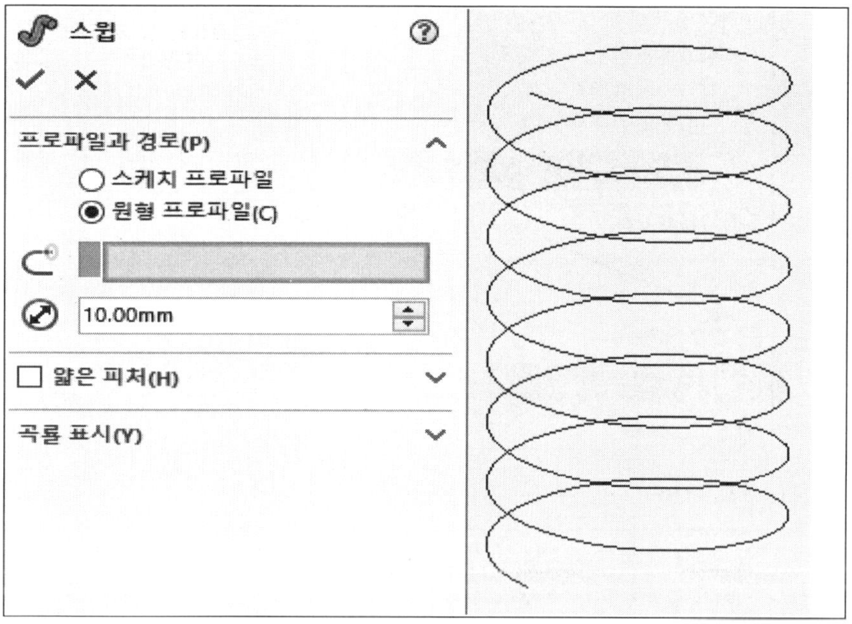

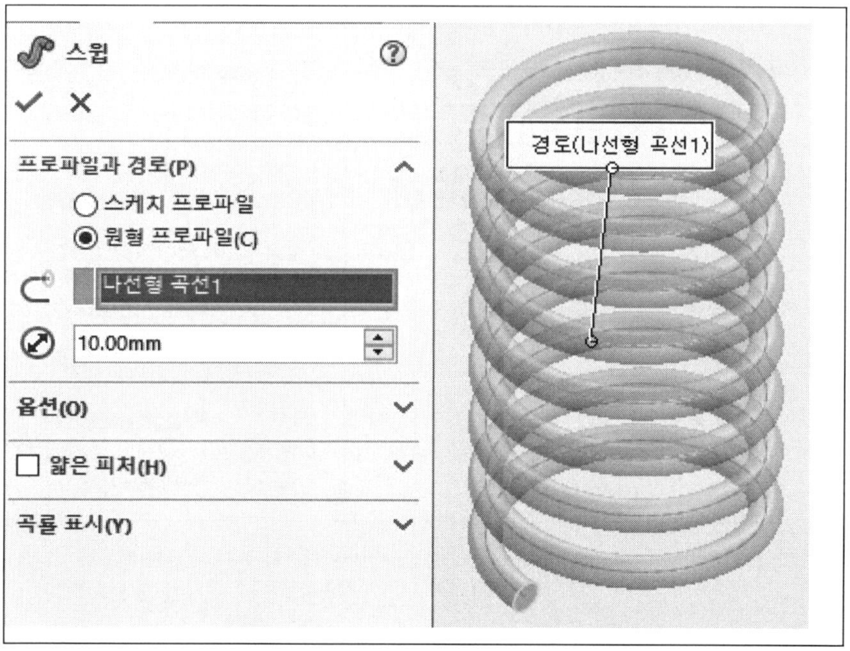

4.2.3 얇은 피처와 지름값 변경

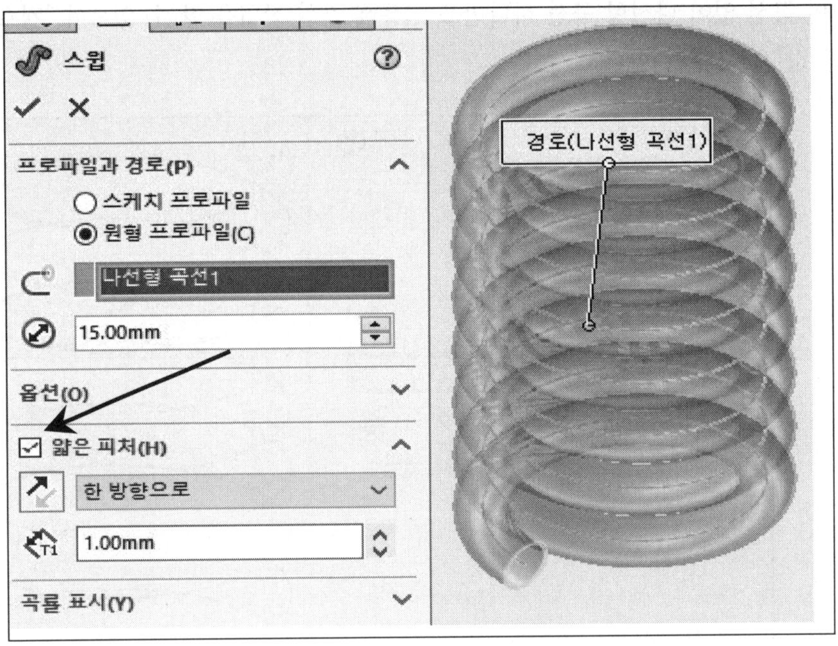

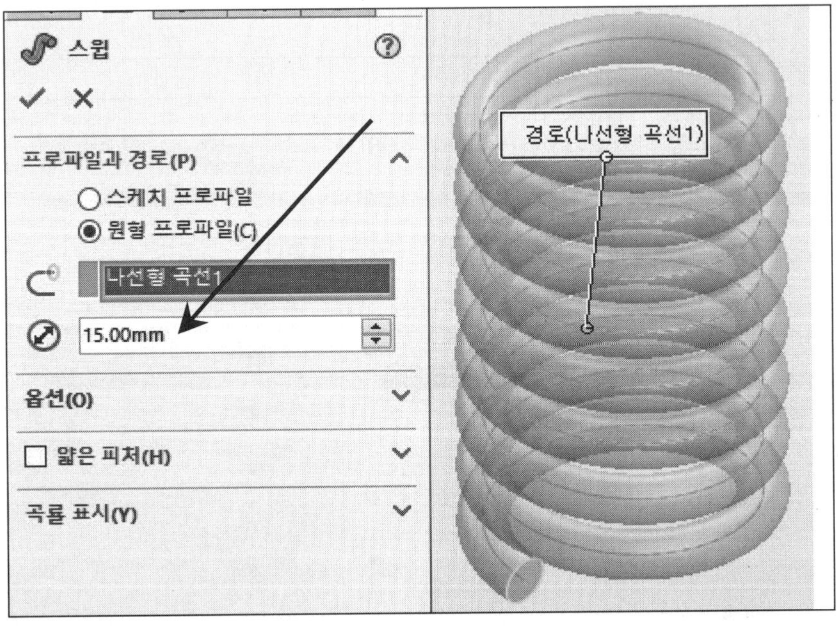

4.3 다양한 스윕모델 연습하기

이어지는 다양한 모델을 스윕 모델링 방법과 이미 앞에서 배운 돌출, 회전, 로프트 등의 모델링 기법을 적재적소에 활용하여 모델링해 보자.

4.3.1 곡관 커플링 모델링

아래와 같은 형상의 곡관 커플링을 스윕과 돌출, 회전 등의 모델링 방법을 사용해 모델링 해 보자.

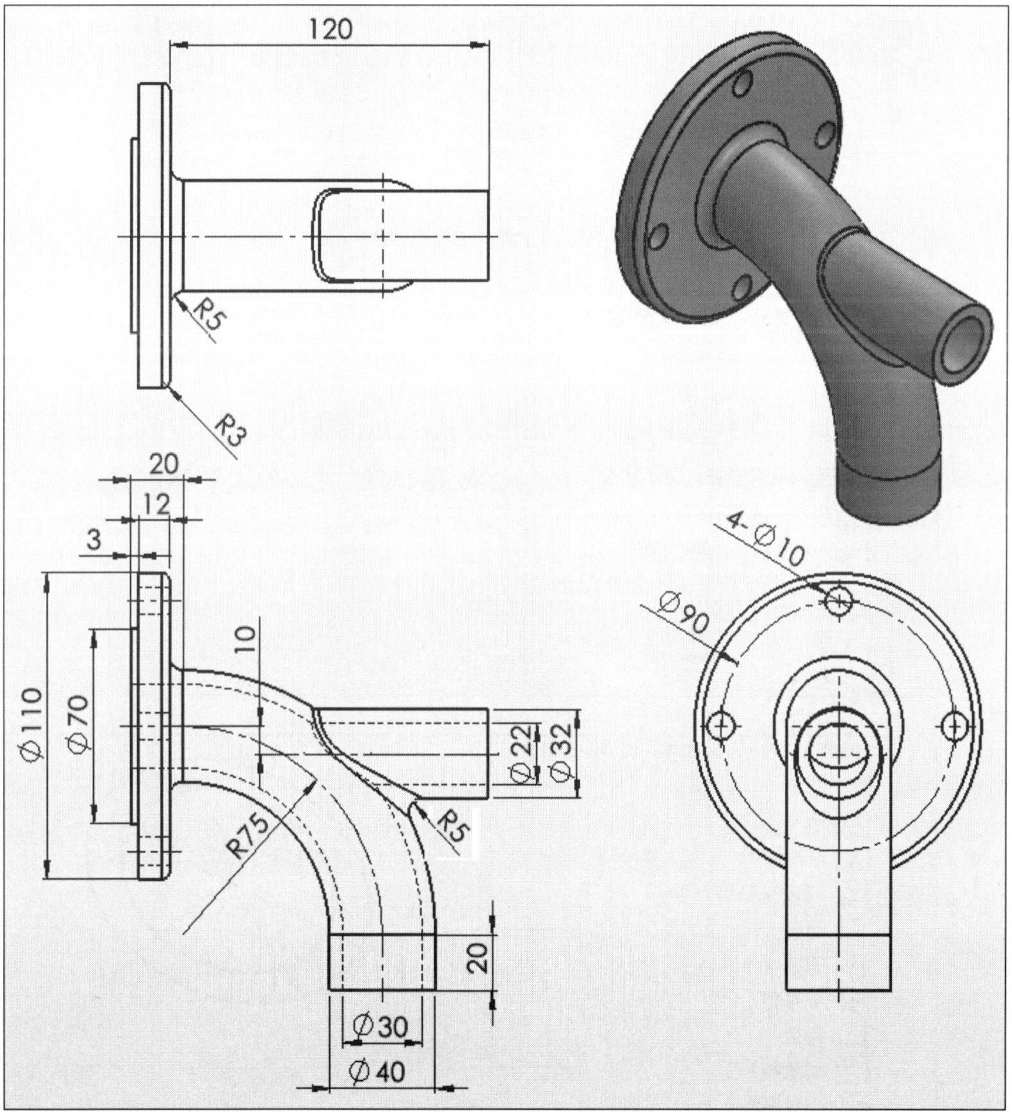

1) “정면” ➔ “스케치” ➔ “직선” ➔ “원호” ➔ “직선” ➔ “치수기입”

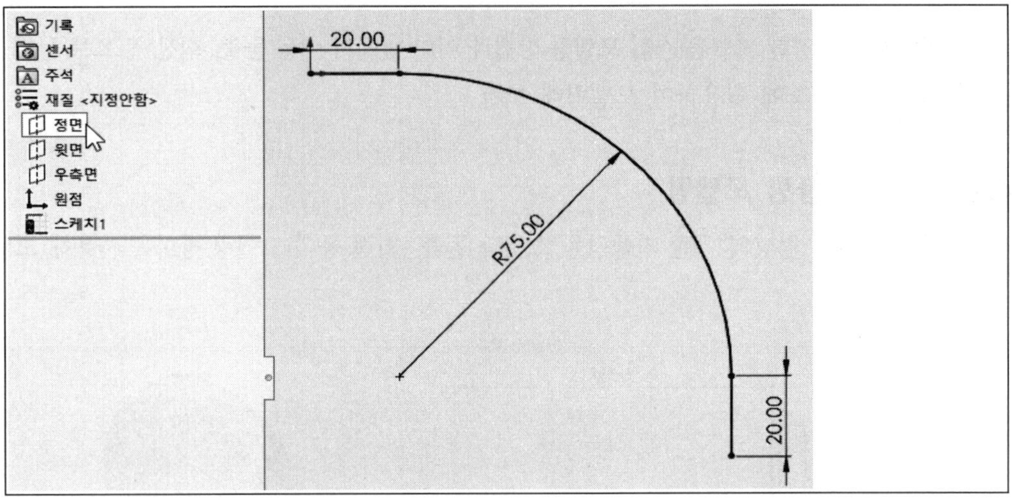

2) “우측면” ➔ “스케치” ➔ “∅30” ➔ “∅40” ➔ “치수기입”

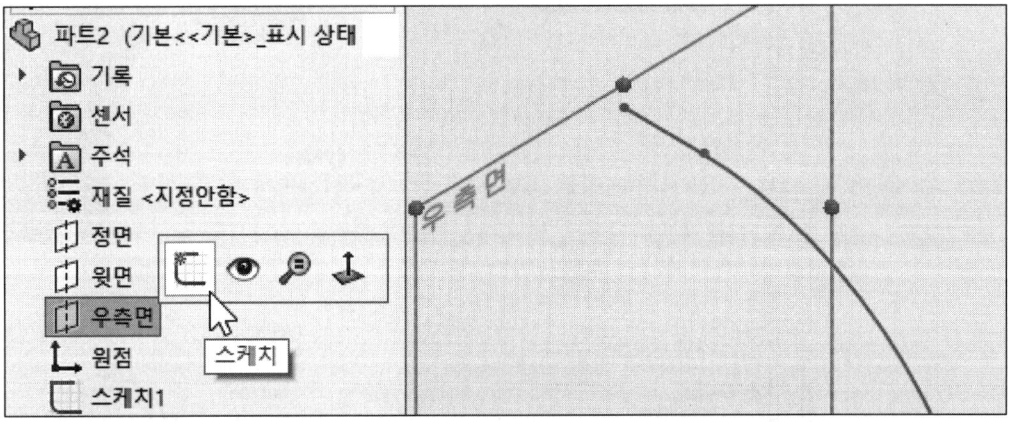

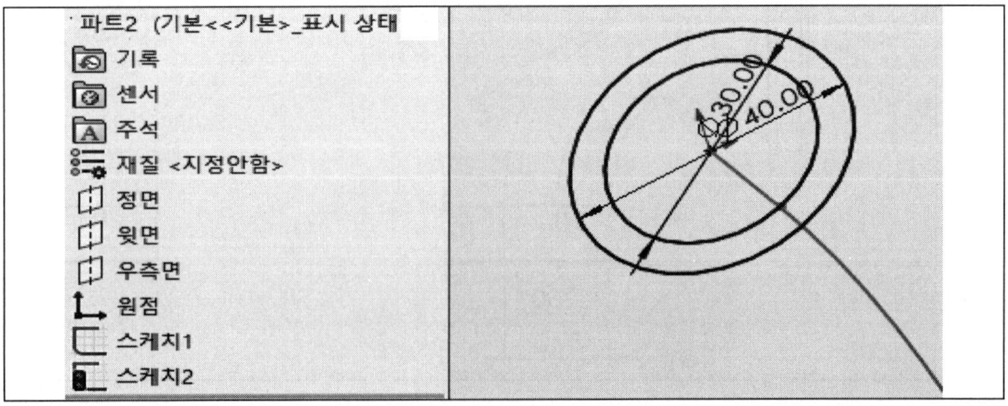

3) “스윕” ➔ “스케치2” ➔ “스케치1” ➔ “확인”

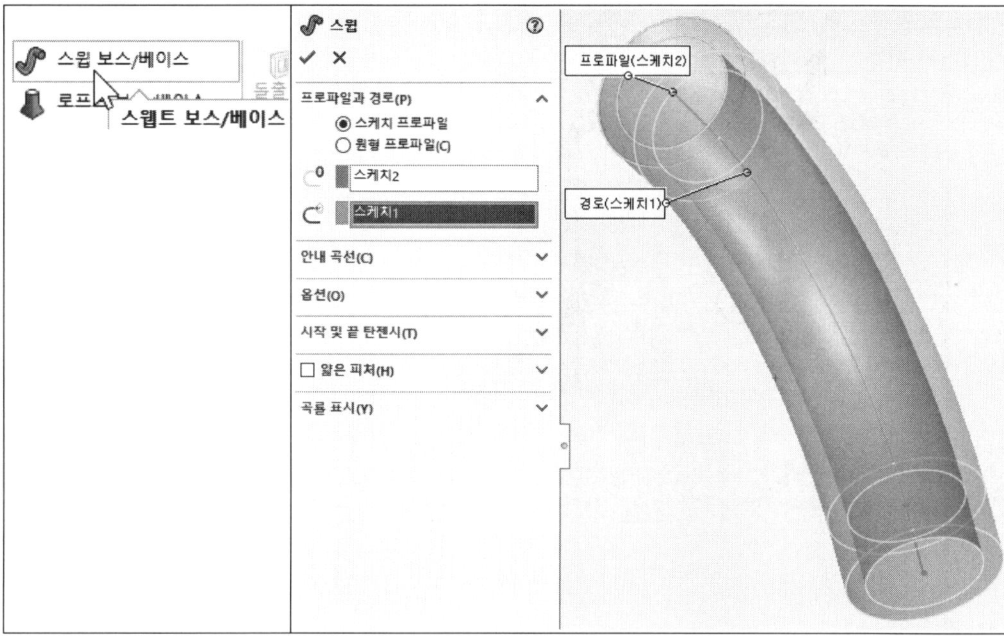

4) “정면” ➔ “스케치” ➔ “표시 유형” ➔ “은선 표시” ➔ “도형작성” ➔ “치수 기입”

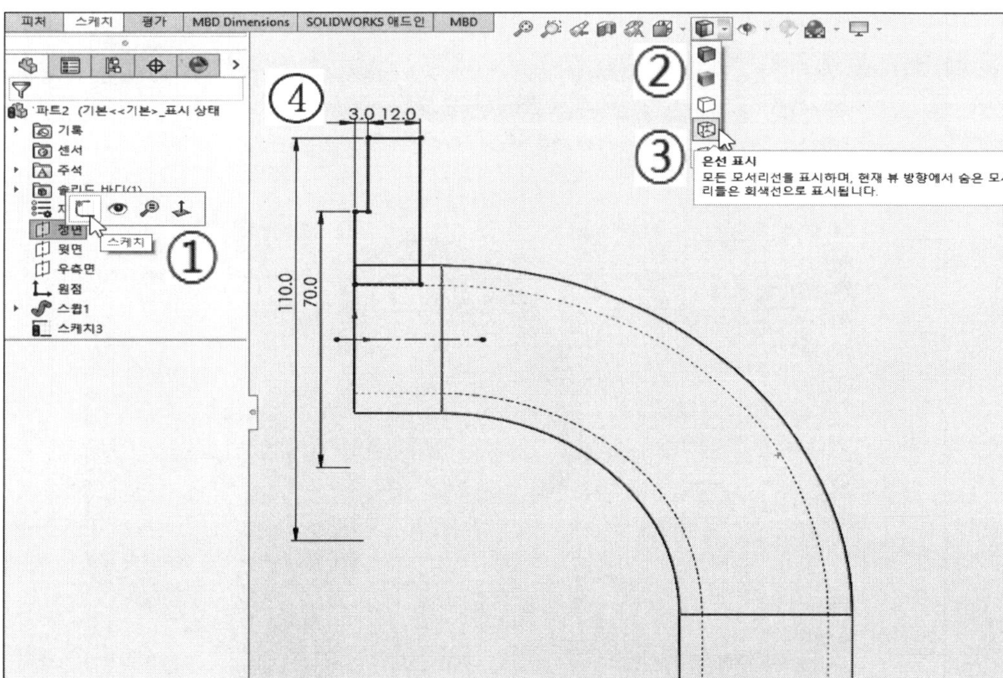

5) “모서리 표시 음영” ➔ “회전” ➔ “중심선” ➔ “360° ” ➔ “확인”

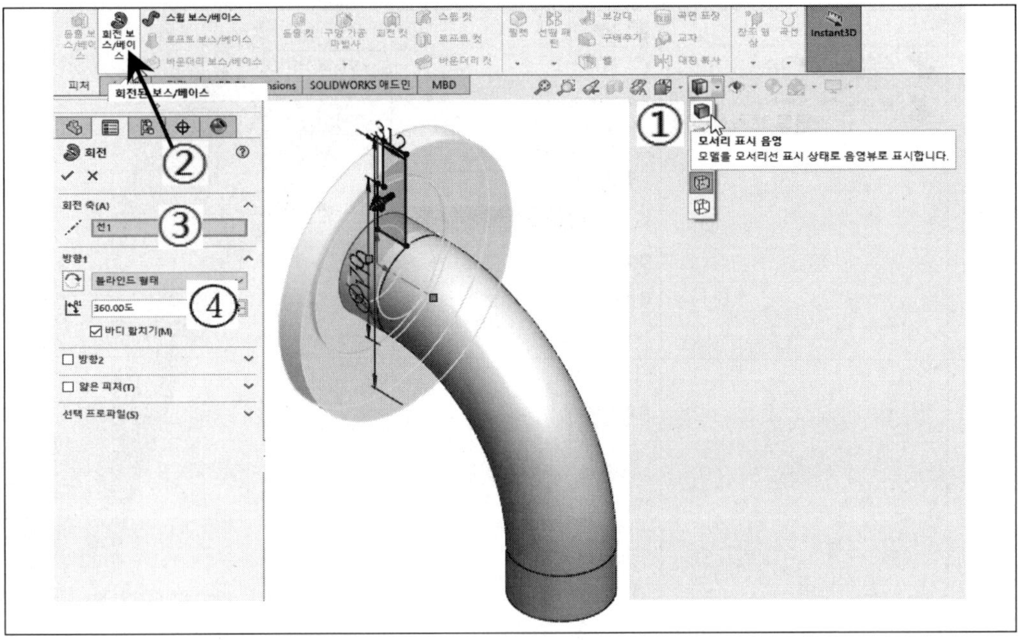

6) “참조형상” ➔ “기준면” ➔ “120”

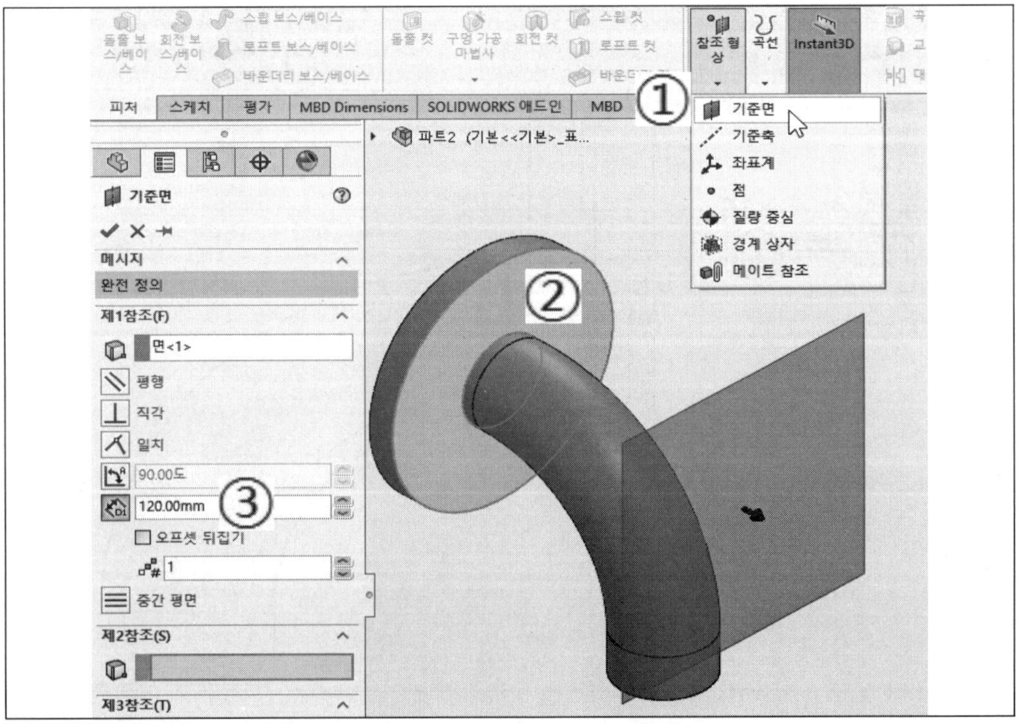

7) “평면1” ➔ “스케치” ➔ “∅32 원”

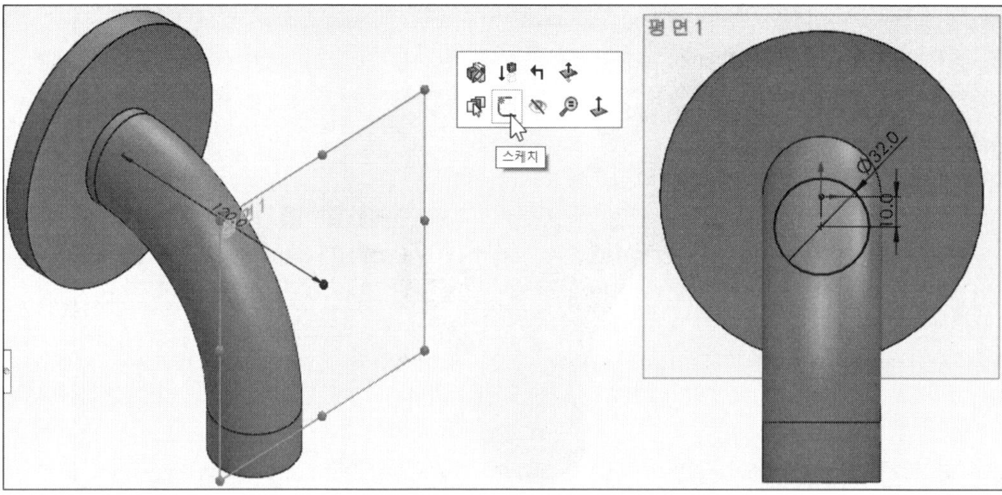

8) “돌출” ➔ “다음까지” ➔ “방향 1”(필요시 돌출 방향 전환)

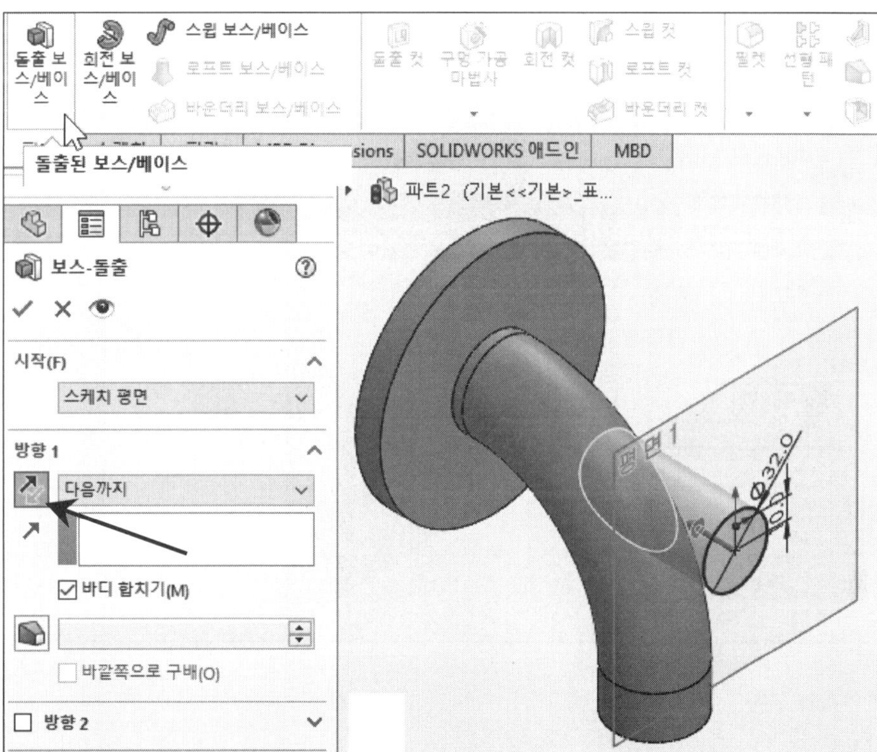

9) “∅32 단면” ➔ “퀵 메뉴” ➔ “원 스케치”

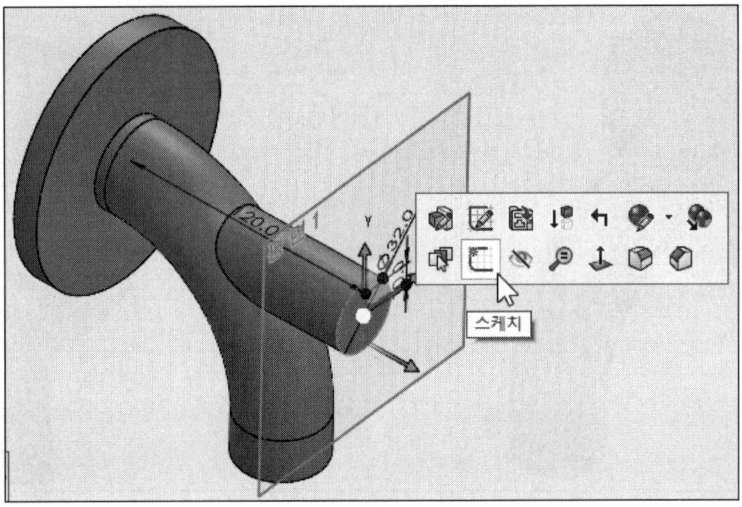

10) “∅22 치수 기입” ➔ “단면도”(내부 형상 확인에 활용)

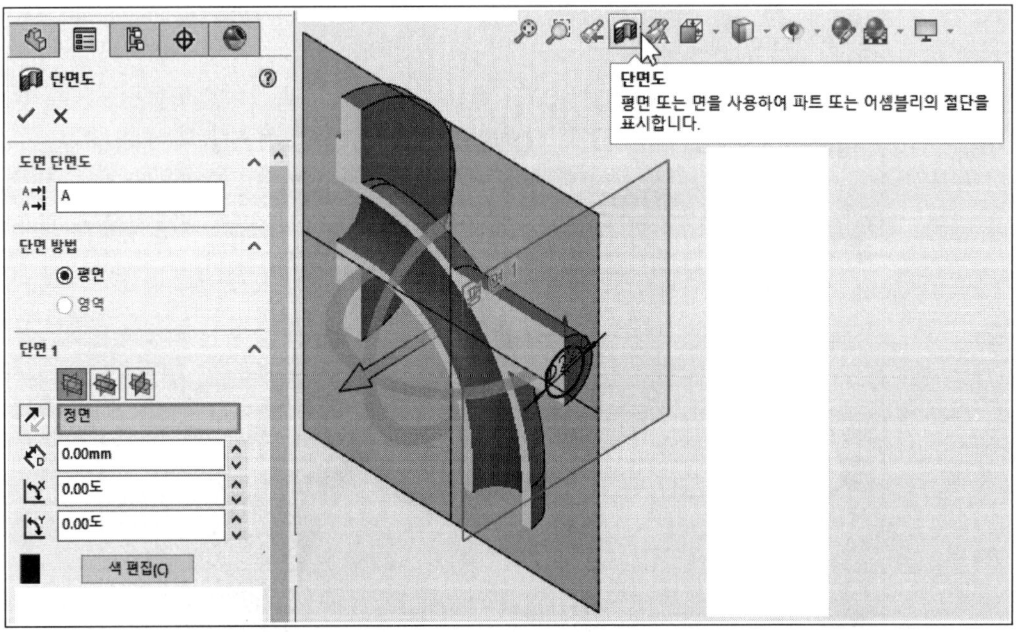

11) “돌출 컷” ➔ “다음까지” ➔ “확인”

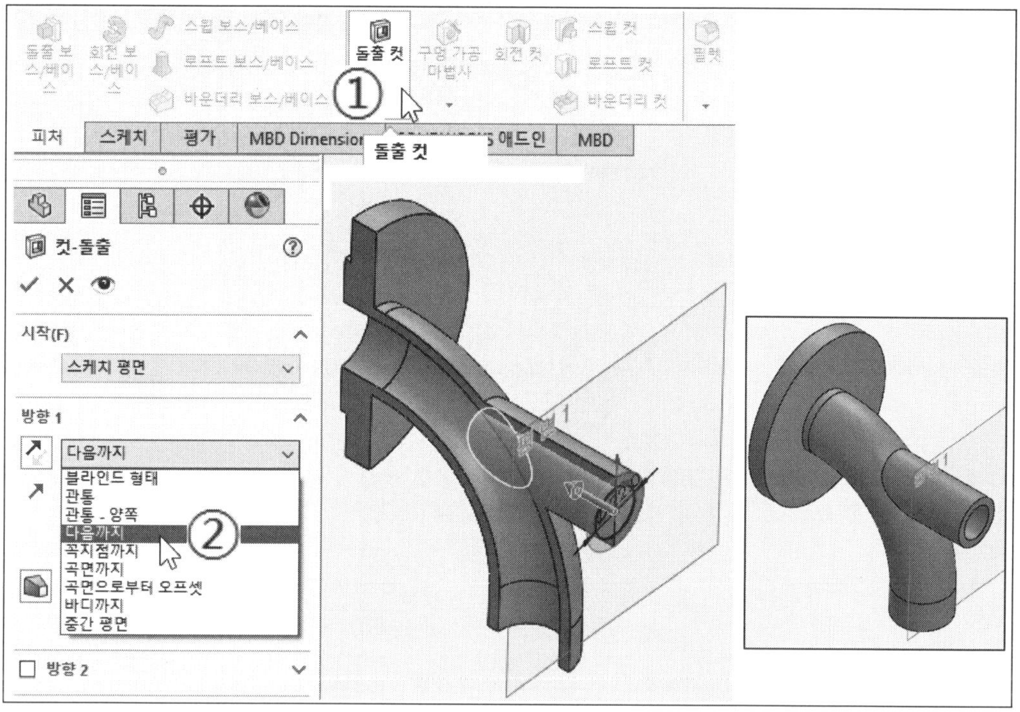

12) “측면선택” ➔ “스케치” ➔ “∅90 원” ➔ “보조선”

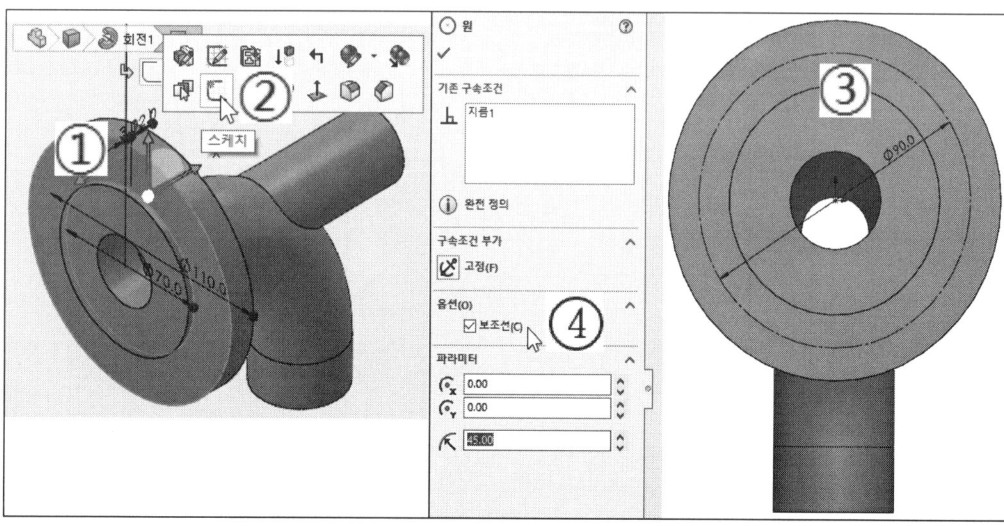

13) “∅10 원” ➔ “원형 스케치 패턴” ➔ “중심점” ➔ “구멍 갯수” ➔ “패턴 할 원 선택”

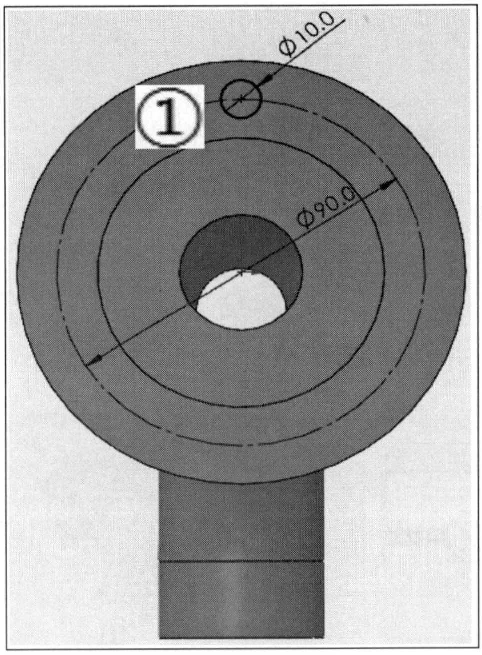

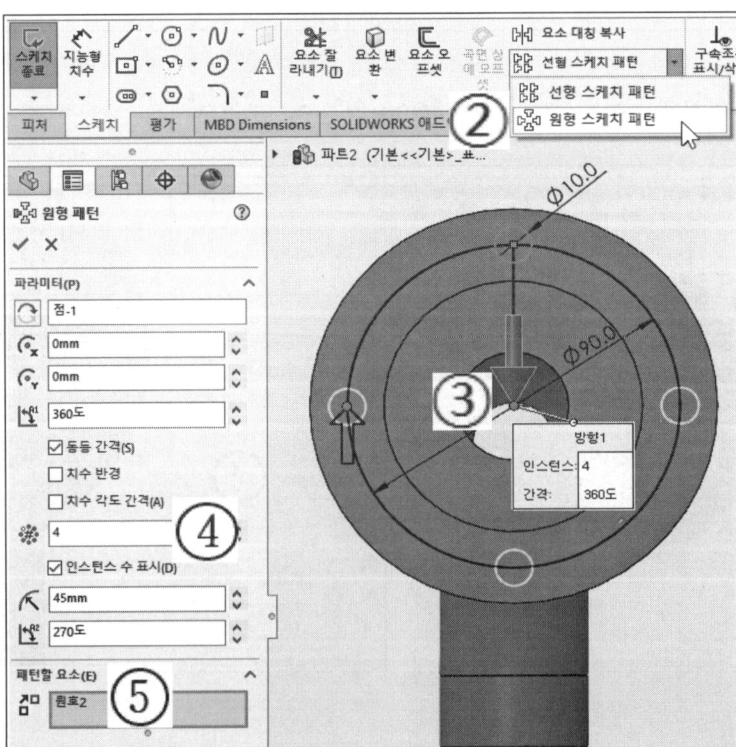

14) “돌출 컷” ➔ “다음까지” ➔ “확인”

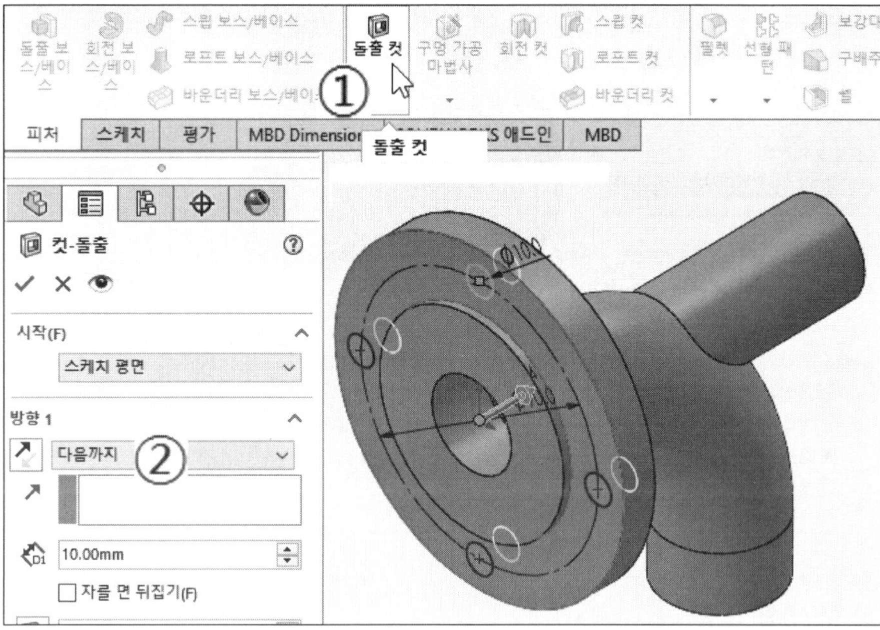

15) “필렛” ➔ “R5”(2개소) ➔ “R3” ➔ “확인”

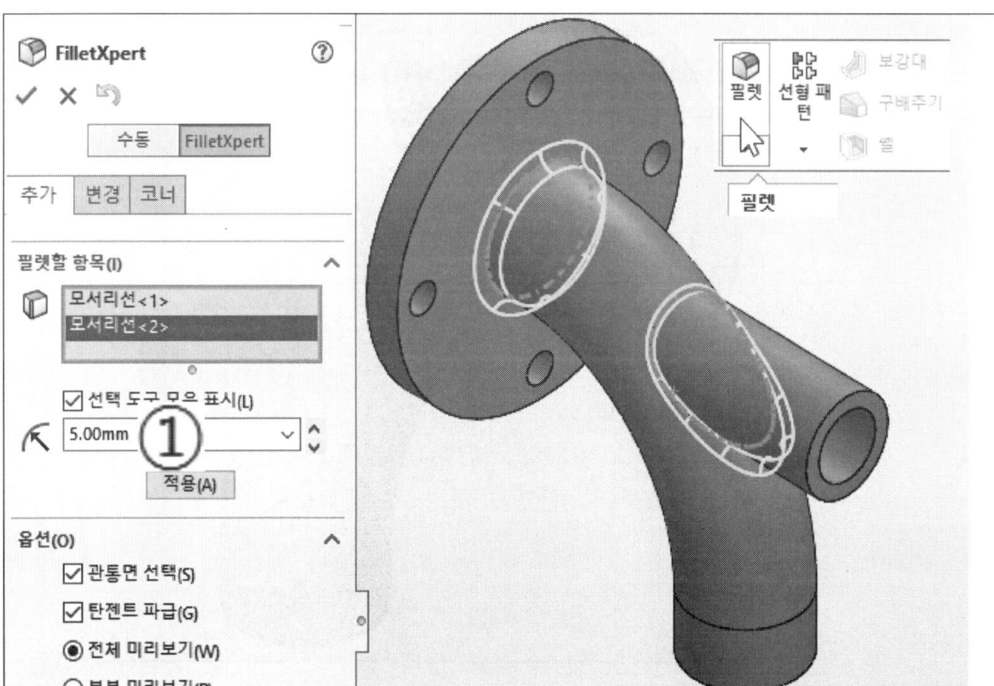

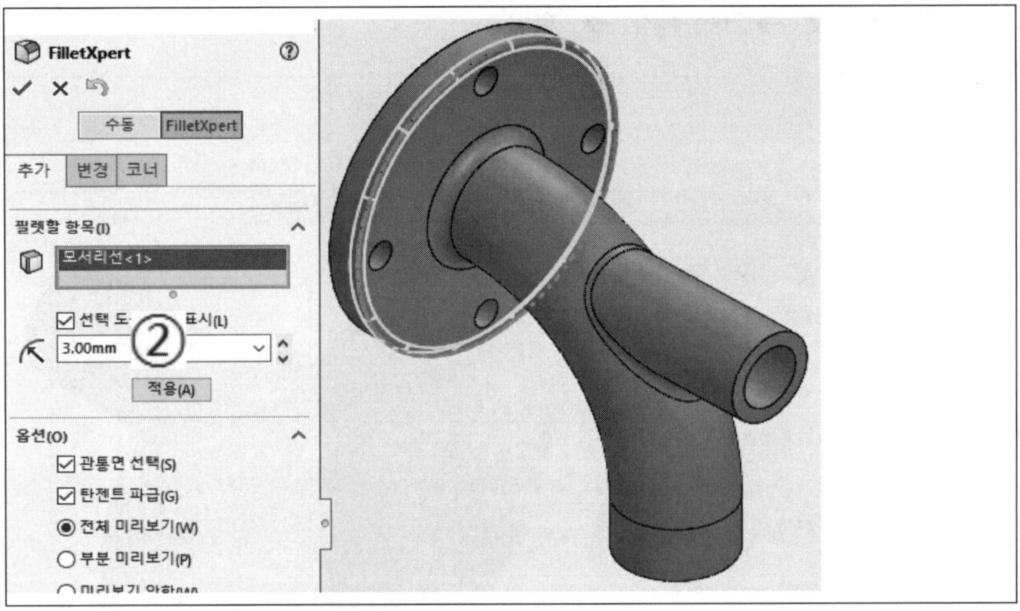
FilletXpert
수동
FilletXpert
추가
변경
코너
필렛할 항목(I)
모서리선<1>
선택 도
표시(L)
3.00mm
②
적용(A)
옵션(O)
관통면 선택(S)
탄젠트 파급(G)
전체 미리보기(W)
부분 미리보기(P)

16) “완성된 모델”

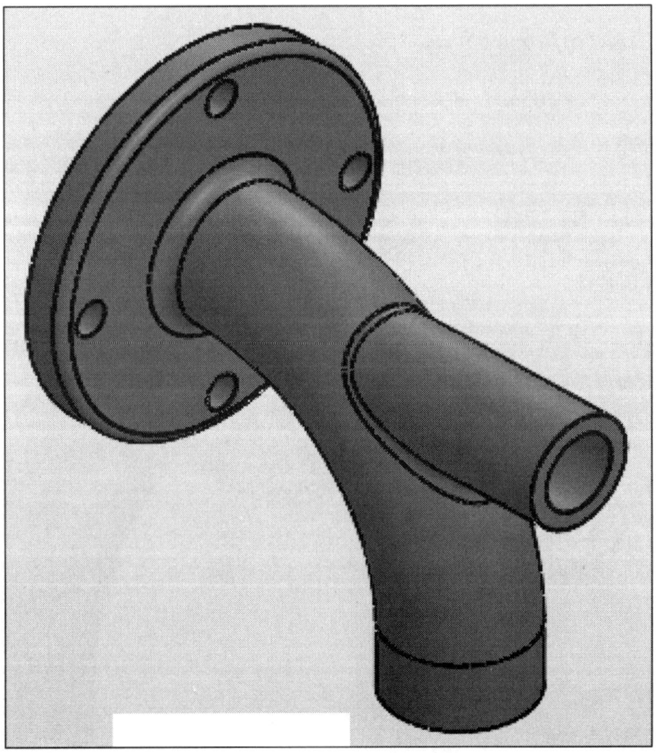

4.3.2 연습 모델을 통한 스윕컷

스윕 컷 모델링은 단면 곡선이 안내 곡선을 따라가며 형성되는 모양대로 모체에서 제거하여 3차원 형상을 만드는 모델링 기법이며, 이때 단면은 일반적으로 안내 곡선에 직각 상태이며, 아래의 육각 볼트 형상을 작성해 보면서 학습해 보자.

예제 도면 1

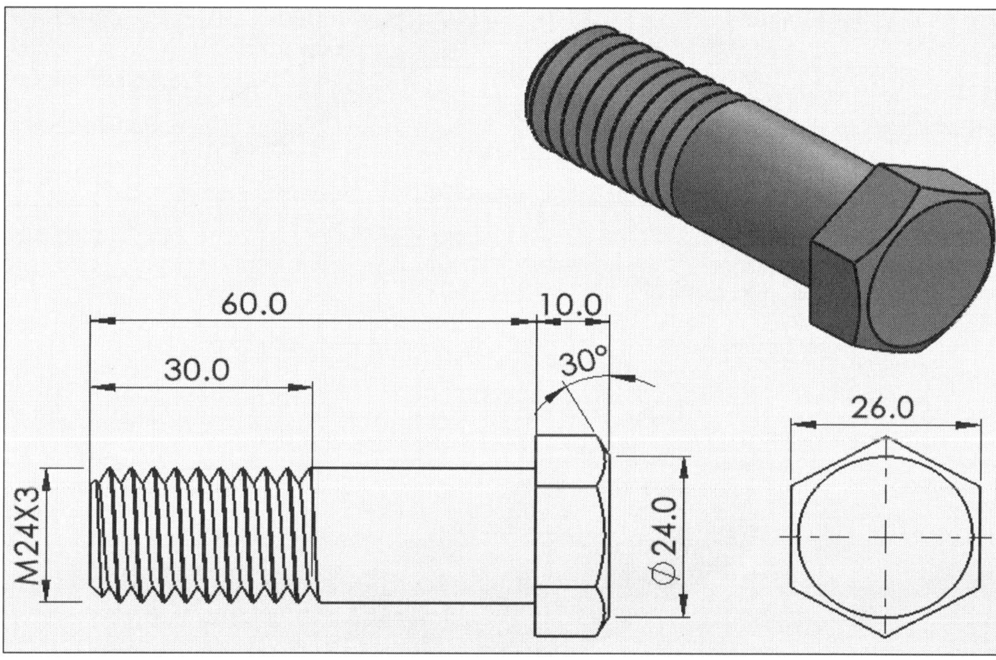

1) "우측면" ➔ "스케치" ➔ "Ø24 원"

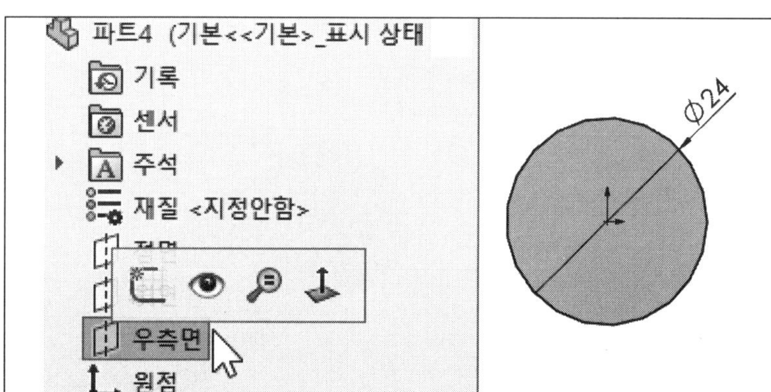

2) “돌출” → “60mm” → “확인”

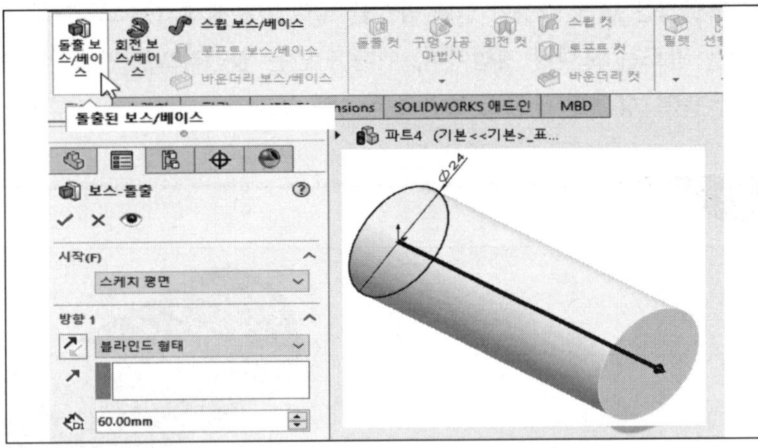

3) “단면 선택” → “스케치”

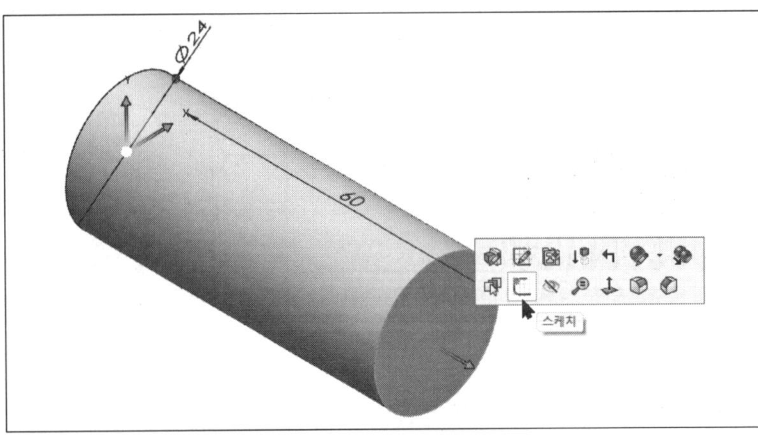

4) “육각형 26mm” → “돌출” → “10mm” → “확인”

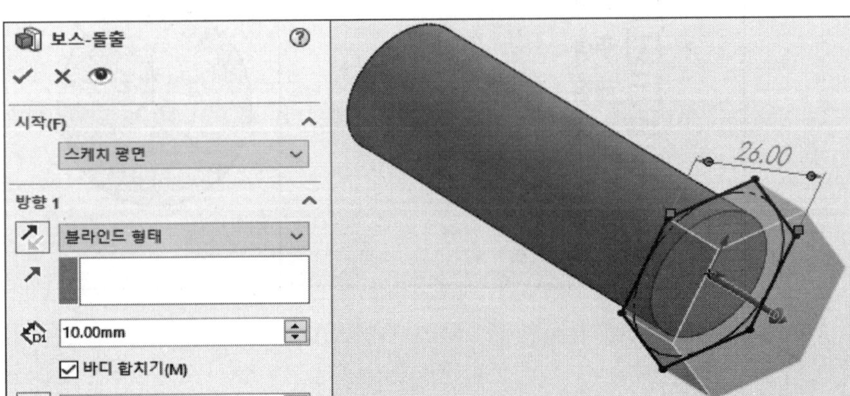

5) “정면” ➔ “스케치 작성”

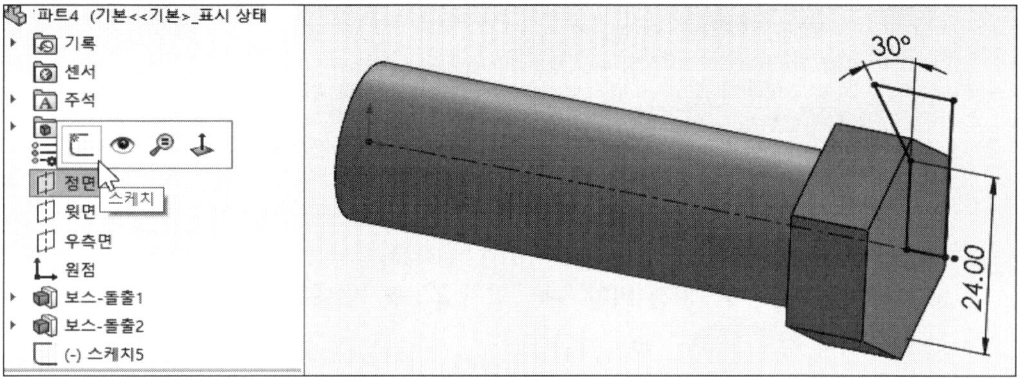

6) “회전 컷” ➔ “확인”

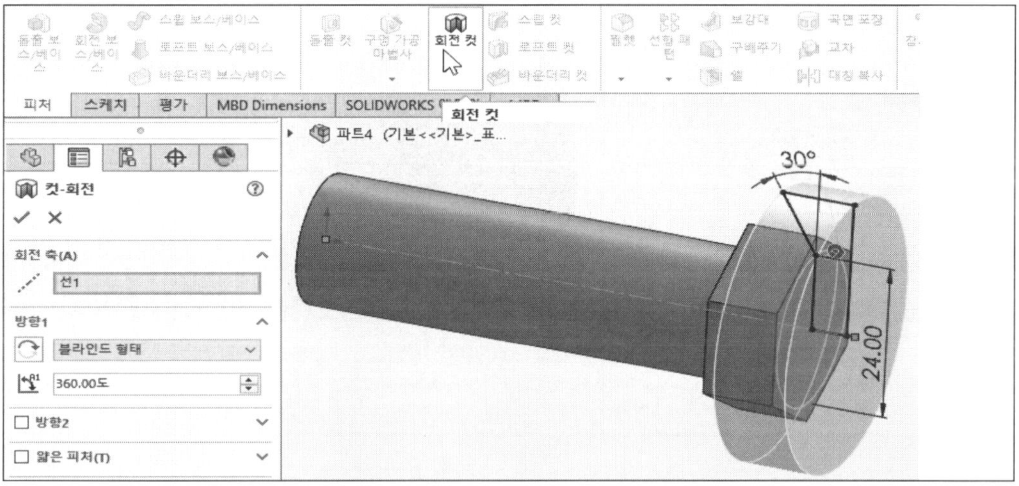

7) “단면 선택” ➔ “스케치” ➔ “요소 변환”

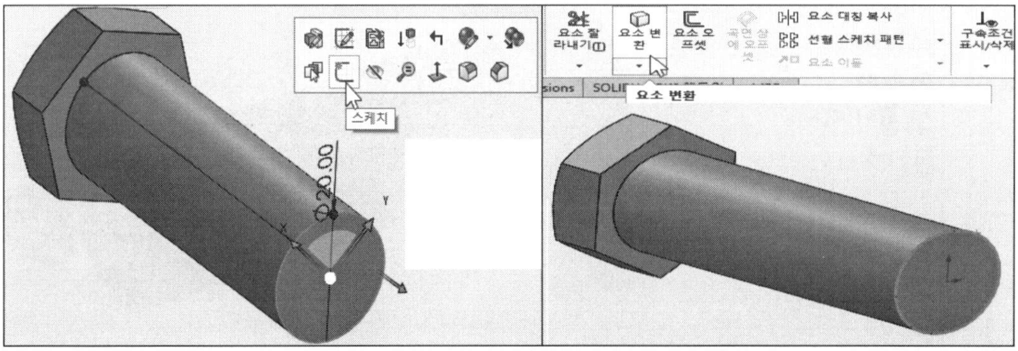

8) “삽입” → “곡선” → “나선형 곡선”

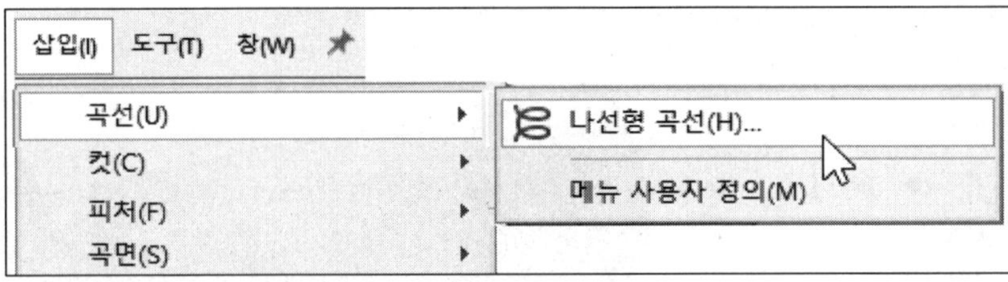

9) “피치와 회전” → “일정 피치” → “피치 3” → “반대 방향” → “10 회전”
→ “시작 각도 225도” → “확인”

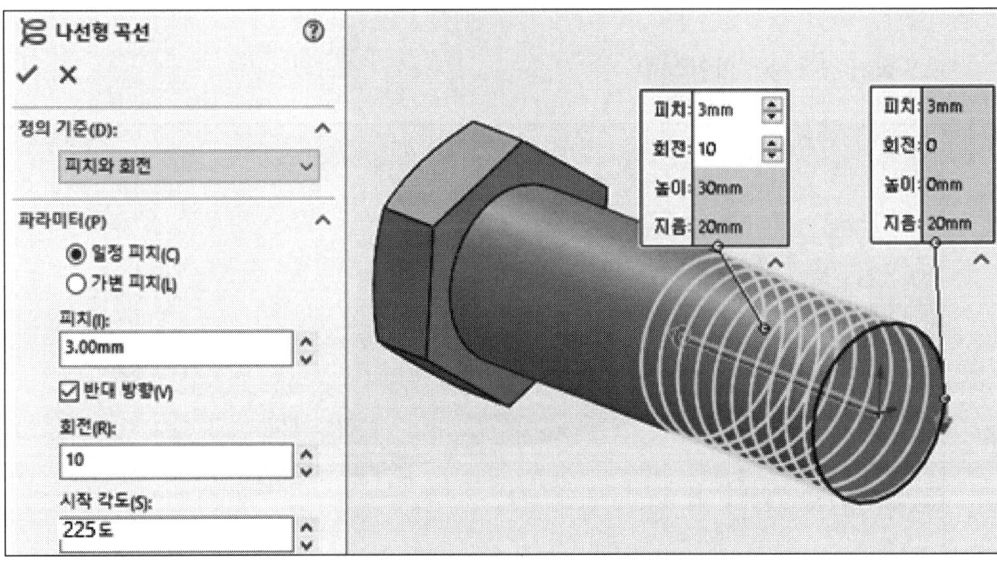

10) “참조 형상” → “기준면” → “나선 곡선” → “나선 곡선의 끝점” → “확인”

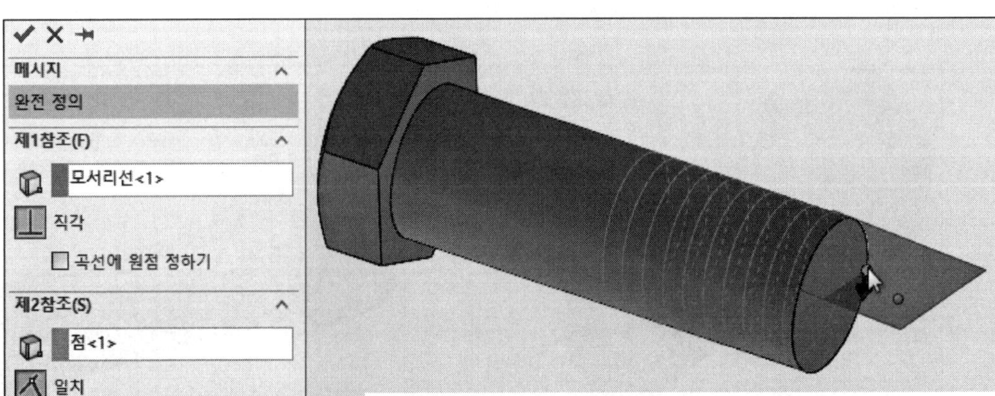

11) “새로 작성된 평면에 아래와 같이 작성”

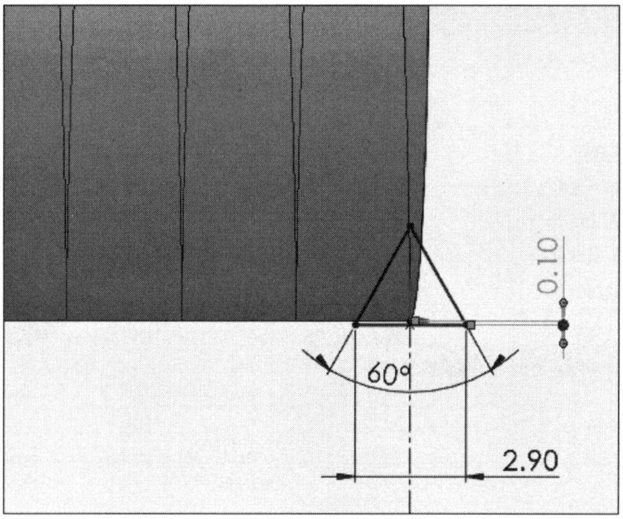

12) “모따기” ➔ “2.5” ➔ “확인”

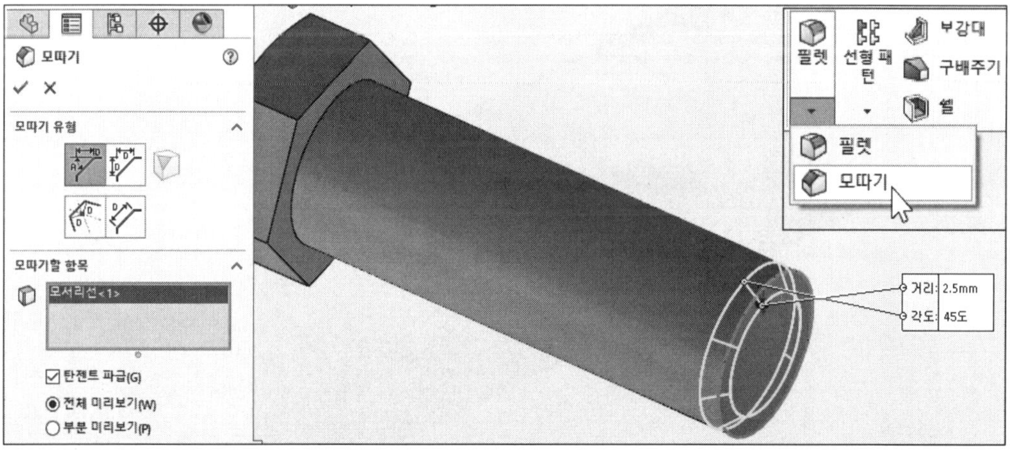

13) “스윕 컷” ➔ “스케치 프로파일” ➔ “▽ 스케치” ➔ “나선 곡선”

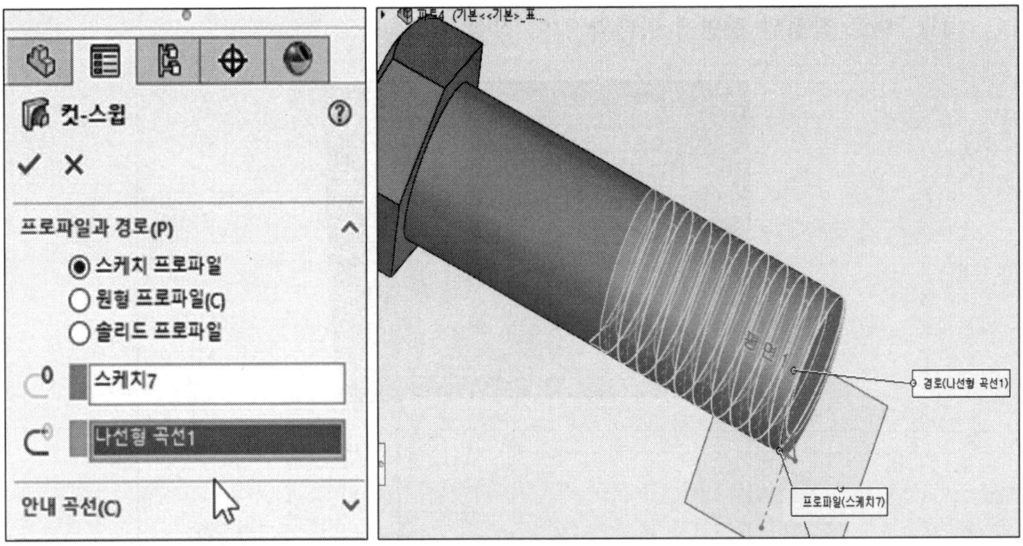
컷-스윕
프로파일과 경로(P)
스케치 프로파일
원형 프로파일(C)
솔리드 프로파일
스케치7
나선형 곡선1
안내 곡선(C)
경로(나선형 곡선1)
프로파일(스케치7)

14) 완성된 모델

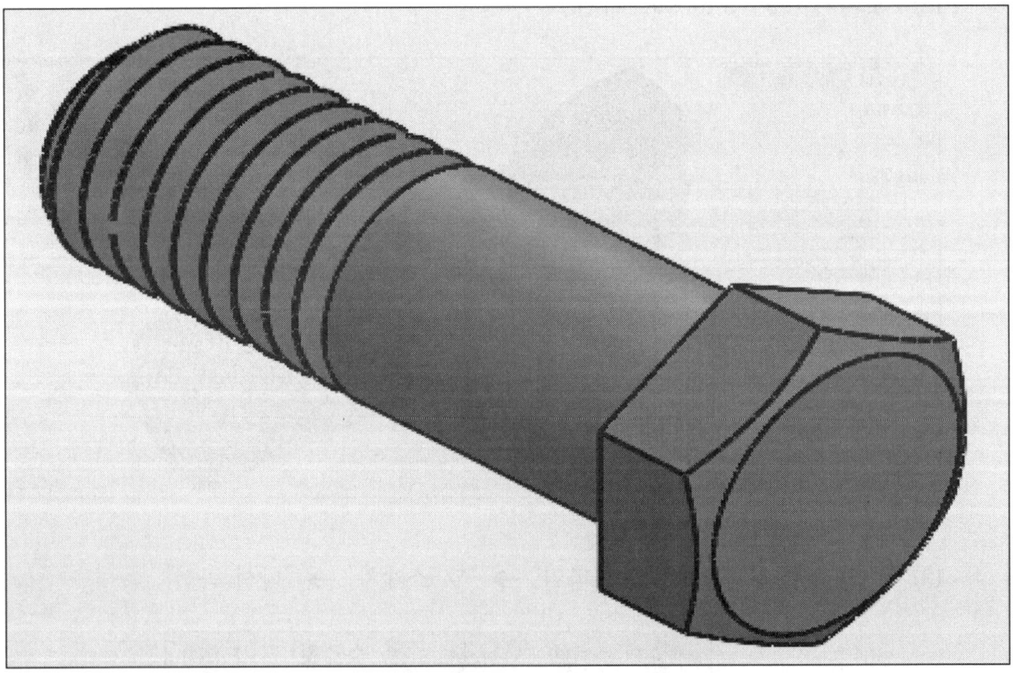

예제 도면 2

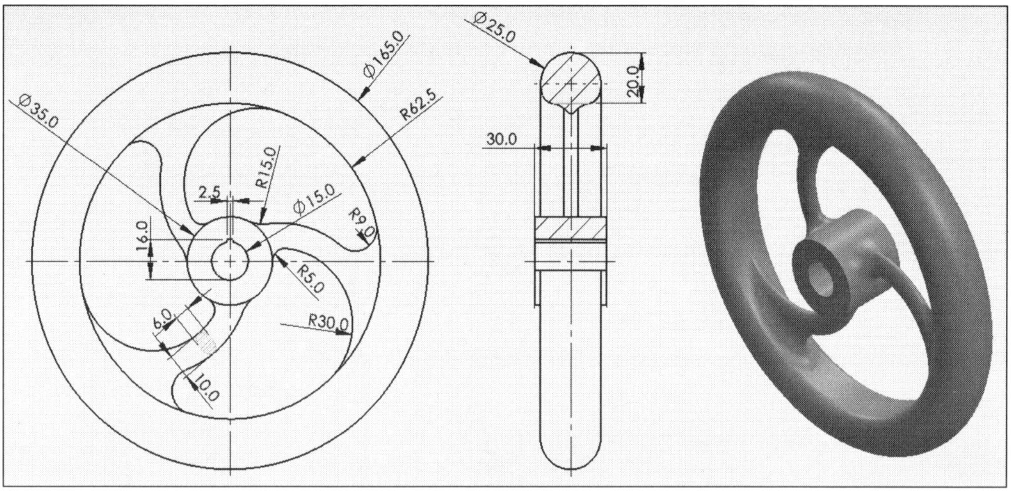

1) "정면" ➔ "Ø140 원 스케치" ➔ "스케치 종료"

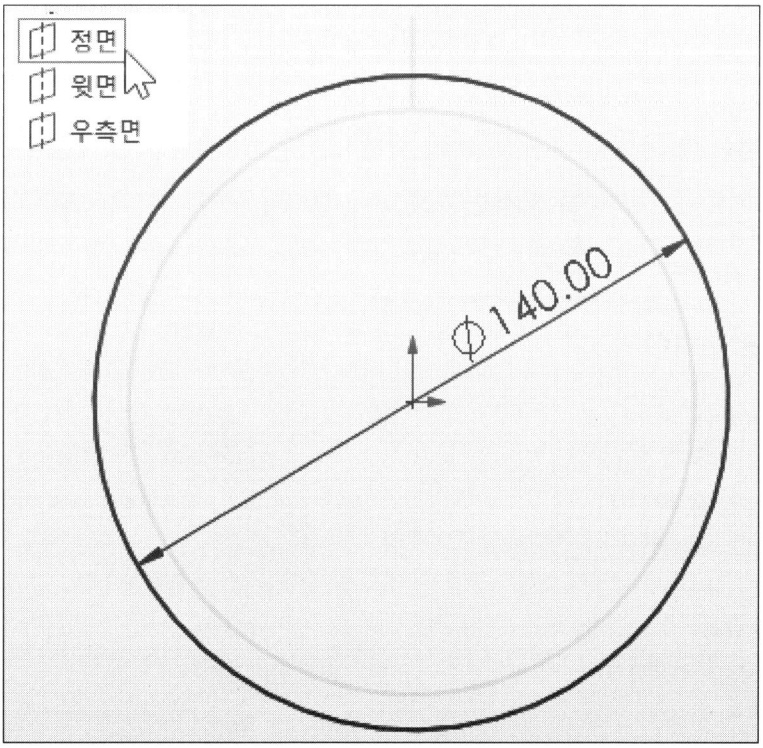

2) “우측면” ➔ “Ø25” ➔ “20mm부 직선” ➔ “자르기” ➔ “치수 기입”
➔ “Ctrl + Ø140원 + Ø25원 중심” ➔ “관통” ➔ “승인” ➔ “스케치 종료”

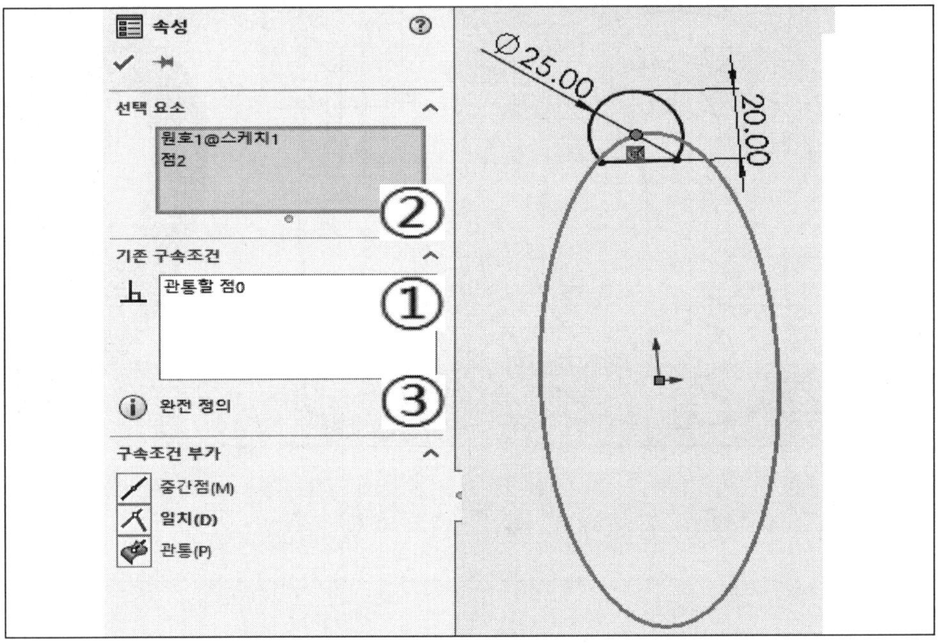

3) “스윕” ➔ “단면(프로파일)” ➔ “경로”(ϕ140 원)

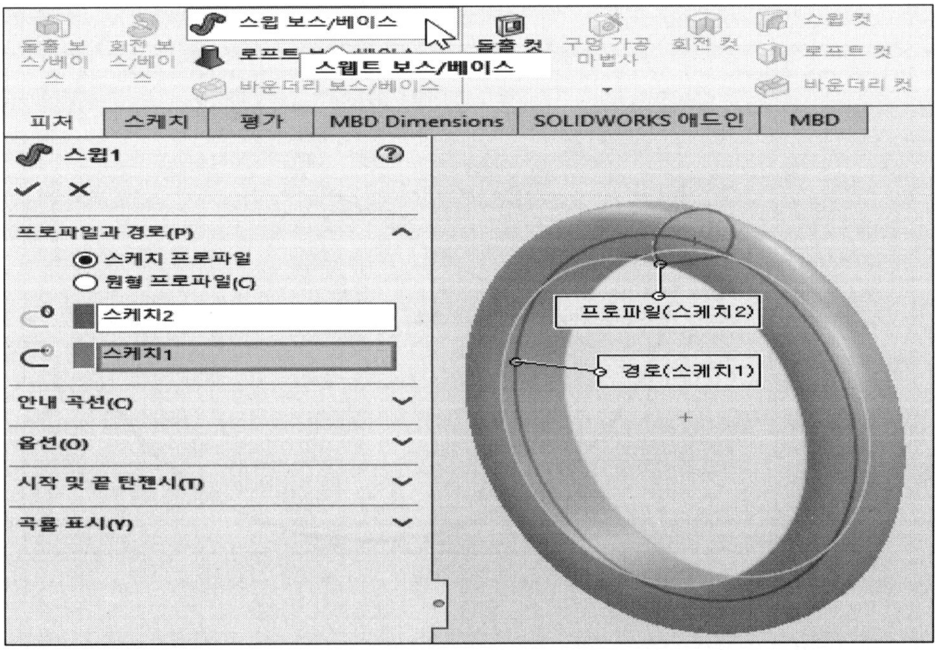

4) “정면” ➔ “스케치” ➔ “돌출” ➔ “중간 평면” ➔ “30mm” ➔ “돌출할 영역”

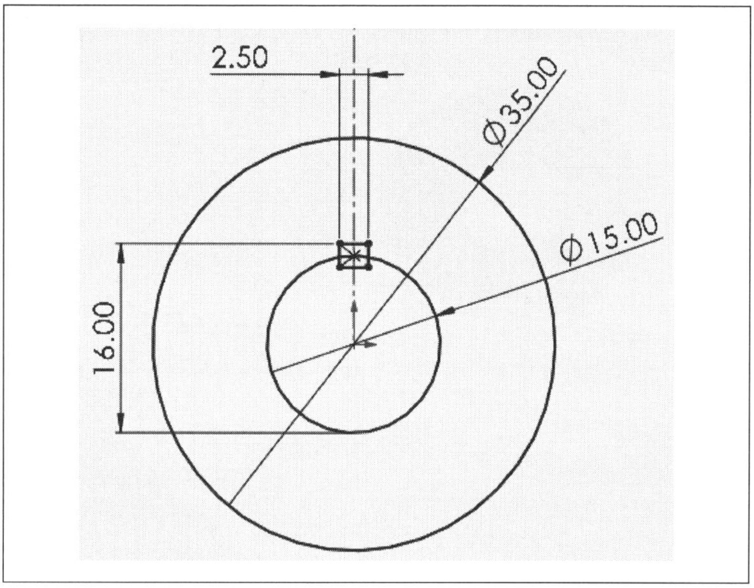

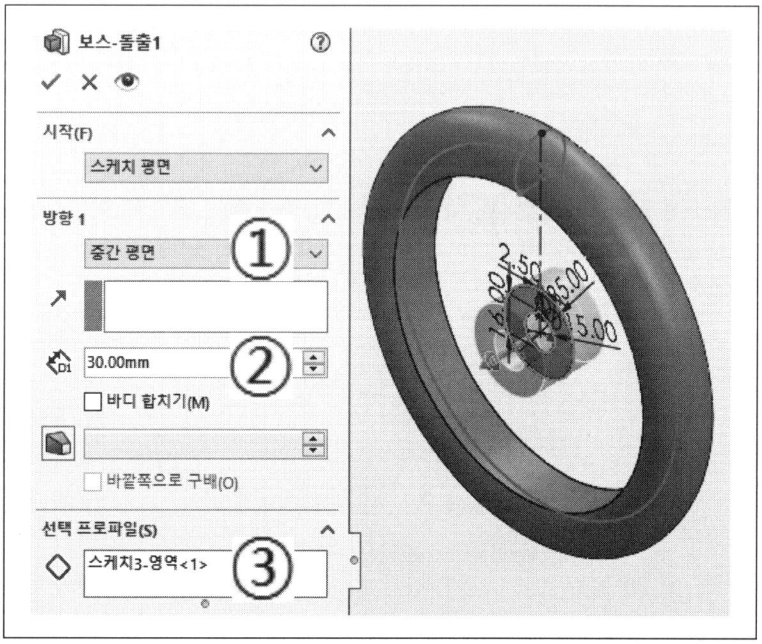

5) "정면" ➔ "스케치" (상 하와 같게 스케치) ➔ "스케치 종료"

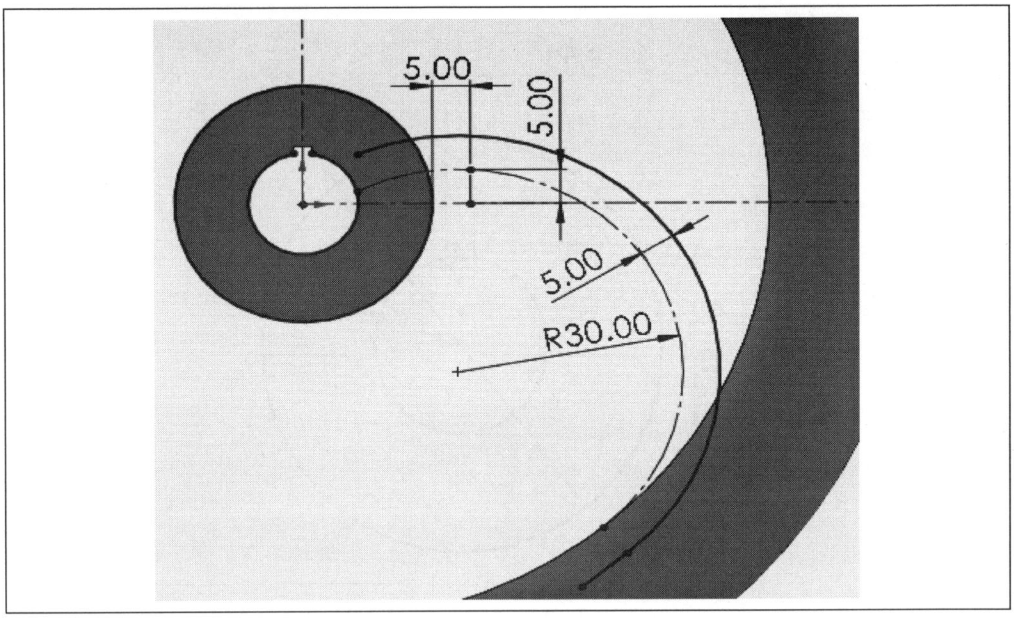

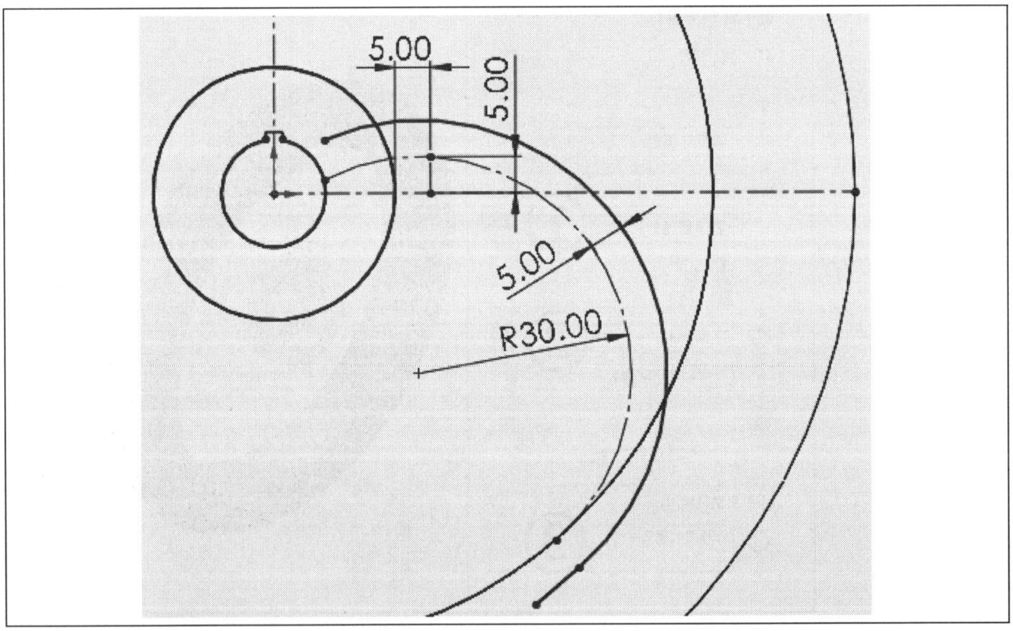

6) “참조형상” → “기준면” → “원호” → “원호 끝 점”

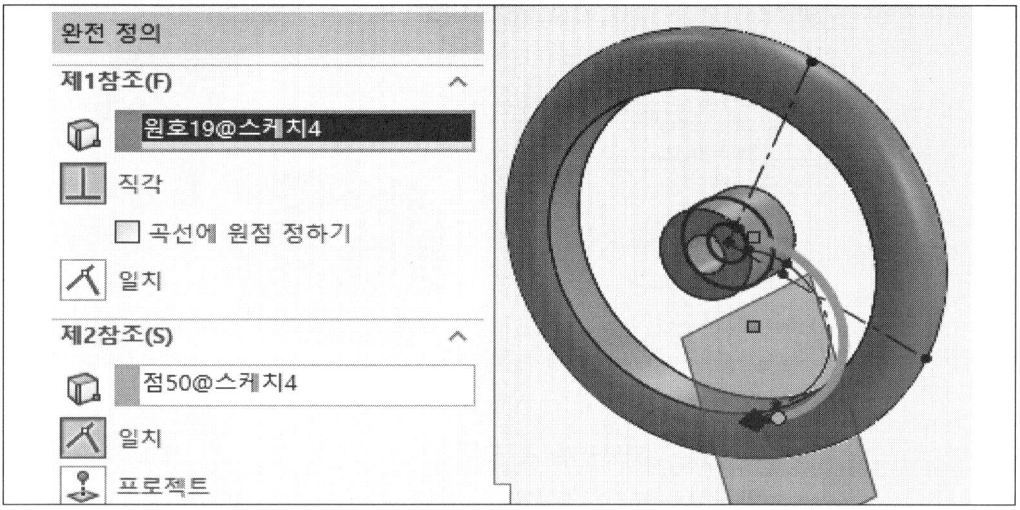

7) “스케치” → “중심점 타원” → “치수기입”

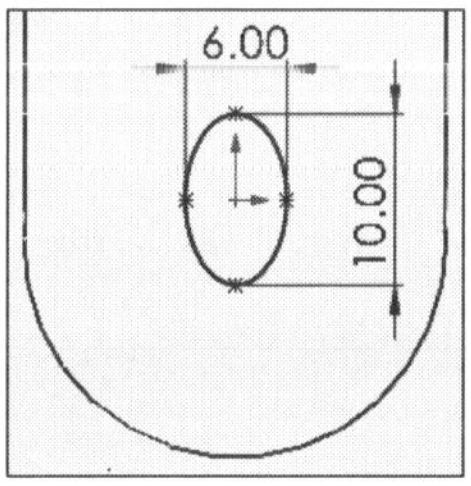

8) “Ctrl + 원호 + 타원 중심 점” → “관통”

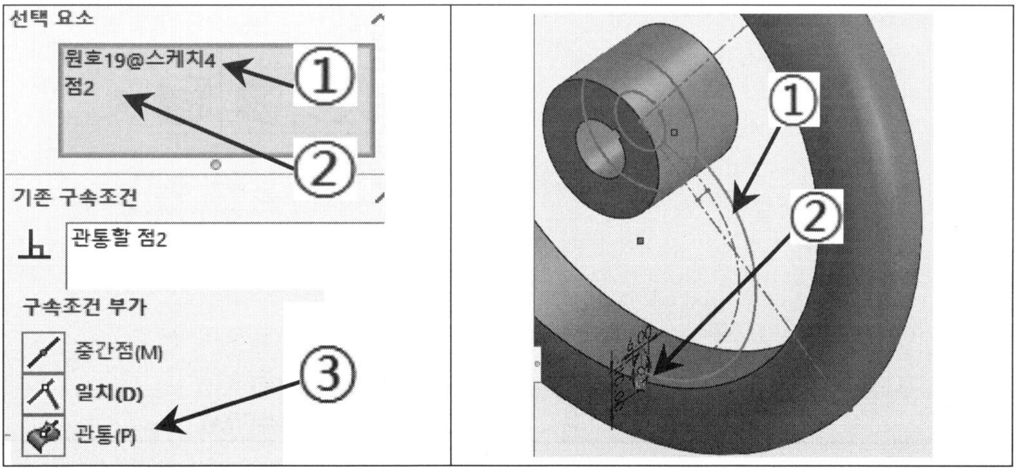

9) “스윕” ➔ “타원 스케치” ➔ “경로” ➔ “확인”

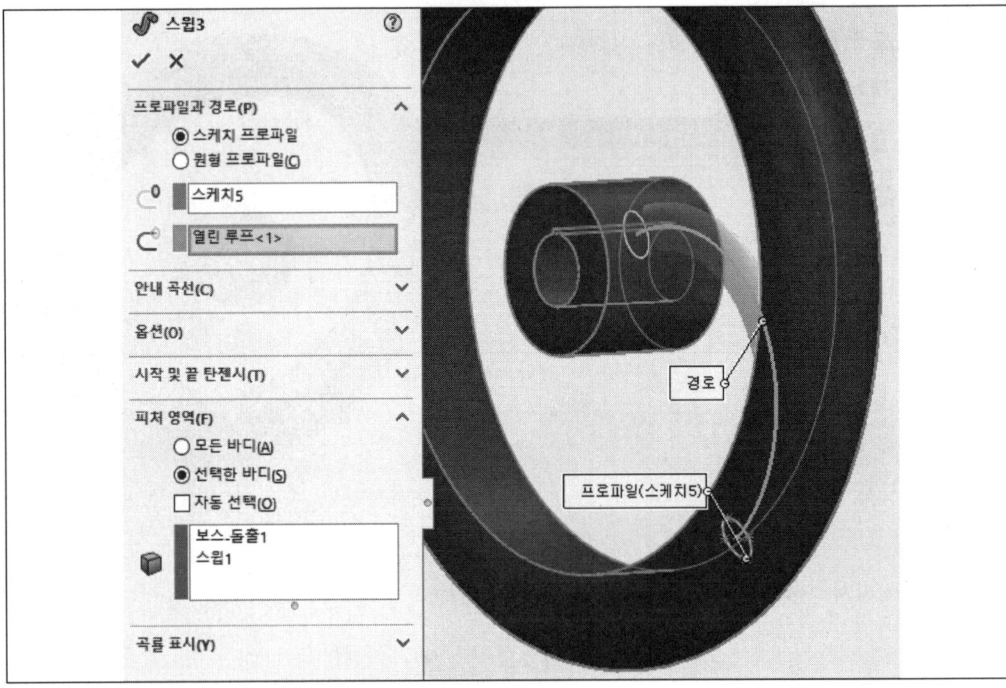

10) “필렛” ➔ “다중필렛” ➔ “5mm” ➔ “15mm” ➔ “확인”

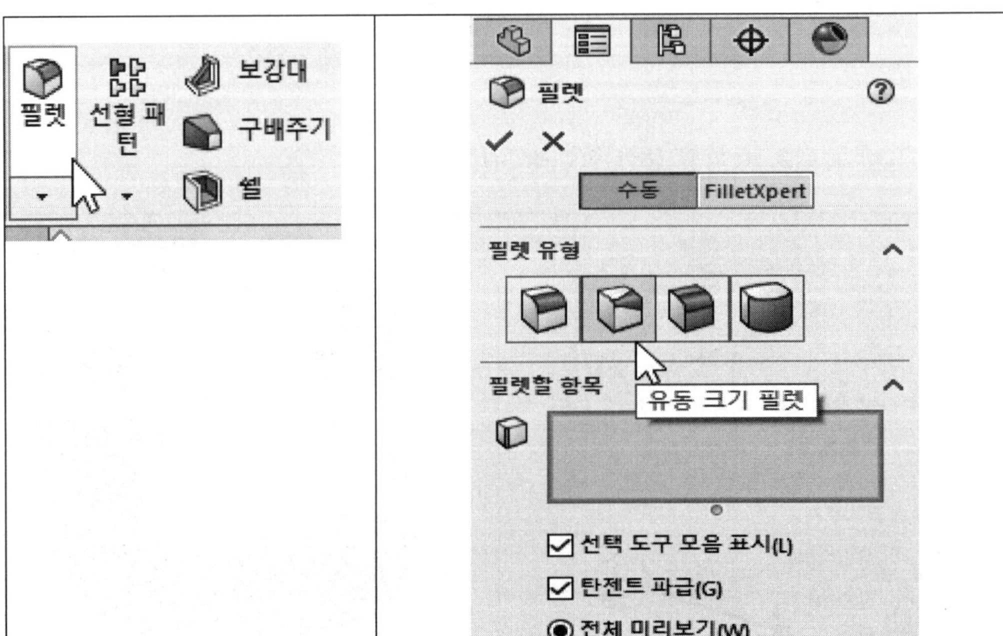

11) “5mm” → “50% 위치” → “15mm” → “확인”

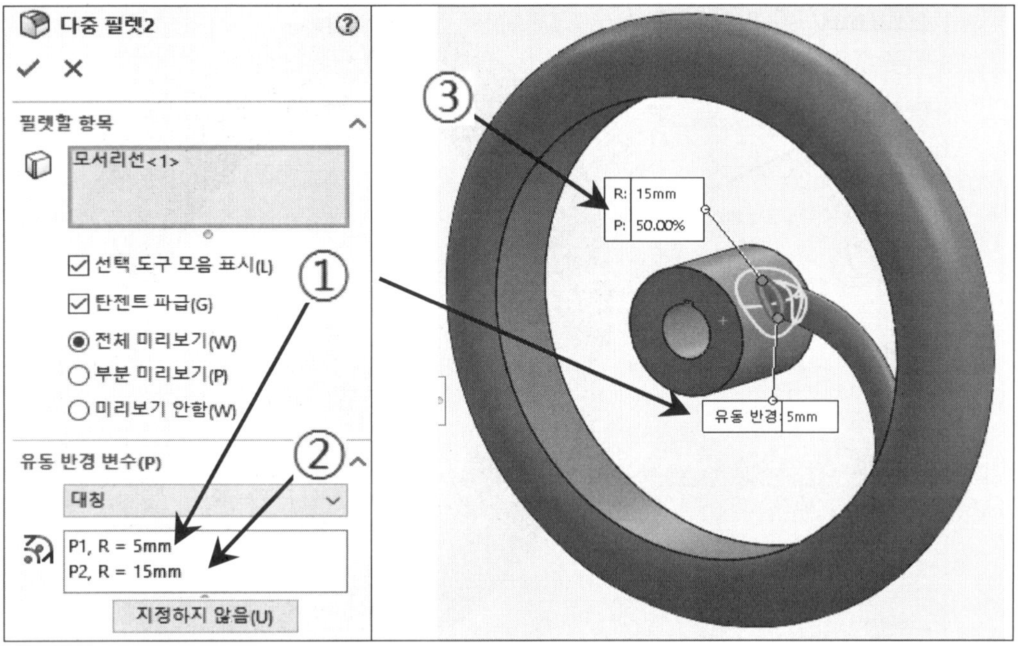

12) “필렛” → “9mm” → “확인”

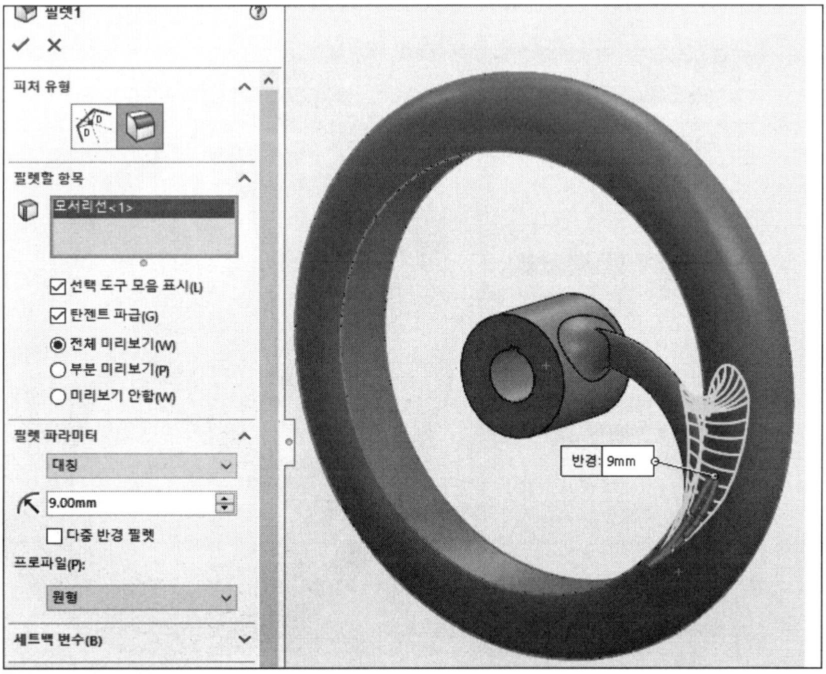

13) “원형 패턴” ➔ “구멍 내면” ➔ “3개” ➔ “스윕, 필렛(2개소) 선택” ➔ “확인”

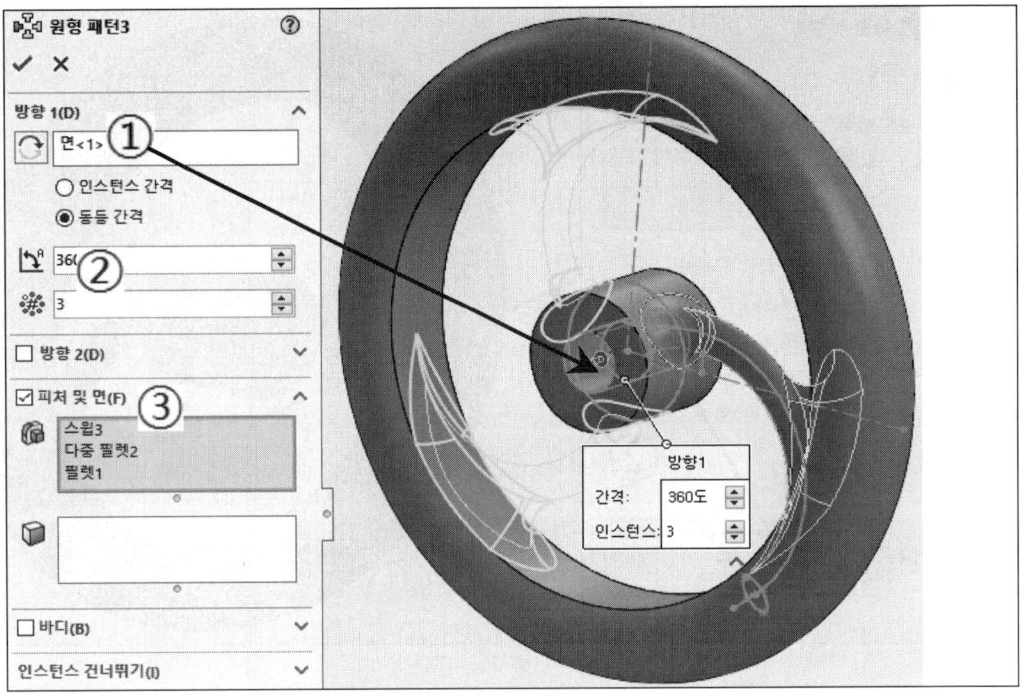

14) “필렛” ➔ “모서리” ➔ “반경 5mm” ➔ “확인”

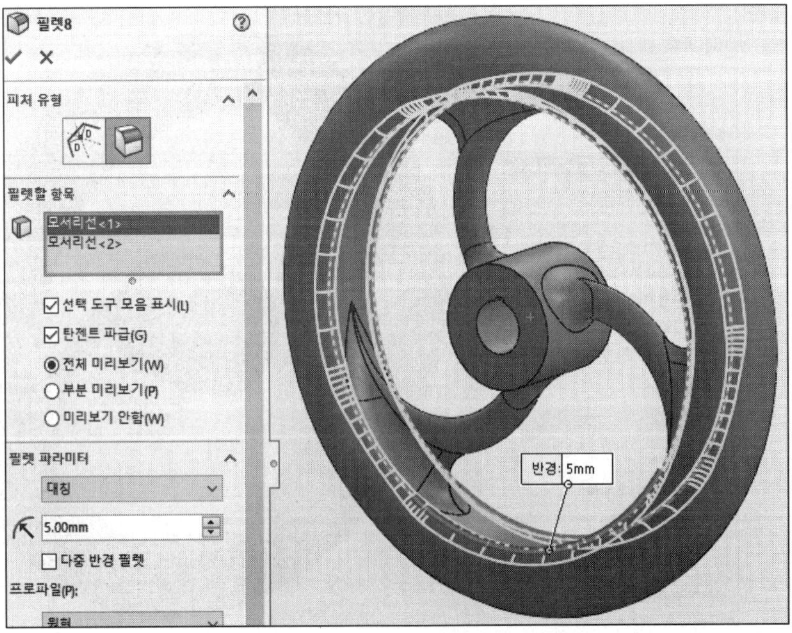

15) “완성된 형상”

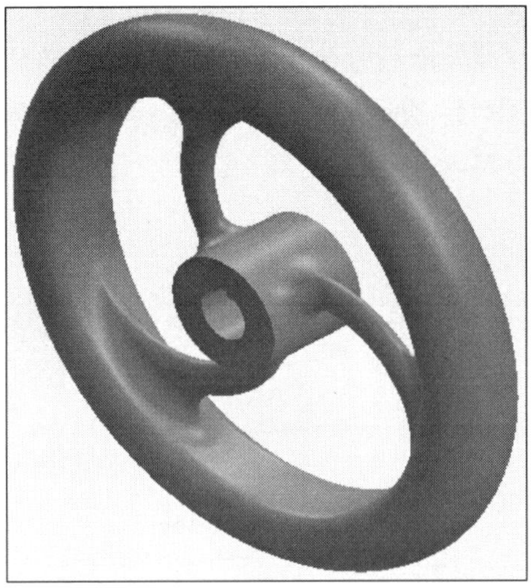

예제 도면 3

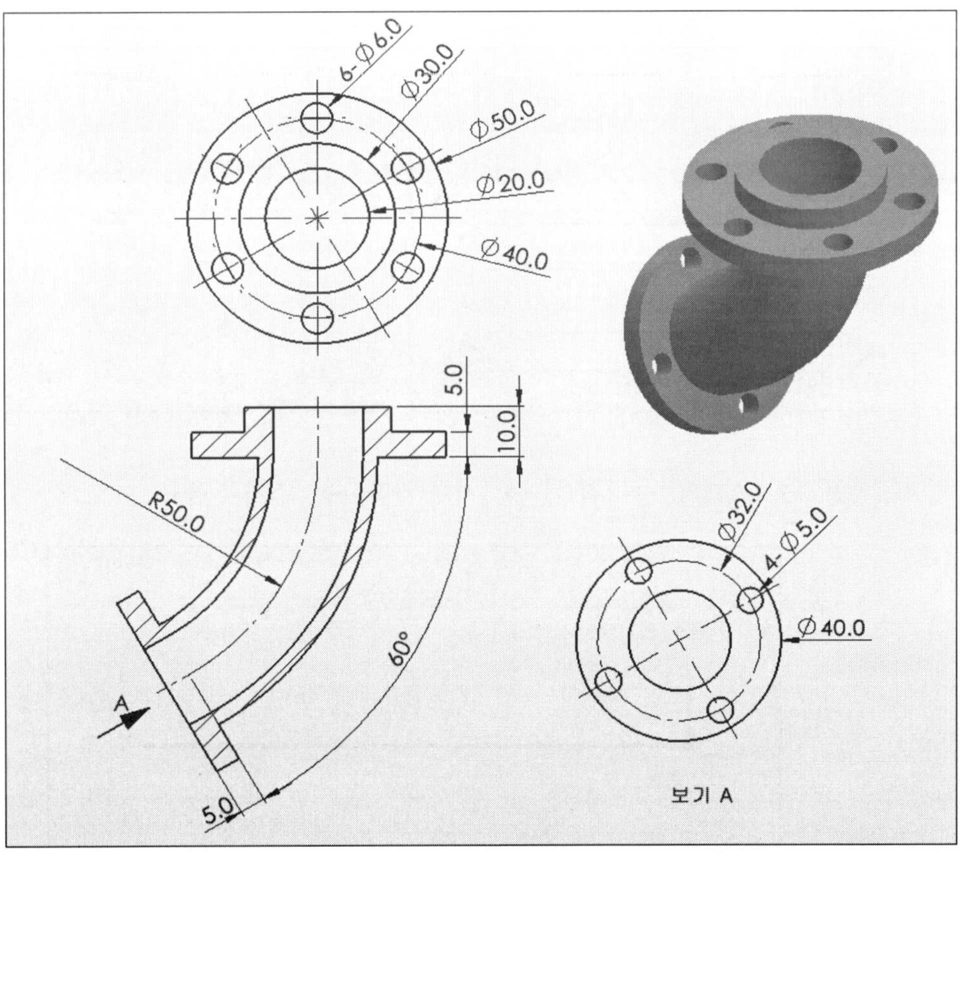

4.4 안내곡선을 사용해 스윕하기

스윕 작업에서 단면이 경로를 따라가며 모델을 형성하므로 아래의 도면과 같이 길이의 변화에 따라 단면의 형상이 변화하는 경우에는 안내곡선을 스케치하고 지정해 줌으로서 복잡한 모델의 제품도 스윕으로도 가능하며 연습해 보자.

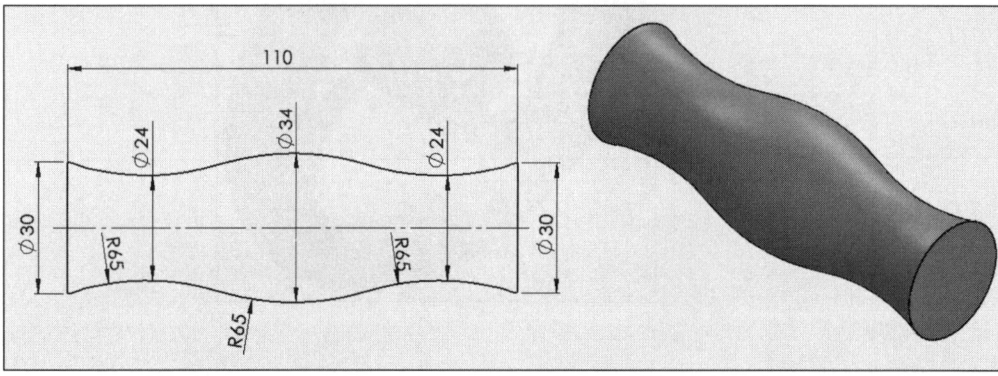

1) “우측면” ➔ “스케치” ➔ “Ø30 원(치수 기입 삭제)” ➔ “스케치 종료”

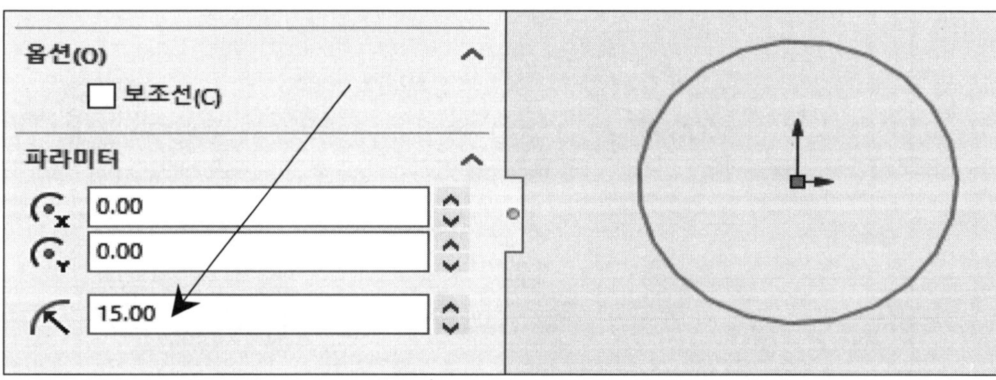

2) “정면” ➔ “스케치” ➔ “직선” ➔ “치수 기입” ➔ “스케치 종료”

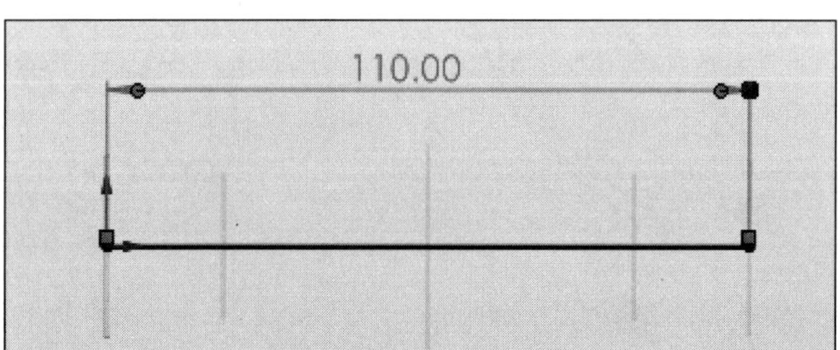

3) “정면” ➔ “스케치” ➔ “3점호 - 3개소” ➔ “접선 구속조건” ➔ “치수 기입”

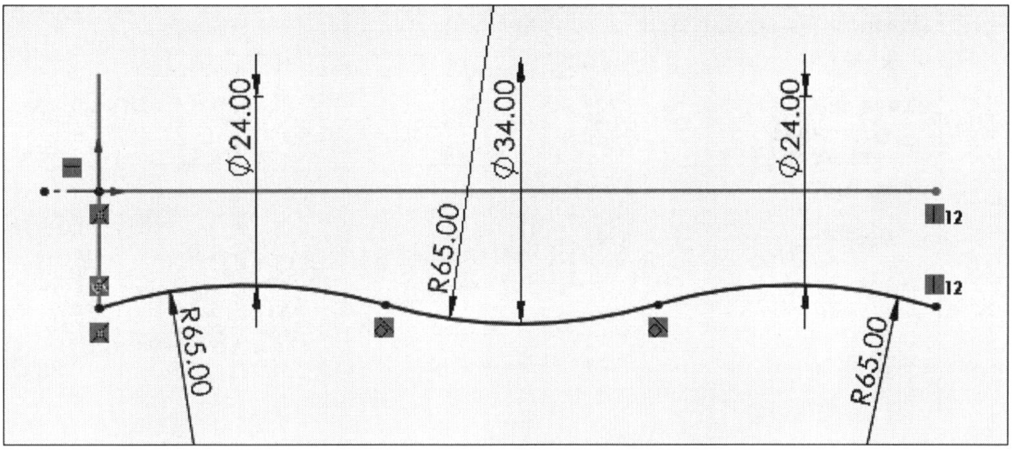

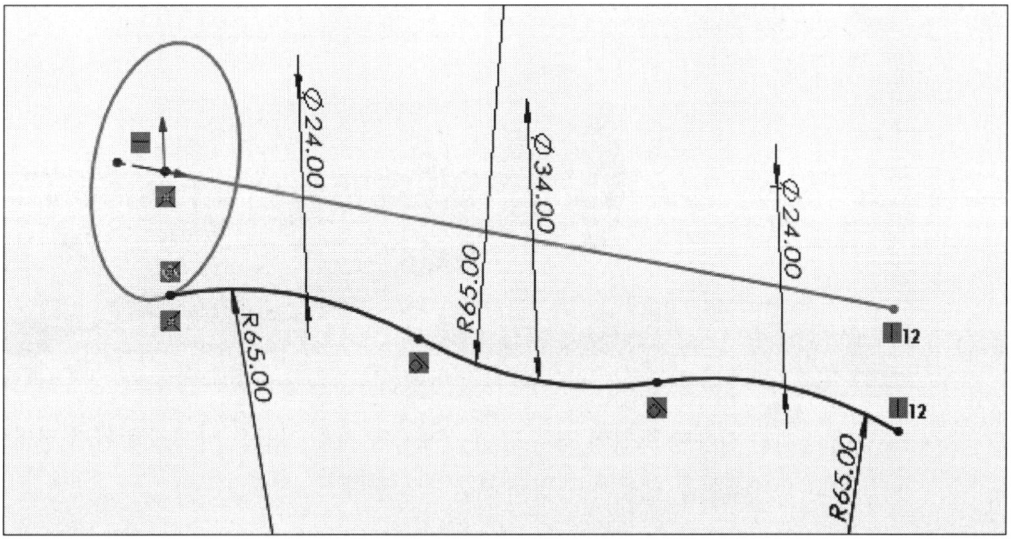

4) "스윕" ➔ "프로파일(단면)" ➔ "경로" ➔ "안내 곡선" ➔ "확인"

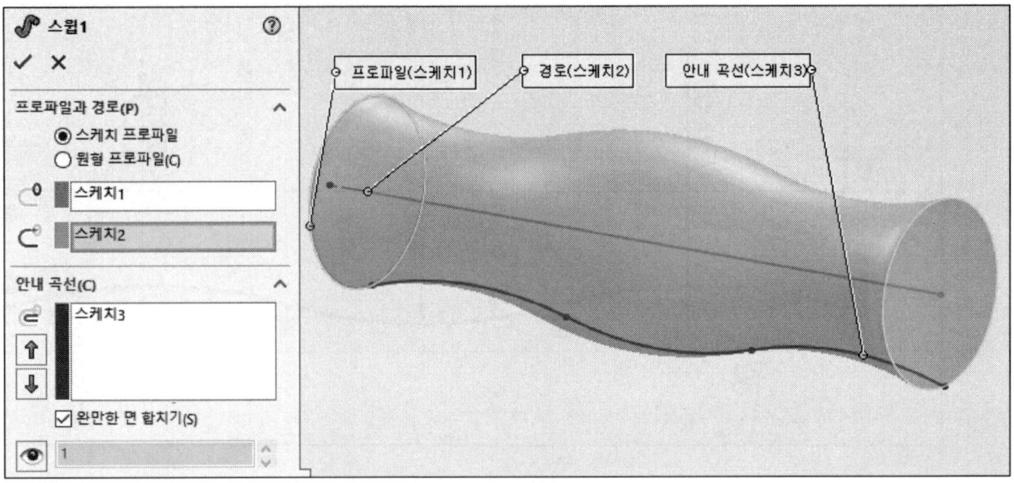

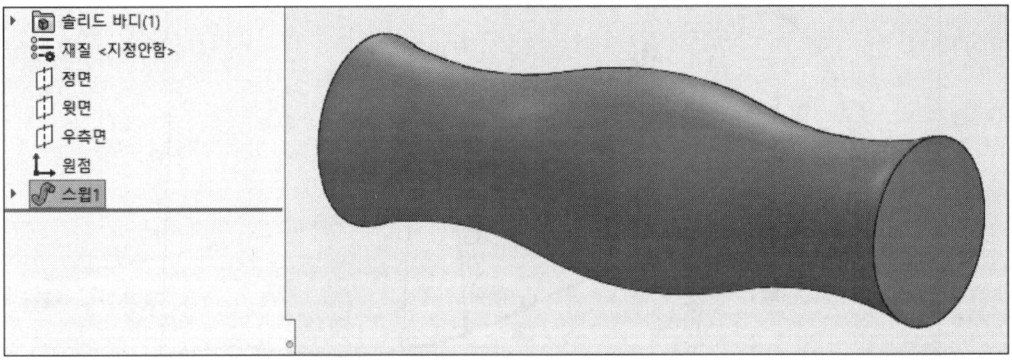

※ 안내 곡선을 사용한 스윕의 경우 단면 스케치의 치수 기입을 삭제해 불완전 정의 상태로 만들고 안내곡선을 활용해 스윕 모델을 작성한다.

4.5 프로파일 꼬임 스윕하기

아래와 같은 제품을 모델링할 때 스윕을 이용해 간단하게 작성이 가능하며 실습을 통해 연습해 보자.

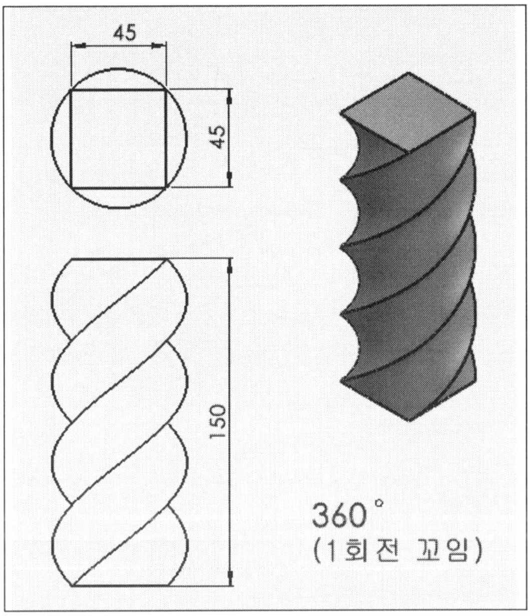

1) "정면" ➔ "직선 스케치" ➔ "치수 기입" ➔ "스케치 종료"

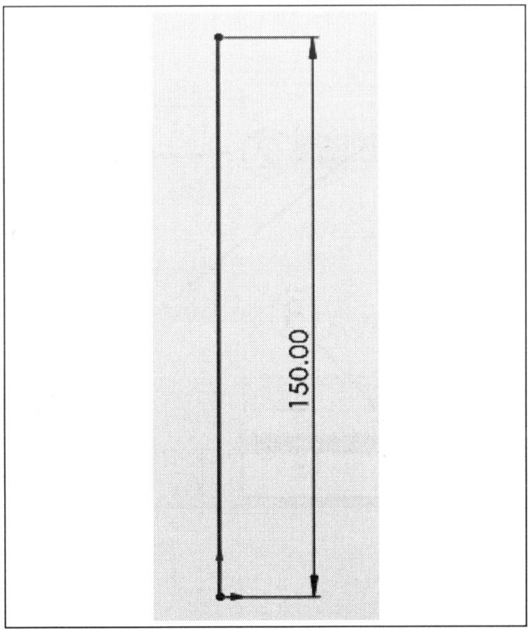

2) “윗면” ➔ “중심점 사각형(ㅁ45x45)” ➔ “치수 기입” ➔ “스케치 종료”

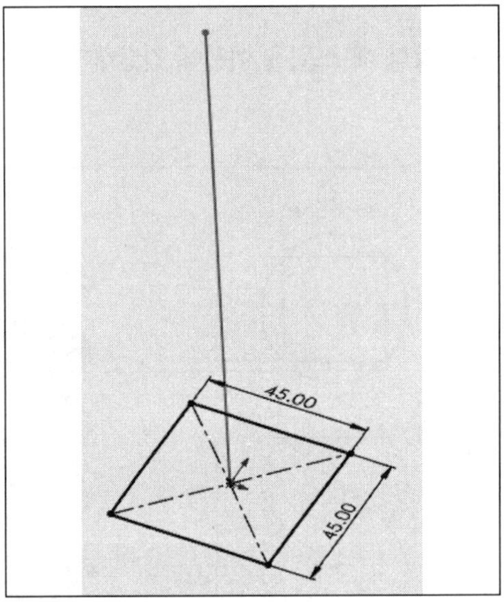

3) “스윕” ➔ “프로파일 선택” ➔ “경로 선택” ➔ “프로파일 꼬임”

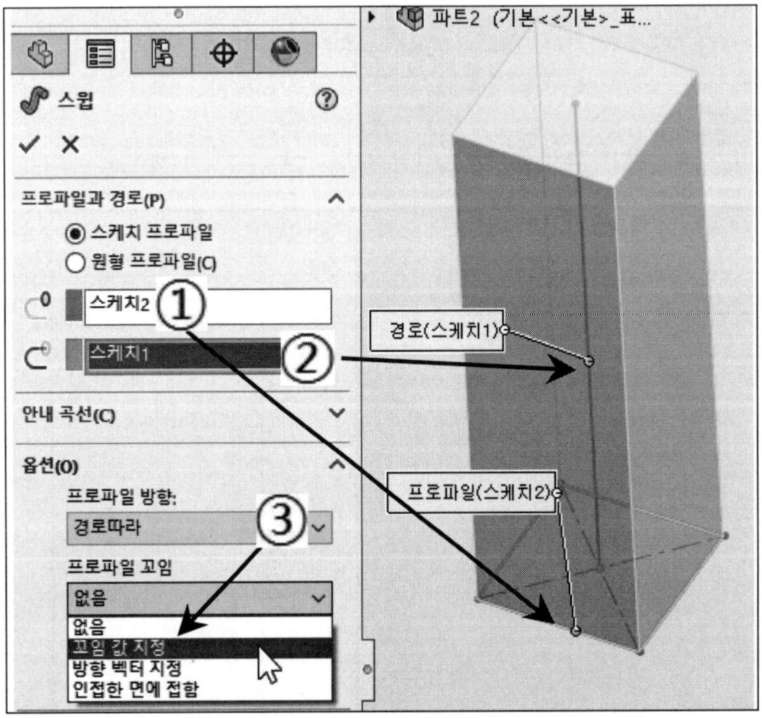

4) “회전” → “방향1” → “1회전” → “확인”

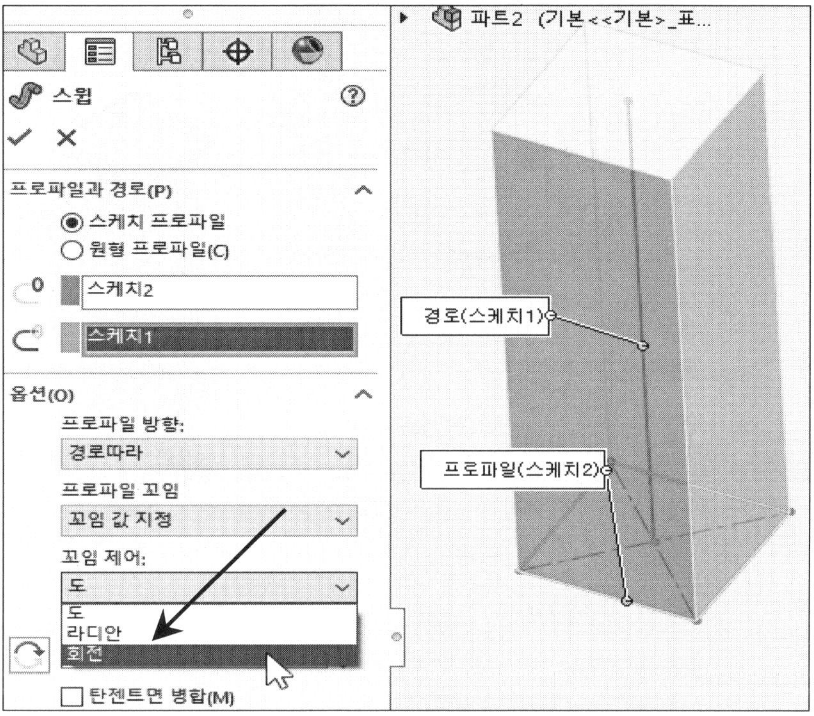

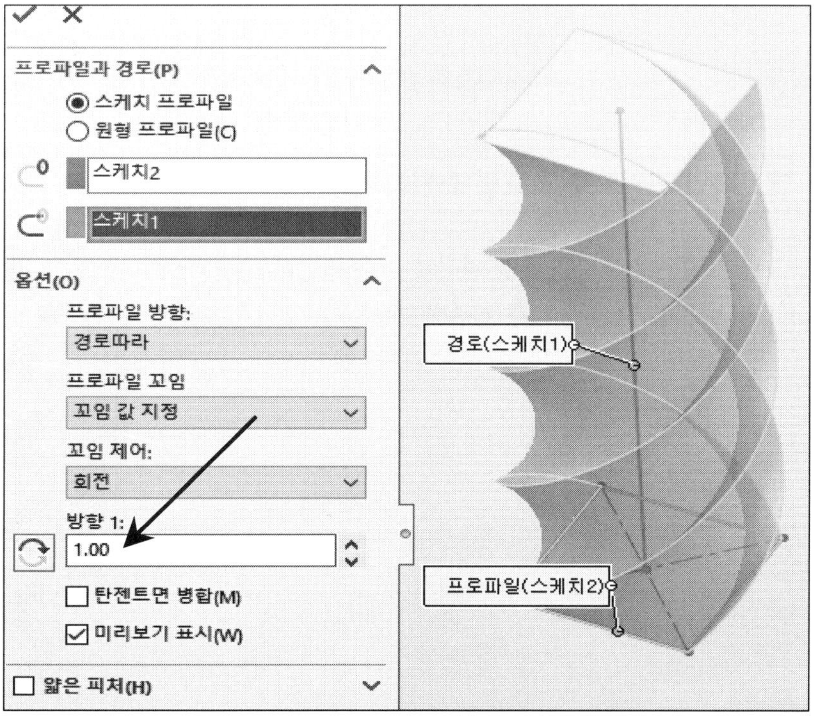

5) “완성된 모델”

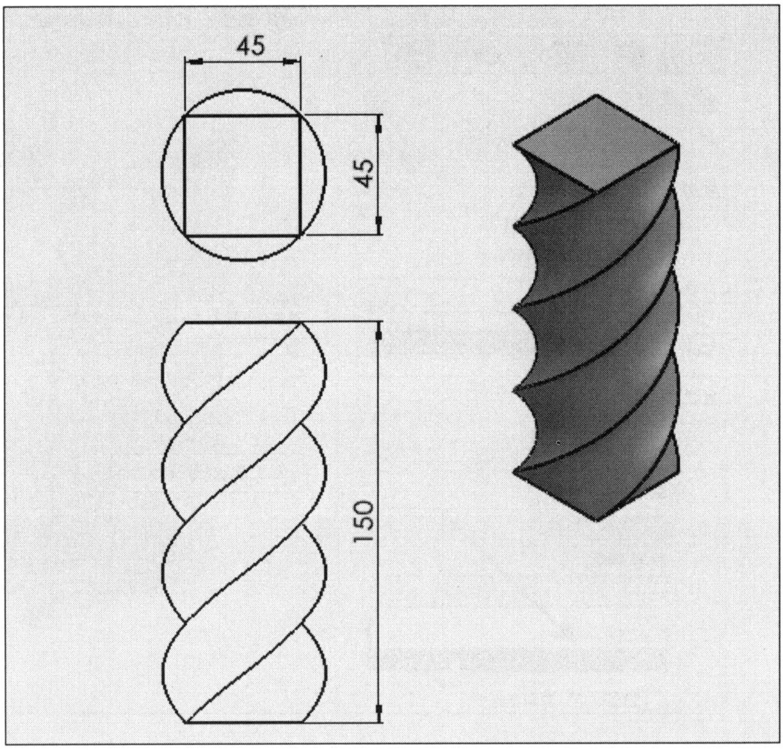

4.6 프로파일 꼬임으로 스프링 스윕하기

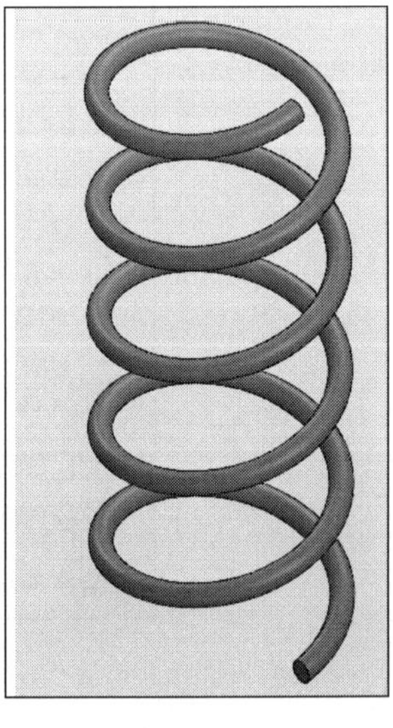

우측 그림과 같은 스프링을 중심 직선과 같은 평면에 원을 작성해 스프링을 만들며 꼬임에 대해 학습해 보자.

1) “정면” → “직선 스케치” → “치수 기입” → “스케치 종료”

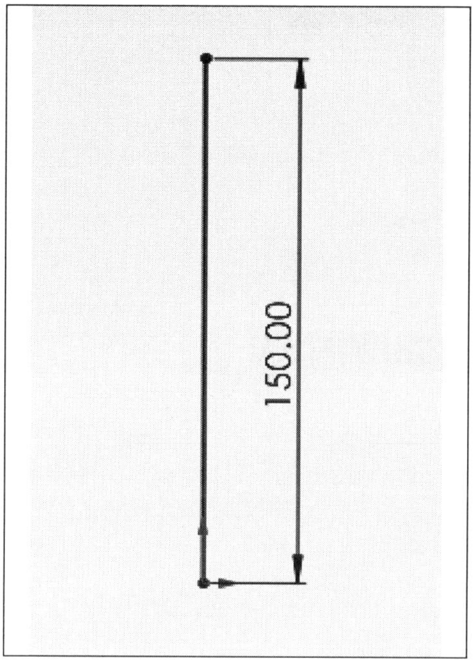

2) “정면” → “원(스프링 지름) 스케치” → “치수 기입” → “스케치 종료”

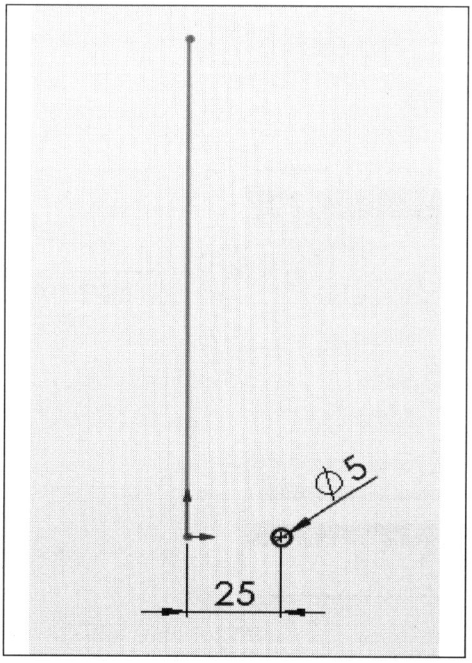

3) “스윕” ➔ “프로파일 선택” ➔ “경로 선택”

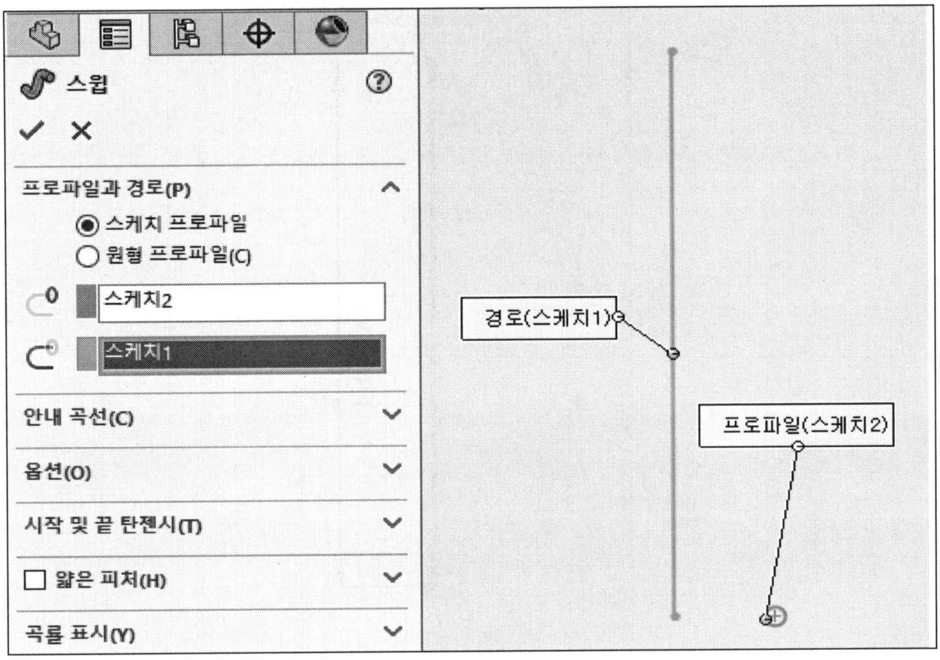

4) “옵션” ➔ “프로파일 꼬임” ➔ “꼬임 값 지정”

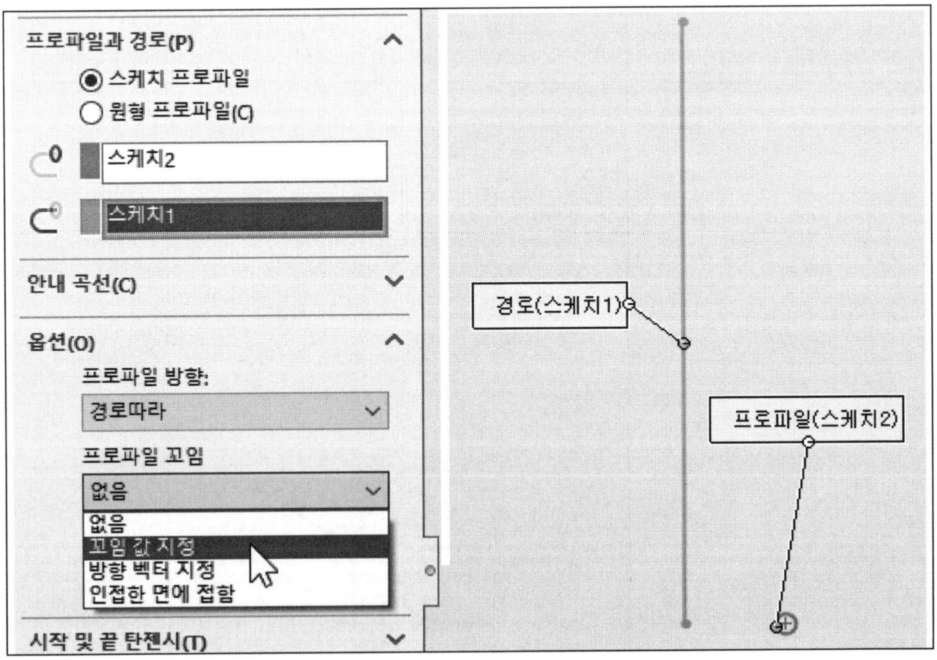

5) "회전"

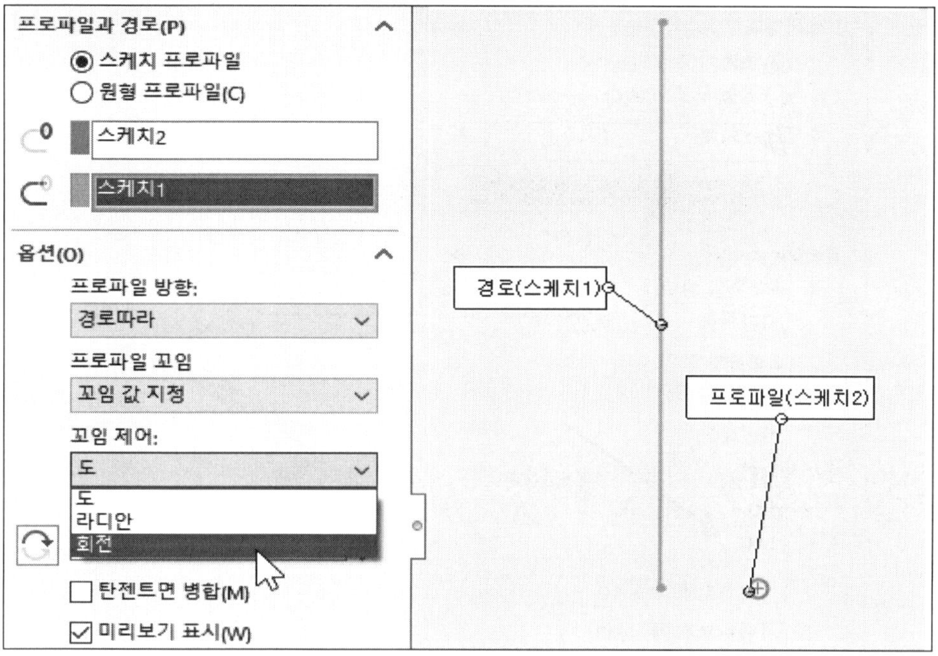
프로파일과 경로(P)
스케치 프로파일
원형 프로파일(C)
스케치2
스케치1
옵션(O)
프로파일 방향:
경로따라
프로파일 꼬임
꼬임 값 지정
꼬임 제어:
도
도
라디안
회전
탄젠트면 병합(M)
미리보기 표시(W)
경로(스케치1)
프로파일(스케치2)

6) "1회전"

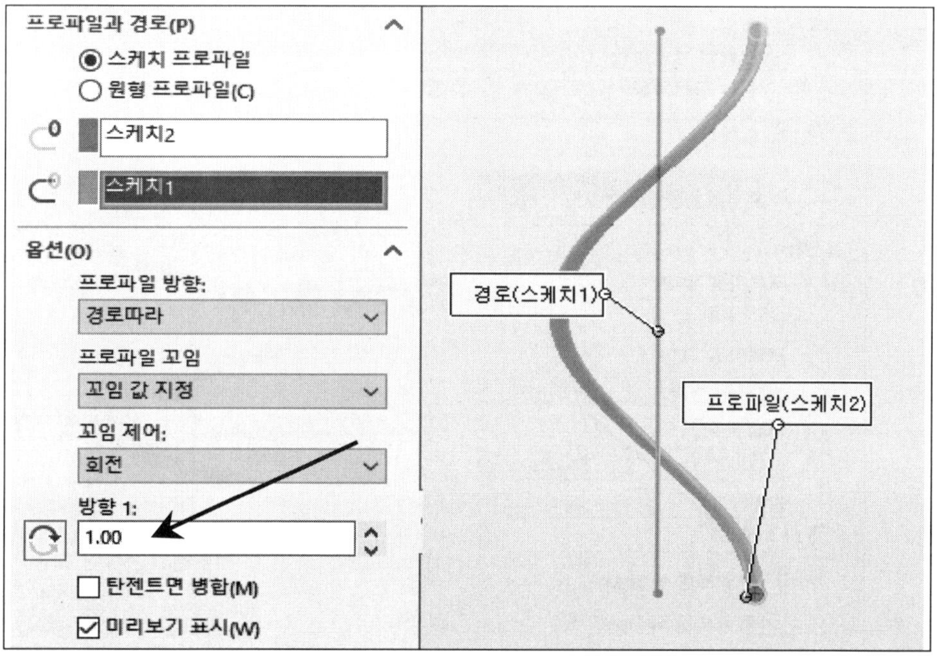
프로파일과 경로(P)
스케치 프로파일
원형 프로파일(C)
스케치2
스케치1
옵션(O)
프로파일 방향:
경로따라
프로파일 꼬임
꼬임 값 지정
꼬임 제어:
회전
방향 1:
1.00
탄젠트면 병합(M)
미리보기 표시(W)
경로(스케치1)
프로파일(스케치2)

7) "2회전"

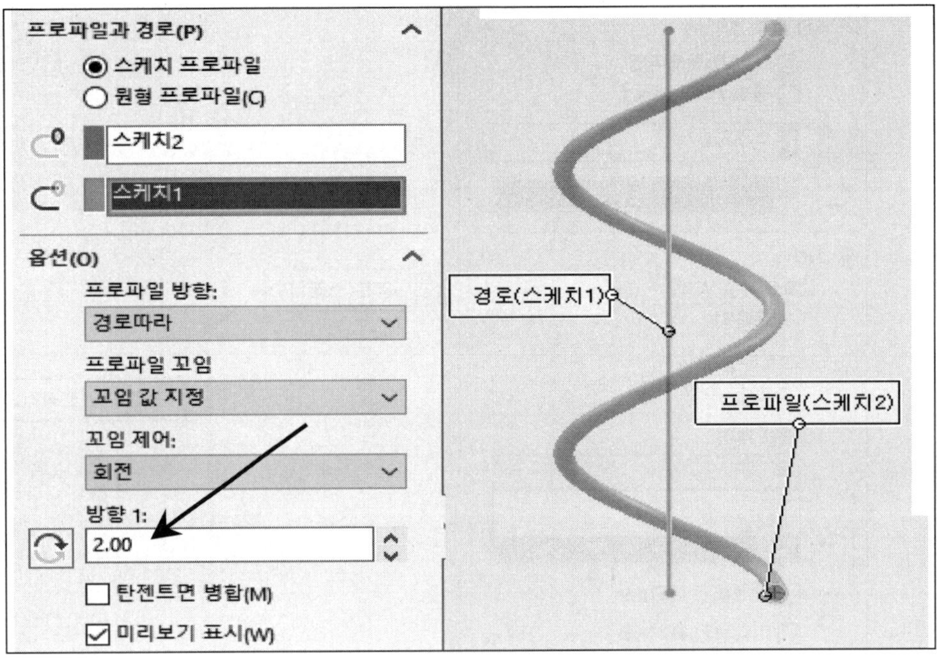

프로파일과 경로(P)
스케치 프로파일
원형 프로파일(C)
스케치2
스케치1
옵션(O)
프로파일 방향:
경로따라
프로파일 꼬임
꼬임 값 지정
꼬임 제어:
회전
방향 1:
2.00
탄젠트면 병합(M)
미리보기 표시(W)
경로(스케치1)
프로파일(스케치2)

8) "3회전"

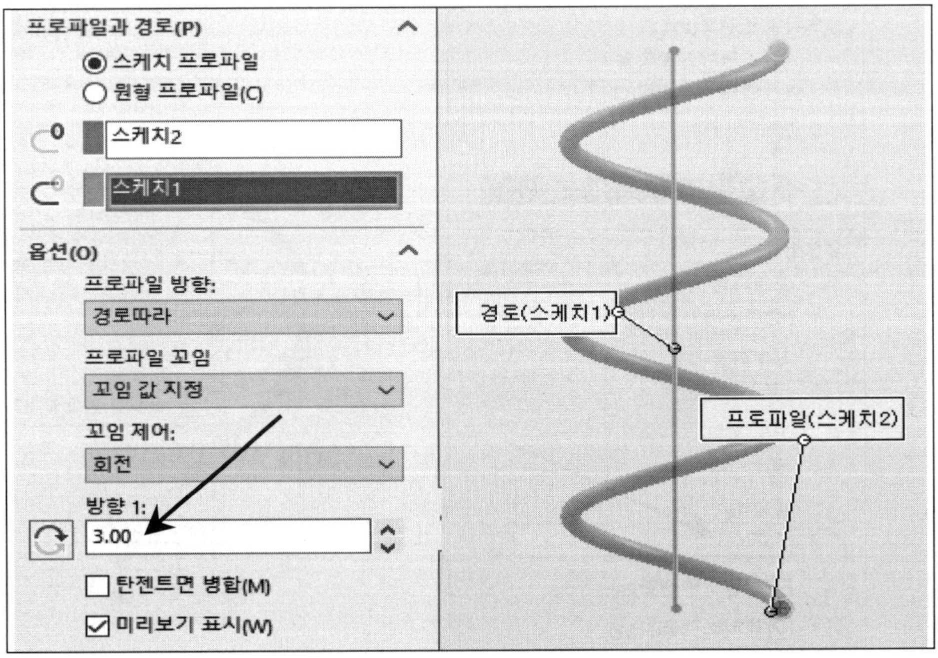

프로파일과 경로(P)
스케치 프로파일
원형 프로파일(C)
스케치2
스케치1
옵션(O)
프로파일 방향:
경로따라
프로파일 꼬임
꼬임 값 지정
꼬임 제어:
회전
방향 1:
3.00
탄젠트면 병합(M)
미리보기 표시(W)
경로(스케치1)
프로파일(스케치2)

9) "4회전"

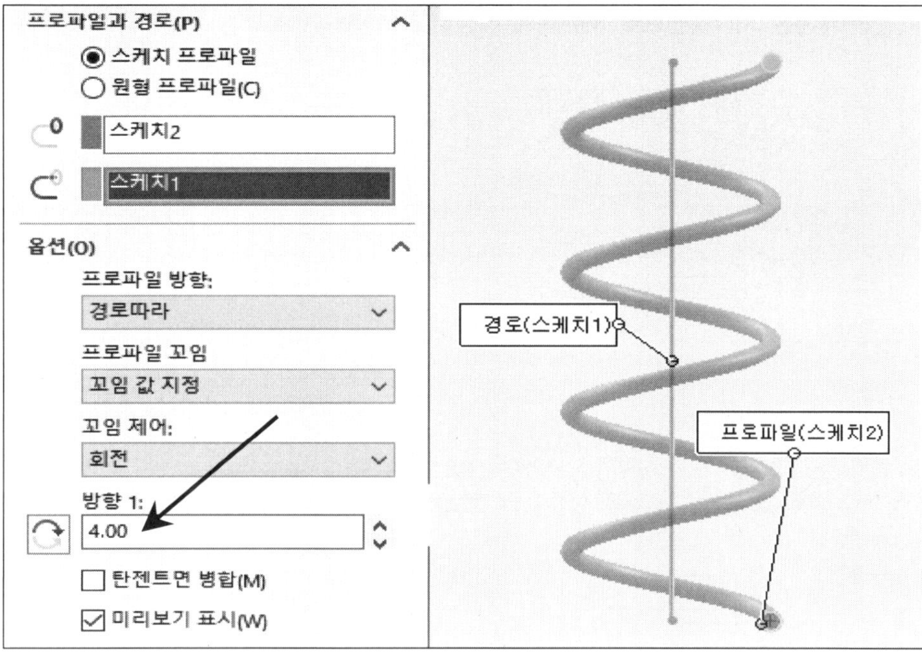

10) "완성된 모델"

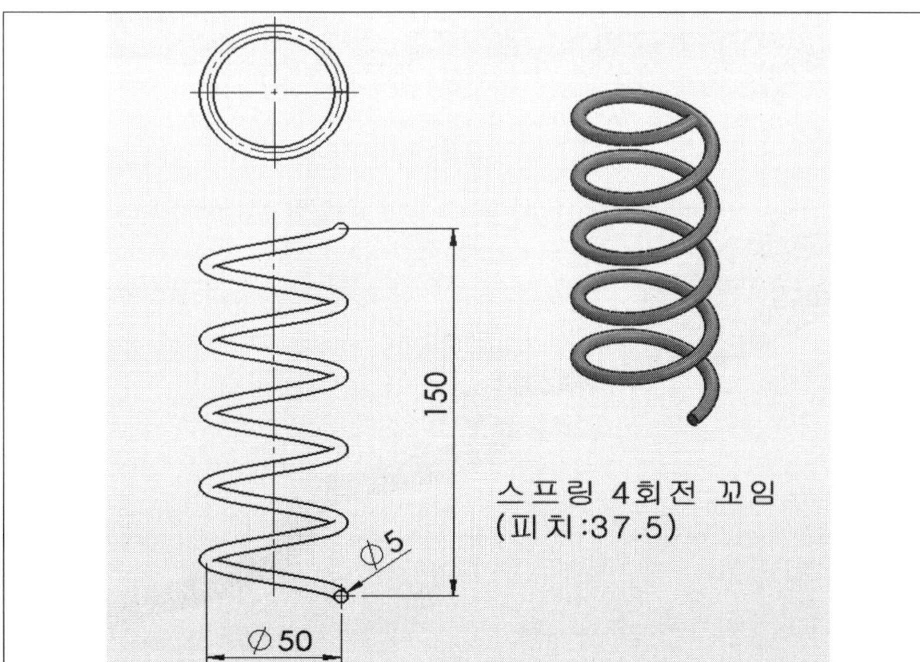

예제 도면 4

〈전선 부분은 자유곡선으로 자유롭게 작성하고 스윕〉

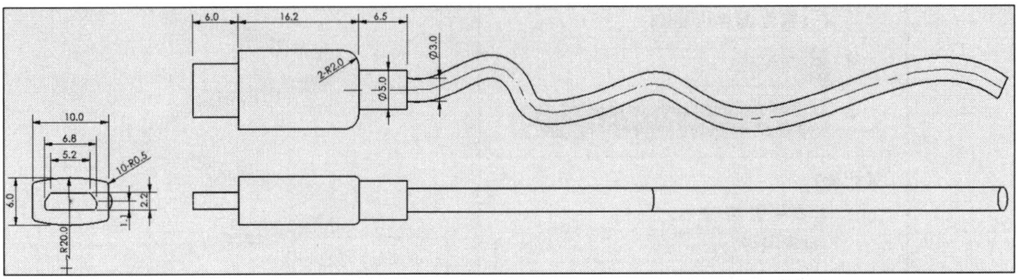

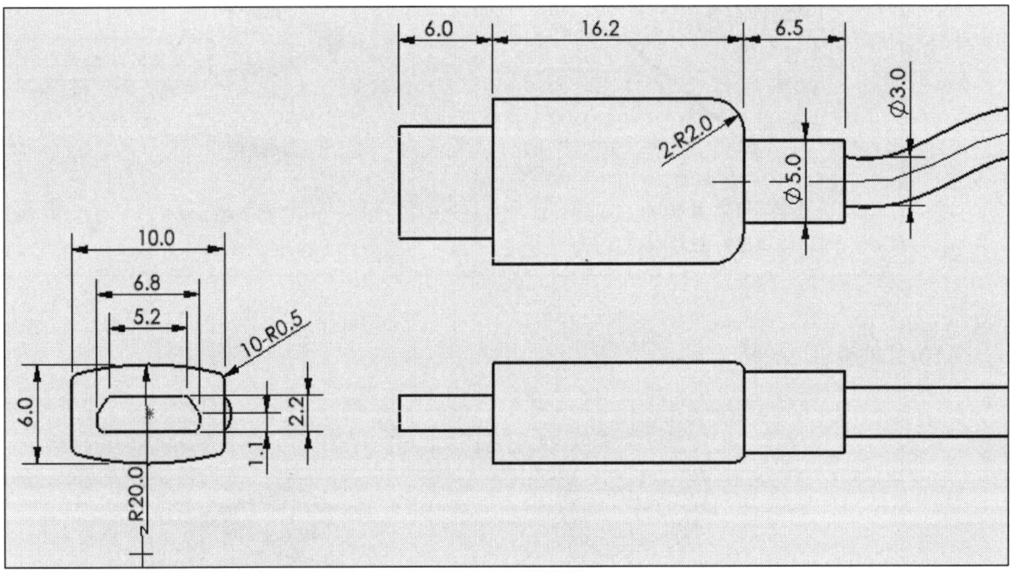

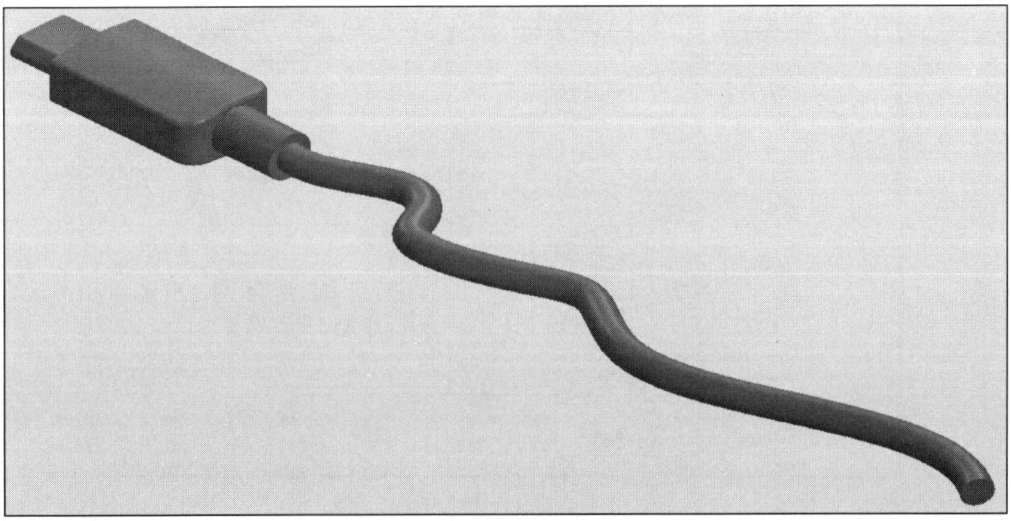

예제 도면 5

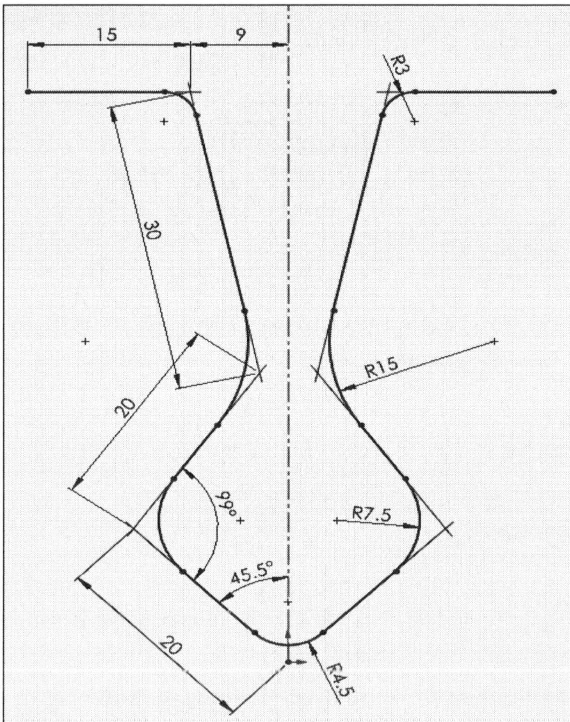
15
9
R3
30
R15
20
99°
R7.5
45.5°
20
R4.5

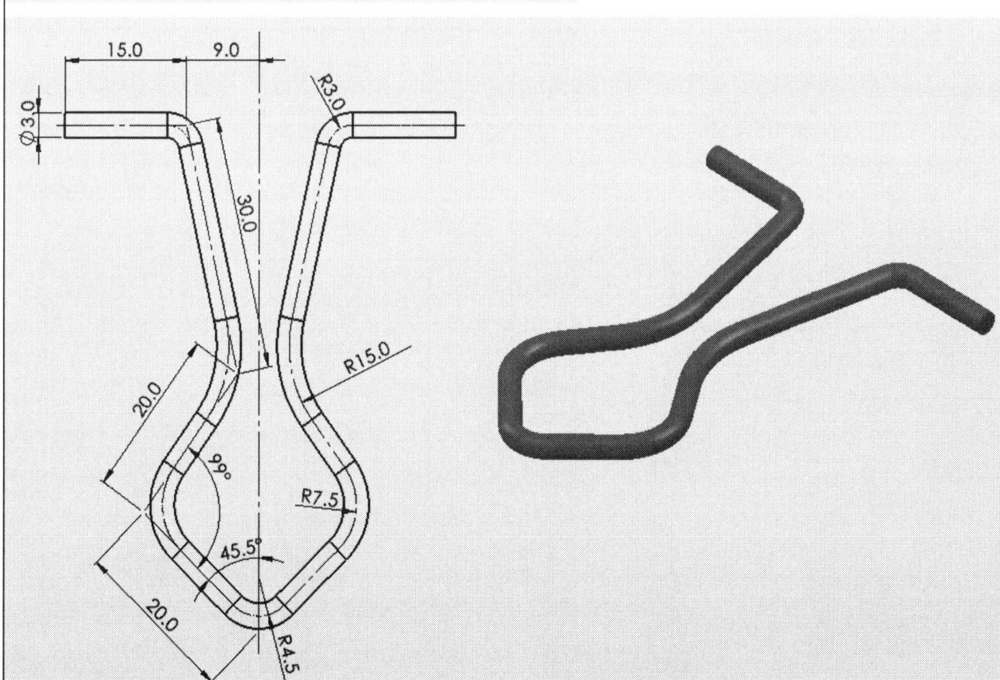
15.0
9.0
R3.0
Ø3.0
30.0
R15.0
20.0
99°
R7.5
45.5°
20.0
R4.5

4.7 NCS 능력단위 평가

3D형상모델링 검토하기(1501020114_16v3.1) 능력단위 요소

능력단위요소-수행준거	평가방법	비고
1.1 3D형상모델링의 관련 정보를 도출하고 수정할 수 있다.	현장평가 : 스케치의 정보를 확인해 오류를 파악하고 적절한 방법으로 수정할 수 있는 능력 보유 파악	
	질문 : 스케치 오류 부위를 찾고 적절한 수정 방법을 질문이나 체크리스트 등을 통해 파악	
1.2 각각의 단품으로 조립형상 제작 시 적절한 조립 구속조건을 사용하여 조립품을 생성 할 수 있다.	추후 어셈블리에서 평가	
1.3 조립품의 간섭 및 조립여부를 점검하고 수정할 수 있다.	추후 어셈블리에서 평가	
1.4 편집기능을 활용하여 모델링을 하고 수정할 수 있다.	현장평가 : 작성중 오류나 모델 변경시 수정 능력보유 여부 파악	
	질문 : 스케치 수정 방법을 질문이나 체크리스트 등을 통해 파악	

교육시간	48	강사	
교육개요	학생은 기계요소 설계 분야에서 중요한 업무인 형상모델링 능력을 모델링 프로그램을 사용하여 단순형상과 복잡형상의 모델링 데이터를 생성하고, 작성된 도면에 준하여 데이터를 확인 할 수 있다.		
교육육표	모델링 프로그램을 사용하여 단순형상과 복잡형상의 모델링 데이터를 생성하고, 작성된 도면에 준하여 데이터를 확인 할 수 있다.		
단원명	단원별 학습목표		
1501020204_14v2.1 모델링 작업 준비하기	1.1 모델링 데이터 생성에 필요한 정보를 정의하여 수집할 수 있다.		
	1.2 모델링 프로그램의 환경을 효율적으로 설정할 수 있다.		
	1.3 모델트리 구성을 결정하여 모델링 작업시간을 단축할 수 있다.		
	1.4 단순형상과 복잡형상을 확인하기 위해 모델링 데이터의 오류여부를 확인할 수 있다.		
1501020204_14v2.2 모델링 작업하기	2.1 이용 가능한 모델링 프로그램의 기능을 사용하여 요구되는 형상을 완벽하게 구현할 수 있다.		
	2.2 모델링의 수정 및 편집을 용이하게 할 수 있다.		
	2.3 관련 산업표준을 준수하여 모델링 할 수 있다.		
	2.4 영역, 길이, 각도, 공차, 지시 등 모델링에 관련된 추가적인 정부를 두출하고 생성할 수 있다.		
1501020204_14v2.3 모델링 분석하기	3.1 도면과 모델링을 비교 · 검토하여 모델링의 오류 발생 정보를 최소화하고, 오류 발생 시 즉각적으로 수정할 수 있다.		
	3.2 제작상의 문제점 및 핵심부를 검토하여 오류 발생 시 관계부서와 협의하여 모델링 데이터를 수정할 수 있다.		
	3.3 제작성을 고려하여 모델링 작업의 결과물을 수정 · 보정할 수 있다.		
	3.4 부품 간 상호 결합상태를 검증할 수 있다.		
1501020204_14v2.4 모델링 데이터 출력하기	4.1 작업 표준서에 의하여 요구되는 2D 데이터 형식의 파일로 저장하거나 출력할 수 있다.		
	4.2 작업 표준서에 의하여 요구되는 3D 모델링 데이터 형식의 파일로 저장하거나 출력할 수 있다.		
	4.3 출력된 모델링 데이터에 요구되는 소요자재목록, 부품목록 등의 정보를 산출할 수 있다.		
선수능력 (필요한 경우)	그래픽 툴의 원활한 사용		

학습활동

학습활동	특기사항
[모델링 작업 준비하기] 1 모델링 데이터 생성에 필요한 정보를 정의하여 제출하시오. 2 모델링 프로그램의 환경을 효율적으로 설정하는 방법을 정리하여 제출하시오. 3 모델트리 구성을 결정하여 모델링 작업시간을 단축할 수 있도록 설정하고 그 방법을 정리하여 제출하시오. 4 단순형상과 복잡형상을 확인하기 위해 모델링 데이터의 오류여부를 판단하고 정리하여 제출하시오. **[모델링 작업하기]** 1 이용 가능한 모델링 프로그램의 기능을 사용하여 요구되는 형상을 완벽하게 구현한 후 파일을 제출하시오. 2 모델링의 수정 및 편집을 용이하게 할 수 있는 방법을 정리하여 제출하시오. 3 관련 산업표준을 준수하여 모델링 하고 파일을 제출하시오. 4 영역, 길이, 각도, 공차, 지시 등 모델링에 관련된 추가적인 정보를 도출하고 생성한 후 파일을 제출하시오. **[모델링 분석하기]** 1 도면과 모델링을 비교·검토하여 모델링의 오류 발생 정보를 최소화하고 정리 하여 제출하시오. 2 제작상의 문제점 및 핵심부를 검토하여 오류 발생 시 관계부서와 협의하여 모델링 데이터를 수정한 후 파일로 제출 하시오. 3 제작성을 고려하여 모델링 작업의 결과물을 수정·보정한 후 그 내용을 정리하여 제출 하시오. 4 부품 간 상호 결합상태를 검증 분석하고 그 방법을 정리하여 제출하시오. **[모델링 데이터 출력하기]** 1 작업 표준서에 의하여 요구되는 2D 형식으로 출력하여 제출하시오. 2 작업 표준서에 의하여 요구되는 3D 모델링 데이터 형식의 파일로 저장하여 제출하시오. 3 출력된 모델링 데이터에 요구되는 소요자재목록, 부품목록 등의 정보를 산출 정리하여 제출하시오.	• 질문 사항 및 도면 검토(검도)는 이메일로 제출 - 메일주소 : • 컴퓨터 전원 관리 철저 및 안전에 주의(문어발식 콘센트 사용금지) • 실습 및 학습과 무관한 소프트웨어 및 허가받지 않은 소프트웨어를 설치하지 말것(비허가 및 불법 소프트웨어는 삭제 될 수 있음) • USB의 사용전, 후 반드시 바이러스 검사를 실시 • 바이러스가 예상되는 웹사이트에 접근금지 • 책상주변에 커피, 물 등의 음식물 보관 금지 • 실습실 개방시간 : 9:00 ~ 18:00 • 컴퓨터 고장 및 프린터, 플로터 사용시 관리자 - 연락처 : 학과사무실 - 전화번호 :

학습자료

<table>
<tr><td>보조자료</td><td colspan="2">• 개발시 필요한 국/내외 표준
• 한국소프트웨어기술진흥협회 가이드
• 개발 시 적용되는 국/내외 개발표준 문서
• 개발 시 적용되는 개발표준 문서
• 표준 및 절차 매뉴얼(템플릿 포함)
• 전자정부 웹 표준 준수지침</td></tr>
<tr><td>사용장비 및 공구</td><td colspan="2">• 컴퓨터
• 프린터, 플로터
• 형상모델링 작성 프로그램</td></tr>
<tr><td>소요재료</td><td colspan="2">프린터잉크 및 토너, 플로터잉크</td></tr>
<tr><td rowspan="4">관련
지식 · 기술 · 태도</td><td>구 분</td><td>주 요 내 용</td></tr>
<tr><td>지 식</td><td>• 공작기계의 종류 및 특성에 대한 지식
• 기계재료의 종류 및 특성에 대한 지식
• 모델링 프로그램 전반에 대한 지식
• 모델링 프로그램 매뉴얼에 대한 지식
• 부품 상호운동의 기구학적 특성에 대한 지식
• 유사 사례의 성공, 실패요인에 대한 지식
• 좌표계의 종류 및 특성에 대한 지식
• 치수공차 및 기하공차에 대한 지식
• KS 및 ISO 등 규격에 대한 지식
• SI 및 MKS 단위에 대한 지식
• 2D 도면해독에 대한 지식</td></tr>
<tr><td>기 술</td><td>• 모델링 데이터 검증 기술
• 모델링 분석 기술
• 모델링 제품의 제작방법 검토 기술
• 모델링 공정 단축을 위한 설계기술
• 모델링 프로그램 전반에 대한 운용 기술
• 유사 사례에 대한 분석 기술
• 관련 분야의 산업표준에 대한 검토 기술
• 공차 및 기하학적 기호에 대한 이해 능력
• 체크리스트 확인 능력</td></tr>
<tr><td>태 도</td><td>• 가공시간을 단축시켜 생산성 향상을 위한 적극적인 자세
• 관련 분야 산업표준에 대한 분석 의지
• 도면에 따른 모델링의 치밀한 분석 자세
• 모델링 데이터 오류에 대한 객관적 분석 의지
• 모델링 분석을 위한 객관적 판단 의지
• 모델링 프로그램 매뉴얼 습득 의지
• 유사 사례를 면밀하게 분석할 수 있는 태도
• 정확한 도면분석을 위한 검토 의지
• 타 부서와의 협력 검토 의지</td></tr>
<tr><td>교재</td><td colspan="2">본 교재, NCS 학습모듈, 솔리드웍스 따라하기(건기원)</td></tr>
</table>

자기평가서

자 기 평 가 서				
평가영역 (단원명)	문 항	미흡	보통	우수
모델링 작업 준비하기	1.1 모델링 데이터 생성에 필요한 정보를 정의하여 수집할 수 있다.			
	1.2 모델링 프로그램의 환경을 효율적으로 설정할 수 있다.			
	1.3 모델트리 구성을 결정하여 모델링 작업시간을 단축할 수 있다.			
	1.4 단순형상과 복잡형상을 확인하기 위해 모델링 데이터의 오류여부를 확인할 수 있다.			
모델링 작업하기	2.1 이용 가능한 모델링 프로그램의 기능을 사용하여 요구되는 형상을 완벽하게 구현할 수 있다.			
	2.2 모델링의 수정 및 편집을 용이하게 할 수 있다.			
	2.3 관련 산업표준을 준수하여 모델링 할 수 있다.			
	2.4 영역, 길이, 각도, 공차, 지시 등 모델링에 관련된 추가적인 정보를 도출하고 생성할 수 있다.			
모델링 분석하기	3.1 도면과 모델링을 비교·검토하여 모델링의 오류 발생 정보를 최소화하고, 오류 발생 시 즉각적으로 수정할 수 있다.			
	3.2 제작상의 문제점 및 핵심부를 검토하여 오류 발생 시 관계부서와 협의하여 모델링 데이터를 수정할 수 있다.			
	3.3 제작성을 고려하여 모델링 작업의 결과물을 수정·보정할 수 있다.			
	3.4 부품 간 상호 결합상태를 검증할 수 있다.			
모델링 데이터 출력하기	4.1 작업 표준서에 의하여 요구되는 2D 데이터 형식의 파일로 저장하거나 출력할 수 있다.			
	4.2 작업 표준서에 의하여 요구되는 3D 모델링 데이터 형식의 파일로 저장하거나 출력할 수 있다.			
	4.3 출력된 모델링 데이터에 요구되는 소요자재목록, 부품목록 등의 정보를 산출할 수 있다.			

평가자 체크리스트 평가 표

평가 항목(체크 리스트)		교수자 평가	
		배점	득점
1. 3D 형상 모델링 작업 준비할 수 있는가?		30점	
	- 명령어를 이용하여 3D CAD 프로그램을 사용자 환경에 맞도록 설정할 수 있다.	10점	
	- 3D 형상 모델링에 필요한 부가 명령을 설정할 수 있다.	10점	
	- 작업 환경에 적합한 템플릿을 제작하여 도면의 형식을 균일화 시킬 수 있다.	10점	
2. 3D 형상 모델링 작업할 수 있는가?		70점	
	- KS 및 ISO 관련 규격을 준수하여 형상을 모델링할 수 있다.	10점	
	- 스케치 도구를 이용하여 디자인을 형상화할 수 있다.	10점	
	- 모델에 치수를 기입하여 치수에 맞게 형상을 수정할 수 있다.	10점	
	- 기하학적 형상을 구속하여 원하는 형상을 유지시키거나 선택되는 요소에 다양한 구속 조건을 설정할 수 있다.	10점	
	- 특징 형상 설계를 이용하여 요구되어지는 3D 형사 모델링을 완성할 수 있다.	10점	
	- 연관 복사 기능을 이용하여 원하는 형상으로 편집하고 변환할 수 있다.	10점	
	- 요구되어지는 형상과 비교, 검토하여 요류를 확인하고 발견되는 오류를 즉시 수정할 수 있다.	10점	
점수 환산 (총 득점 / 만점) x 100		100점	

※ 평가 문제는 앞 페이지의 예제 도면에서 교수자가 선정하여 실시한다.

※ 평가에서 평가 시점 및 방법은 매 단원마다 실시하거나 중간평가, 기말평가 또는 교육기관 형편에 맞추어 적합한 평가 시점이나 횟수 방법을 적용해 실시한다.

CHAPTER

05 바운더리 보스

바운더리 보스는 의료, 항공, 금형 제품 등과 같이 복잡한 모양을 작성하는데 유용한 모델링 기법으로 아래의 형상을 모델링해 알아보자.

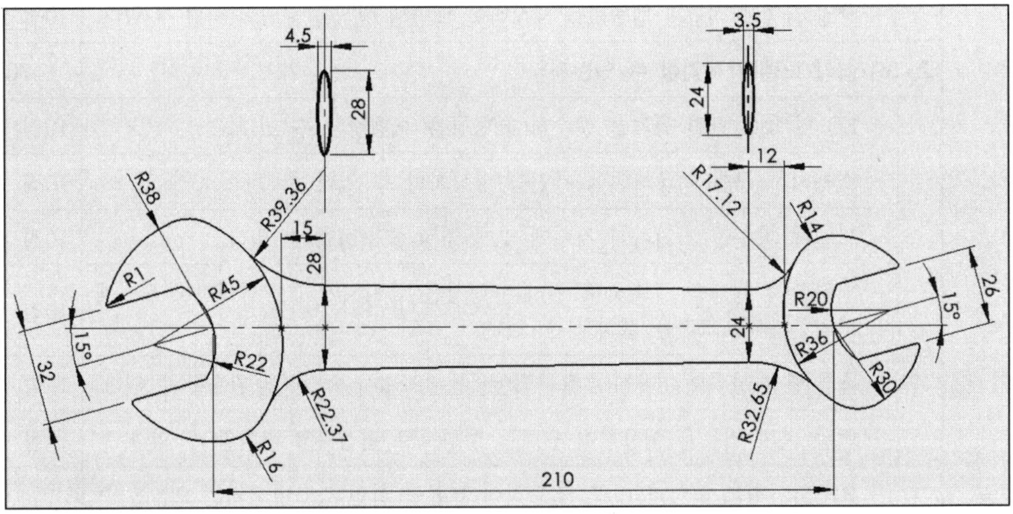

1) “새문서” → “파트” → “확인”

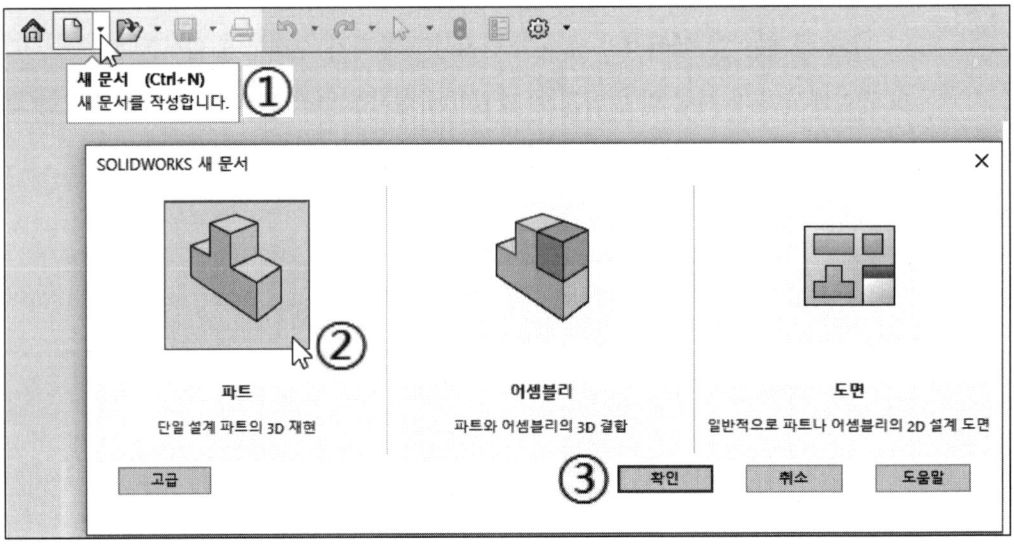

2) "윗면" ➔ "아래 스케치 작성"

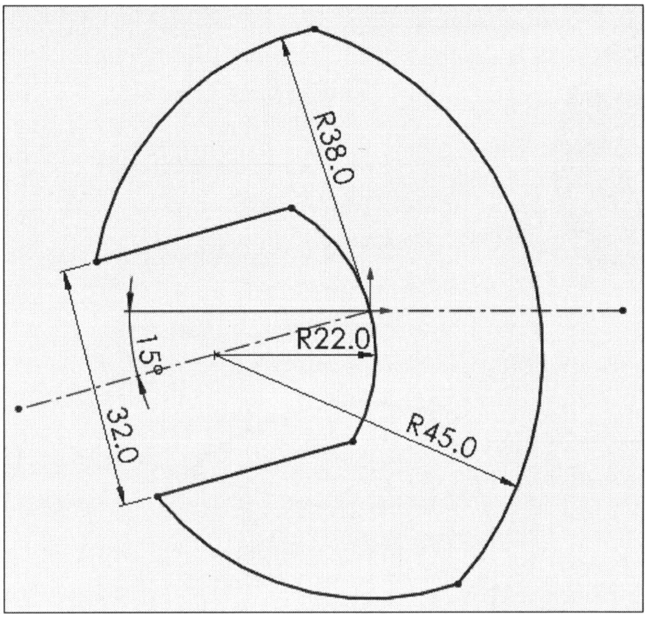

3) "돌출" ➔ "중간 평면" ➔ "6mm"(양쪽으로 3mm씩 돌출 합 6mm) ➔ "확인"

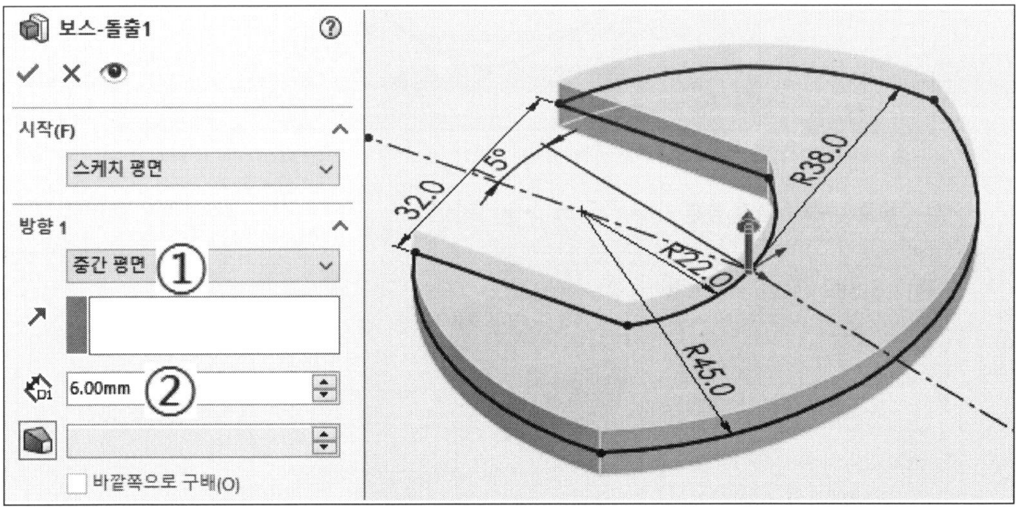

4) "윗면" ➔ "원점기준 210mm" ➔ "스케치 작성"

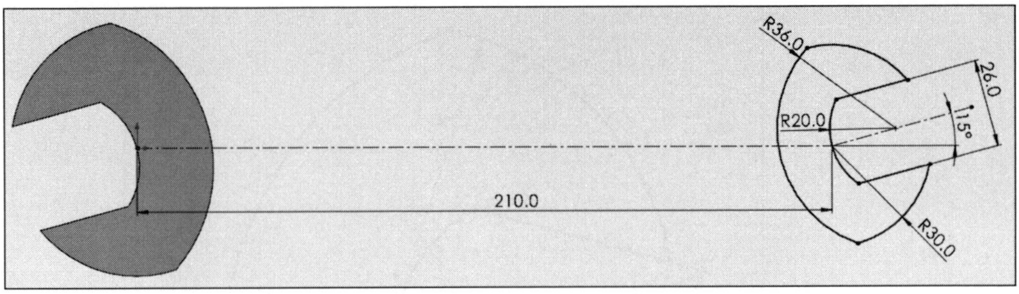

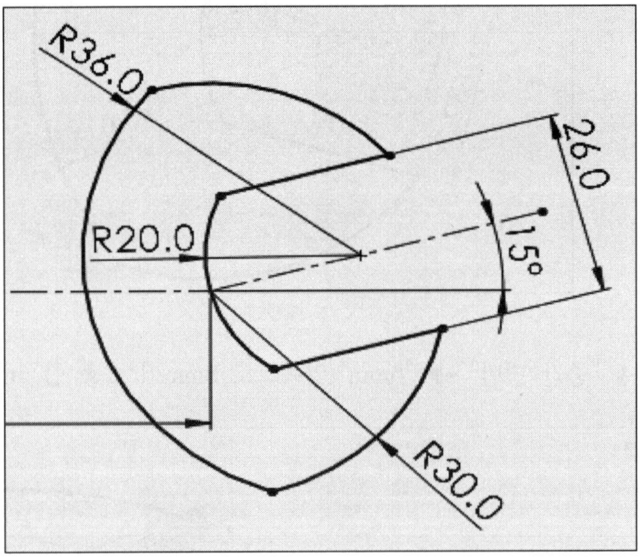

5) "돌출" ➔ "중간평면" ➔ "5mm" ➔ "확인"

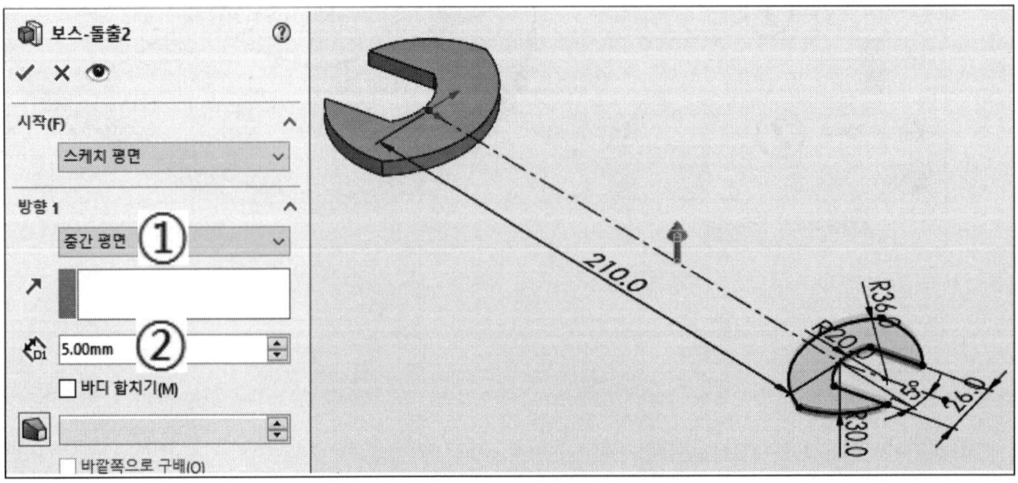

6) “윗면” ➔ “스케치” ➔ “아래 치수 확인(38.4, 28.3)”

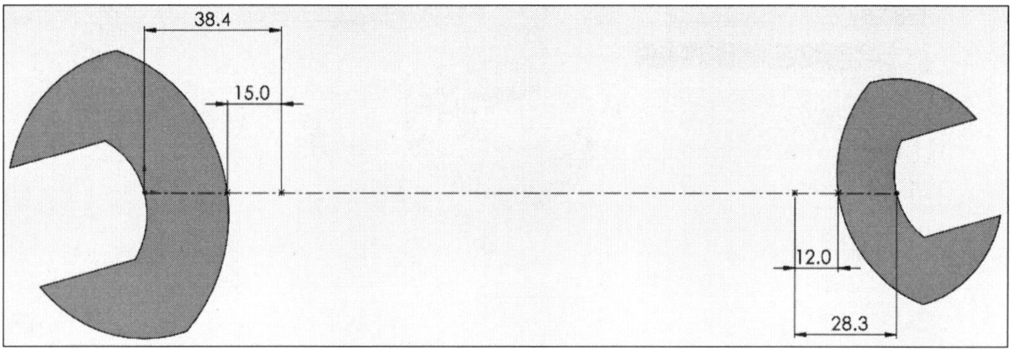

7) “참조 형상” ➔ “기준면” ➔ “우측” ➔ “38.4mm 위치의 점”

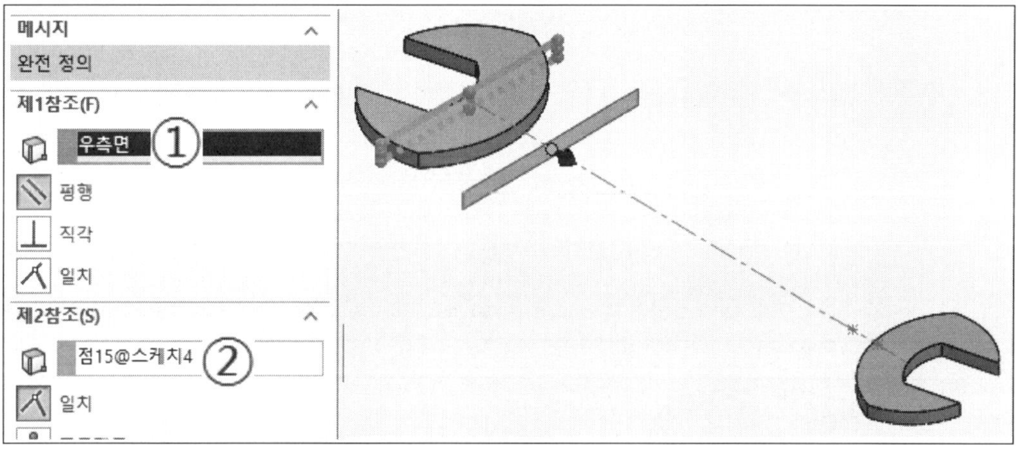

8) “평면1” ➔ “스케치” ➔ “타원” ➔ “28mm×4.5mm” ➔ “스케치 종료”

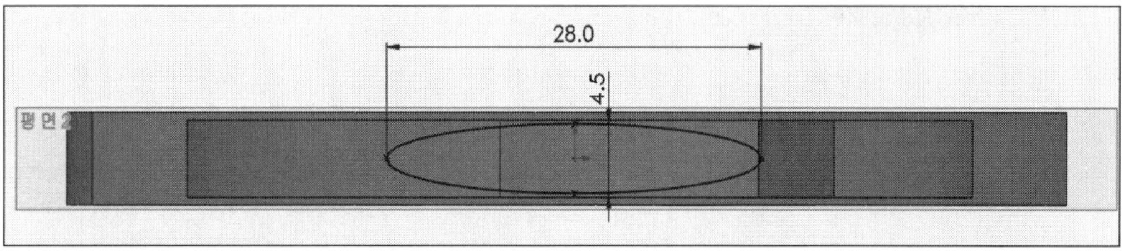

9) “참조 형상” ➔ “기준면” ➔ “새로 만든 평면” ➔ “28.3mm 위치의 점”

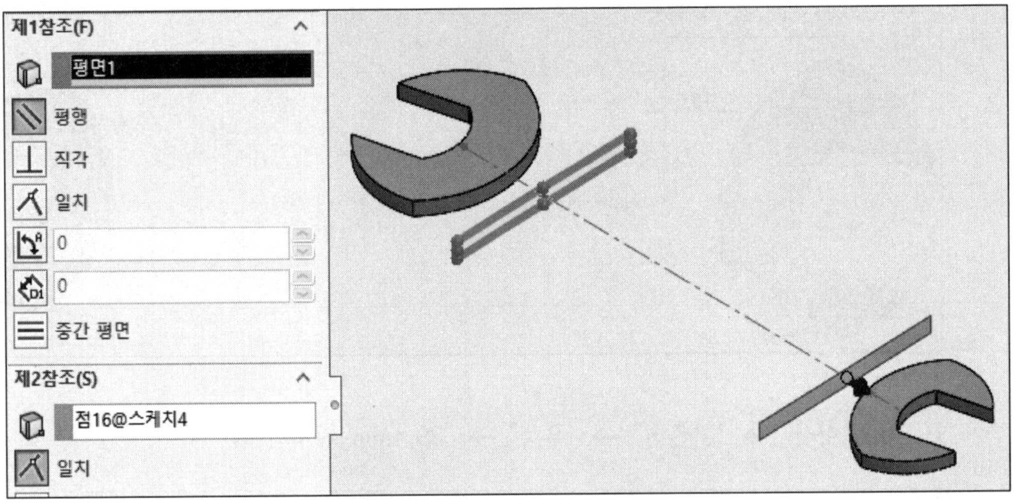

10) “평면2” ➔ “스케치” ➔ “타원” ➔ “24mm×3.5mm” ➔ “스케치 종료”

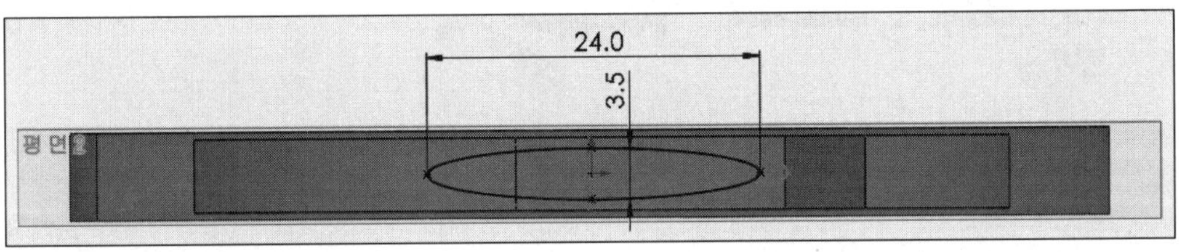

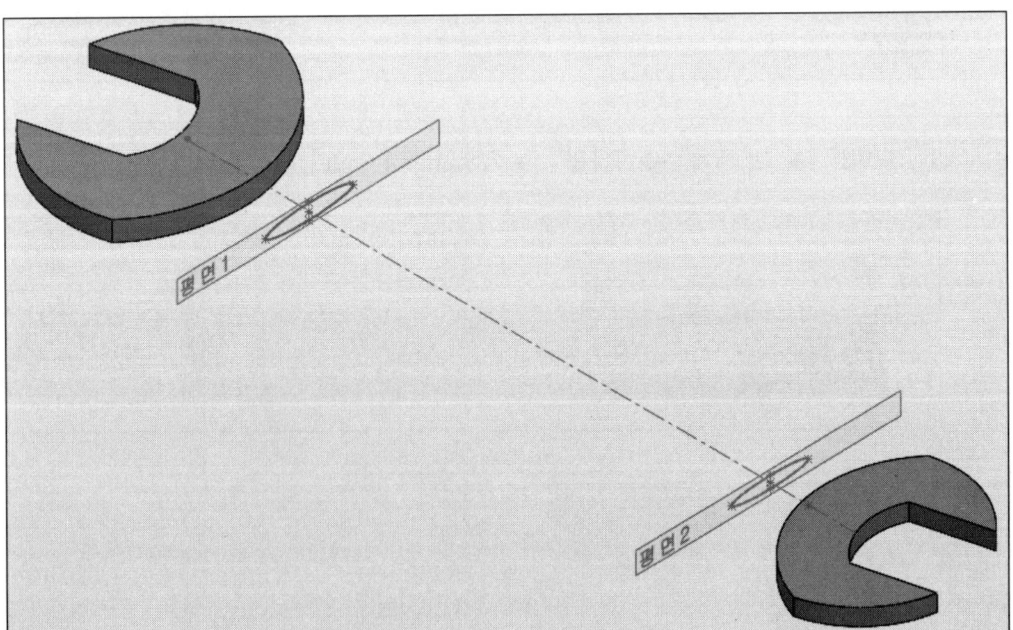

11) "로프트" ➔ "28mm 타원 스케치" ➔ "24mm 타원 스케치" ➔ "확인"

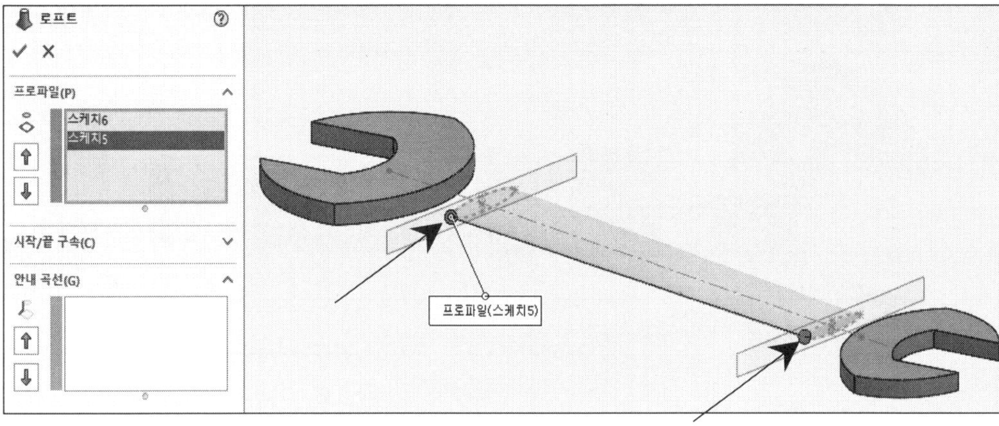

12) "평면1" ➔ "숨기기" ➔ "평면2" ➔ "숨기기" ➔ "윗면" ➔ "스케치" ➔ "3점호" ➔ "좌측접선" ➔ "우측접선" ➔ "R39.4 치수기입(참고용)" ➔ "스케치 종료"

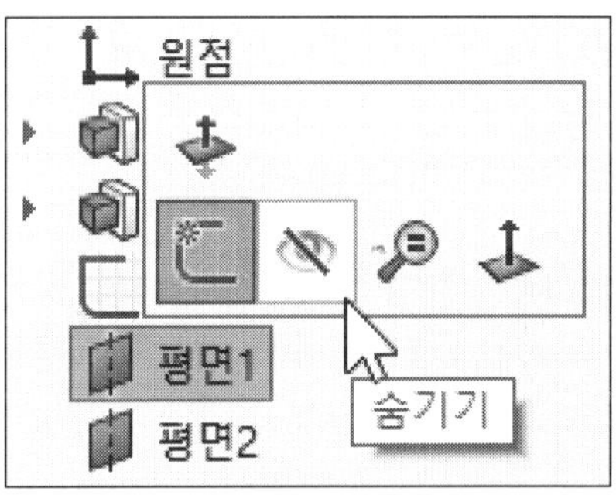

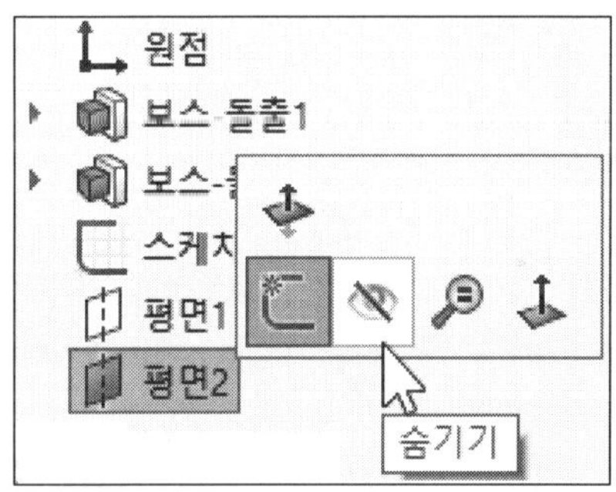

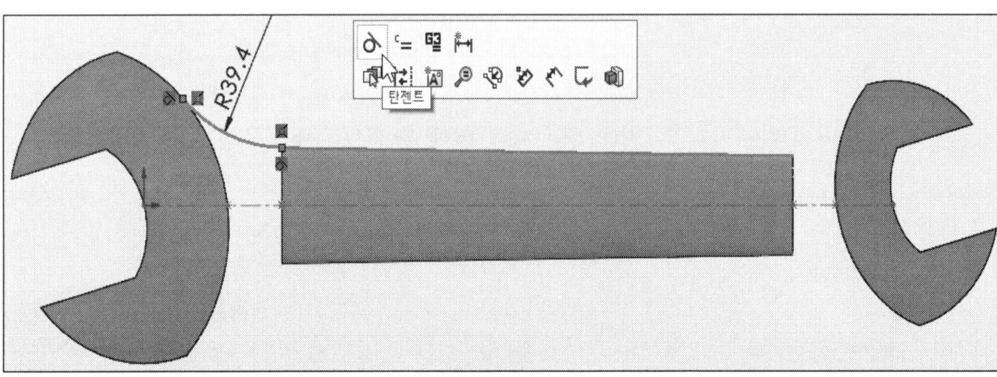

13) “윗면” ➔ “스케치” ➔ “3점호” ➔ “좌측접선” ➔ “우측접선” ➔ “R22.4 치수 기입(참고용)” ➔ “스케치 종료”

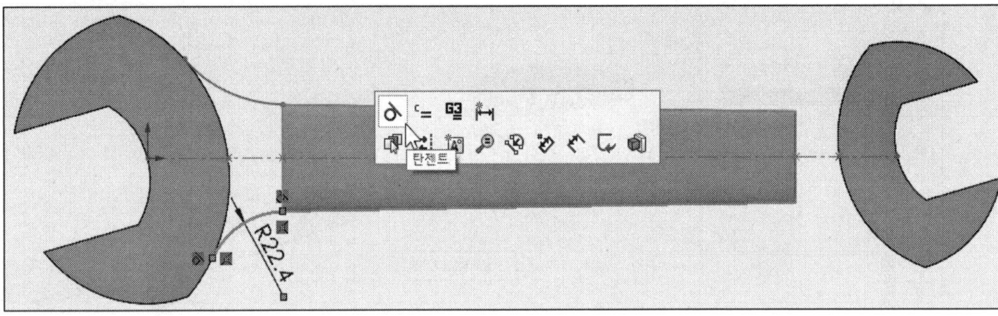

14) “단면” ➔ “스케치” ➔ “요소 변환”

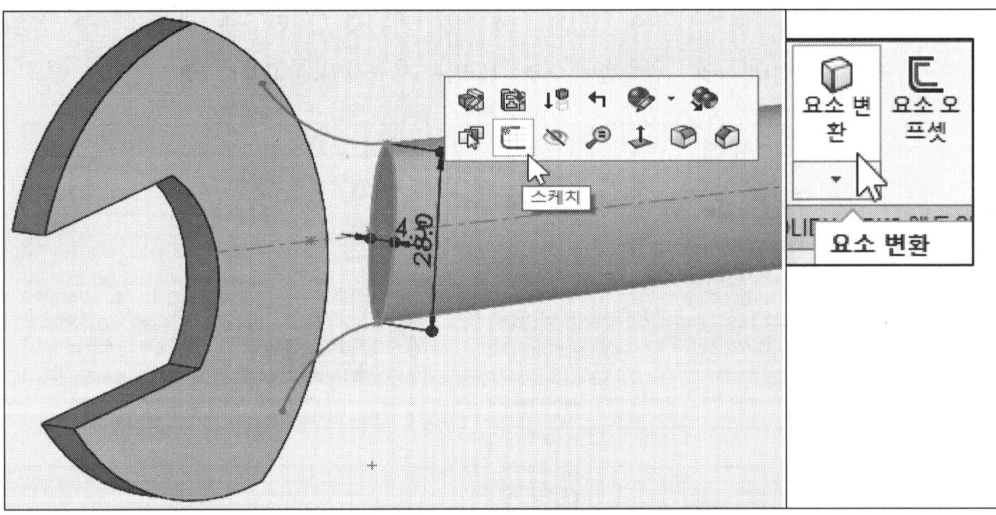

15) “바운더리보스” ➔ “단면(타원)” ➔ “면에 탄젠트” ➔ “곡선1” ➔ “곡선2”

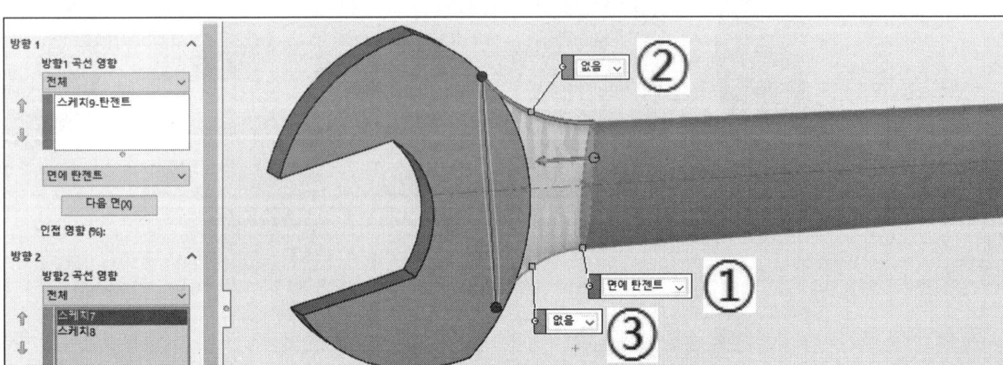

16) "윗면" → "스케치" → "3점호" → "좌측접선" → "우측접선" → "R17.1 치수 기입(참고용)" → "스케치 종료"

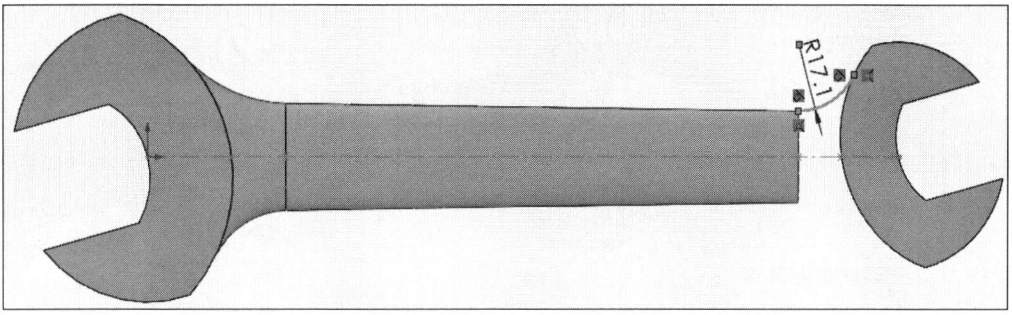

17) "윗면" → "스케치" → "3점호" → "좌측접선" → "우측접선" → "R32.6 치수 기입(참고용)" → "스케치 종료"

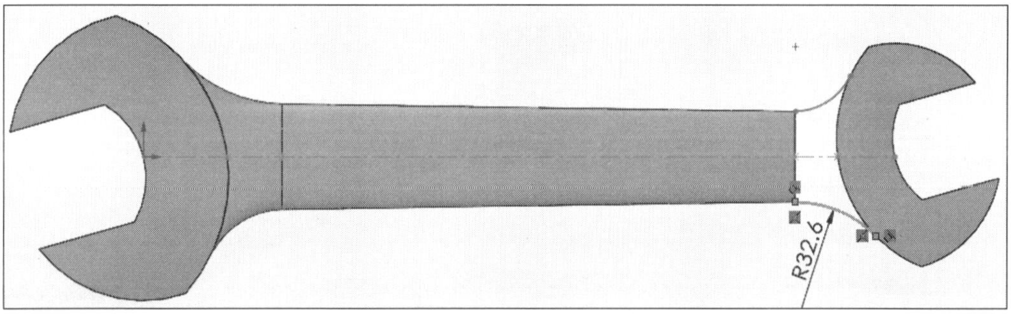

18) "단면" → "스케치" → "요소 변환"

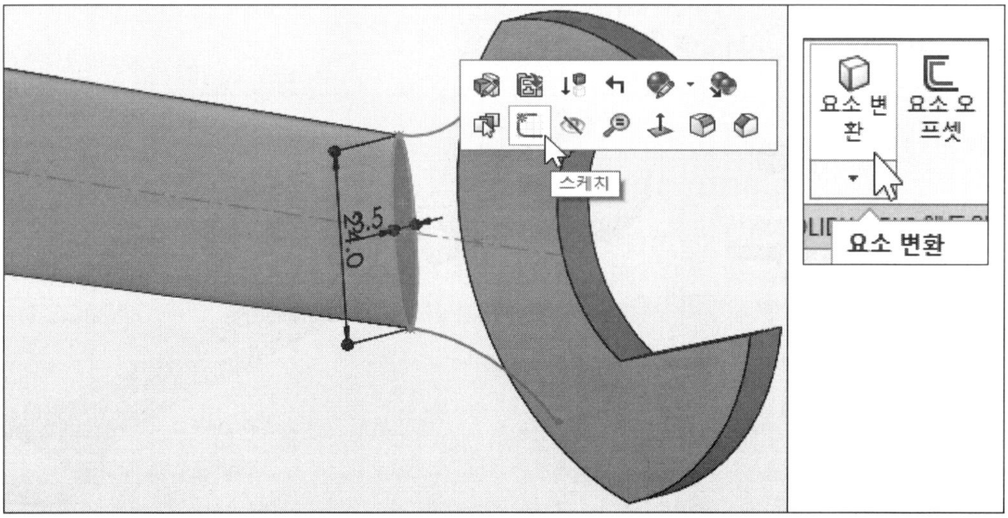

19) "바운더리보스" ➔ "경로1" ➔ "면에 탄젠트" ➔ "곡선1" ➔ "곡선2"

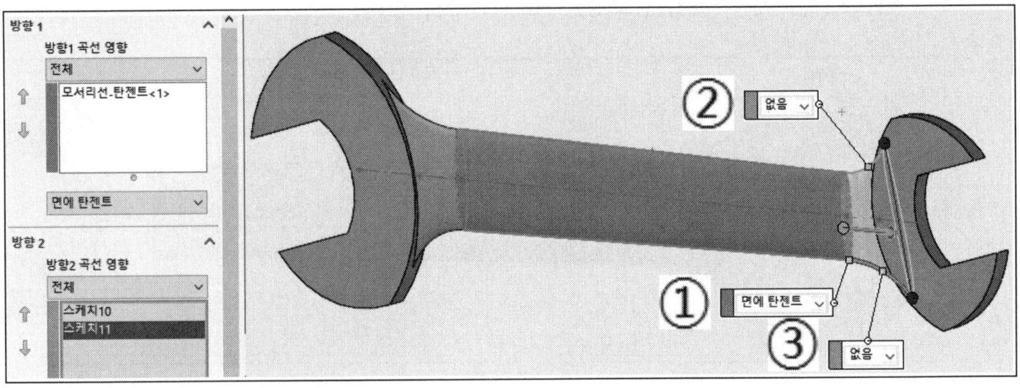

20) "필렛" ➔ "R16" ➔ "2개소" ➔ "확인"

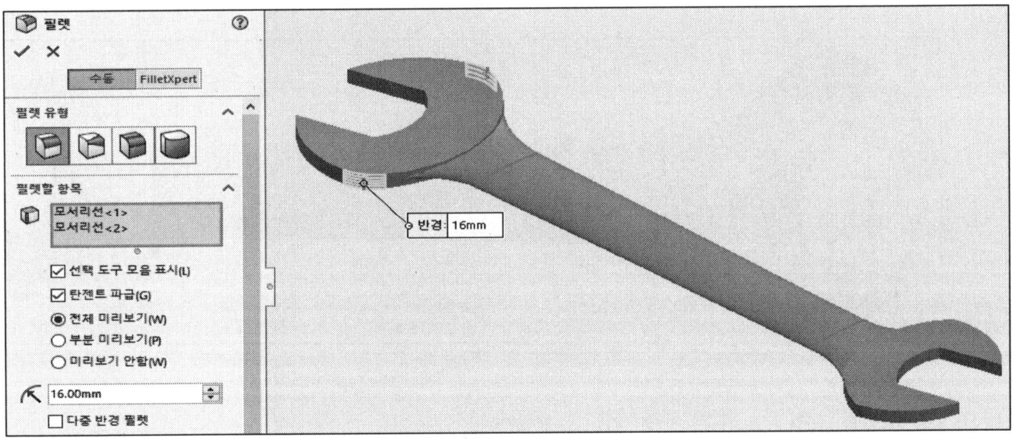

21) "필렛" ➔ "R14" ➔ "2개소" ➔ "확인"

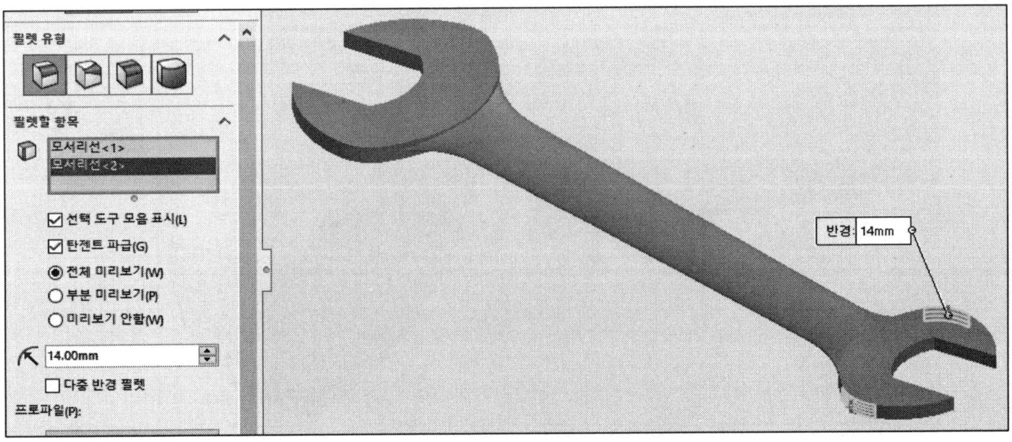

22) “필렛” → “R1” → “4개소” → “확인”

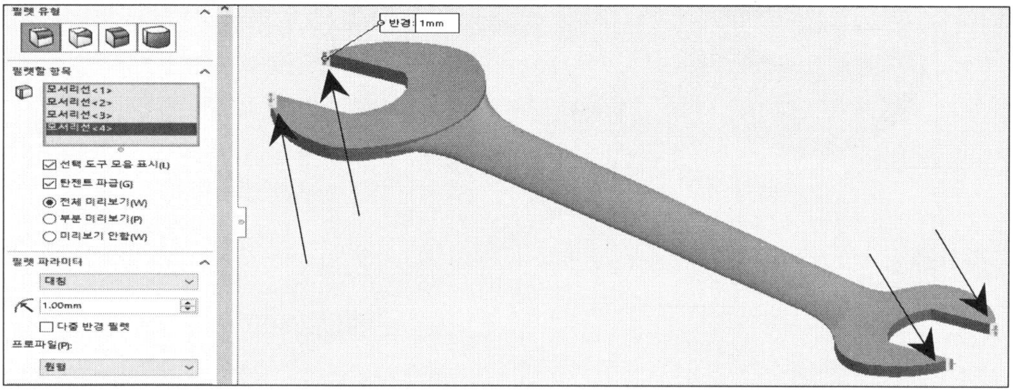

23) “필렛” → “R1” → “4개소” → “확인”

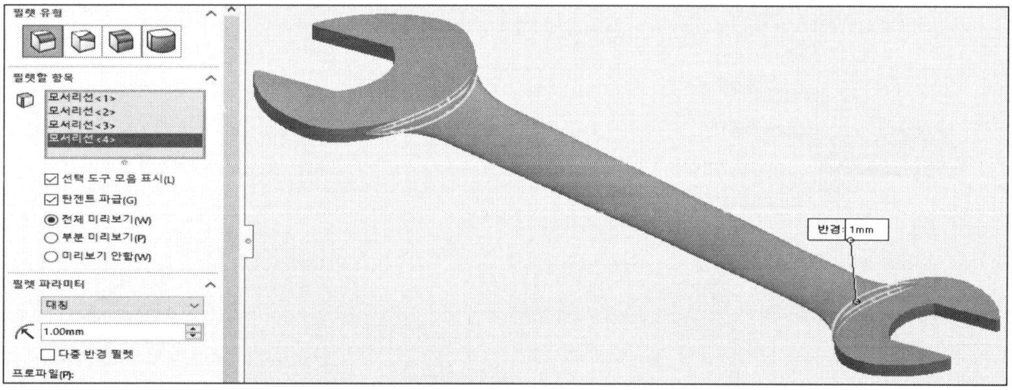

24) “완성된 모델”

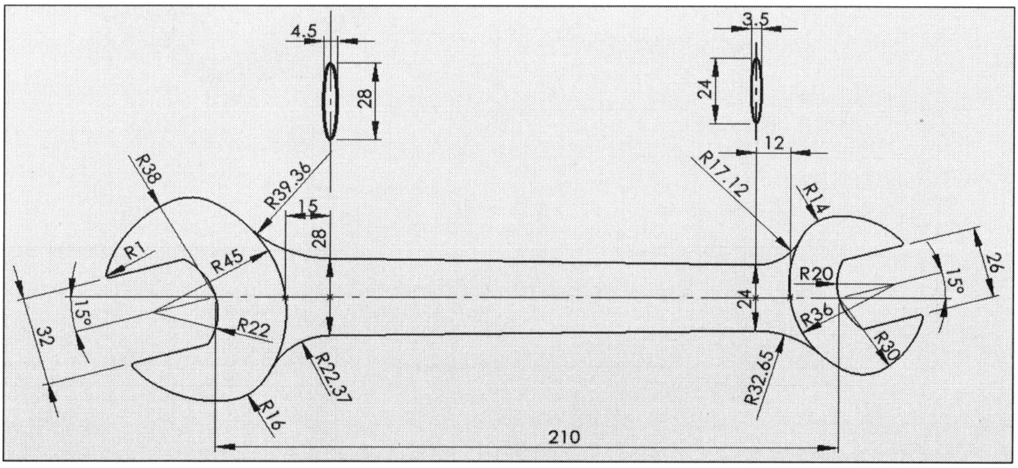

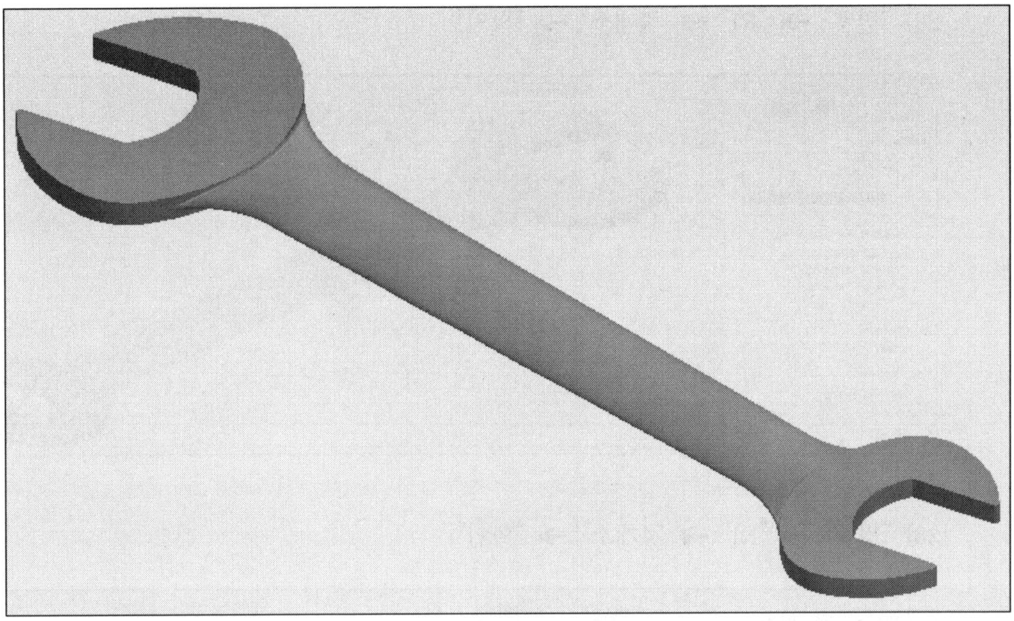

예제 도면 1

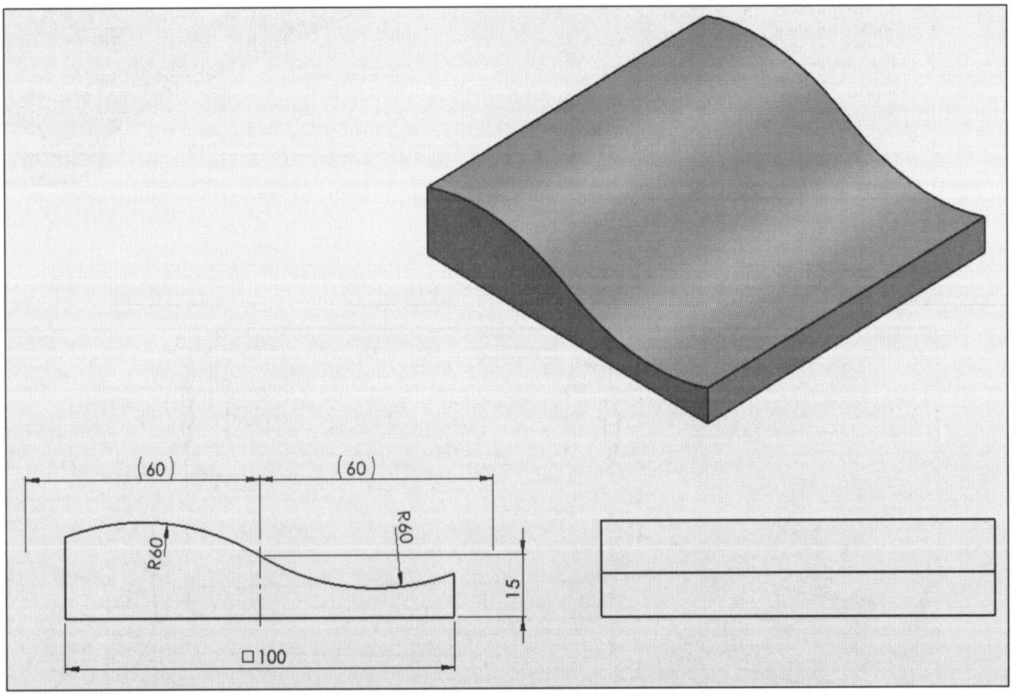

1) “새문서” 아이콘 선택

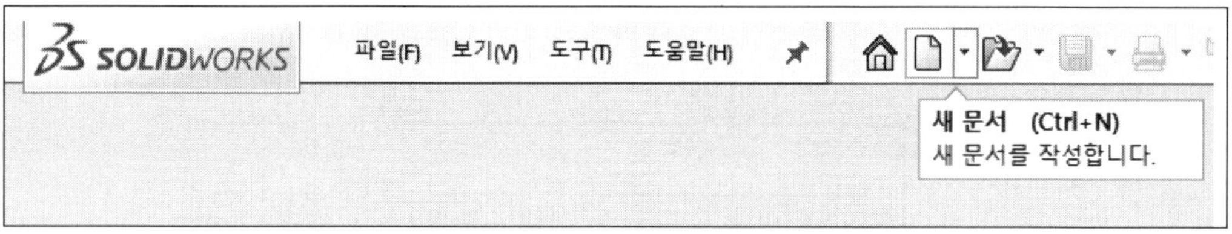

2) “파트” ➔ “확인”

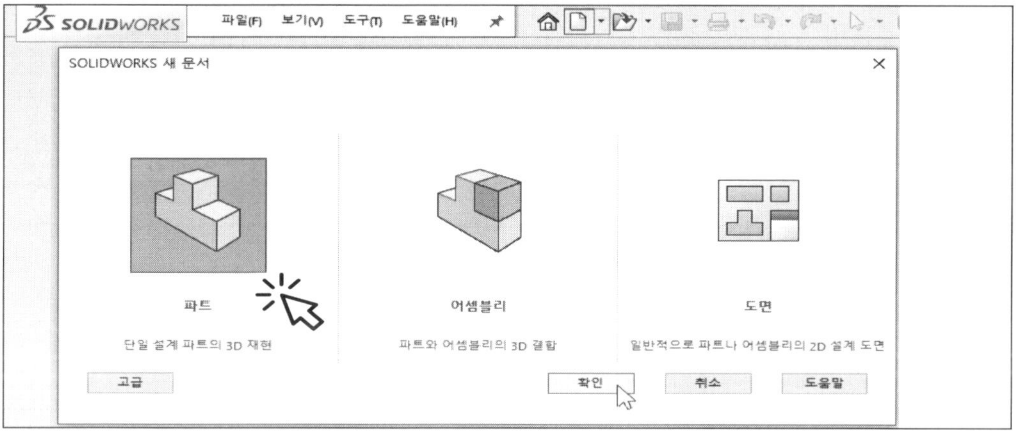

3) “윗면” ➔ “ㅁ100 작성” ➔ “스케치 종료” ➔ “돌출” ➔ “30mm” ➔ “확인”

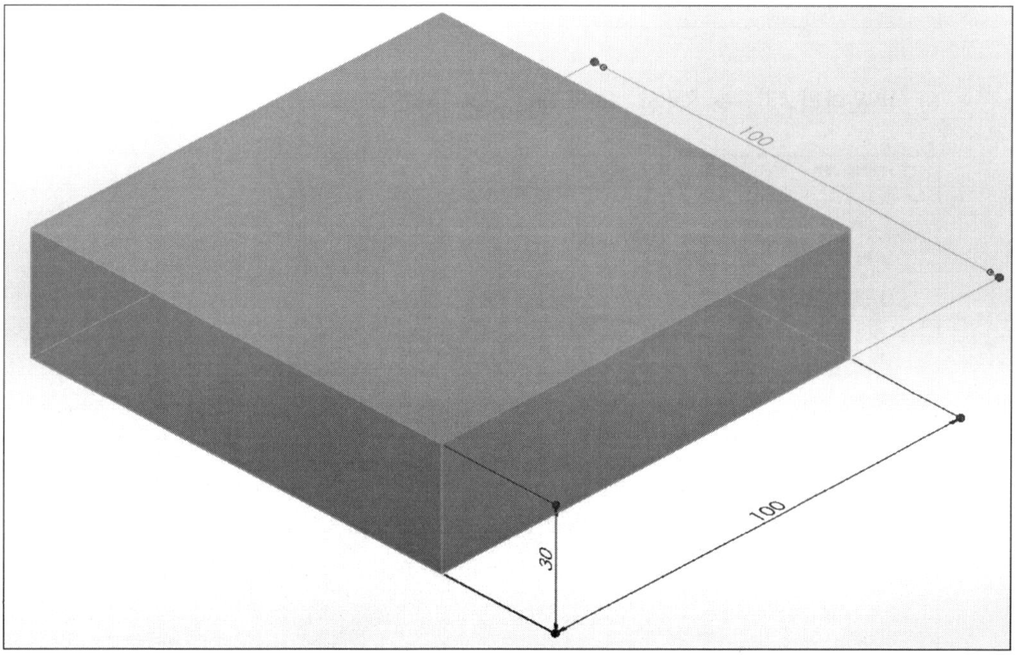

4) “정면” ➔ “R60 3점호” ➔ “원호간 접선구속” ➔ “원호양단 수평구속” ➔“치수기입” ➔ “스케치 종료”

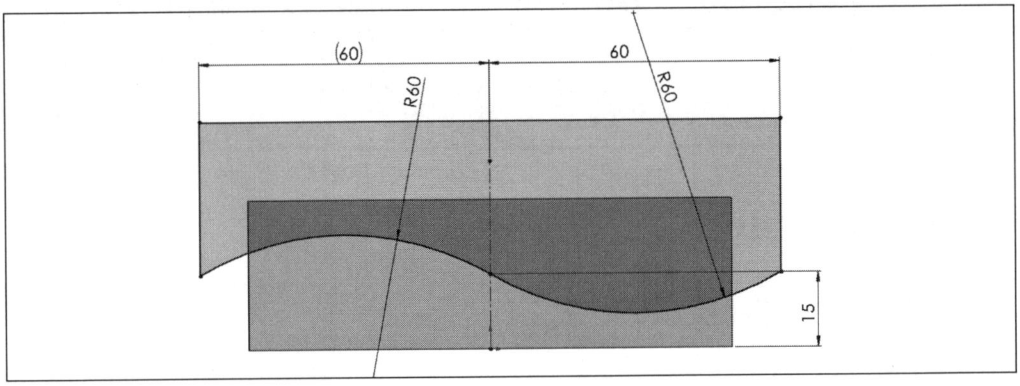

5) “우측면” ➔ “직선” ➔ “원호 중간점과 직선 일치구속” ➔ “스케치 종료”

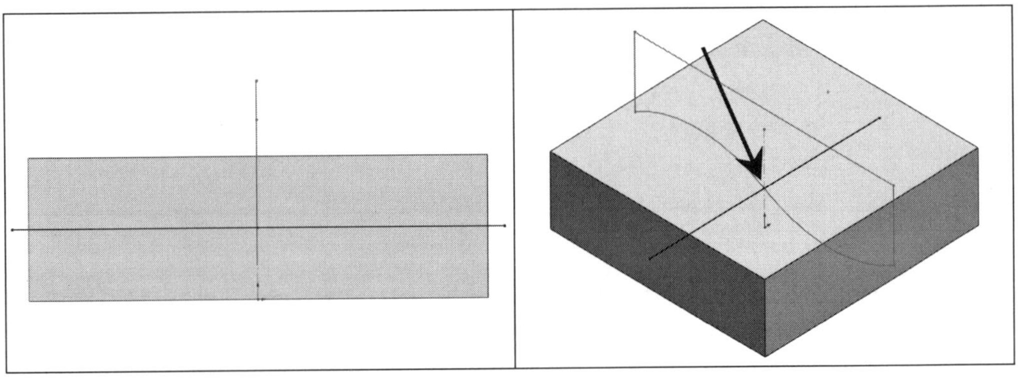

6) “바운더리 컷” ➔ “곡선” ➔ “직선” ➔ “확인”

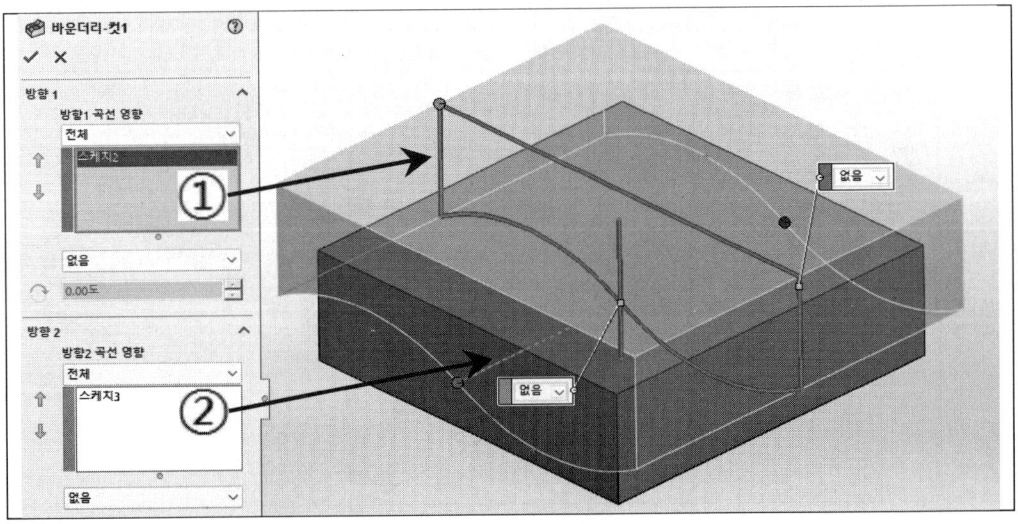

7) "완성된 모델"

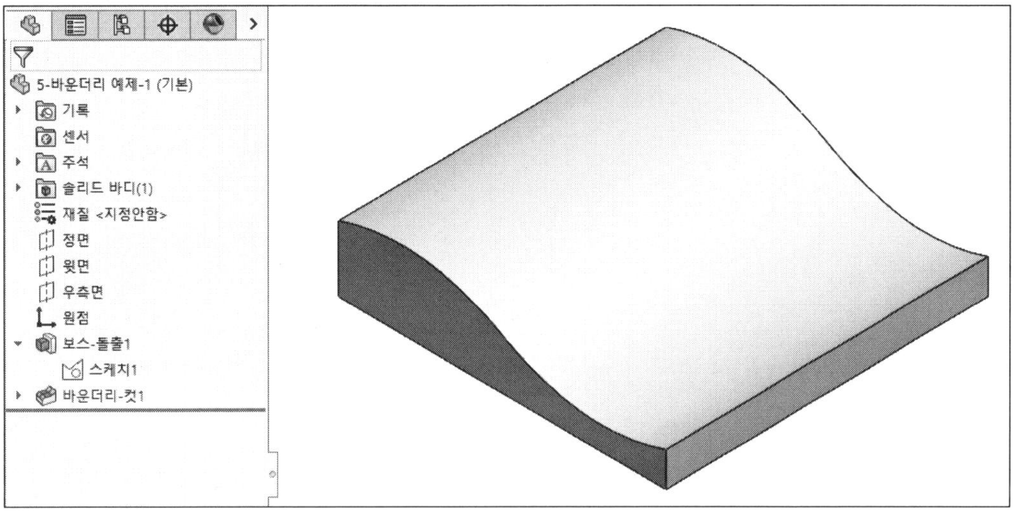

예제 도면 2

1) "새문서" 아이콘 선택

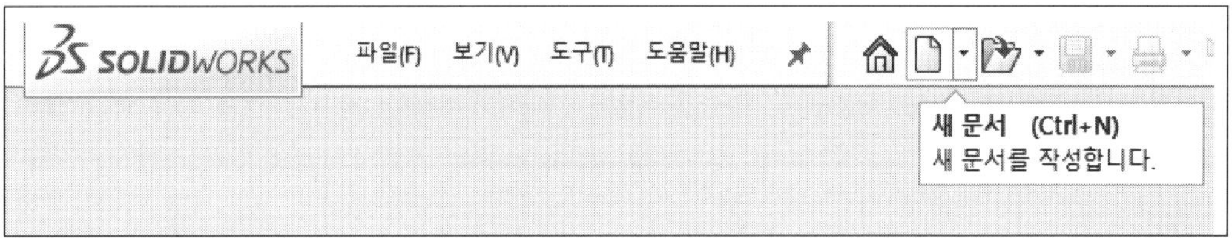

2) "파트" → "확인"

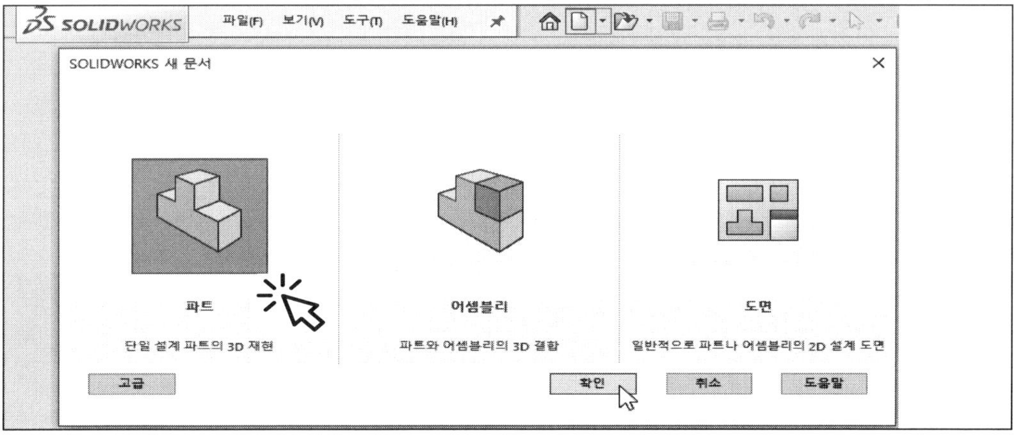

3) “윗면” → “□100 작성” → “스케치 종료” → “돌출” → “30mm”

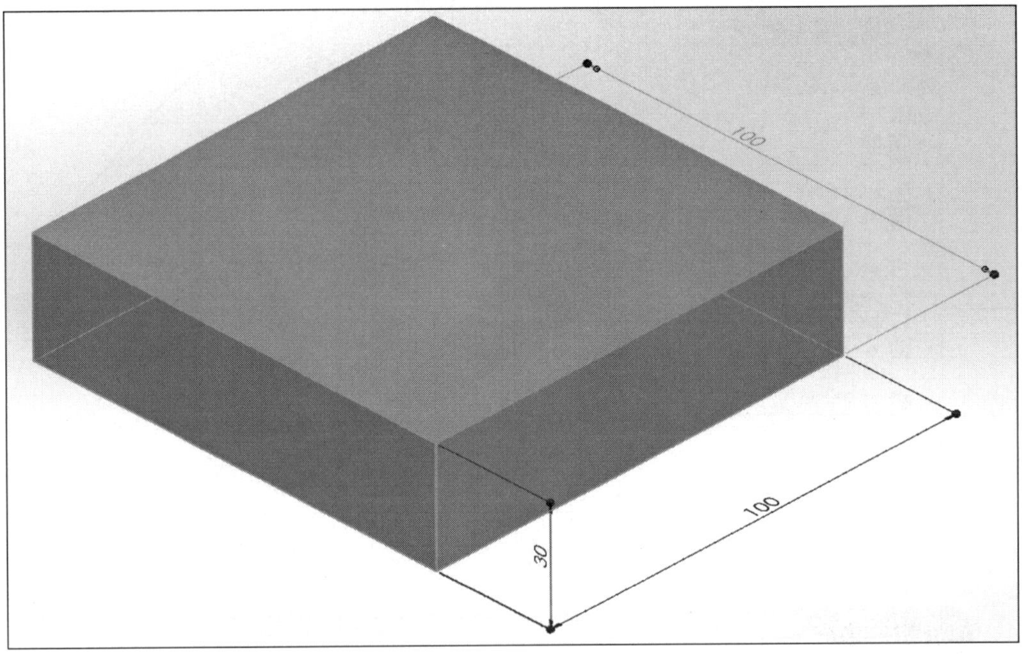

4) “정면” → “R60 3점호” → “원호간 접선구속” → “원호양단 수평구속” → “치수기입” → “스케치 종료”

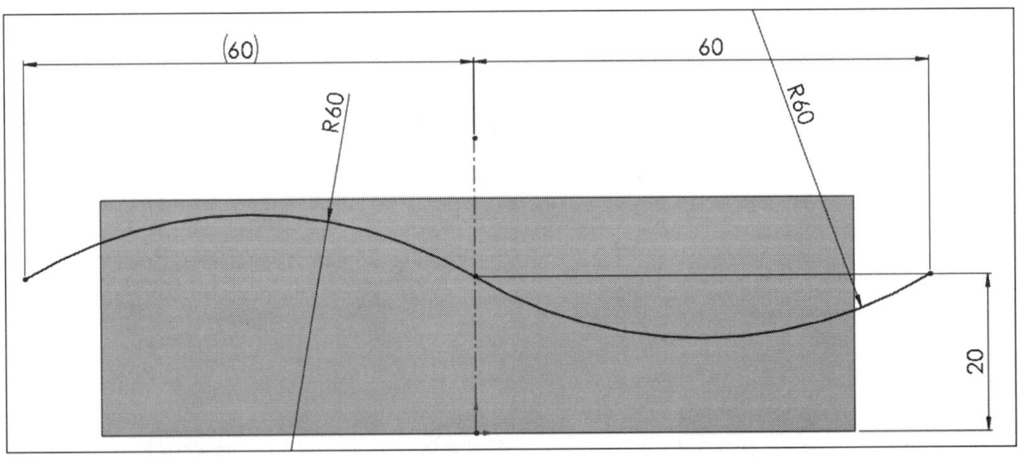

5) "우측면" ➔ "R150", 직선 테두리 ➔ "원호 중간점 일치" ➔ "스케치 종료"

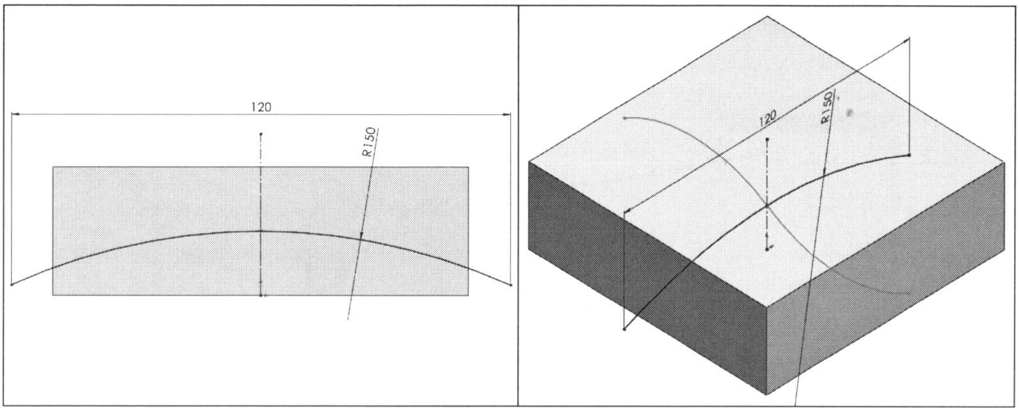

6) "메뉴" ➔ "삽입" ➔ "곡면" ➔ "바운더리 곡면"

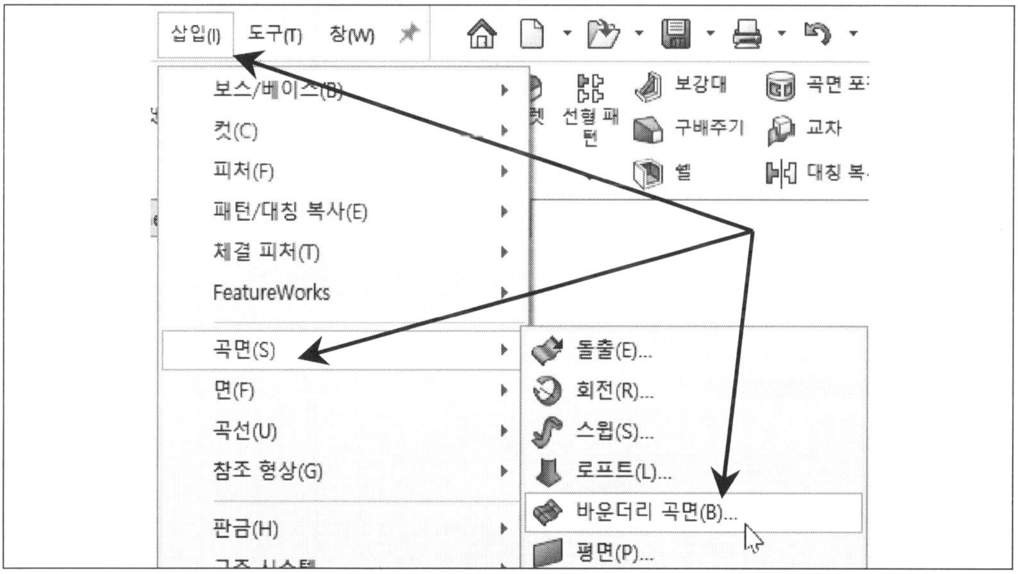

7) “방향1” ➔ “스케치2(R60 곡선)”

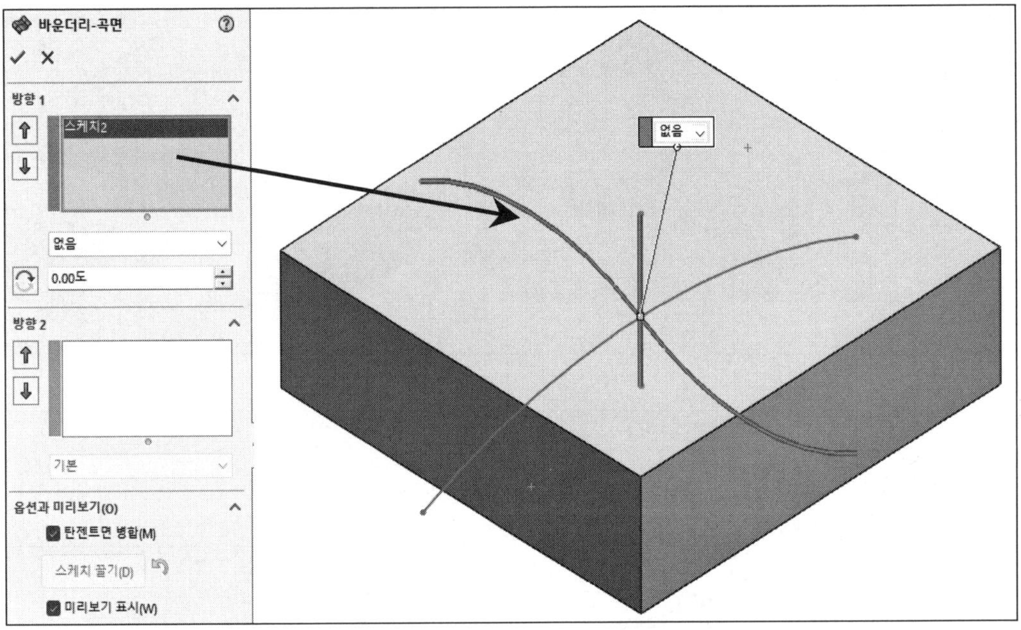

8) “방향2” ➔ “스케치2(R150 곡선)” ➔ “확인”

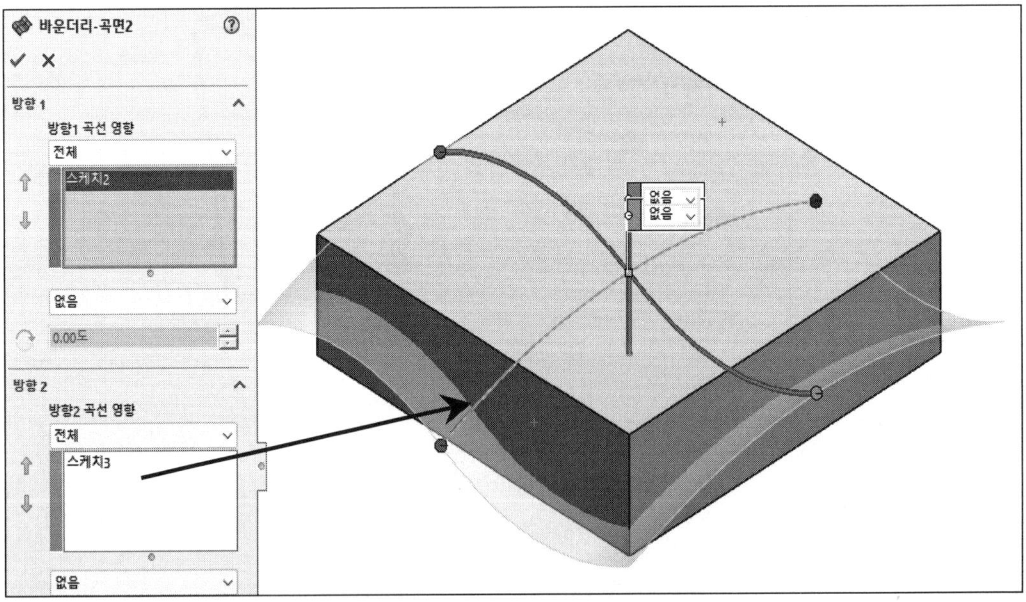

9) 작성된 바운더리 곡면

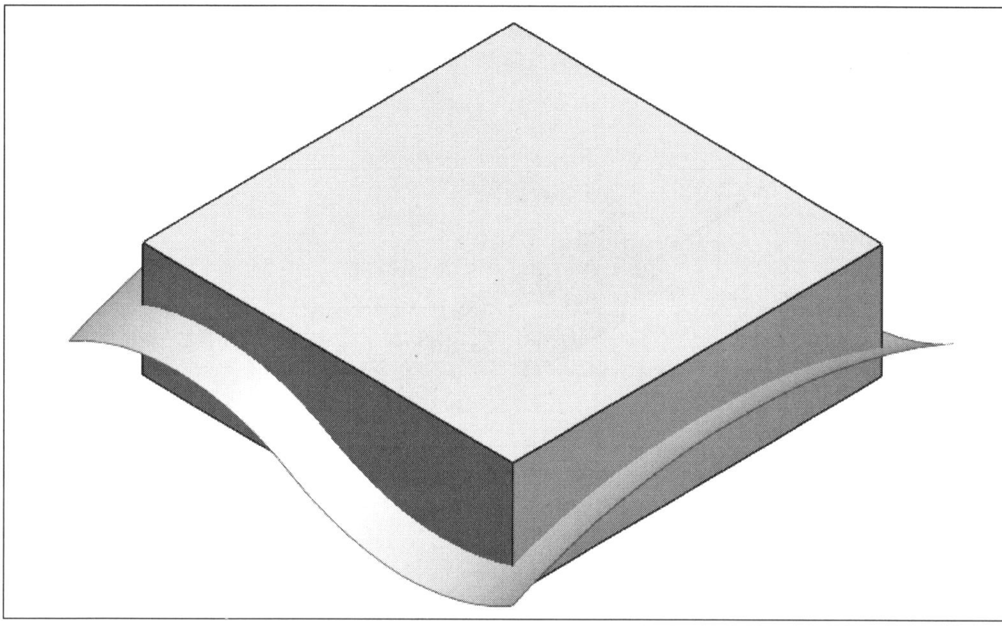

10) "메뉴" → "삽입" → "컷" → "곡면으로 자르기"

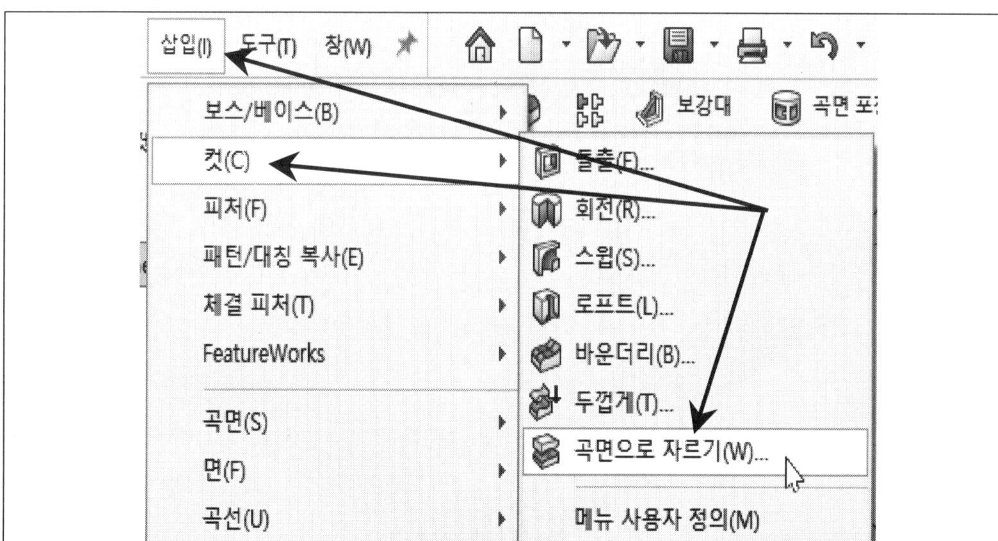

11) “바운더리 곡면 선택” ➔ “자를 방향 선정” ➔ “확인”

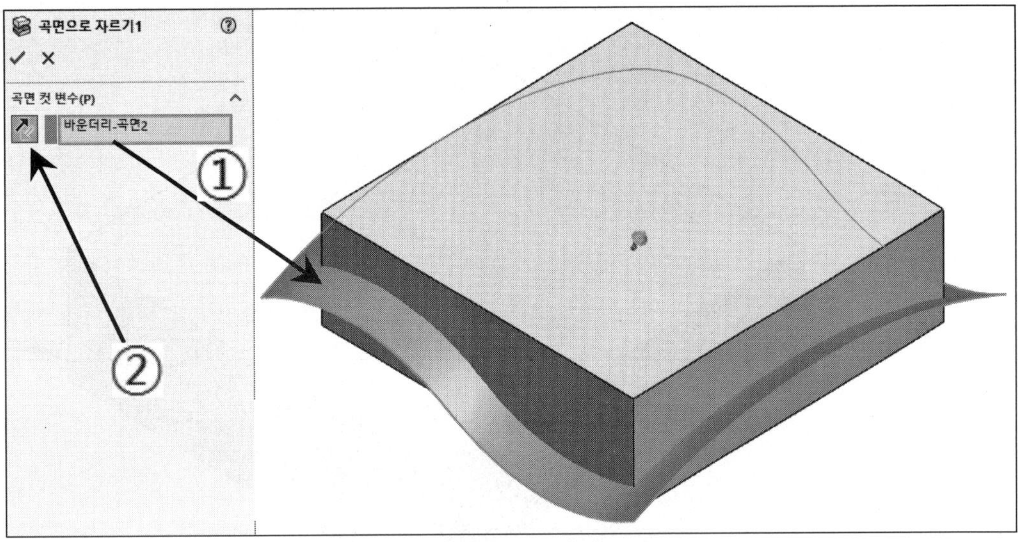

12) “바운더리 곡면 선택” ➔ “퀵 메뉴” ➔ “숨기기”

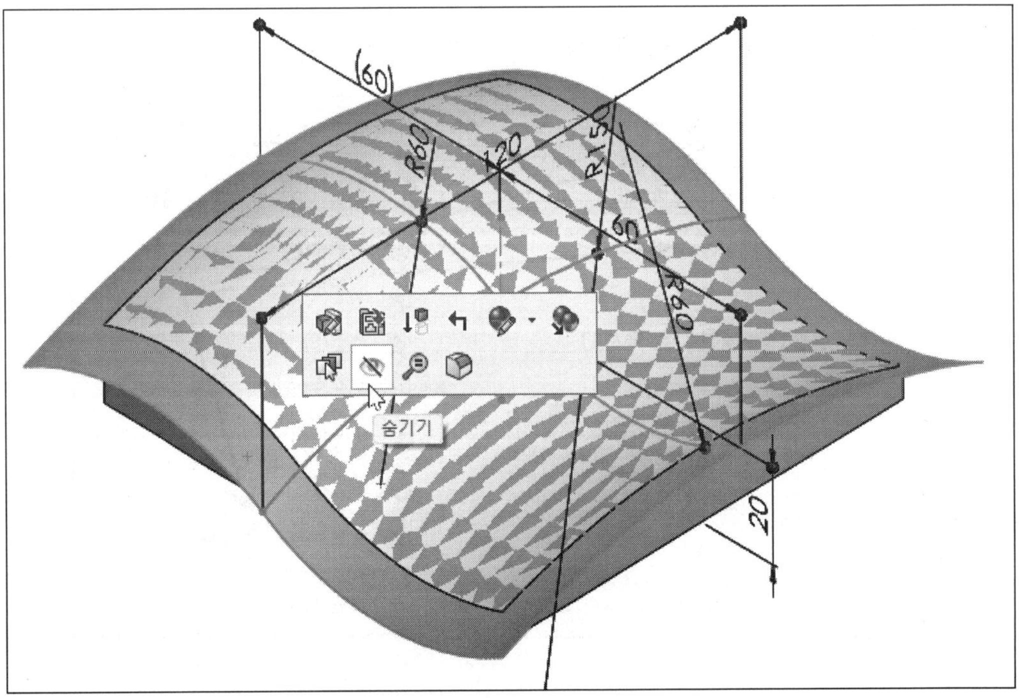

13) 완성된 모델

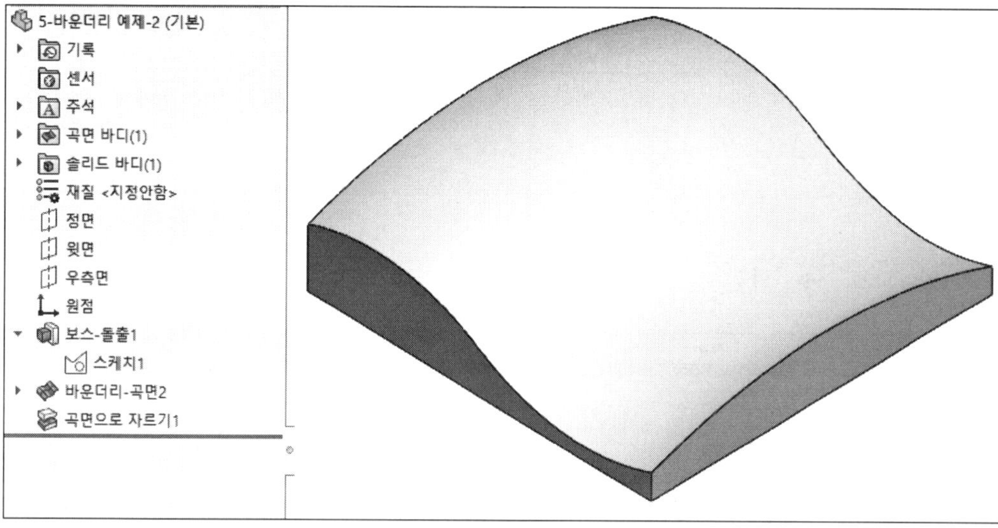

예제 도면 3

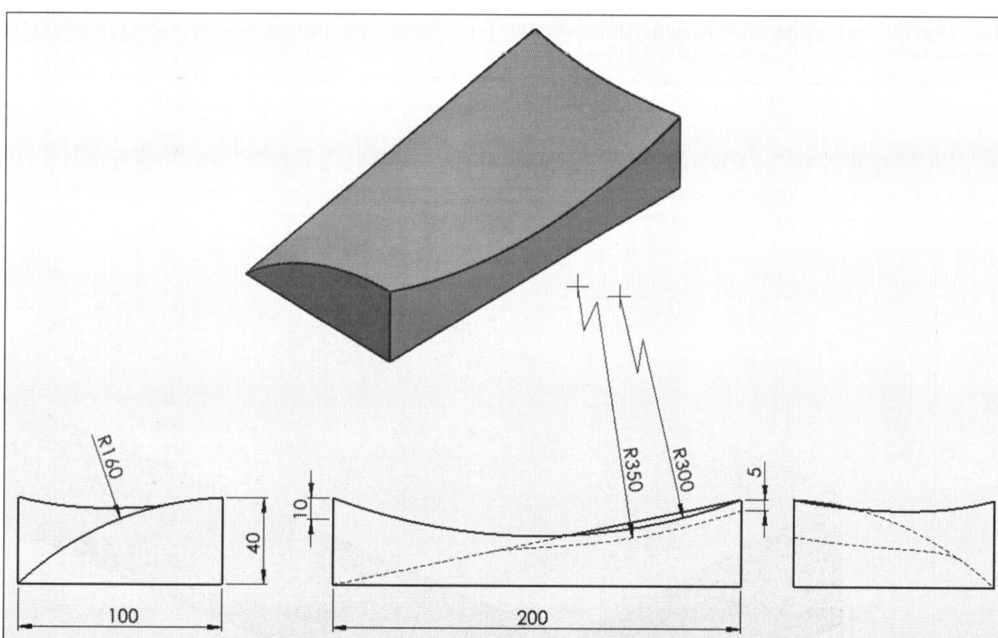

1) “새문서” 아이콘 선택

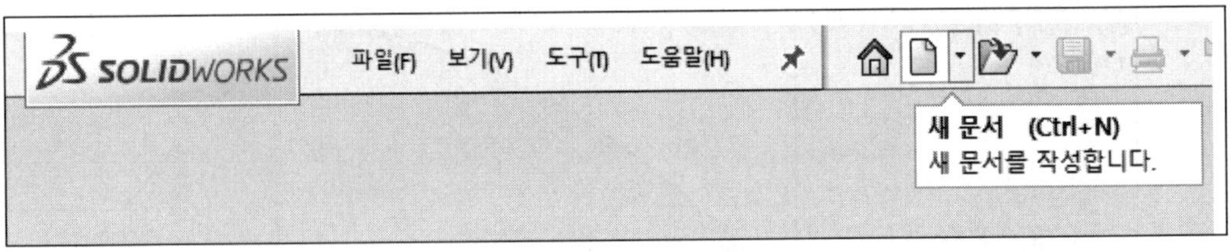

2) “파트” → “확인”

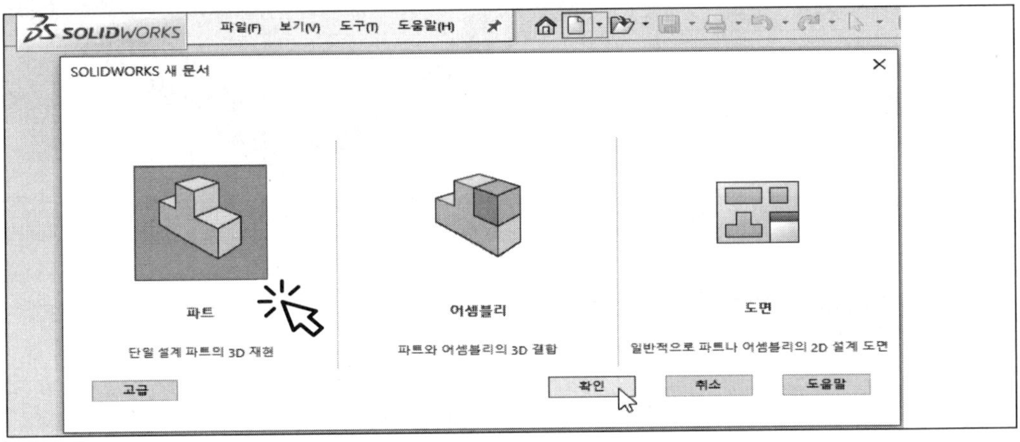

3) “정면” → “□40x100 작성”(중심점 사각형 사용) → “돌출” → “200mm”

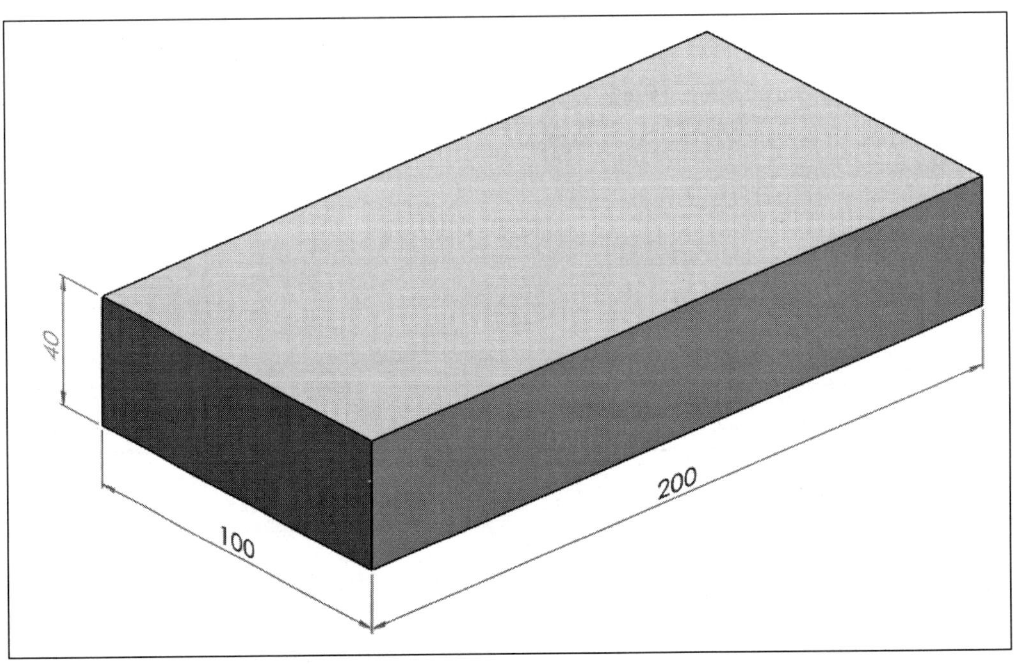

4) “우측면” ➔ “스케치”

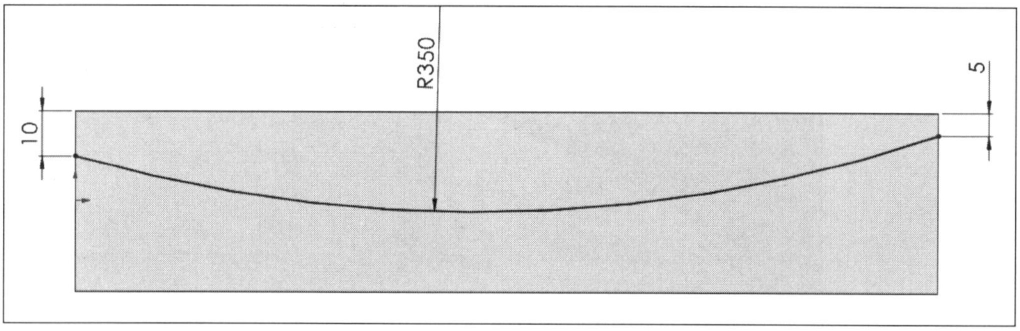

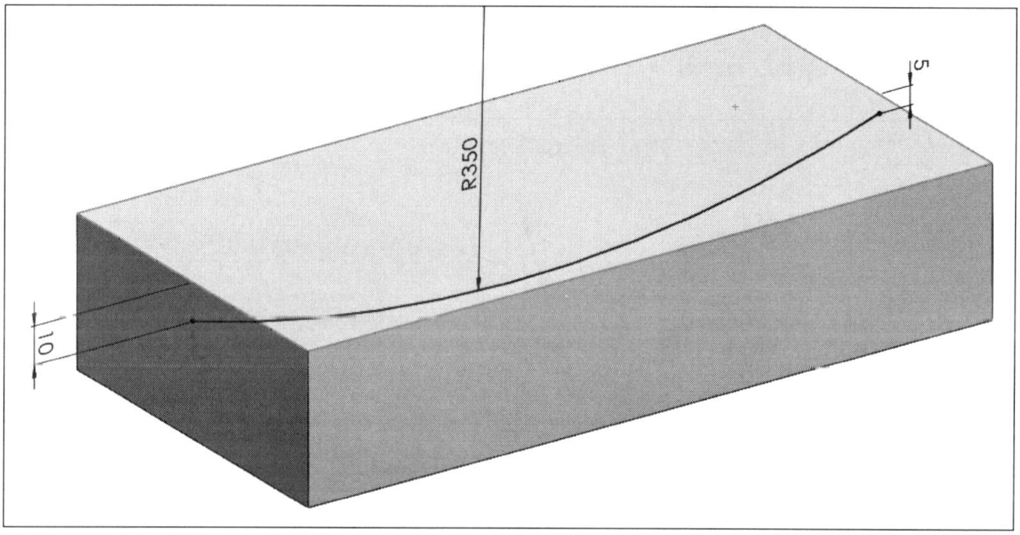

5) “모델 좌측면” ➔ “스케치” ➔ “직선(대각선)”(양쪽 끝점 일치 구속) ➔ “스케치 종료”

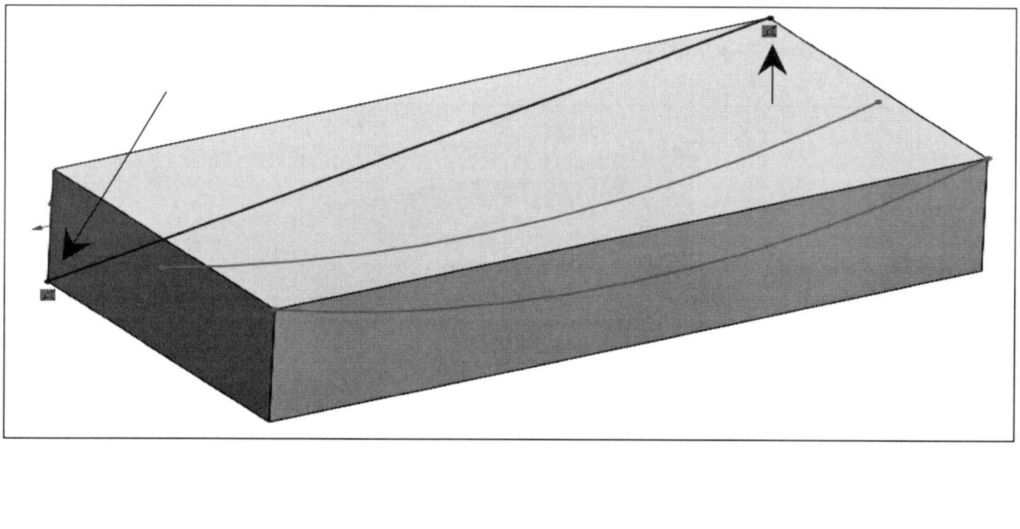

6) “정면” ➔ “스케치” ➔ “3점호”(각 끝점 관통 구속)

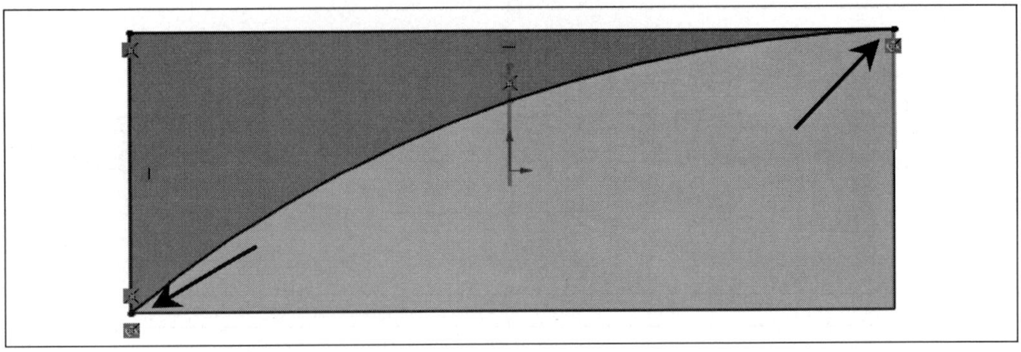

7) “Ctrl + 3점호 중간점 + 스케치3 원호 끝점” ➔ “일치 구속”

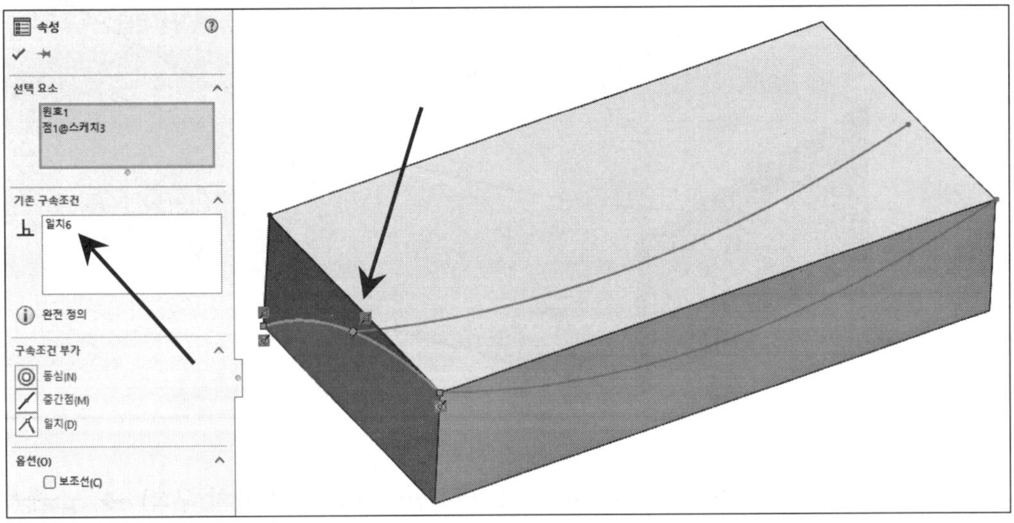

8) “수직선 작성” ➔ “수평선 작성” ➔ “스케치 종료”

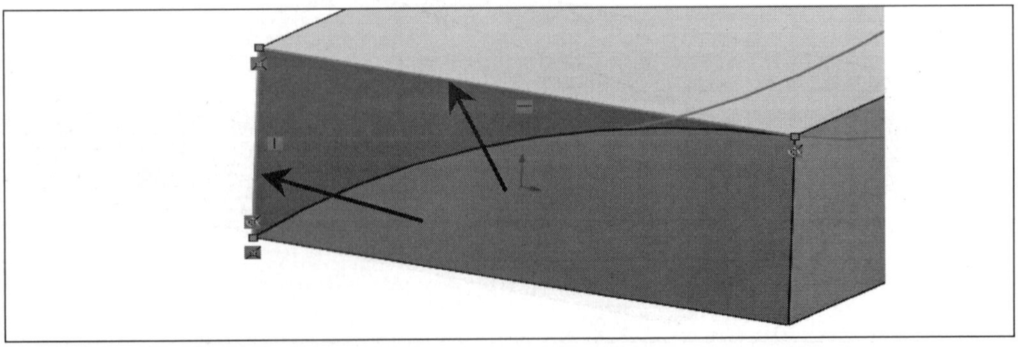

9) “바운더리 컷” ➔ “방향1(정면부 스케치)” ➔ “방향2(안내 라인 스케치 3개)”

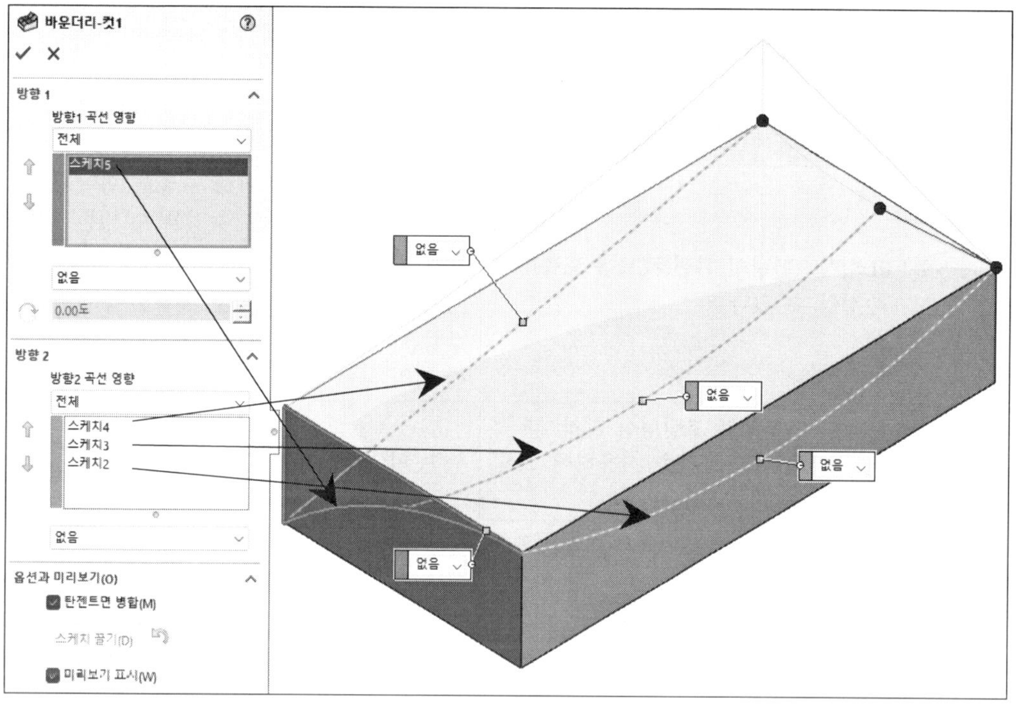

10) 완성된 바운더리 모델 형상

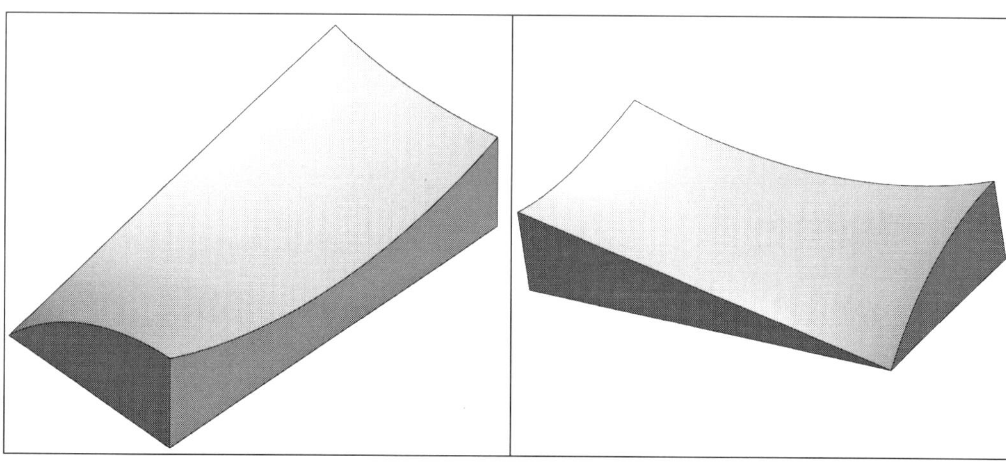

5.1 NCS 능력단위 평가

3D형상모델링 검토하기(1501020114_16v3.1) 능력단위 요소

능력단위요소-수행준거	평가방법	비고
1.1 3D형상모델링의 관련 정보를 도출하고 수정할 수 있다.	스케치의 정보를 확인해 오류를 파악하고 적절한 방법으로 수정할 수 있는 능력 보유 파악	질문, 체크리스트 등
	스케치 오류 부위를 찾고 적절한 수정 방법을 질문이나 체크리스트 등을 통해 파악	질문, 체크리스트 등
1.2 각각의 단품으로 조립형상 제작 시 적절한 조립 구속조건을 사용하여 조립품을 생성 할 수 있다.	추후 어셈블리에서 평가	
1.3 조립품의 간섭 및 조립여부를 점검하고 수정할 수 있다.	추후 어셈블리에서 평가	
1.4 편집기능을 활용하여 모델링을 하고 수정할 수 있다.	작성중 오류나 모델 변경시 수정 능력 보유 여부 파악	질문, 체크리스트 등
	스케치 수정 방법을 질문이나 체크리스트 등을 통해 파악	질문, 체크리스트 등

<table>
<tr><th>교육시간</th><td>48</td><th>강사</th><td></td></tr>
<tr><th>교육개요</th><td colspan="3">학생은 기계요소 설계 분야에서 중요한 업무인 형상모델링 능력을 모델링 프로그램을 사용하여 단순형상과 복잡형상의 모델링 데이터를 생성하고, 작성된 도면에 준하여 데이터를 확인 할 수 있다.</td></tr>
<tr><th>교육육표</th><td colspan="3">모델링 프로그램을 사용하여 단순형상과 복잡형상의 모델링 데이터를 생성하고, 작성된 도면에 준하여 데이터를 확인 할 수 있다.</td></tr>
<tr><th>단원명</th><th colspan="3">단원별 학습목표</th></tr>
<tr><td rowspan="4">1501020204_
14v2.1
모델링 작업
준비하기</td><td colspan="3">1.1 모델링 데이터 생성에 필요한 정보를 정의하여 수집할 수 있다.</td></tr>
<tr><td colspan="3">1.2 모델링 프로그램의 환경을 효율적으로 설정할 수 있다.</td></tr>
<tr><td colspan="3">1.3 모델트리 구성을 결정하여 모델링 작업시간을 단축할 수 있다.</td></tr>
<tr><td colspan="3">1.4 단순형상과 복잡형상을 확인하기 위해 모델링 데이터의 오류여부를 확인할 수 있다.</td></tr>
<tr><td rowspan="4">1501020204_
14v2.2
모델링
작업하기</td><td colspan="3">2.1 이용 가능한 모델링 프로그램의 기능을 사용하여 요구되는 형상을 완벽하게 구현할 수 있다.</td></tr>
<tr><td colspan="3">2.2 모델링의 수정 및 편집을 용이하게 할 수 있다.</td></tr>
<tr><td colspan="3">2.3 관련 산업표준을 준수하여 모델링 할 수 있다.</td></tr>
<tr><td colspan="3">2.4 영역, 길이, 각도, 공차, 지시 등 모델링에 관련된 추가적인 정보를 도출하고 생성할 수 있다.</td></tr>
<tr><td rowspan="4">1501020204_
14v2.3
모델링
분석하기</td><td colspan="3">3.1 도면과 모델링을 비교 · 검토하여 모델링의 오류 발생 정보를 최소화하고, 오류 발생 시 즉각적으로 수정할 수 있다.</td></tr>
<tr><td colspan="3">3.2 제작상의 문제점 및 핵심부를 검토하여 오류 발생 시 관계부서와 협의하여 모델링 데이터를 수정할 수 있다.</td></tr>
<tr><td colspan="3">3.3 제작성을 고려하여 모델링 작업의 결과물을 수정 · 보정할 수 있다.</td></tr>
<tr><td colspan="3">3.4 부품 간 상호 결합상태를 검증할 수 있다.</td></tr>
<tr><td rowspan="3">1501020204_
14v2.4
모델링 데이터
출력하기</td><td colspan="3">4.1 작업 표준서에 의하여 요구되는 2D 데이터 형식의 파일로 저장하거나 출력할 수 있다.</td></tr>
<tr><td colspan="3">4.2 작업 표준서에 의하여 요구되는 3D 모델링 데이터 형식의 파일로 저장하거나 출력할 수 있다.</td></tr>
<tr><td colspan="3">4.3 출력된 모델링 데이터에 요구되는 소요자재목록, 부품목록 등의 정보를 산출할 수 있다.</td></tr>
<tr><th>선수능력
(필요한 경우)</th><td colspan="3">그래픽 툴의 원활한 사용</td></tr>
</table>

학습활동

<table>
<tr><th>학습활동</th><th>특기사항</th></tr>
<tr><td>

[모델링 작업 준비하기]
1 모델링 데이터 생성에 필요한 정보를 정의하여 제출하시오.
2 모델링 프로그램의 환경을 효율적으로 설정하는 방법을 정리하여 제출하시오.
3 모델트리 구성을 결정하여 모델링 작업시간을 단축할 수 있도록 설정하고 그 방법을 정리하여 제출하시오.
4 단순형상과 복잡형상을 확인하기 위해 모델링 데이터의 오류여부를 판단하고 정리하여 제출하시오.

[모델링 작업하기]
1 이용 가능한 모델링 프로그램의 기능을 사용하여 요구되는 형상을 완벽하게 구현한 후 파일을 제출하시오.
2 모델링의 수정 및 편집을 용이하게 할 수 있는 방법을 정리하여 제출하시오.
3 관련 산업표준을 준수하여 모델링 하고 파일을 제출하시오.
4 영역, 길이, 각도, 공차, 지시 등 모델링에 관련된 추가적인 정보를 도출하고 생성한 후 파일을 제출하시오.

[모델링 분석하기]
1 도면과 모델링을 비교·검토하여 모델링의 오류 발생 정보를 최소화하고 정리 하여 제출하시오.
2 제작상의 문제점 및 핵심부를 검토하여 오류 발생 시 관계부서와 협의하여 모델링 데이터를 수정한 후 파일로 제출 하시오.
3 제작성을 고려하여 모델링 작업의 결과물을 수정·보정한 후 그 내용을 정리하여 제출 하시오.
4 부품 간 상호 결합상태를 검증 분석하고 그 방법을 정리하여 제출하시오.

[모델링 데이터 출력하기]
1 작업 표준서에 의하여 요구되는 2D 형식으로 출력하여 제출하시오.
2 작업 표준서에 의하여 요구되는 3D 모델링 데이터 형식의 파일로 저장하여 제출하시오.
3 출력된 모델링 데이터에 요구되는 소요자재목록, 부품목록 등의 정보를 산출 정리하여 제출하시오.

</td><td>

• 질문 사항 및 도면 검토(검도)는 이메일로 제출
- 메일주소 :

• 컴퓨터 전원 관리 철저 및 안전에 주의(문어발식 콘센트 사용금지)

• 실습 및 학습과 무관한 소프트웨어 및 허가받지 않은 소프트웨어를 설치하지 말것(비허가 및 불법 소프트웨어는 삭제 될 수 있음)

• USB의 사용전, 후 반드시 바이러스 검사를 실시

• 바이러스가 예상되는 웹사이트에 접근금지

• 책상주변에 커피, 물 등의 음식물 보관 금지

• 실습실 개방시간 : 9:00 ~ 18:00

• 컴퓨터 고장 및 프린터, 플로터 사용시 관리자
- 연락처 : 학과사무실
- 전화번호 :

</td></tr>
</table>

학습자료

<table>
<tr><td>보조자료</td><td colspan="2">• 개발시 필요한 국/내외 표준
• 한국소프트웨어기술진흥협회 가이드
• 개발 시 적용되는 국/내외 개발표준 문서
• 개발 시 적용되는 개발표준 문서
• 표준 및 절차 매뉴얼(템플릿 포함)
• 전자정부 웹 표준 준수지침</td></tr>
<tr><td>사용장비 및 공구</td><td colspan="2">• 컴퓨터
• 프린터, 플로터
• 형상모델링 작성 프로그램</td></tr>
<tr><td>소요재료</td><td colspan="2">프린터잉크 및 토너, 플로터잉크</td></tr>
<tr><td rowspan="4">관련
지식 · 기술 · 태도</td><td>구 분</td><td>주 요 내 용</td></tr>
<tr><td>지 식</td><td>• 공작기계의 종류 및 특성에 대한 지식
• 기계재료의 종류 및 특성에 대한 지식
• 모델링 프로그램 전반에 대한 지식
• 모델링 프로그램 매뉴얼에 대한 지식
• 부품 상호운동의 기구학적 특성에 대한 지식
• 유사 사례의 성공, 실패요인에 대한 지식
• 좌표계의 종류 및 특성에 대한 지식
• 치수공차 및 기하공차에 대한 지식
• KS 및 ISO 등 규격에 대한 지식
• SI 및 MKS 단위에 대한 지식
• 2D 도면해독에 대한 지식</td></tr>
<tr><td>기 술</td><td>• 모델링 데이터 검증 기술
• 모델링 분석 기술
• 모델링 제품의 제작방법 검토 기술
• 모델링 공정 단축을 위한 설계기술
• 모델링 프로그램 전반에 대한 운용 기술
• 유사 사례에 대한 분석 기술
• 관련 분야의 산업표준에 대한 검토 기술
• 공차 및 기하학적 기호에 대한 이해 능력
• 체크리스트 확인 능력</td></tr>
<tr><td>태 도</td><td>• 가공시간을 단축시켜 생산성 향상을 위한 적극적인 자세
• 관련 분야 산업표준에 대한 분석 의지
• 도면에 따른 모델링의 치밀한 분석 자세
• 모델링 데이터 오류에 대한 객관적 분석 의지
• 모델링 분석을 위한 객관적 판단 의지
• 모델링 프로그램 매뉴얼 습득 의지
• 유사 사례를 면밀하게 분석할 수 있는 태도
• 정확한 도면분석을 위한 검토 의지
• 타 부서와의 협력 검토 의지</td></tr>
<tr><td>교재</td><td colspan="2">본 교재, NCS 학습모듈, 솔리드웍스 따라하기(건기원)</td></tr>
</table>

자기평가서

자 기 평 가 서				
평가영역(단원명)	문 항	미흡	보통	우수
모델링 작업 준비하기	1.1 모델링 데이터 생성에 필요한 정보를 정의하여 수집할 수 있다.			
	1.2 모델링 프로그램의 환경을 효율적으로 설정할 수 있다.			
	1.3 모델트리 구성을 결정하여 모델링 작업시간을 단축할 수 있다.			
	1.4 단순형상과 복잡형상을 확인하기 위해 모델링 데이터의 오류여부를 확인할 수 있다.			
모델링 작업하기	2.1 이용 가능한 모델링 프로그램의 기능을 사용하여 요구되는 형상을 완벽하게 구현할 수 있다.			
	2.2 모델링의 수정 및 편집을 용이하게 할 수 있다.			
	2.3 관련 산업표준을 준수하여 모델링 할 수 있다.			
	2.4 영역, 길이, 각도, 공차, 지시 등 모델링에 관련된 추가적인 정보를 도출하고 생성할 수 있다.			
모델링 분석하기	3.1 도면과 모델링을 비교 · 검토하여 모델링의 오류 발생 정보를 최소화하고, 오류 발생 시 즉각적으로 수정할 수 있다.			
	3.2 제작상의 문제점 및 핵심부를 검토하여 오류 발생 시 관계부서와 협의하여 모델링 데이터를 수정할 수 있다.			
	3.3 제작성을 고려하여 모델링 작업의 결과물을 수정 · 보정할 수 있다.			
	3.4 부품 간 상호 결합상태를 검증할 수 있다.			
모델링 데이터 출력하기	4.1 작업 표준서에 의하여 요구되는 2D 데이터 형식의 파일로 저장하거나 출력할 수 있다.			
	4.2 작업 표준서에 의하여 요구되는 3D 모델링 데이터 형식의 파일로 저장하거나 출력할 수 있다.			
	4.3 출력된 모델링 데이터에 요구되는 소요자재목록, 부품목록 등의 정보를 산출할 수 있다.			

평가자 체크리스트 평가 표

평가 항목(체크 리스트)		교수자 평가	
		배점	득점
1. 3D 형상 모델링 작업 준비할 수 있는가?		**30점**	
	- 명령어를 이용하여 3D CAD 프로그램을 사용자 환경에 맞도록 설정할 수 있다.	10점	
	- 3D 형상 모델링에 필요한 부가 명령을 설정할 수 있다.	10점	
	- 작업 환경에 적합한 템플릿을 제작하여 도면의 형식을 균일화 시킬 수 있다.	10점	
2. 3D 형상 모델링 작업할 수 있는가?		**70점**	
	- KS 및 ISO 관련 규격을 준수하여 형상을 모델링할 수 있다.	10점	
	- 스케치 도구를 이용하여 디자인을 형상화할 수 있다.	10점	
	- 모델에 치수를 기입하여 치수에 맞게 형상을 수정할 수 있다.	10점	
	- 기하학적 형상을 구속하여 원하는 형상을 유지시키거나 선택되는 요소에 다양한 구속 조건을 설정할 수 있다.	10점	
	- 특징 형상 설계를 이용하여 요구되어지는 3D 형사 모델링을 완성할 수 있다.	10점	
	- 연관 복사 기능을 이용하여 원하는 형상으로 편집하고 변환할 수 있다.	10점	
	- 요구되어지는 형상과 비교, 검토하여 요류를 확인하고 발견되는 오류를 즉시 수정할 수 있다.	10점	
점수 환산 (총 득점 / 만점) x 100		**100점**	

※ 평가 문제는 앞 페이지의 예제 도면에서 교수자가 선정하여 실시한다.

※ 평가에서 평가 시점 및 방법은 매 단원마다 실시하거나 중간평가, 기말평가 또는 교육기관 형편에 맞추어 적합한 평가 시점이나 횟수 방법을 적용해 실시한다.

CHAPTER

06 어셈블리(Assembly, 조립) 및 동영상

6.1 어셈블리 파트 작성하기

어셈블리 기능은 현재까지 연습했던 각각의 부품을 솔리드웍스 내로 불러와 부품들을 실제로 조립하듯이 다양한 부착 방법을 활용해 하나씩 조립하여 원하는 기구나 장치 더 나아가서는 기계를 만들 수 있는 유용한 기능이며, 지금까지 연습한 파트 모델링은 어셈블리를 위한 보조로 수단으로 생각해도 좋을 만큼 어셈블리의 장점이 매우 많으니 다양한 실습 과제의 연습을 통해 학습해 보자.

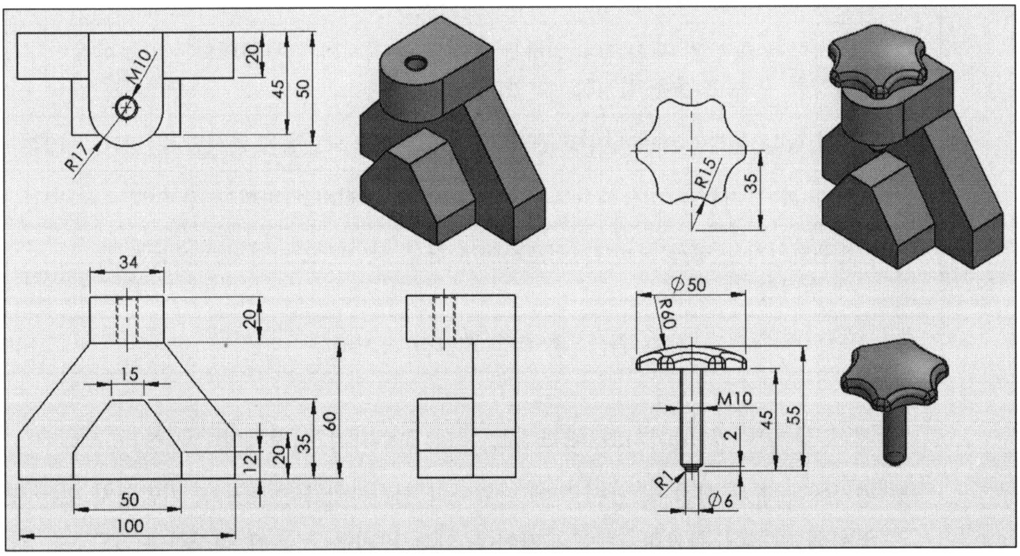

1) 〈부품 1 작성〉 "새문서" → "파트" → "확인"

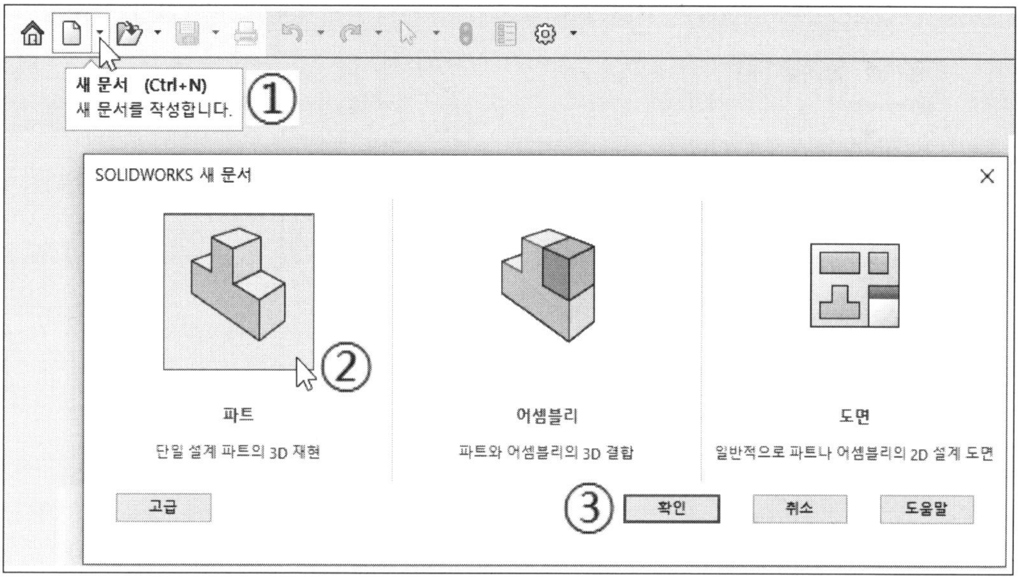

2) "정면" → "스케치 작성"

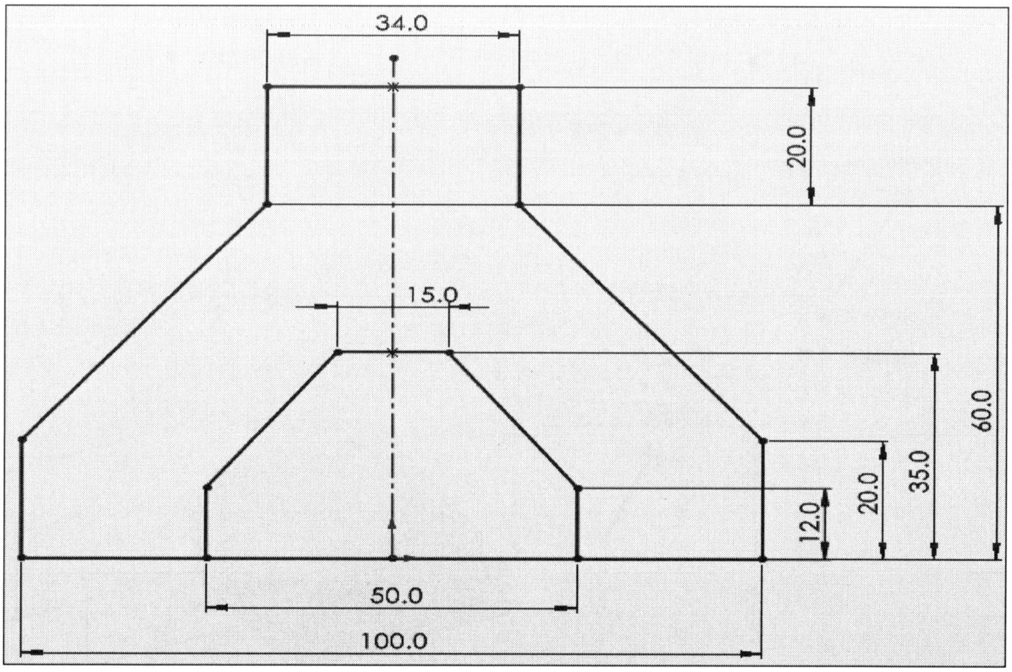

3) “돌출” ➔ “선택 프로파일” ➔ “2개 면 선택” ➔ “돌출값 45mm” ➔ “확인”

(현재의 스케치에는 다양한 공간이 존재하므로 어느 부분을 돌출할지 사용자가 선택)

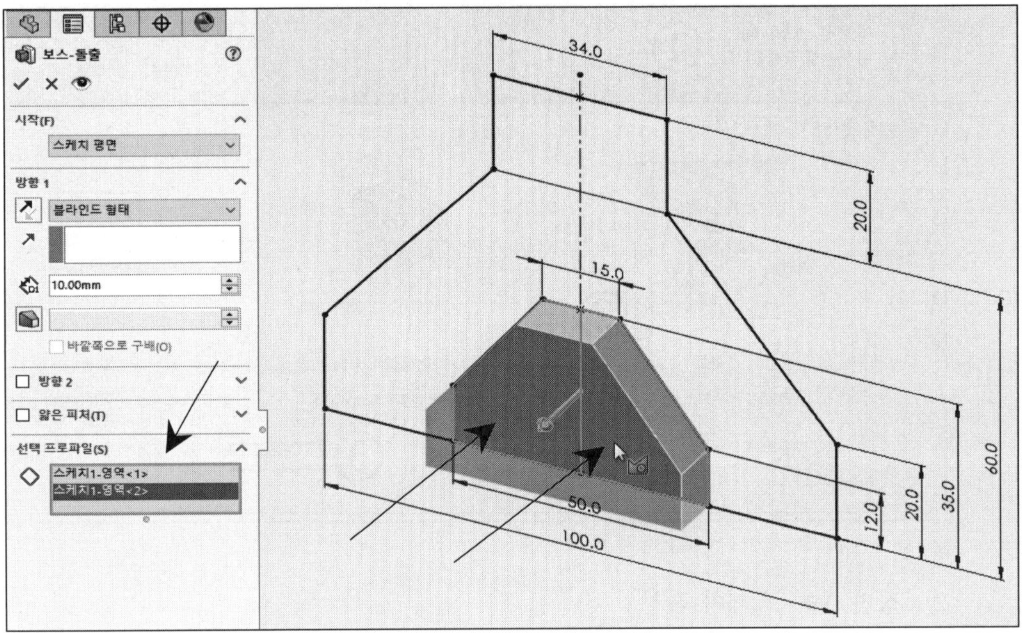

4) “돌출1” ➔ “▶” ➔ “스케치1 선택”(방금 작성한 스케치가 다시 활성화 됨)

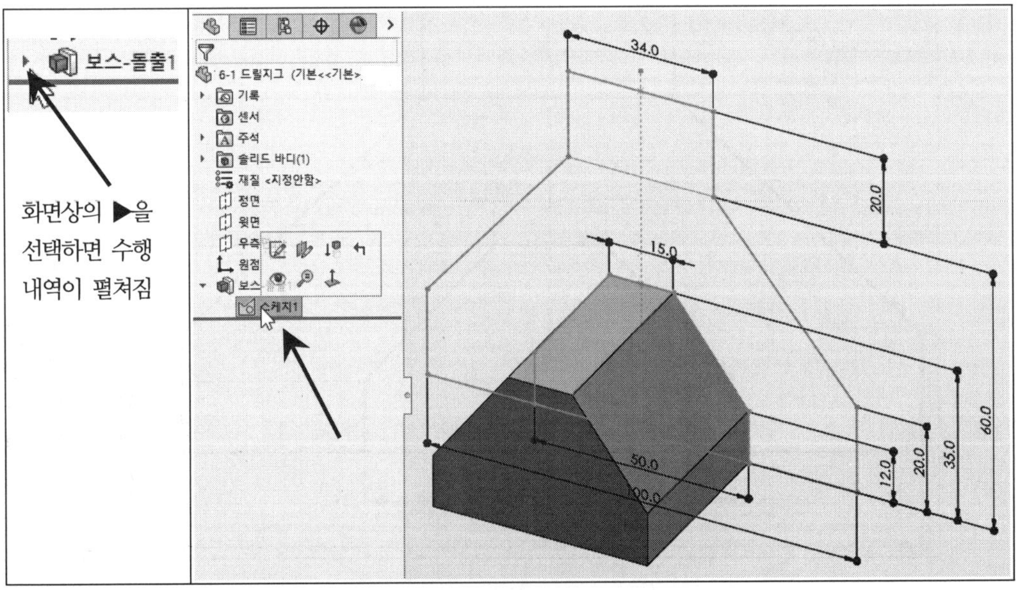

5) “돌출” → “선택 프로파일” → “2개 면 선택” → “돌출값 20mm” → “확인”

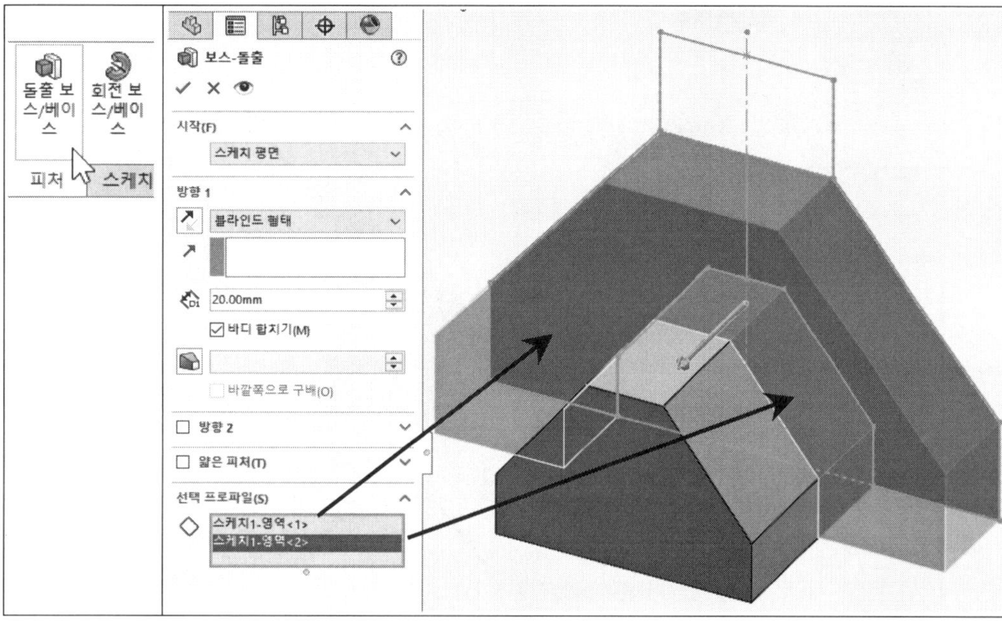

6) “돌출1” → “▶” → “스케치1 선택”(방금 작성한 스케치가 다시 활성화)

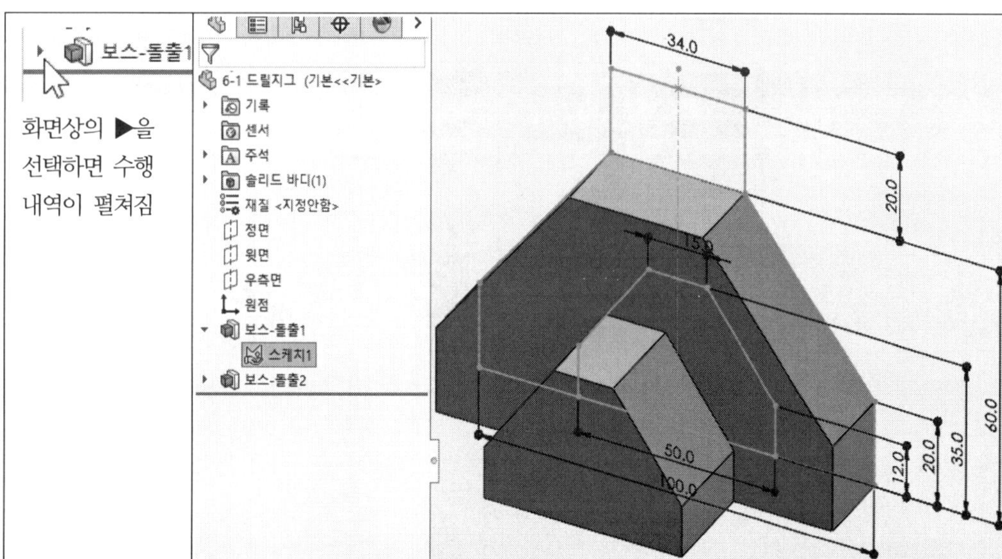

7) “돌출” ➔ “선택 프로파일” ➔ “2개 면 선택” ➔ “돌출값 50mm” ➔ “확인”

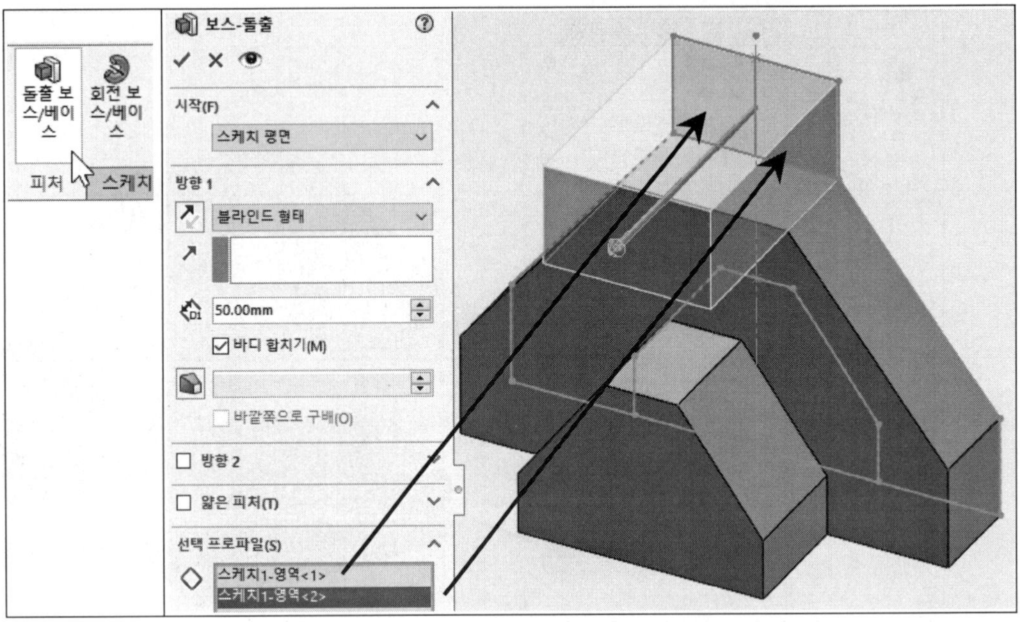

8) “필렛” ➔ “둥근필렛” ➔ “좌측면” ➔ “중간면” ➔ “우측면”

(3개의 면이 만나서 하나로 형성되는 둥근 필렛 면 생성)

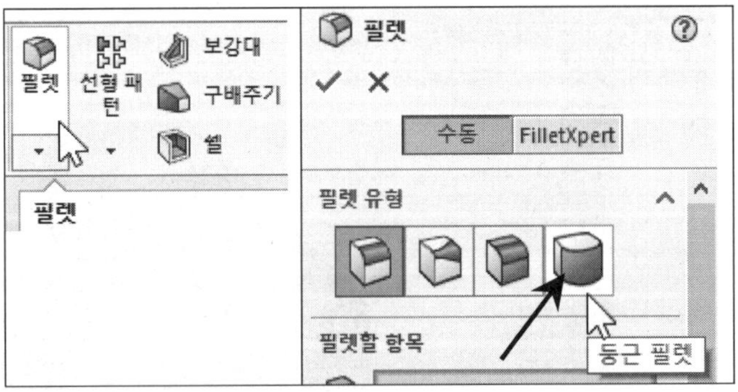

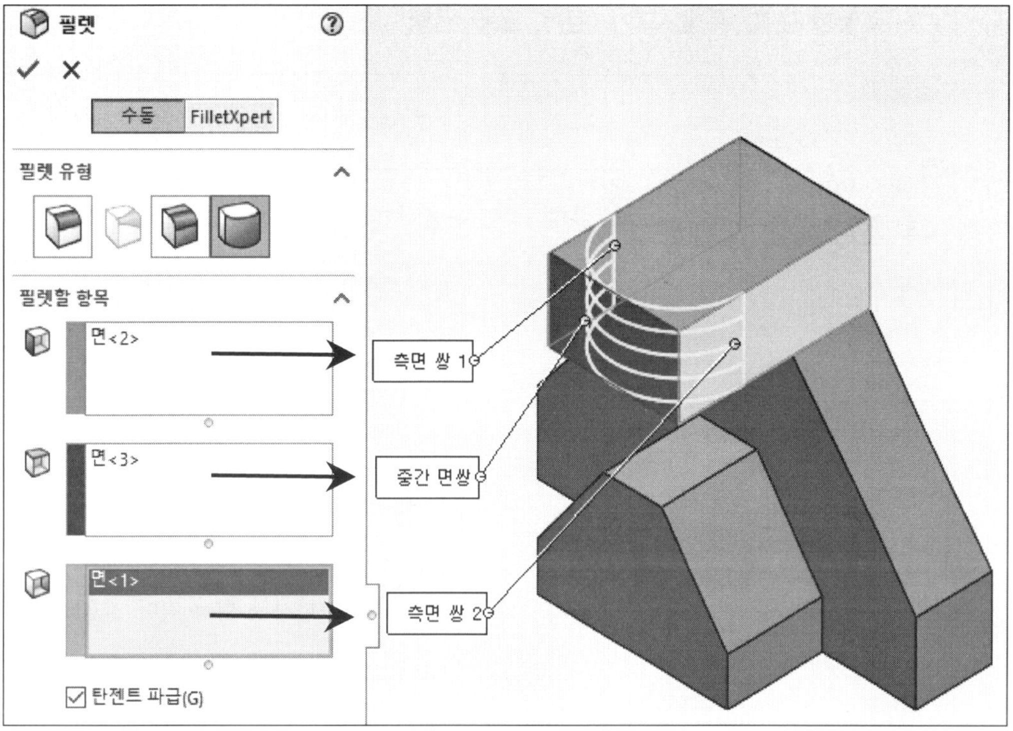

9) "구멍가공 마법사" → "유형" → "직선 탭"

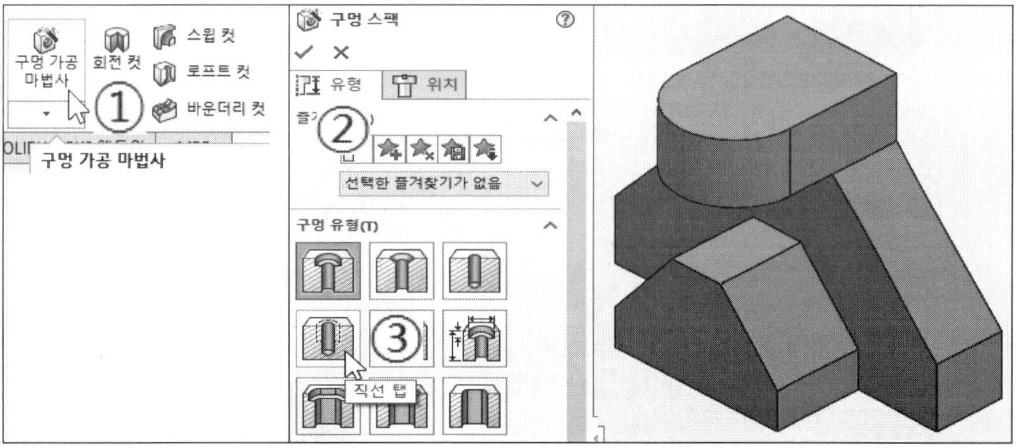

10) “구멍의 규격, 유형, 크기, 깊이, 옵션 선택

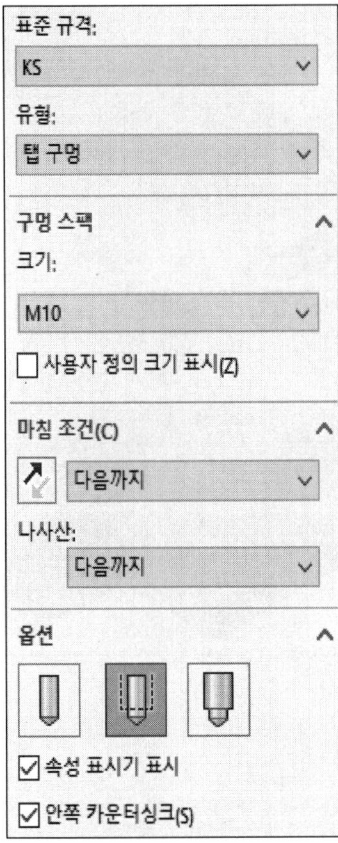

표준 규격 : “KS”(여러가지 공업규격 중에서 선택)
유형 : “탭 구멍”(탭의 형태 선택)
구멍 스펙 : “M10”(작성하는 구멍의 크기를 지정)
마침 조건 : “다음까지”(M10 나사 기초구멍 깊이) 나사산 : “다음까지”(M10 나사산 형성 깊이 지정)
옵션 : “나사산 표시 형상” 선택 (화면상에 선택한 옵션 형상으로 표시됨)

11) “위치” ➔ “3D Sketch” ➔ “원호의 중심점” ➔ “확인”

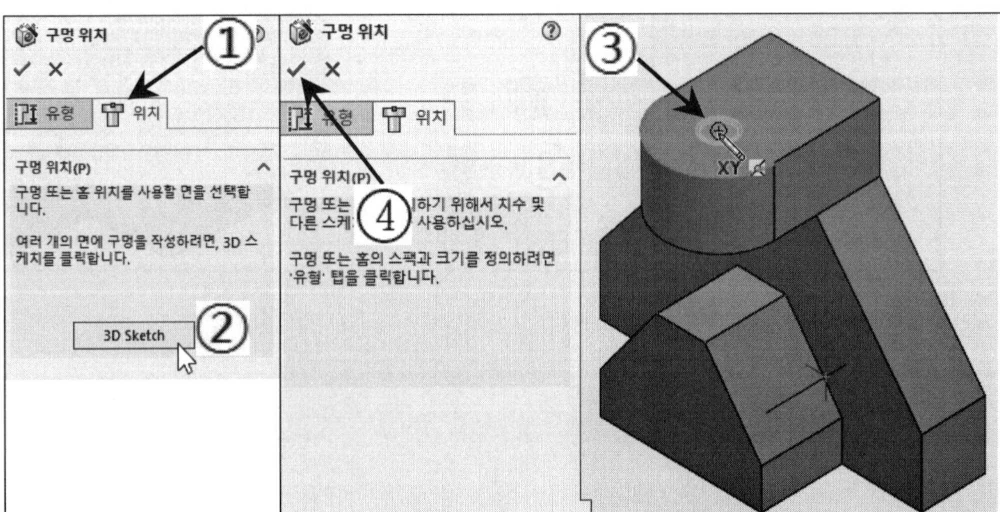

12) "주석" → "오른 마우스" → "세부 사항" → "음영 나사산" → "확인"

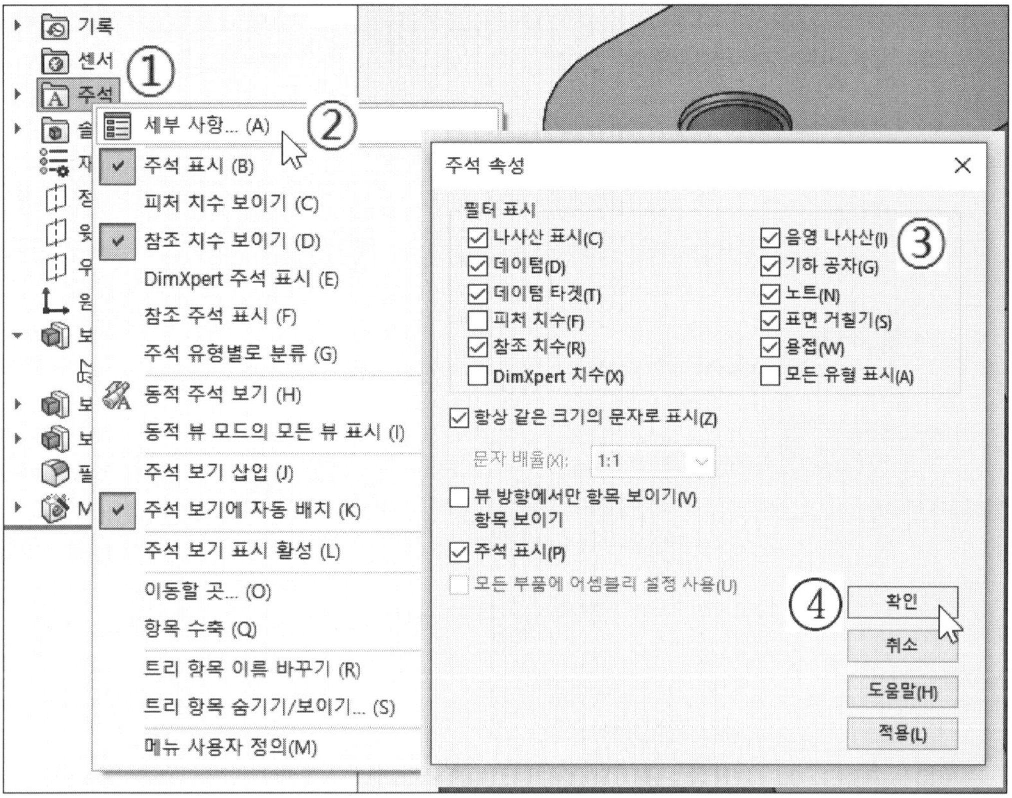

13) 완성된 모델(나사산 표시)

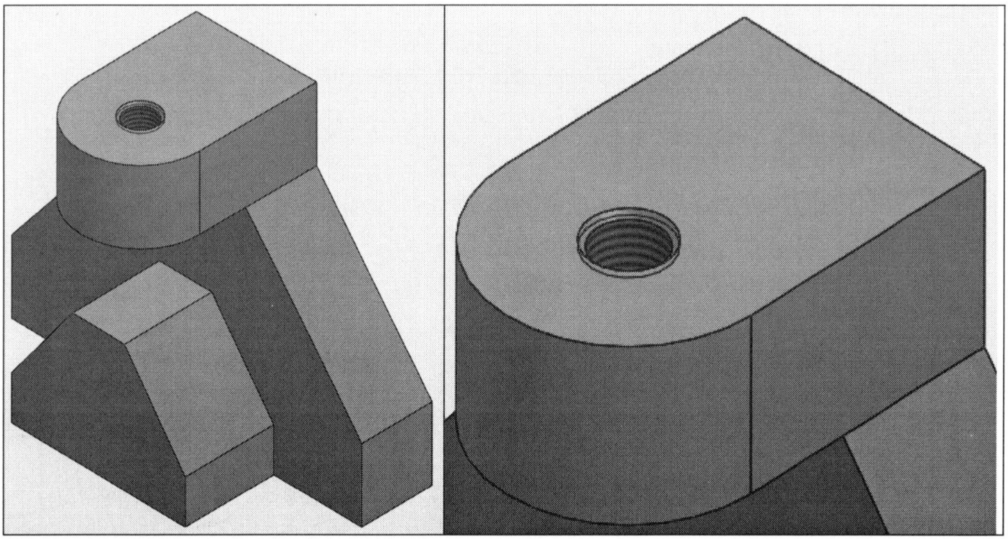

14) 〈부품 2 작성〉 "새문서" → "파트" → "정면" → "스케치 작성"

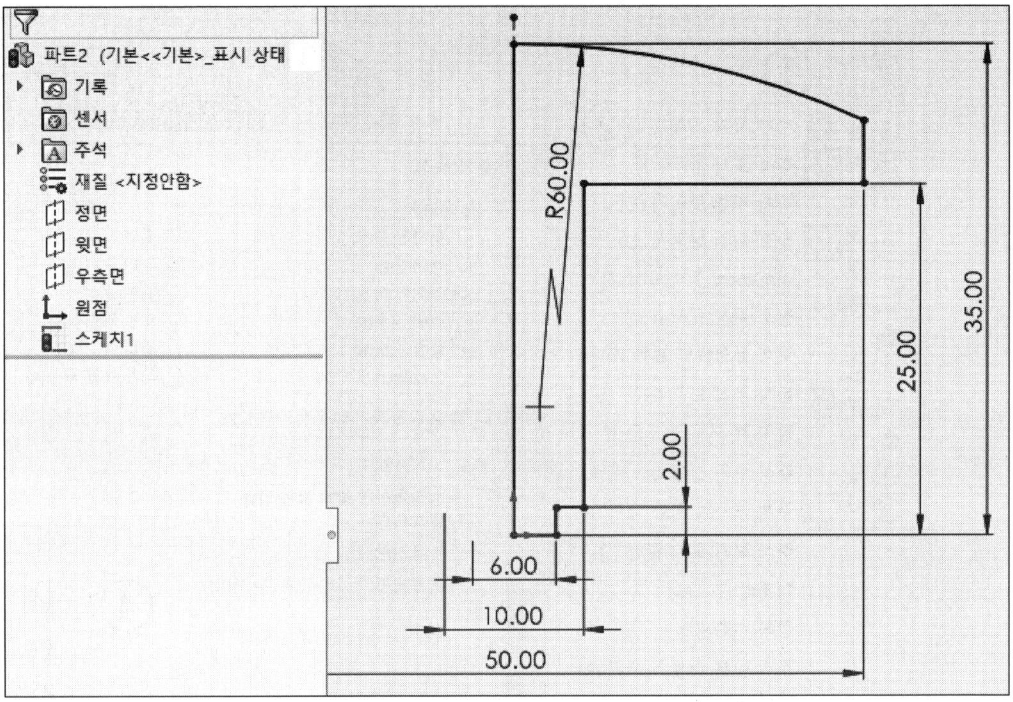

15) "회전" → "중심선" → "360도"

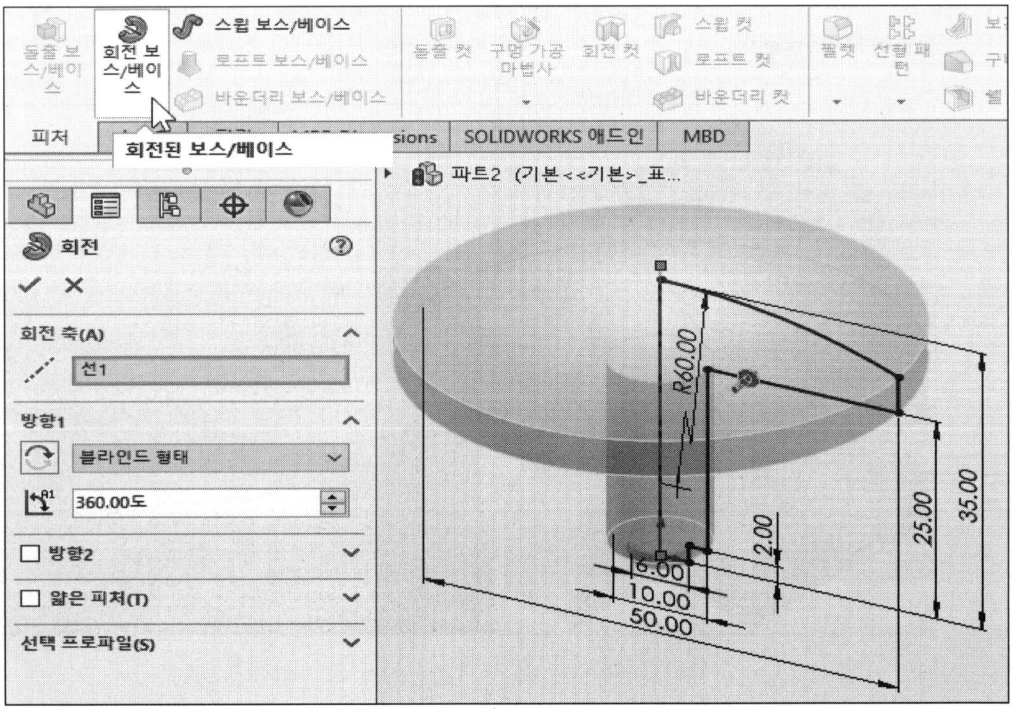

16) "밑면" ➔ "스케치" ➔ "중심선과 ∅30 원 작성" ➔ "치수기입, 스케치 종료"

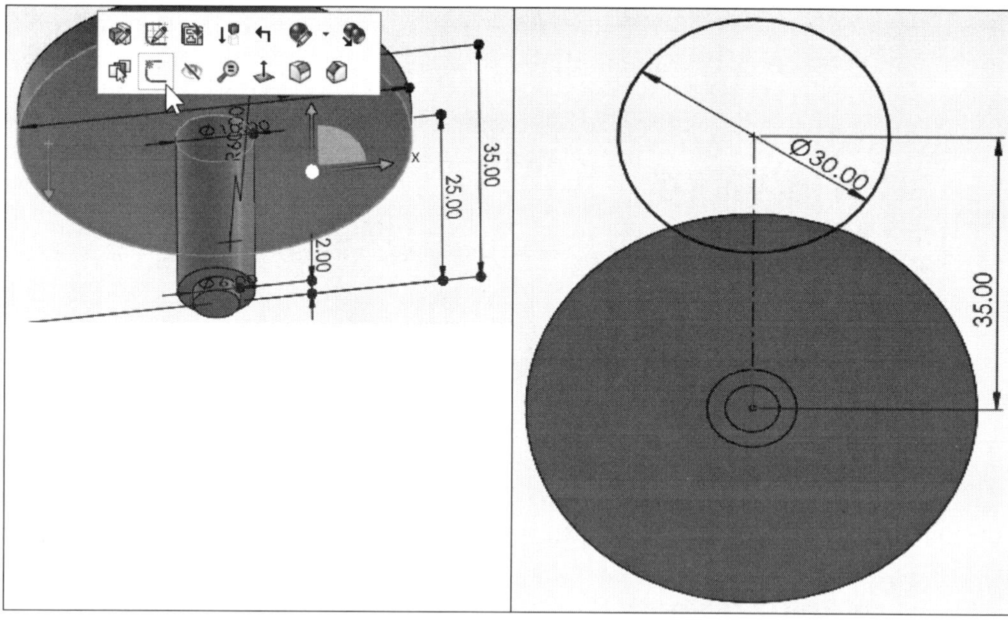

17) "돌출 컷" ➔ "관통"

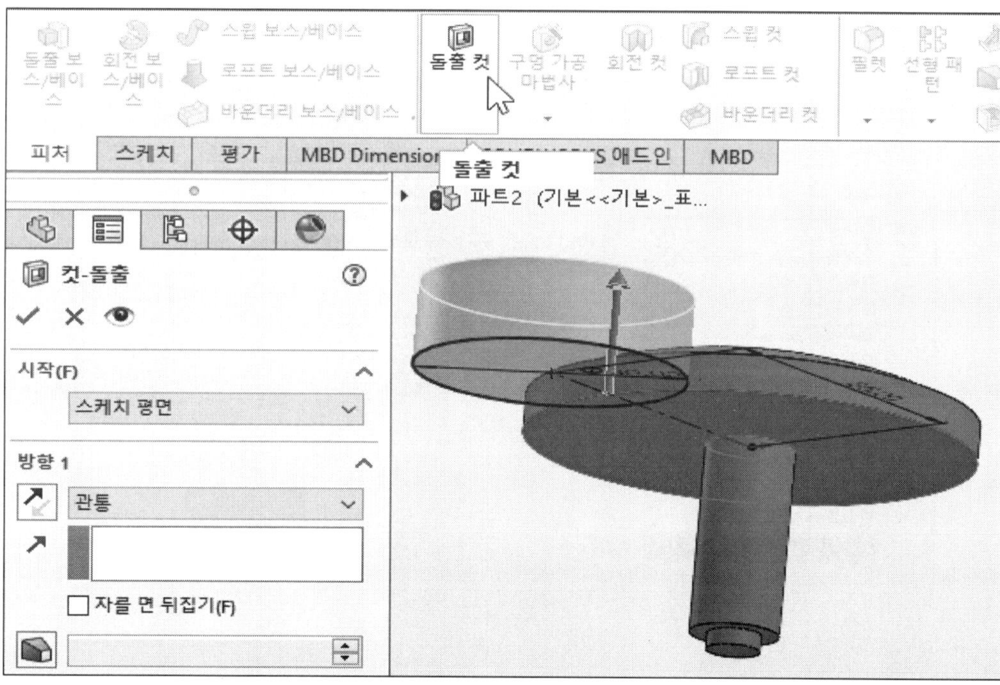

18) "원형 패턴" ➔ "원통면 선택" ➔ "360도" ➔ "6개" ➔ "패턴할 대상" ➔ "확인"

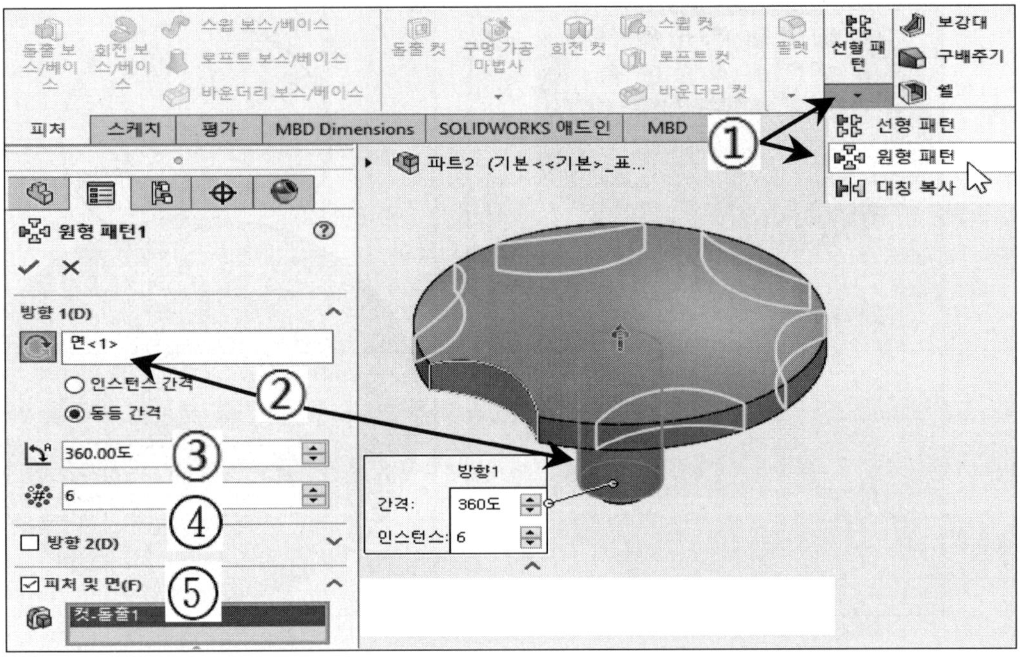

19) "필렛" ➔ "R3.0" ➔ "곡면" ➔ "12개 모서리" ➔ "확인"

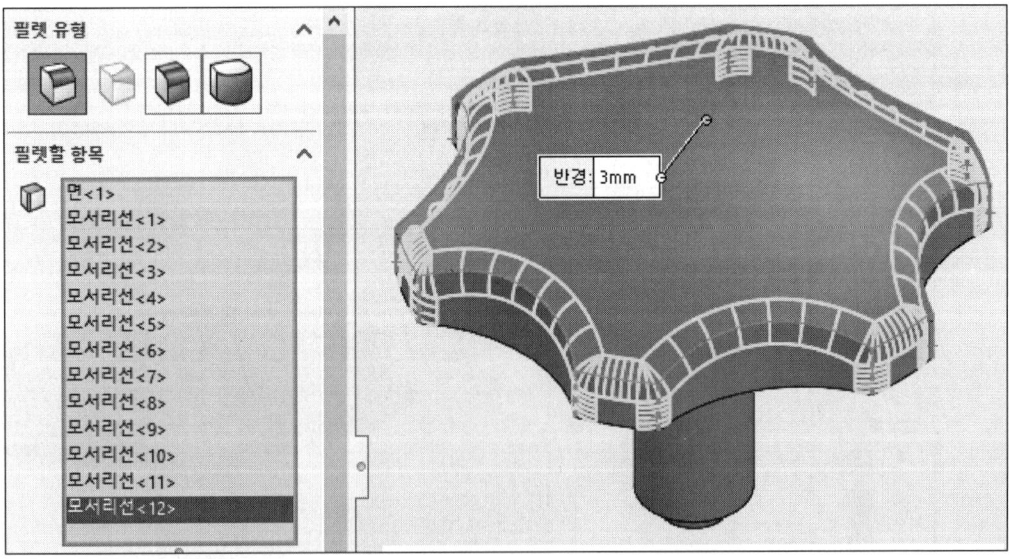

20) "필렛" ➔ "모따기" ➔ "1.0mm" ➔ "모서리 선택"

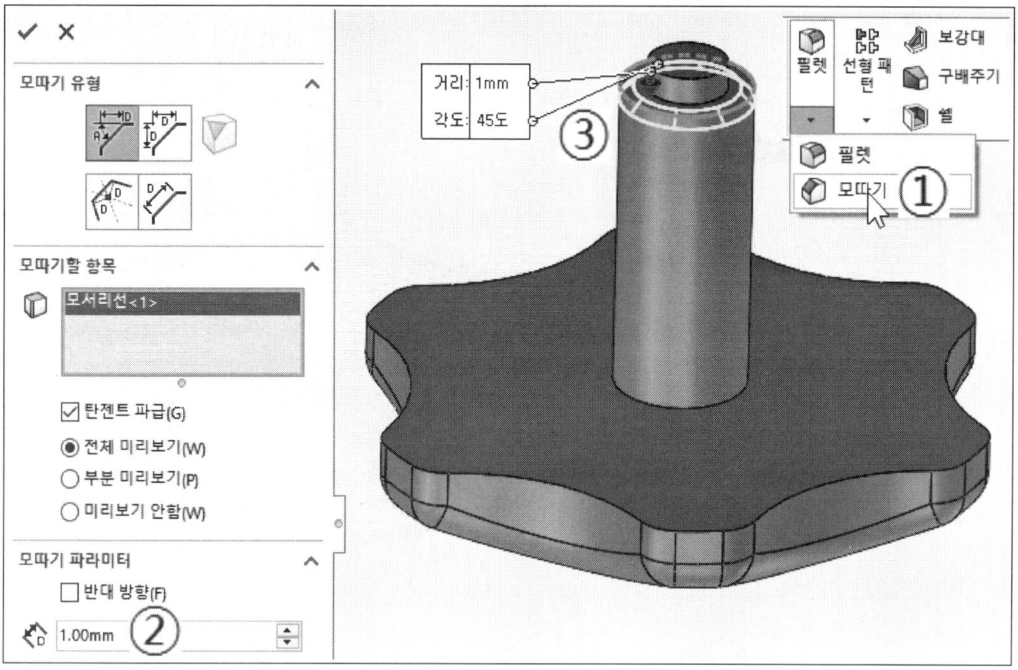

21) "삽입" ➔ "주석" ➔ "나사산 표시"

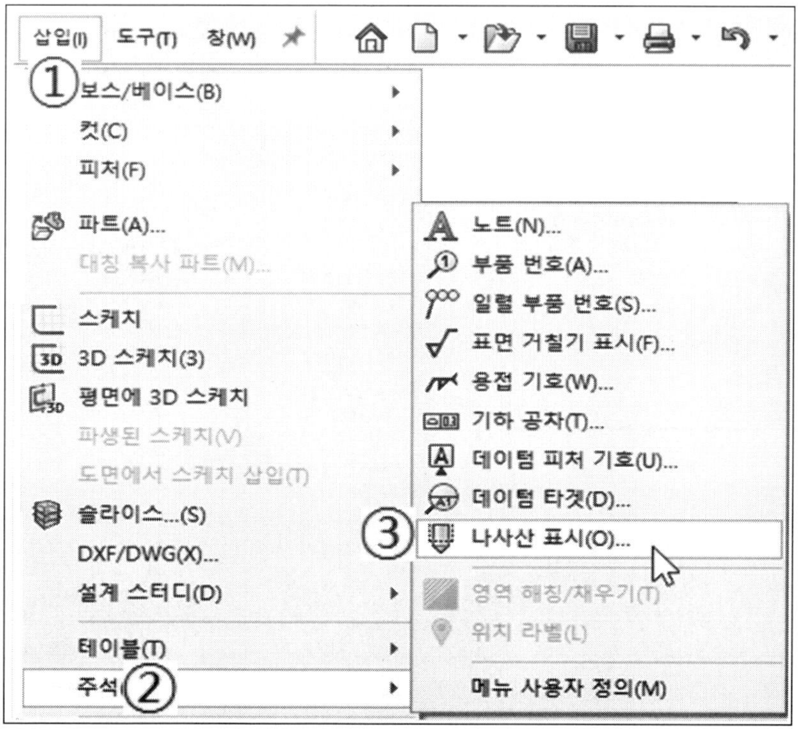

22) “모서리선” → “KS” → “기계나사산” → “M10” → “다음면까지”

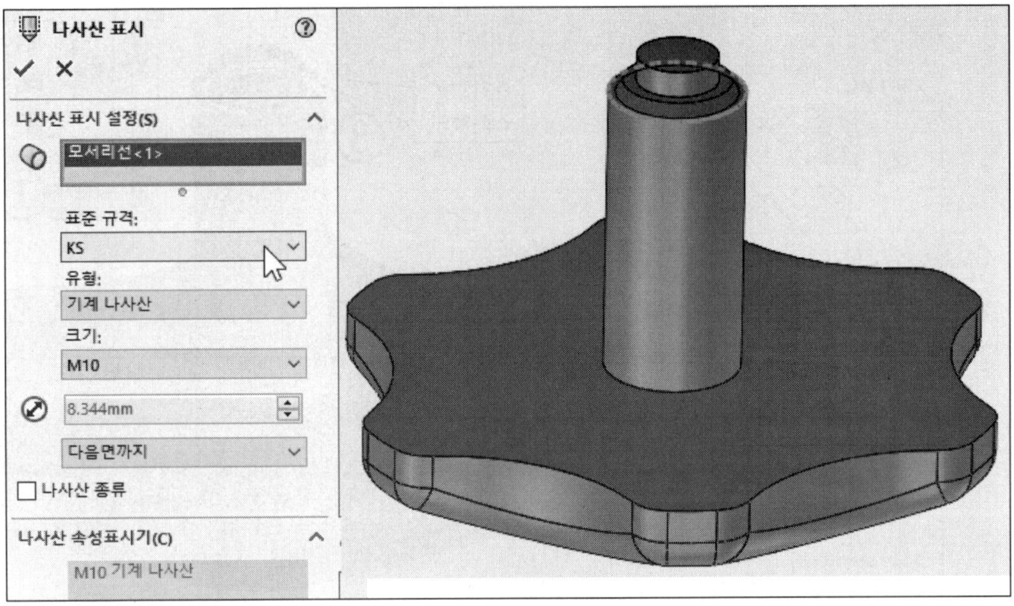

23) “주석” → “오른 마우스” → “세부 사항” → “음영 나사산” → “확인”

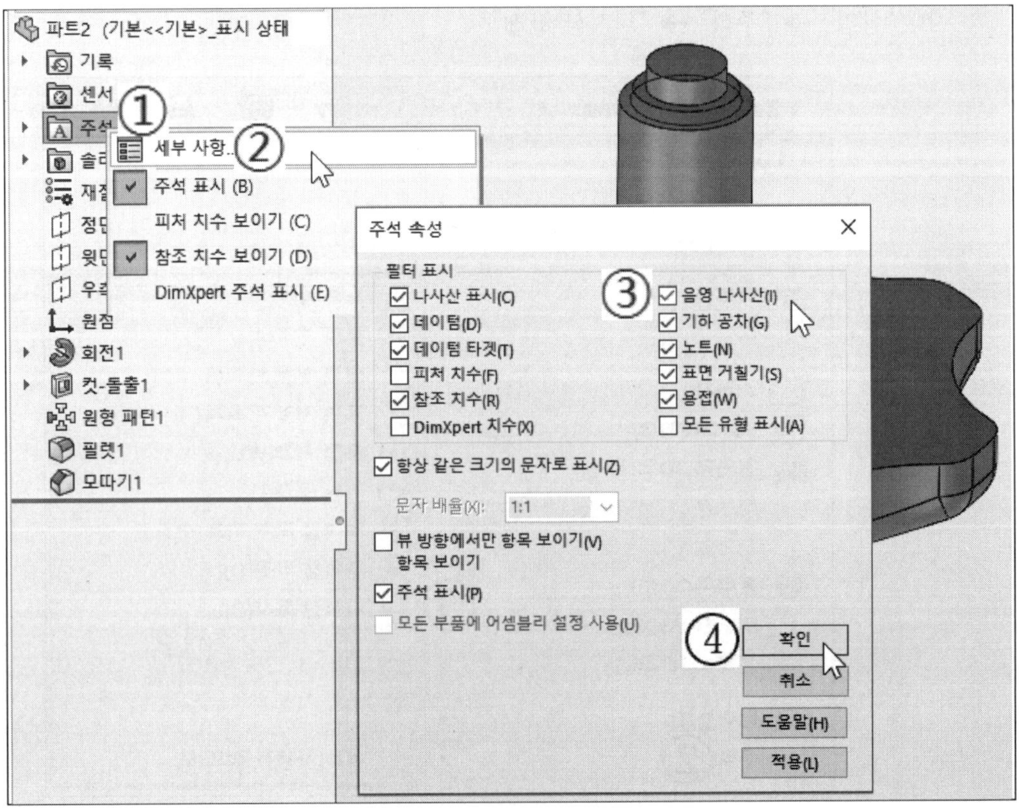

24) “필렛” ➔ “R 1mm” ➔ “모서리” ➔ “확인”

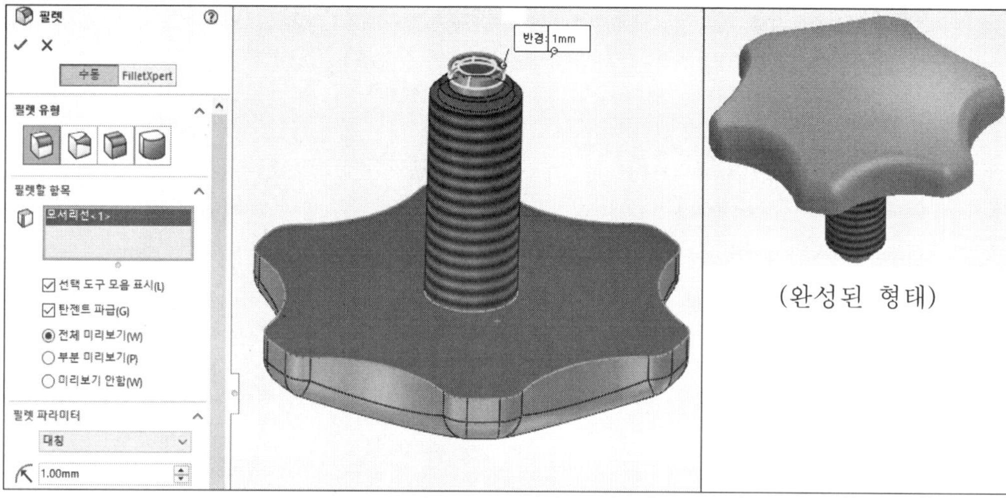

(완성된 형태)

6.2 어셈블리(Assembly, 조립)

1) “새문서” ➔ “어셈블리” ➔ “확인”

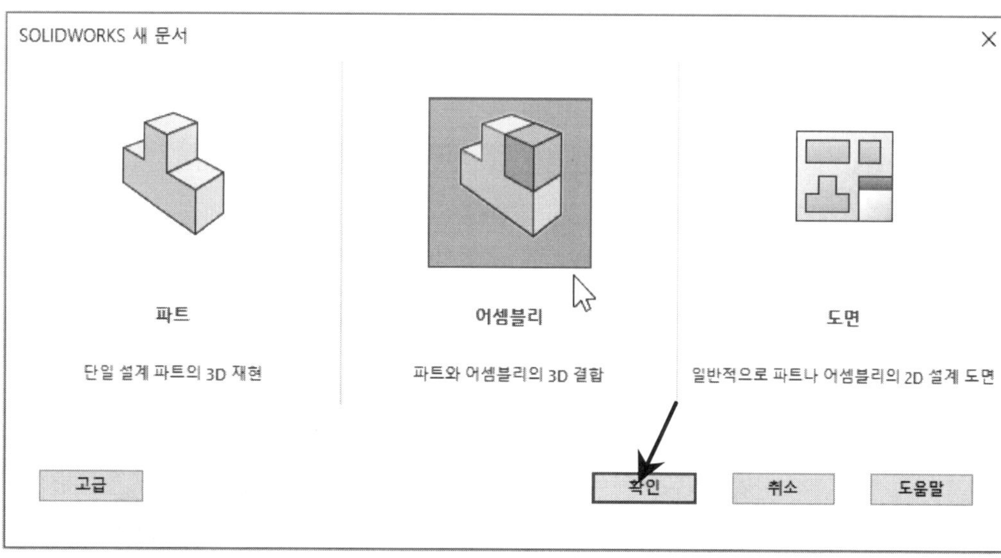

2) “6-1 드릴지그 선택” ➔ “그래픽 영역 선택해 배치” ➔ “확인”

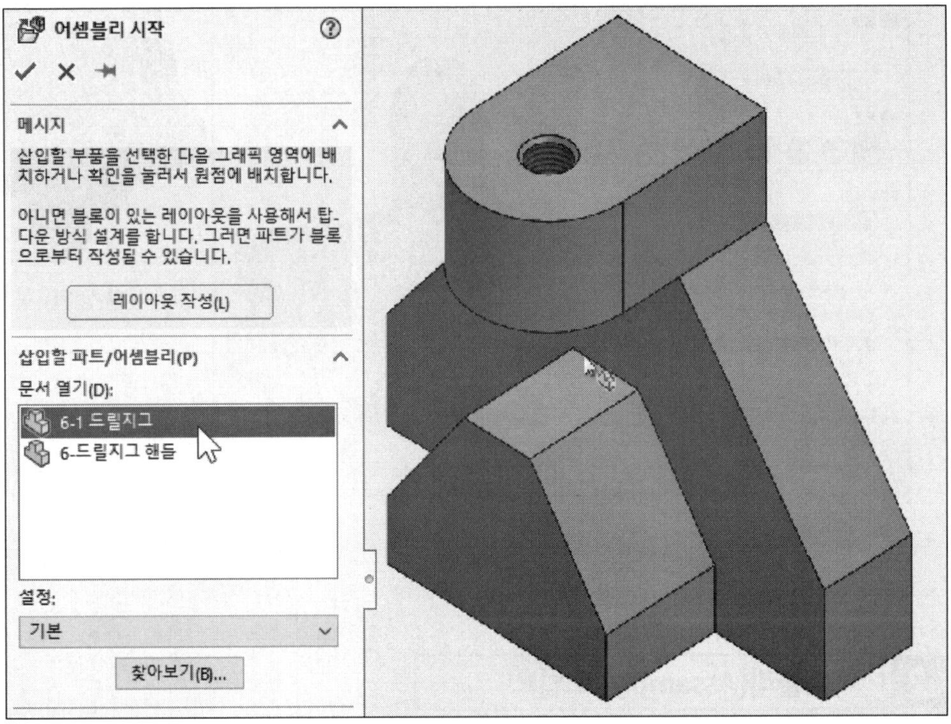

3) “부품 삽입” ➔ “6-2 드릴지그핸들” ➔ “그래픽 영역 배치” ➔ “확인”

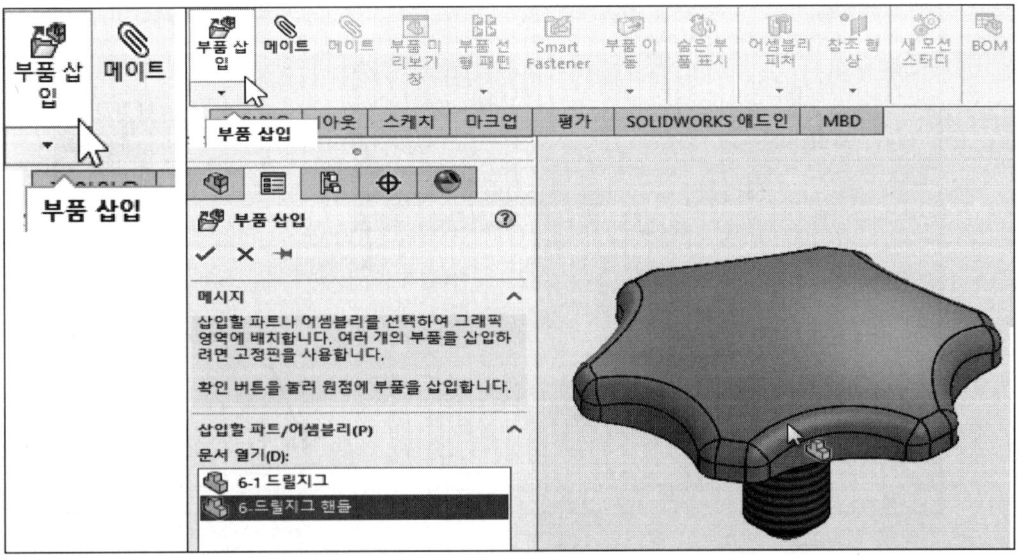

4) “메이트” ➔ “6-2 드릴지그 핸들 조립 부위”(나사부 원통면 선택)

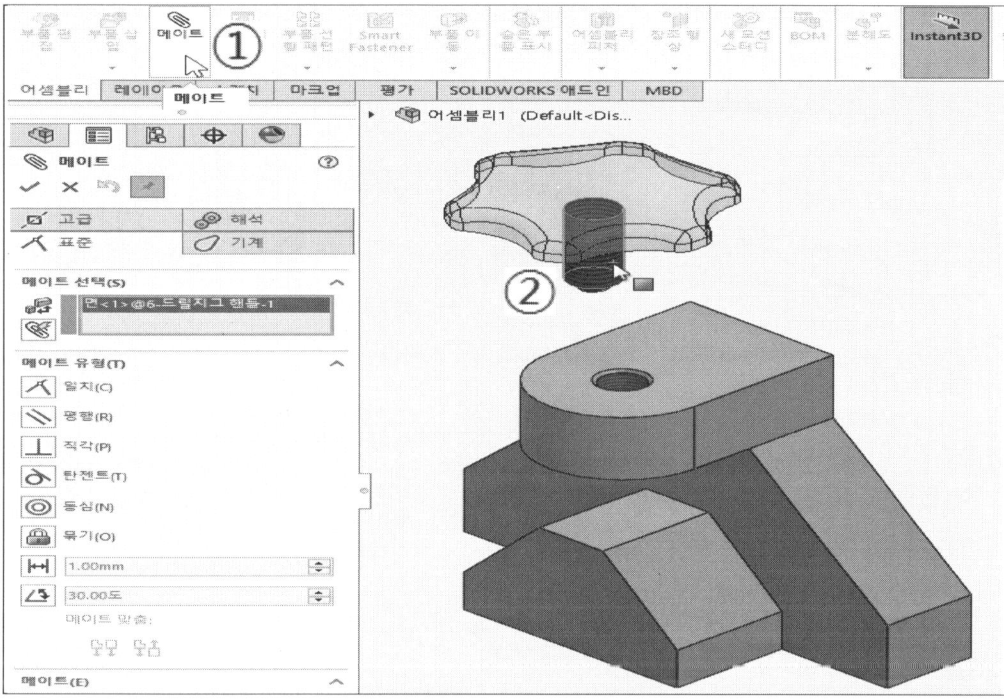

5) “6-1 드릴지그 나사 구멍 내면” ➔ “동심”

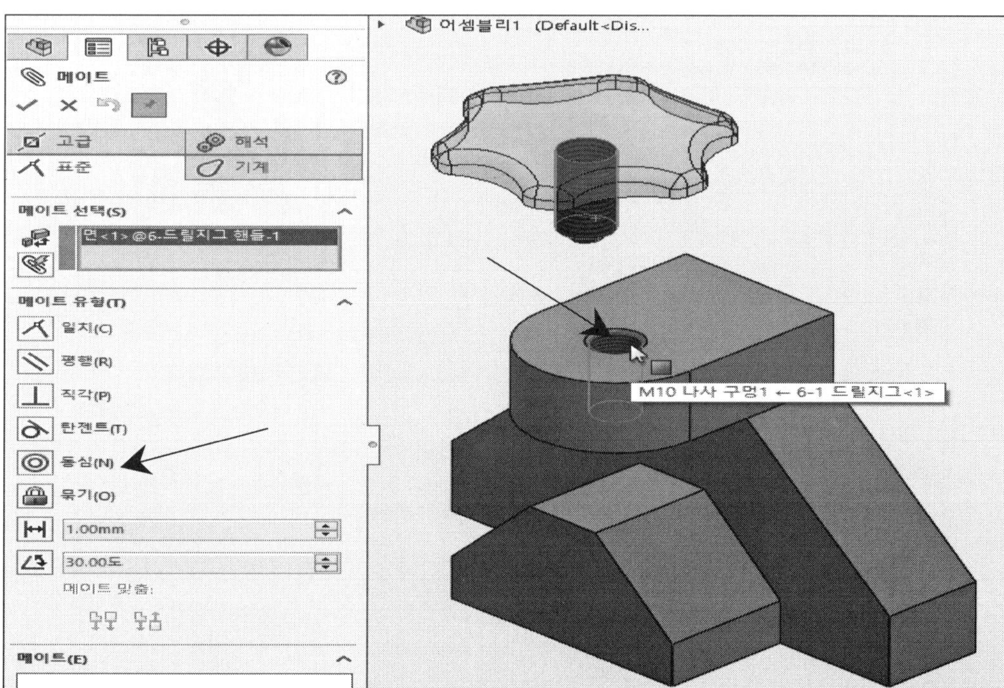

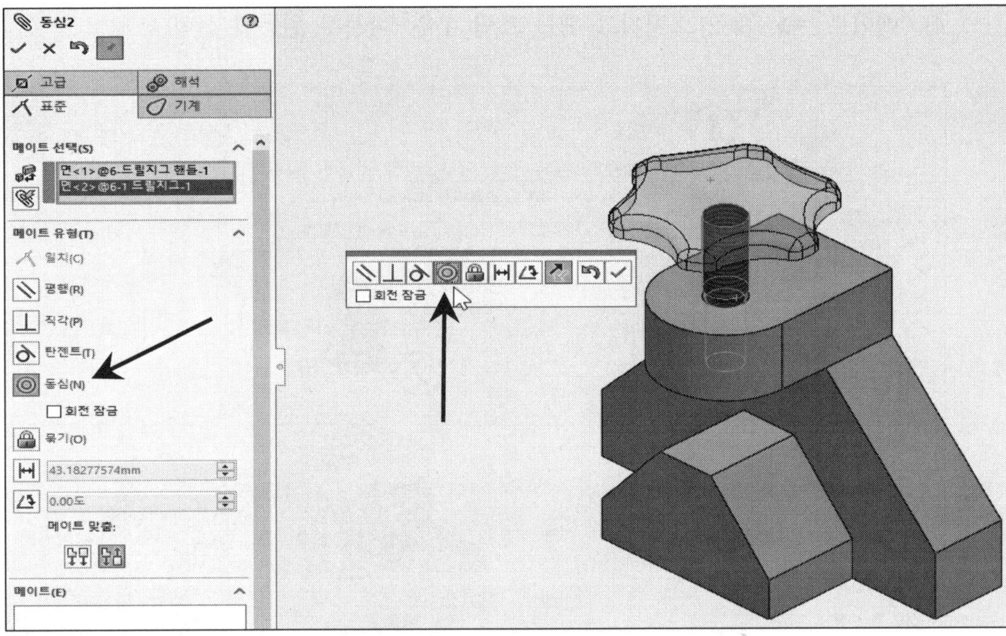

6) “기계” → “스크류” → “거리/회전” → “3mm”

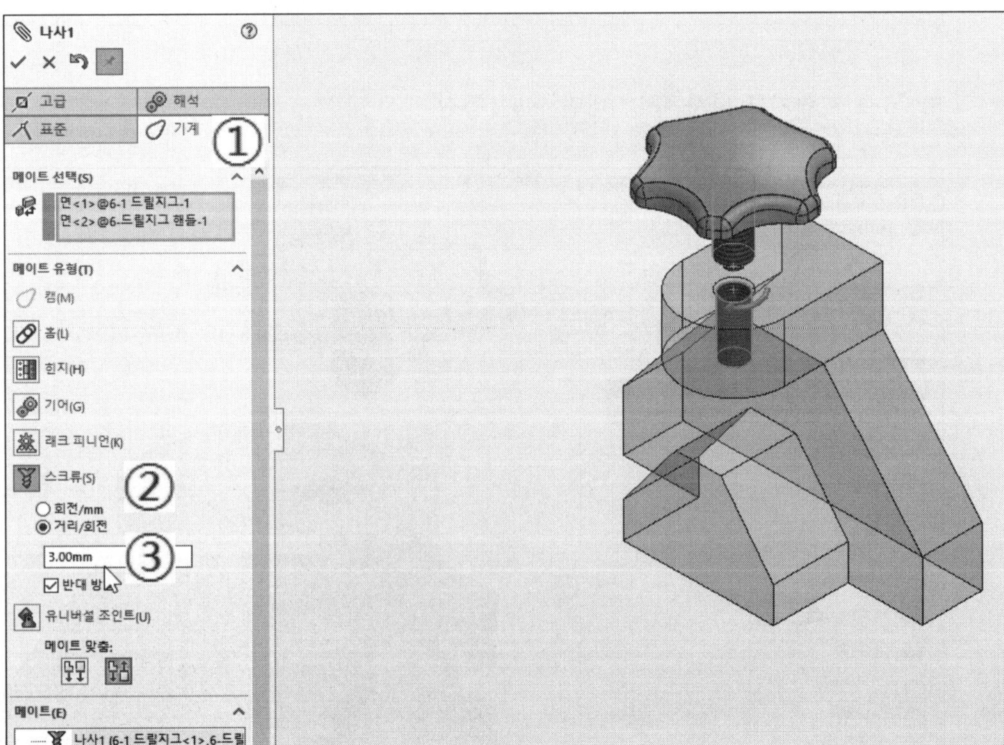

7) 조립이 완성된 형상과 애니메이션

핸들 부분을 마우스로 선택해 회전시키면 스크류 메이트 조건을 부여했으므로 핸들이 나사처럼 상하로 운동하는 현상을 확인할 수 있다.

차후 애니메이션 작성과 작성된 내용을 동영상으로 변환해 저장하는 기능을 제공하므로 이를 통한 배포 및 각종 발표에도 활용이 가능하여 매우 유용한 기능이라고 하겠다.

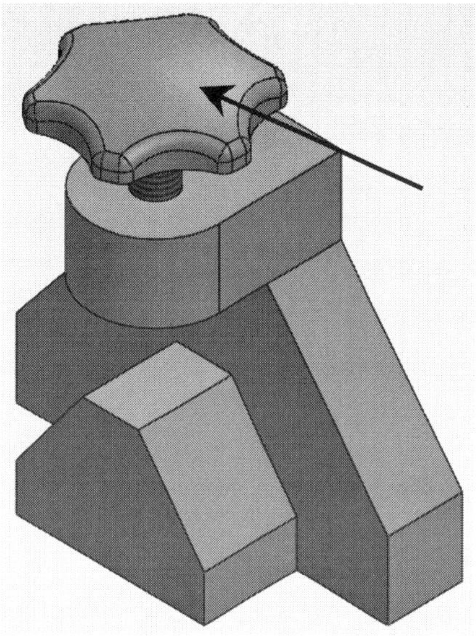

6.3 어셈블리 상태에서의 모델 변경

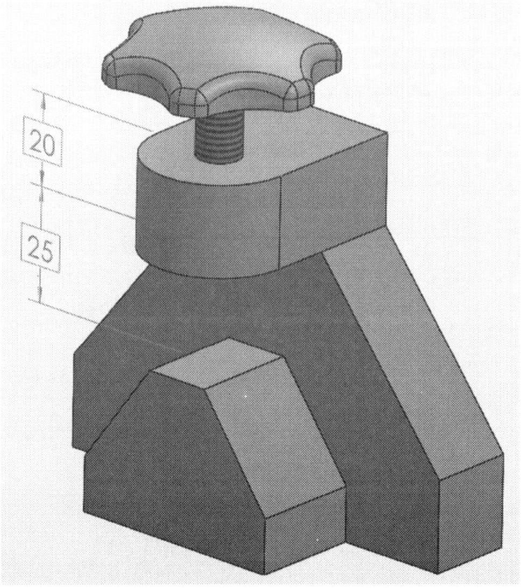

좌측의 모델에서 핸들의 나사부 길이를 25mm로 설계를 하였으나 그림의 치수와 같이 드릴지그 본체의 나사 체결부의 길이 20mm이고 나사 이동 거리가 25mm이다.

따라서 핸들에서 나사부 길이가 45mm가 되어야 하므로 핸들 나사부 길이를 현재의 25mm에서 45mm로 변경하는 작업을 수행해야 한다.

핸들의 나사는 "회전" 모델로 작성했으므로 디자인트리에서 회전부를 수정해야 한다.

1) "회전1" ➔ "왼쪽 마우스" ➔ "스케치 편집"

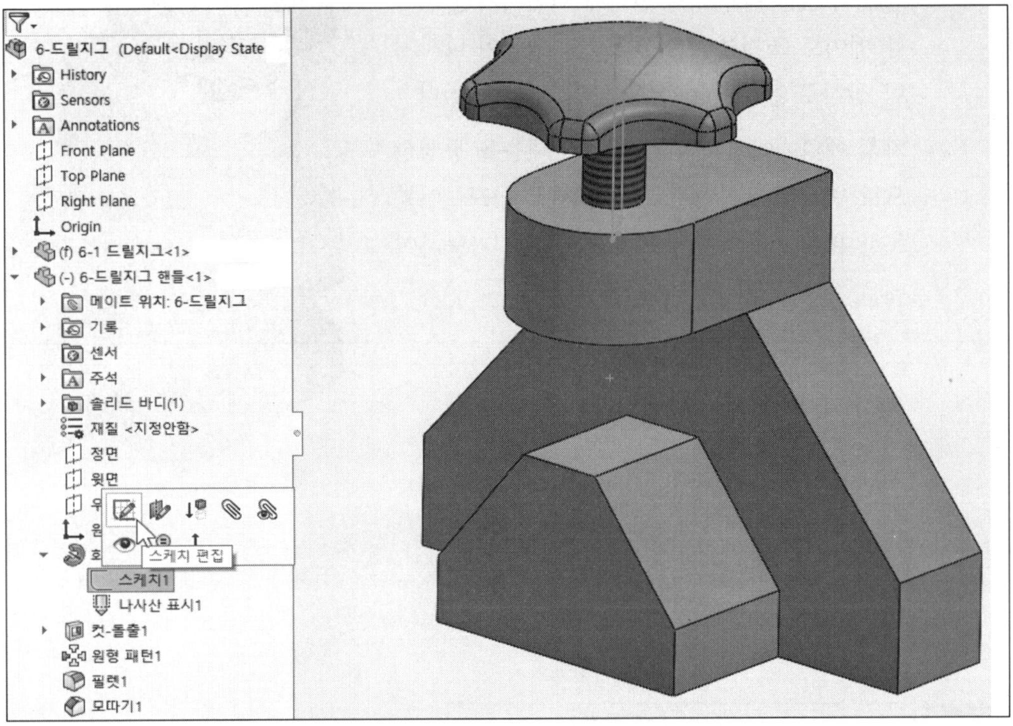

2) "35mm 더블클릭" ➔ "55mm" ➔ "25mm 더블클릭" ➔ "45mm"로 변경

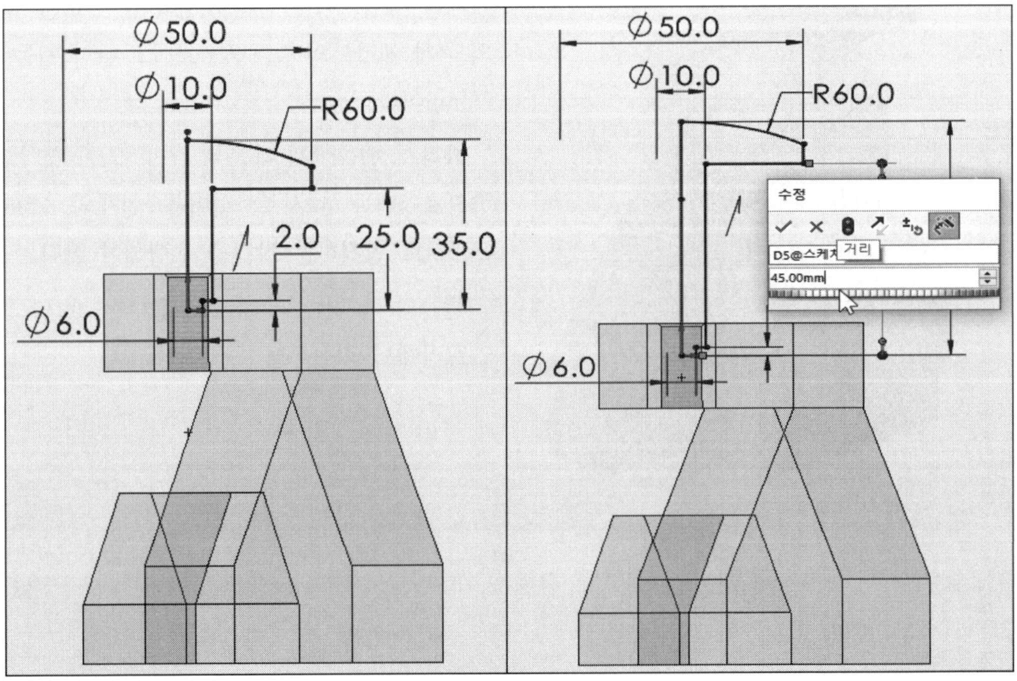

3) “스케치 완료” ➔ “어셈블리 편집 완료” ➔ “어셈블리 상태 복귀”

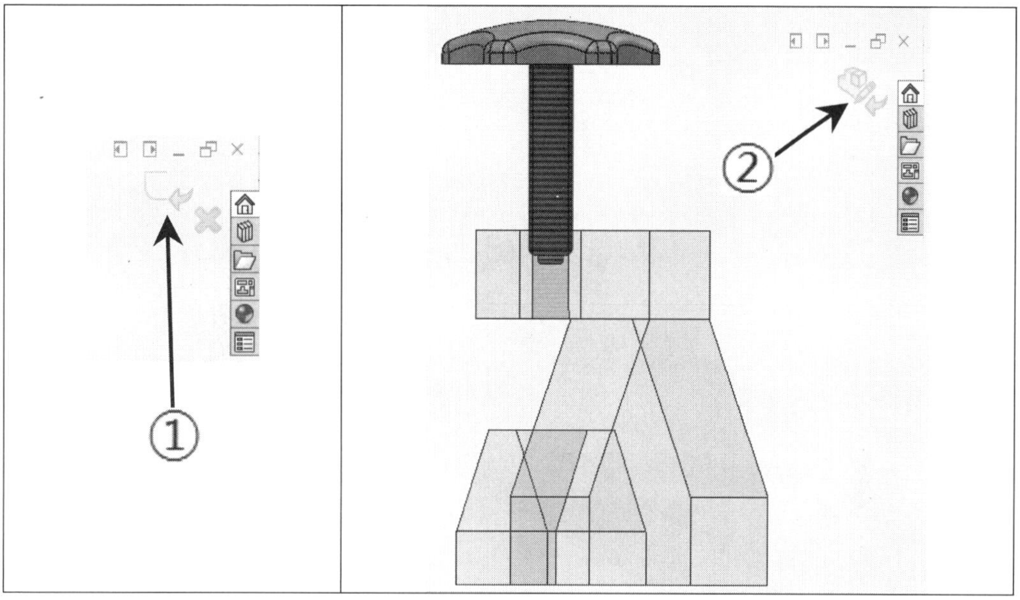

4) 완성된 모델

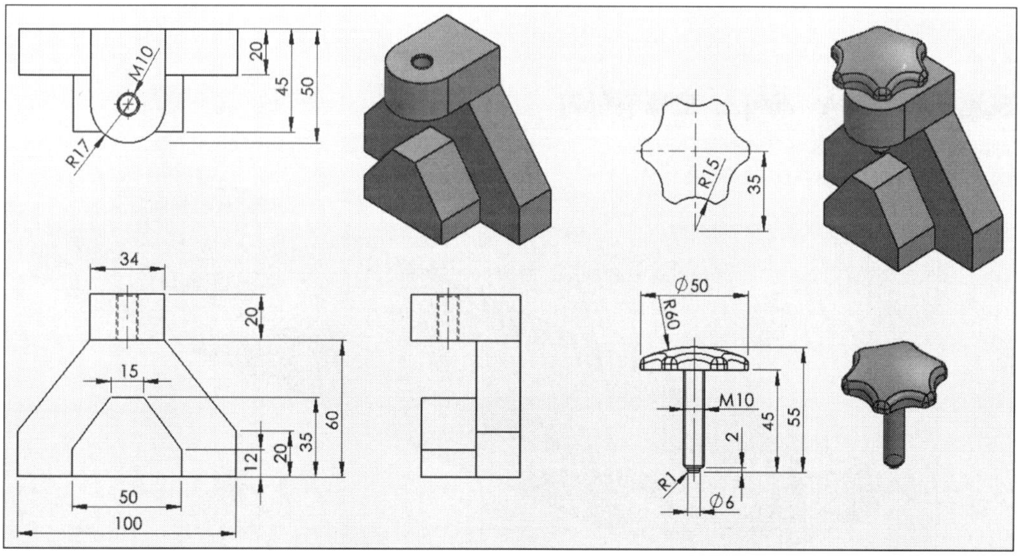

6.4 어셈블리와 애니메이션

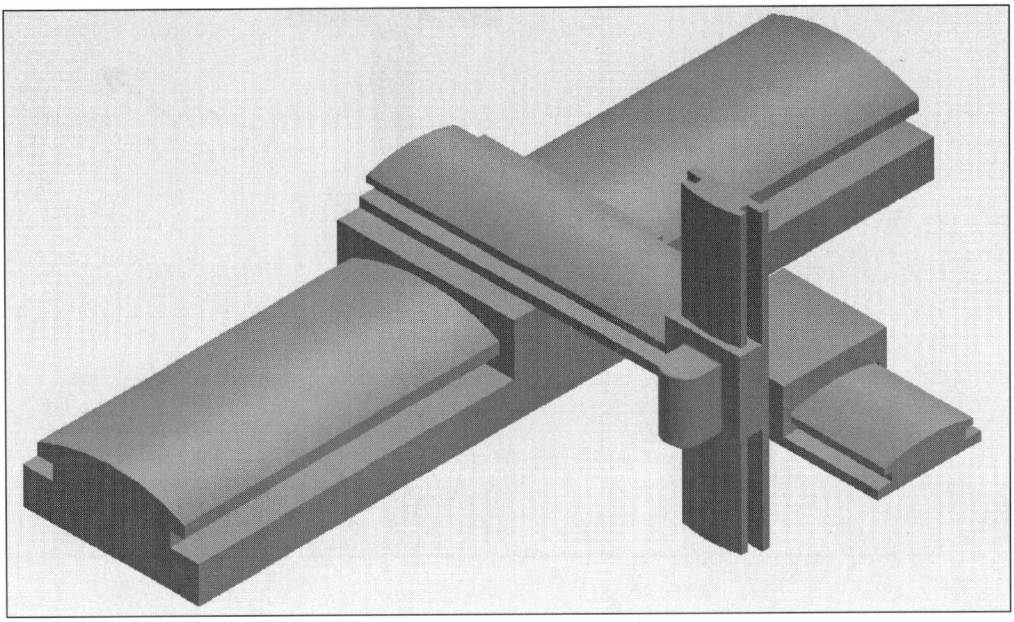

직교좌표 로봇을 모델링하고 각 축이 이동하는 애니메이션을 작성해 보자.

6.4.1 직교로봇 베이스 모델링하기

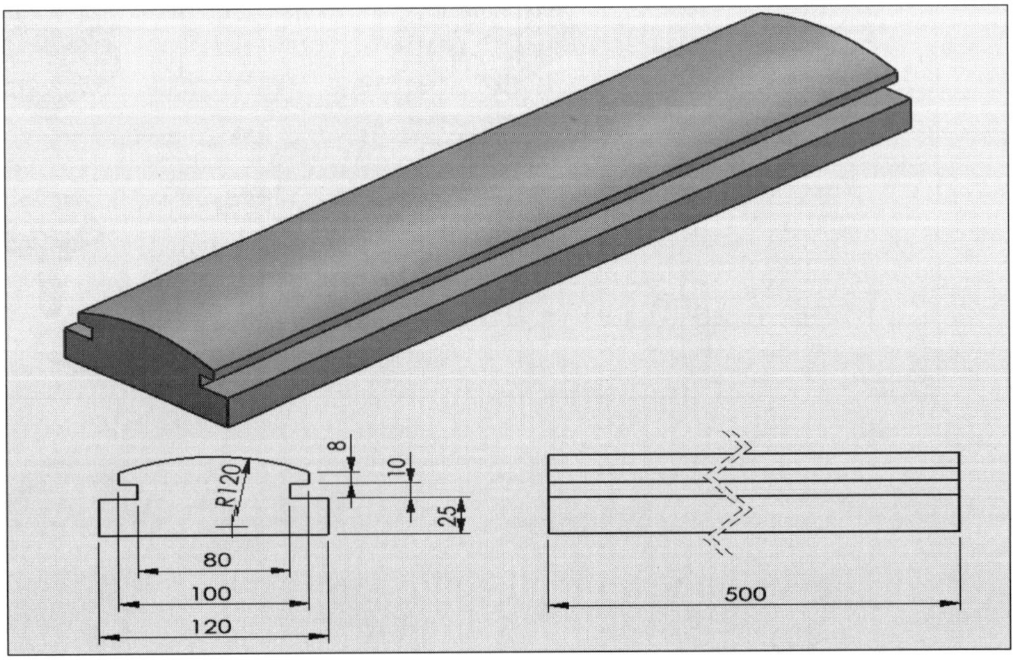

1) “정면” ➔ “스케치” ➔ “돌출” ➔ “500mm”

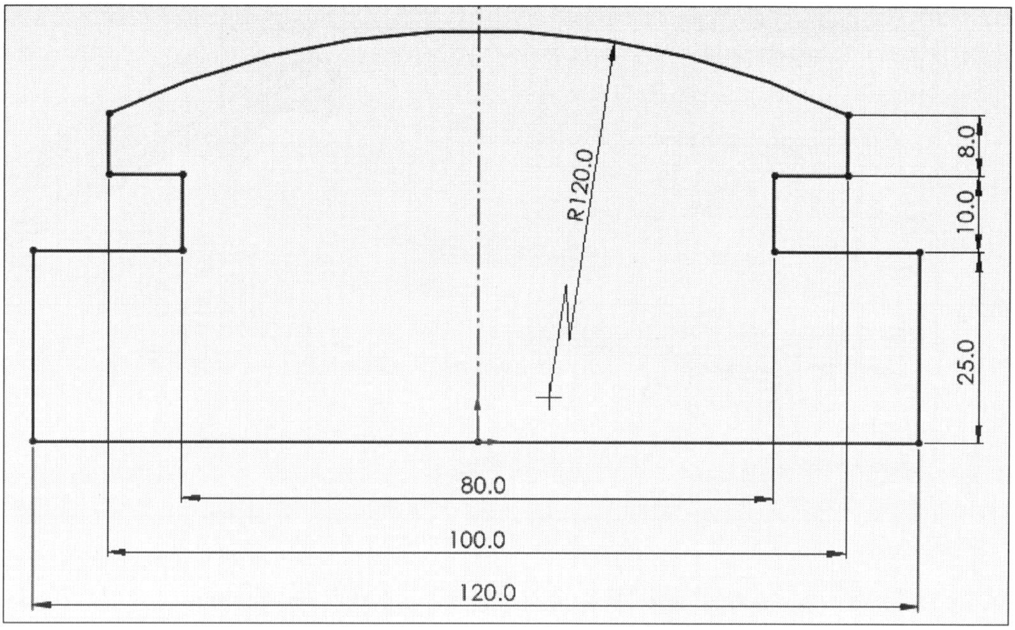

2) “돌출된 형상과 입체 치수”

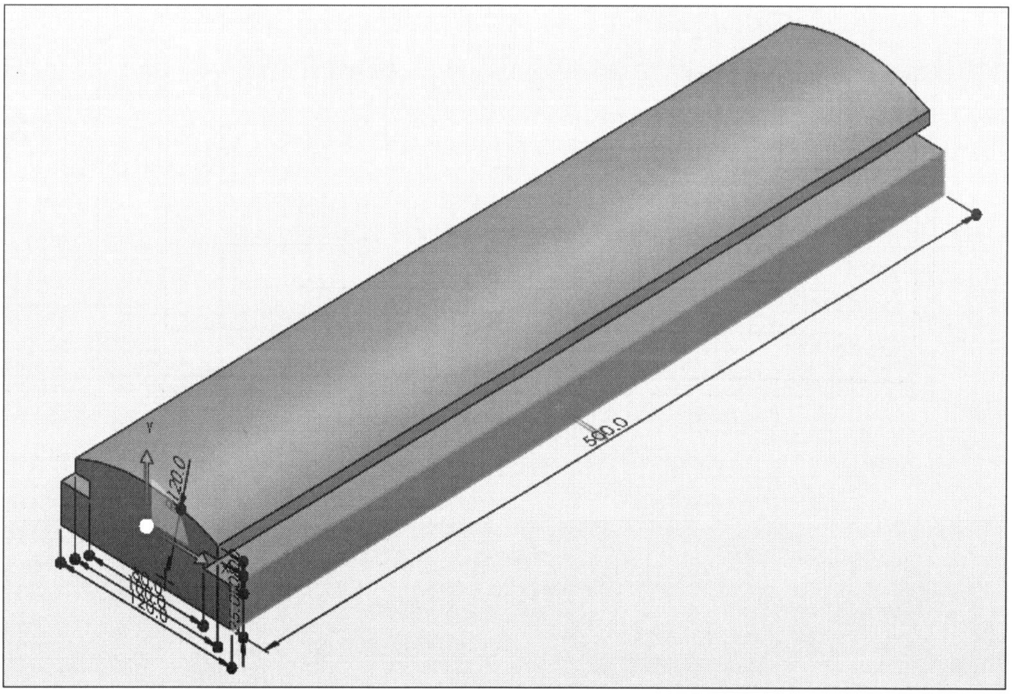

6.4.2 직교로봇 1축 모델링하기

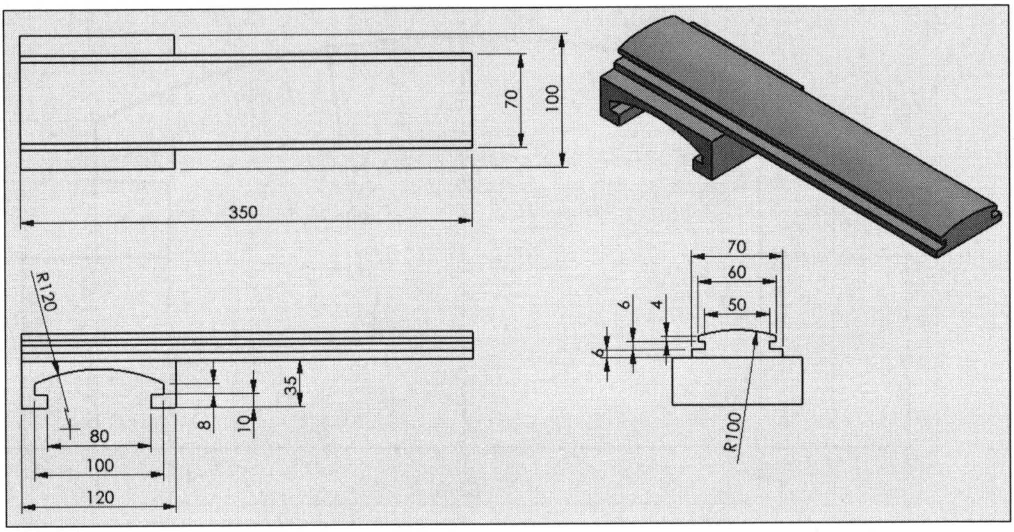

1) "정면" → "스케치" → "돌출(중간평면 옵션 선택)" → "100mm"

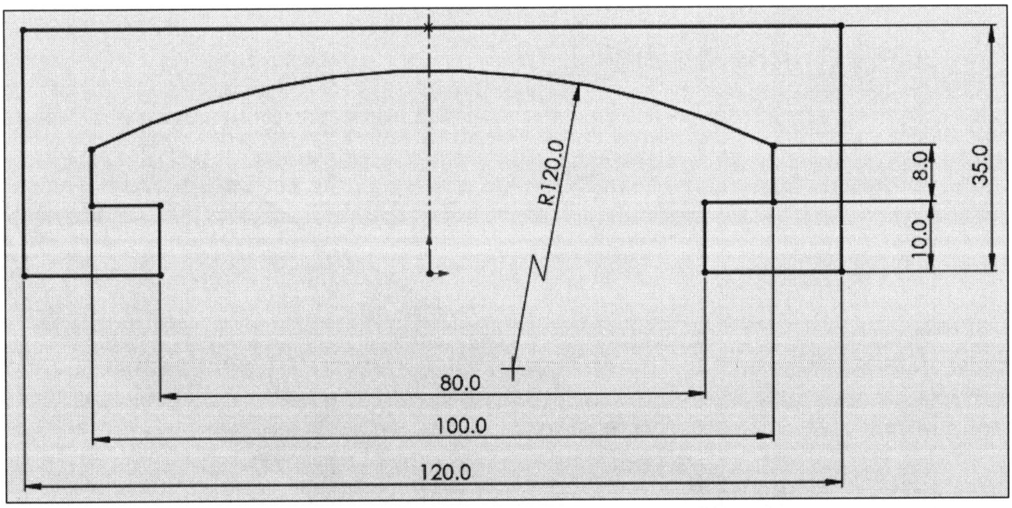

2) “돌출 모델 좌측면” → “스케치” → “돌출” → “350mm”

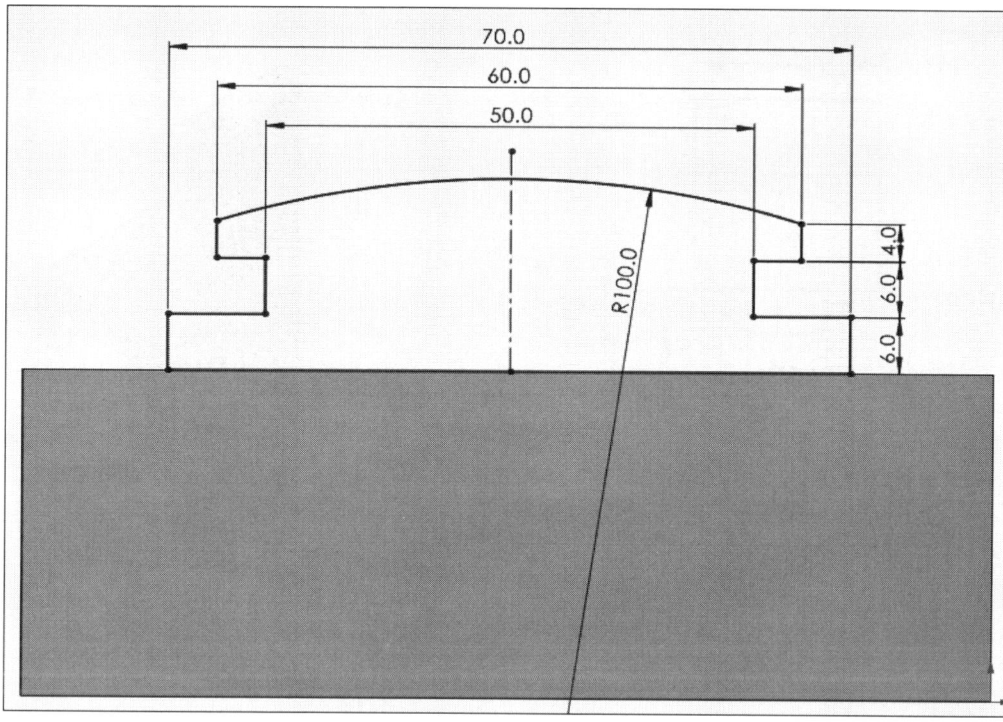

3) “돌출” → “돌출 방향 확인” → “350mm”

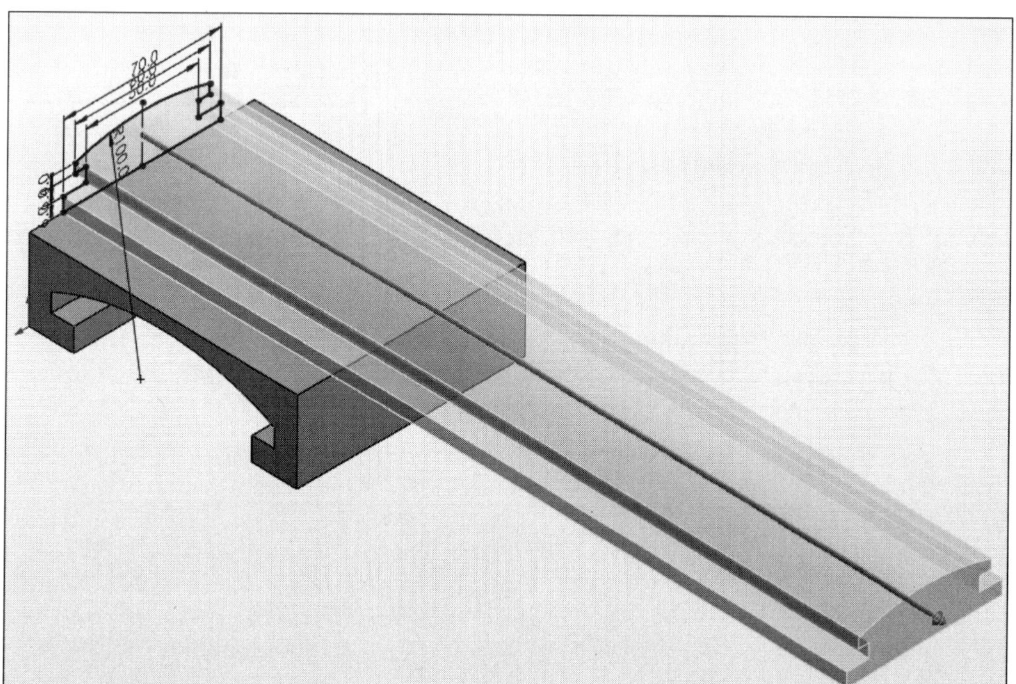

6.4.3 직교로봇 2축 모델링하기

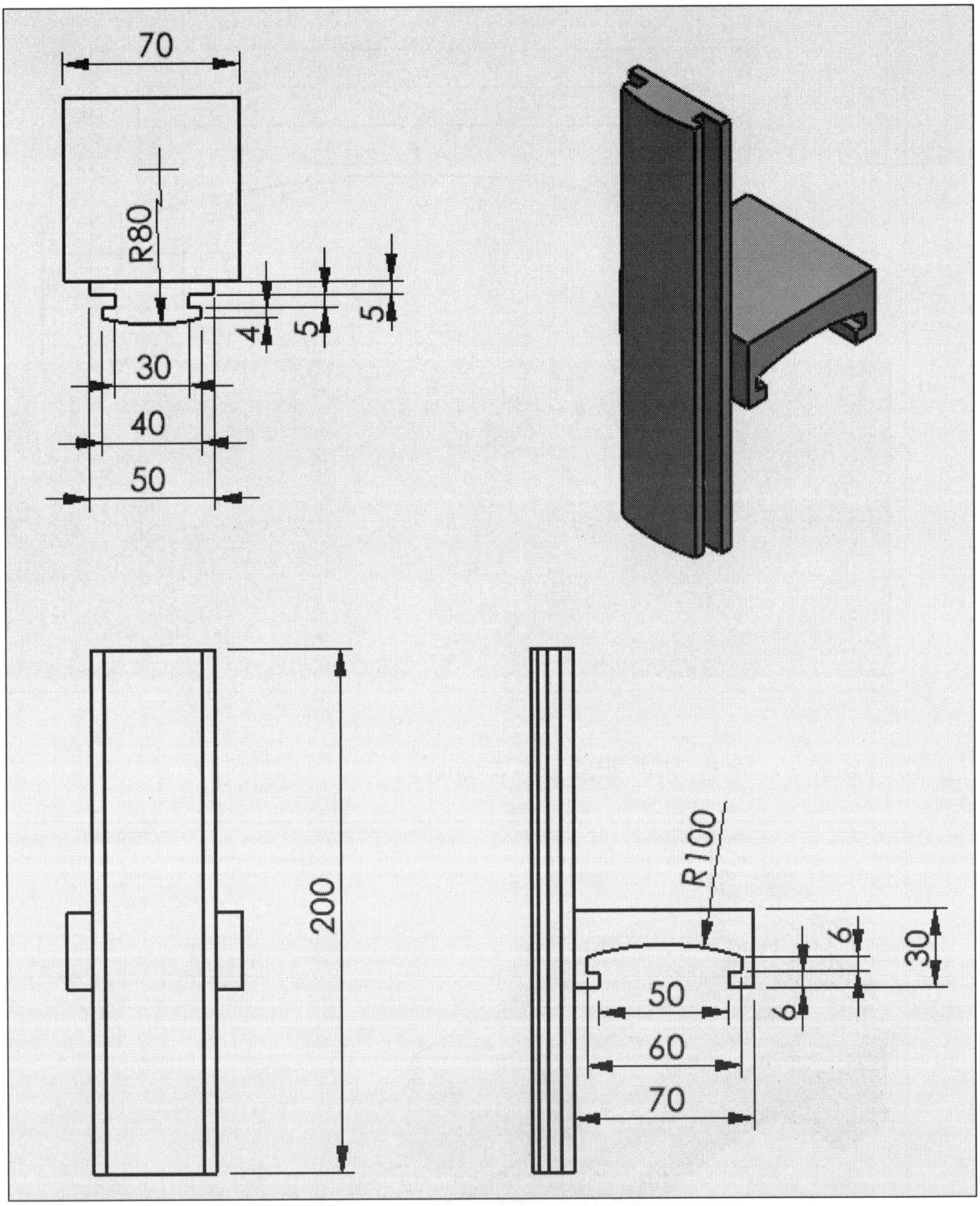

1) “우측면” ➔ “스케치” ➔ “돌출” ➔ “70mm”

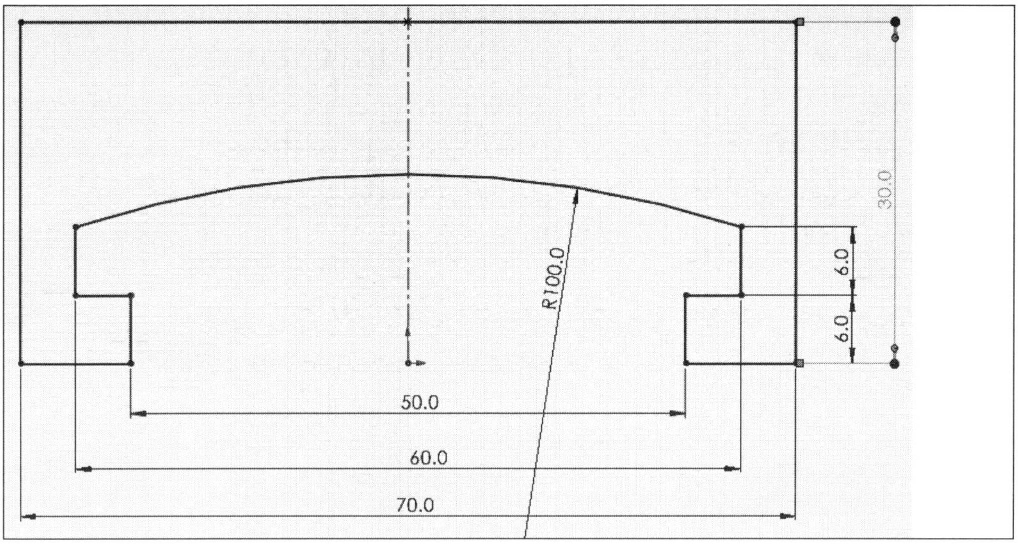

2) “모델 윗면” ➔ “스케치” ➔ “스케치 종료”

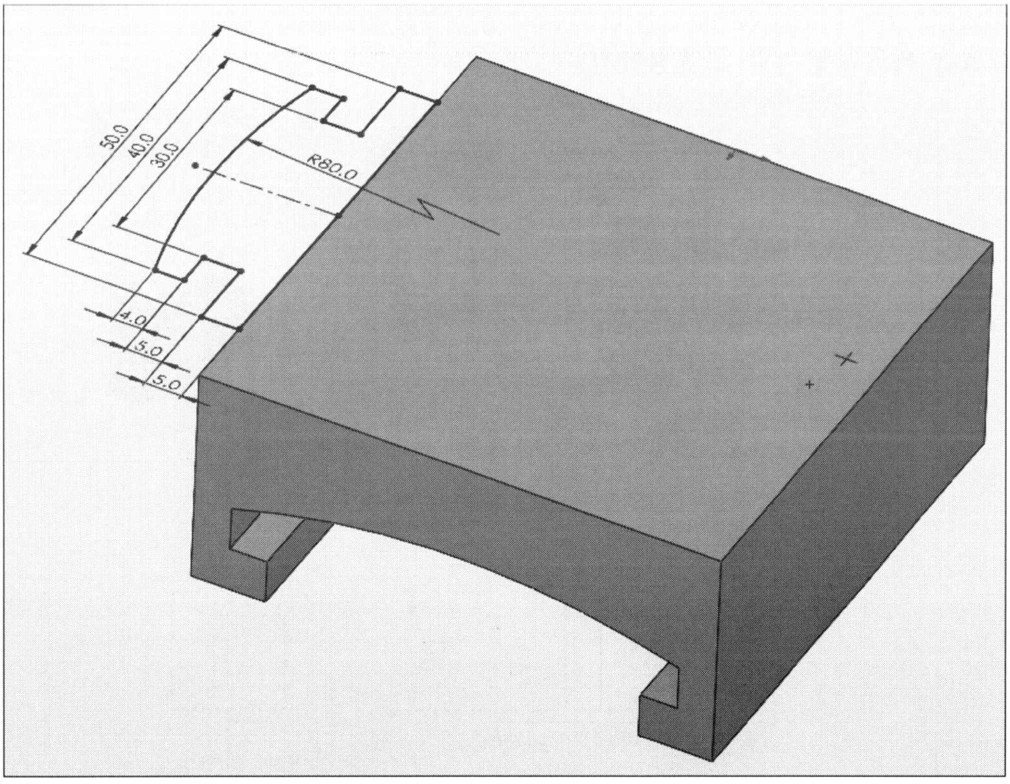

3) "돌출" → "방향1" → "100" → "방향2" → "100" → "확인"

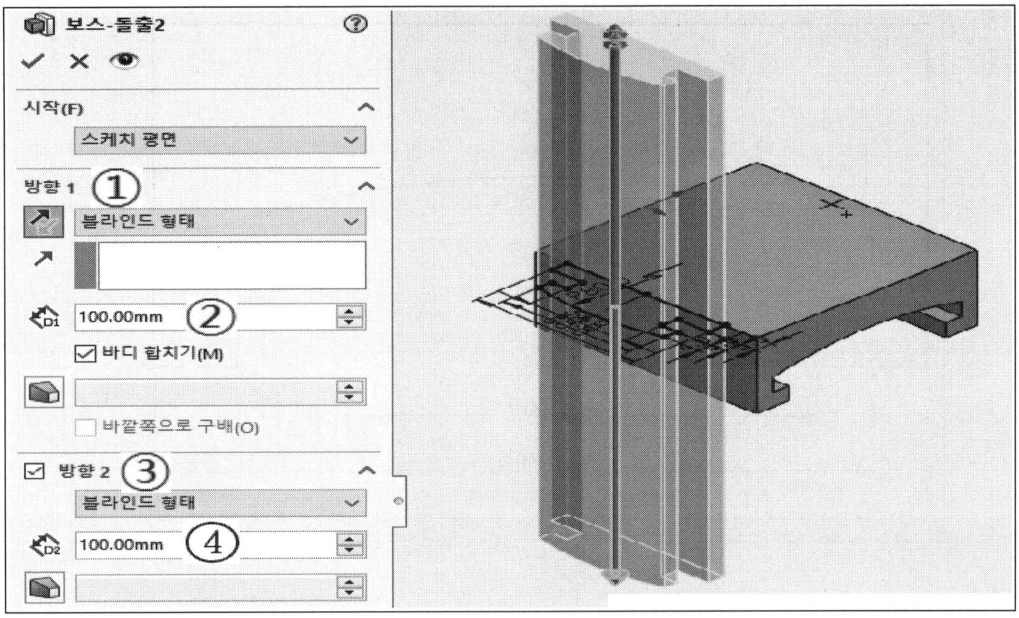

6.4.4 직교로봇 3축 모델링하기

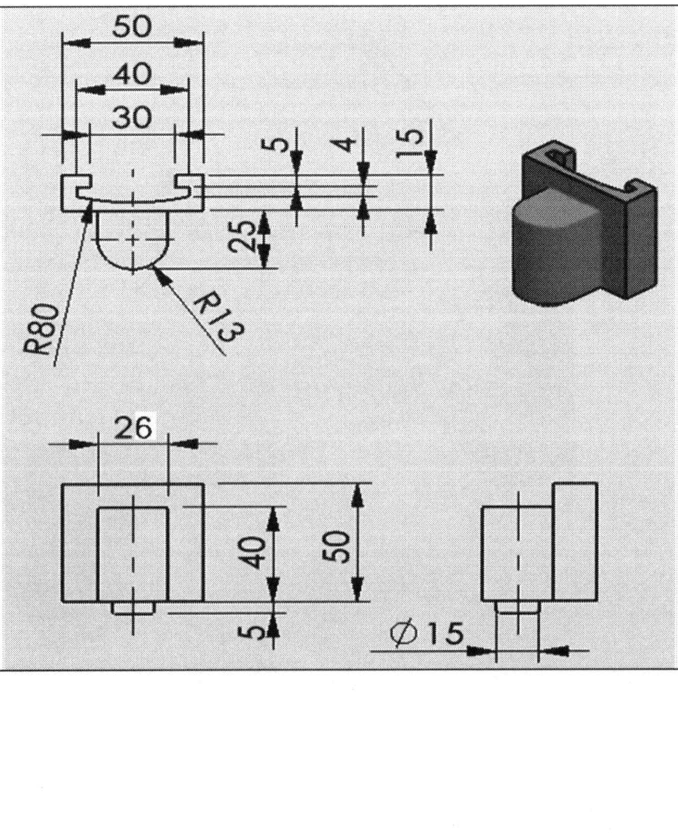

1) “윗면” ➔ “스케치” ➔ “돌출” ➔ “50mm”

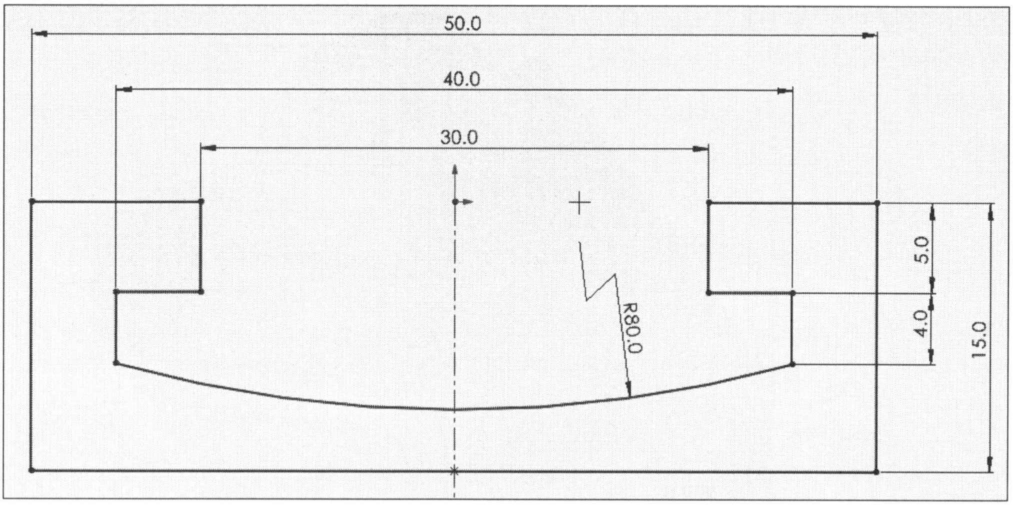

2) “모델윗면” ➔ “스케치” ➔ “돌출” ➔ “25mm” ➔ “확인” ➔ “R13 필렛”

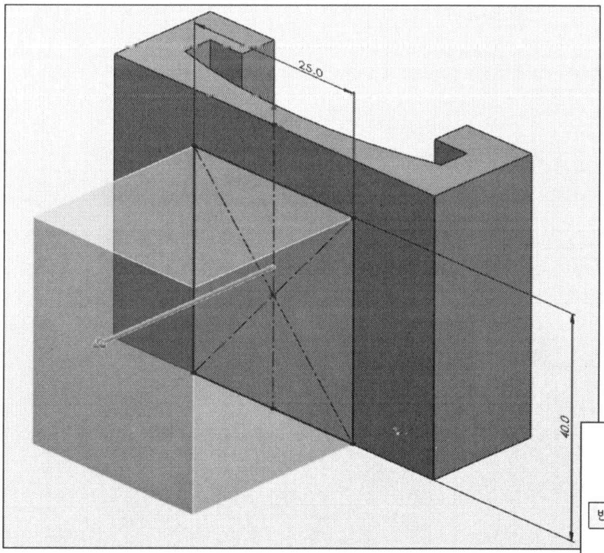

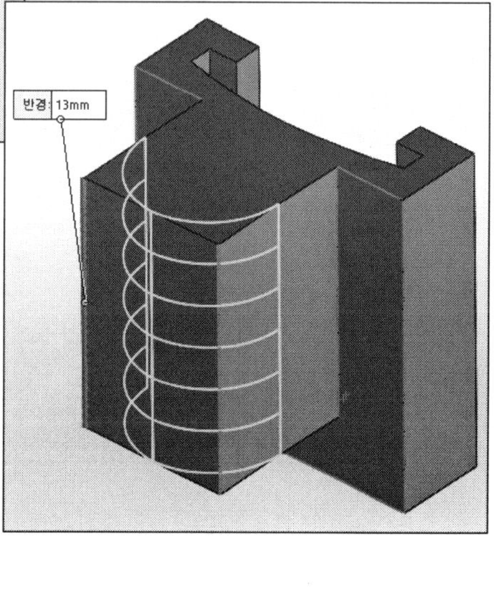

3) "모델 밑면" ➔ "스케치" ➔ "돌출" ➔ "5mm" ➔ "확인"

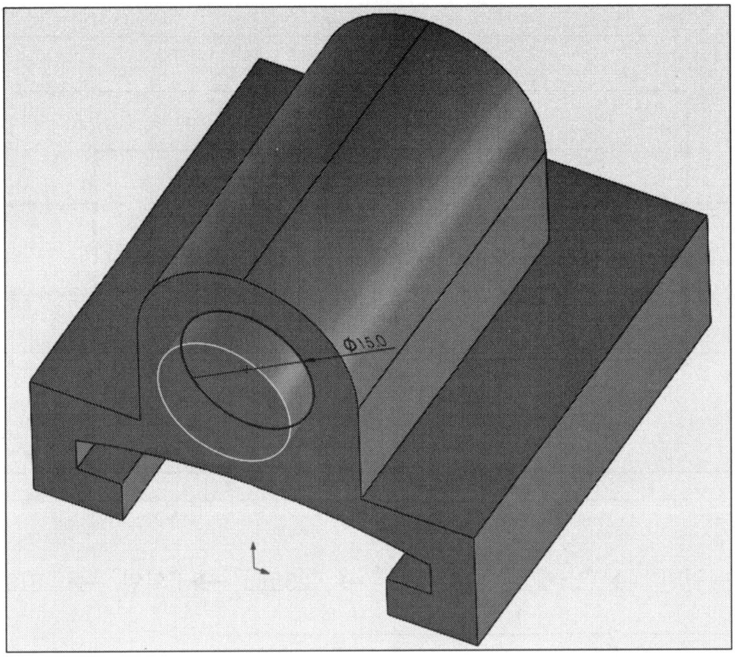

4) "필렛" ➔ "R1"(상, 하 모두 필렛)

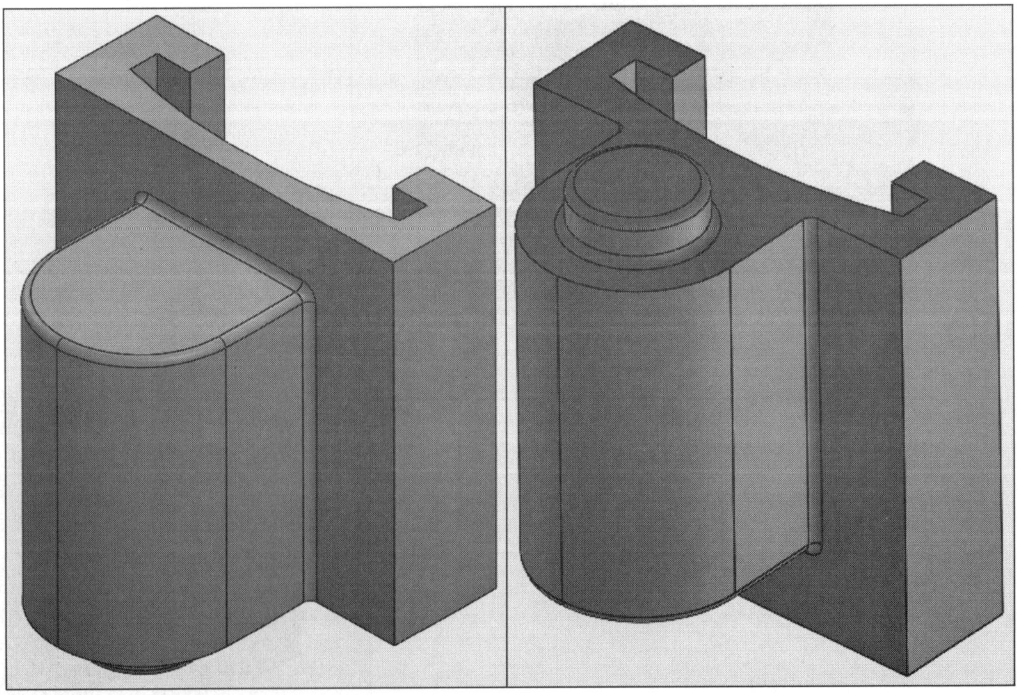

6.4.5 직교로봇 조립하기

1) "어셈블리" ➔ "부품 삽입" ➔ "1축", "2축", "3축", "4축" 삽입

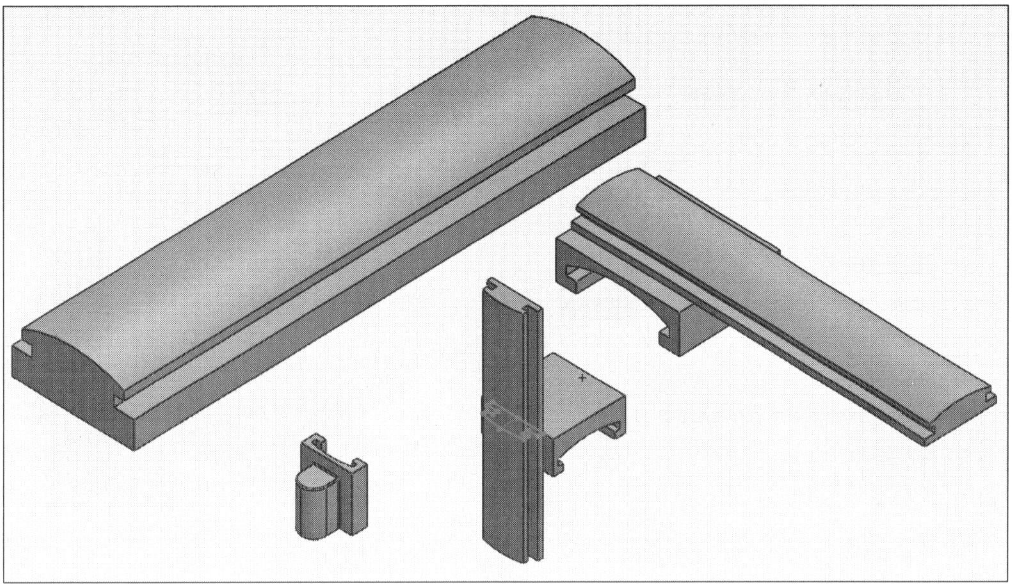

2) "메이트" ➔ "1축 면1" ➔ "2축 면2" ➔ "일치"〈좌우 고정, 상하 앞뒤 이동기능〉

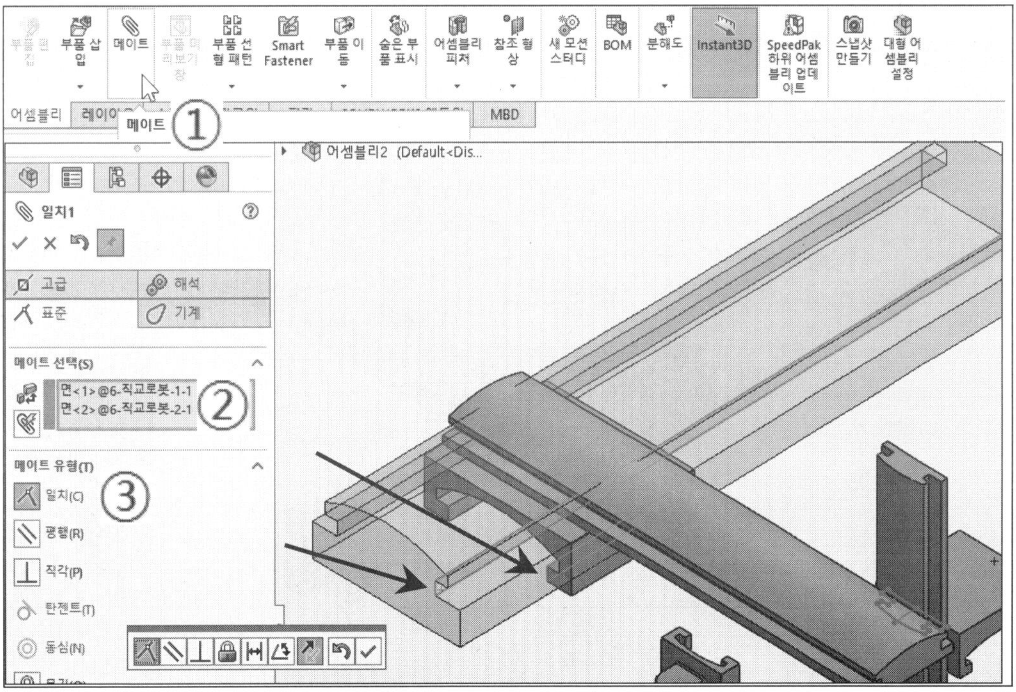

3) “1축 면3” ➔ “2축 면4” ➔ “일치”〈상하 고정, 앞뒤로 만 이동가능〉

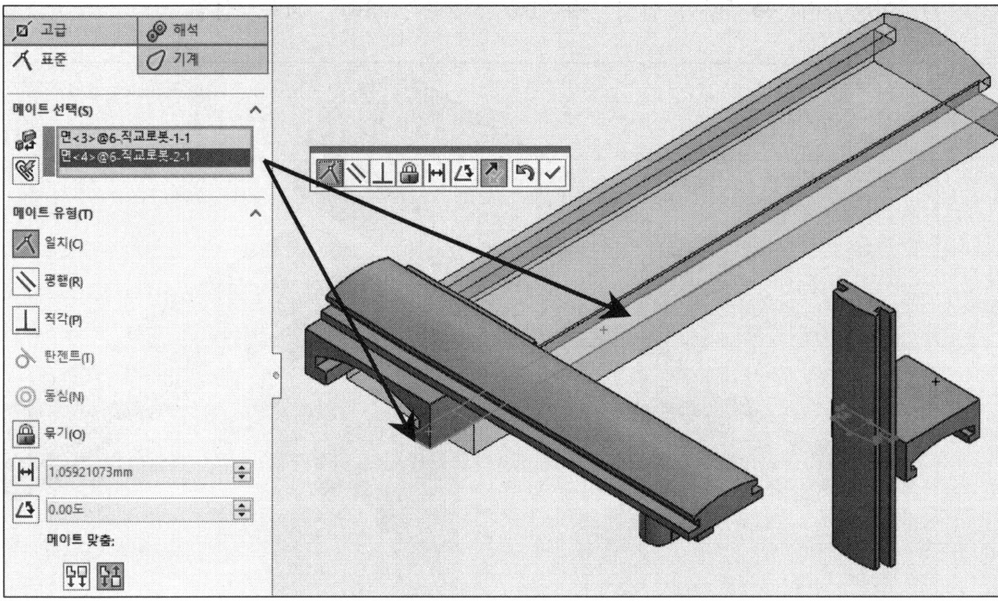

4) “2축 면1” ➔ “3축 면2” ➔ “일치”

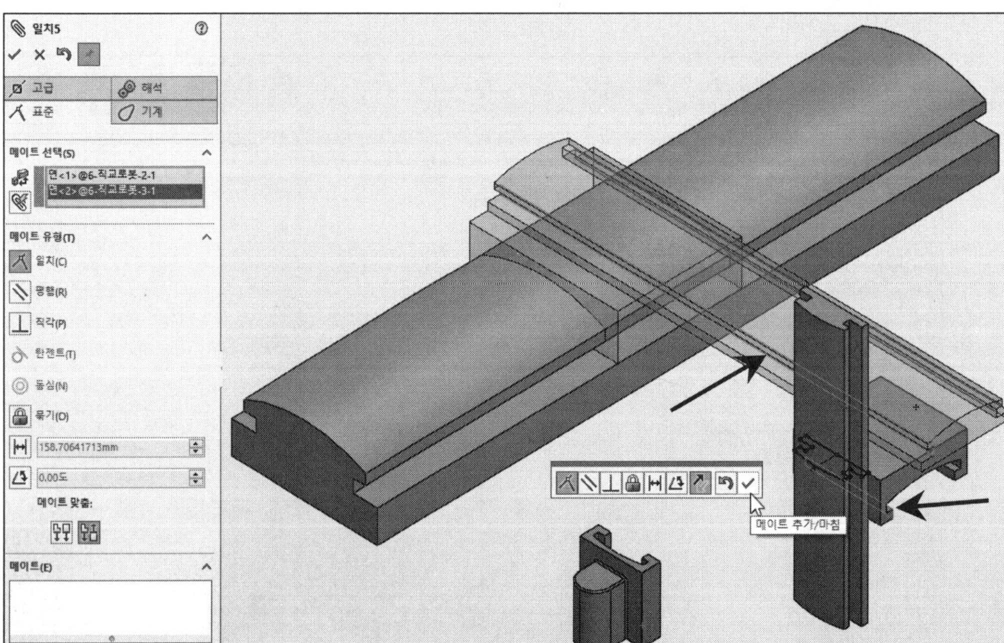

5) “2축 면3” ➔ “3축 면4” ➔ “일치”

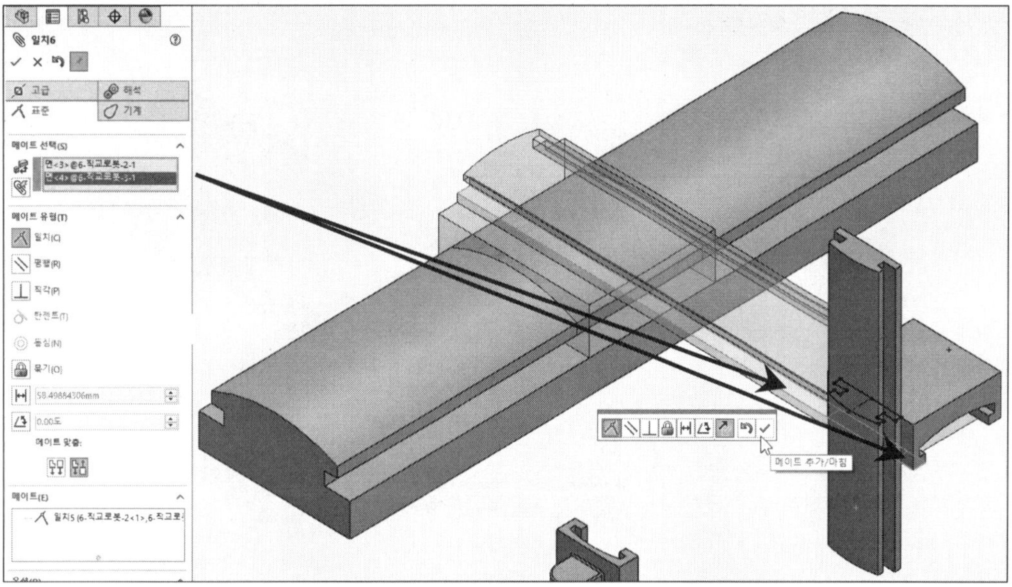

6) 1축 2축 조립 상태(“1축 전후 이동만 가능” ➔ “2축 좌우 이동만 가능”)

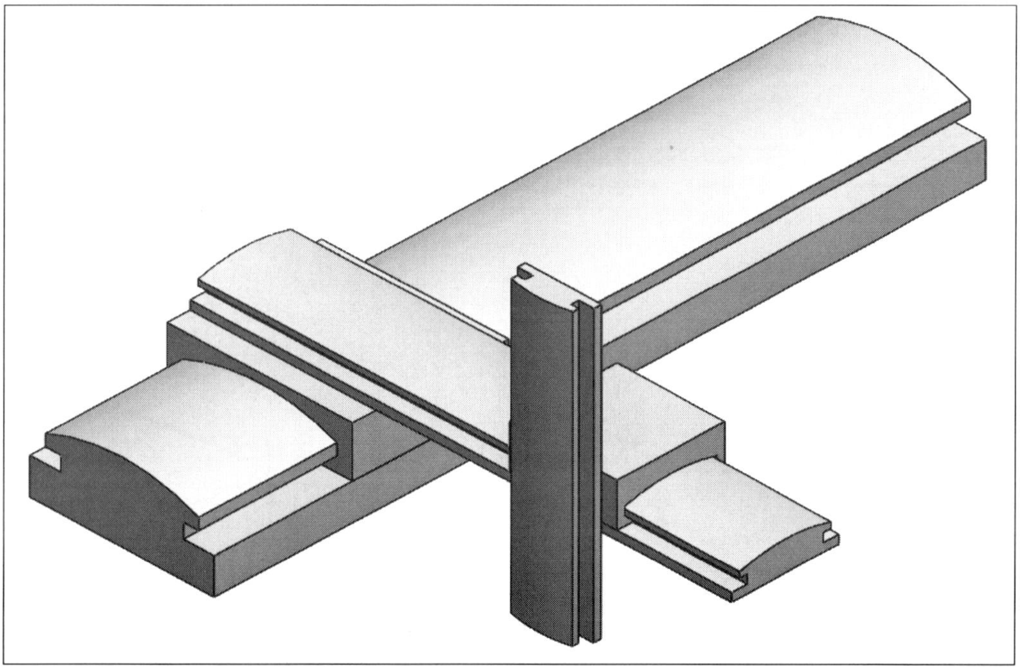

7) “3축 면1” ➔ “4축 면2” ➔ “일치”〈좌우 고정, 상하 전후로 이동가능〉

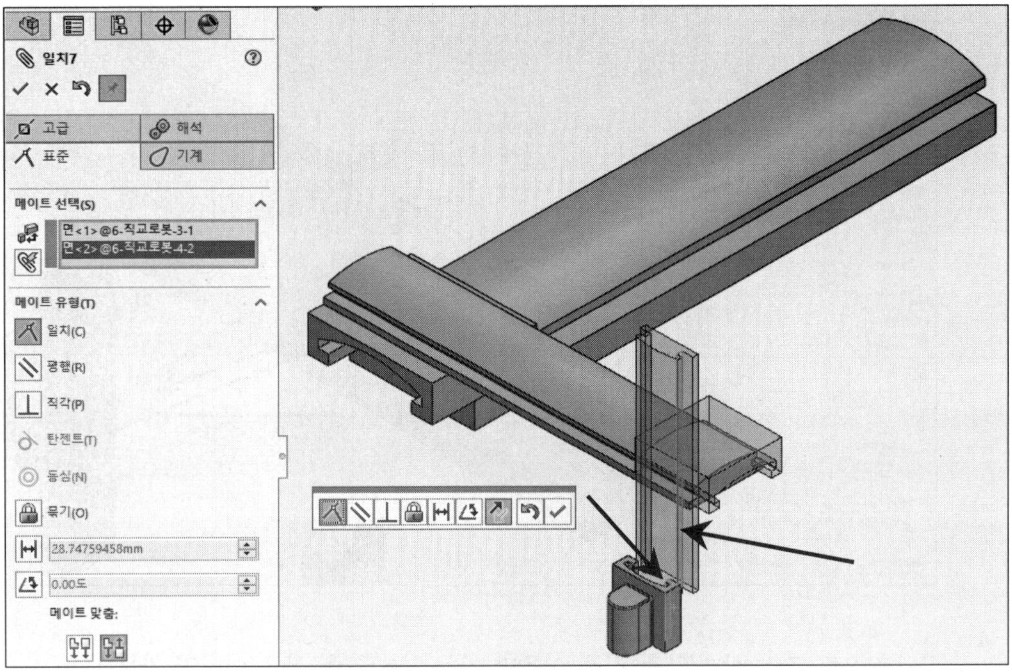

8) “3축 면3” ➔ “4축 면4” ➔ “일치”〈전후 고정, 상하로만 이동가능〉

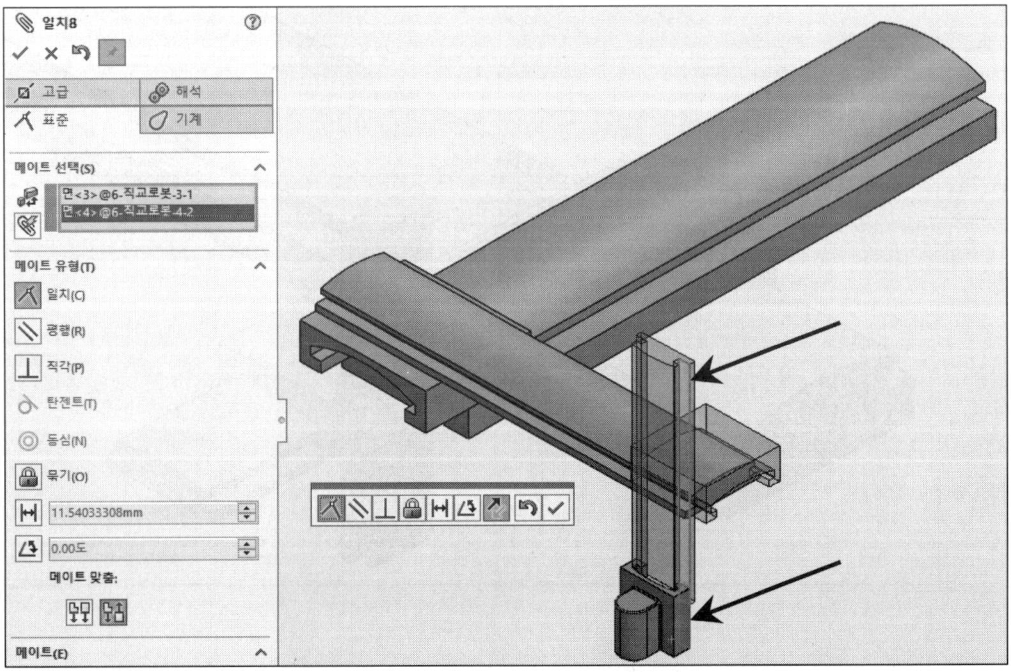

9) 각축을 메이트(짝 맞춤) 작업을 통해 "1축과 2축" → **앞, 뒤로** 이동만 가능

"2축과 3축" → 좌우 이동만 가능, "3과 4축" → 상하 이동만 가능 하도록 운동에 제한을 부여해 각 부품이 한정된 동작을 수행하도록 할 수 있다.

"일치 메이트"를 모두 부여해 1축은 고정, 2축은 전후로만 이동, 3축은 좌우로 이동, 4축은 상하로 이동하도록 해서 직교좌표 로봇의 구동을 구현하였다.

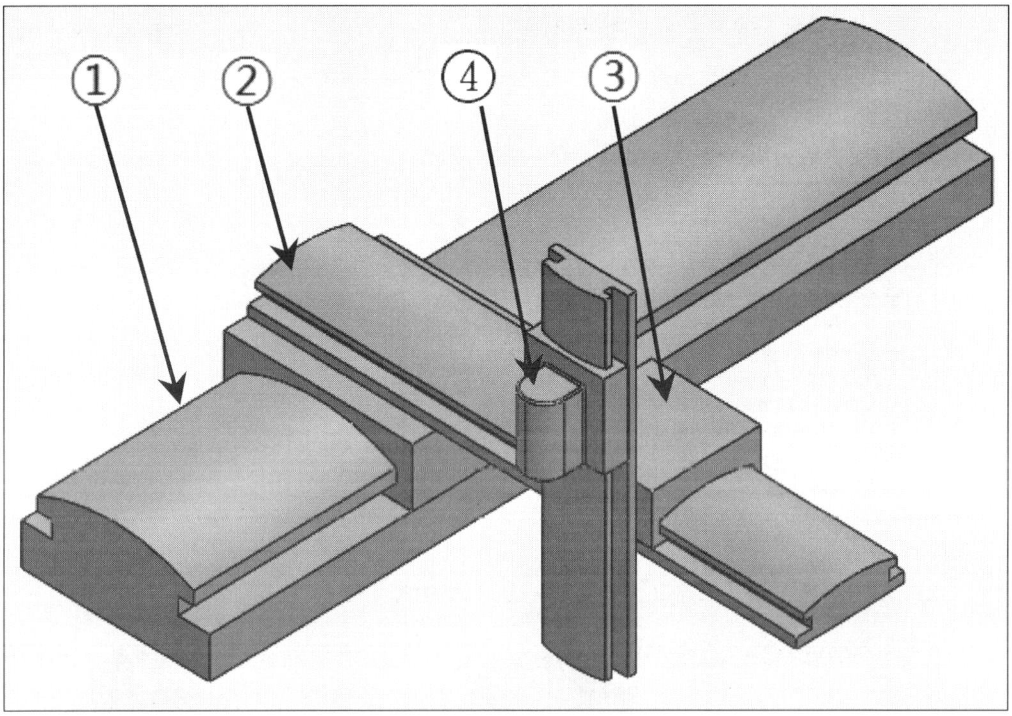

6.5 직교좌표 로봇의 애니메이션하기

4개의 부품을 모델링하고 어셈블리 직업을 통해 조립을 하여 간단한 구조의 직교좌표 로봇을 완성하였다. 이제는 완성된 부품들이 원활한 동작을 수행하여 설계된 의도대로 작동이 되는 것을 검증하기 위해 애니메이션을 만들어보고 부족한 부분이 발생할 경우 적절한 대처를 통해 제품의 설계 단계에서 결점을 제거함으로서 완벽한 제품을 제작할 수 있어 기업의 생산성 향상에도 도움이 될 것이다.

6.5.1 애니메이션 만들기

1) "삽입" ➔ "새 모션 스터디"

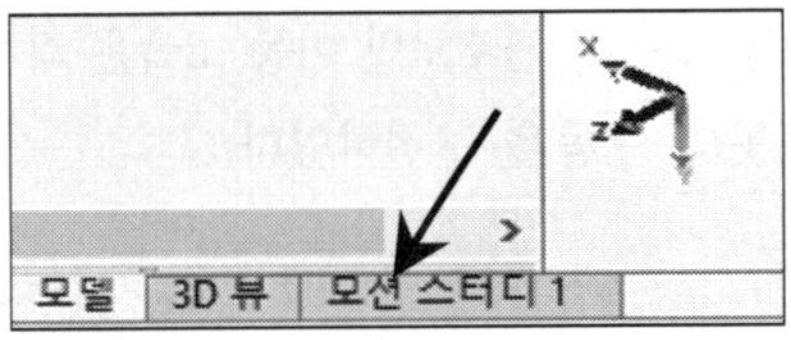

(화면 좌측 아래)

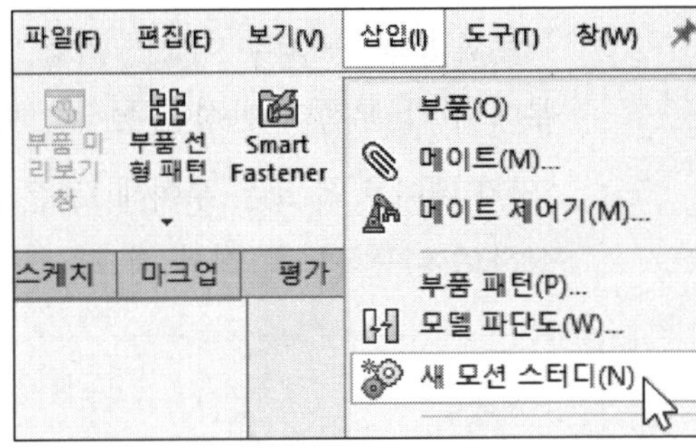

2) "타임라인 0초" ➔ "드래그" ➔ "2초" 이동

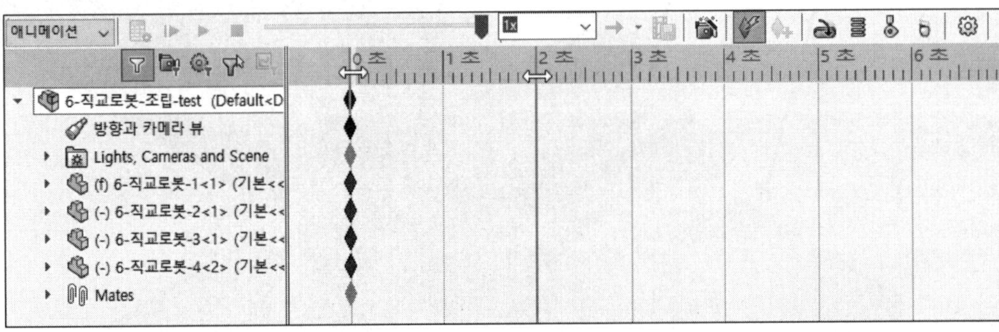

3) "2축 선택" ➔ "드래그" ➔ "2축 끝으로 이동" ➔ "계산"

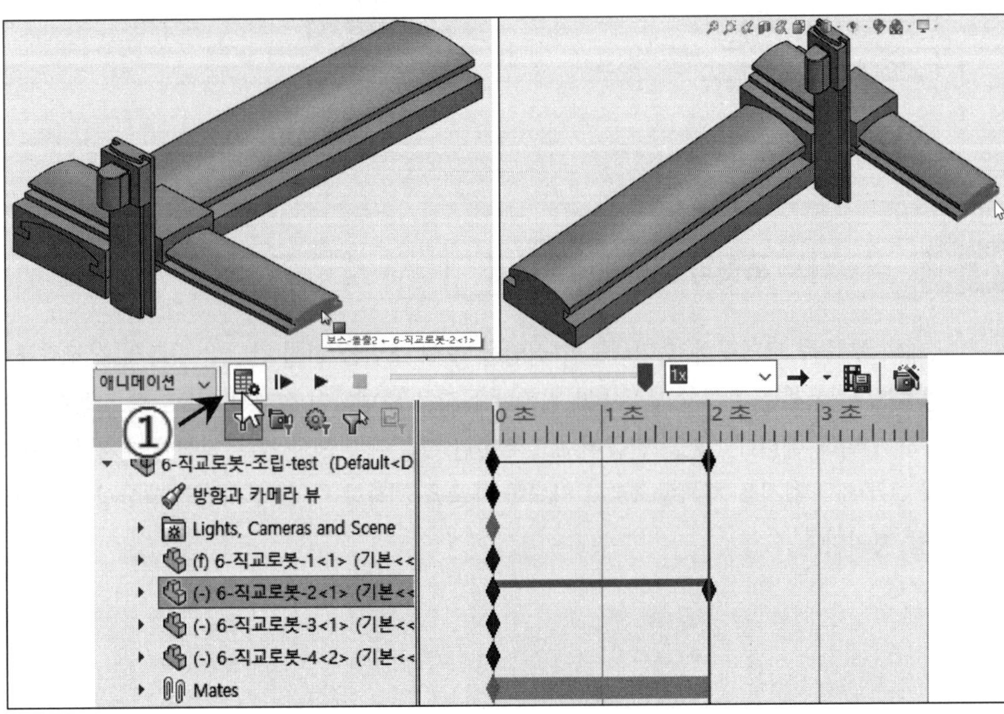

4) "타임라인 4초" → "2축 선택" → "드래그" → "2축 이동" → "계산"

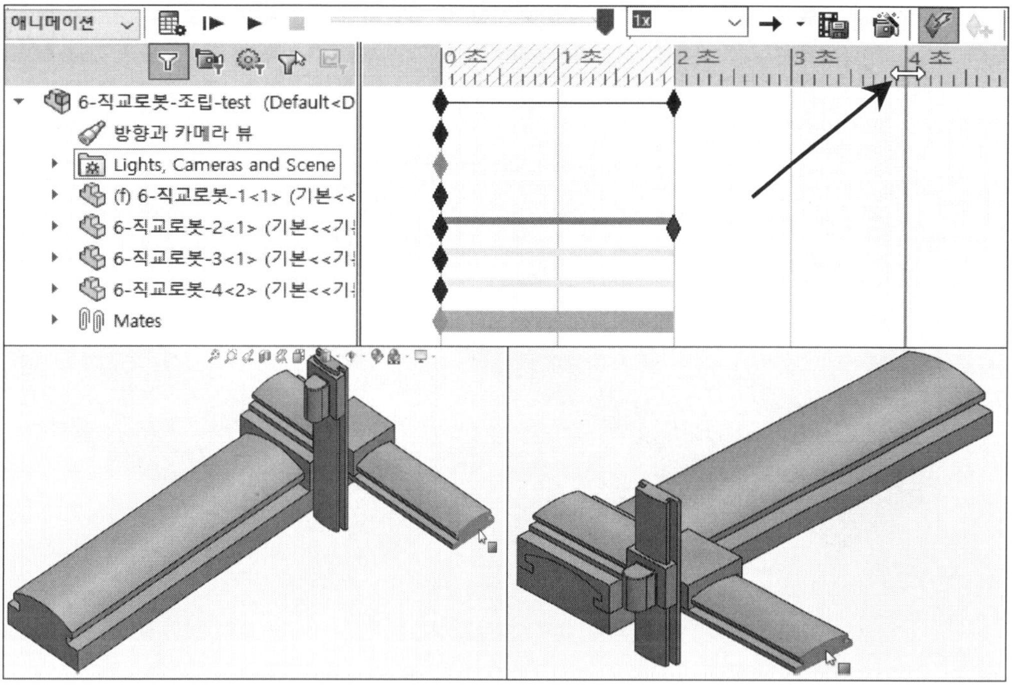

5) "타임라인 5초" → "3축 선택" → "드래그" → "3축 이동" → "계산"

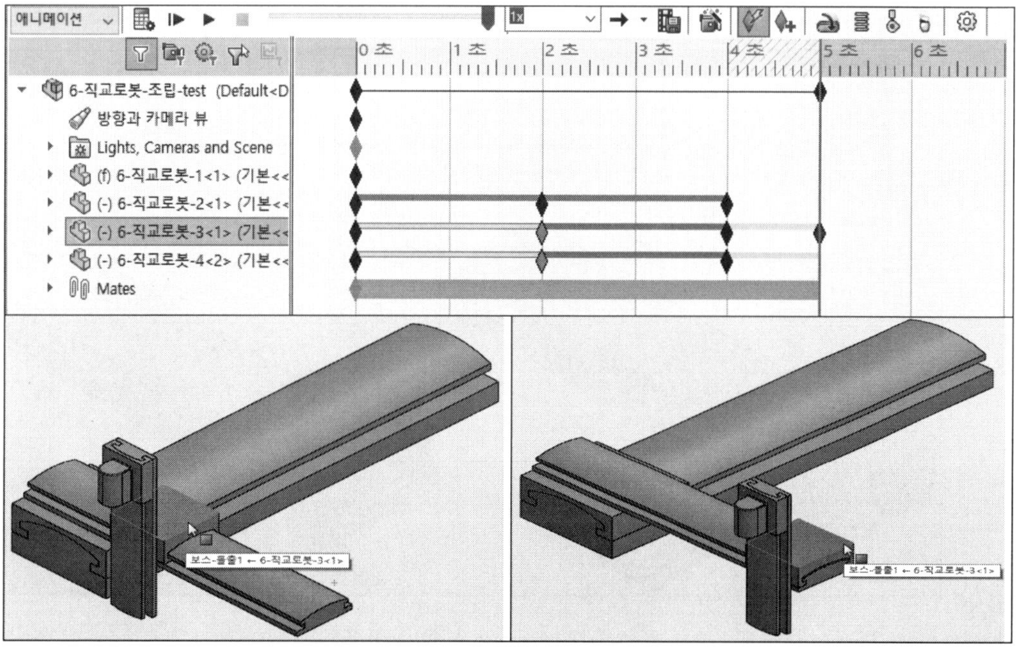

6) “타임라인 6초” → “3축 선택” → “드래그” → “3축 이동” → “계산”

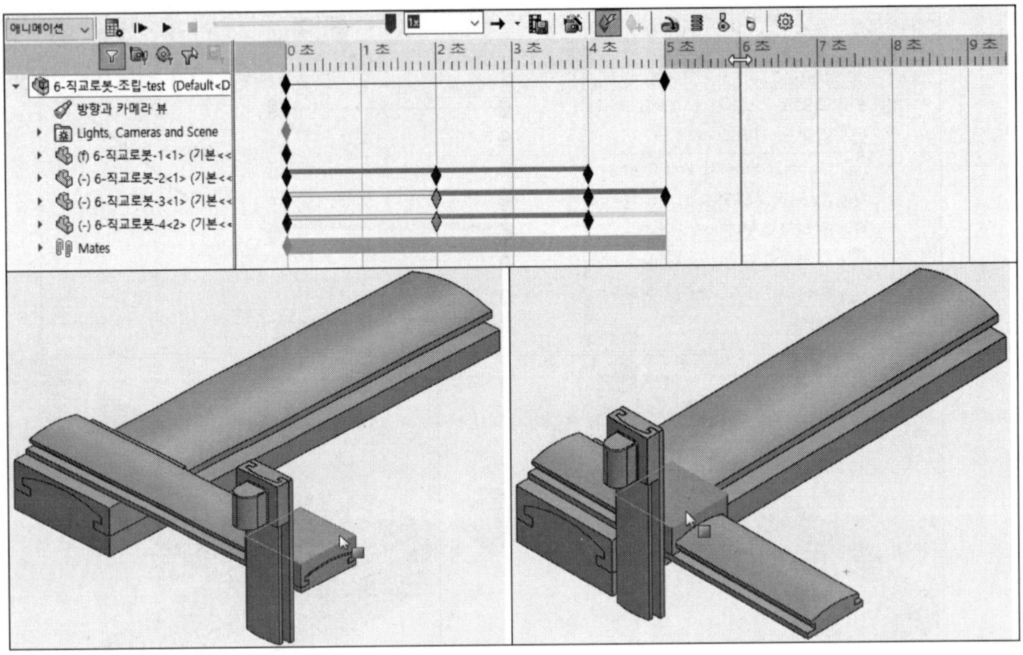

7) “타임라인 7초” → “4축 선택” → “드래그” → “4축 이동” → “계산”

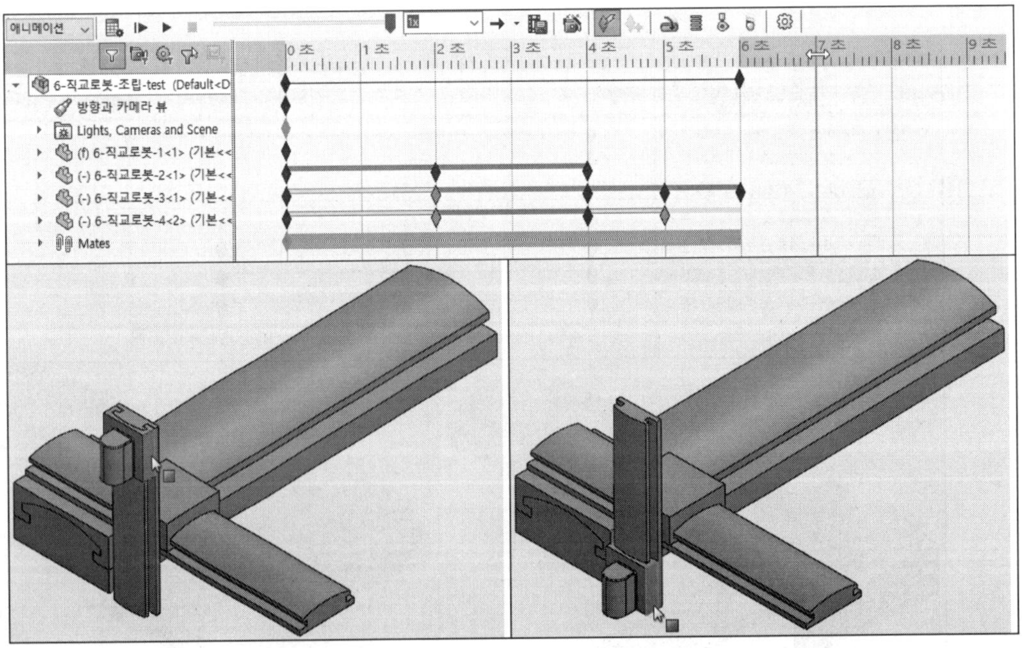

8) “타임라인 8초” ➔ “4축 선택” ➔ “드래그” ➔ “4축 이동” ➔ “계산”

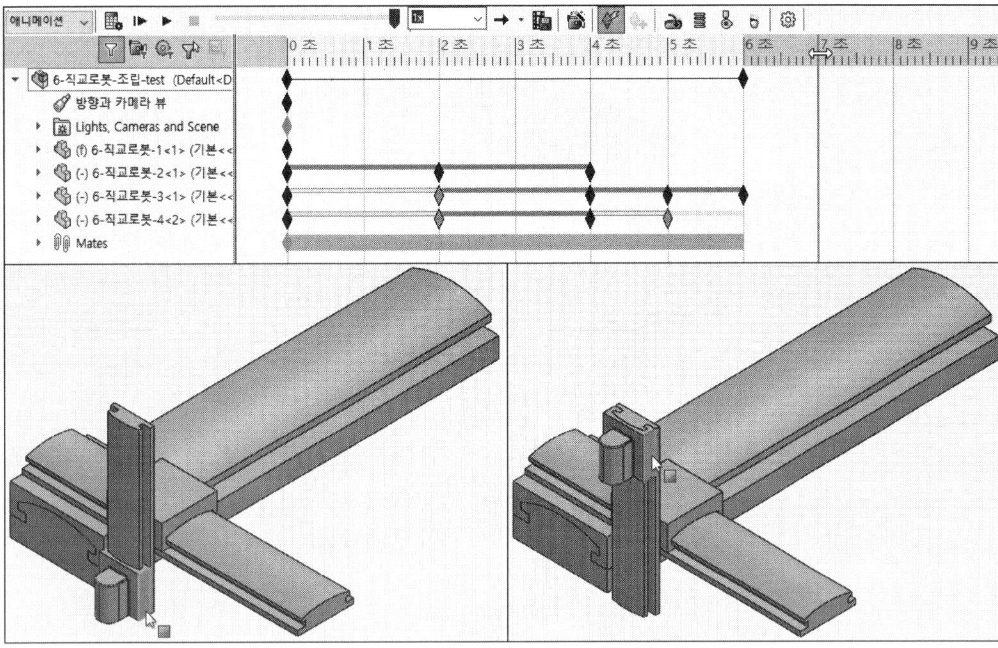

9) 애니메이션 수행 버튼 종류

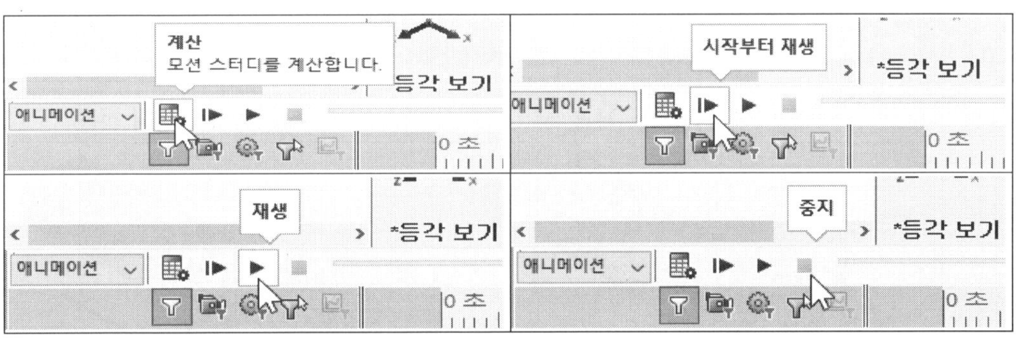

10) 시간별 직교좌표 로봇의 애니메이션 수행

0초 “애니메이션 작동 초기상태”	1초 “2축 중간까지 전진”
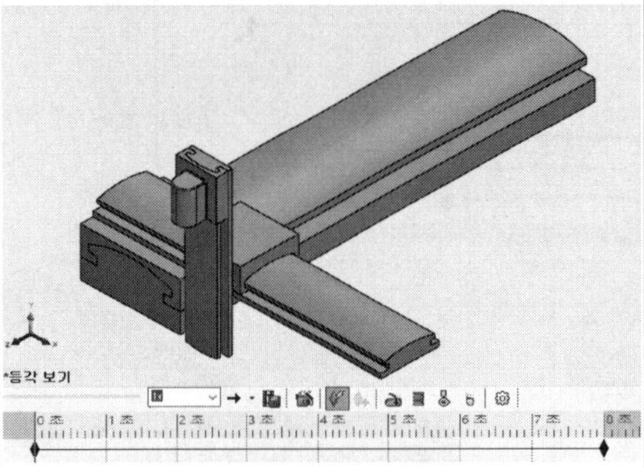	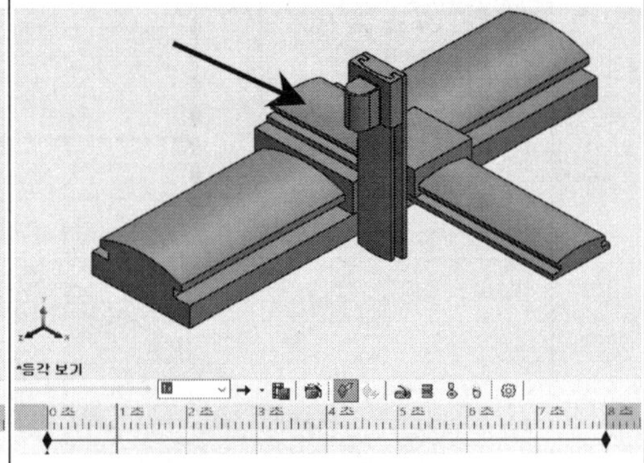
2초 “2축 끝까지 전진”	3초 “2축 중간으로 복귀”
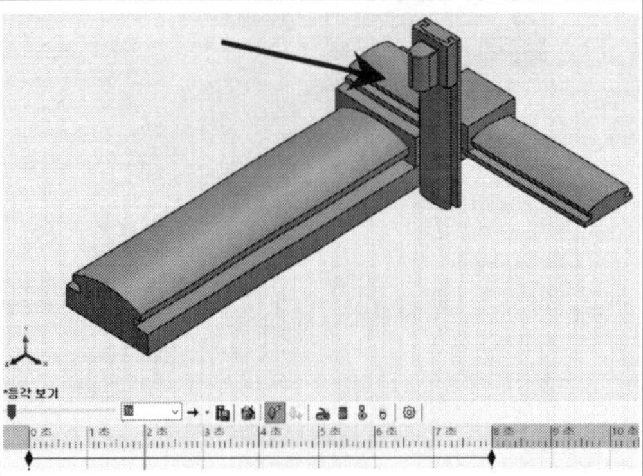	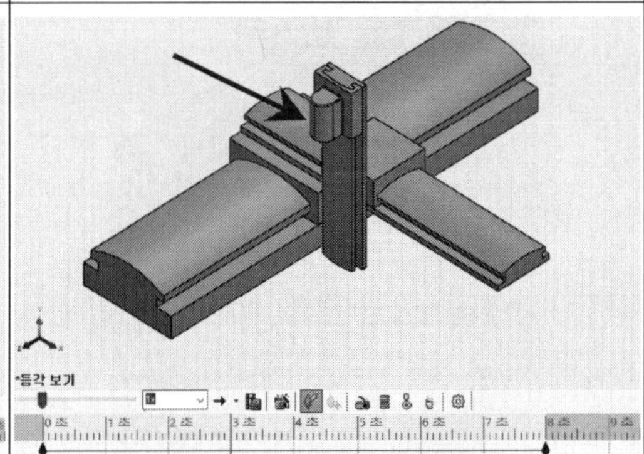
4초 “2축 원점으로 복귀”	5초 “3축 끝까지 전진”
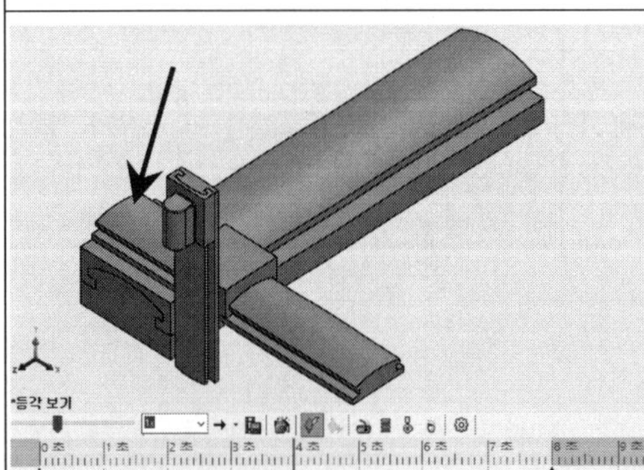	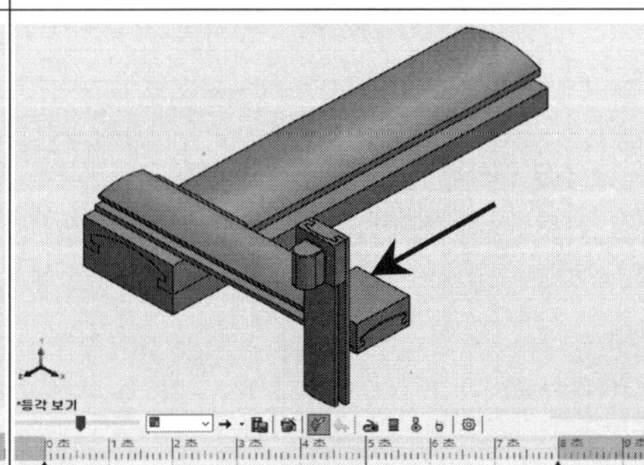

6초 “3축 원점으로 복귀”	7초 “4축 끝까지 전진”
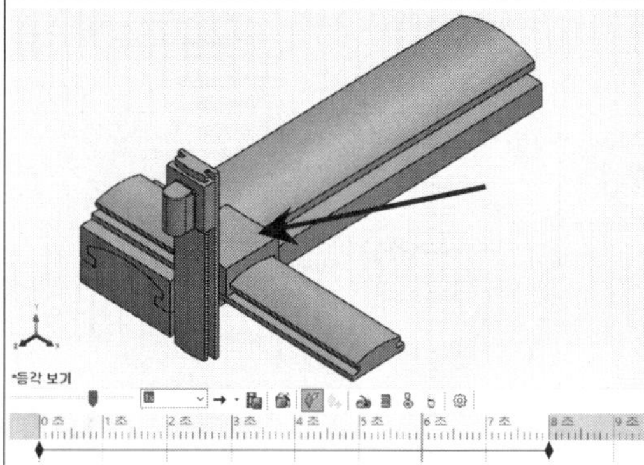	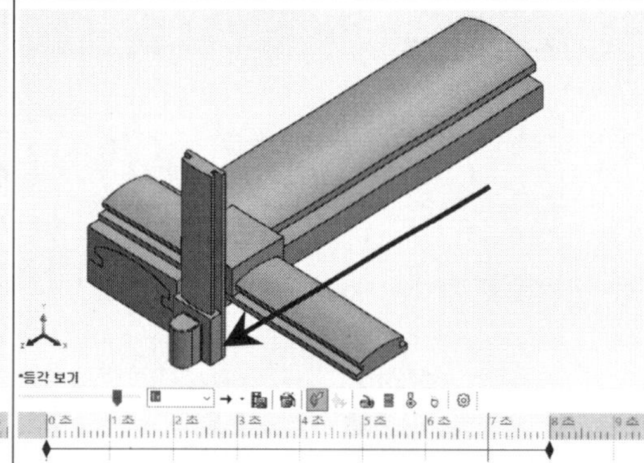
8초 “4축 원점으로 복귀”	자유롭게 각축 이동한 상태
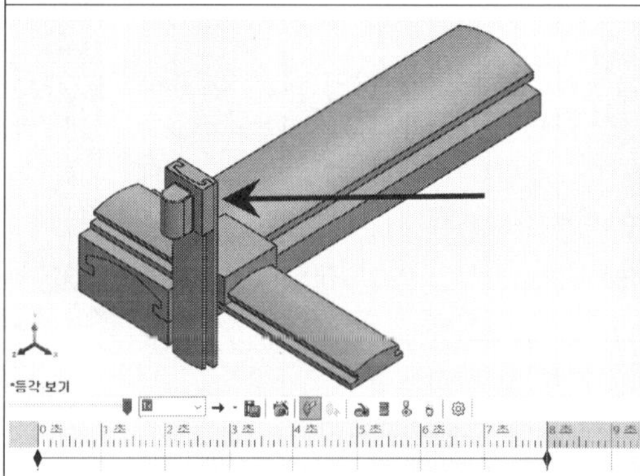	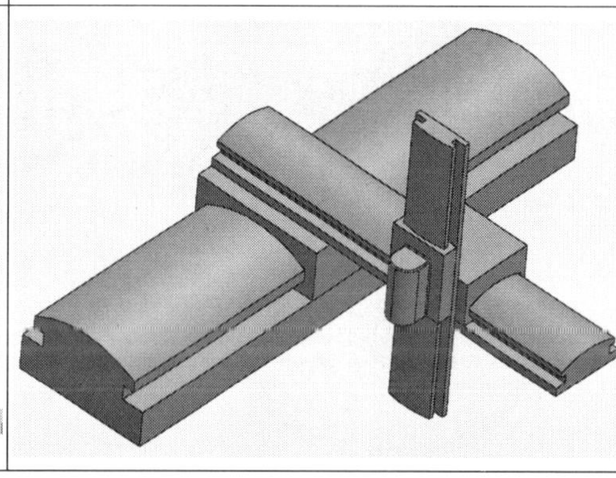

예제 도면 1

스카라 로봇

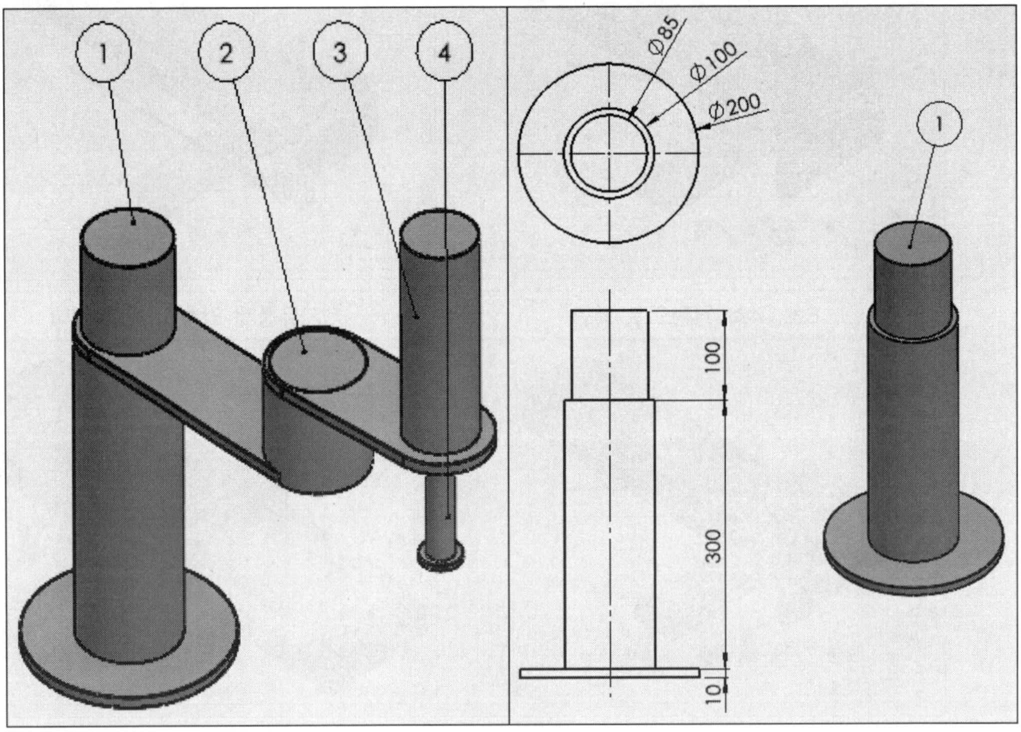
1
2
3
4
Ø85
Ø100
Ø200
1
100
300
10

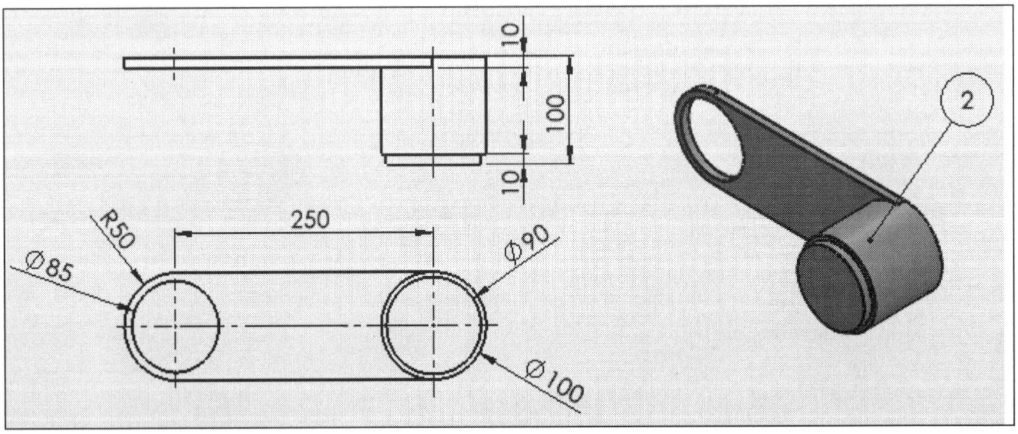
10
100
10
250
R50
Ø85
Ø90
Ø100
2

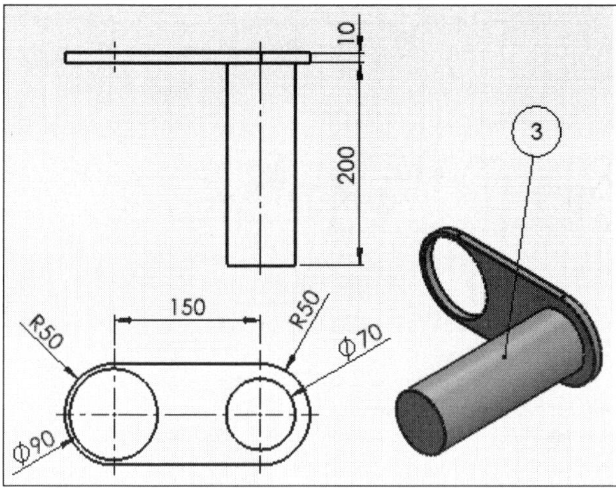
10
200
150
R50
R50
Φ70
Φ90
3

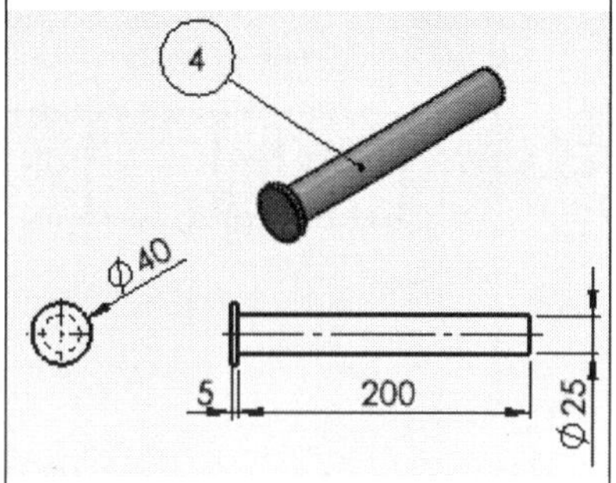
4
Φ40
5
200
Φ25

예제 도면 2

회전펌프

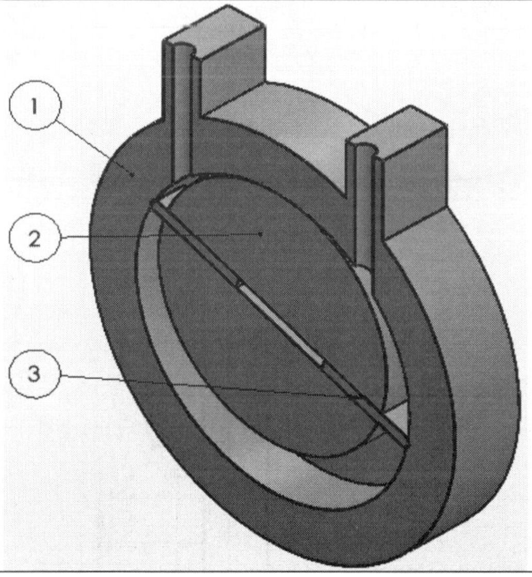
1
2
3

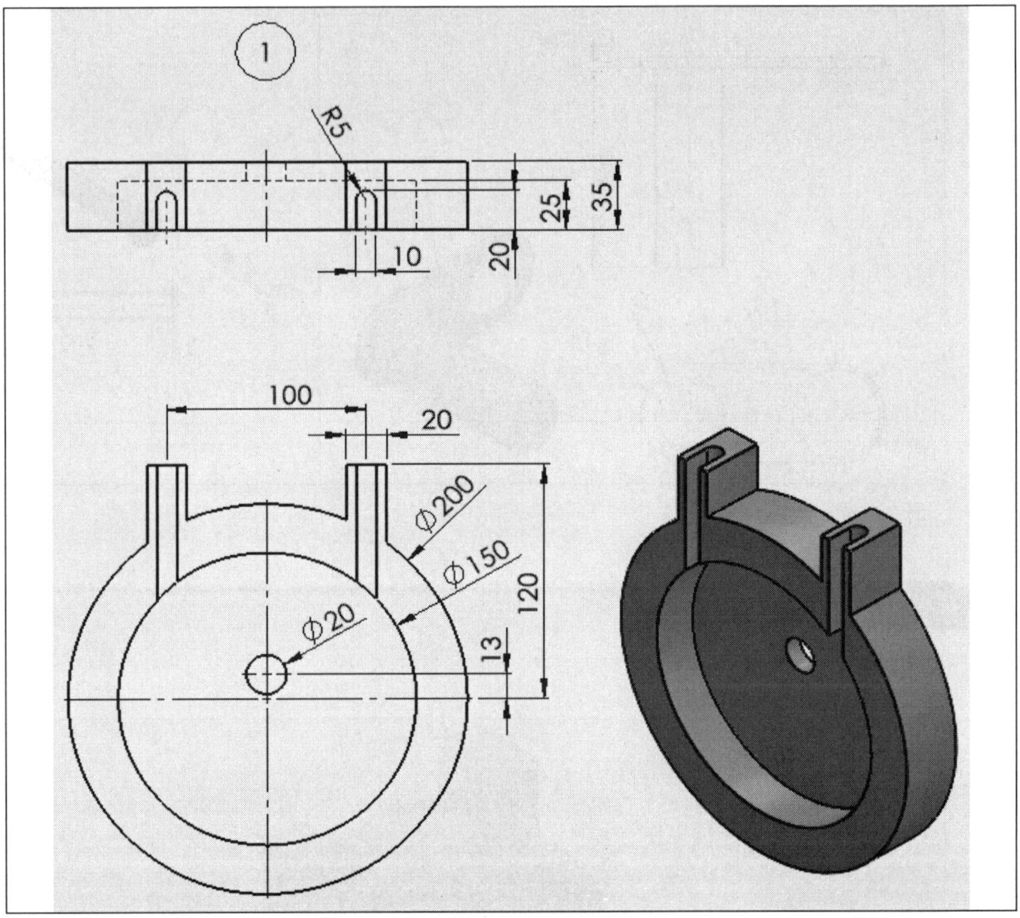
1
R5
25
35
10
20
100
20
Φ200
Φ150
120
Φ20
13

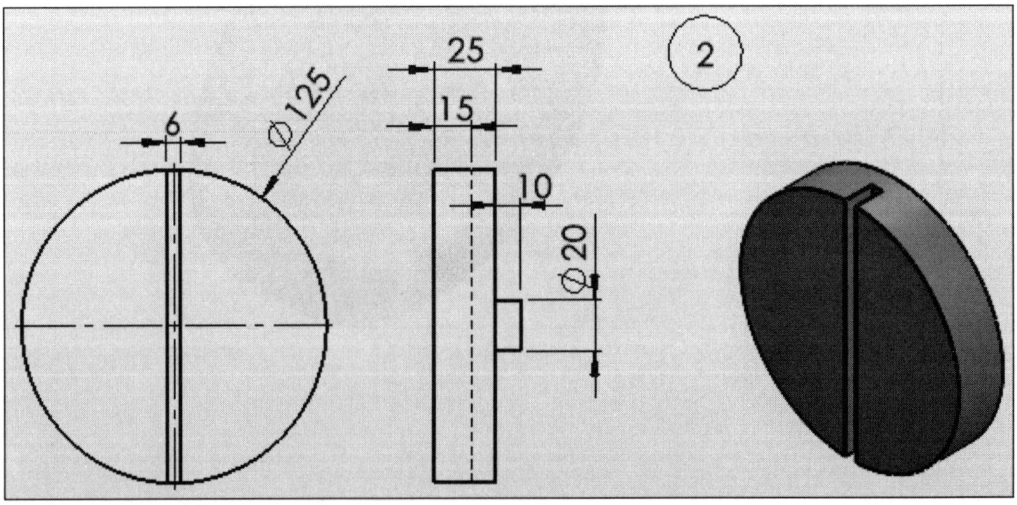
2
25
15
Φ125
6
10
Φ20

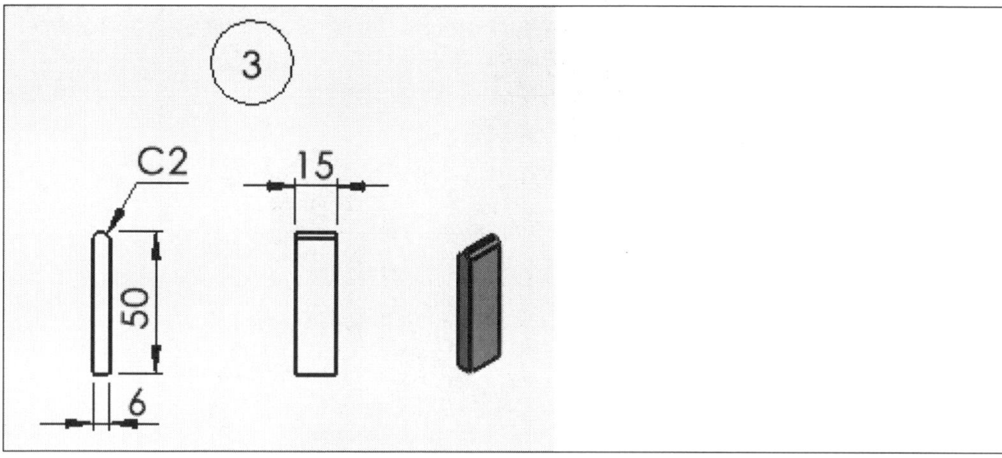

※ 〈중요〉 부품1의 "내측면"과 부품3의 "평면"은 탄젠트(접하기) 메이트를 부여해야 한다. 부품3이 회전시 부품1인 회전펌프의 내면과 늘 접촉하게 되어야 함.

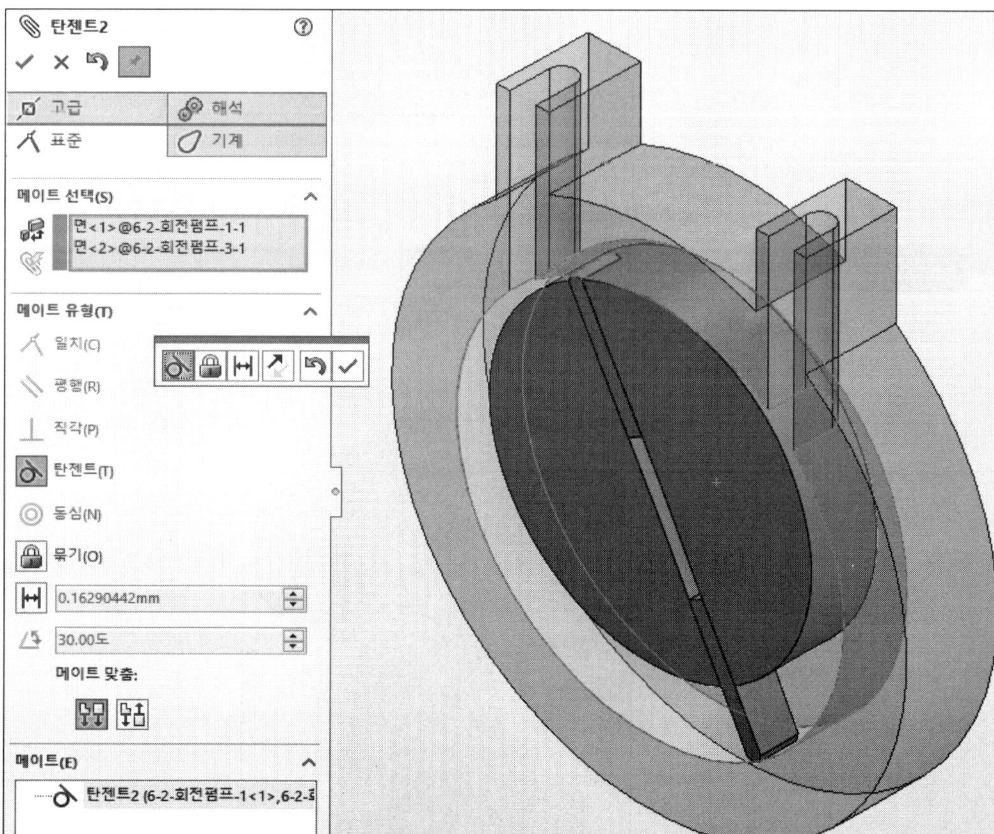

※ 부품1의 내측면과 부품3의 평면에 "탄젠트" 메이트 부여한 상태

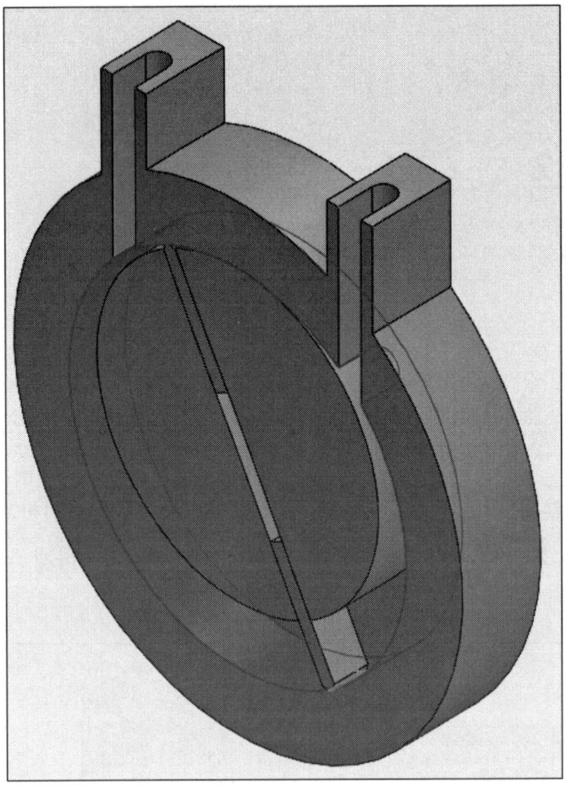

예제 도면 3

중량물 운반 바퀴(보강대 만들기 다음 페이지 참고)

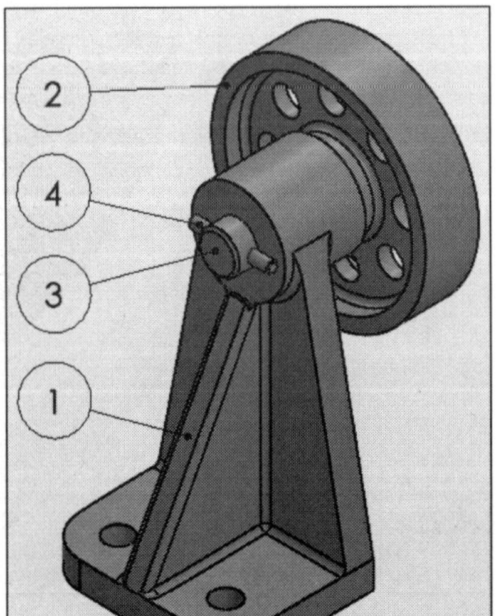

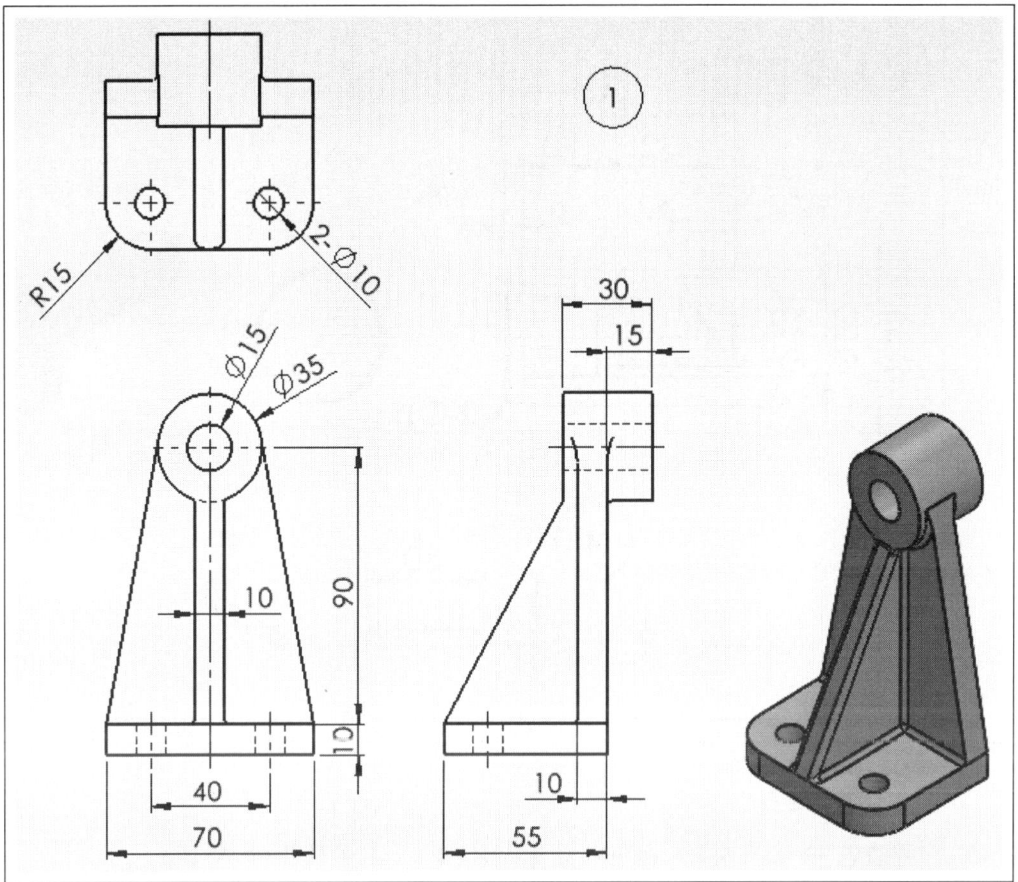
1
R15
2-Ø10
Ø15
Ø35
10
90
10
40
70
30
15
10
55

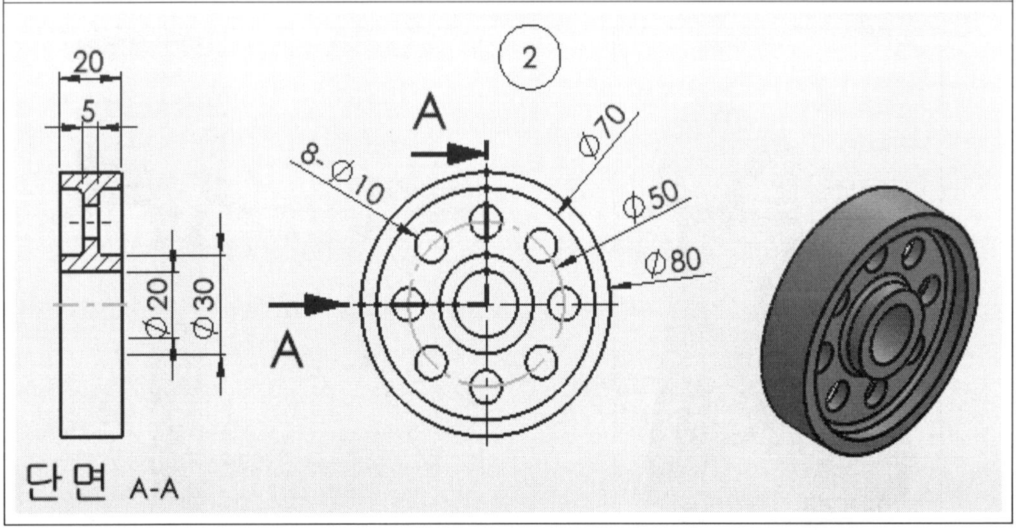
2
20
5
Ø20
Ø30
A
A
8-Ø10
Ø70
Ø50
Ø80
단면 A-A

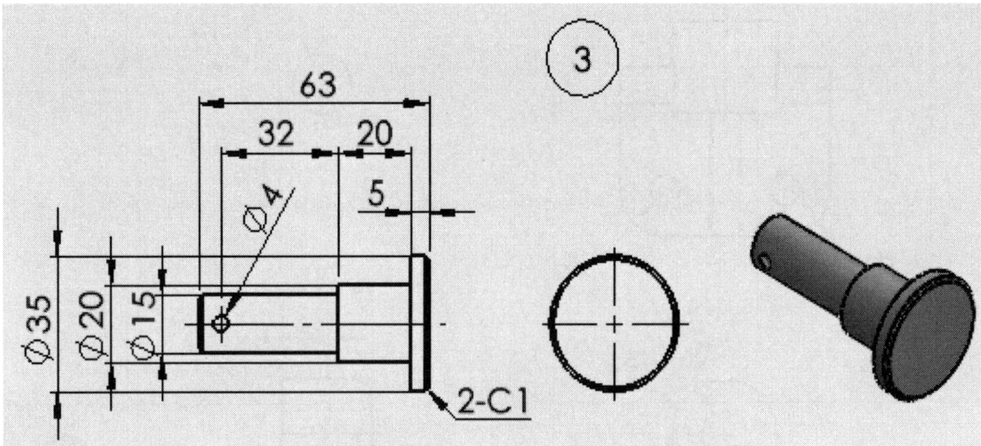

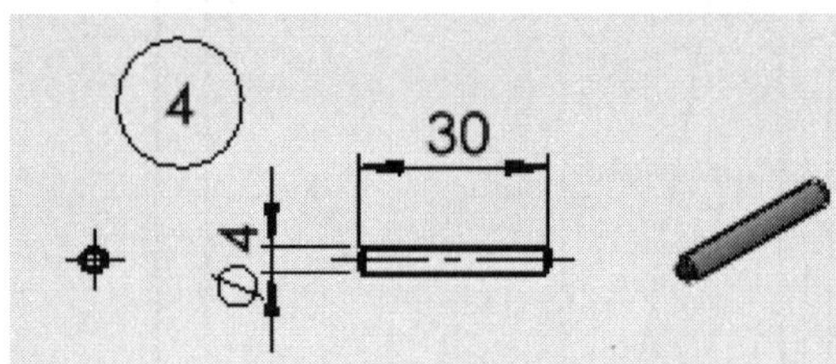

※ 보강대 만들기

1) 우측면 ➔ 스케치 ➔ 선 ➔ 윗 꼭지점 ➔ 아래 꼭지점 ➔ 연결

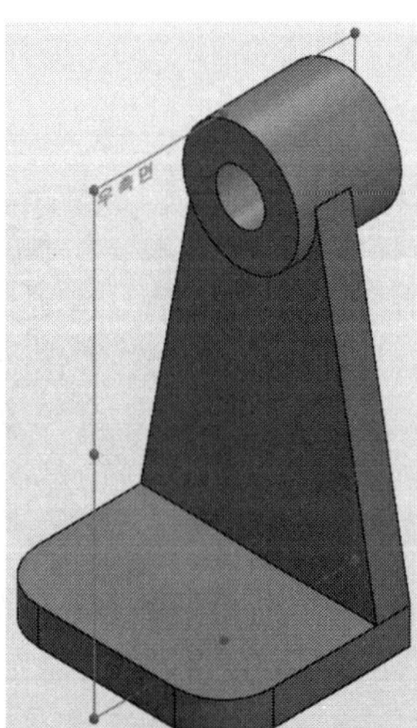

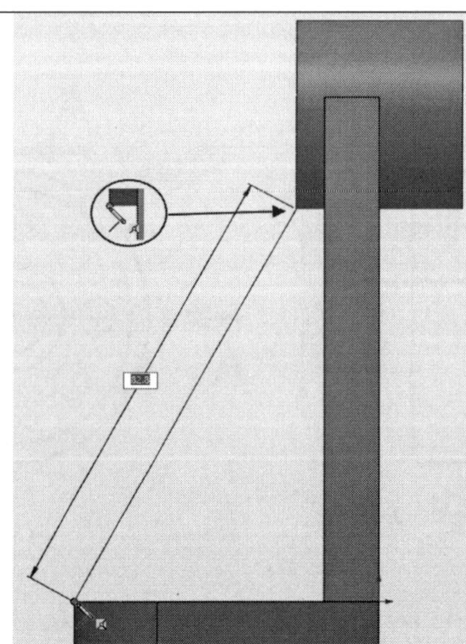

2) 보강대 ➔ 스케치 선 ➔ 방향 "뒤집기"(필요시) ➔ "확인"

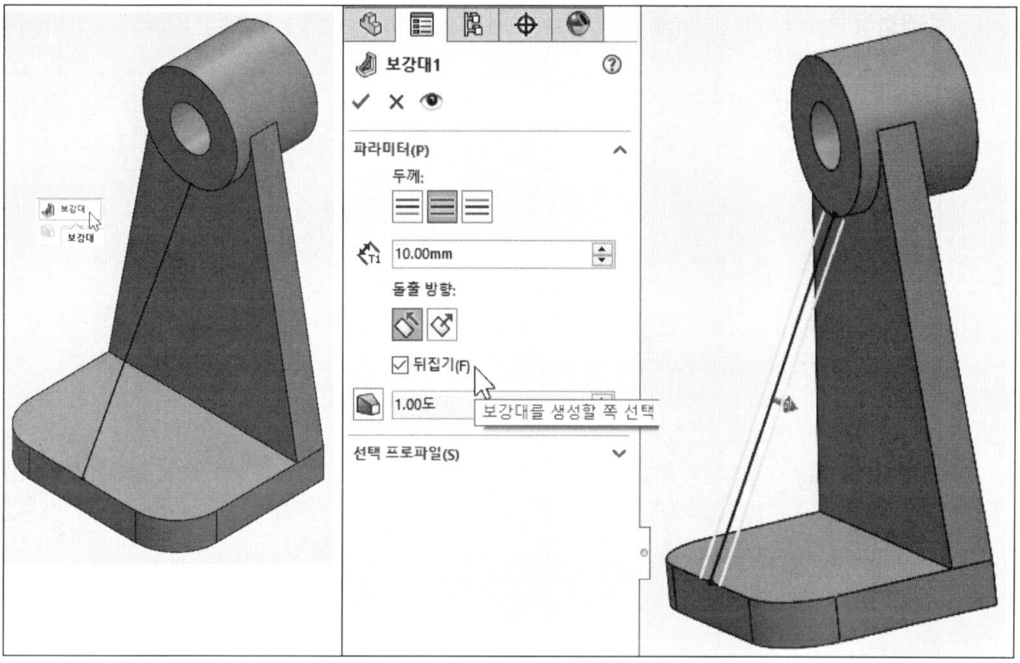

3) 보강대(부품의 강성을 높여주는 지지대) 완성된 형상

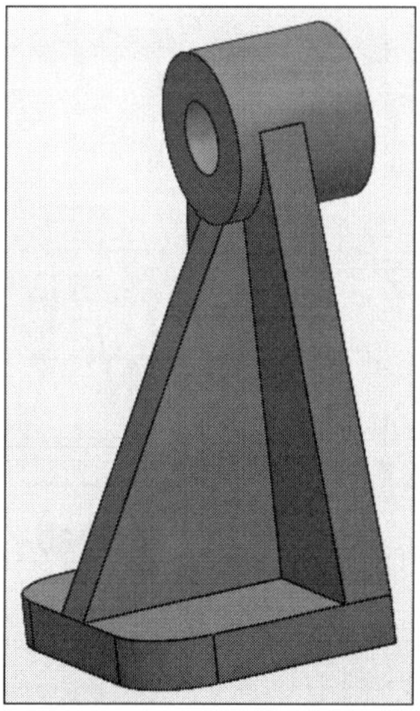

예제 도면 4

수건걸이

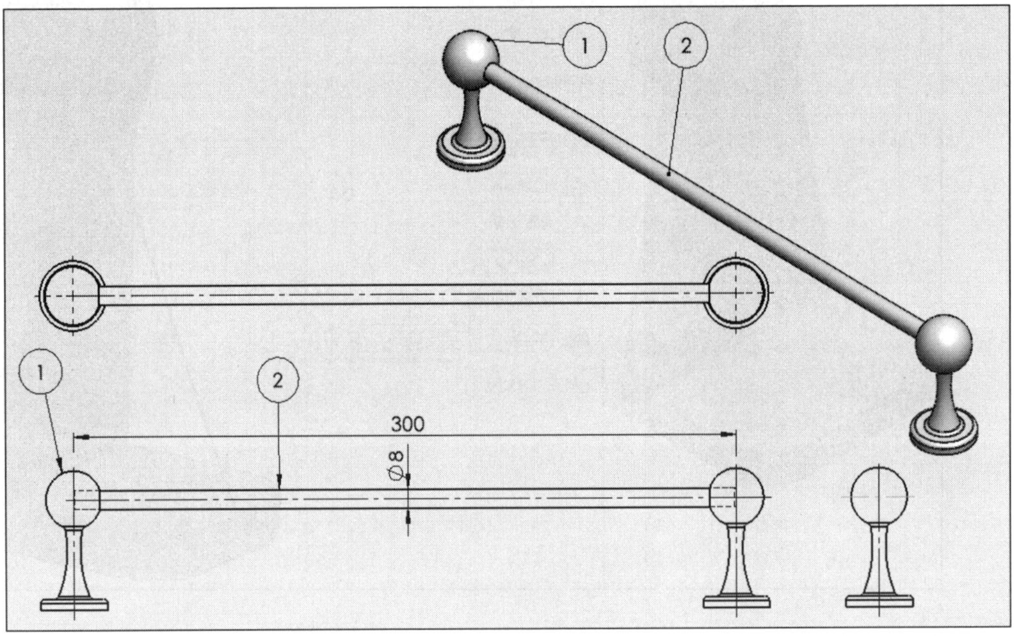
1
2
1
2
300
Ø8

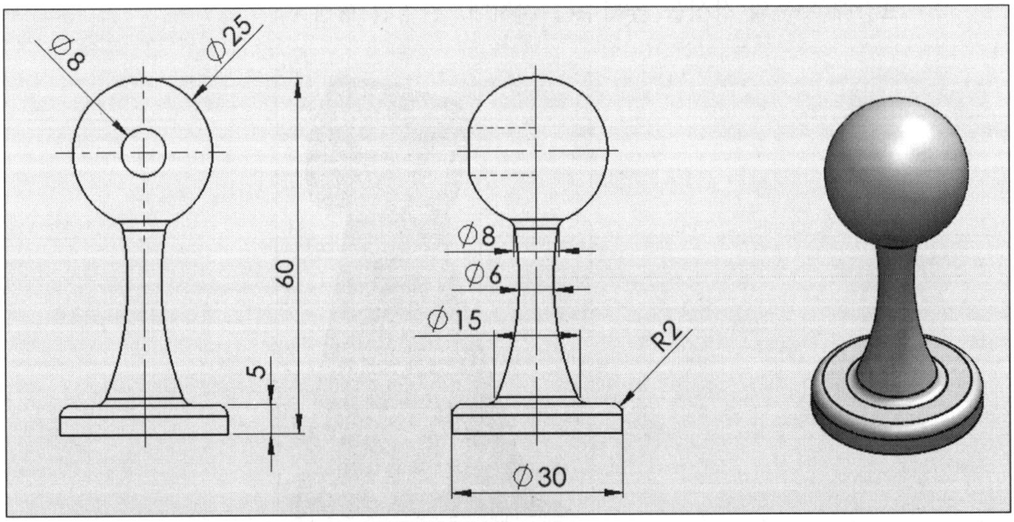
Ø8
Ø25
60
5
Ø8
Ø6
Ø15
R2
Ø30

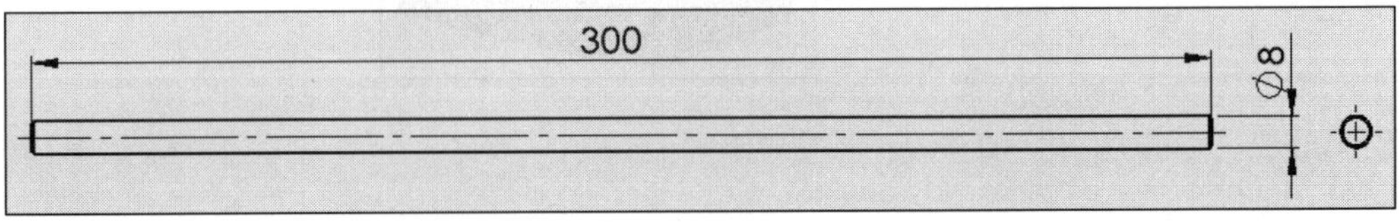
300
Ø8

6.5.2 모터(회전) 애니메이션 만들기

예제 도면 5

바이스(바이스 왕복과 회전 애니메이션 구현하기)

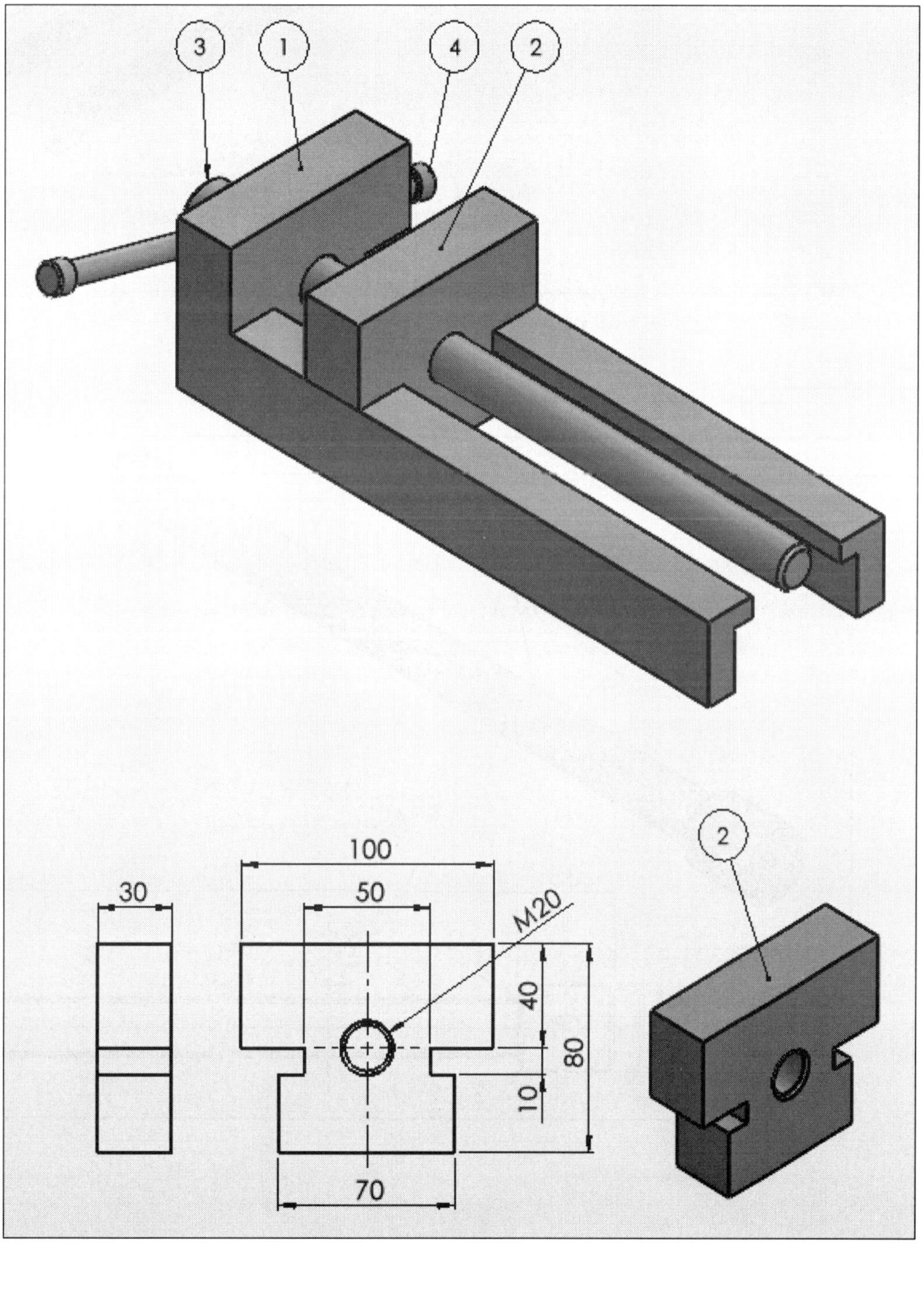

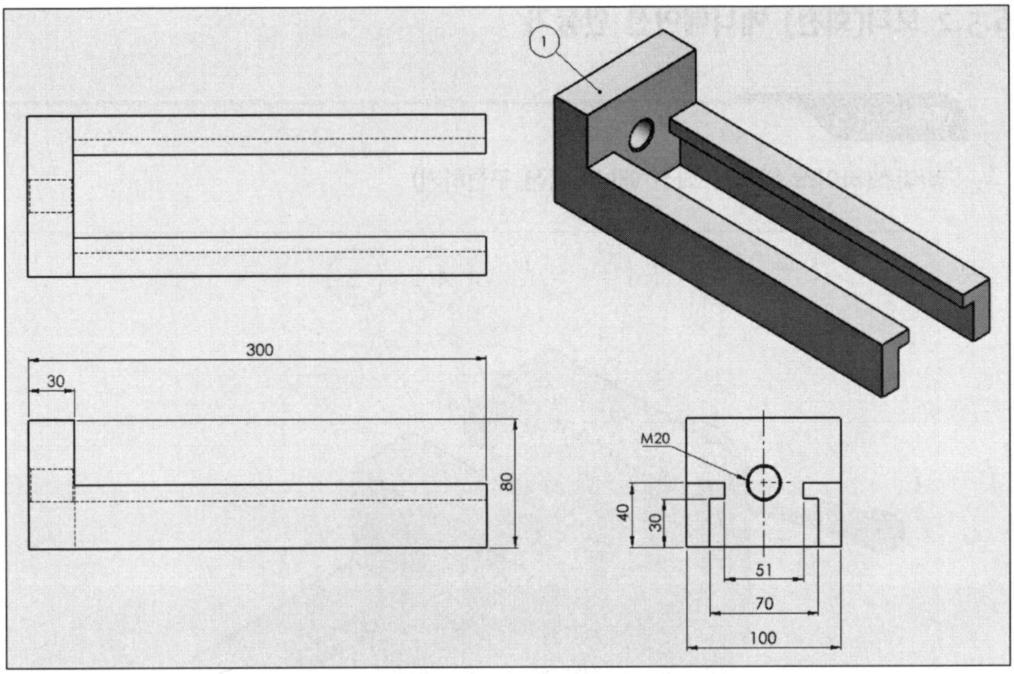
1
300
30
80
M20
40
30
51
70
100

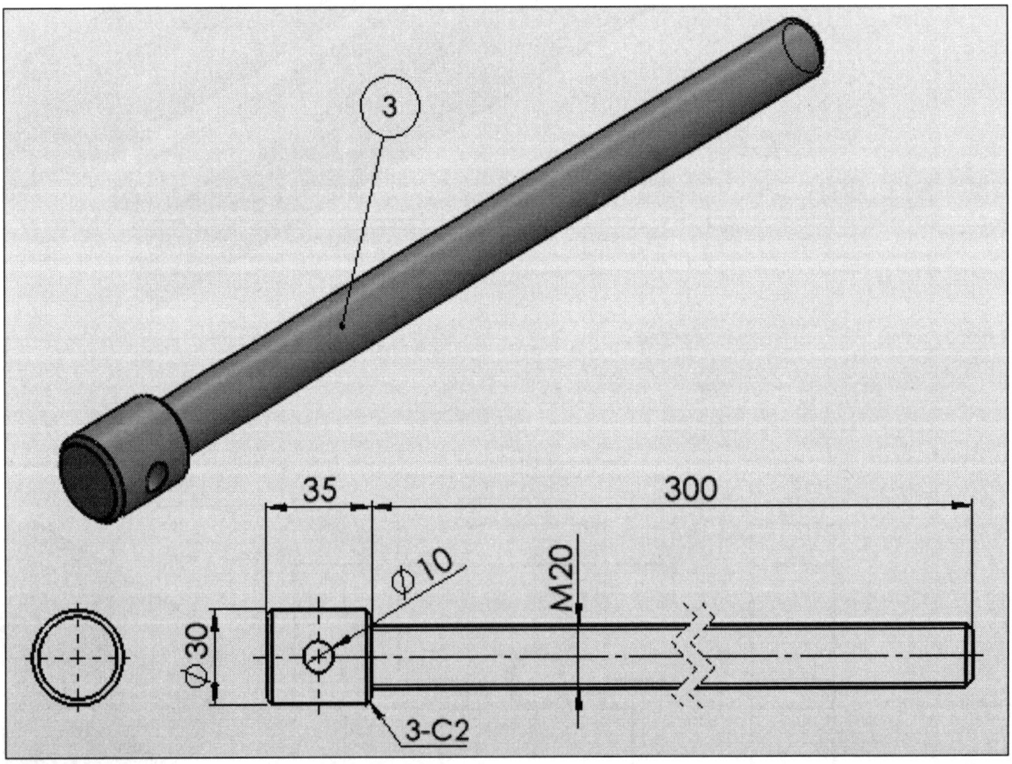
3
35
300
ϕ10
M20
ϕ30
3-C2

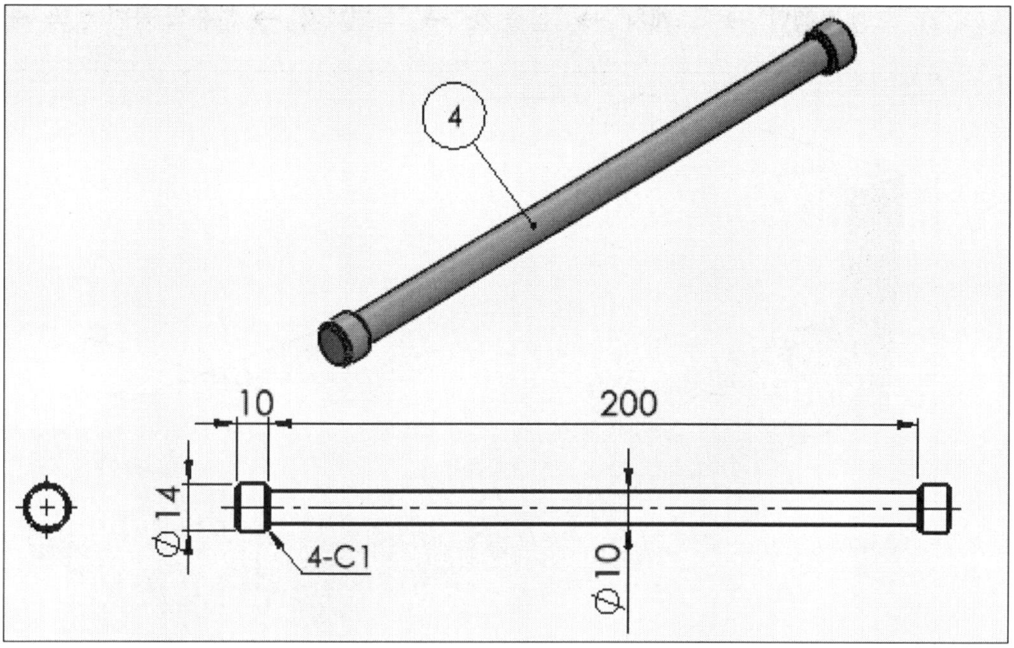

바이스 본체 모델링

1) "정면" ➔ "스케치" ➔ "돌출"(중간평면) ➔ "100mm" ➔ "스케치 종료"

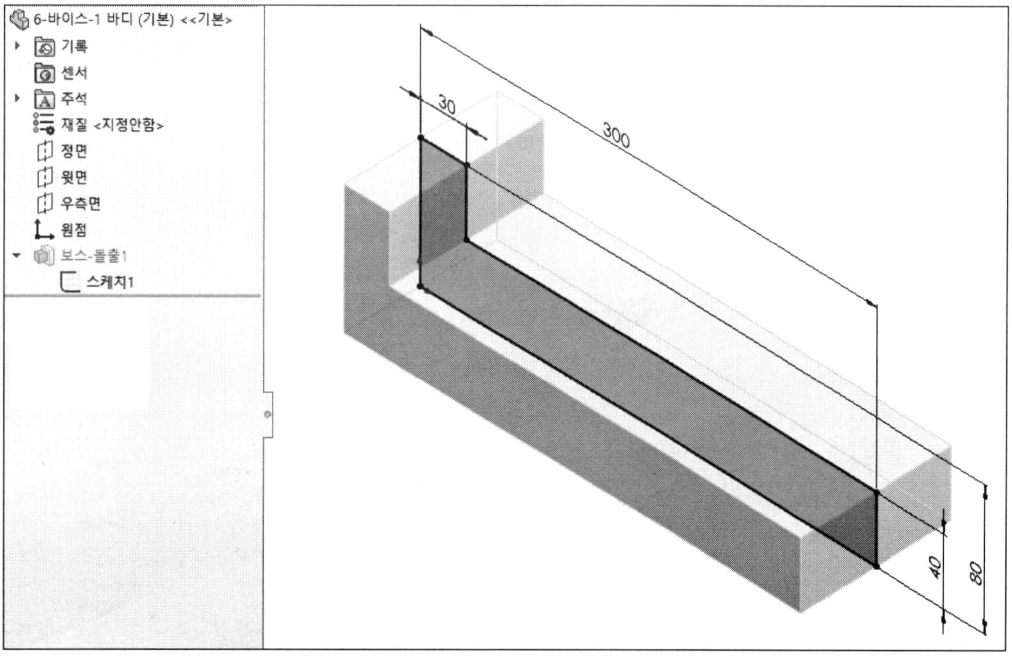

2) “모델 우측면” → “스케치” → “돌출 컷” → “곡면까지” → 분홍색 곡면 선택 → “확인”

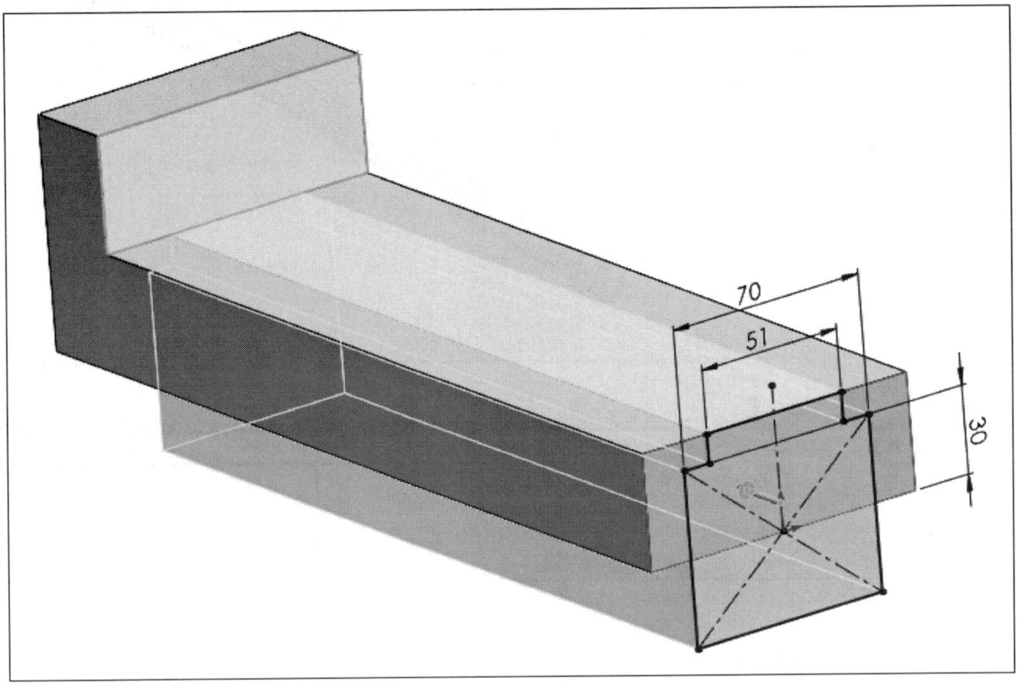

3) “모델 좌측면” → “면 중앙에 ϕ20 스케치” → “돌출 컷” → “곡면까지” → 분홍색 면 선택 → “확인”

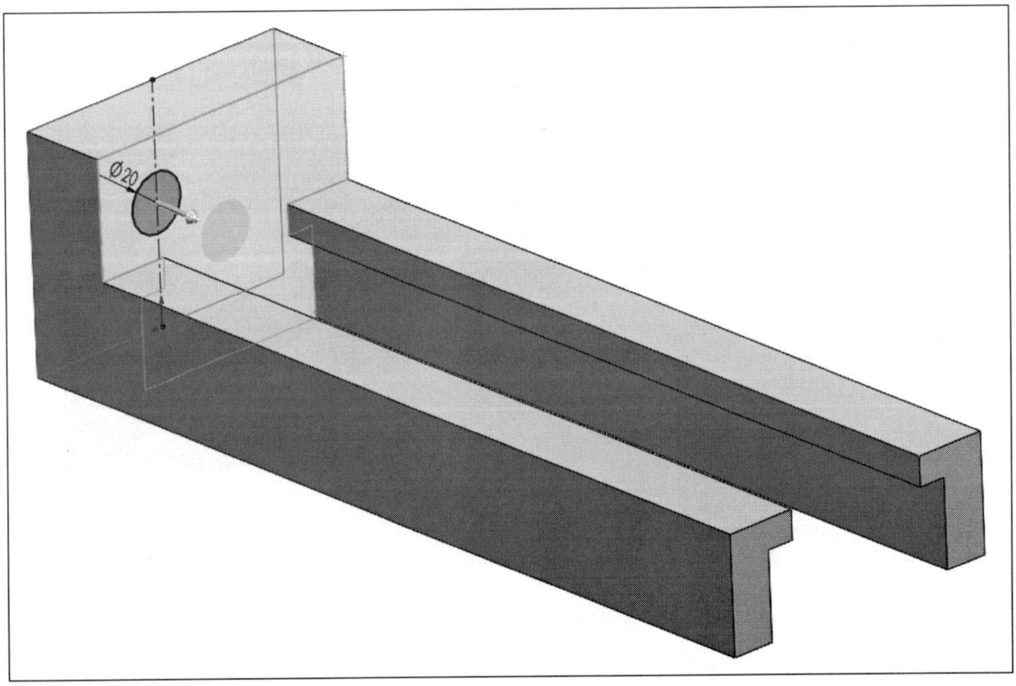

4) “모따기” ➔ “1mm” ➔ “ϕ20 구멍 내명 선택”(구멍의 양 모서리 모따기)

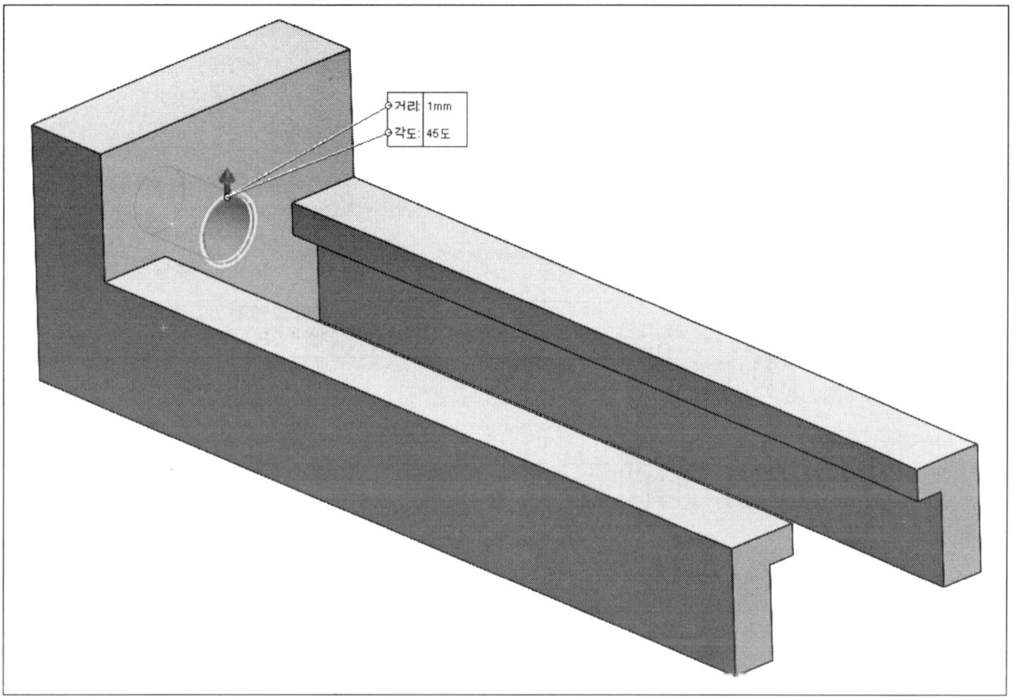

바이스 조오 모델링

5) “우측면” ➔ “스케치” ➔ “돌출” ➔ “30mm” ➔ “확인”

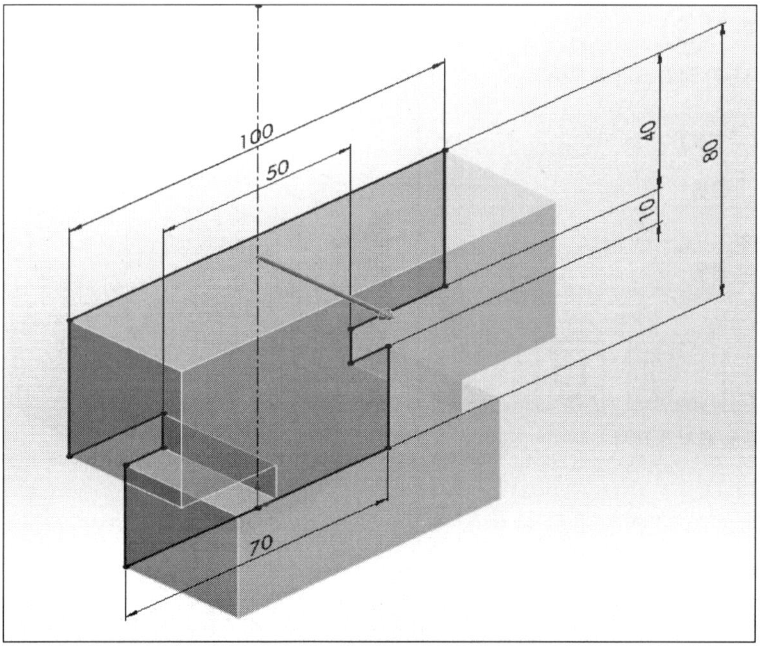

6) “구멍가공 마법사” ➔ “직선탭” ➔ “구멍-M20” ➔ “구멍위치” ➔ “치수 기입”

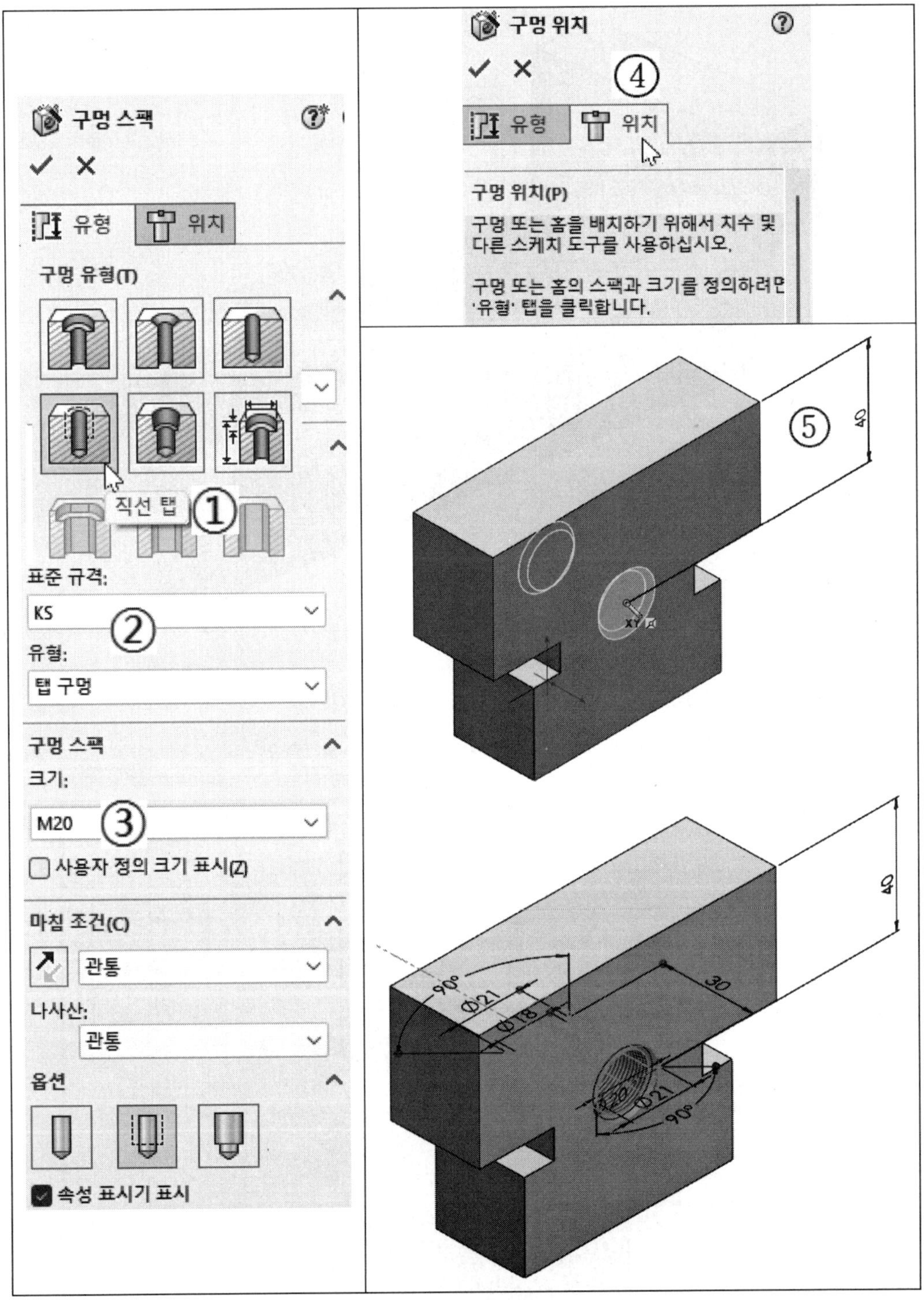

바이스 스크류(나사) 모델링

7) "정면" → "스케치" → "치수 기입" → "회전" → "중심축 선택" → "확인"

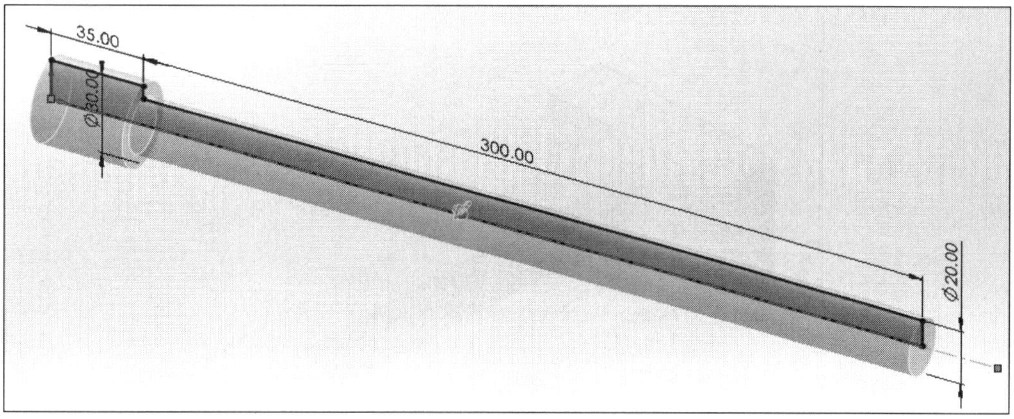

8) "정면" → "스케치(ϕ10)" → "치수 기입" → "돌출 컷" → "관통–양쪽" → "확인"

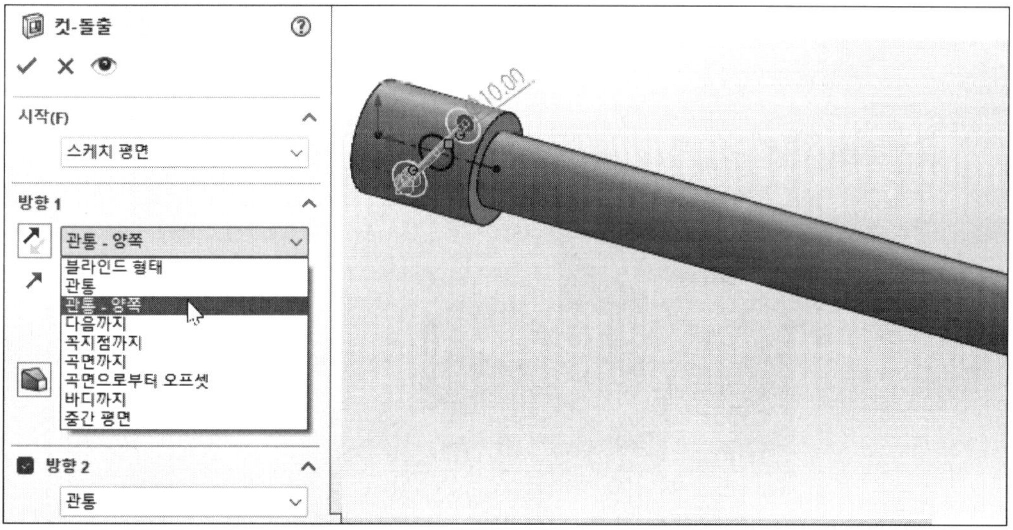

9) "모따기"(3곳)

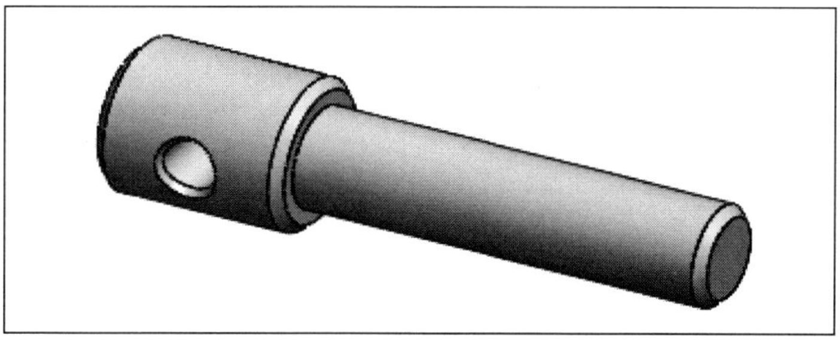

바이스 조립 (어셈블리)

10) "어셈블리(조립)" ➔ "부품1 배치"

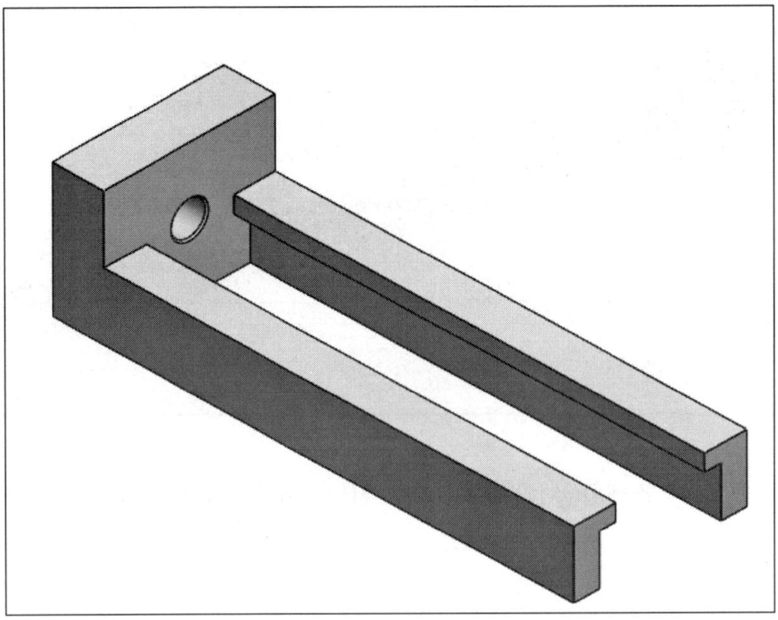

11) "부품1 위에" ➔ "부품2 배치" ➔ "메이트 조건 부여"

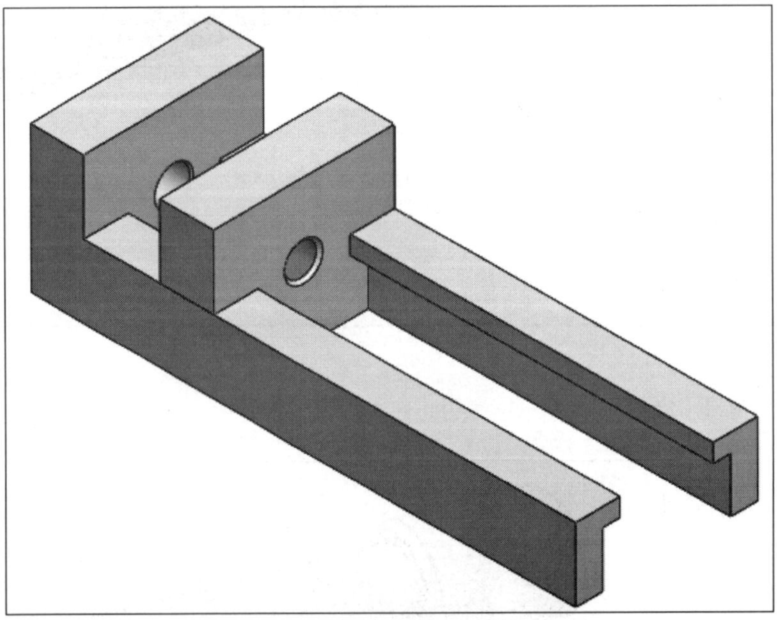

12) "부품1, 2 위에" ➔ "부품3 배치" ➔ "메이트 조건 부여"

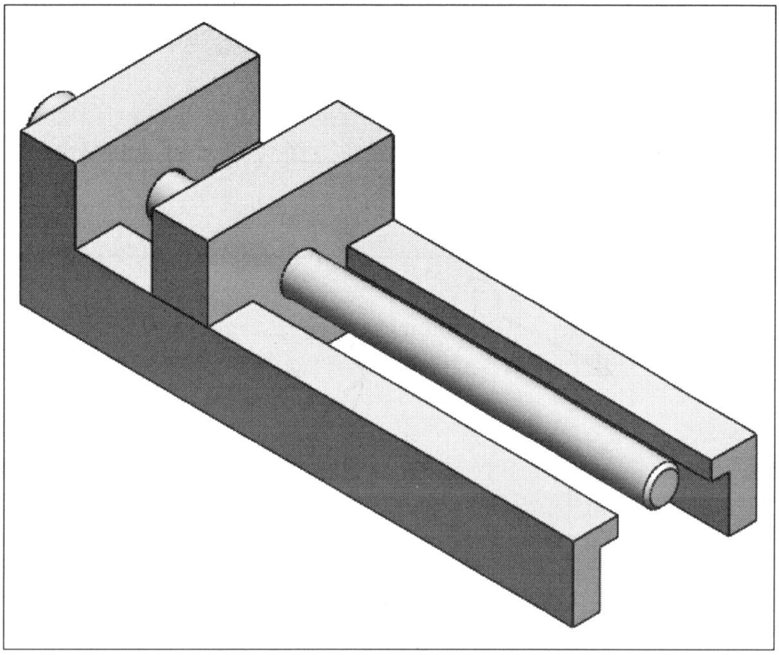

13) "부품1, 2, 3 위에" ➔ "부품4 배치" ➔ "메이트 조건 부여"

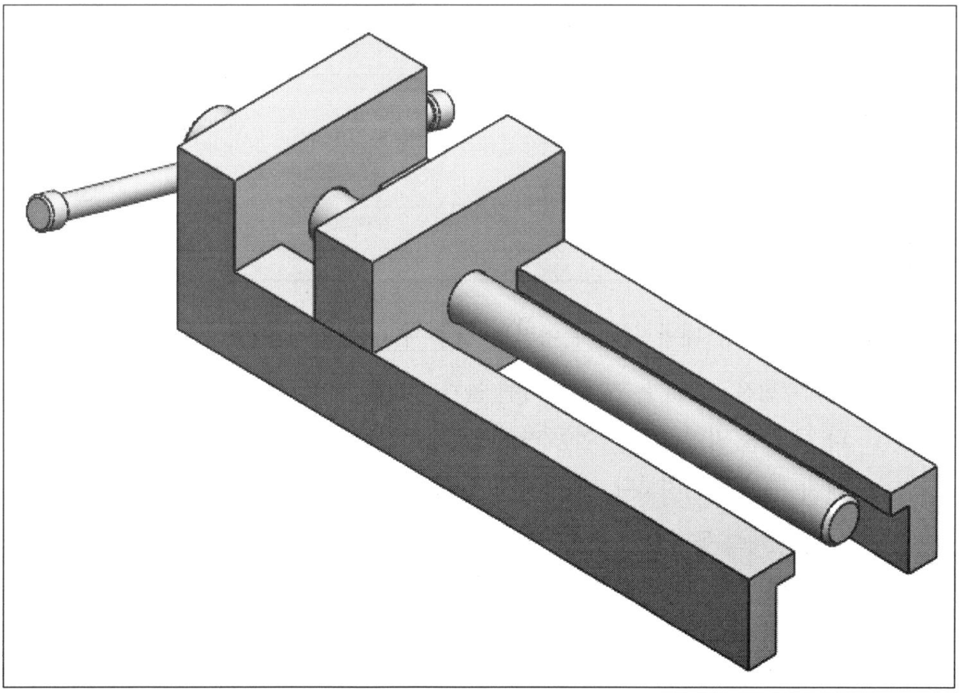

※ 상기 바이스 조립 모델에서 핸들을 돌리는 방향에 따라 바이스 조오(Jaw)가 좌우로 움직여야 제대로 된 어셈블리 작업을 수행된 것이고, 제대로 어셈블리 했어도 핸들을 계속 돌리다 보면 조오가 제품을 파고들어 간섭이 생기는 것을 방지해야 된다.

14) "메이트" → "기계" → "메이트 선택"(조오의 구멍 내면 + 나사 외측 선택) → "스크류" → "거리/회전" → "5mm"

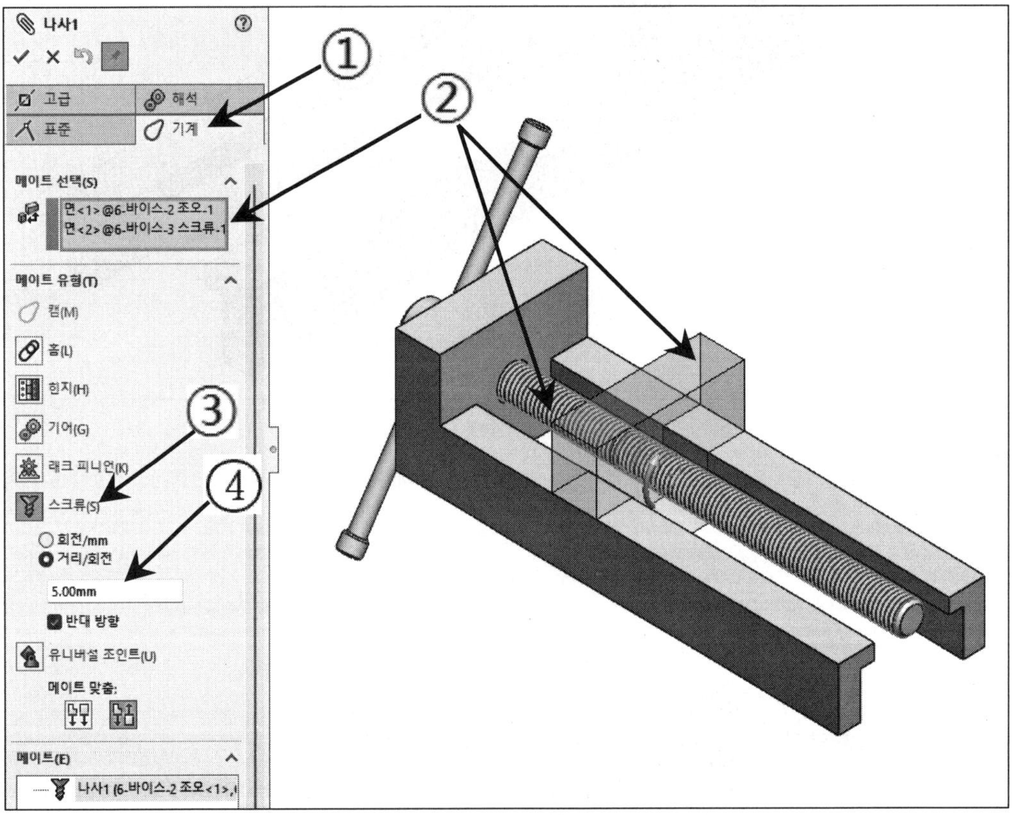

※ 조오의 구멍 내면 선택이 어려울 경우 우측 끝까지 이동시켜 내측면을 선택한다.

※ "거리/회전, 5mm"는 핸들 한바퀴 돌릴 때 5mm 이동한 모양을 구현하기 위함이고 피치보다 큰 값을 입력한 것은 이동 거리가 커야 애니메이션에서 구동되는 것이 잘 보이게 되므로 실제 나사의 피치보다 매우 크게 입력한 것임

※ 핸들을 계속 돌리면 제품끼리 간섭이 생기고, 반대로 계속 돌리면 나사를 벗어나도 조오가 계속 이동되므로 해결 방법은 조오의 이동 거리의 제한을 두면된다.

15) “메이트” ➔ “고급” ➔ “메이트 선택”(바이스 본체 내면 + 조오 외측면) ➔ “거리 메이트” ➔ “최대 거리 값” ➔ “최소 거리 값”

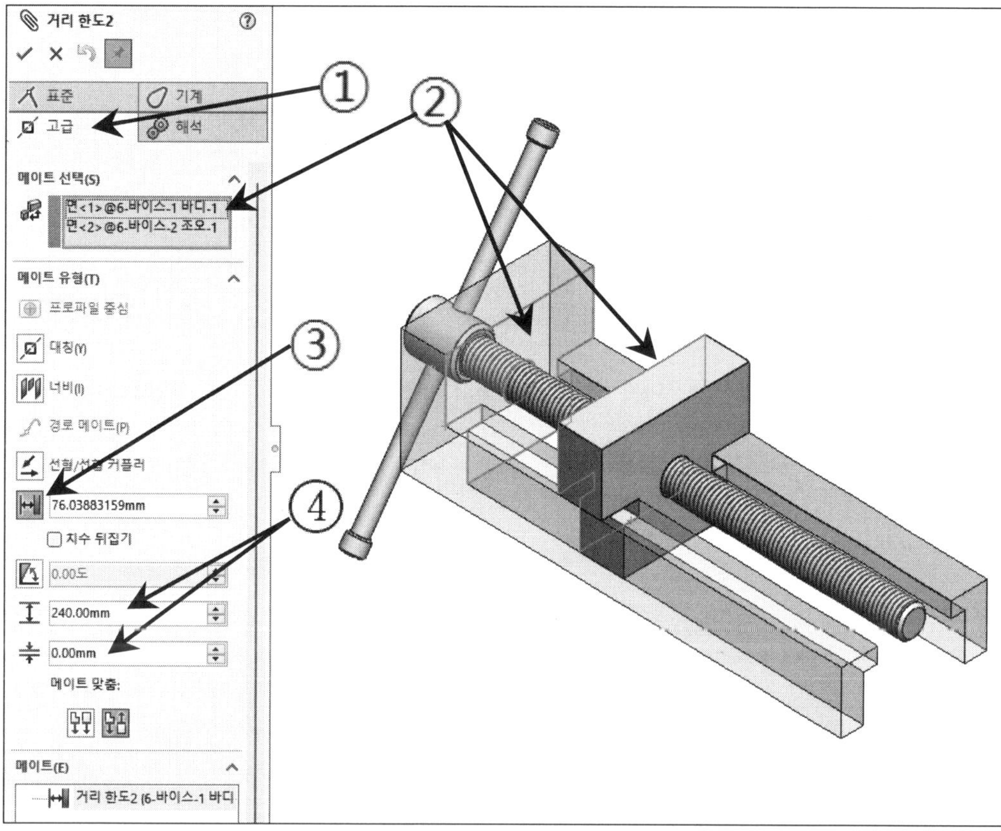

※ 거리한도 메이트 :“바이스 바디 내면”과 “조오 왼쪽면”사이의 이동에 제한을 두는 메이트로 최대값 240mm를 부여하여 조오가 우측으로 240mm까지만 이동 가능하고, 반대로 최소 값을 0mm로 부여하여 두 면이 접촉하면 더 이상 좌측으로 이동을 제한하는 메이트로 일정한 거리를 왕복하는 모델에 적용하는 기능으로 매우 유용하게 사용한다.

바이스 애니메이션

16) "모션스터디1"(화면 좌측 하단)

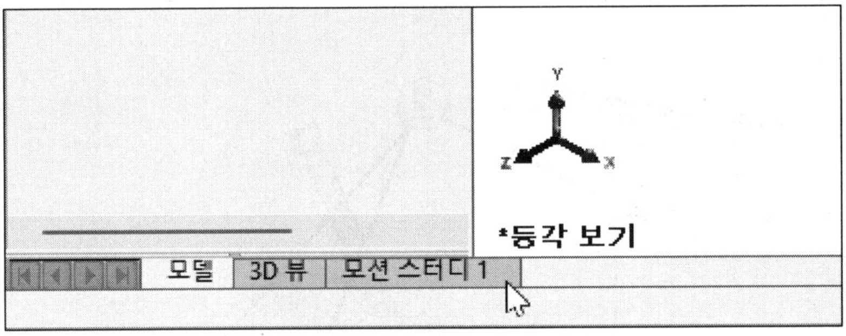

17) "모터" ➔ "회전할 부품 선택" ➔ "회전 방향, 정속, 30RPM"지정

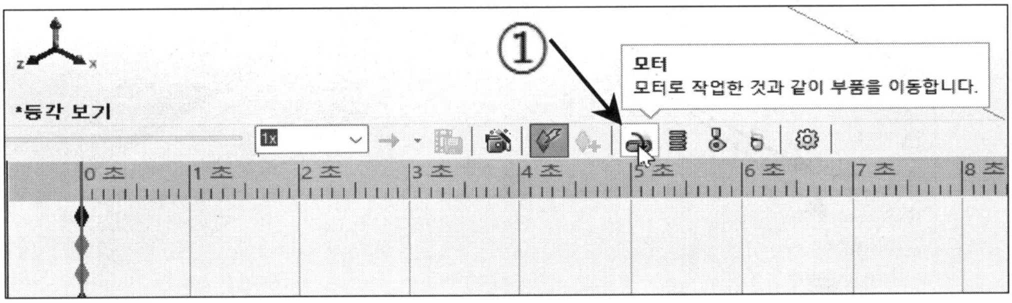

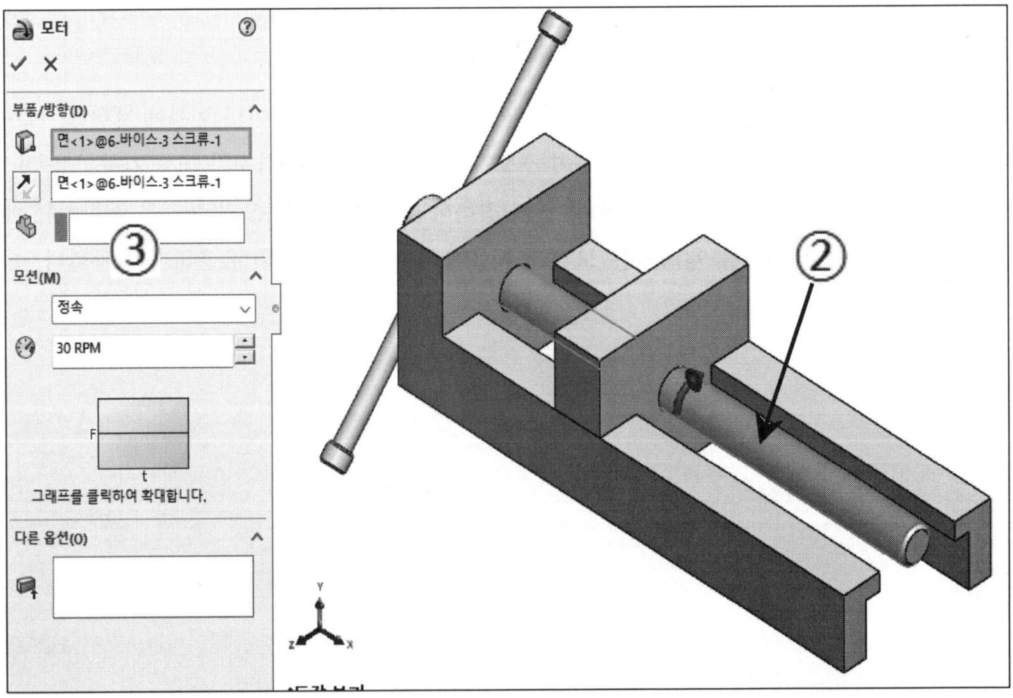

18) "계산"(애니메이션 조건 반영 및 미리보기)

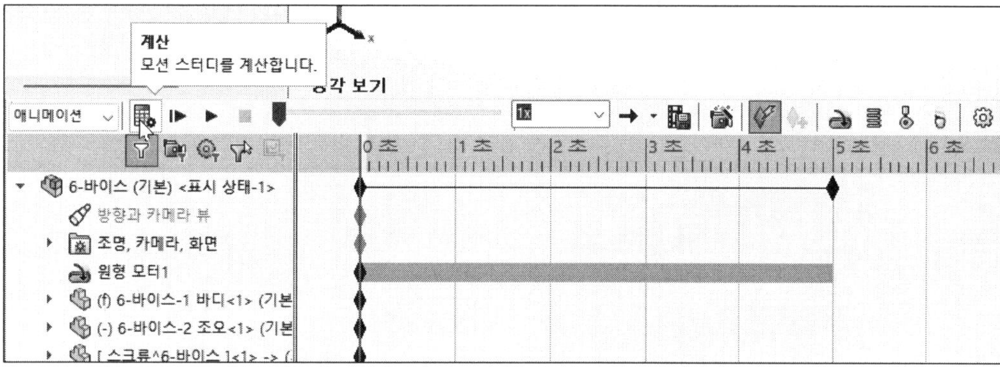

19) "애니메이션 키" ➔ "드래그" ➔ "회전 시간 연장(이 과제는 1분 30초)"

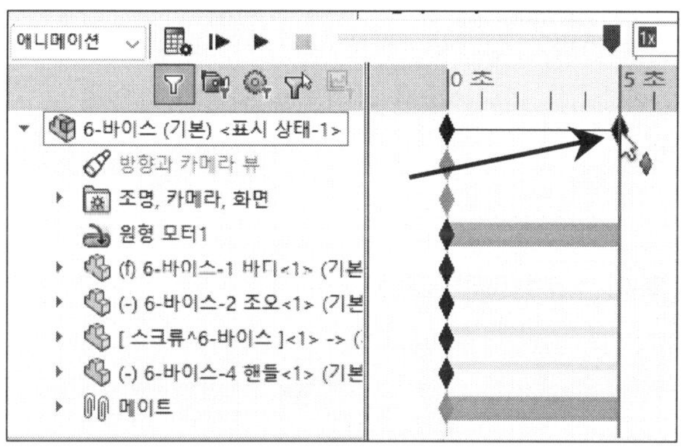

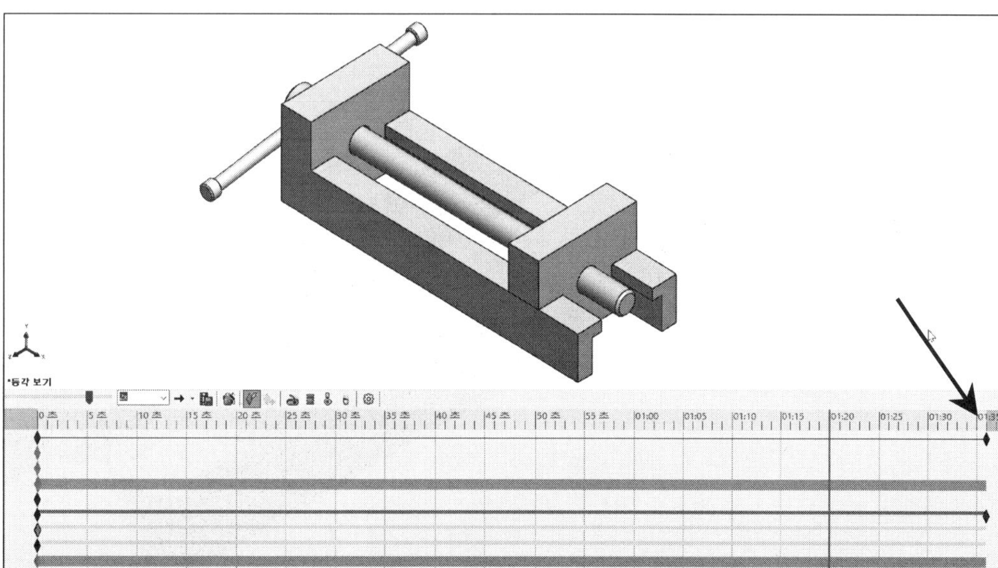

20) 애니메이션 조절 아이콘 설명

① 계산(애니메이션 지정의 계산) ② 애니메이션 재생 위치 조절 바

③ 재생 속도 조정 ④ 재생 모드 설정

⑤ 모터(회전)지정

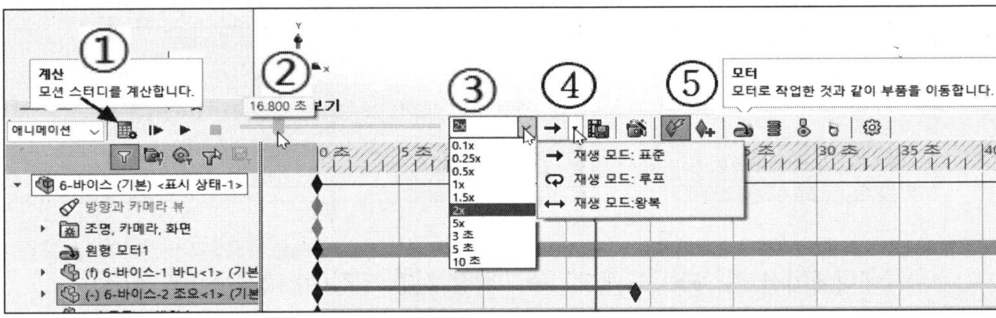

※ 상기와 같이 조립과 애니메이션을 수행하는 과정을 진행하였으며 복잡한 애니메이션을 수행하기 위해서는 애니메이션 아이콘을 여러번 사용해 보고 연습을 통해 숙련도를 높여야 하겠다.

〈완성되어 애니메이션 수행중인 모델〉

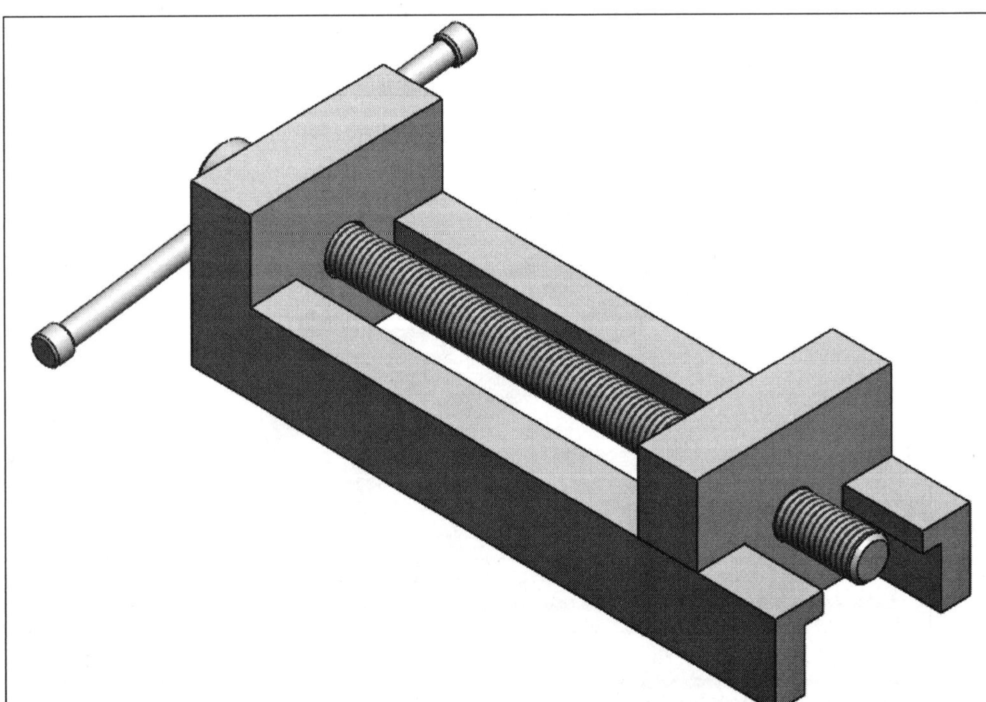

6.6 NCS 능력단위 평가

3D형상모델링 검토하기(1501020114_16v3.1) 능력단위 요소

능력단위요소-수행준거	평가방법	비고
1.1 3D형상모델링의 관련 정보를 도출하고 수정할 수 있다.	스케치의 정보를 확인해 오류를 파악하고 적절한 방법으로 수정할 수 있는 능력 보유 파악	질문, 체크리스트 등
	스케치 오류 부위를 찾고 적절한 수정방법 능력 보유 파악	질문, 체크리스트 등
1.2 각각의 단품으로 조립형상 제작 시 적절한 조립 구속조건을 사용하여 조립품을 생성 할 수 있다.	조립 부품이 적절한 구속조건을 사용한 조립 여부와 설계 의도대로 작동 가능 여부 평가	
1.3 조립품의 간섭 및 조립여부를 점검하고 수정할 수 있다.	어셈블리 후 부품간의 간섭 체크와 수정 능력 보유 파악	
1.4 편집기능을 활용하여 모델링을 하고 수정할 수 있다.	작성중에 오류나 모델 변경시 수정 능력보유 여부 파악	질문, 체크리스트 등
	스케치 수정 방법을 질문이나 체크리스트 등을 통해 파악	질문, 체크리스트 등

교육시간	48	강사	
교육개요	학생은 기계요소 설계 분야에서 중요한 업무인 형상모델링 능력을 모델링 프로그램을 사용하여 단순형상과 복잡형상의 모델링 데이터를 생성하고, 작성된 도면에 준하여 데이터를 확인 할 수 있다.		
교육육표	모델링 프로그램을 사용하여 단순형상과 복잡형상의 모델링 데이터를 생성하고, 작성된 도면에 준하여 데이터를 확인 할 수 있다.		
단원명	단원별 학습목표		
1501020204_14v2.1 모델링 작업 준비하기	1.1 모델링 데이터 생성에 필요한 정보를 정의하여 수집할 수 있다.		
	1.2 모델링 프로그램의 환경을 효율적으로 설정할 수 있다.		
	1.3 모델트리 구성을 결정하여 모델링 작업시간을 단축할 수 있다.		
	1.4 단순형상과 복잡형상을 확인하기 위해 모델링 데이터의 오류여부를 확인할 수 있다.		
1501020204_14v2.2 모델링 작업하기	2.1 이용 가능한 모델링 프로그램의 기능을 사용하여 요구되는 형상을 완벽하게 구현할 수 있다.		
	2.2 모델링의 수정 및 편집을 용이하게 할 수 있다.		
	2.3 관련 산업표준을 준수하여 모델링 할 수 있다.		
	2.4 영역, 길이, 각도, 공차, 지시 등 모델링에 관련된 추가적인 정보를 도출하고 생성할 수 있다.		
1501020204_14v2.3 모델링 분석하기	3.1 도면과 모델링을 비교 · 검토하여 모델링의 오류 발생 정보를 최소화하고, 오류 발생 시 즉각적으로 수정할 수 있다.		
	3.2 제작상의 문제점 및 핵심부를 검토하여 오류 발생 시 관계부서와 협의하여 모델링 데이터를 수정할 수 있다.		
	3.3 제작성을 고려하여 모델링 작업의 결과물을 수정 · 보정할 수 있다.		
	3.4 부품 간 상호 결합상태를 검증할 수 있다.		
1501020204_14v2.4 모델링 데이터 출력하기	4.1 작업 표준서에 의하여 요구되는 2D 데이터 형식의 파일로 저장하거나 출력할 수 있다.		
	4.2 작업 표준서에 의하여 요구되는 3D 모델링 데이터 형식의 파일로 저장하거나 출력할 수 있다.		
	4.3 출력된 모델링 데이터에 요구되는 소요자재목록, 부품목록 등의 정보를 산출할 수 있다.		
선수능력 (필요한 경우)	그래픽 툴의 원활한 사용		

학습활동

학습활동	특기사항
[모델링 작업 준비하기] 1 모델링 데이터 생성에 필요한 정보를 정의하여 제출하시오. 2 모델링 프로그램의 환경을 효율적으로 설정하는 방법을 정리하여 제출하시오. 3 모델트리 구성을 결정하여 모델링 작업시간을 단축할 수 있도록 설정하고 그 방법을 정리하여 제출하시오. 4 단순형상과 복잡형상을 확인하기 위해 모델링 데이터의 오류여부를 판단하고 정리하여 제출하시오. **[모델링 작업하기]** 1 이용 가능한 모델링 프로그램의 기능을 사용하여 요구되는 형상을 완벽하게 구현한 후 파일을 제출하시오. 2 모델링의 수정 및 편집을 용이하게 할 수 있는 방법을 정리하여 제출하시오. 3 관련 산업표준을 준수하여 모델링 하고 파일을 제출하시오. 4 영역, 길이, 각도, 공차, 지시 등 모델링에 관련된 추가적인 정보를 도출하고 생성한 후 파일을 제출하시오. **[모델링 분석하기]** 1 도면과 모델링을 비교 · 검토하여 모델링의 오류 발생 정보를 최소화하고 정리 하여 제출하시오. 2 제작상의 문제점 및 핵심부를 검토하여 오류 발생 시 관계부서와 협의하여 모델링 데이터를 수정한 후 파일로 제출 하시오. 3 제작성을 고려하여 모델링 작업의 결과물을 수정 · 보정한 후 그 내용을 정리하여 제출 하시오. 4 부품 간 상호 결합상태를 검증 분석하고 그 방법을 정리하여 제출하시오. **[모델링 데이터 출력하기]** 1 작업 표준서에 의하여 요구되는 2D 형식으로 출력하여 제출하시오. 2 작업 표준서에 의하여 요구되는 3D 모델링 데이터 형식의 파일로 저장하여 제출하시오. 3 출력된 모델링 데이터에 요구되는 소요자재목록, 부품목록 등의 정보를 산출 정리하여 제출하시오.	• 질문 사항 및 도면 검토(검도)는 이메일로 제출 – 메일주소 : • 컴퓨터 전원 관리 철저 및 안전에 주의(문어발식 콘센트 사용금지) • 실습 및 학습과 무관한 소프트웨어 및 허가받지 않은 소프트웨어를 설치하지 말것(비허가 및 불법 소프트웨어는 삭제 될 수 있음) • USB의 사용전, 후 반드시 바이러스 검사를 실시 • 바이러스가 예상되는 웹사이트에 접근금지 • 책상주변에 커피, 물 등의 음식물 보관 금지 • 실습실 개방시간 : 9:00 ~ 18:00 • 컴퓨터 고장 및 프린터, 플로터 사용시 관리자 – 연락처 : 학과사무실 – 전화번호 :

학습자료

<table>
<tr><td>보조자료</td><td colspan="2">• 개발시 필요한 국/내외 표준
• 한국소프트웨어기술진흥협회 가이드
• 개발 시 적용되는 국/내외 개발표준 문서
• 개발 시 적용되는 개발표준 문서
• 표준 및 절차 매뉴얼(템플릿 포함)
• 전자정부 웹 표준 준수지침</td></tr>
<tr><td>사용장비 및 공구</td><td colspan="2">• 컴퓨터
• 프린터, 플로터
• 형상모델링 작성 프로그램</td></tr>
<tr><td>소요재료</td><td colspan="2">프린터잉크 및 토너, 플로터잉크</td></tr>
<tr><td rowspan="4">관련
지식 · 기술 · 태도</td><td>구 분</td><td>주 요 내 용</td></tr>
<tr><td>지 식</td><td>• 공작기계의 종류 및 특성에 대한 지식
• 기계재료의 종류 및 특성에 대한 지식
• 모델링 프로그램 전반에 대한 지식
• 모델링 프로그램 매뉴얼에 대한 지식
• 부품 상호운동의 기구학적 특성에 대한 지식
• 유사 사례의 성공, 실패요인에 대한 지식
• 좌표계의 종류 및 특성에 대한 지식
• 치수공차 및 기하공차에 대한 지식
• KS 및 ISO 등 규격에 대한 지식
• SI 및 MKS 단위에 대한 지식
• 2D 도면해독에 대한 지식</td></tr>
<tr><td>기 술</td><td>• 모델링 데이터 검증 기술
• 모델링 분석 기술
• 모델링 제품의 제작방법 검토 기술
• 모델링 공정 단축을 위한 설계기술
• 모델링 프로그램 전반에 대한 운용 기술
• 유사 사례에 대한 분석 기술
• 관련 분야의 산업표준에 대한 검토 기술
• 공차 및 기하학적 기호에 대한 이해 능력
• 체크리스트 확인 능력</td></tr>
<tr><td>태 도</td><td>• 가공시간을 단축시켜 생산성 향상을 위한 적극적인 자세
• 관련 분야 산업표준에 대한 분석 의지
• 도면에 따른 모델링의 치밀한 분석 자세
• 모델링 데이터 오류에 대한 객관적 분석 의지
• 모델링 분석을 위한 객관적 판단 의지
• 모델링 프로그램 매뉴얼 습득 의지
• 유사 사례를 면밀하게 분석할 수 있는 태도
• 정확한 도면분석을 위한 검토 의지
• 타 부서와의 협력 검토 의지</td></tr>
<tr><td>교재</td><td colspan="2">본 교재, NCS 학습모듈, 솔리드웍스 따라하기(건기원)</td></tr>
</table>

자기평가서

자 기 평 가 서				
평가영역(단원명)	문 항	미흡	보통	우수
모델링 작업 준비하기	1.1 모델링 데이터 생성에 필요한 정보를 정의하여 수집할 수 있다.			
	1.2 모델링 프로그램의 환경을 효율적으로 설정할 수 있다.			
	1.3 모델트리 구성을 결정하여 모델링 작업시간을 단축할 수 있다.			
	1.4 단순형상과 복잡형상을 확인하기 위해 모델링 데이터의 오류여부를 확인할 수 있다.			
모델링 작업하기	2.1 이용 가능한 모델링 프로그램의 기능을 사용하여 요구되는 형상을 완벽하게 구현할 수 있다.			
	2.2 모델링의 수정 및 편집을 용이하게 할 수 있다.			
	2.3 관련 산업표준을 준수하여 모델링 할 수 있다.			
	2.4 영역, 길이, 각도, 공차, 지시 등 모델링에 관련된 추가적인 정보를 도출하고 생성할 수 있다.			
모델링 분석하기	3.1 도면과 모델링을 비교 · 검토하여 모델링의 오류 발생 정보를 최소화하고, 오류 발생 시 즉각적으로 수정할 수 있다.			
	3.2 제작상의 문제점 및 핵심부를 검토하여 오류 발생 시 관계부서와 협의하여 모델링 데이터를 수정할 수 있다.			
	3.3 제작성을 고려하여 모델링 작업의 결과물을 수정 · 보정할 수 있다.			
	3.4 부품 간 상호 결합상태를 검증할 수 있다.			
모델링 데이터 출력하기	4.1 작업 표준서에 의하여 요구되는 2D 데이터 형식의 파일로 저장하거나 출력할 수 있다.			
	4.2 작업 표준서에 의하여 요구되는 3D 모델링 데이터 형식의 파일로 저장하거나 출력할 수 있다.			
	4.3 출력된 모델링 데이터에 요구되는 소요자재목록, 부품목록 등의 정보를 산출할 수 있다.			

평가자 체크리스트 평가 표

평가 항목(체크 리스트)	교수자 평가	
	배점	득점
1. 3D 형상 모델링 작업 준비할 수 있는가?	**30점**	
- 명령어를 이용하여 3D CAD 프로그램을 사용자 환경에 맞도록 설정할 수 있다.	10점	
- 3D 형상 모델링에 필요한 부가 명령을 설정할 수 있다.	10점	
- 작업 환경에 적합한 템플릿을 제작하여 도면의 형식을 균일화 시킬 수 있다.	10점	
2. 3D 형상 모델링 작업할 수 있는가?	**70점**	
- KS 및 ISO 관련 규격을 준수하여 형상을 모델링할 수 있다.	10점	
- 스케치 도구를 이용하여 디자인을 형상화할 수 있다.	10점	
- 모델에 치수를 기입하여 치수에 맞게 형상을 수정할 수 있다.	10점	
- 기하학적 형상을 구속하여 원하는 형상을 유지시키거나 선택되는 요소에 다양한 구속 조건을 설정할 수 있다.	10점	
- 특징 형상 설계를 이용하여 요구되어지는 3D 형사 모델링을 완성할 수 있다.	10점	
- 연관 복사 기능을 이용하여 원하는 형상으로 편집하고 변환할 수 있다.	10점	
- 요구되어지는 형상과 비교, 검토하여 요류를 확인하고 발견되는 오류를 즉시 수정할 수 있다.	10점	
점수 환산 (총 득점 / 만점) x 100	**100점**	

※ 평가 문제는 앞 페이지의 예제 도면에서 교수자가 선정하여 실시한다.

※ 평가에서 평가 시점 및 방법은 매 단원마다 실시하거나 중간평가, 기말평가 또는 교육기관 형편에 맞추어 적합한 평가 시점이나 횟수 방법을 적용해 실시한다.

CHAPTER

07 서피스(Surface) 모델링

7.1 서피스(곡면) 모델링 시작하기

서피스 모델링은 면만 있고 내부가 비어져 있는 상태 즉 깡통(캔)과 같은 형태로 만드는 모델링 기법으로 이때 서피스 면의 두께는 무시할 수 있을 정도의 얇은 두께이며, 두께 값이 "0"에 근접한다고 생각하면 되므로 무시하면 됩니다.

1) 곡면탭 생성하기

"커맨드 매니저 탭" → "오른 마우스" → "탭" → "곡면" → "곡면 탭 생성"

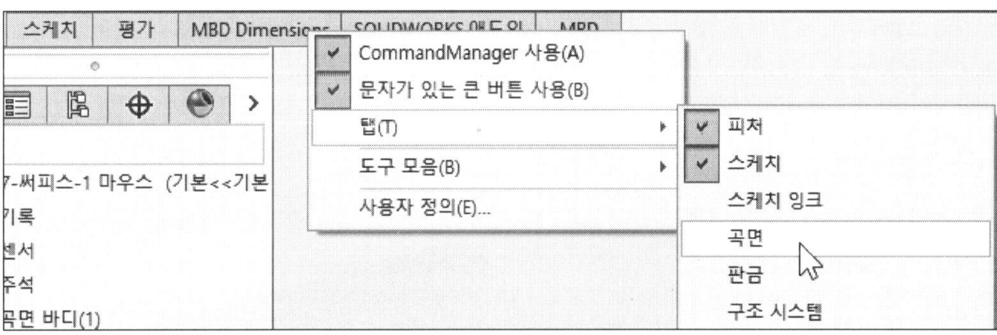

2) 곡면 커맨드 매니저(Command Manager)

돌출	회전	스윕	로프트	바운더리	곡면 채우기	자유형	평면 곡면 등

※ 구성은 솔리드 모델링(Solid Modeling)과 아이콘 구성이 거의 유사하며 수업을 통해 알아 보자.

3) 돌출 곡면

"윗면" ➔ "스케치" ➔ "치수기입" ➔ "돌출 곡면" ➔ "돌출 값(30mm)" ➔ "확인"

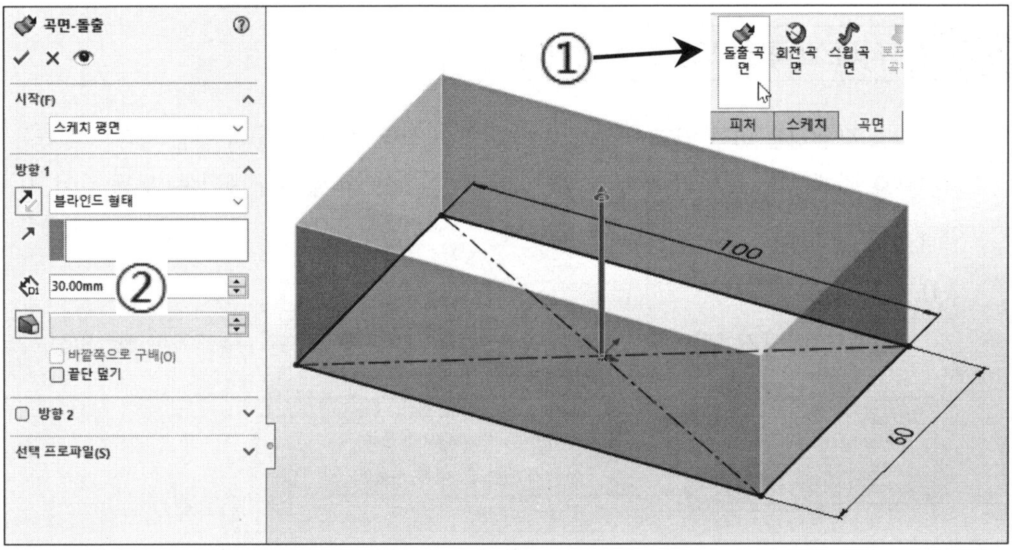

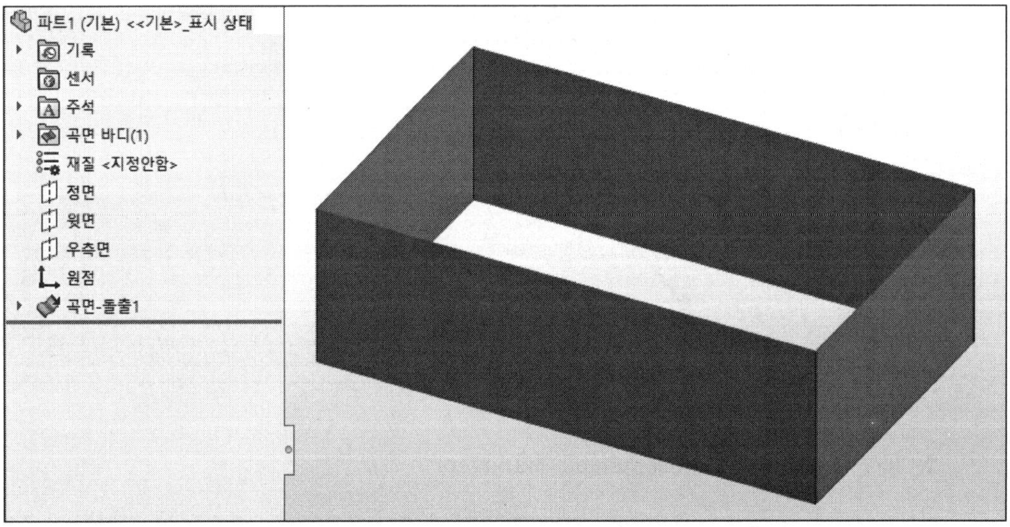

※ 두께가 아주 얇은 면으로 돌출되어 내부가 빈 형상의 모델이 형성된 것을 볼 수 있다. 서피스 모델은 이와 같이 표면만 만든 것으로 생각하면 되겠다.

※ 돌출 메뉴에서의 다양한 선택 사항은 앞에서 배운 솔리드 모델링의 돌출과 같다.

4) 회전 곡면

"정면" ➔ "스케치" ➔ "치수기입" ➔ "회전 곡면" ➔ "회전 값(360도)" ➔ "확인"

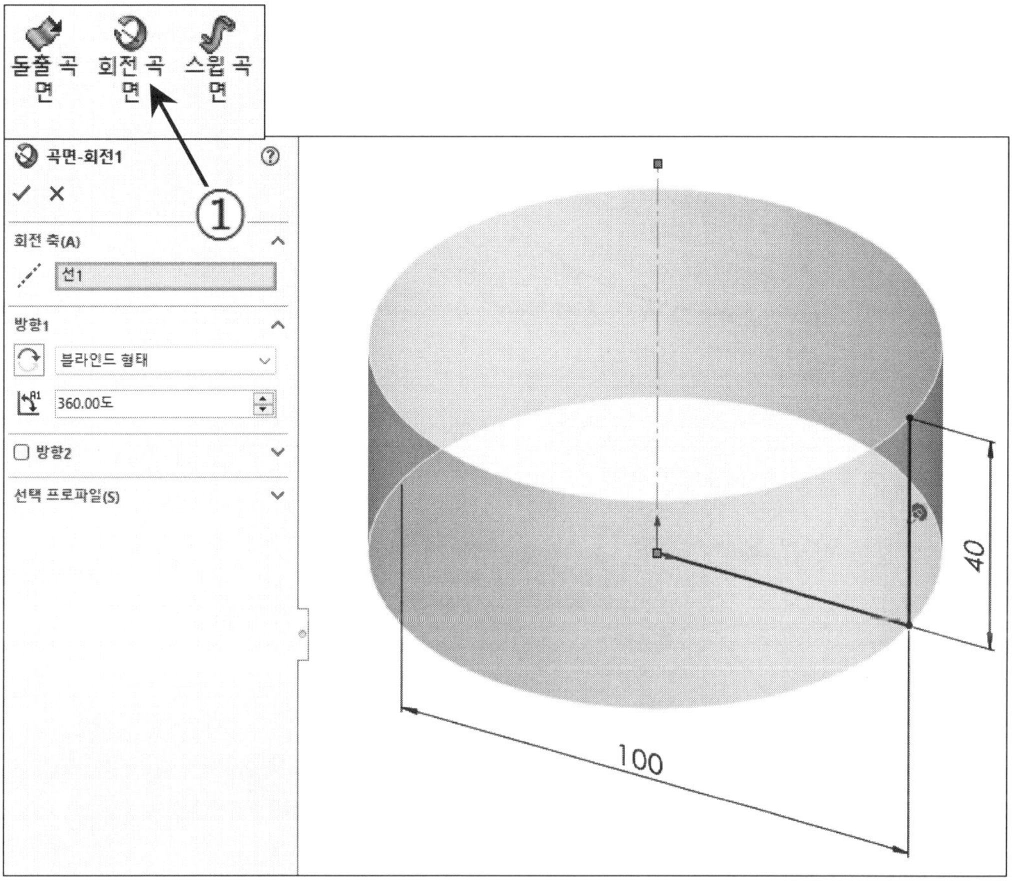

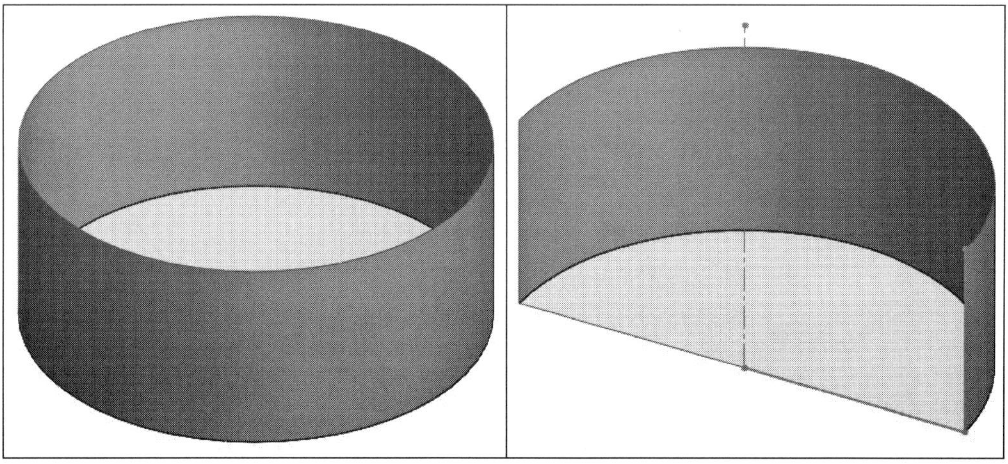

5) 스윕 곡면

"정면" → "스케치 1" → "치수기입" → "스케치 종료"

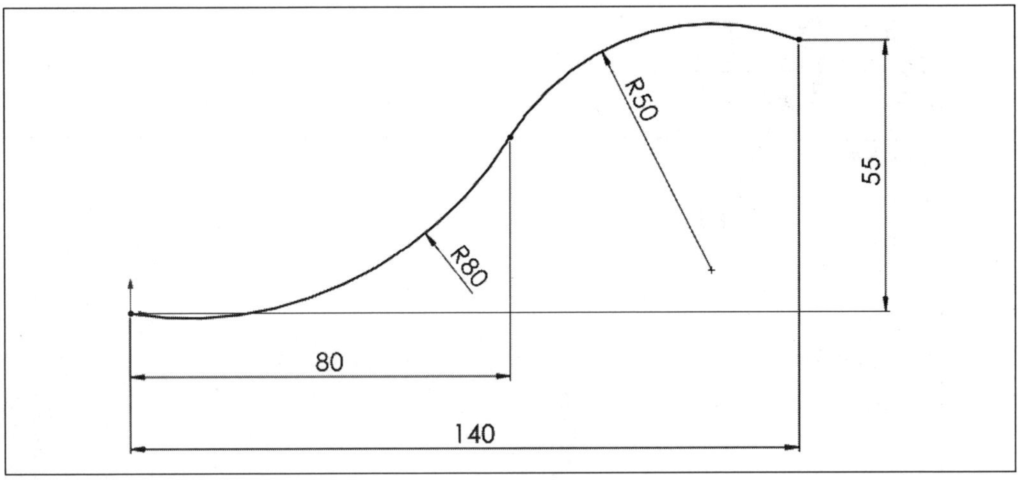

"참조 형상" → "기준면" → "원호 선택(제1참조)"

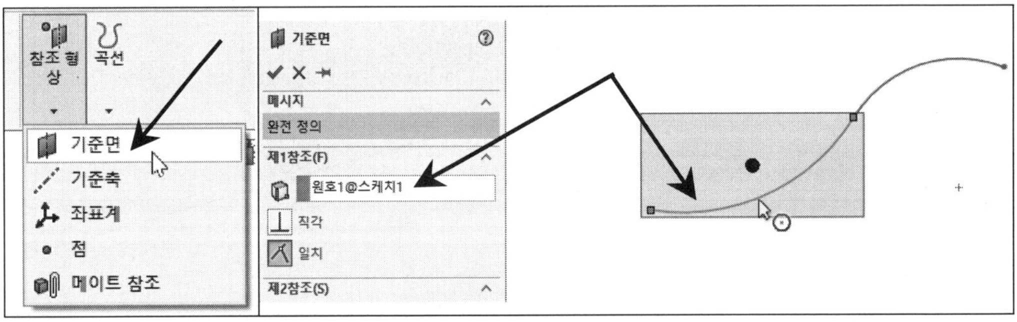

"원호의 끝 점(제1참조)" → "기준면 작성 완료"

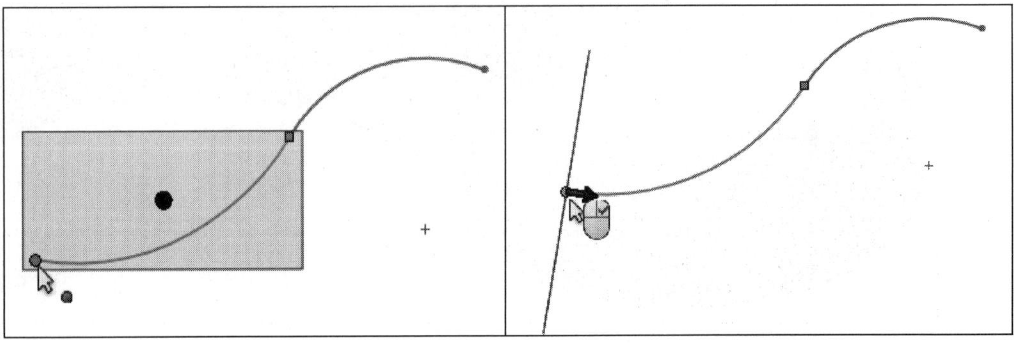

"기준면 작성 완료된 형상"

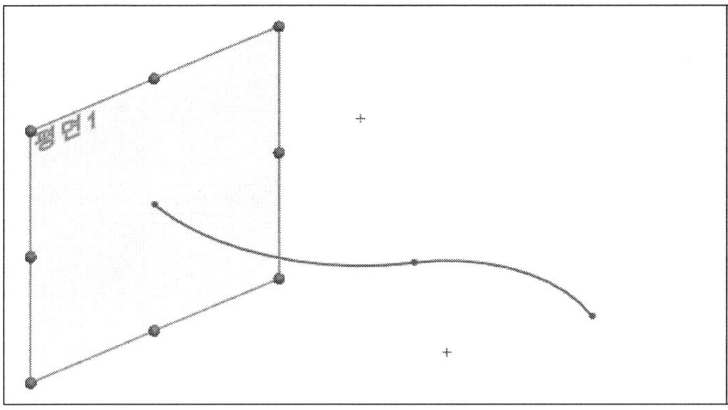

1. "경로곡선" 끝점에 평면1 생성된다.
2. 생성된 "평면1"에 스케치 작성한다.

"평면1 선택" → "스케치(원호)" → "치수기입"

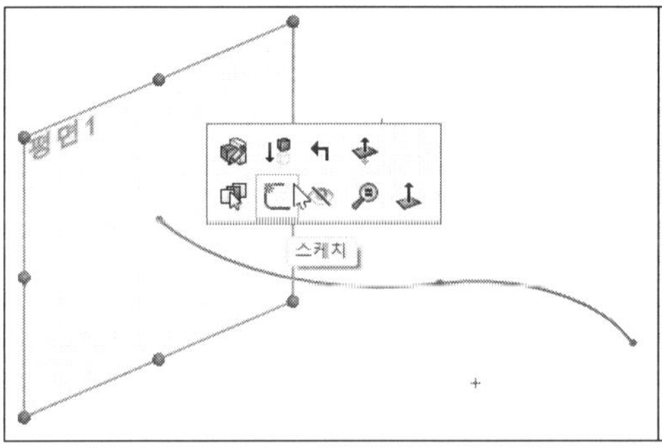

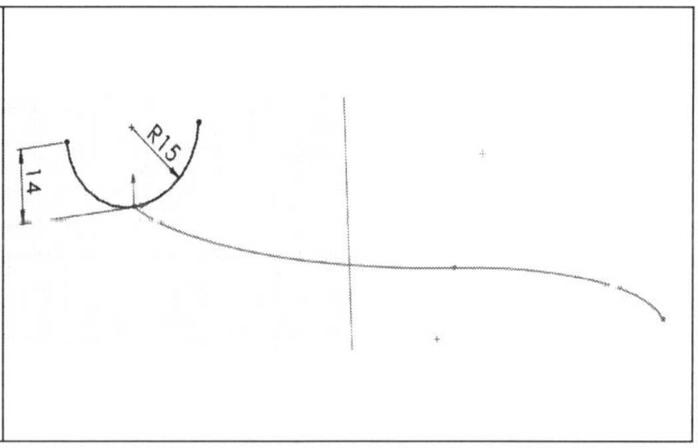

→ "스윕 곡면" → "단면 곡선" → "경로 곡선" → "확인"

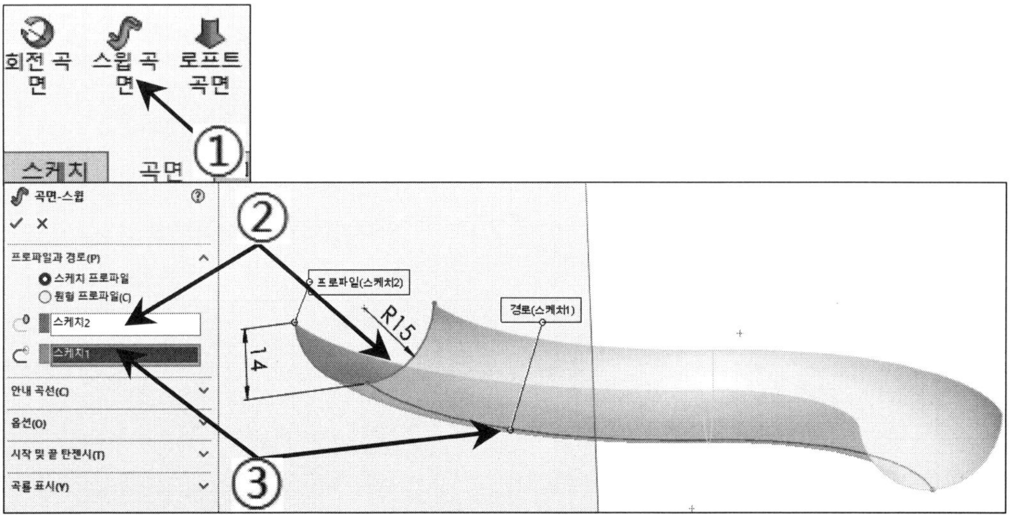

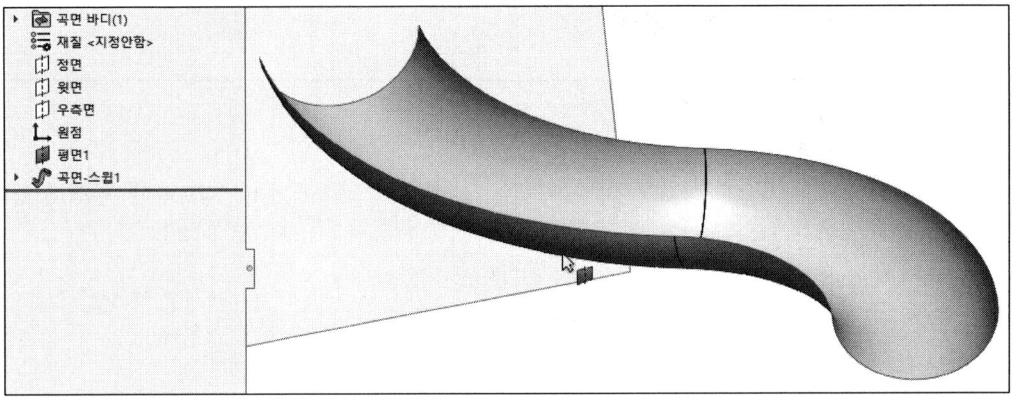

6) 로프트 곡면

"윗면" → "스케치(사각형)" → "치수기입" → "스케치 종료"

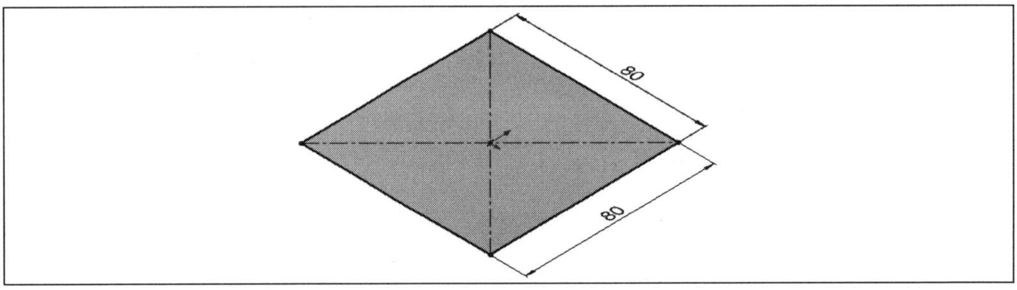

"참조형상" → "기준면" → "윗면" → "80mm"

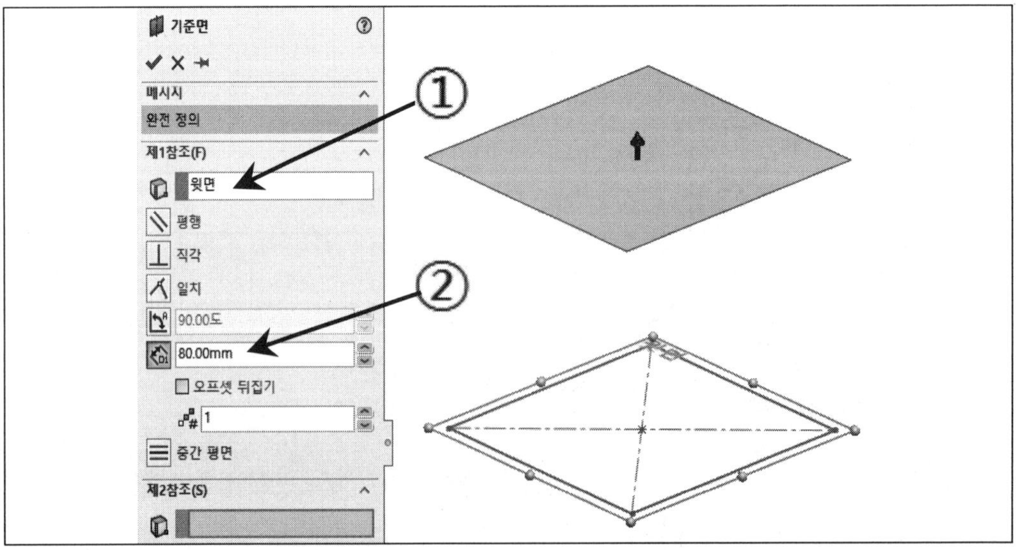

"평면1" ➔ "스케치" ➔ "원 작성" ➔ "치수기입" ➔ "스케치 종료"

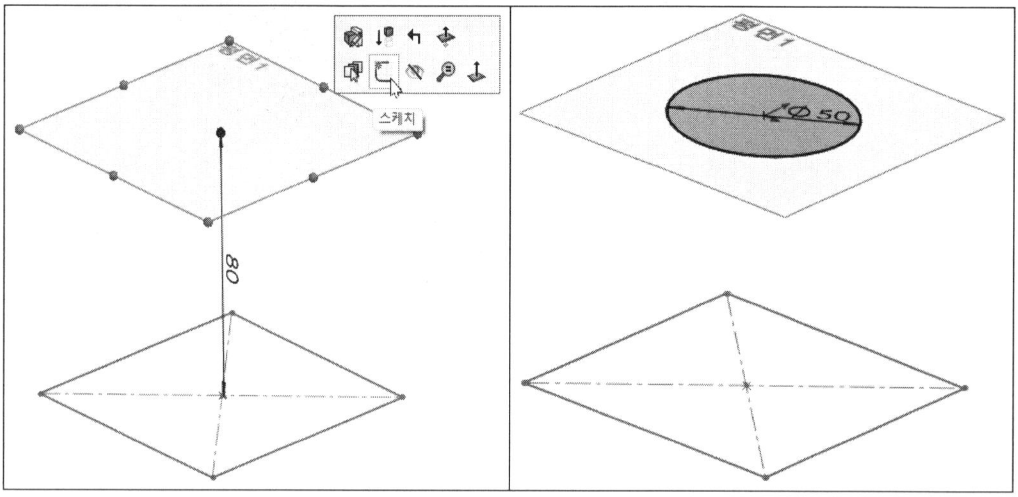

"로프트 곡면" ➔ "스케치 1" ➔ "스케치 2" ➔ "로프트 완료"

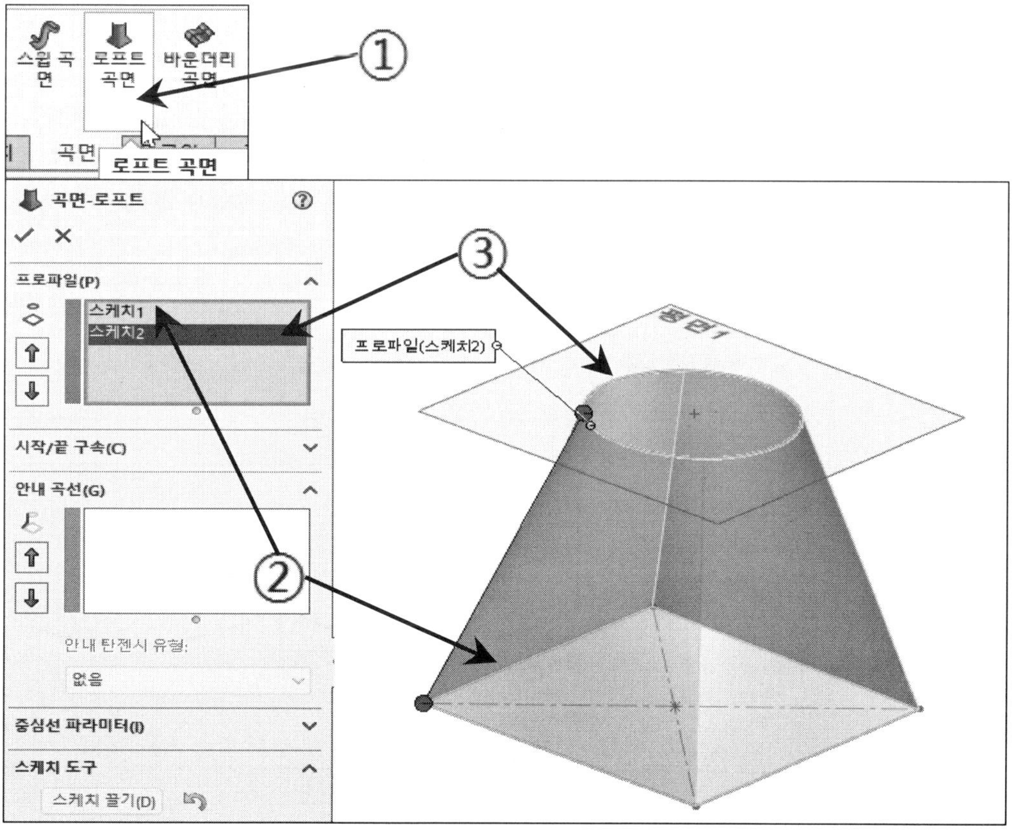

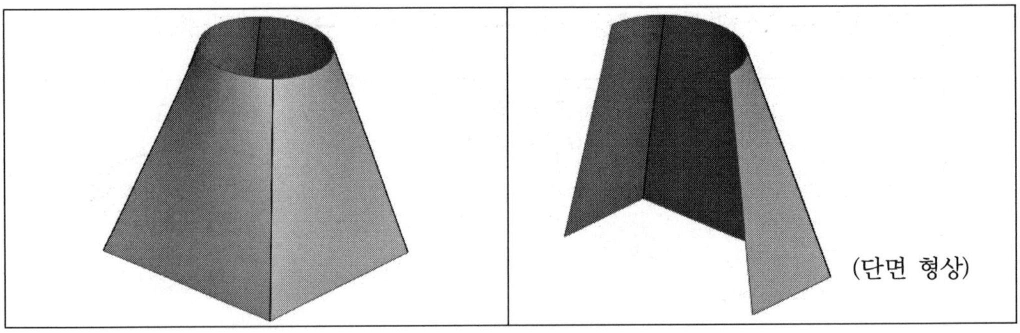

7) 바운더리 곡면

"정면" → "스케치" → "치수기입" → "스케치 종료"

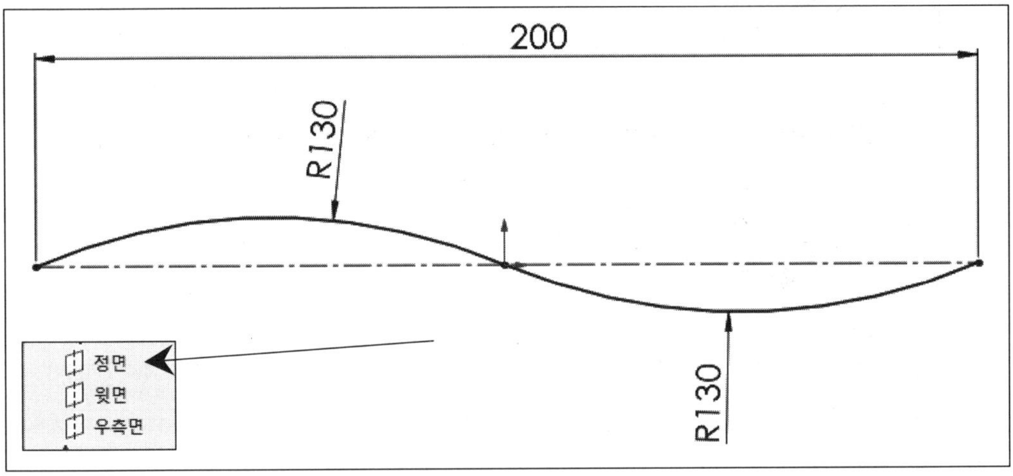

"우측면" → "스케치" → "치수기입" → "스케치 종료"

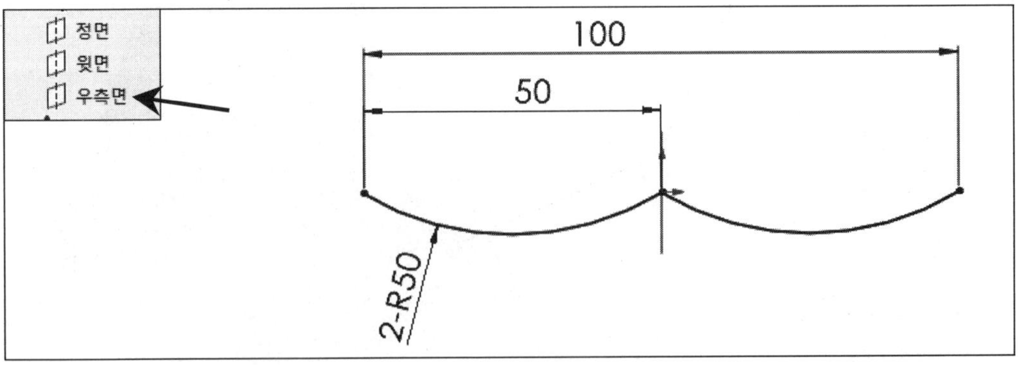

"바운더리 곡면" ➔ "곡선 스케치3 선택" ➔ "곡선 스케치5 선택" ➔ "바운더리 곡면 종료"

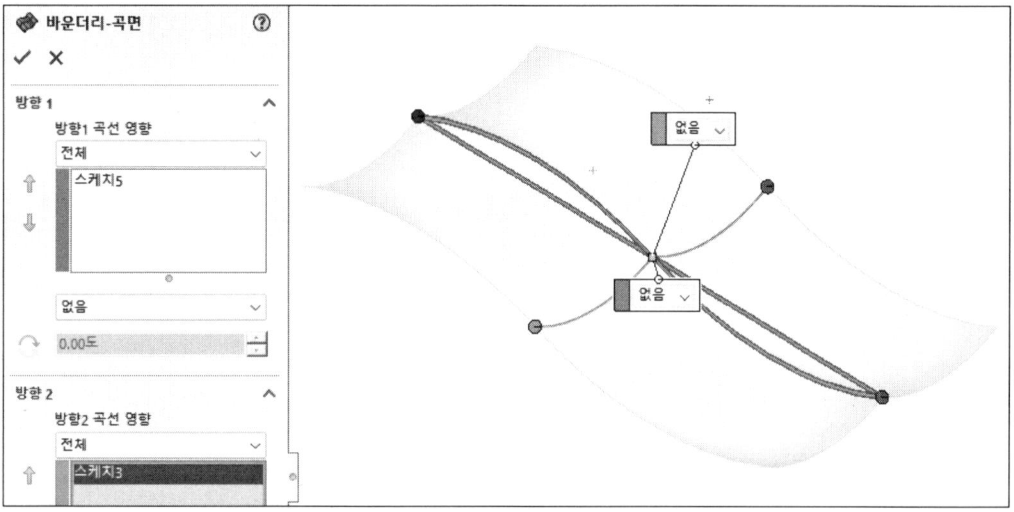

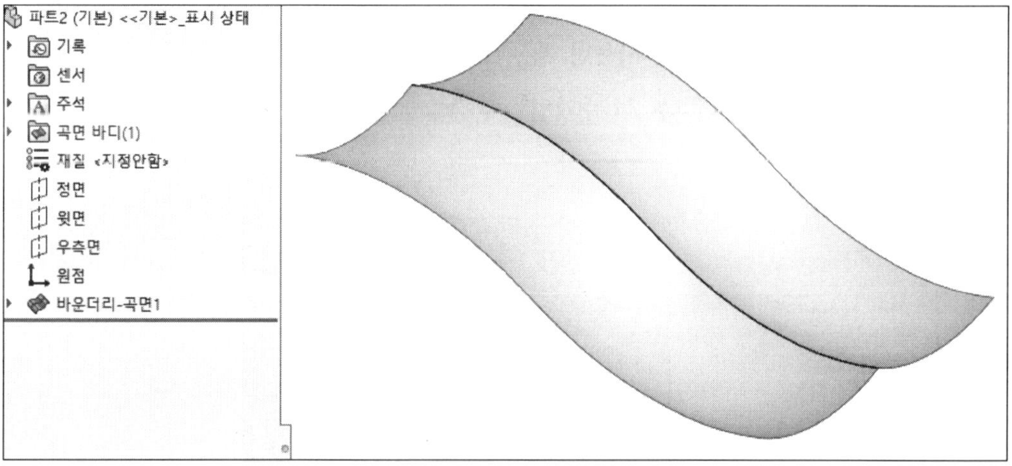

8) 곡면 채우기

"윗면" ➔ "스케치" ➔ "치수기입"

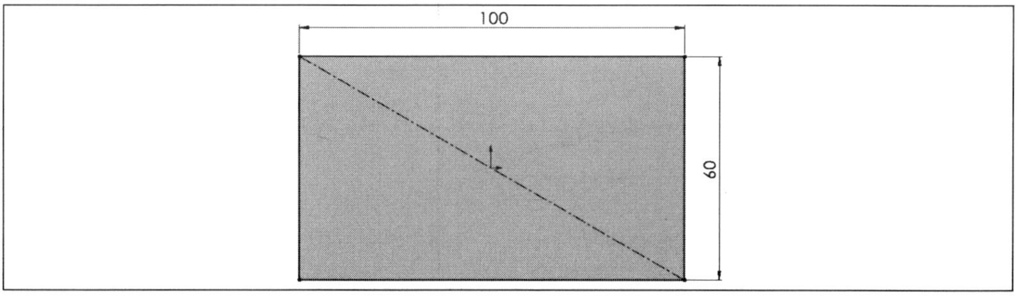

"곡면 채우기" ➔ "스케치 도형" ➔ "확인"

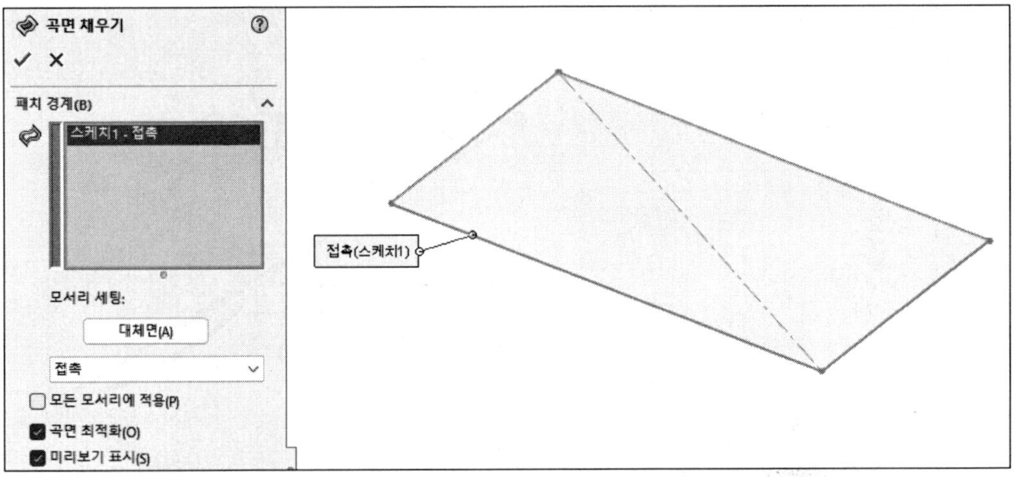

※ 곡면 채우기는 스케치 도형의 내부를 면으로 채우는 기능

9) 곡면 채우기(안내 라인 사용한 채우기)

"윗면" ➔ "스케치" ➔ "치수기입" ➔ "스케치 종료"

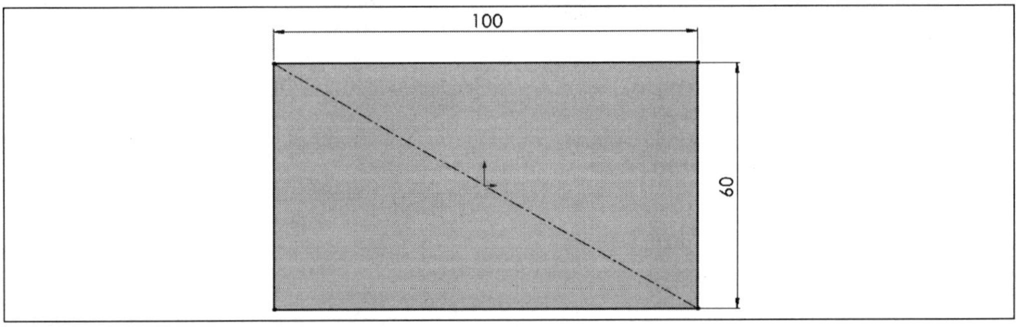

"정면" ➔ "스케치" ➔ "치수기입" ➔ "스케치 종료"

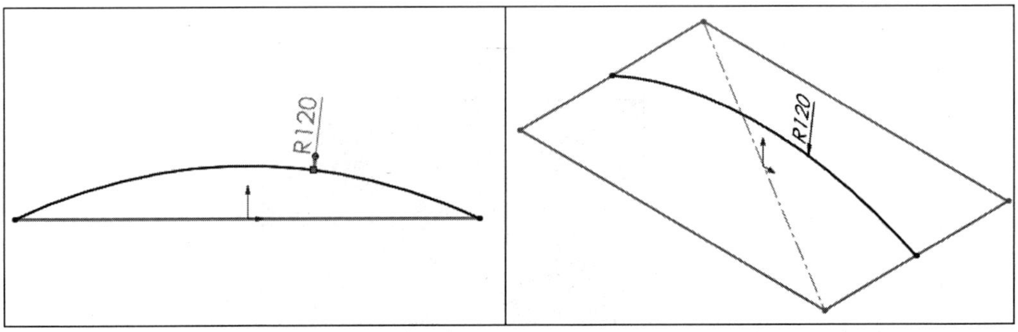

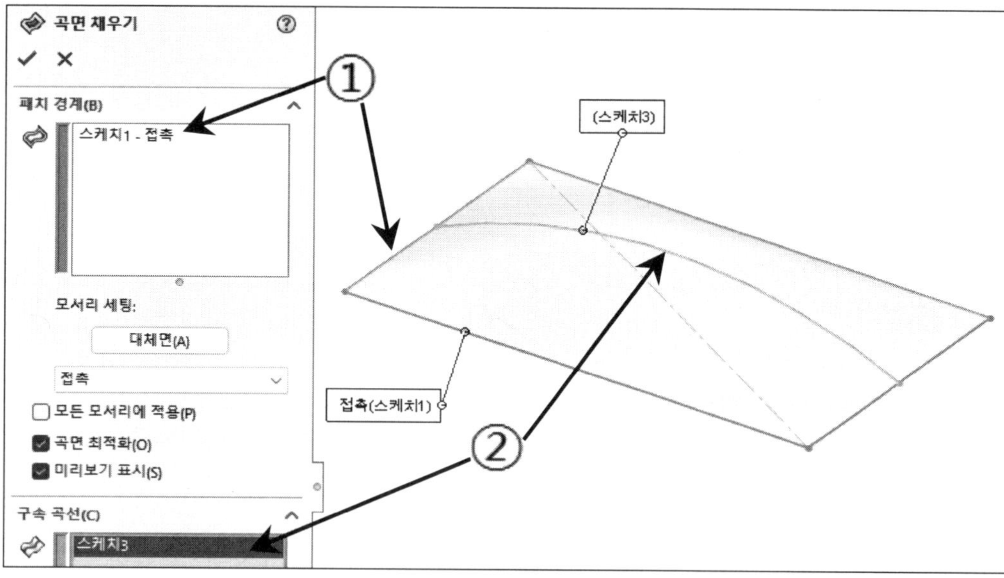

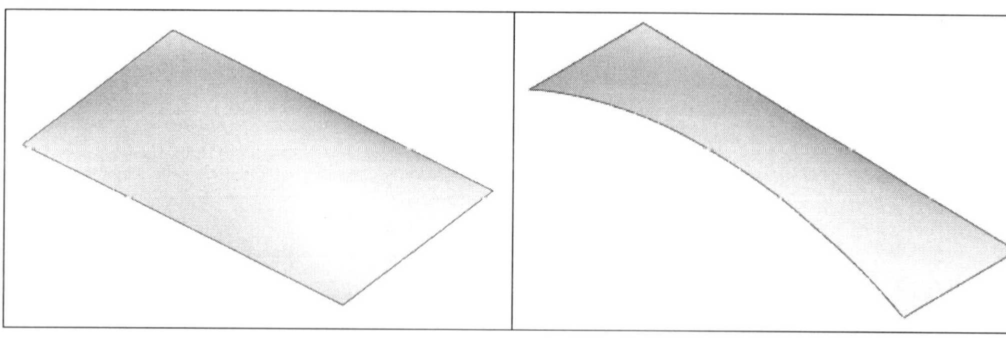

10) 자유형

"윗면" → "스케치" → "치수기입" → "평면 곡면"

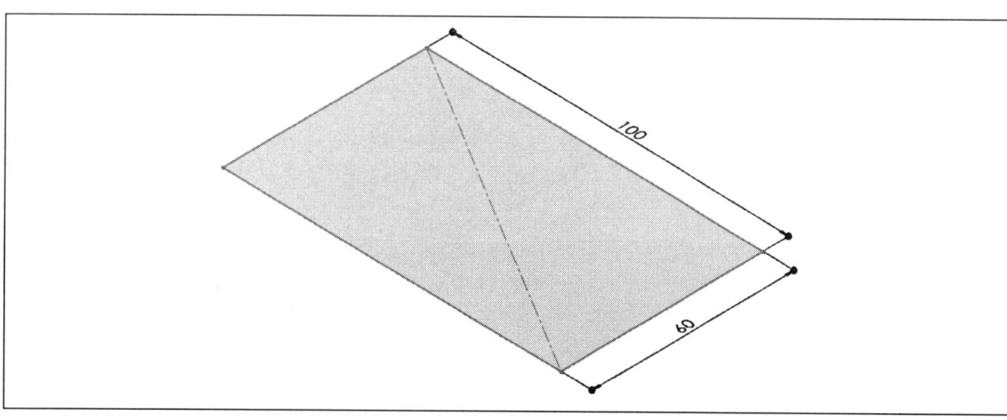

"자유형" → "곡면 채우기 한 면"

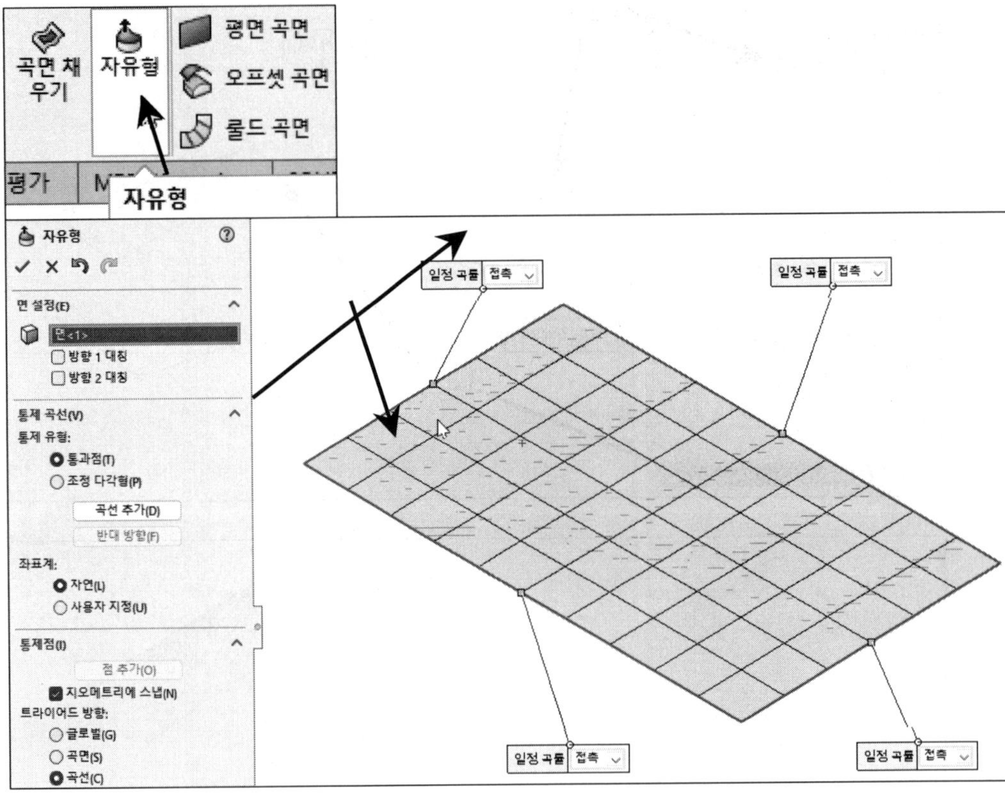

"곡선1 추가" → "곡선2 추가"

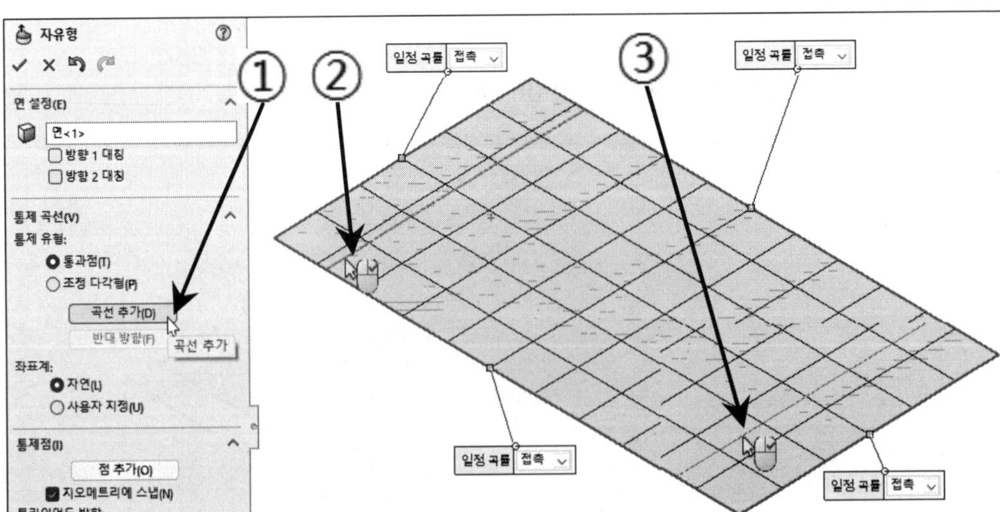

"곡선1" ➔ "마우스로 드래그" ➔ "곡선2" ➔ "마우스로 드래그"[필요시 곡선 좌우]

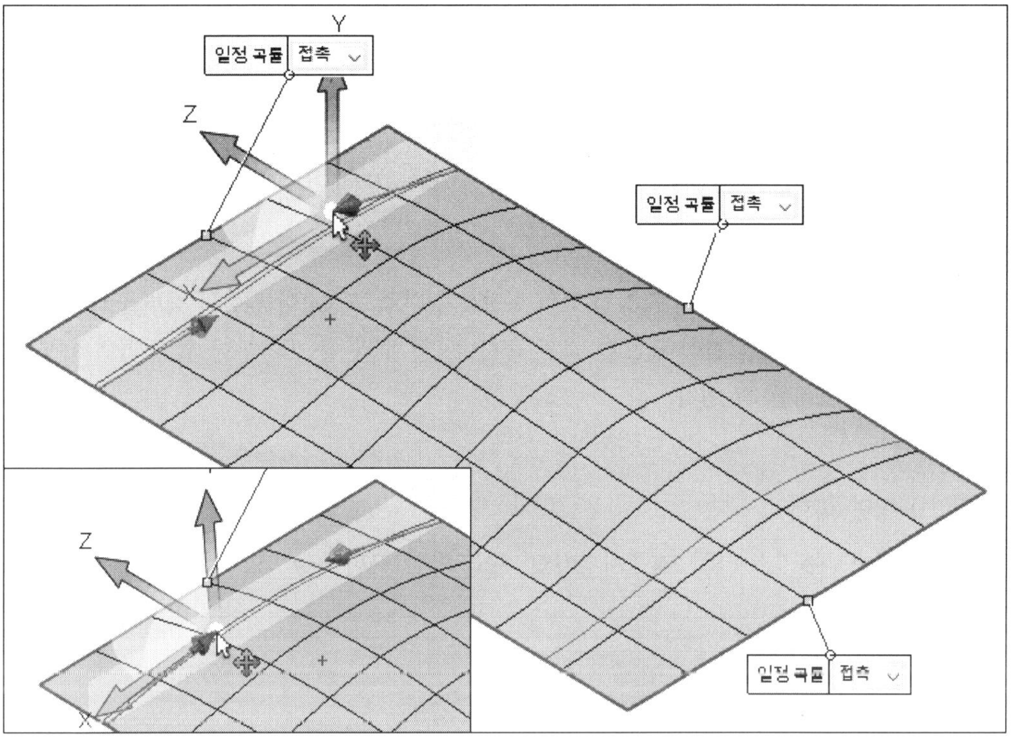

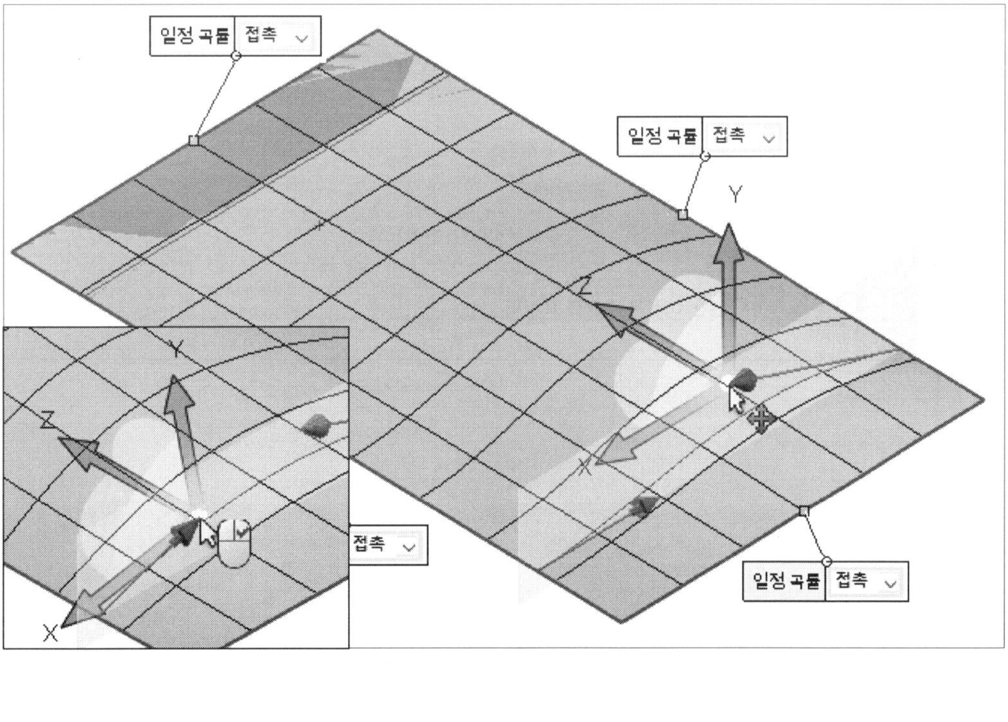

"완성된 자유형 모델"

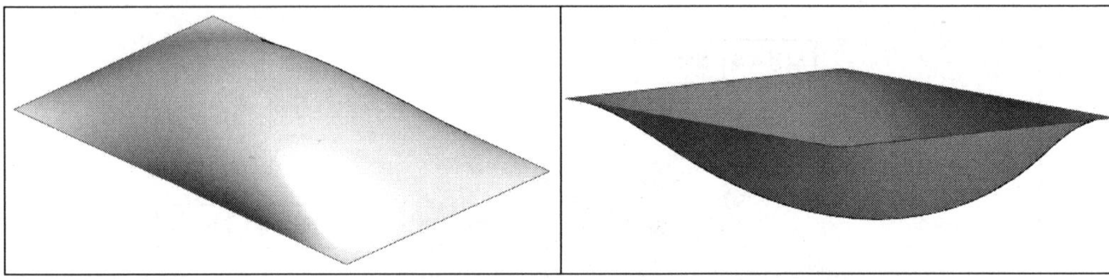

※ 자유형 모델은 이미 작성된 면의 형상을 임의로 조정하여 원하는 곡면을 작성하는 데 사용하며, 예제와 같이 필요한 경우 즉시 "곡선 추가"를 이용하여 쉽게 곡면의 모양을 변경 및 조절할 수 있다.

11) 평면 곡면

"윗면" ➔ "스케치" ➔ "치수기입" ➔ "평면 곡면" ➔ "도형 테두리"

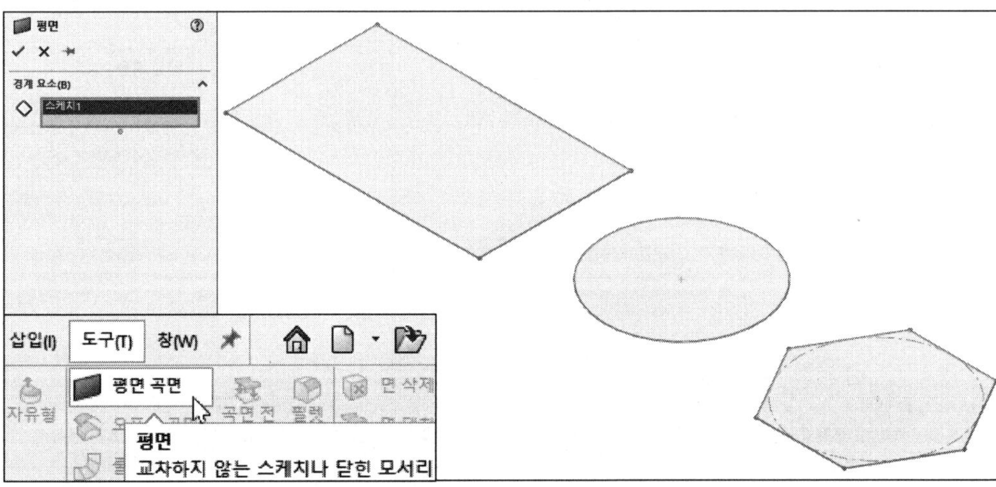

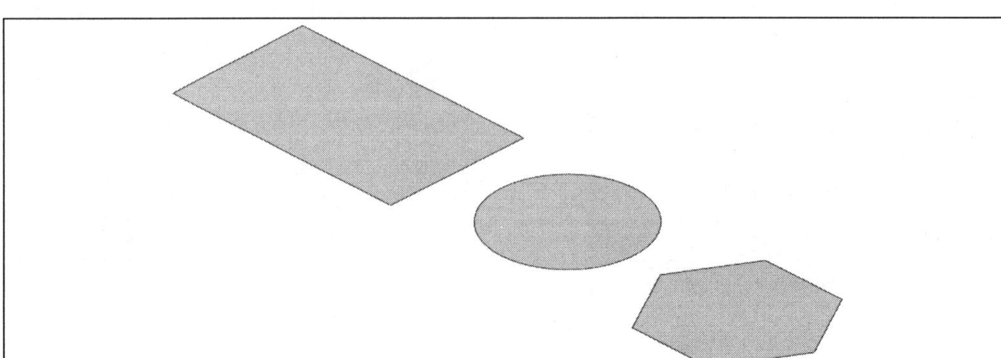

12) 오프셋 곡면

"오스셋 곡면" → "오프셋 시킬 평면" → "오프셋 값"

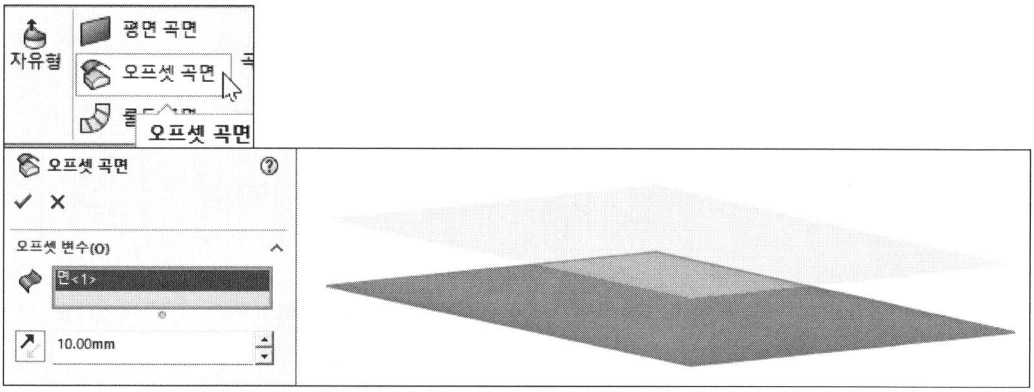

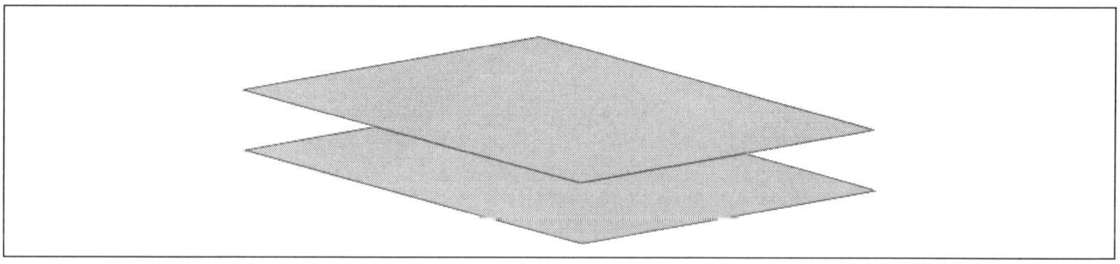

※ 오프셋 곡면은 선택된 면을 기준으로 정해진 값 만큼 간격을 띄워 곡면을 만든다.

13) 룰드 곡면

"룰드 곡면" → "곡면 모서리" → "길이 값"

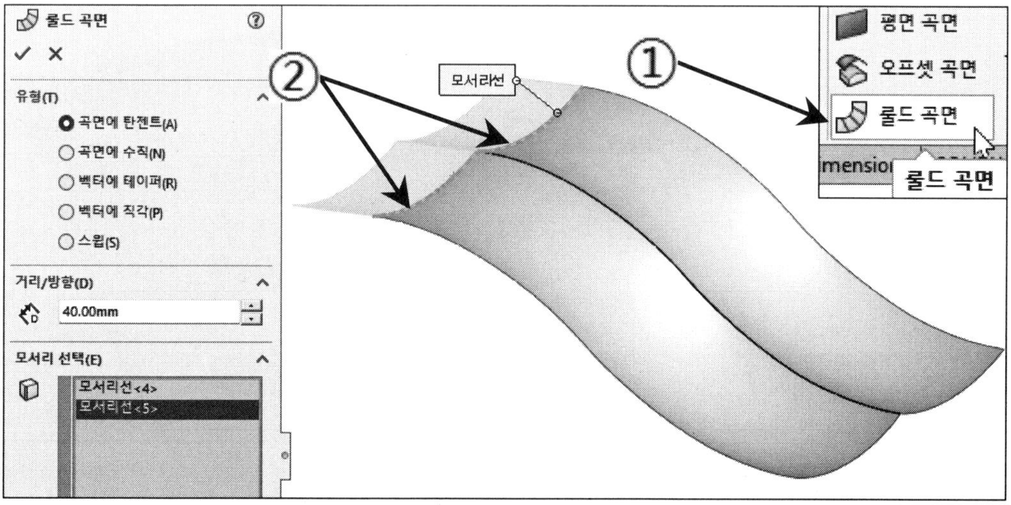

14) 곡면 전개

"곡면 전개" ➔ "곡면(2곳)" ➔ "기준점(꼭지점)"

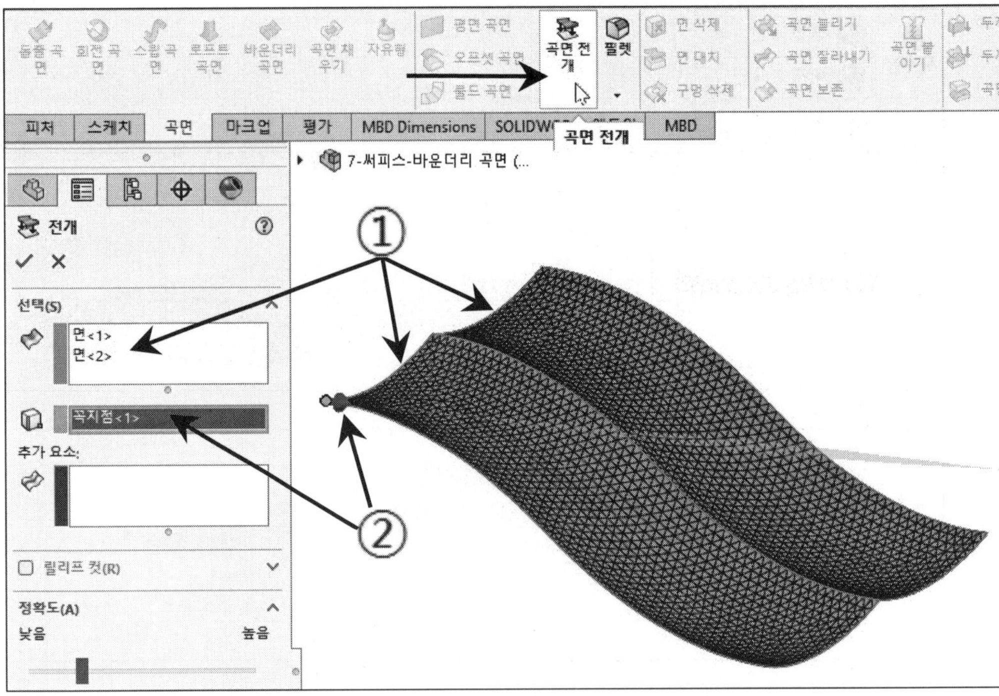

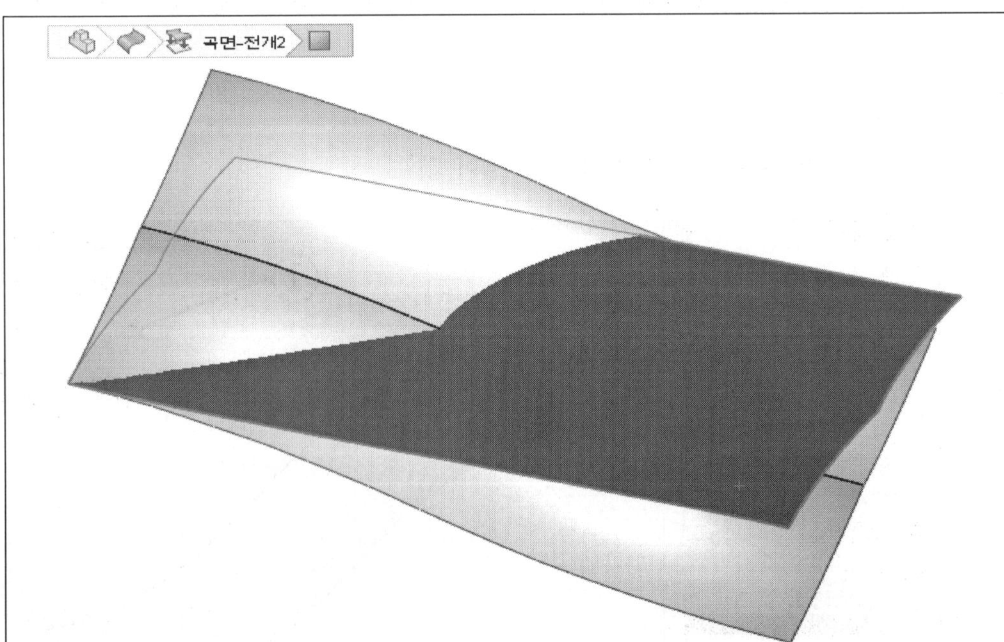

※ 전개된 형상과 변형의 정도를 칼라로 확인할 수 있다.

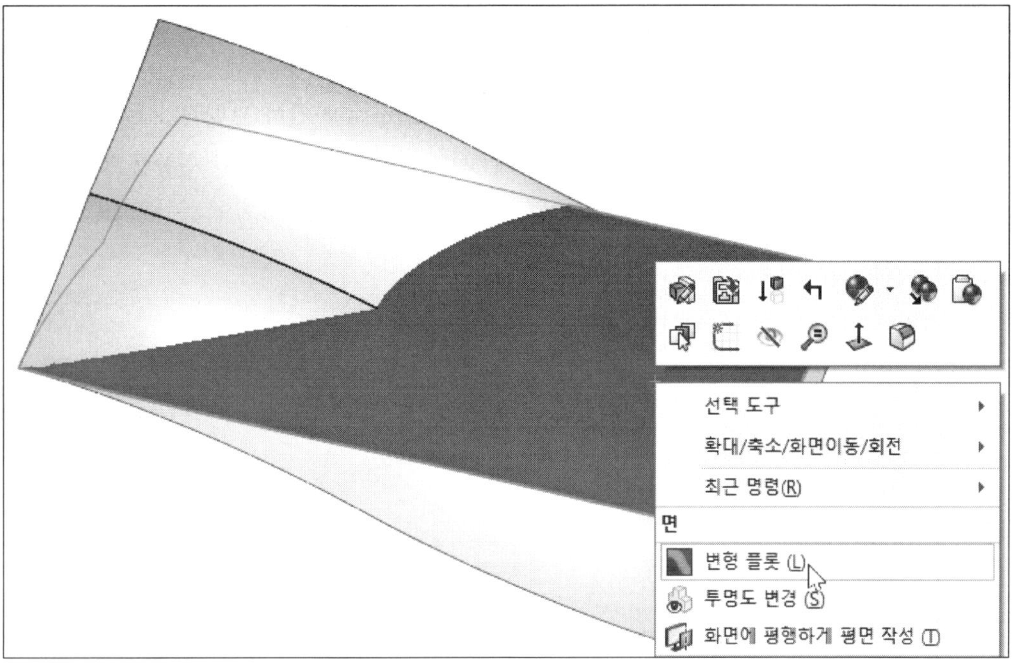

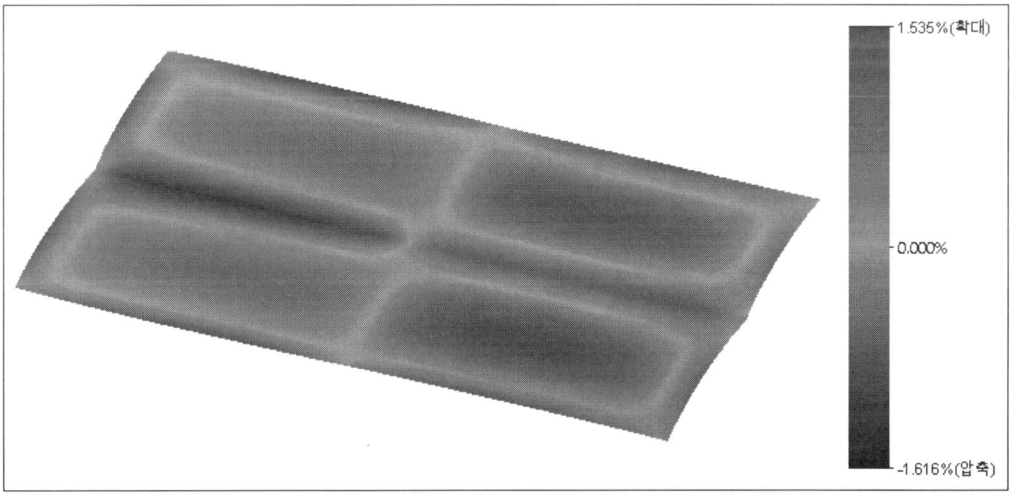

※ 전개된 시트(Sheet)의 부위별 변형량을 칼라로 알아 볼 수 있다.

7.2 서피스 파트(로프트) 작성하기

서피스 모델링은 모델 작성시 제품의 표면을 정의하여 복잡한 모델이나 다양한 표면을 가진 모델들을 형상화 하는데 유용하게 사용하며, 서피스를 활용한 모델링 연습을 통해 학습해 보자

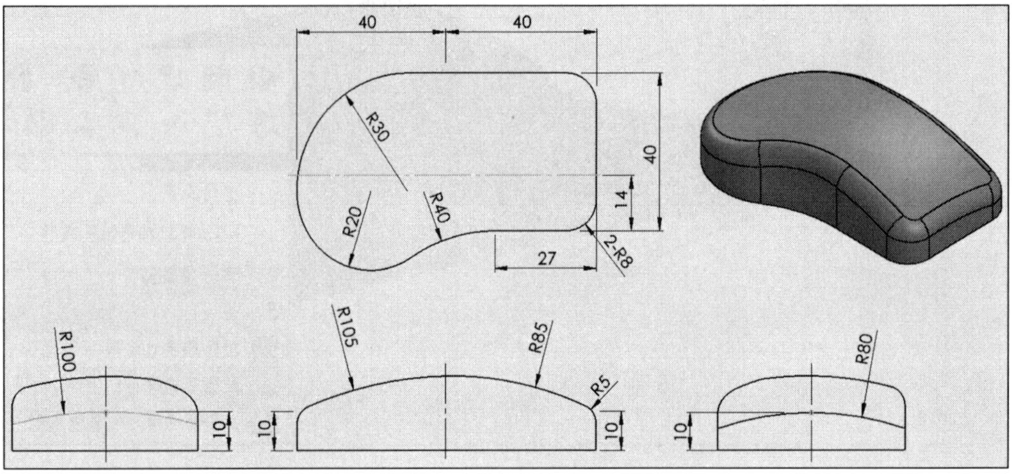

1) 〈부품 1 작성〉 "새문서" ➔ "파트" ➔ "확인"

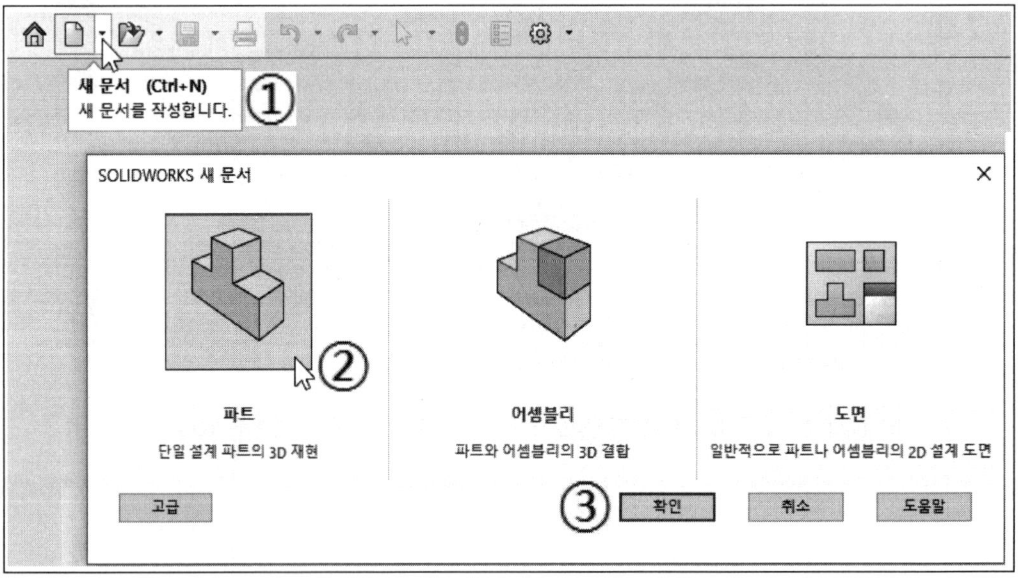

2) “윗면” ➔ “스케치 작성” ➔ “돌출” ➔ “돌출값 30mm”

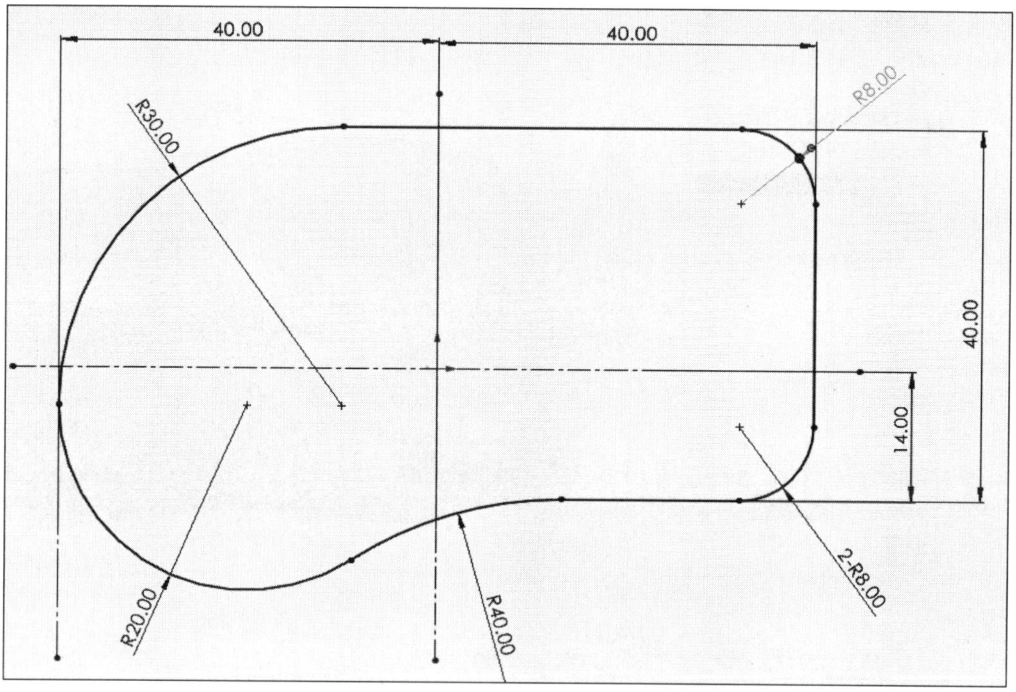

3) “정면” ➔ “스케치 작성”(원호 교점 ➔ 탄젠트 구속) ➔ “스케치 종료”

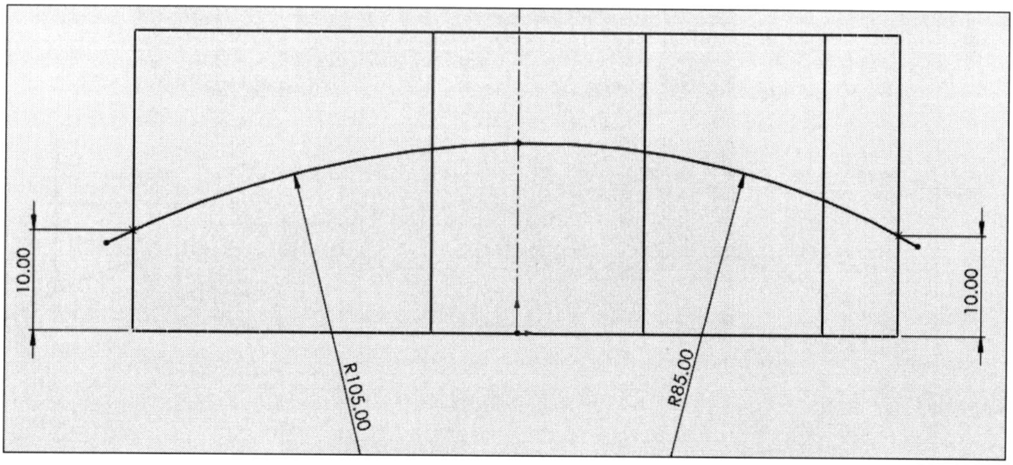

4) “참조 형상” ➔ “기준면” ➔ “곡선2 선택” ➔ “곡선2 끝 점 선택”

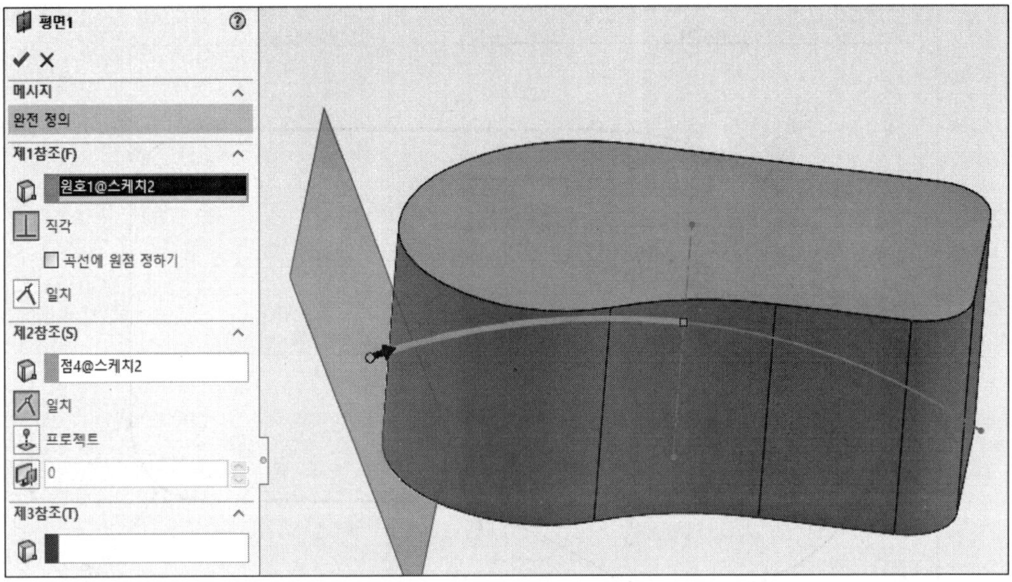

5) “모델 우측면” ➔ “스케치” ➔ “스케치 종료”

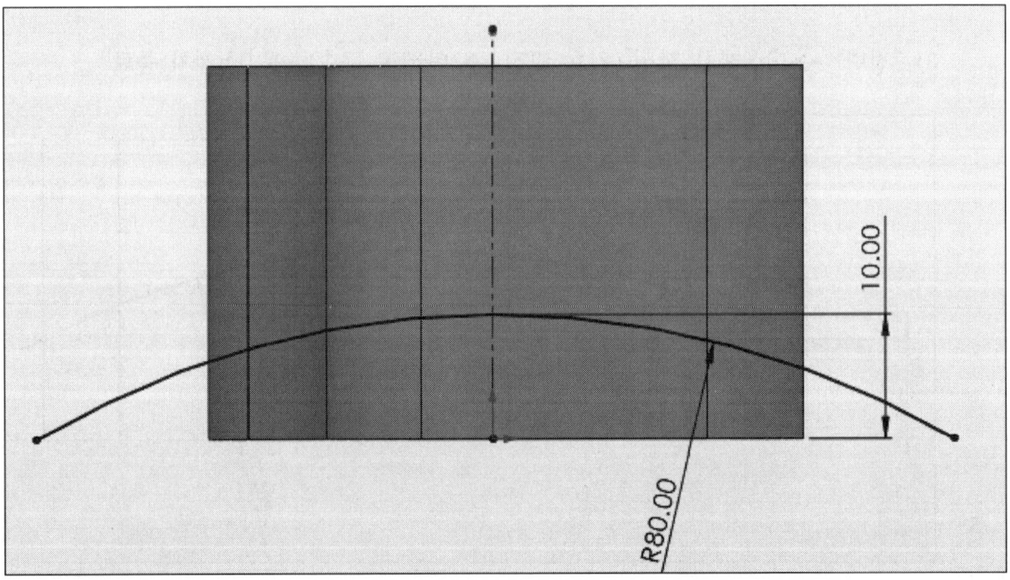

6) “평면1〈4번 항에서 만든 평면〉” ➔ “스케치” ➔ “스케치 종료”

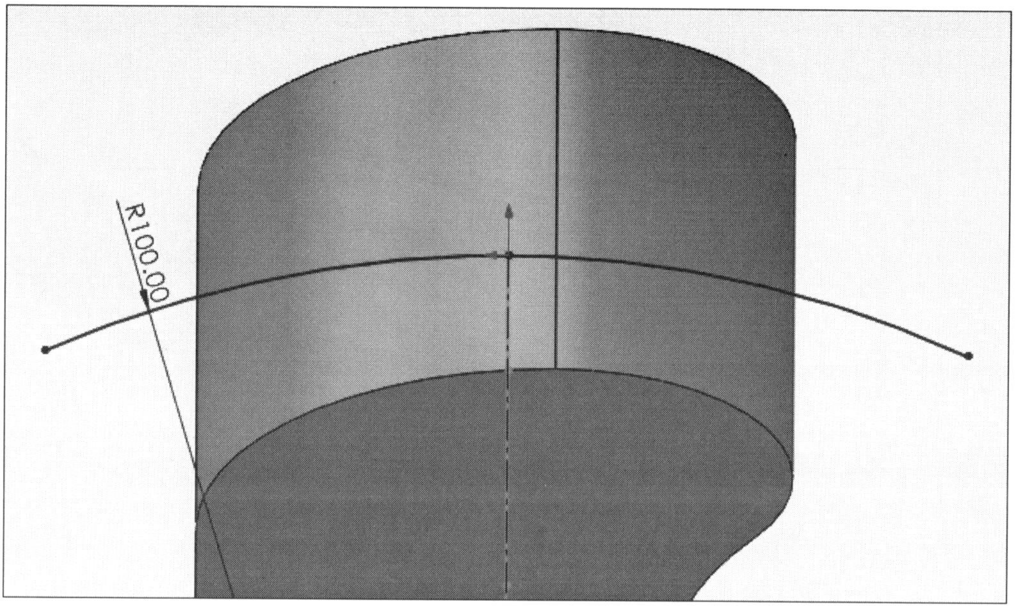

7) “곡면 탭” ➔ “로프트 곡면” ➔ “프로파일-스케치3, 4” ➔ “안내곡신-스케치2”

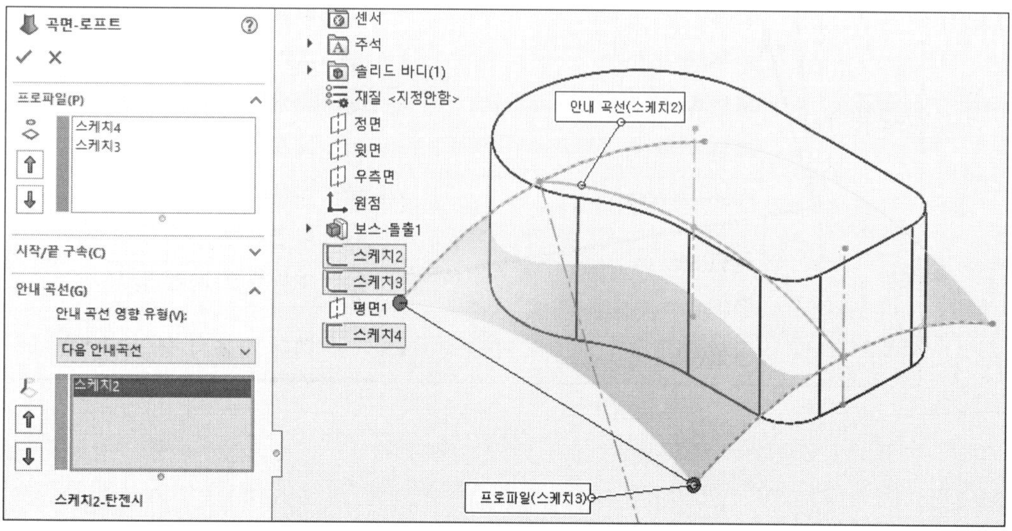

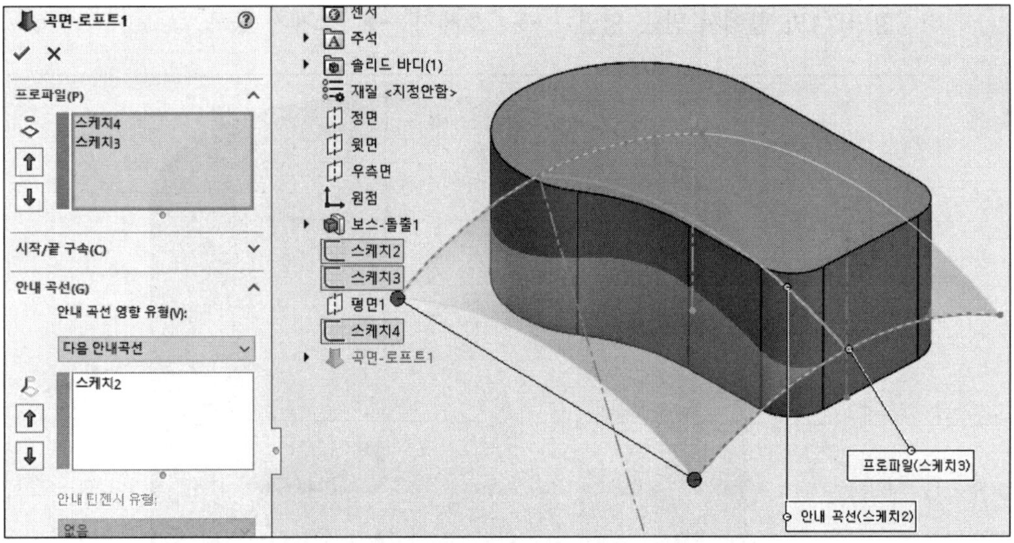

8) 불필요한 윗부분 제거 =▶ "삽입" ➔ "컷" ➔ "곡면으로 자르기"

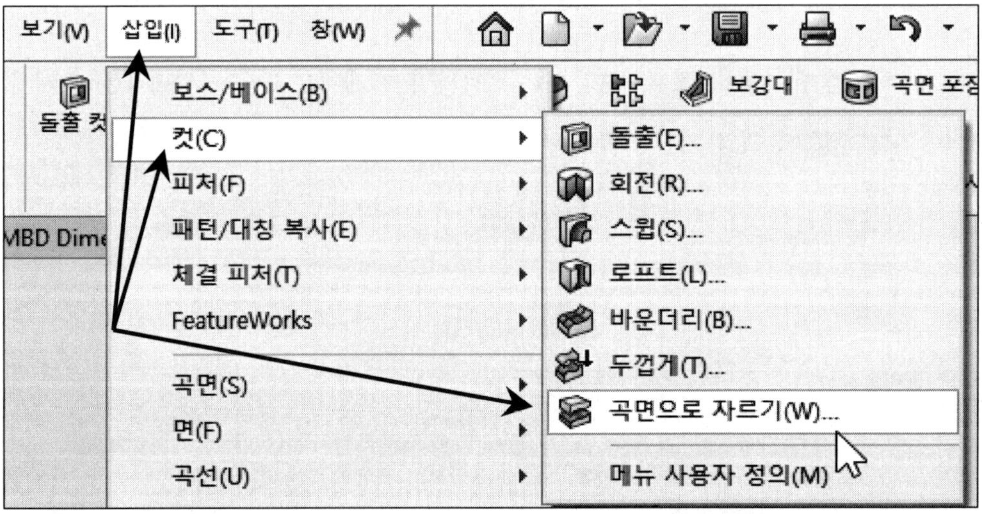

9) "로프트 곡면 선택" ➔ "자를 방향 확인"

10) "로프트 곡면" ➔ "오른 마우스" ➔ "숨기기"

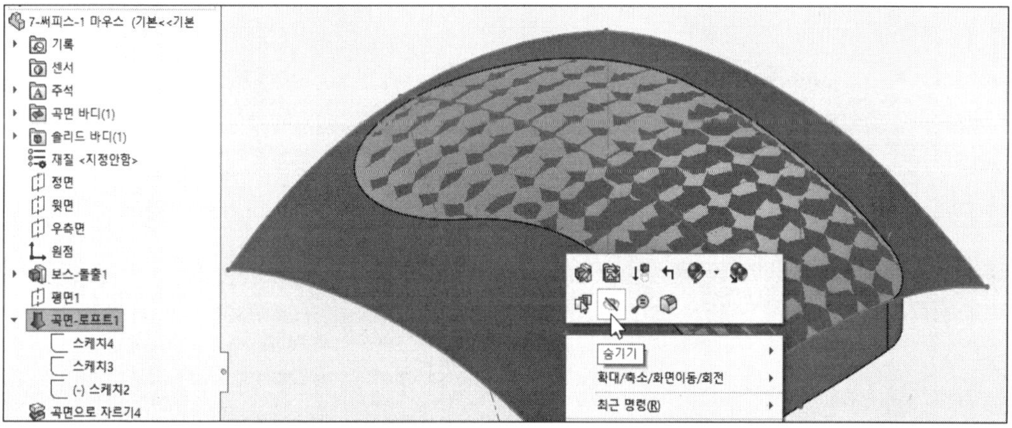

11) "필렛" ➔ "5" ➔ "모서리"

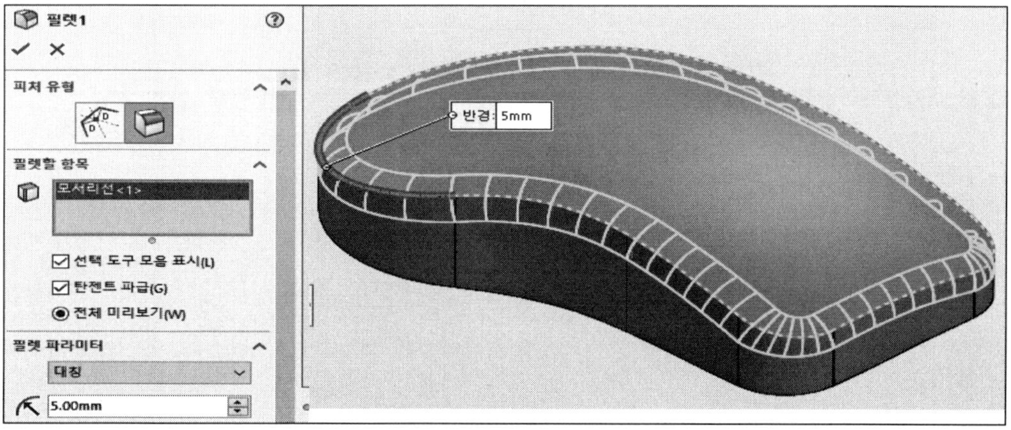

12) “표현 편집”

13) “표현” → “플라스틱” → “적합한 재질 선택(설계자가 요구하는 재질)”

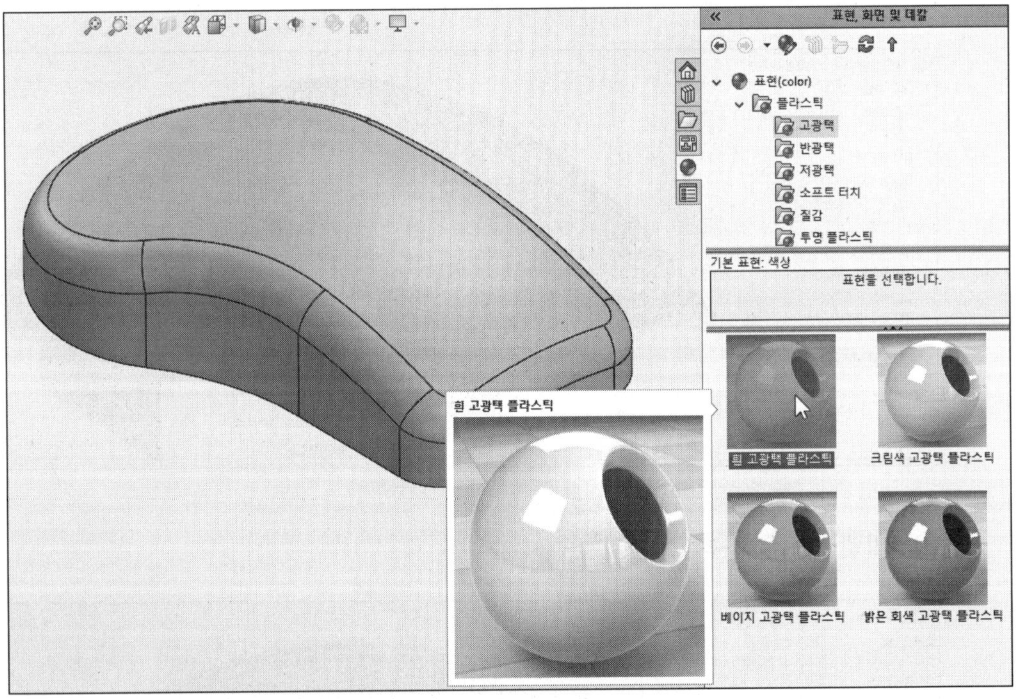

14) “음영 처리” ➔ “완성된 모델 – 마우스 외형”

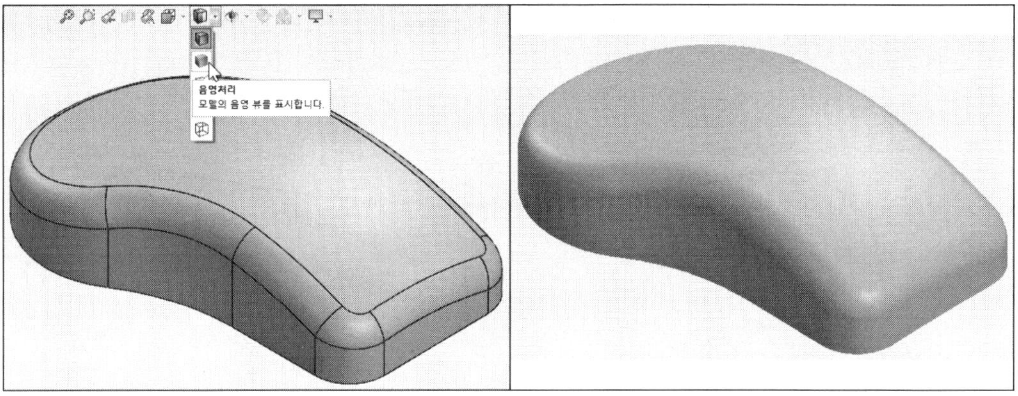

7.3 서피스 파트(돌출곡면, 스윕곡면) 작성하기

모델을 작성할 때 서피스(곡면)를 활용해 모델링을 좀더 쉽게 진행할 수 있으며 이번에는 돌출과 “돌출곡면, 스윕곡면”을 활용해 아래의 전화기 모델을 작성해 보자.

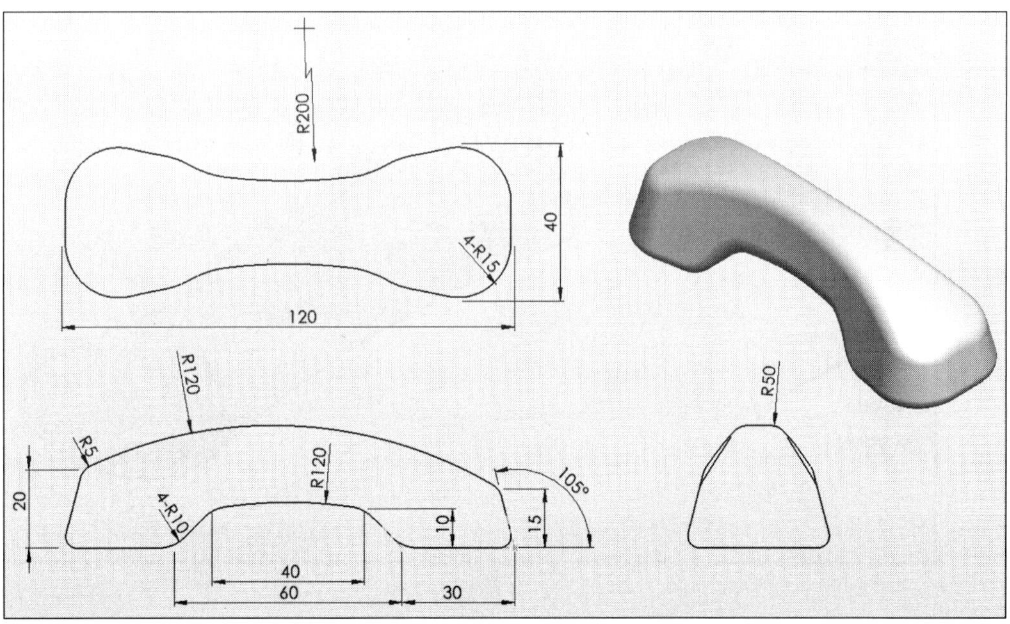

1) "윗면" ➔ "스케치" ➔ "스케치 종료"

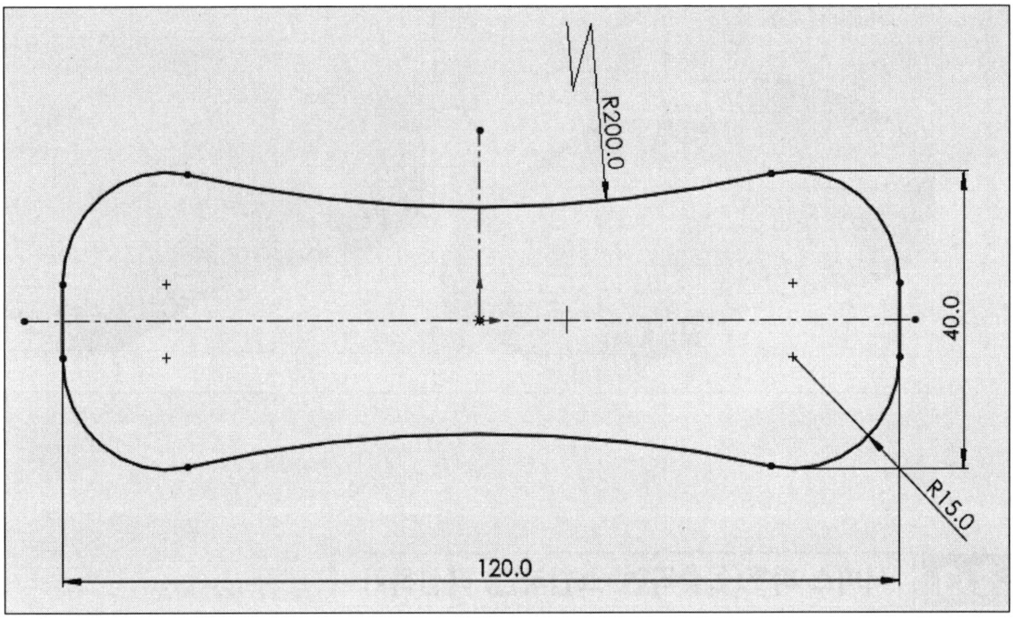

2) "돌출" ➔ "35mm" ➔ "각도 아이콘 선택" ➔ "15도" ➔ "확인"

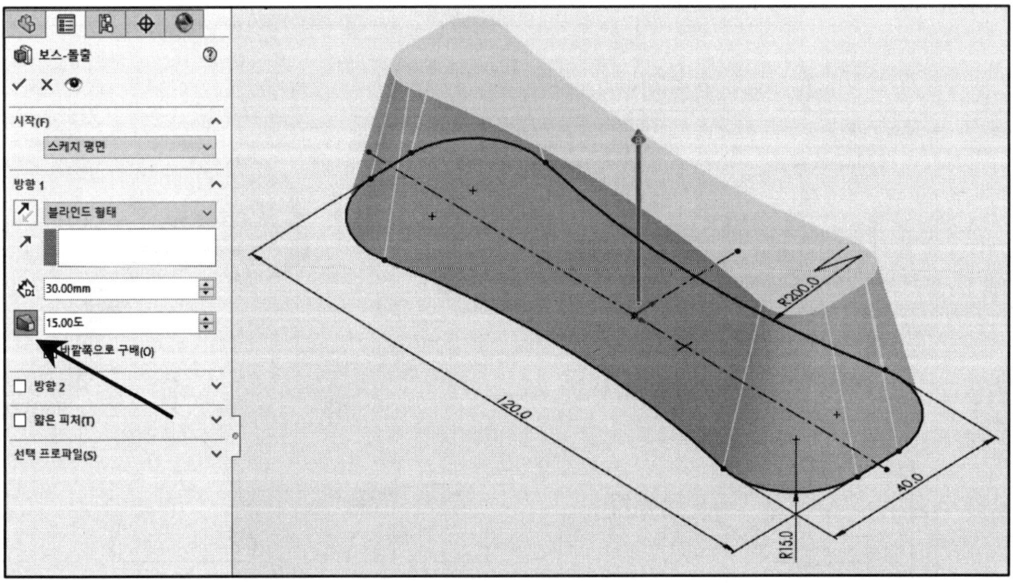

3) “정면” ➔ “스케치” ➔ “스케치 종료”

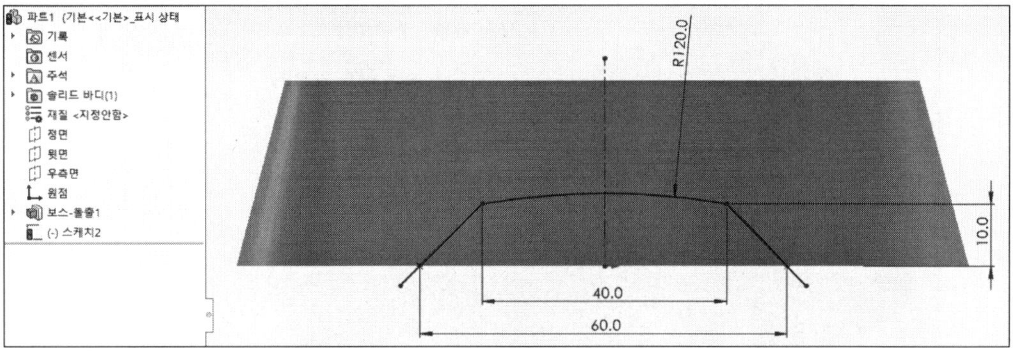

4) “곡면” ➔ “돌출 곡면” ➔ “중간 평면” ➔ “30mm” ➔ “확인”

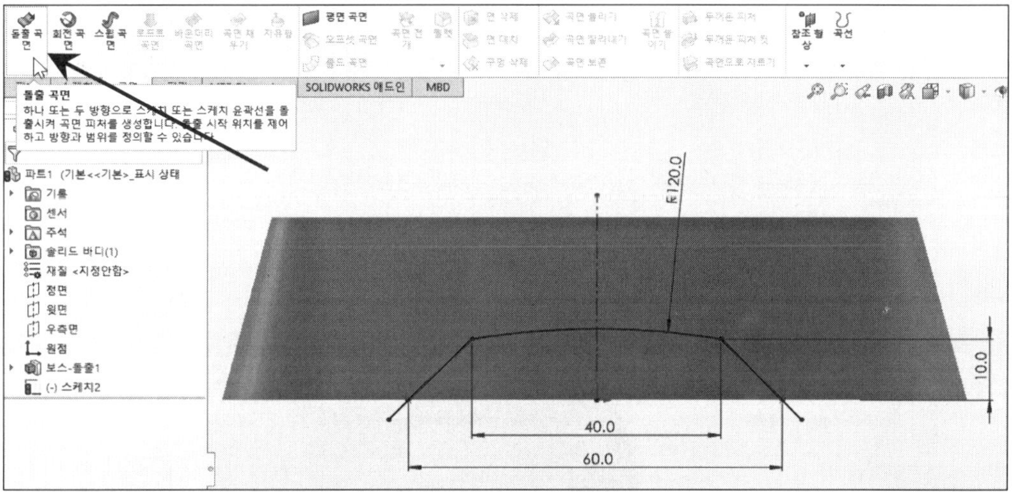

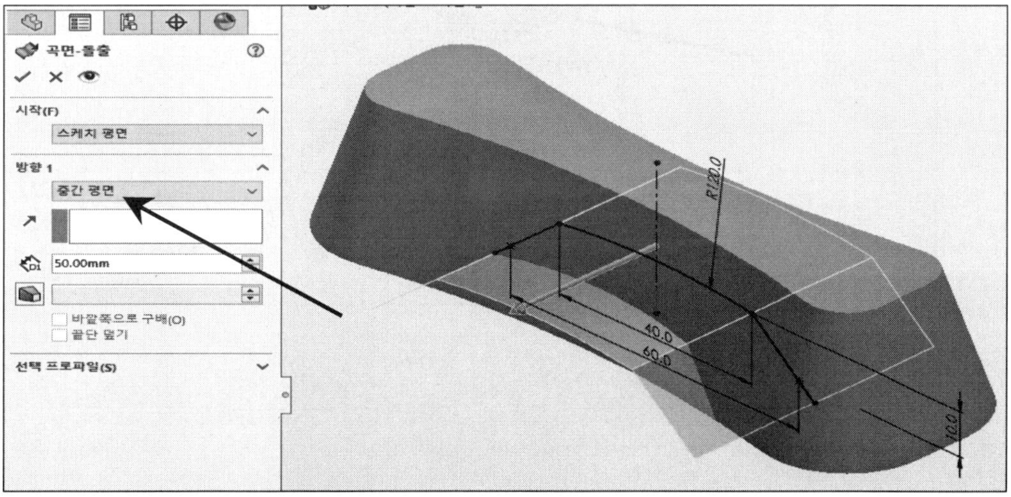

5) "곡면으로 자르기〈커맨드 매니저〉" ➔ "곡면 선택" ➔ "자를방향 확인"

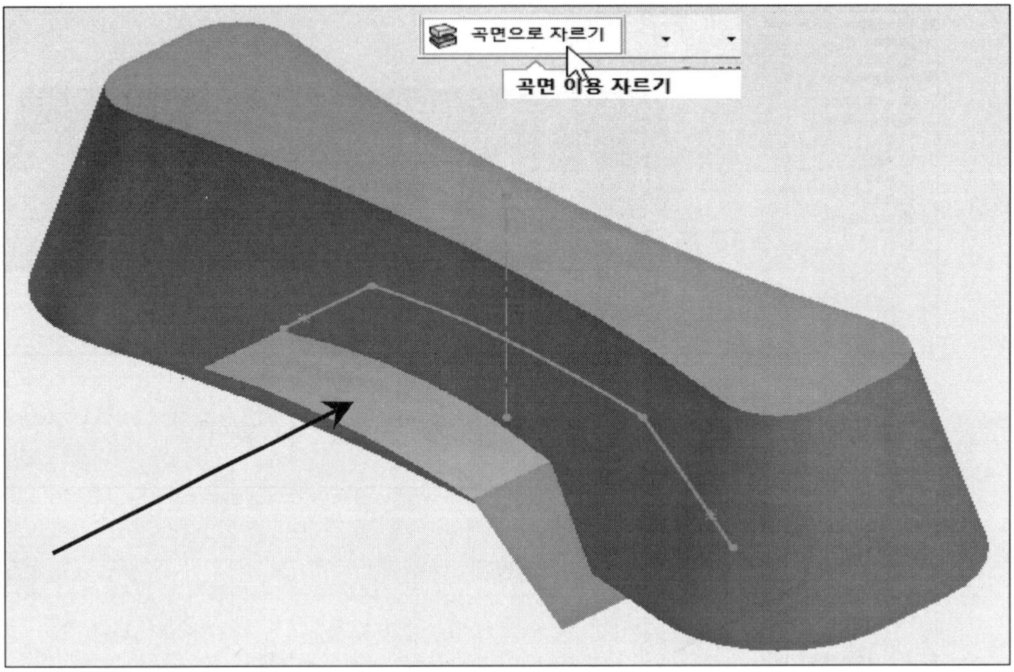

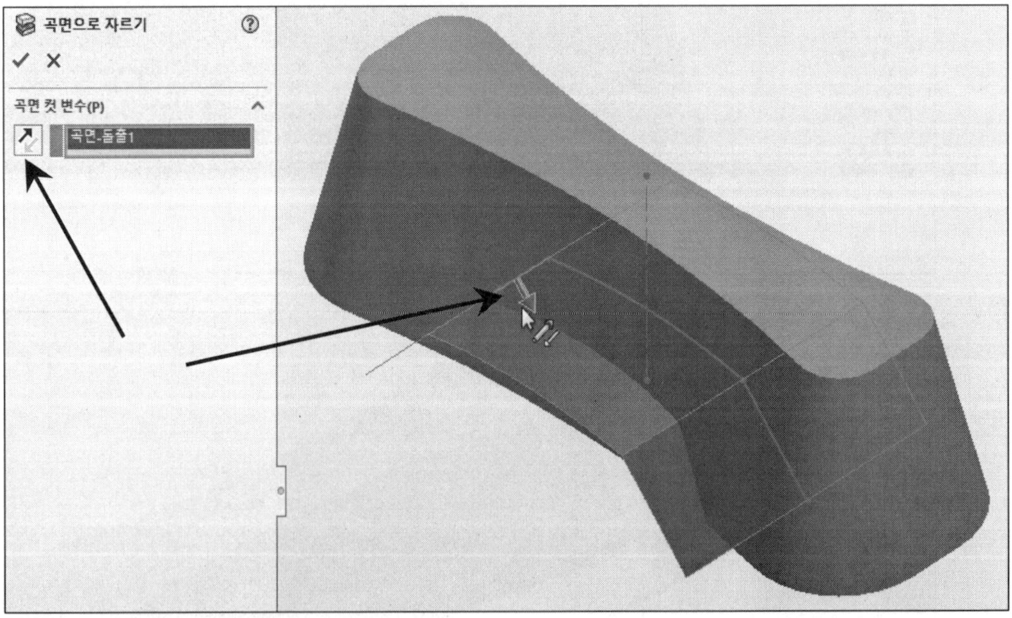

6) "곡면 오른 마우스" ➔ "숨기기"

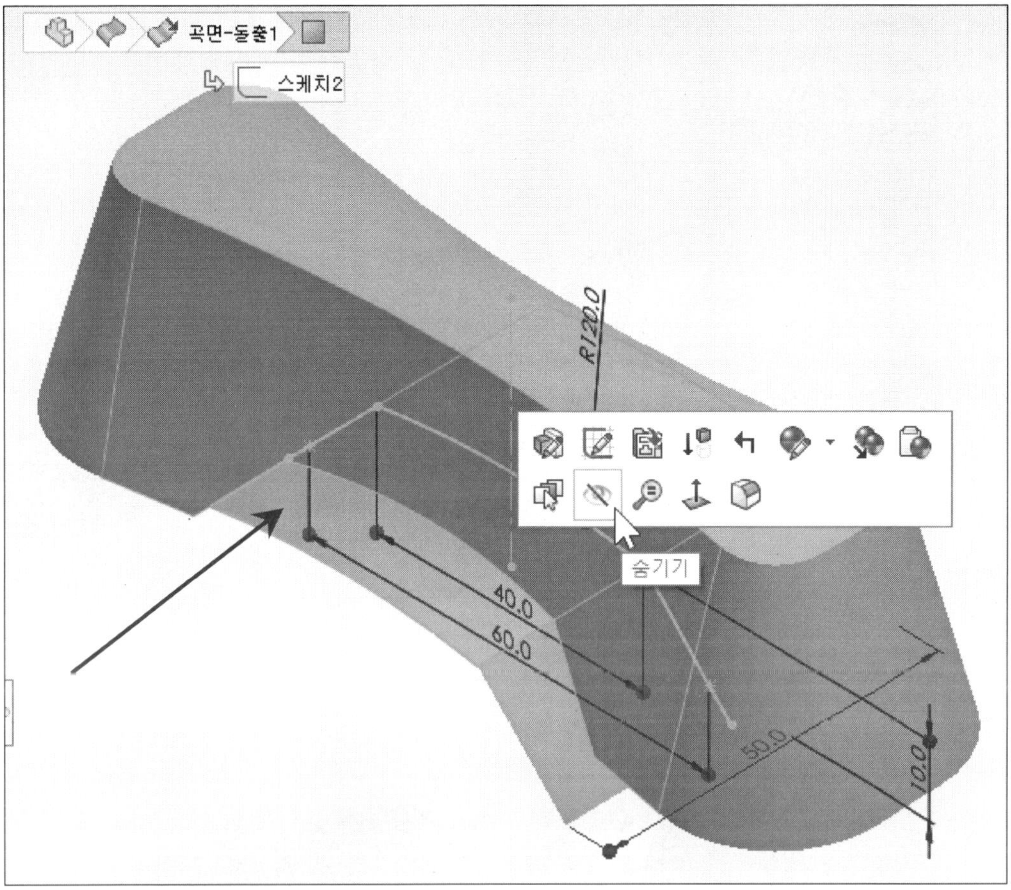

7) "정면" ➔ "R120 곡선 스케치" ➔ "스케치 종료"

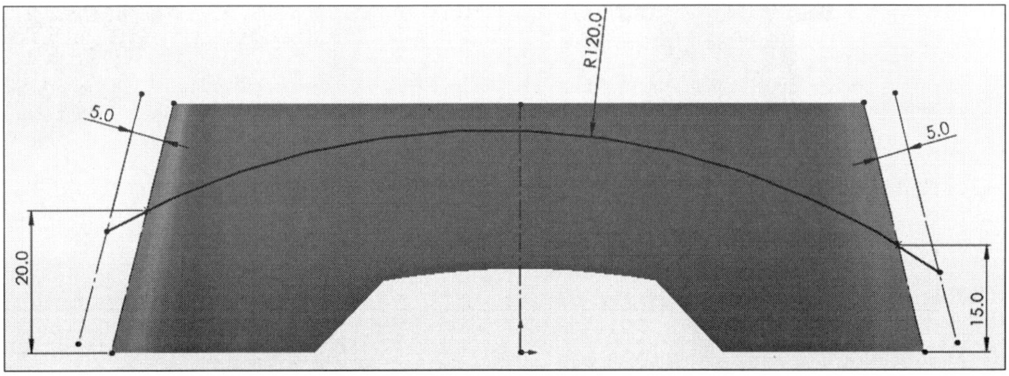

8) “참조형상” ➔ “기준면” ➔ “R120 곡선” ➔ “R120 곡선 끝 점”

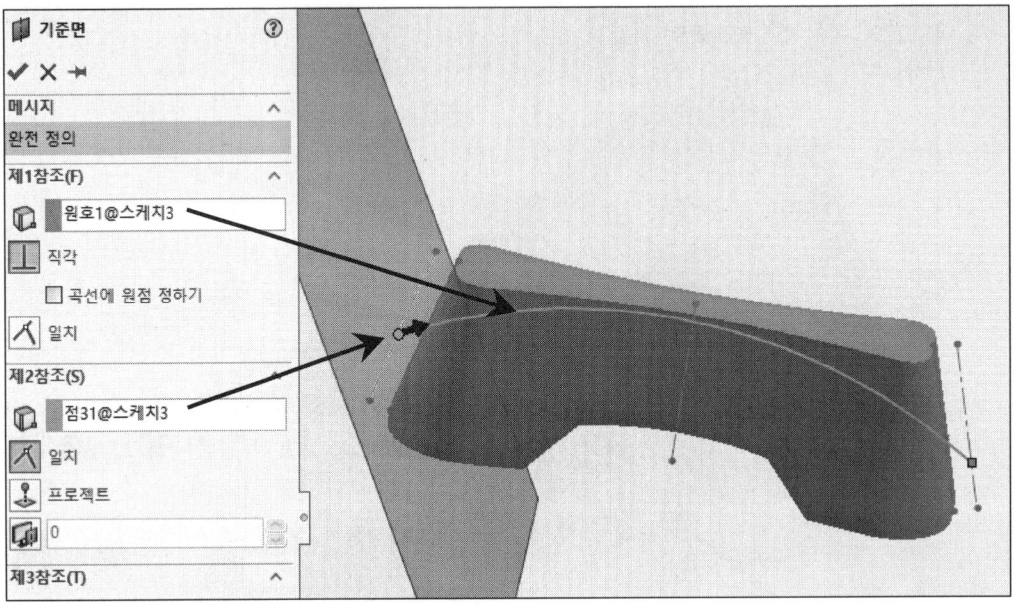

9) “평면1” ➔ “스케치” ➔ “R50 곡선” ➔ “스케치 종료”

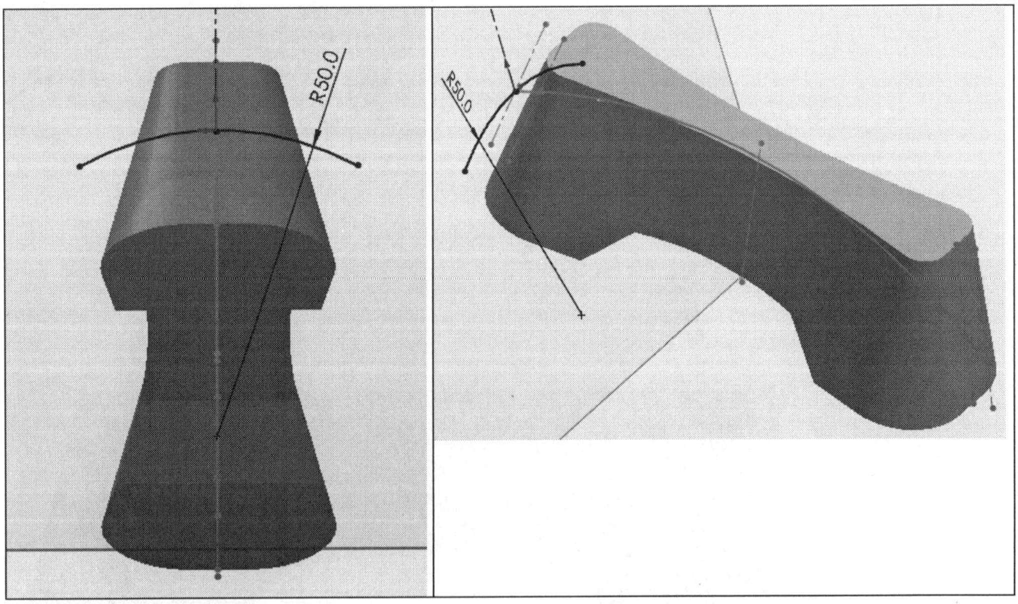

10) “커맨드매니저 창” ➔ “스윕 곡면” ➔ “단면(프로파일) 곡선” ➔ “경로 곡선”

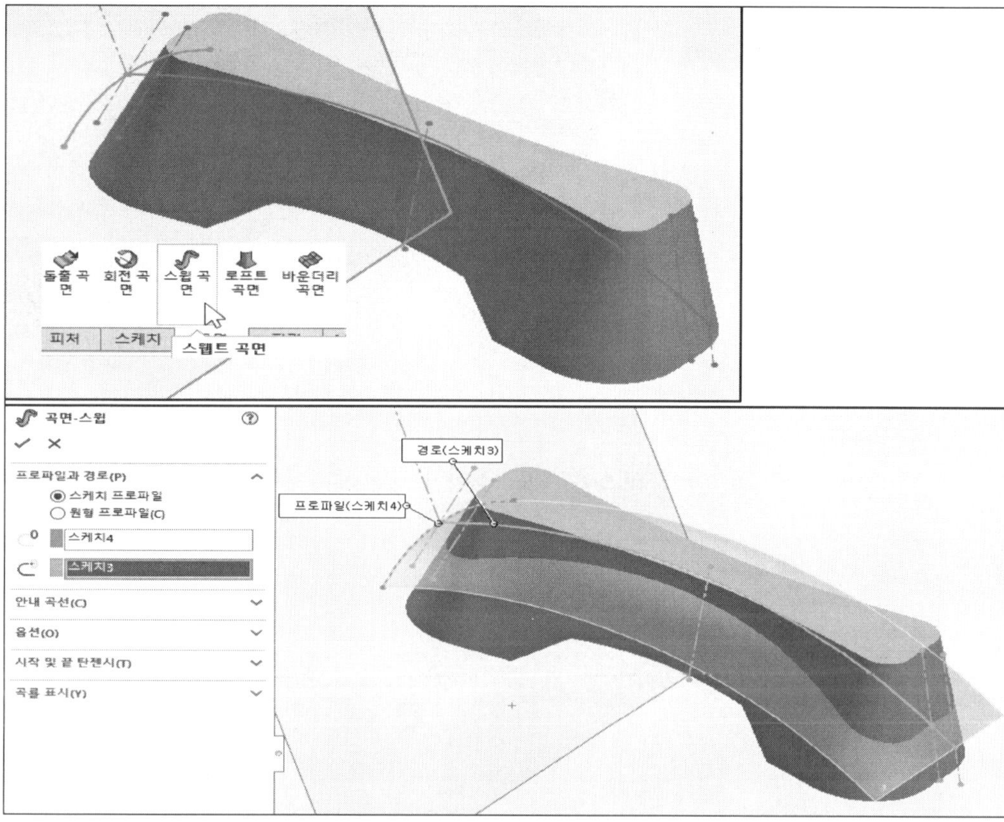

11) “곡면으로 자르기” ➔ “스윕 곡면” ➔ “자를 방향”

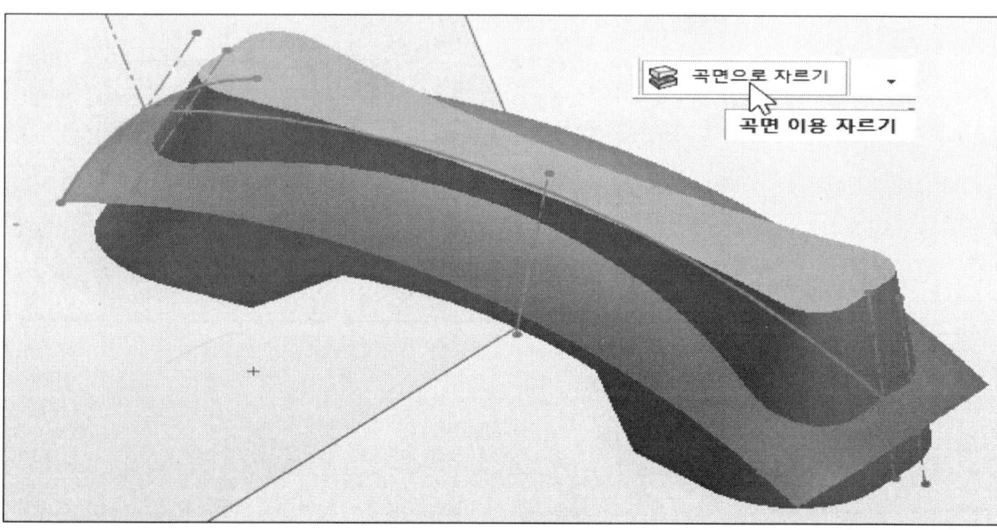

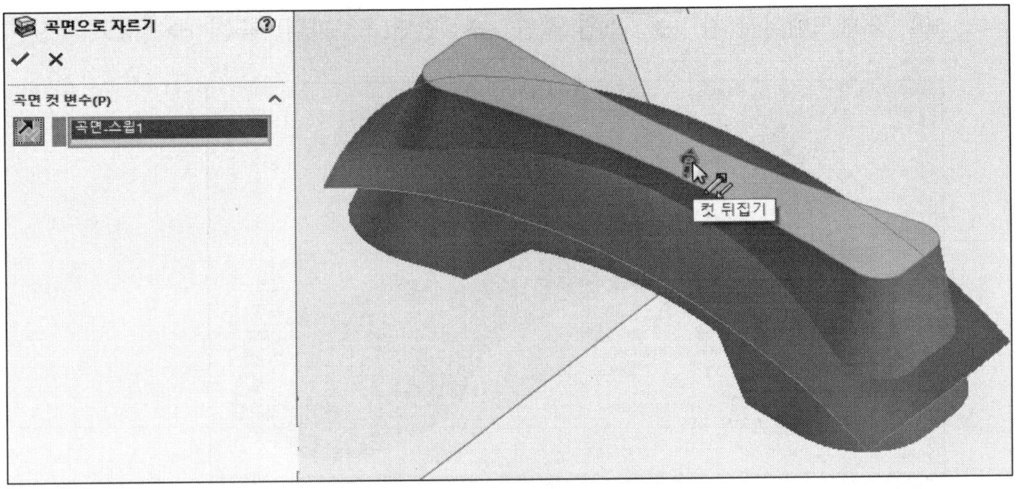

12) "곡면 선택" → "오른 마우스" → "숨기기"

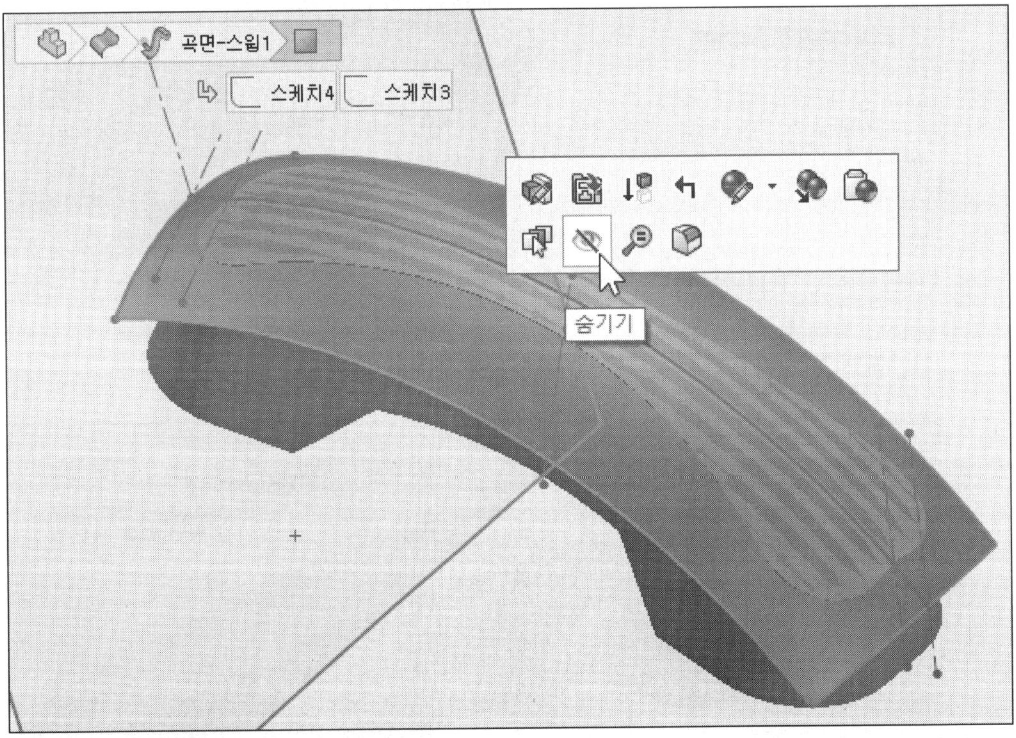

13) “필렛” ➔ “모서리 4곳” ➔ “R10”

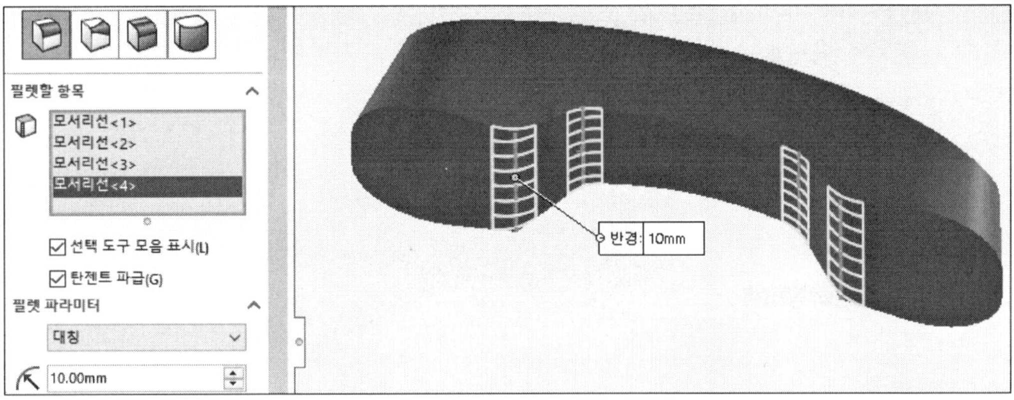

14) “필렛” ➔ “모서리” ➔ “R5”

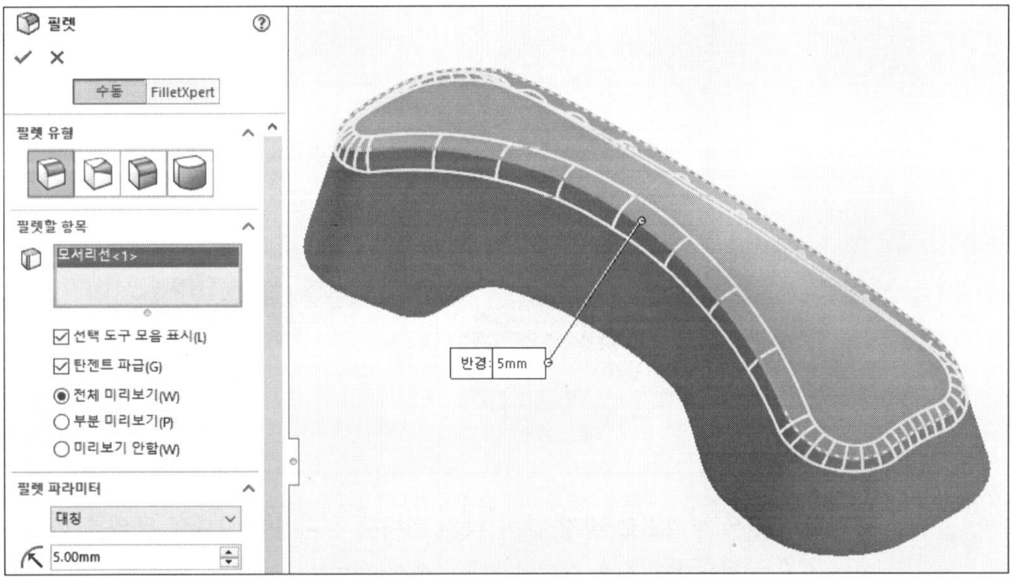

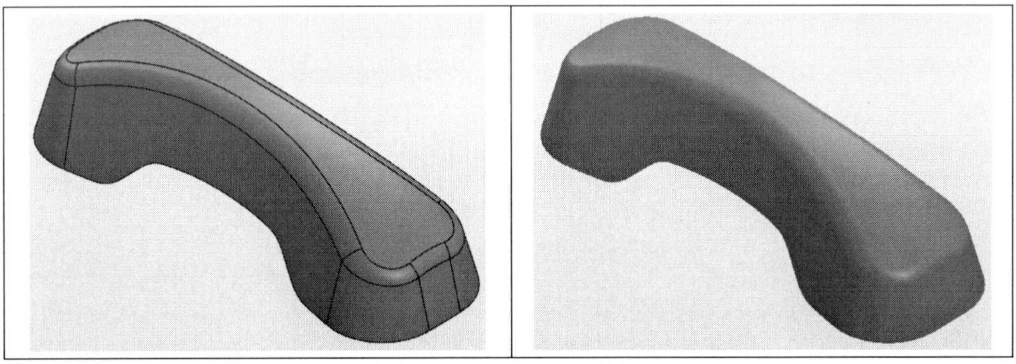

15) “필렛” ➔ “필렛 유형” ➔ “유동형” ➔ “6곳 선택” ➔ “반경값 입력”

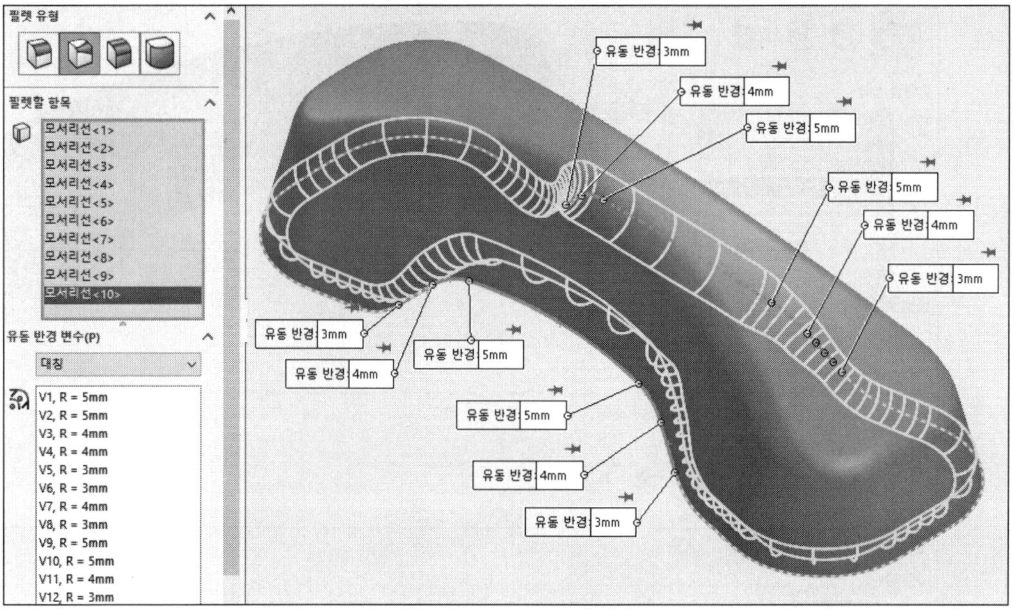

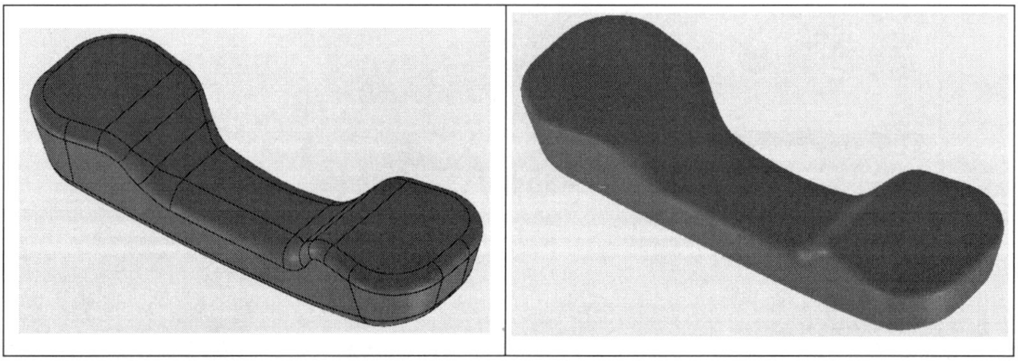

※ 유동형 필렛은 부위별로 반경 값이 다른 필렛을 실시하여 모델의 품위를 한층 높일 수 있는 유용한 기능으로 실제 모델링에서 많이 사용되므로 연습을 통해 확실히 기억해 실무에 활용할 수 있도록 한다.

예제 도면 1

복합곡면과 구형 솔리드 모델 응용(바운더리 곡면 사용)

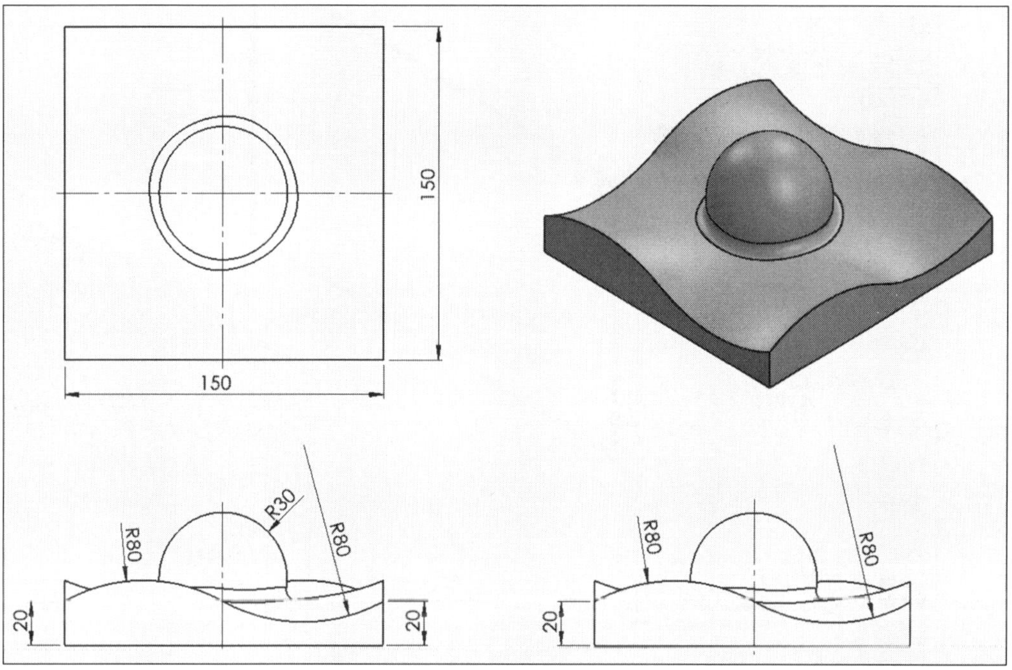

1) "참조형상" ➔ "기준면" ➔ "정면" ➔ "150"

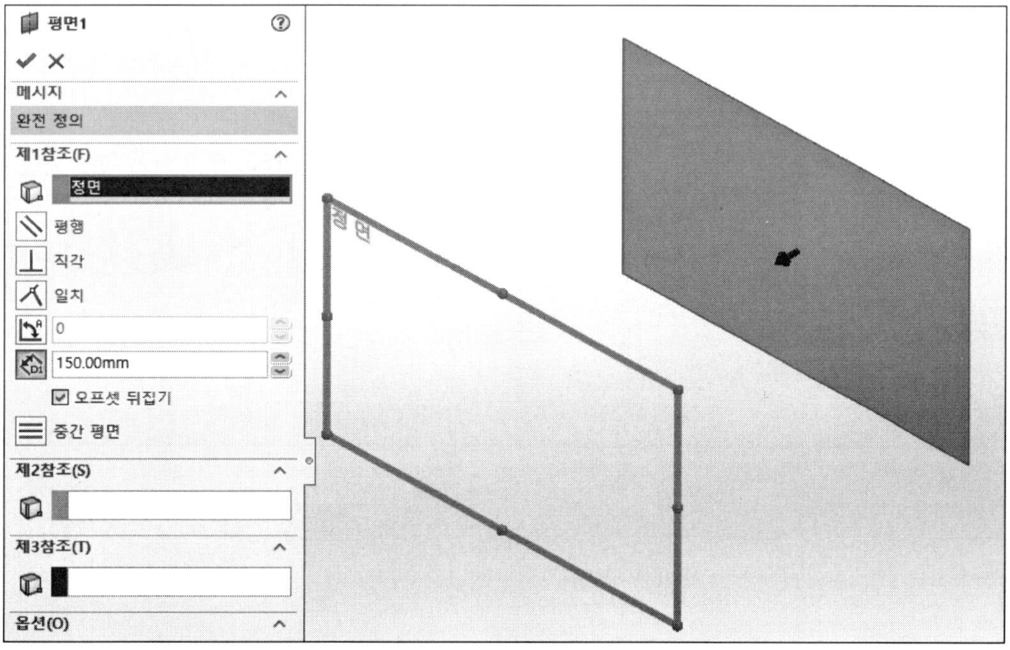

2) “참조형상” ➔ “기준면” ➔ “우측면” ➔ “150” ➔ “확인”

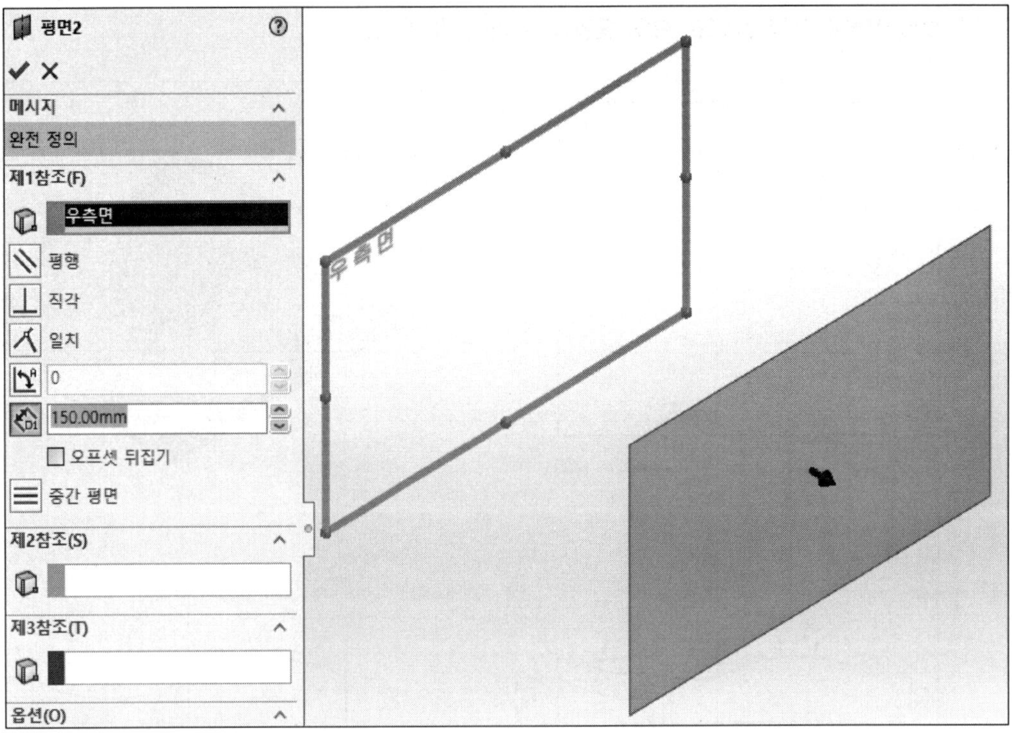

3) “정면” ➔ “스케치” ➔ “스케치 작성” ➔ “스케치 종료”

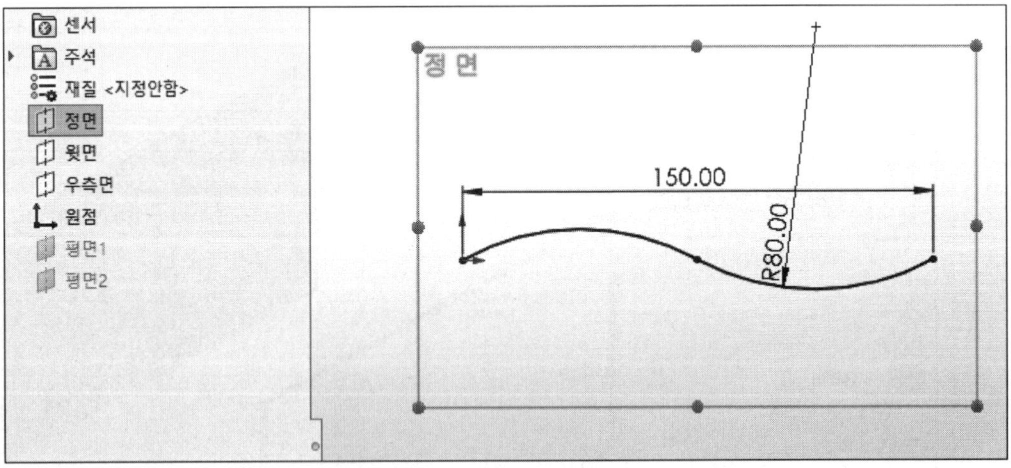

4) "우측면" ➔ "스케치" ➔ "스케치 작성" ➔ "스케치 종료"

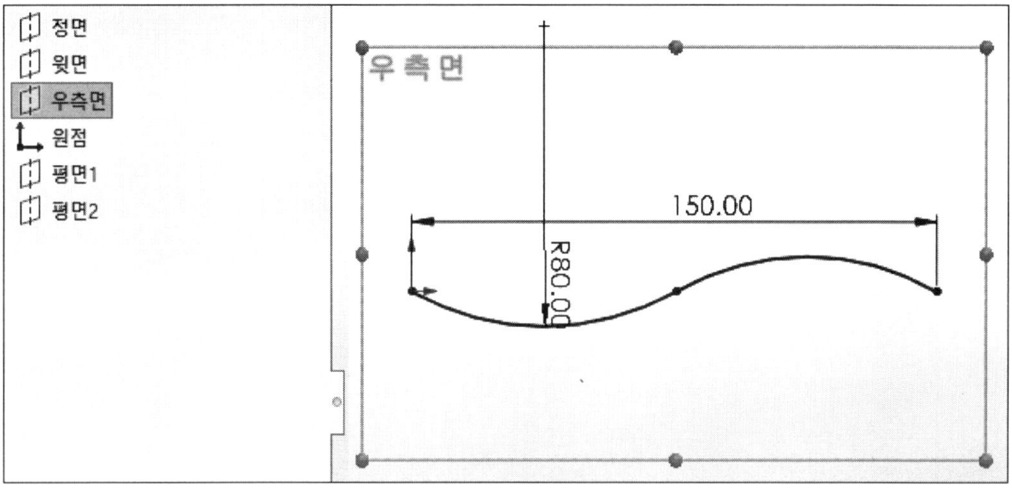

5) "평면2" ➔ "스케치" ➔ "스케치 작성" ➔ "스케치 종료"

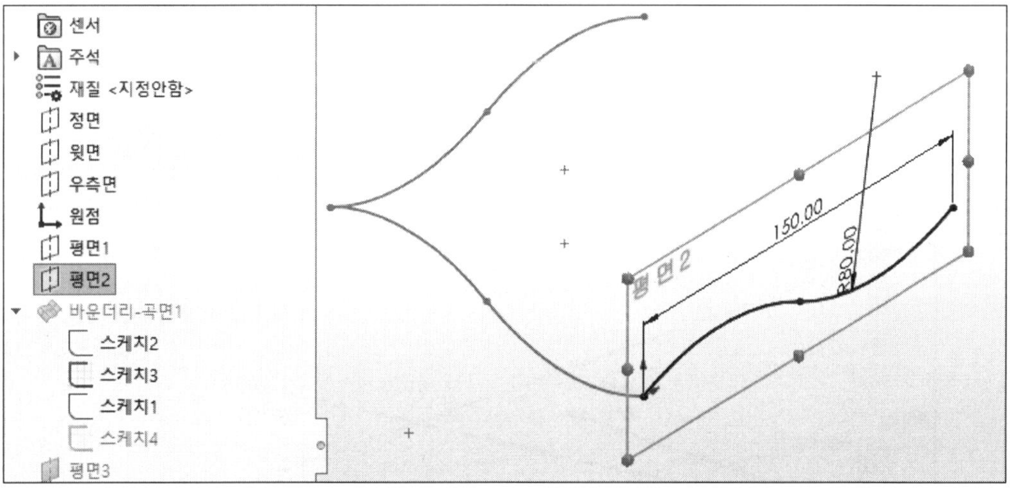

6) "평면1" ➔ "스케치" ➔ "스케치 작성" ➔ "스케치 종료"

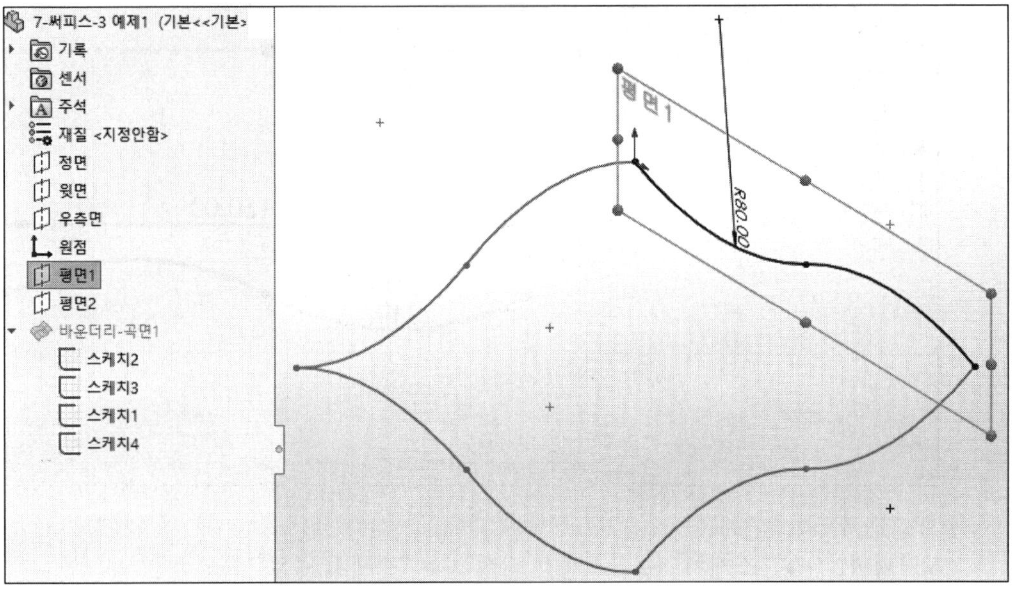

7) "바운더리 곡면" ➔ "곡선2, 3 선택" ➔ "곡선1, 4 선택" ➔ "확인"

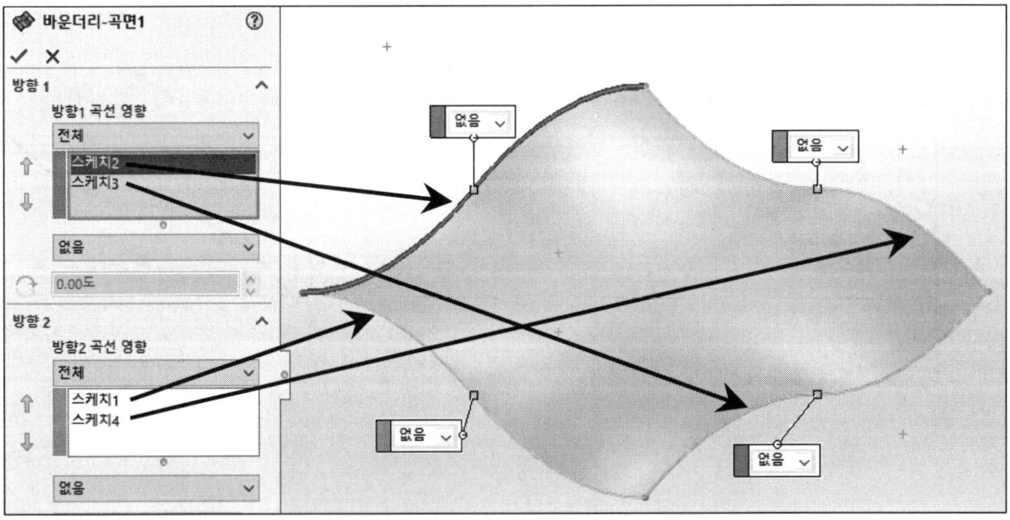

8) “참조형상” → “기준면” → “윗면” → “20” → “뒤집기(아래 방향에 작성)”

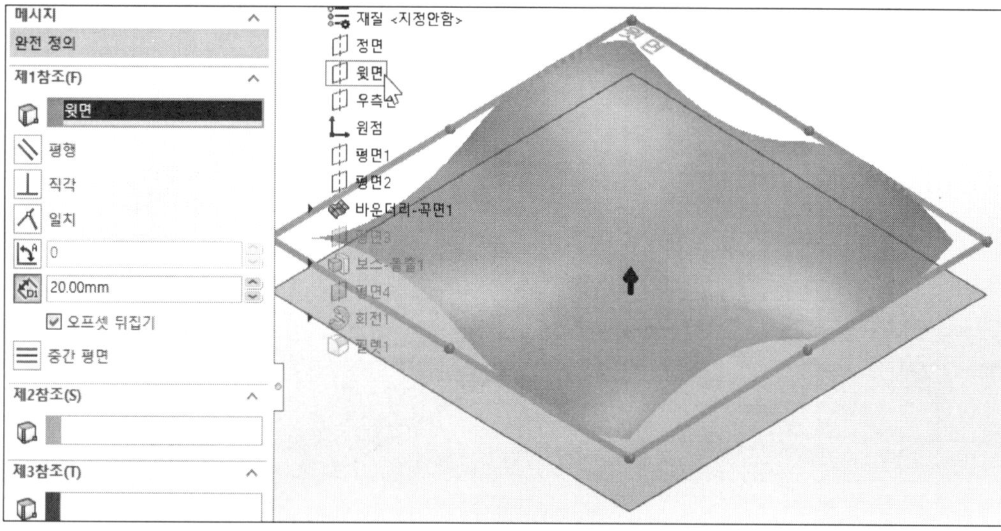

9) “평면3” → “스케치” → “바운더리 곡면 선택” → “요소변환” → “스케치종료”

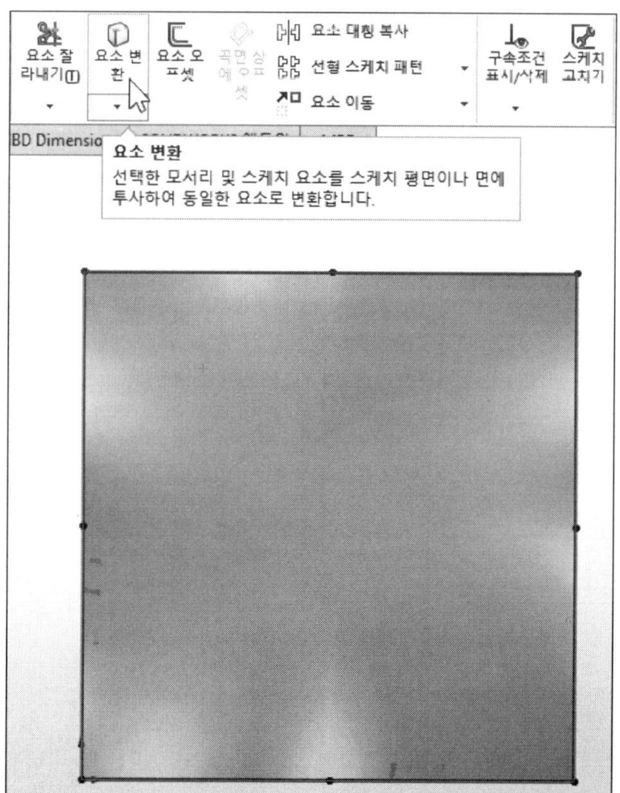

10) "돌출" → "방향1-곡면까지" → "바운더리 곡면 선택"

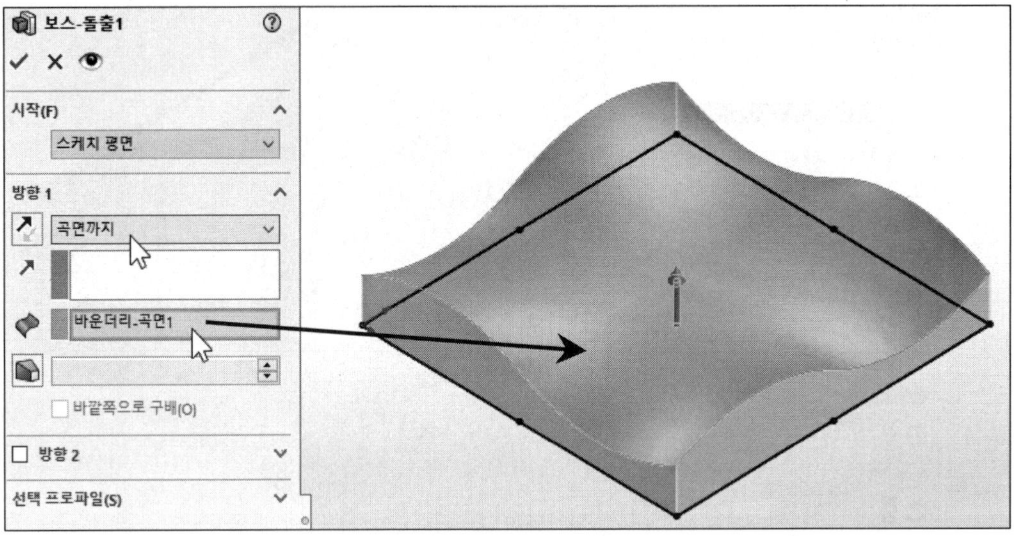

11) "참조 형상" → "기준면" → "면 선택" → "면 선택" → "75mm(거리값)"

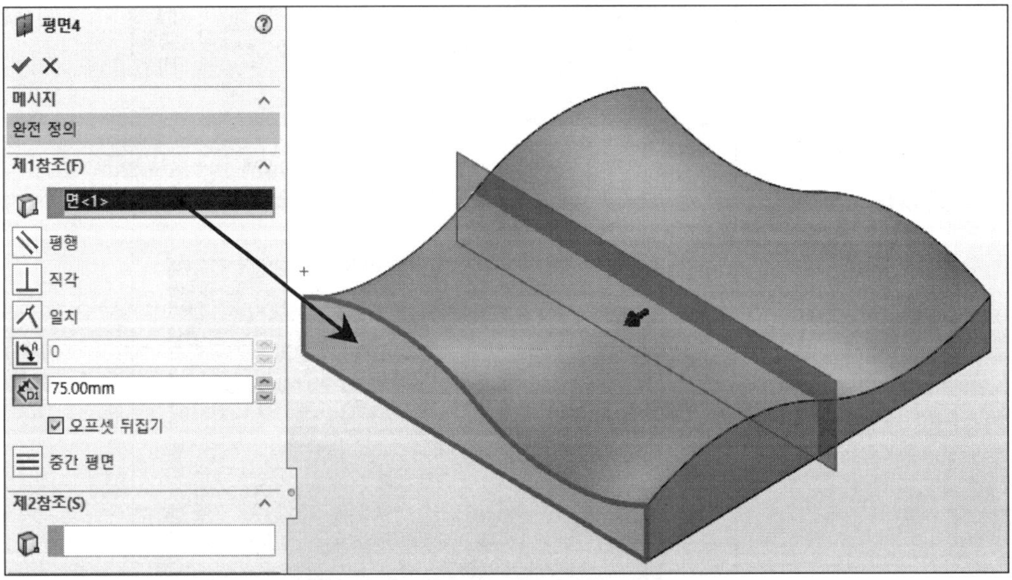

12) “정면” → “스케치(반원)” → “회전” → “회전축” → “360도”

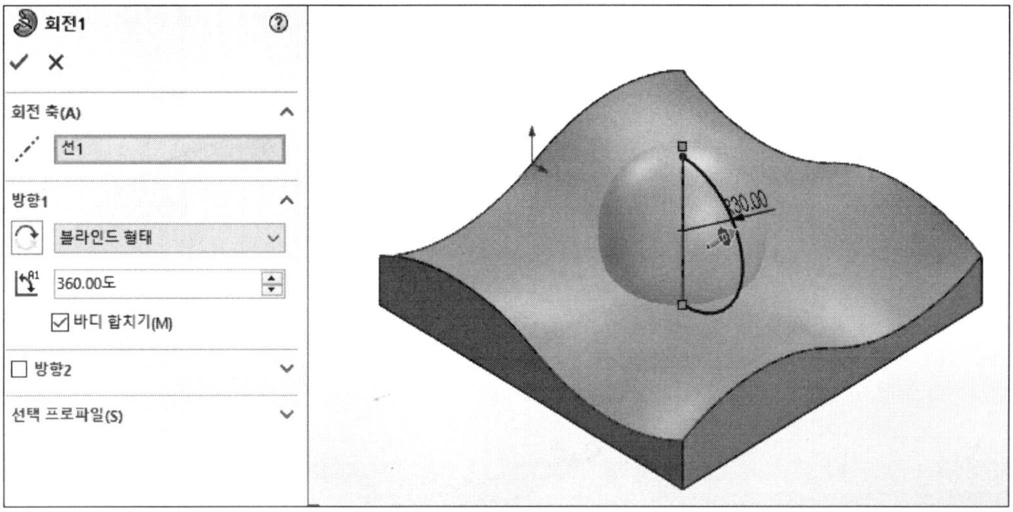

13) “필렛” → “반경 5mm” → “모서리”

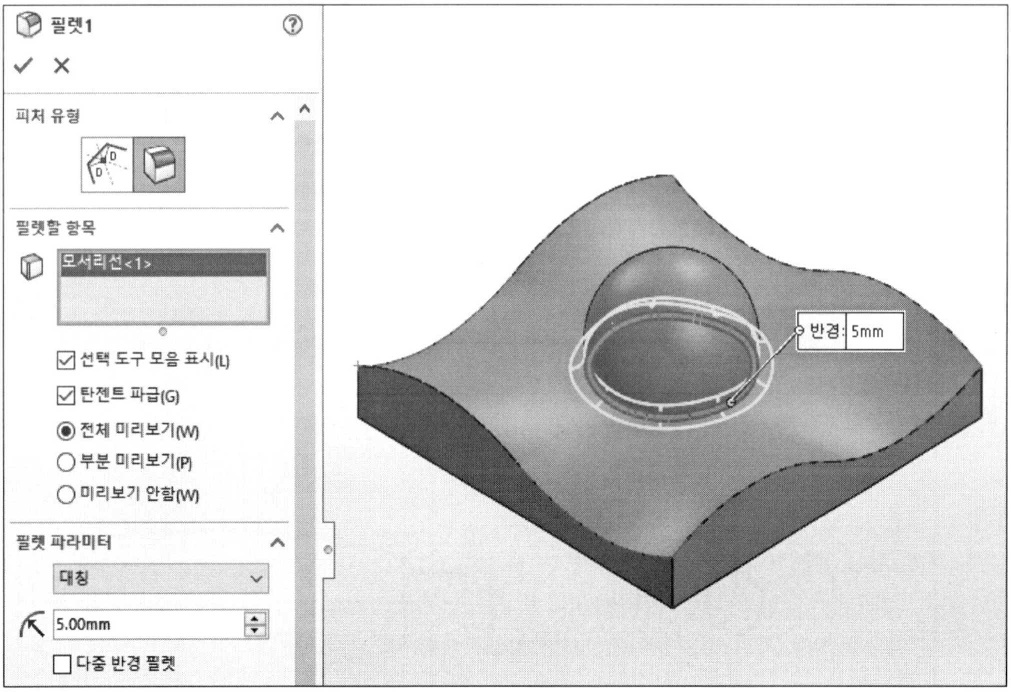

14) “완성된 모델 형상”

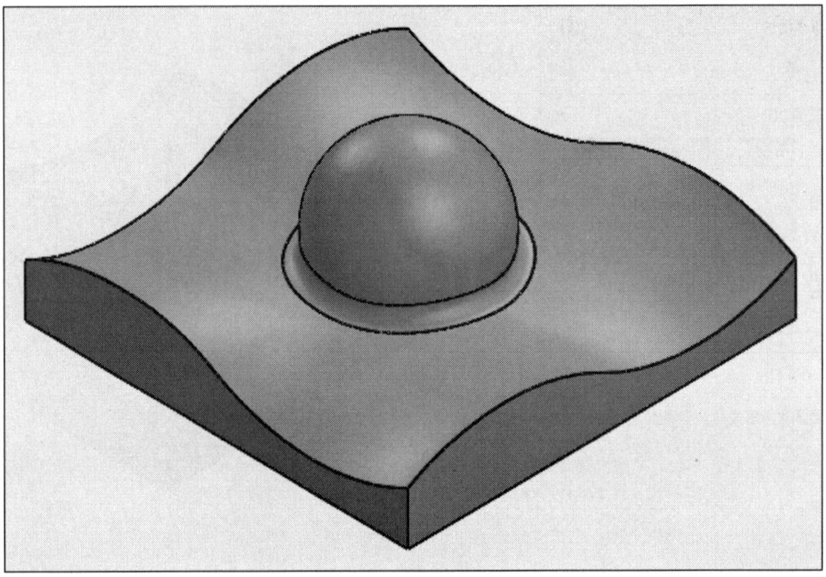

예제 도면 2

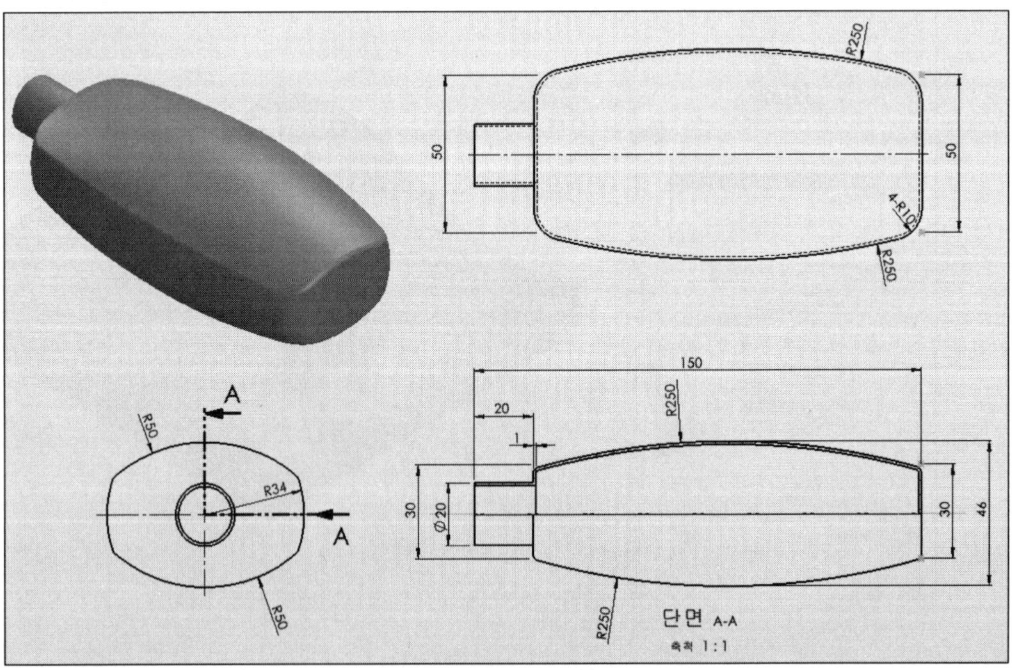

예제 도면 3

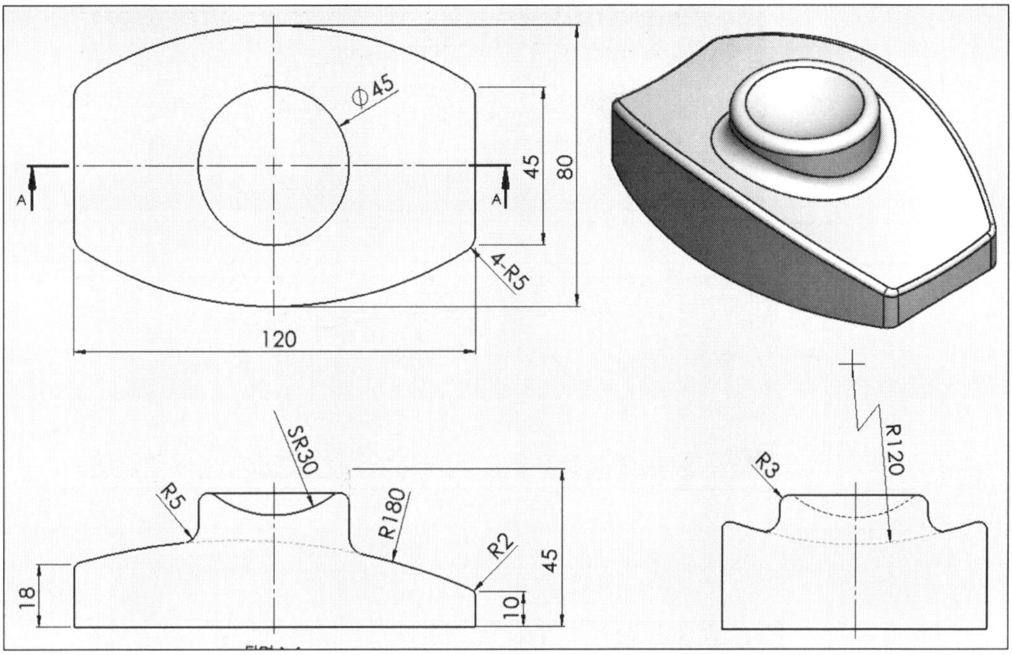

1) "윗면" → "스케치" → "치수기입" → "돌출" → "35mm"

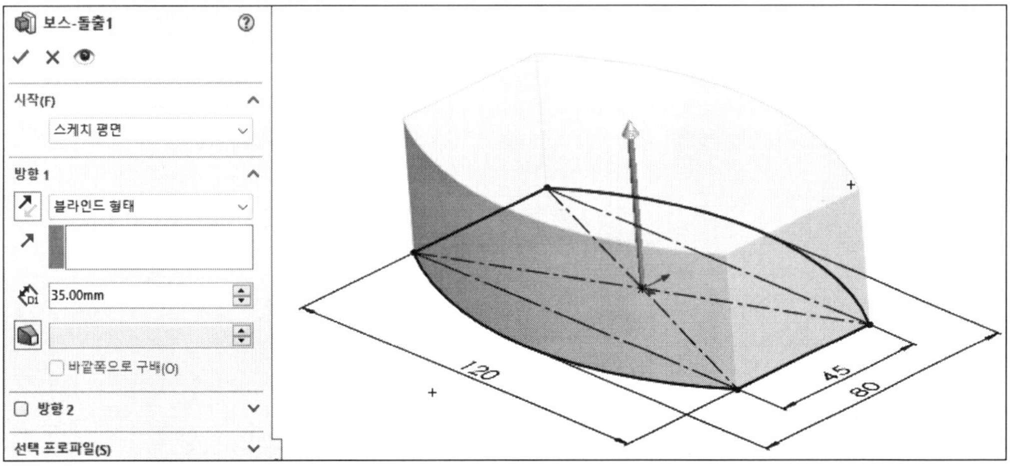

2) “정면” ➔ “스케치” ➔ “양쪽 점 지정” ➔ “치수기입” ➔ “스케치 종료”

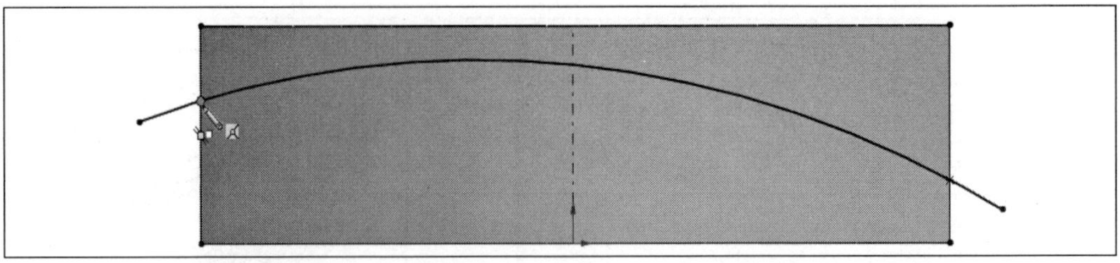

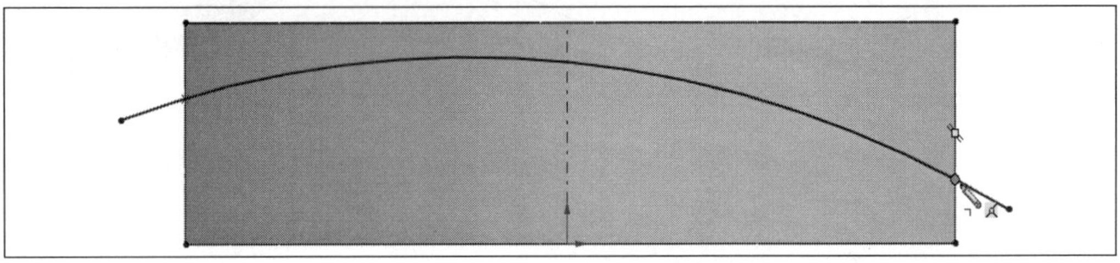

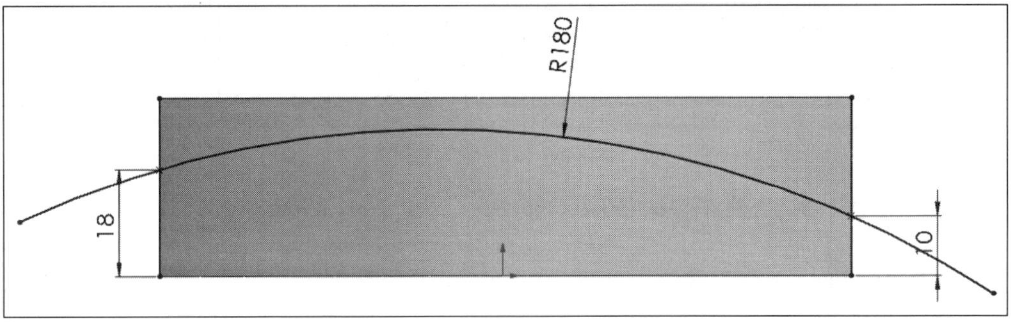

3) “우측면” ➔ “스케치” ➔ “원호” ➔ “치수기입” ➔ “스케치 종료”

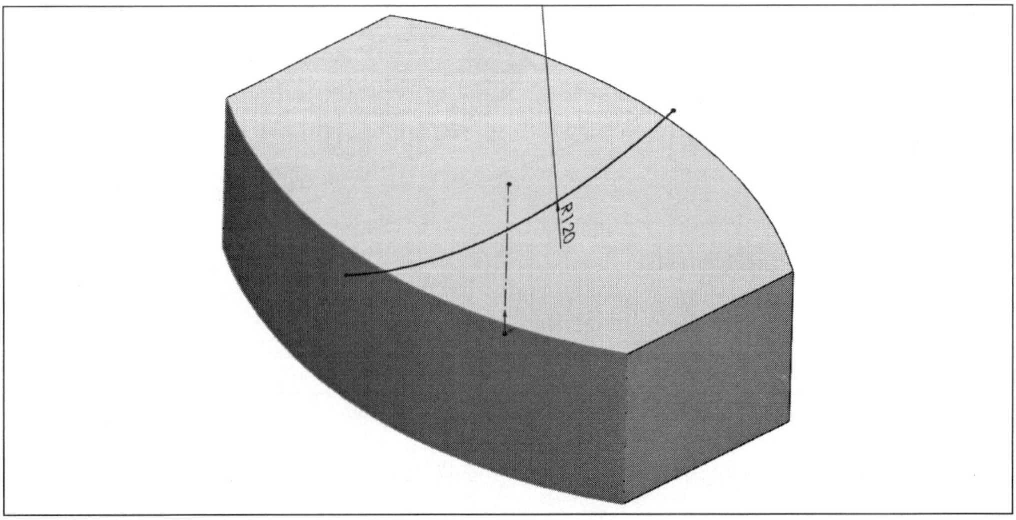

4) "바운더리 곡면" ➔ "스케치 1" ➔ "스케치 2"

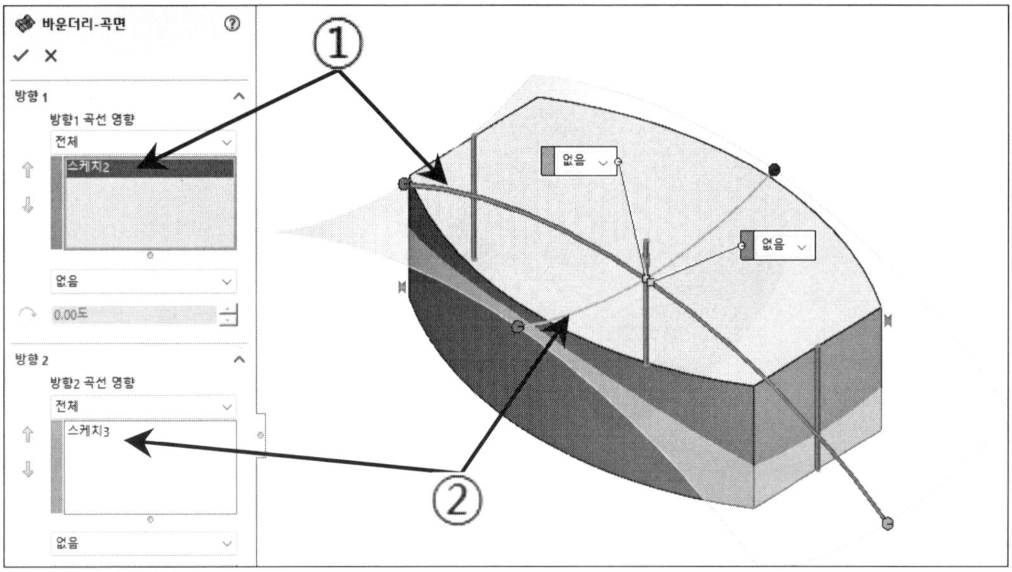

5) "곡면으로 자르기" ➔ "바운더리 곡면" ➔ "자를 방향 확인"

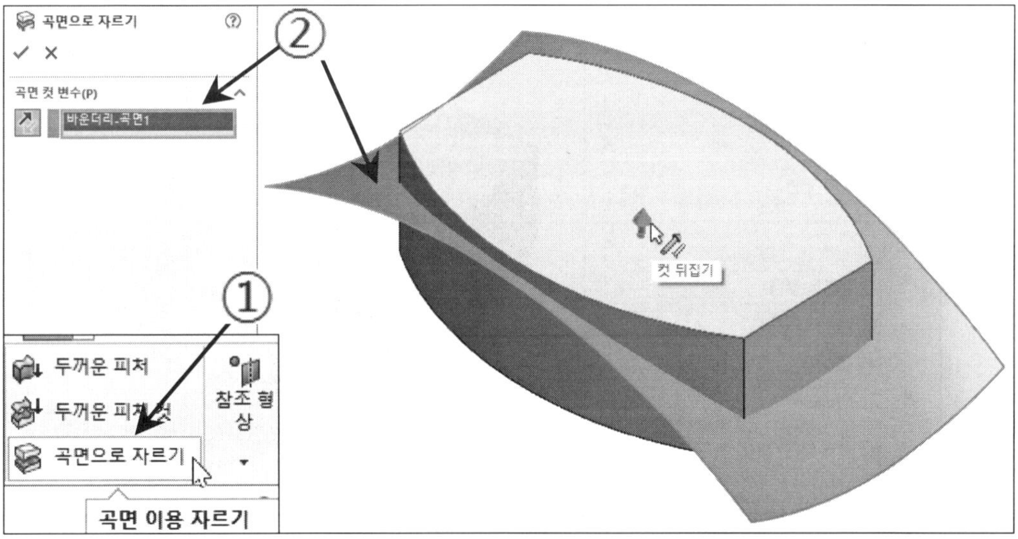

6) “곡면 오른 마우스 선택” ➔ “숨기기”

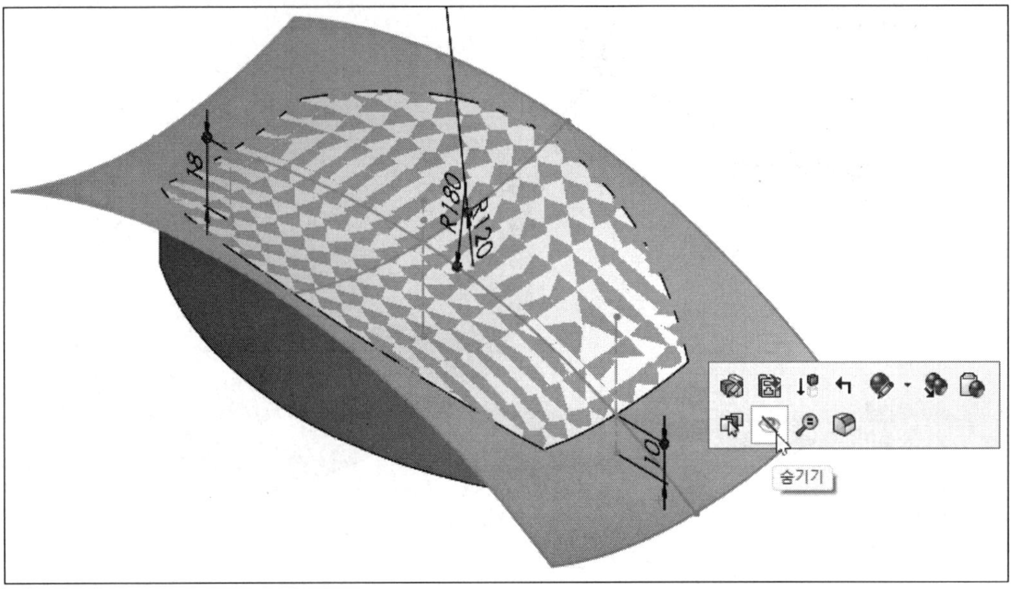

7) “윗면” ➔ “스케치” ➔ “치수기입” ➔ “돌출” ➔ “45mm”

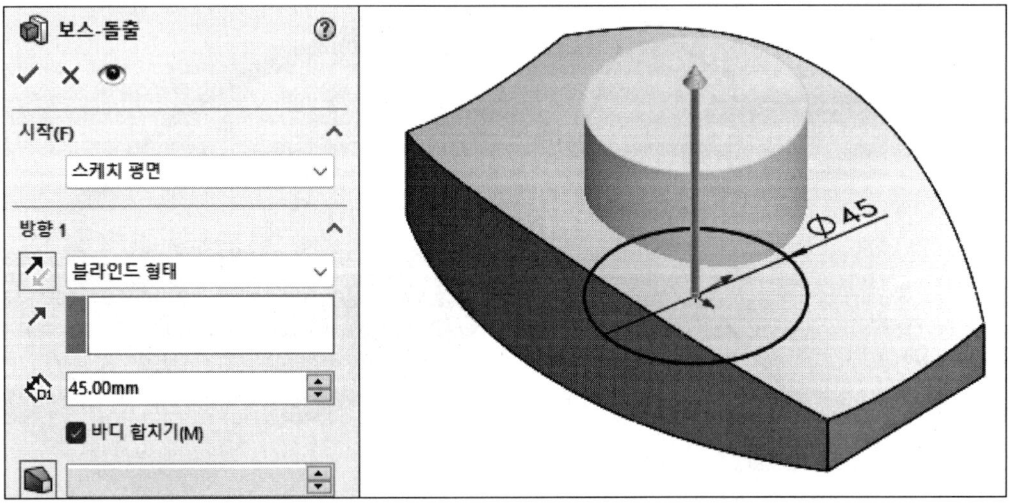

8) “정면” → “스케치” → “치수기입” → “곡면” → “곡면 회전”

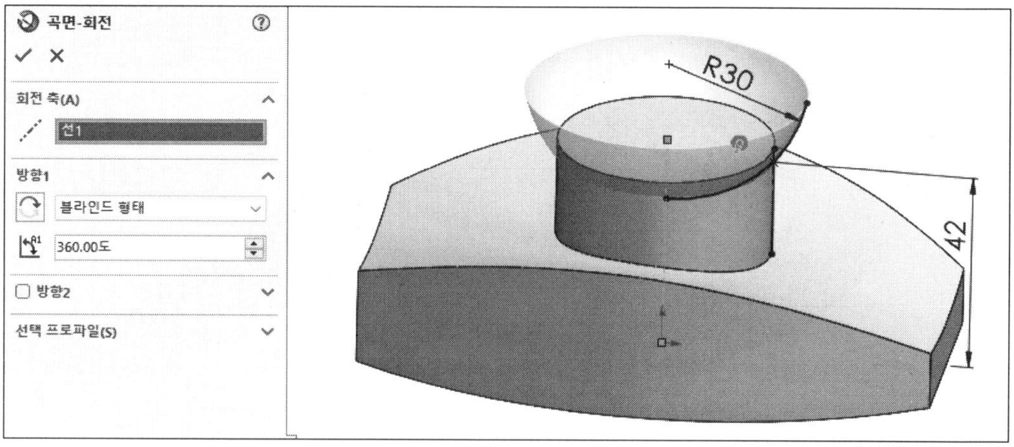

9) “곡면으로 자르기” → “곡면 선택” → “자를 방향 선택” → “확인”

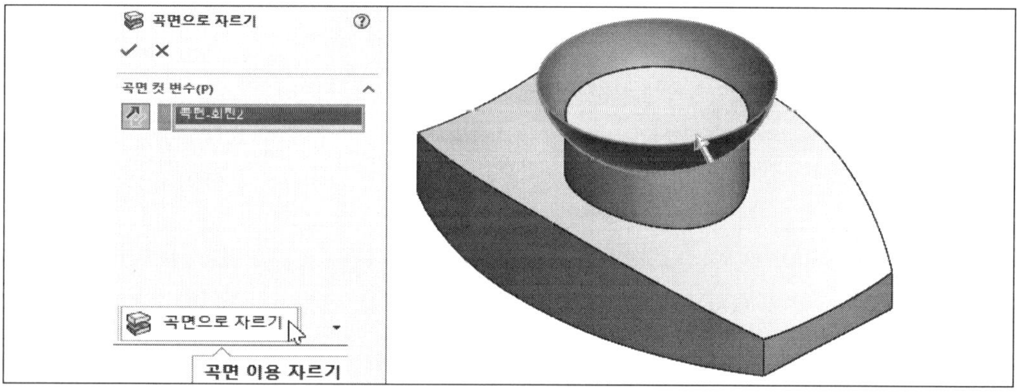

10) “곡면 오른 마우스 선택” → “숨기기”

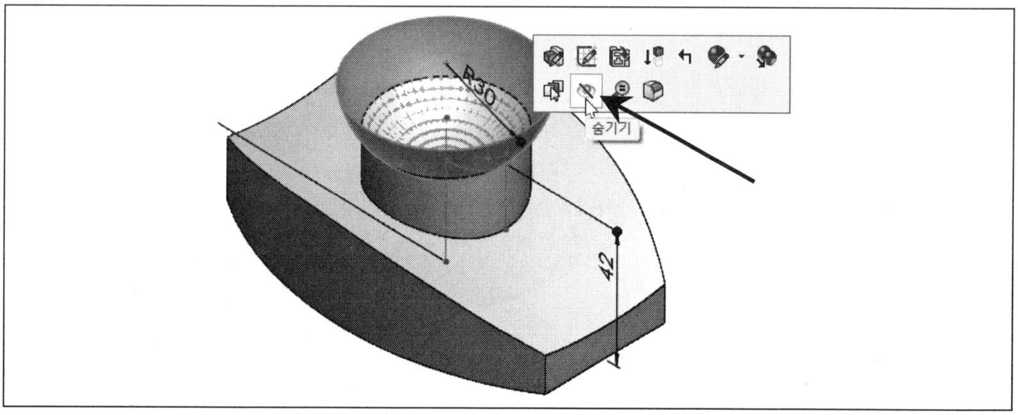

11) “필렛” ➔ “각 모서리 선택(R3, R5 [5개소], R2)”

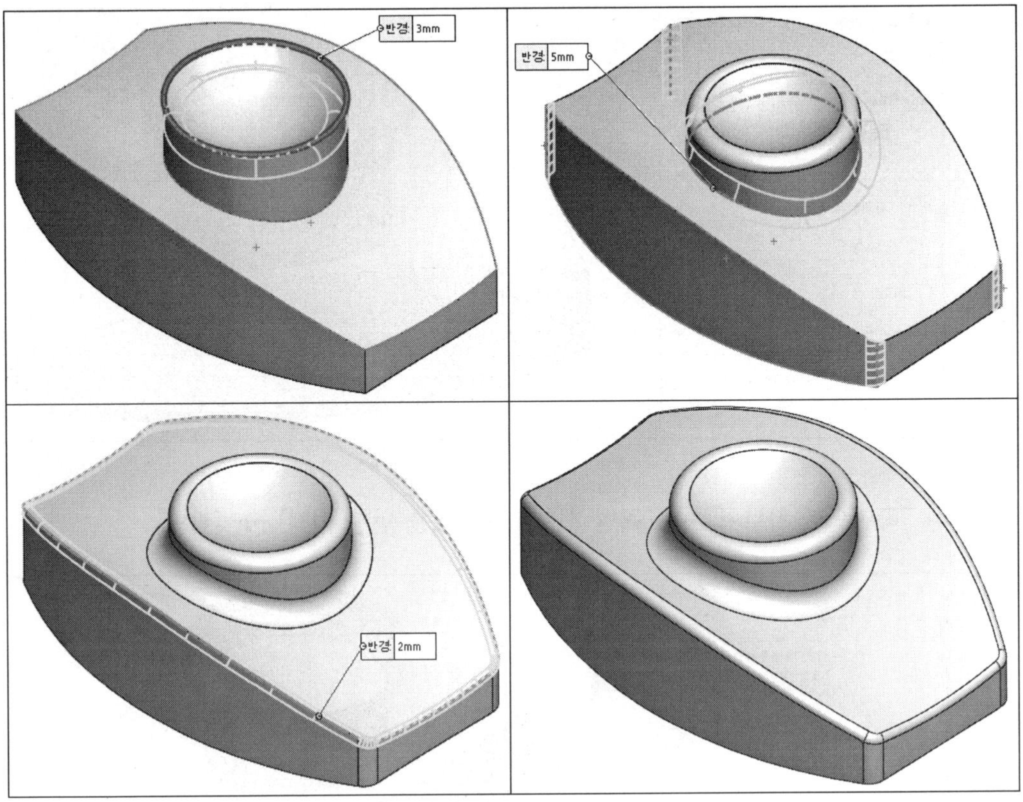

12) 완성된 모델 형상

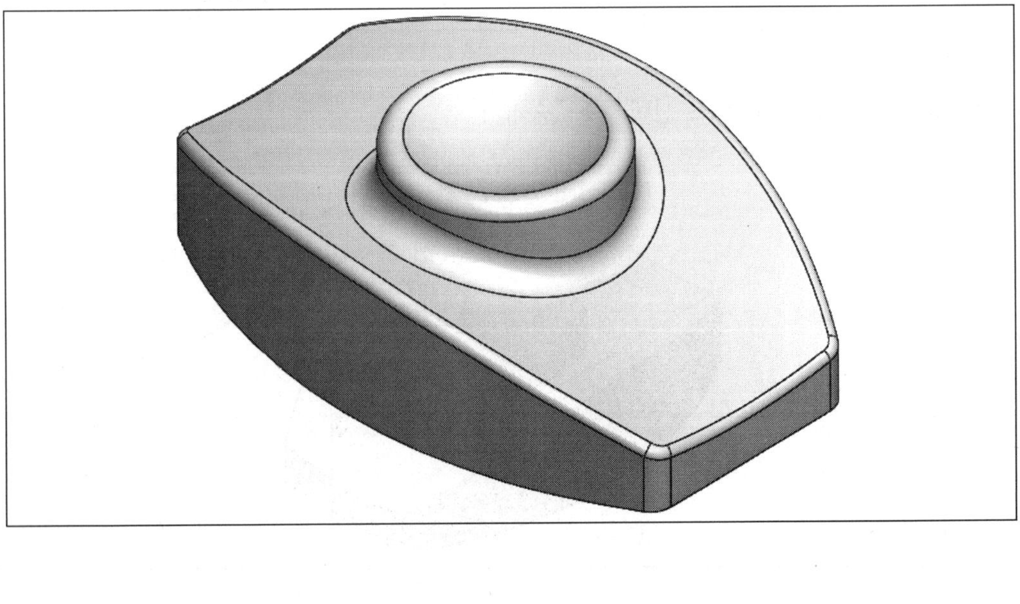

예제 도면 4

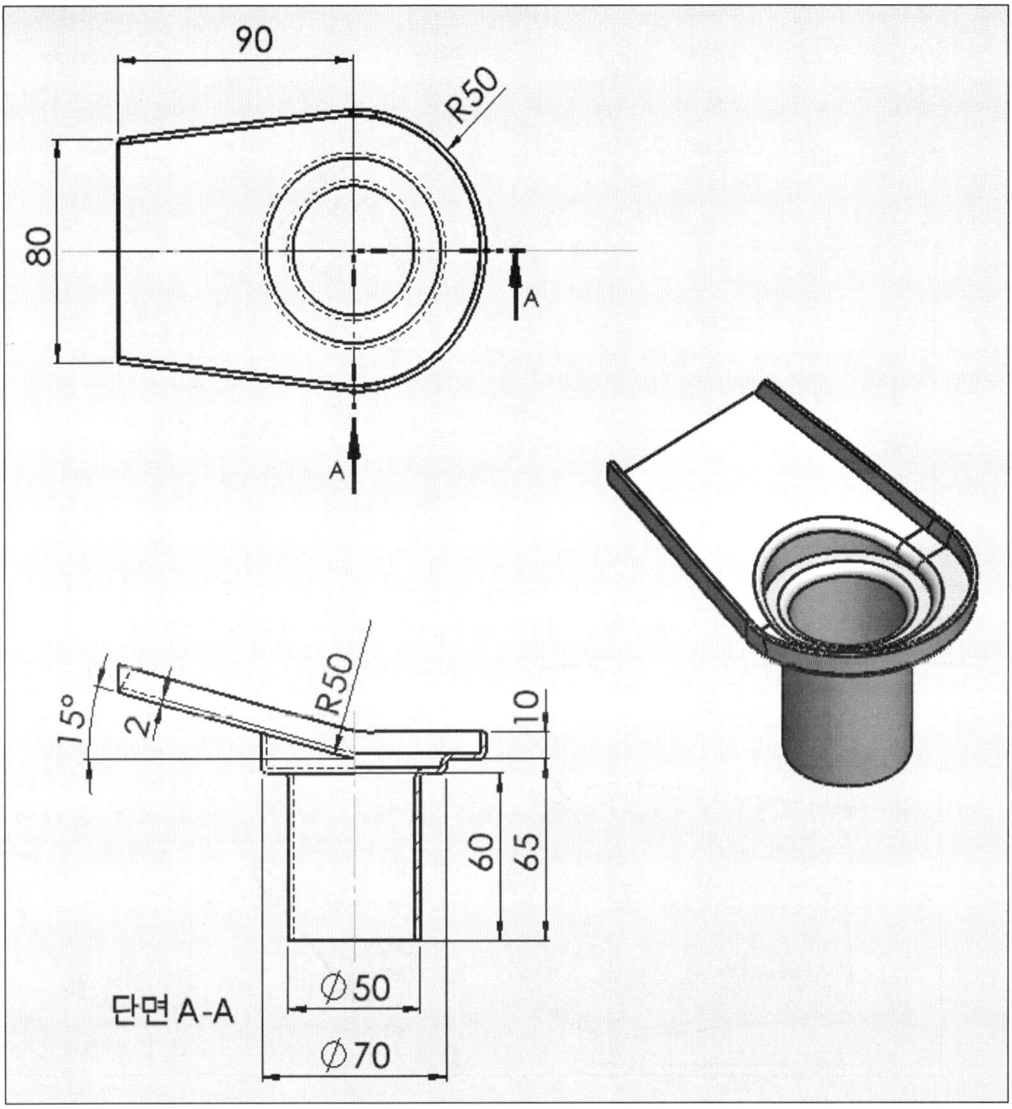
90
R50
80
A
A
15°
2
R50
10
60
65
Ø50
단면 A-A
Ø70

1) “정면” ➔ “스케치” ➔ “치수기입” ➔ “돌출” ➔ “중간 평면” ➔ “120mm”

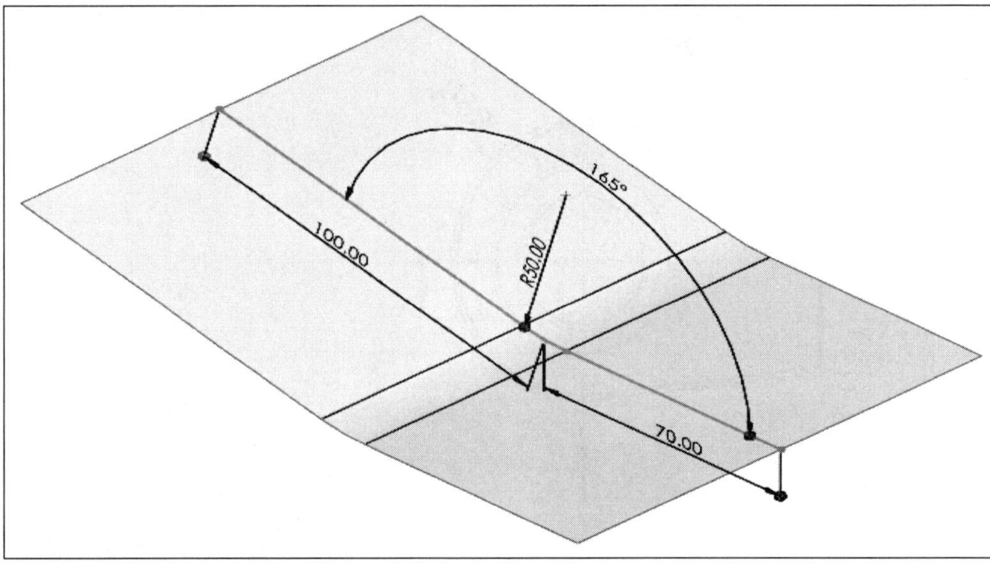

2) “윗면” ➔ “스케치” ➔ “치수기입” ➔ “삽입” ➔ “곡선” ➔ “분할선”

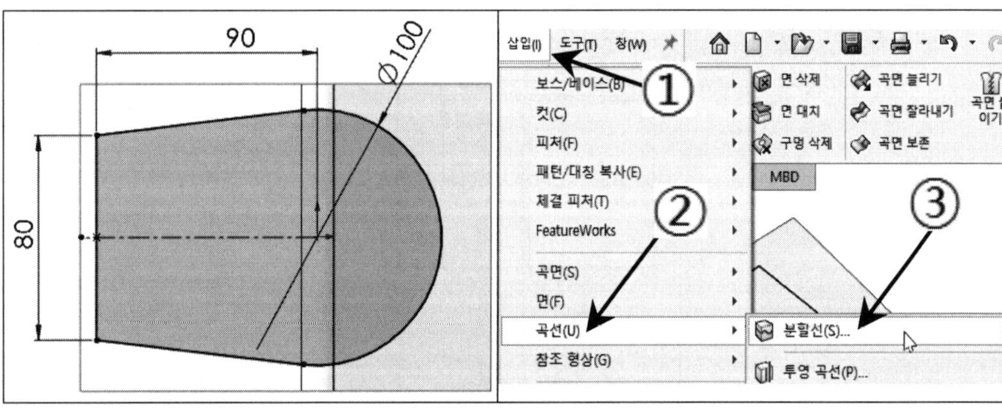

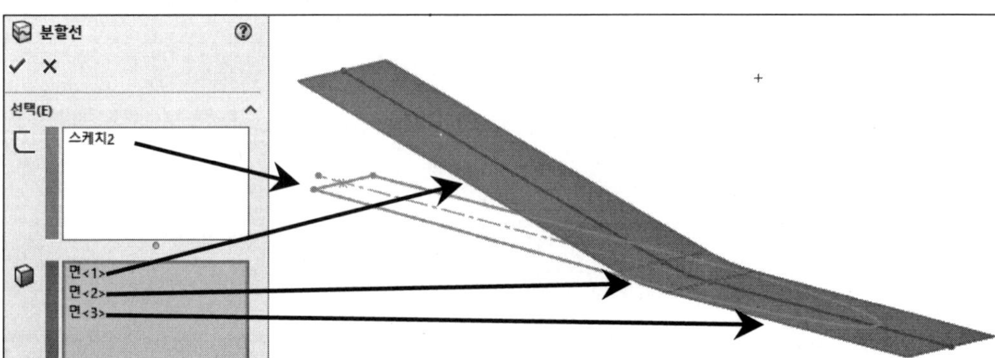

3) "면 삭제" ➔ "삭제할 면 선택(4개소)" ➔ "옵션" ➔ "삭제"

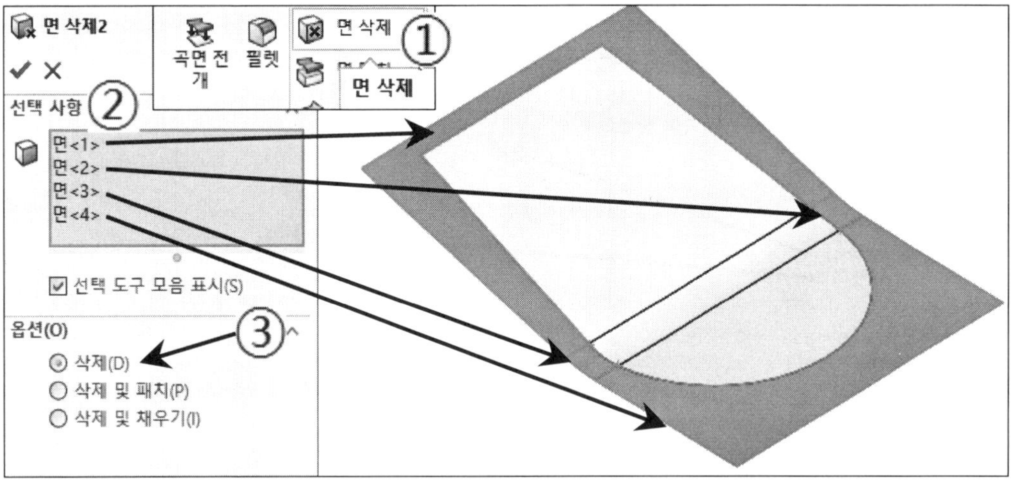

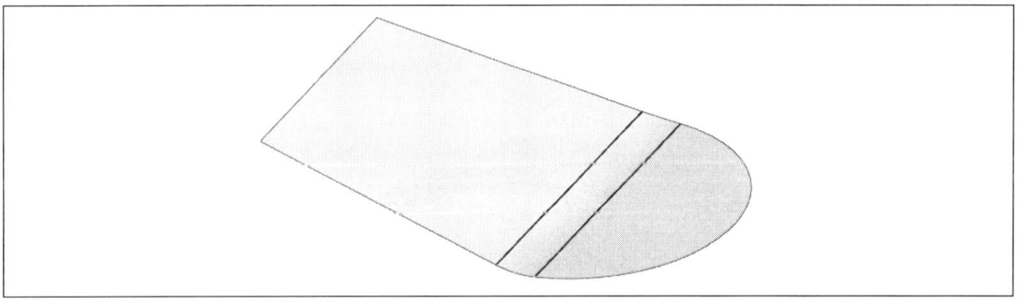

4) "정면" ➔ "스케치" ➔ "치수기입" ➔ "회전"

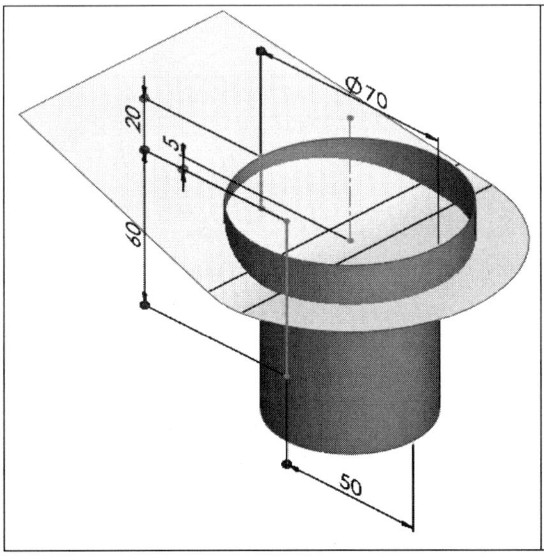

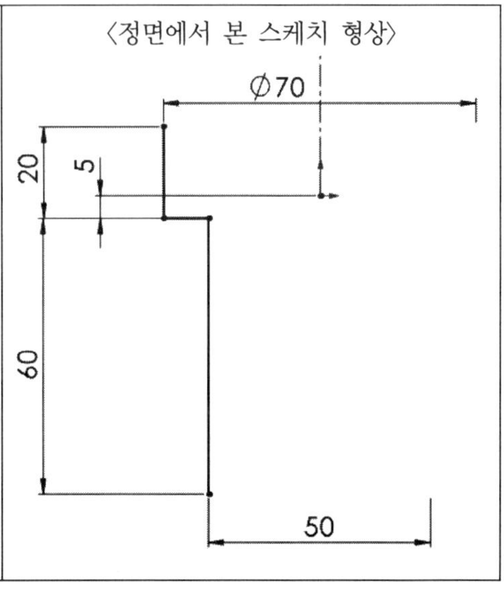

5) "곡면 잘라내기" ➔ "대상 곡면 선택" ➔ "대상 곡면 선택"

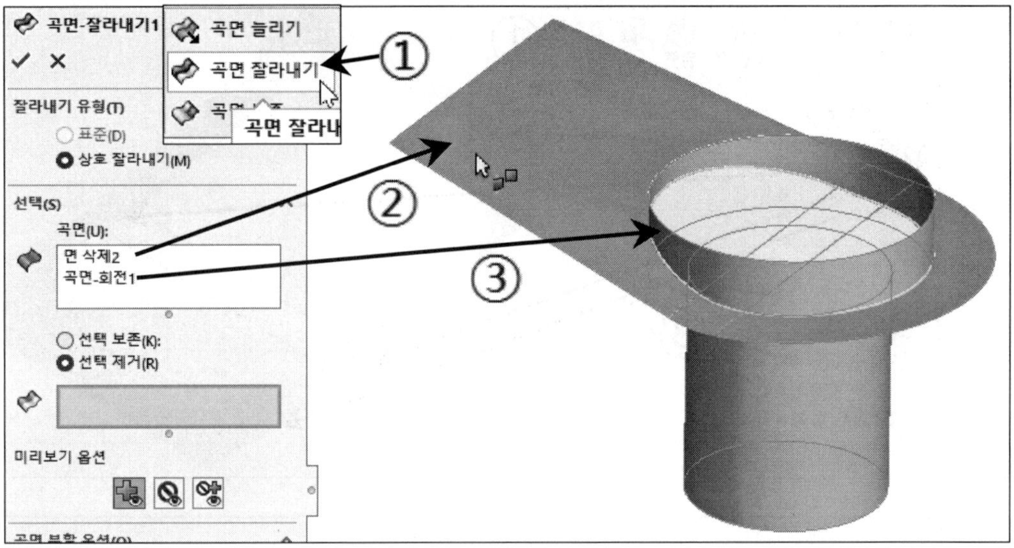

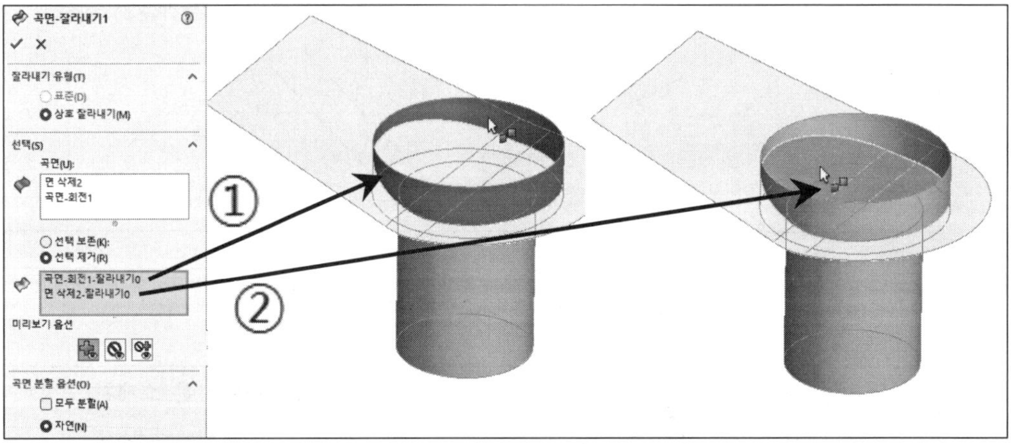

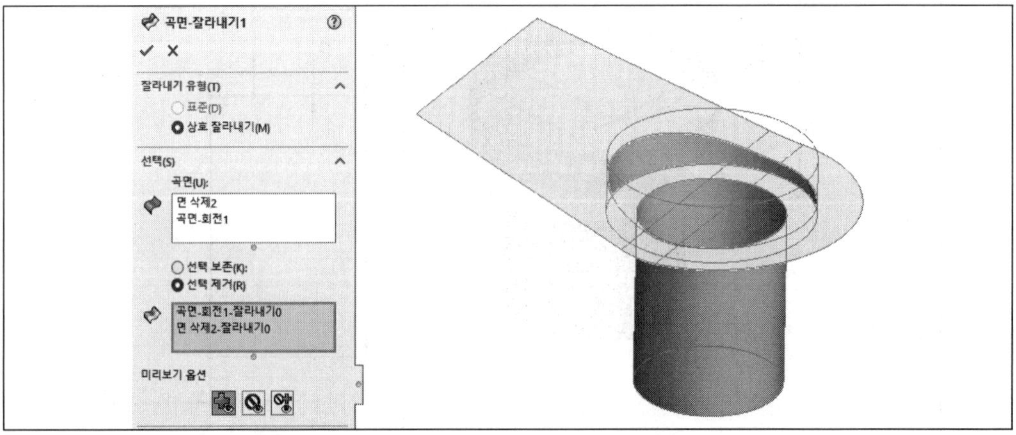

6) "3D 스케치" → "곡면 모서리 연속 선택" → "요소변환"

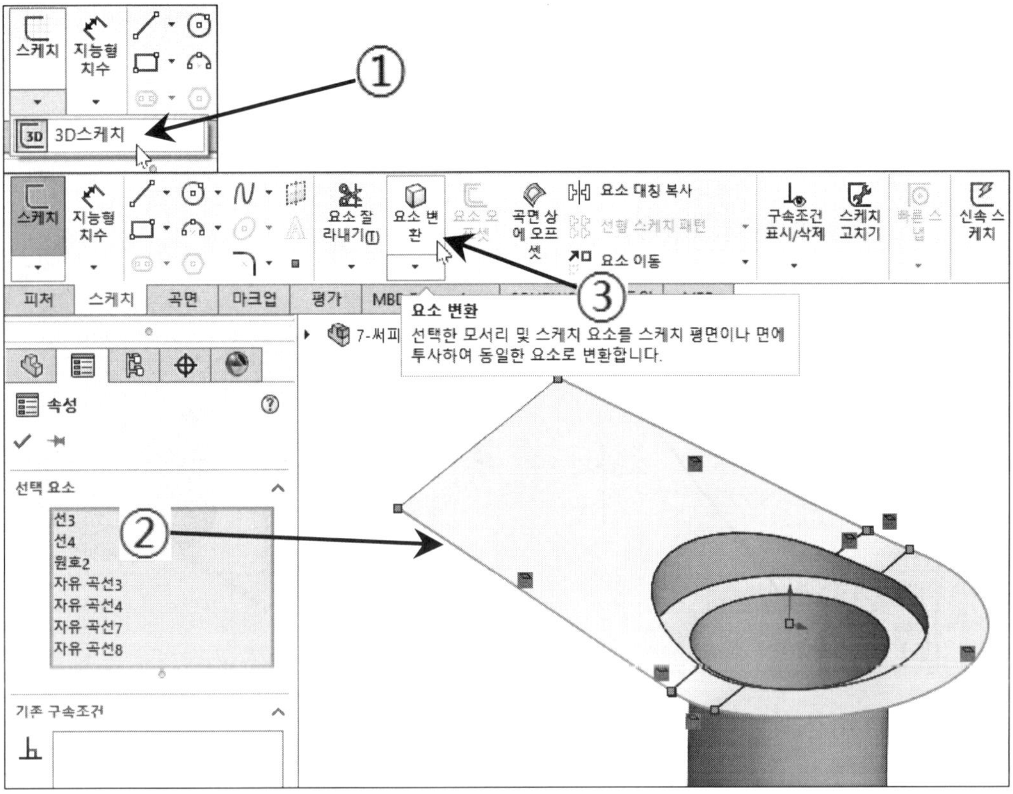

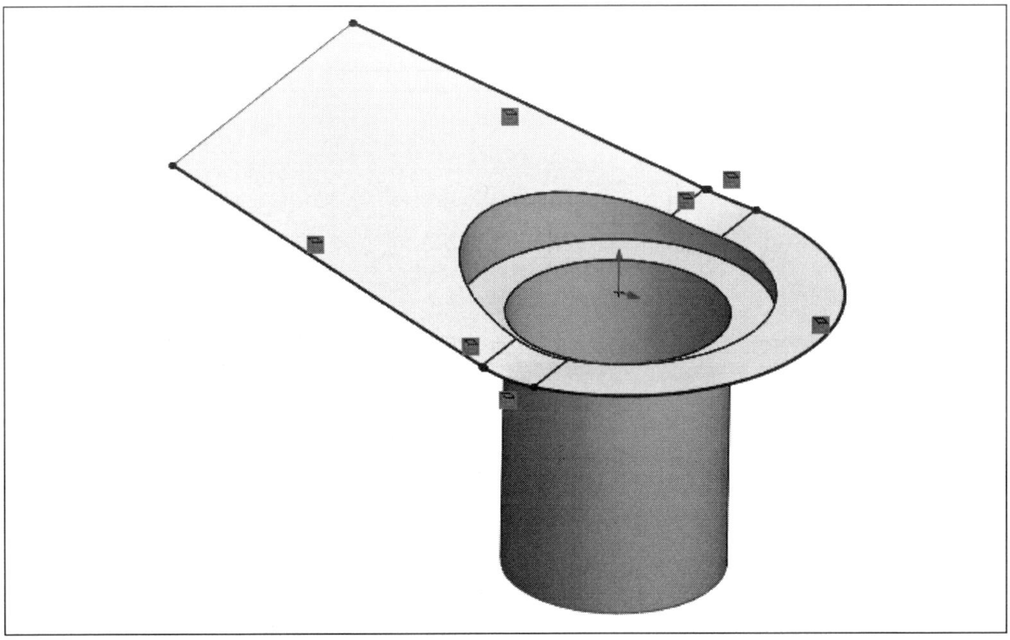

7) “피처” → “참조 형상” → “기준면” → “제1참조”(우측면) →“제2참조(끝 점)”→“확인”

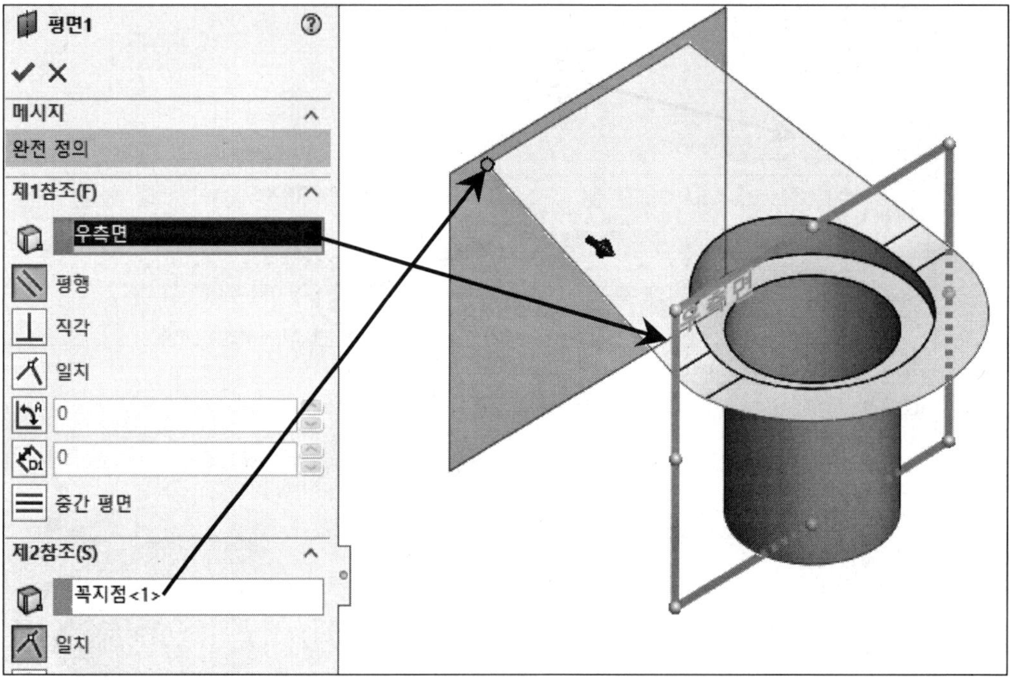

※ “제1참조”는 “우측면”을 선택하고 “제2참조”는 ‘3D 스케치한 곡선의 끝 점’ 선택

8) “평면 1” → “직선 스케치” → “치수기입 10mm” → “스케치 종료”

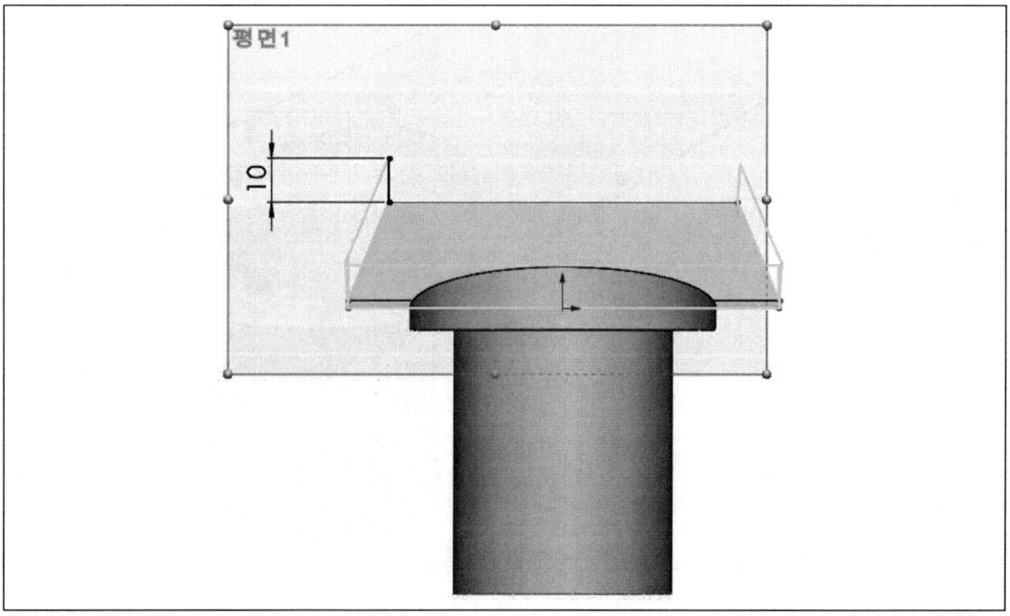

9) “스윕” → “스케치 4” → “3D 스케치”

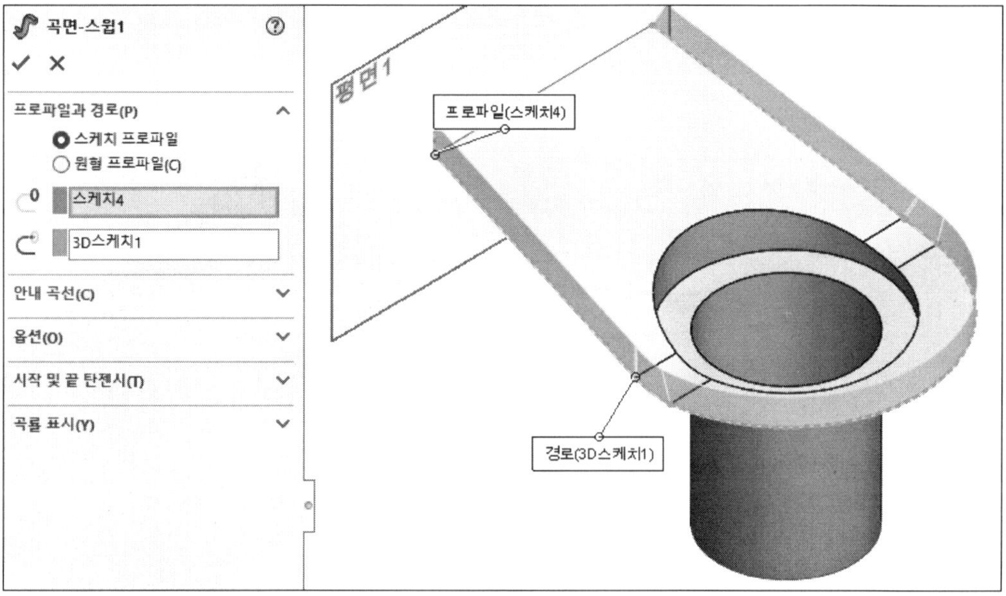

10) “필렛” → “R2.0 지정” → “3개 모서리”

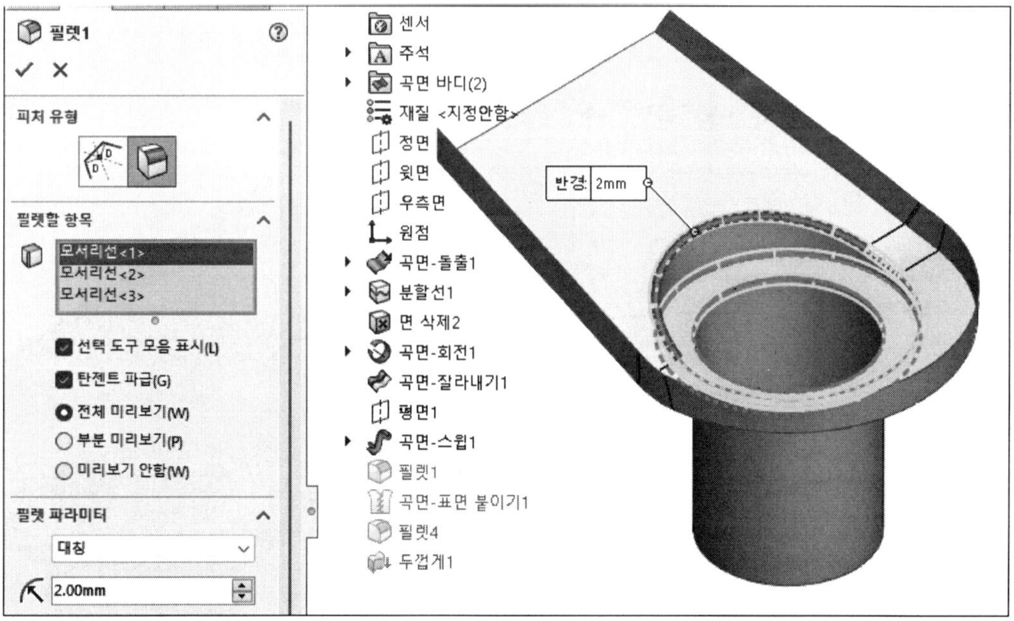

11) “곡면 붙이기” ➔ “곡면 1” ➔ “스웹 곡면 1”

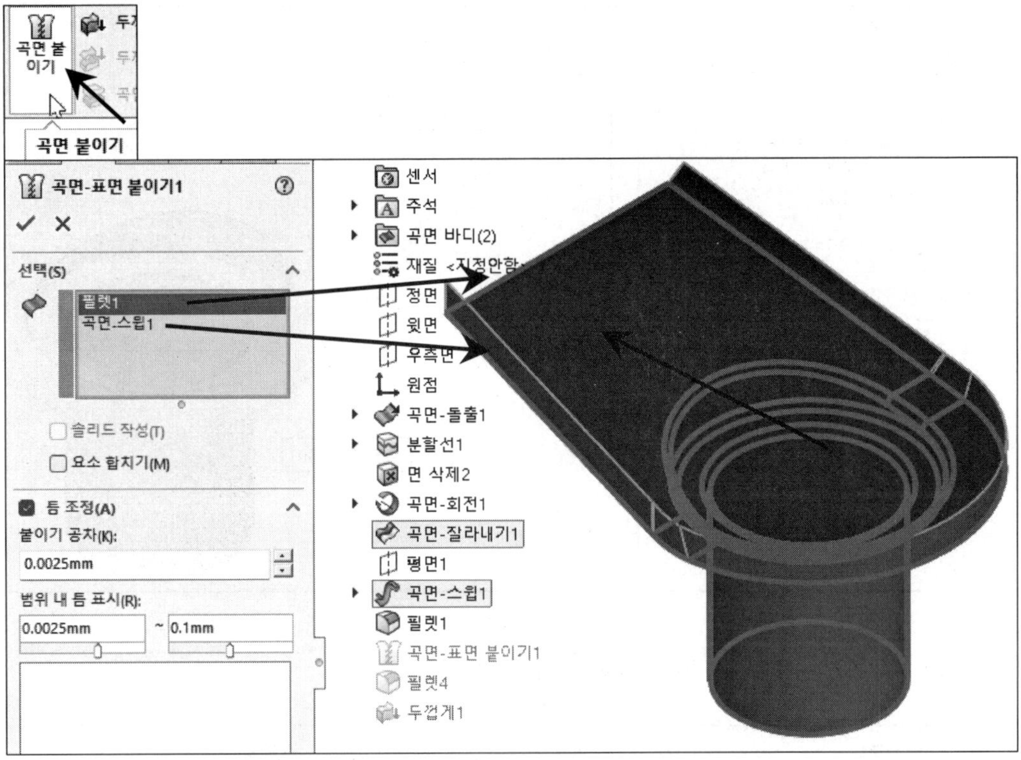

12) “두꺼운 피처” ➔ “곡면” ➔ “두께 값 2.0” ➔ “확인”

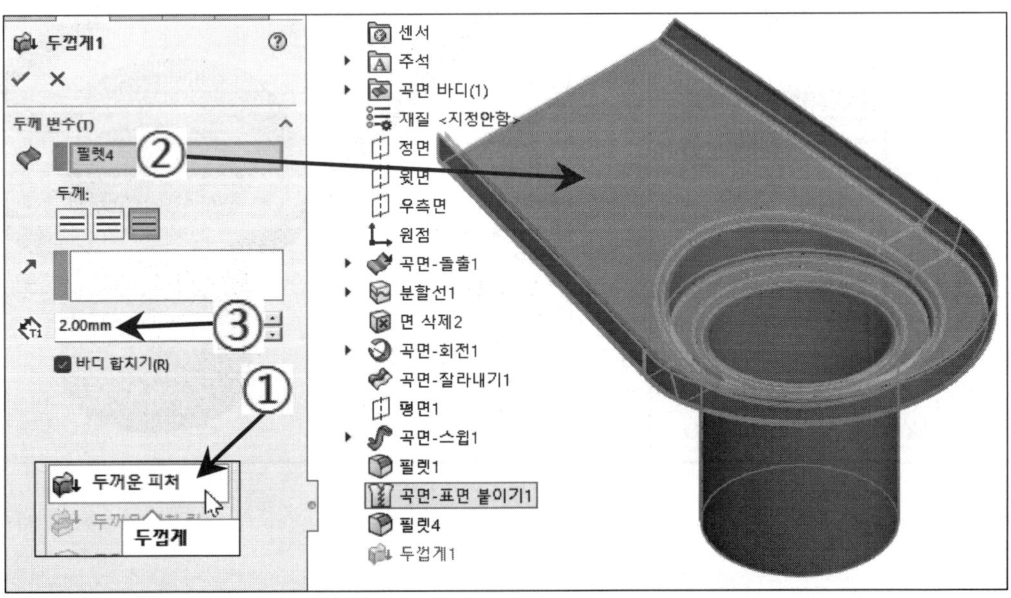

13) "완성 모델"

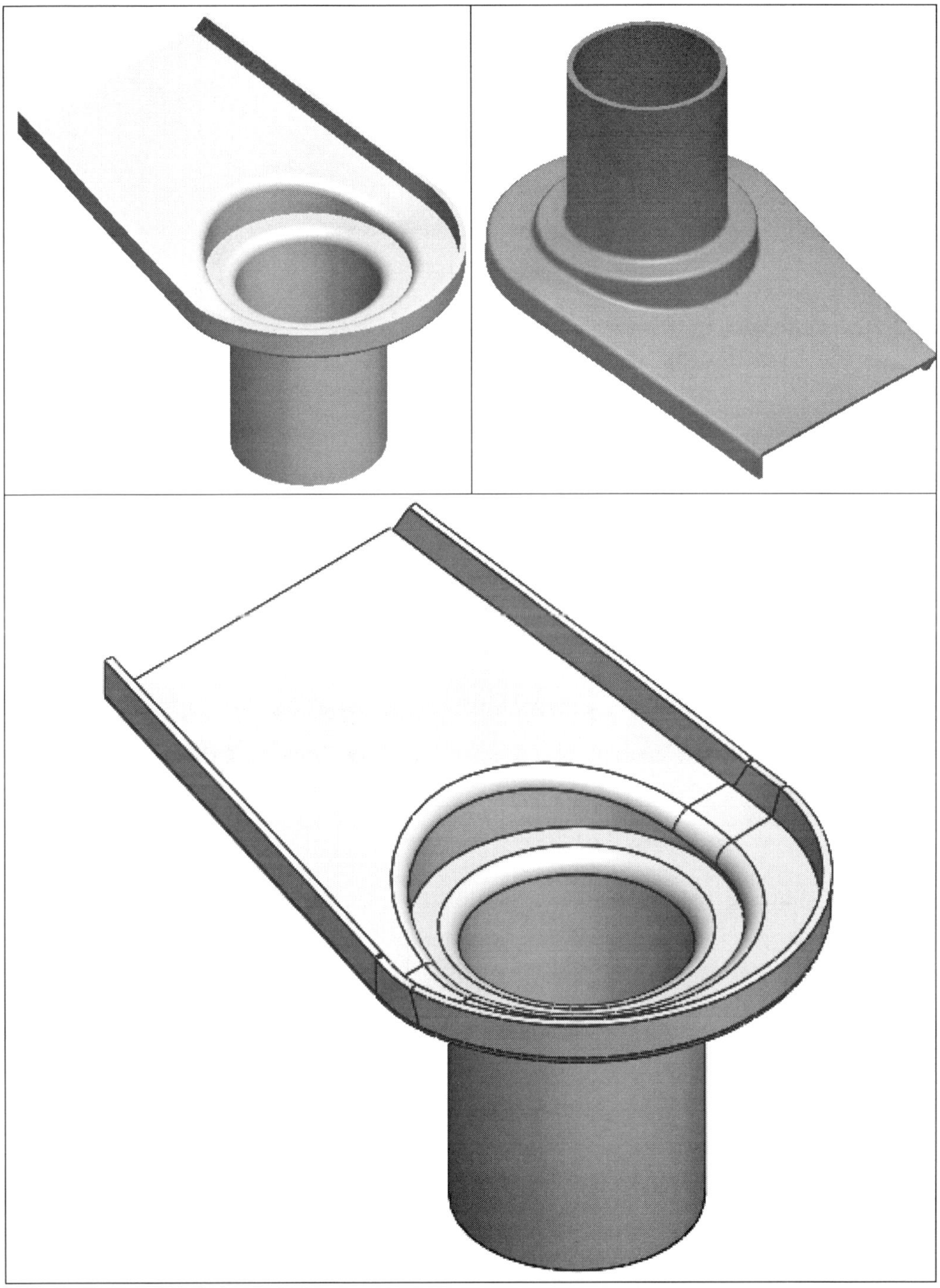

예제 도면 5

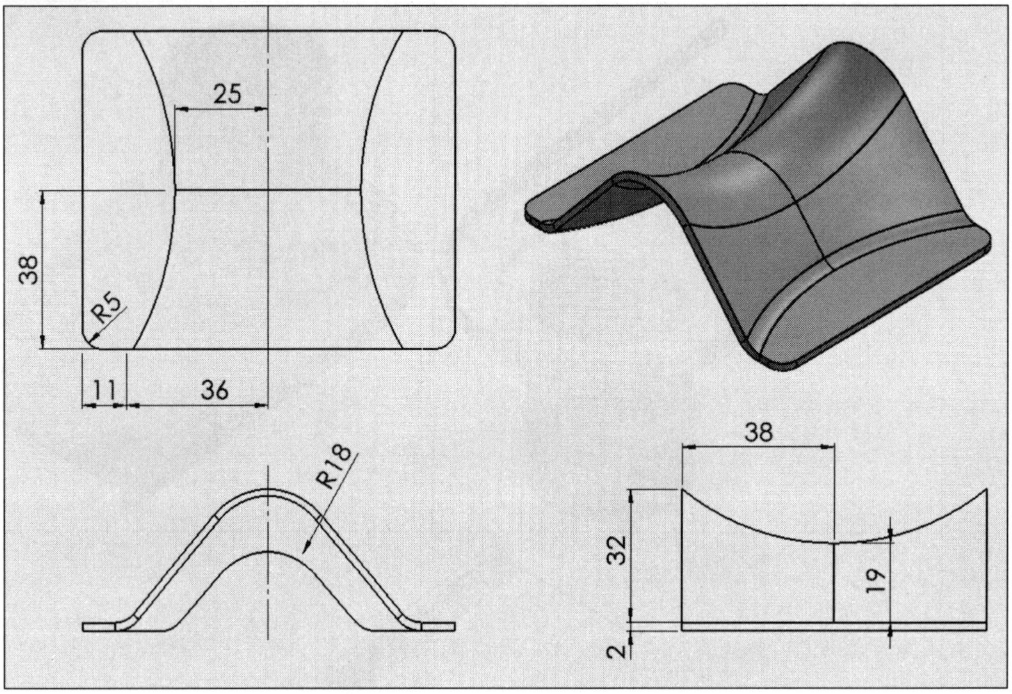

1) "우측면" ➔ "스케치" ➔ "치수기입" ➔ "스케치 종료"

2) "윗면" ➔ "스케치" ➔ "치수기입" ➔ "스케치 종료"

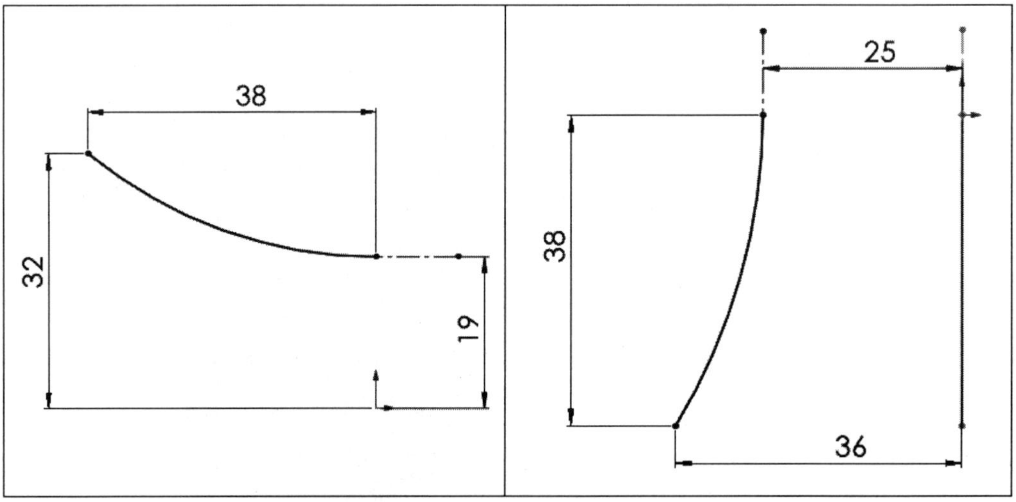

3) "윗면" → "스케치(직선 38mm부분)"
→ "치수기입" → "스케치 종료"

4) "정면" → "스케치"
→ "치수기입" → "스케치 종료"

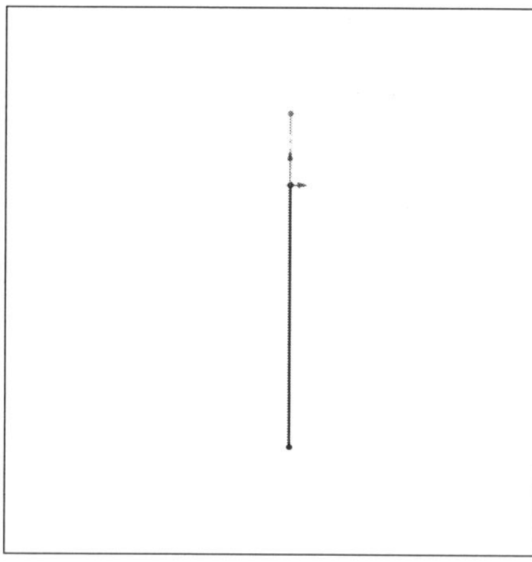

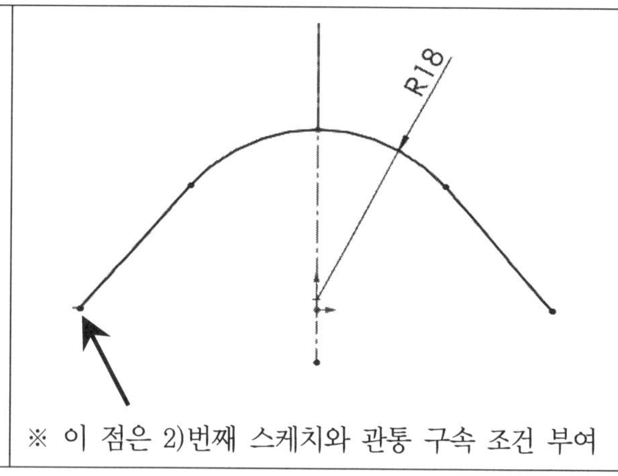

4) "스윕" → "단면곡선" → "경로곡선" → "안내곡선 2개소"

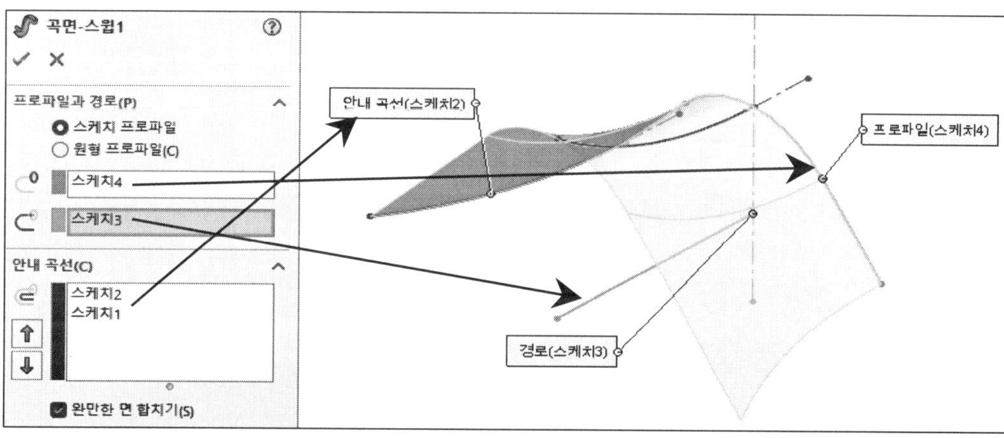

5) "윗면" → "스케치" → "스케치 종료"

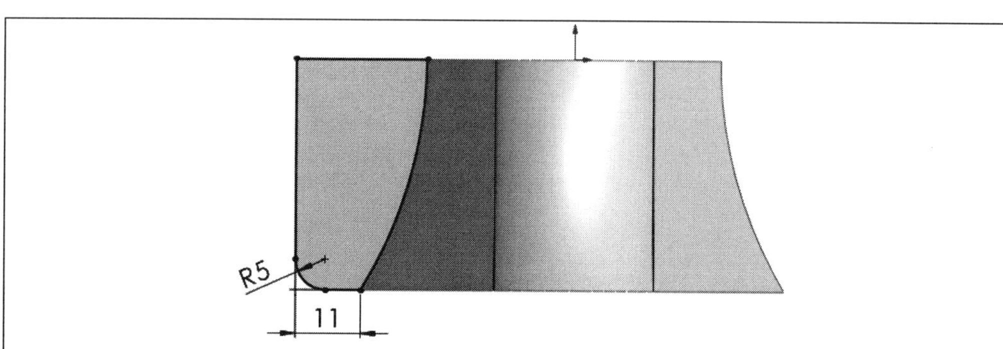

6) “평면 곡면” ➔ “스케치 선택”

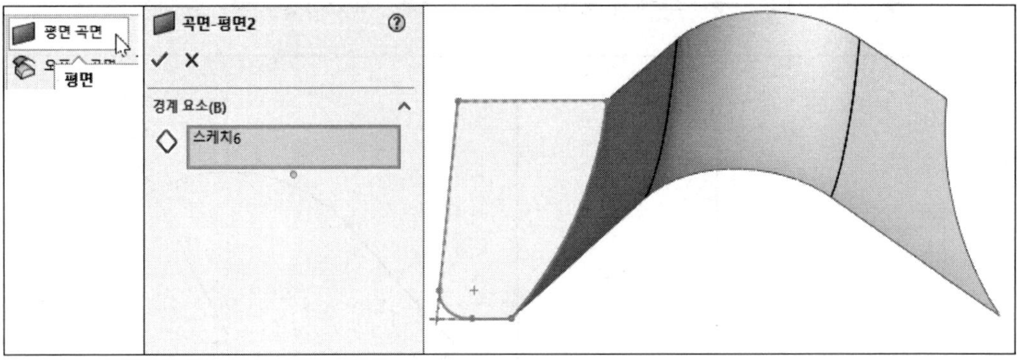

7) “대칭 복사” ➔ “대칭 기준면” ➔ “대칭 복사할 바디” ➔ “곡면-평면”

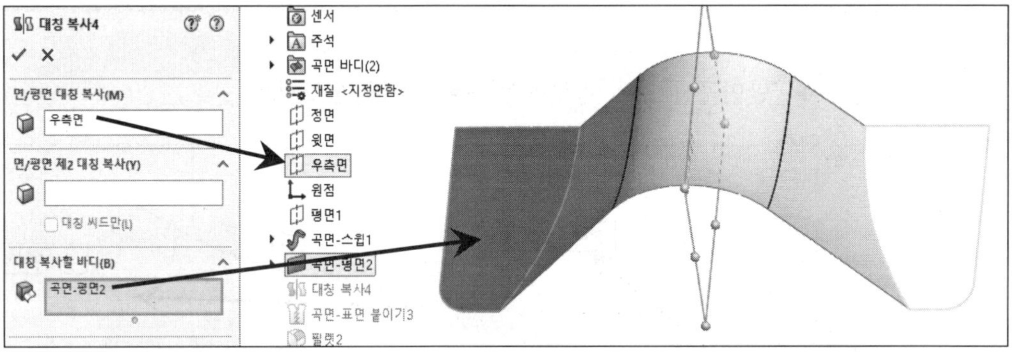

8) “곡면 붙이기” ➔ “곡면 3개”

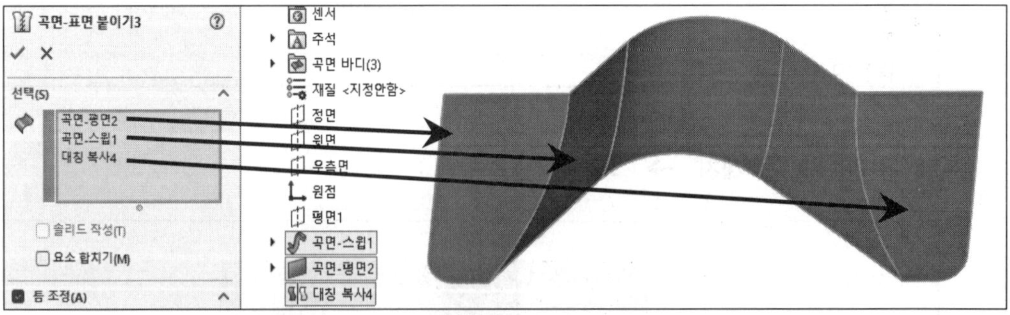

9) "필렛" ➔ "5" ➔ "모서리 2개"

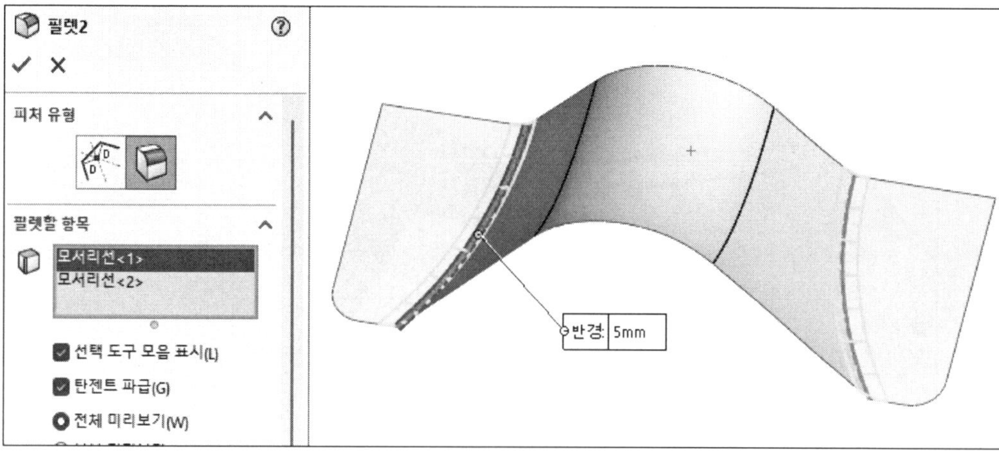

10) "삽입" ➔ "패턴/대칭 복사" ➔ "대칭 복사" ➔ "정면" ➔ "대칭 복사할 바디 선택"

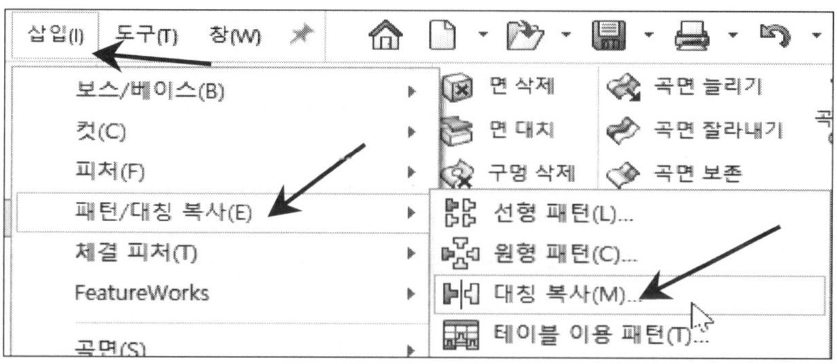

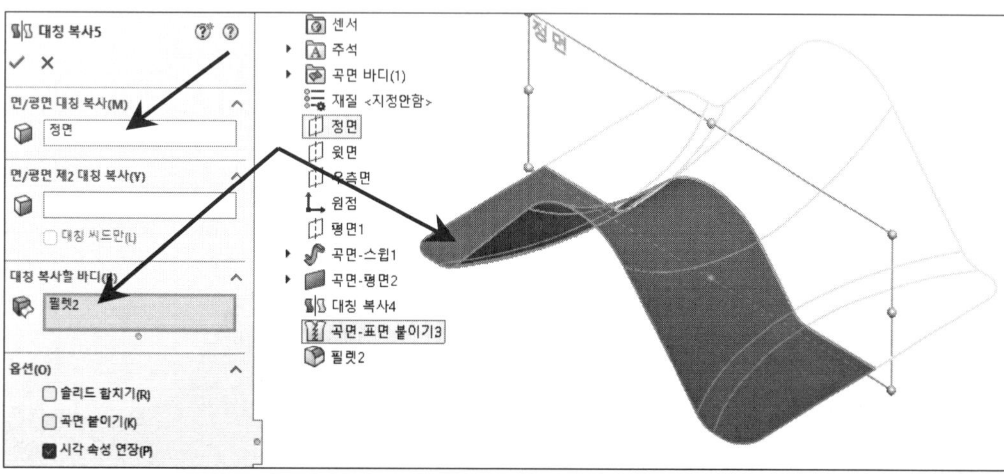

11) “삽입” ➔ “패턴/대칭 복사” ➔ “대칭 복사” ➔ “정면” ➔ “대칭 복사할 바디 선택”

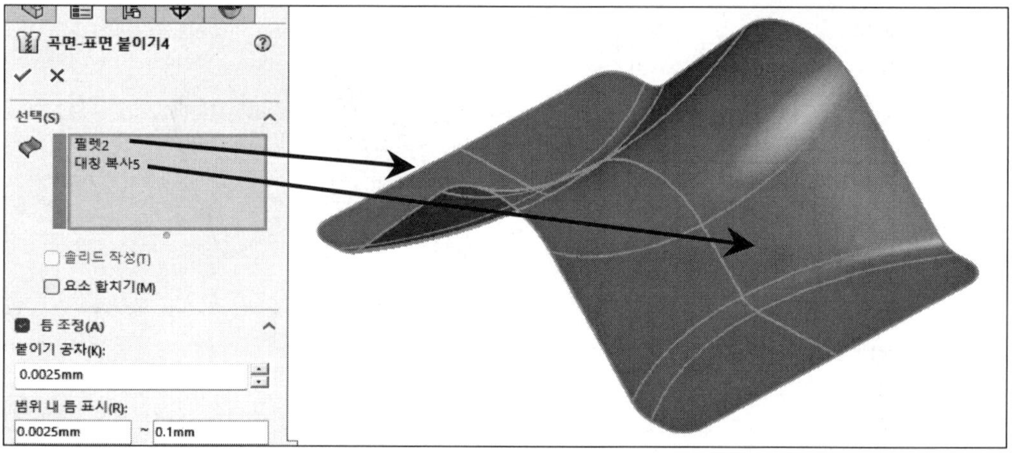

12) “두꺼운 피처” ➔ “바디 선택” ➔ “2.0mm”

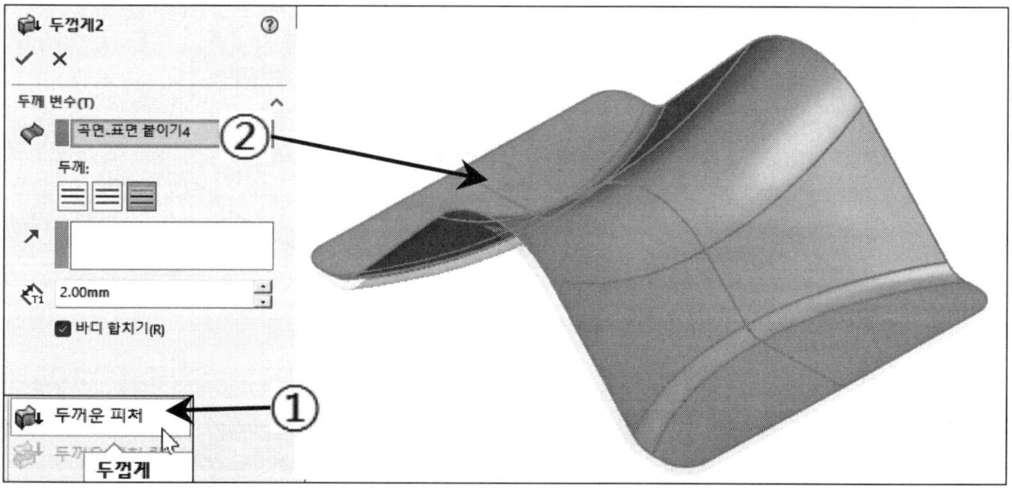

12) “곡면 표면 붙이기” ➔ “곡면 선택” ➔ “확인”

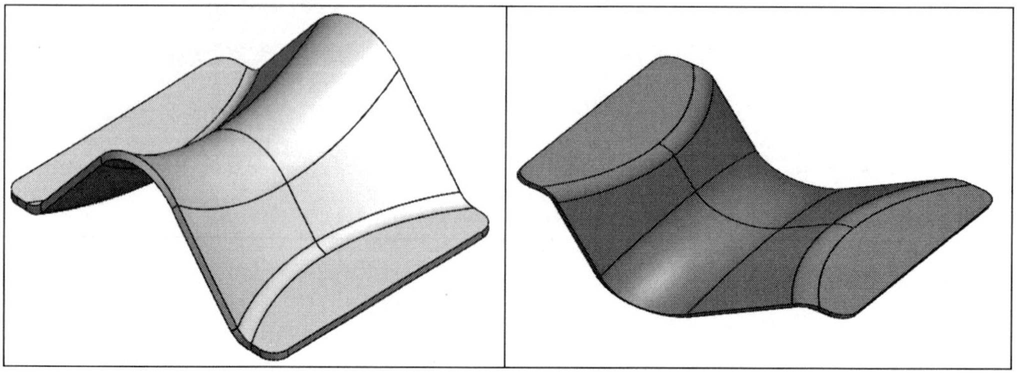

7.4 NCS 능력단위 평가

3D형상모델링 검토하기(1501020114_16v3.1) 능력단위 요소

능력단위요소-수행준거	평가방법	비고
1.1 3D형상모델링의 관련 정보를 도출하고 수정할 수 있다.	스케치의 정보를 확인해 오류를 파악하고 적절한 방법으로 수정할 수 있는 능력 보유 파악	질문, 체크리스트 등
	스케치 오류 부위를 찾고 적절한 수정 방법 능력 보유 파악	질문, 체크리스트 등
1.2 각각의 단품으로 조립형상 제작 시 적절한 조립 구속조건을 사용하여 조립품을 생성 할 수 있다.	조립 부품이 적절한 구속조건을 사용한 조립 여부와 설계 의도대로 작동 가능 여부 평가	
1.3 조립품의 간섭 및 조립여부를 점검하고 수정할 수 있다.	어셈블리 후 부품간의 간섭 체크와 수정 능력 보유 파악	
1.4 편집기능을 활용하여 모델링을 하고 수정할 수 있다.	작성중에 오류나 모델 변경시 수정 능력보유 여부 파악	질문, 체크리스트 등
	스케치 수정 방법을 질문이나 체크리스트 등을 통해 파악	질문, 체크리스트 등

교육시간	48	강사	
교육개요	학생은 기계요소 설계 분야에서 중요한 업무인 형상모델링 능력을 모델링 프로그램을 사용하여 단순형상과 복잡형상의 모델링 데이터를 생성하고, 작성된 도면에 준하여 데이터를 확인 할 수 있다.		
교육육표	모델링 프로그램을 사용하여 단순형상과 복잡형상의 모델링 데이터를 생성하고, 작성된 도면에 준하여 데이터를 확인 할 수 있다.		

단원명	단원별 학습목표
1501020204_14v2.1 모델링 작업 준비하기	1.1 모델링 데이터 생성에 필요한 정보를 정의하여 수집할 수 있다.
	1.2 모델링 프로그램의 환경을 효율적으로 설정할 수 있다.
	1.3 모델트리 구성을 결정하여 모델링 작업시간을 단축할 수 있다.
	1.4 단순형상과 복잡형상을 확인하기 위해 모델링 데이터의 오류여부를 확인할 수 있다.
1501020204_14v2.2 모델링 작업하기	2.1 이용 가능한 모델링 프로그램의 기능을 사용하여 요구되는 형상을 완벽하게 구현할 수 있다.
	2.2 모델링의 수정 및 편집을 용이하게 할 수 있다.
	2.3 관련 산업표준을 준수하여 모델링 할 수 있다.
	2.4 영역, 길이, 각도, 공차, 지시 등 모델링에 관련된 추가적인 정보를 도출하고 생성할 수 있다.
1501020204_14v2.3 모델링 분석하기	3.1 도면과 모델링을 비교·검토하여 모델링의 오류 발생 정보를 최소화하고, 오류 발생 시 즉각적으로 수정할 수 있다.
	3.2 제작상의 문제점 및 핵심부를 검토하여 오류 발생 시 관계부서와 협의하여 모델링 데이터를 수정할 수 있다.
	3.3 제작성을 고려하여 모델링 작업의 결과물을 수정·보정할 수 있다.
	3.4 부품 간 상호 결합상태를 검증할 수 있다.
1501020204_14v2.4 모델링 데이터 출력하기	4.1 작업 표준서에 의하여 요구되는 2D 데이터 형식의 파일로 저장하거나 출력할 수 있다.
	4.2 작업 표준서에 의하여 요구되는 3D 모델링 데이터 형식의 파일로 저장하거나 출력할 수 있다.
	4.3 출력된 모델링 데이터에 요구되는 소요자재목록, 부품목록 등의 정보를 산출할 수 있다.
선수능력 (필요한 경우)	그래픽 툴의 원활한 사용

학습활동

학습활동	특기사항
[모델링 작업 준비하기] 1 모델링 데이터 생성에 필요한 정보를 정의하여 제출하시오. 2 모델링 프로그램의 환경을 효율적으로 설정하는 방법을 정리하여 제출하시오. 3 모델트리 구성을 결정하여 모델링 작업시간을 단축할 수 있도록 설정하고 그 방법을 정리하여 제출하시오. 4 단순형상과 복잡형상을 확인하기 위해 모델링 데이터의 오류여부를 판단하고 정리하여 제출하시오. **[모델링 작업하기]** 1 이용 가능한 모델링 프로그램의 기능을 사용하여 요구되는 형상을 완벽하게 구현한 후 파일을 제출하시오. 2 모델링의 수정 및 편집을 용이하게 할 수 있는 방법을 정리하여 제출하시오. 3 관련 산업표준을 준수하여 모델링 하고 파일을 제출하시오. 4 영역, 길이, 각도, 공차, 지시 등 모델링에 관련된 추가적인 정보를 도출하고 생성한 후 파일을 제출하시오. **[모델링 분석하기]** 1 도면과 모델링을 비교 · 검토하여 모델링의 오류 발생 정보를 최소화하고 정리 하여 제출하시오. 2 제작상의 문제점 및 핵심부를 검토하여 오류 발생 시 관계부서와 협의하여 모델링 데이터를 수정한 후 파일로 제출 하시오. 3 제작성을 고려하여 모델링 작업의 결과물을 수정 · 보정한 후 그 내용을 정리하여 제출 하시오. 4 부품 간 상호 결합상태를 검증 분석하고 그 방법을 정리하여 제출하시오. **[모델링 데이터 출력하기]** 1 작업 표준서에 의하여 요구되는 2D 형식으로 출력하여 제출하시오. 2 작업 표준서에 의하여 요구되는 3D 모델링 데이터 형식의 파일로 저장하여 제출하시오. 3 출력된 모델링 데이터에 요구되는 소요자재목록, 부품목록 등의 정보를 산출 정리하여 제출하시오.	• 질문 사항 및 도면 검토(검도)는 이메일로 제출 – 메일주소 : • 컴퓨터 전원 관리 철저 및 안전에 주의(문어발식 콘센트 사용금지) • 실습 및 학습과 무관한 소프트웨어 및 허가받지 않은 소프트웨어를 설치하지 말것(비허가 및 불법 소프트웨어는 삭제 될 수 있음) • USB의 사용전, 후 반드시 바이러스 검사를 실시 • 바이러스가 예상되는 웹사이트에 접근금지 • 책상주변에 커피, 물 등의 음식물 보관 금지 • 실습실 개방시간 : 9:00 ~ 18:00 • 컴퓨터 고장 및 프린터, 플로터 사용시 관리자 – 연락처 : 학과사무실 – 전화번호 :

학습자료

<table>
<tr><td>보조자료</td><td colspan="2">• 개발시 필요한 국/내외 표준
• 한국소프트웨어기술진흥협회 가이드
• 개발 시 적용되는 국/내외 개발표준 문서
• 개발 시 적용되는 개발표준 문서
• 표준 및 절차 매뉴얼(템플릿 포함)
• 전자정부 웹 표준 준수지침</td></tr>
<tr><td>사용장비 및 공구</td><td colspan="2">• 컴퓨터
• 프린터, 플로터
• 형상모델링 작성 프로그램</td></tr>
<tr><td>소요재료</td><td colspan="2">프린터잉크 및 토너, 플로터잉크</td></tr>
<tr><td rowspan="4">관련
지식 · 기술 · 태도</td><td>구 분</td><td>주 요 내 용</td></tr>
<tr><td>지 식</td><td>• 공작기계의 종류 및 특성에 대한 지식
• 기계재료의 종류 및 특성에 대한 지식
• 모델링 프로그램 전반에 대한 지식
• 모델링 프로그램 매뉴얼에 대한 지식
• 부품 상호운동의 기구학적 특성에 대한 지식
• 유사 사례의 성공, 실패요인에 대한 지식
• 좌표계의 종류 및 특성에 대한 지식
• 치수공차 및 기하공차에 대한 지식
• KS 및 ISO 등 규격에 대한 지식
• SI 및 MKS 단위에 대한 지식
• 2D 도면해독에 대한 지식</td></tr>
<tr><td>기 술</td><td>• 모델링 데이터 검증 기술
• 모델링 분석 기술
• 모델링 제품의 제작방법 검토 기술
• 모델링 공정 단축을 위한 설계기술
• 모델링 프로그램 전반에 대한 운용 기술
• 유사 사례에 대한 분석 기술
• 관련 분야의 산업표준에 대한 검토 기술
• 공차 및 기하학적 기호에 대한 이해 능력
• 체크리스트 확인 능력</td></tr>
<tr><td>태 도</td><td>• 가공시간을 단축시켜 생산성 향상을 위한 적극적인 자세
• 관련 분야 산업표준에 대한 분석 의지
• 도면에 따른 모델링의 치밀한 분석 자세
• 모델링 데이터 오류에 대한 객관적 분석 의지
• 모델링 분석을 위한 객관적 판단 의지
• 모델링 프로그램 매뉴얼 습득 의지
• 유사 사례를 면밀하게 분석할 수 있는 태도
• 정확한 도면분석을 위한 검토 의지
• 타 부서와의 협력 검토 의지</td></tr>
<tr><td>교재</td><td colspan="2">본 교재, NCS 학습모듈, 솔리드웍스 따라하기(건기원)</td></tr>
</table>

자기평가서

자 기 평 가 서				
평가영역 (단원명)	**문 항**	**미흡**	**보통**	**우수**
모델링 작업 준비하기	1.1 모델링 데이터 생성에 필요한 정보를 정의하여 수집할 수 있다.			
	1.2 모델링 프로그램의 환경을 효율적으로 설정할 수 있다.			
	1.3 모델트리 구성을 결정하여 모델링 작업시간을 단축할 수 있다.			
	1.4 단순형상과 복잡형상을 확인하기 위해 모델링 데이터의 오류여부를 확인할 수 있다.			
모델링 작업하기	2.1 이용 가능한 모델링 프로그램의 기능을 사용하여 요구되는 형상을 완벽하게 구현할 수 있다.			
	2.2 모델링의 수정 및 편집을 용이하게 할 수 있다.			
	2.3 관련 산업표준을 준수하여 모델링 할 수 있다.			
	2.4 영역, 길이, 각도, 공차, 치수 등 모델링에 관련된 추가적인 정보를 도출하고 생성할 수 있다.			
모델링 분석하기	3.1 도면과 모델링을 비교 · 검토하여 모델링의 오류 발생 정보를 최소화하고, 오류 발생 시 즉각적으로 수정할 수 있다.			
	3.2 제작상의 문제점 및 핵심부를 검토하여 오류 발생 시 관계부서와 협의하여 모델링 데이터를 수정할 수 있다.			
	3.3 제작성을 고려하여 모델링 작업의 결과물을 수정 · 보정할 수 있다.			
	3.4 부품 간 상호 결합상태를 검증할 수 있다.			
모델링 데이터 출력하기	4.1 작업 표준서에 의하여 요구되는 2D 데이터 형식의 파일로 저장하거나 출력할 수 있다.			
	4.2 작업 표준서에 의하여 요구되는 3D 모델링 데이터 형식의 파일로 저장하거나 출력할 수 있다.			
	4.3 출력된 모델링 데이터에 요구되는 소요자재목록, 부품목록 등의 정보를 산출할 수 있다.			

평가자 체크리스트 평가 표

<table>
<tr><th rowspan="2" colspan="2">평가 항목(체크 리스트)</th><th colspan="2">교수자 평가</th></tr>
<tr><th>배점</th><th>득점</th></tr>
<tr><td colspan="2">1. 3D 형상 모델링 작업 준비할 수 있는가?</td><td colspan="2">30점</td></tr>
<tr><td rowspan="3"></td><td>- 명령어를 이용하여 3D CAD 프로그램을 사용자 환경에 맞도록 설정할 수 있다.</td><td>10점</td><td></td></tr>
<tr><td>- 3D 형상 모델링에 필요한 부가 명령을 설정할 수 있다.</td><td>10점</td><td></td></tr>
<tr><td>- 작업 환경에 적합한 템플릿을 제작하여 도면의 형식을 균일화 시킬 수 있다.</td><td>10점</td><td></td></tr>
<tr><td colspan="2">2. 3D 형상 모델링 작업할 수 있는가?</td><td colspan="2">70점</td></tr>
<tr><td rowspan="7"></td><td>- KS 및 ISO 관련 규격을 준수하여 형상을 모델링할 수 있다.</td><td>10점</td><td></td></tr>
<tr><td>- 스케치 도구를 이용하여 디자인을 형상화할 수 있다.</td><td>10점</td><td></td></tr>
<tr><td>- 모델에 치수를 기입하여 치수에 맞게 형상을 수정할 수 있다.</td><td>10점</td><td></td></tr>
<tr><td>- 기하학적 형상을 구속하여 원하는 형상을 유지시키거나 선택되는 요소에 다양한 구속 조건을 설정할 수 있다.</td><td>10점</td><td></td></tr>
<tr><td>- 특징 형상 설계를 이용하여 요구되어지는 3D 형사 모델링을 완성할 수 있다.</td><td>10점</td><td></td></tr>
<tr><td>- 연관 복사 기능을 이용하여 원하는 형상으로 편집하고 변환할 수 있다.</td><td>10점</td><td></td></tr>
<tr><td>- 요구되어지는 형상과 비교, 검토하여 요류를 확인하고 발견되는 오류를 즉시 수정할 수 있다.</td><td>10점</td><td></td></tr>
<tr><td colspan="2">점수 환산 (총 득점 / 만점) x 100</td><td colspan="2">100점</td></tr>
</table>

※ 평가 문제는 앞 페이지의 예제 도면에서 교수자가 선정하여 실시한다.

※ 평가에서 평가 시점 및 방법은 매 단원마다 실시하거나 중간평가, 기말평가 또는 교육기관 형편에 맞추어 적합한 평가 시점이나 횟수 방법을 적용해 실시한다.

CHAPTER

08 모델 해석하기

8.1 작성된 모델 해석하기

모델링을 열심히 수행한 다음 내가 작성한 모델이 오류가 없고 완전한 모델인지 파악해 볼 필요가 있다. 회사에서는 내가 설계한 모델에 대해 결재 과정을 통해 여러 차례 검증하는 단계가 존재하지만, 설계자 본인이 먼저 오류를 검증하고 검증된 결과에 따라 수정을 통해 보완한다면 더욱 완벽한 설계자라고 하겠다.

1) "평가탭" → "측정" → "모서리 선택" → "모서리 측정 값 표시"(단일 도형)

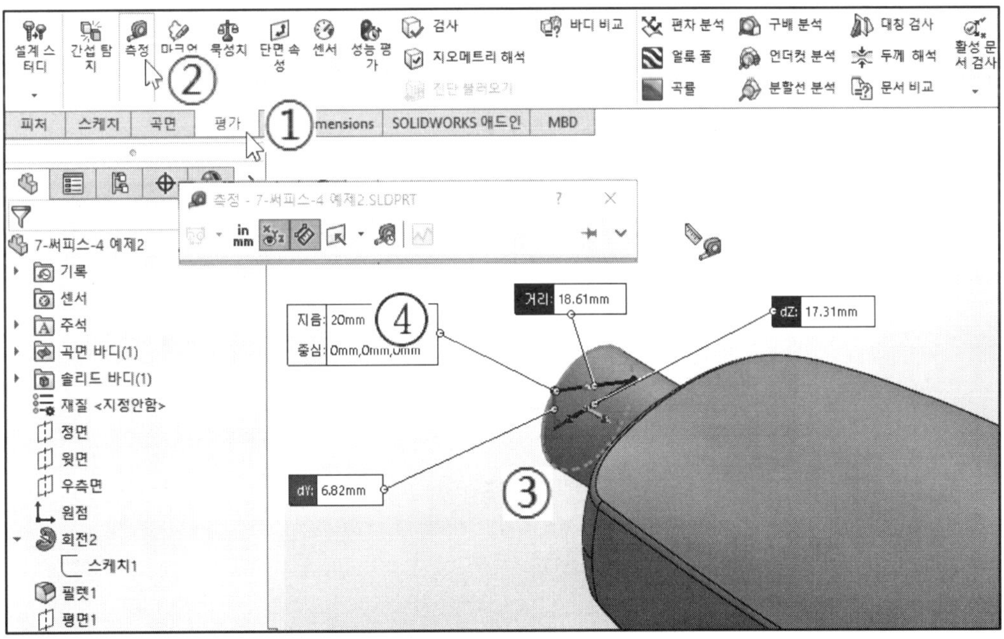

2) “평가탭” → “측정” → “모서리 2개 선택” → “측정 값 표시”

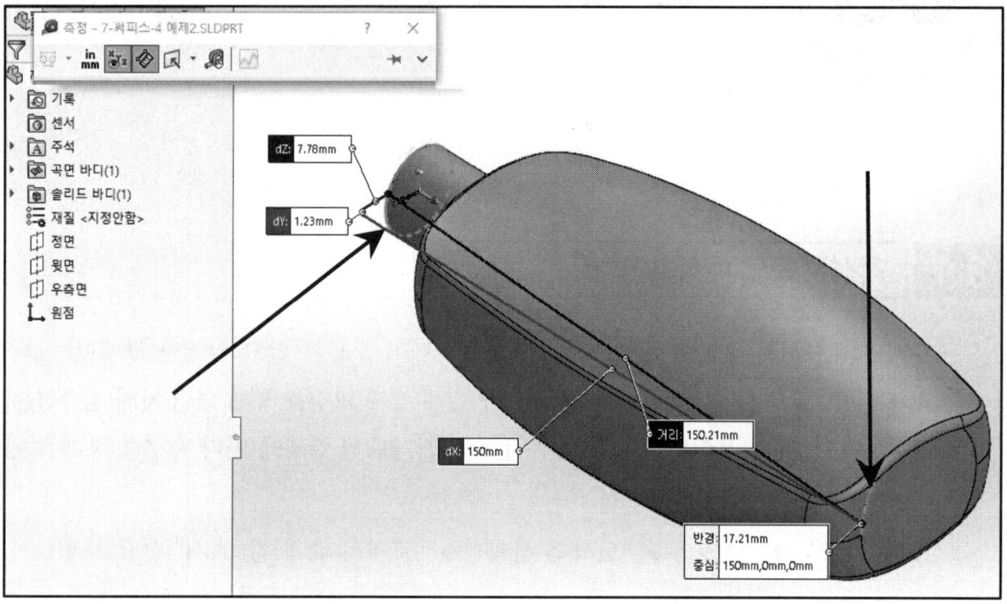

3) “물성치” 파악하기

“재질” → “오른 마우스” → “재질 편집”

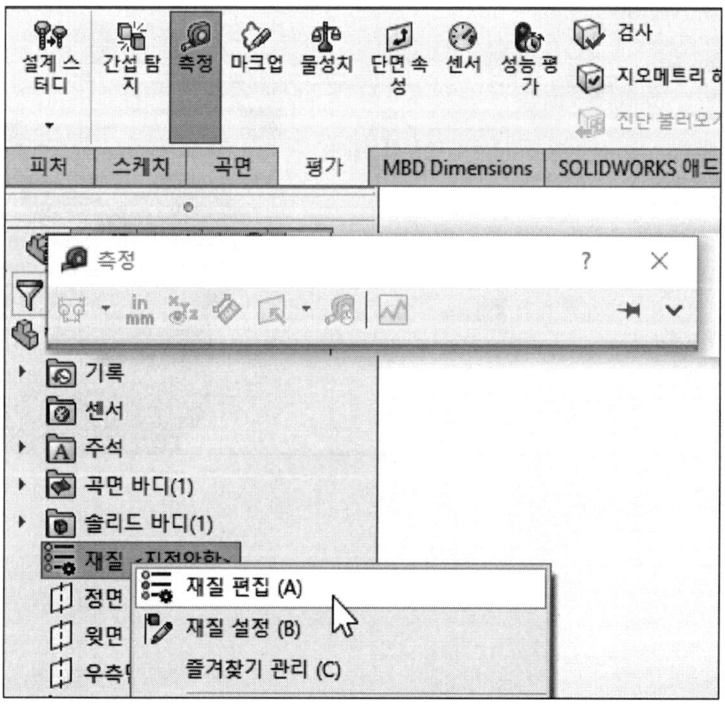

4) “재질” ➔ “강” ➔ “ANSI 304 선택(실제 재료 선택 가능)” ➔ “적용” ➔ “닫기”

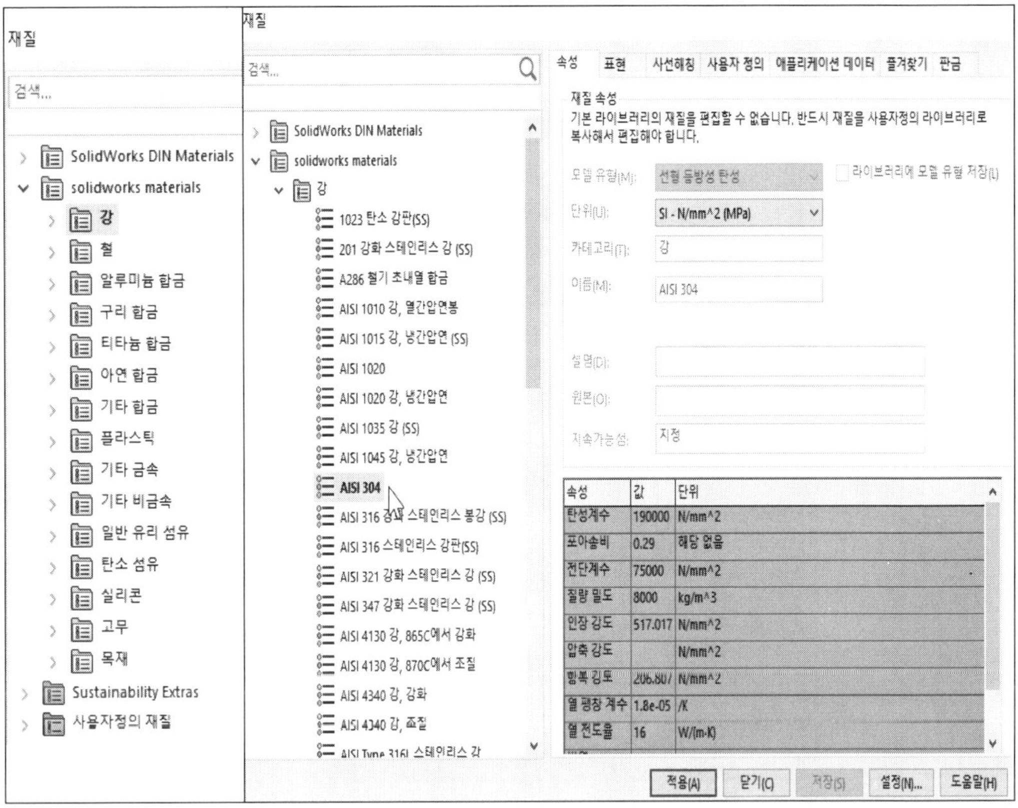

5) “모델 선택” ➔ “물성치”

SOLIDWORKS에서 제공하는 물성치는

- 밀도, 질량, 볼륨, 면적, 중심과 관성 모멘트 값을 계산해 주며, 설계 자격증 시험에 필요한 정보를 제공해 주게 된다.

아래의 그림을 참고하기 바란다.

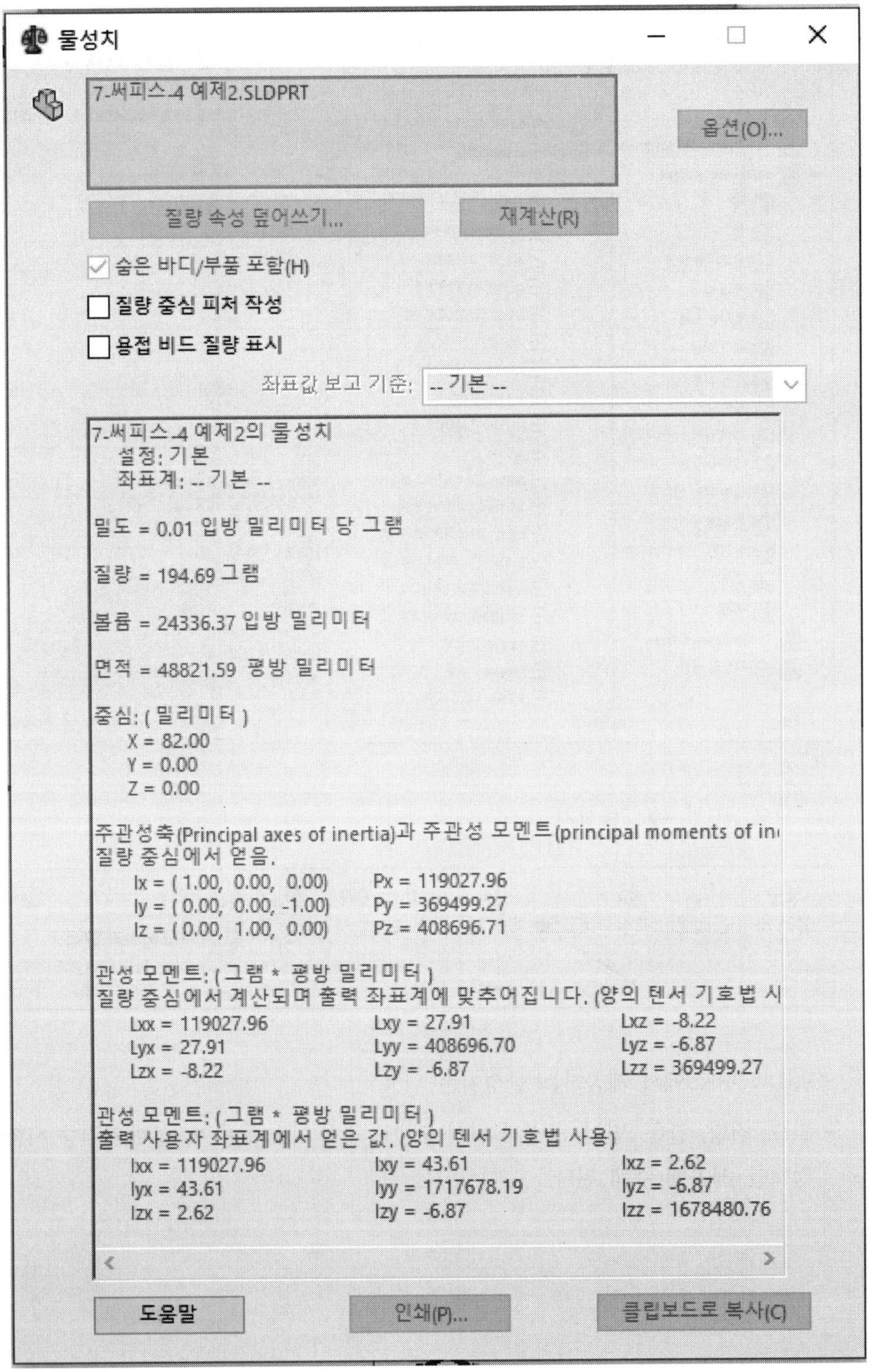

8.2 모델의 간섭 체크하기

조립된 모델이 부품 상호간 치수의 부정확으로 인해 간섭이 발생할 경우 솔리드웍스가 간섭의 위치와 간섭이 발생하는 부품간의 정보를 제공해 주어 간섭을 제거한 정확한 제품을 만들 수 있도록 도와주는 기능이다.

1) “조립품 열기” → “간섭 탐지” → “일치조건 간섭으로 간주” → “계산”

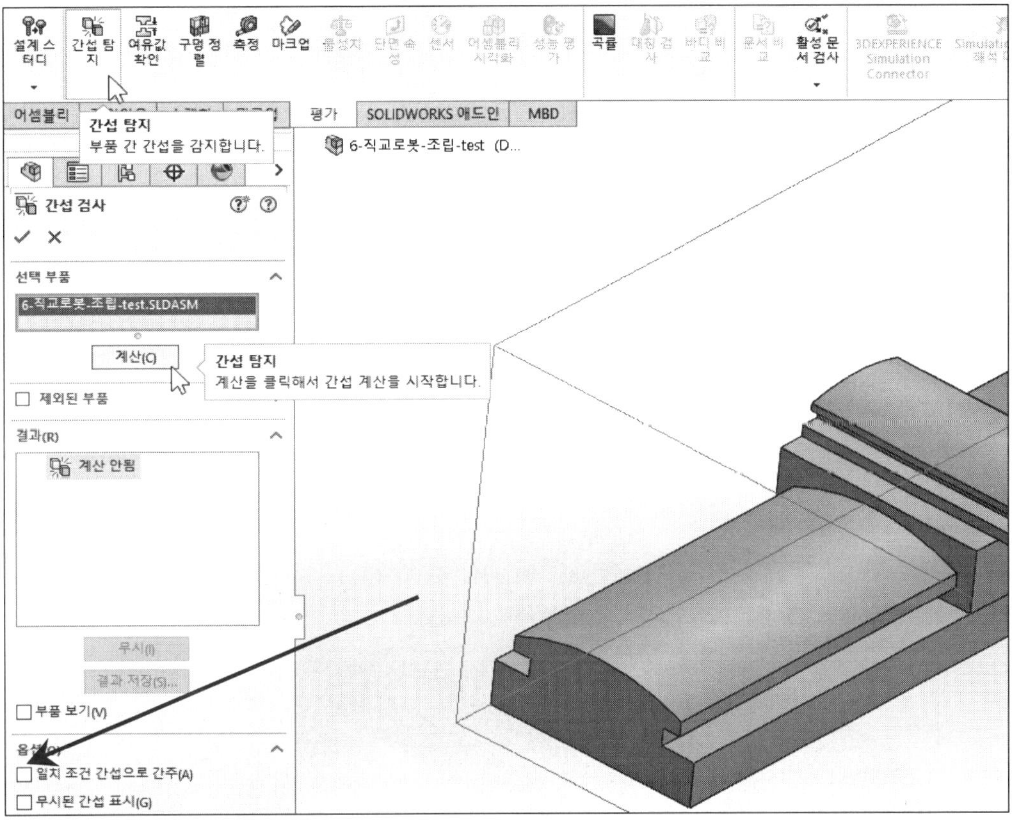

2) 간섭 체크를 수행한 결과 간섭이 발생되었으며, 간섭 내역을 확인하기 위한 방법은 아래와 같다.

► “간섭1-일치 간섭 선택” → “간섭부 표시”

► “간섭1-일치 간섭” → “더블클릭” → “간섭 부품 표시”

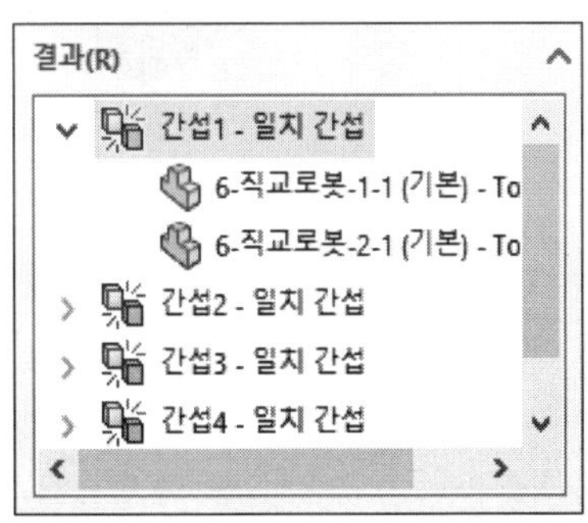

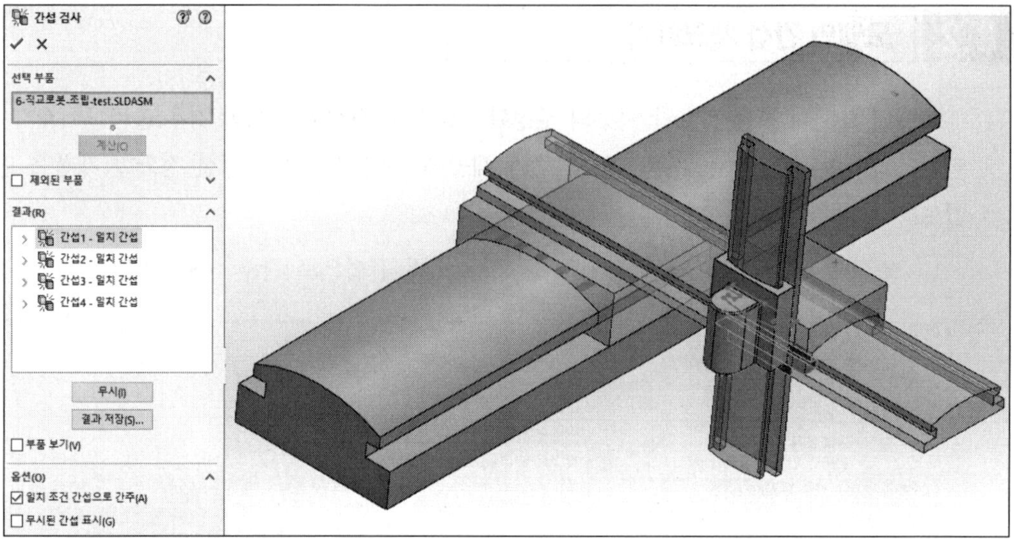

3) 간섭2의 위치와 간섭 형태

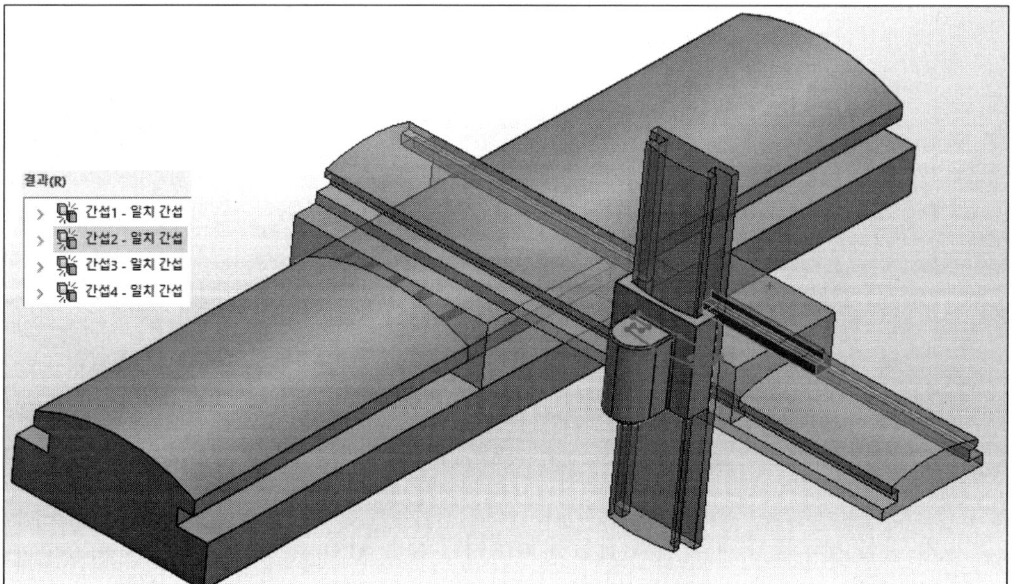

4) 간섭3의 위치와 간섭 형태

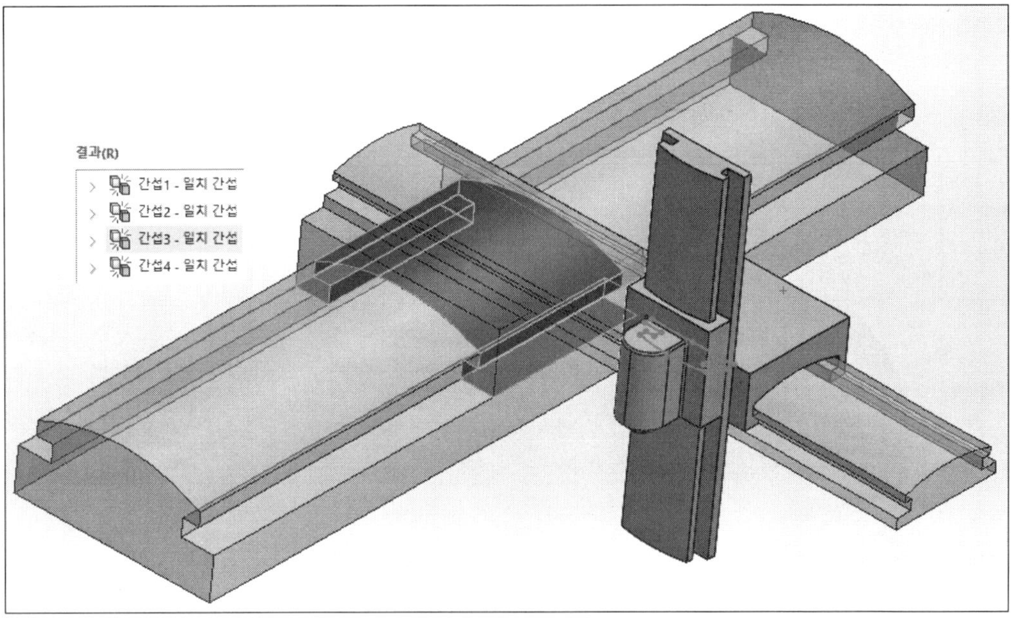

5) 간섭4의 위치와 간섭 형태

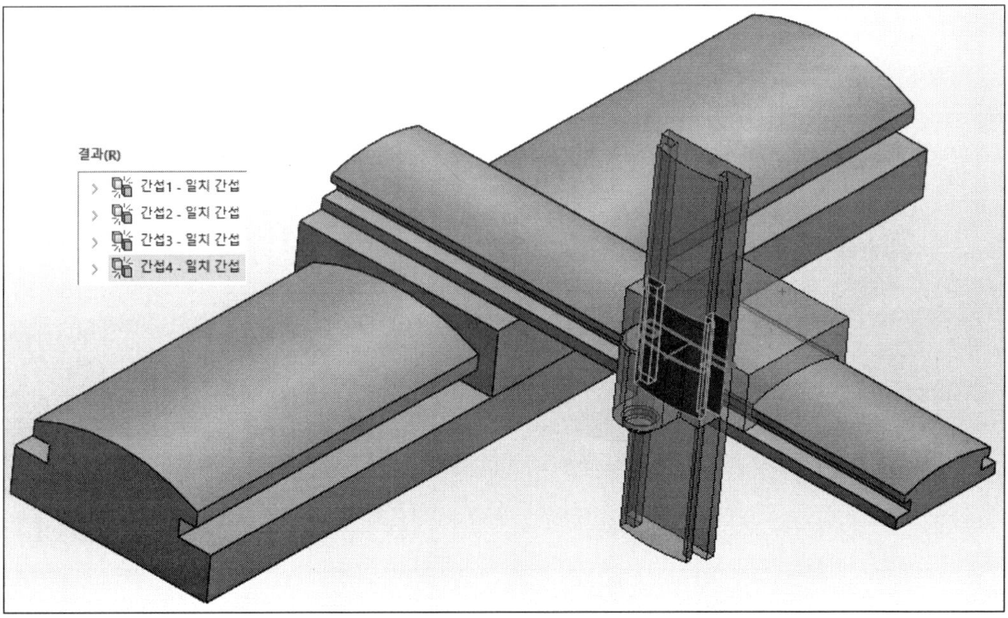

8.3 조립 불량품의 간섭체크

아래와 같은 간단한 제품의 조립과 간섭 체크를 해보자.

1) “축 모델링” ➔ “링 모델링” ➔ “각각 조립”

축

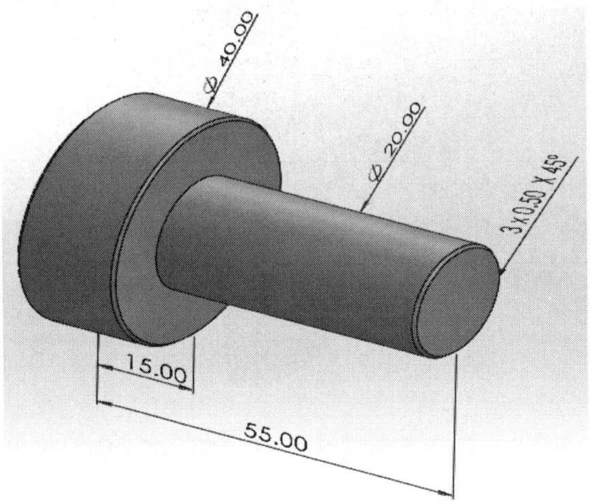

링

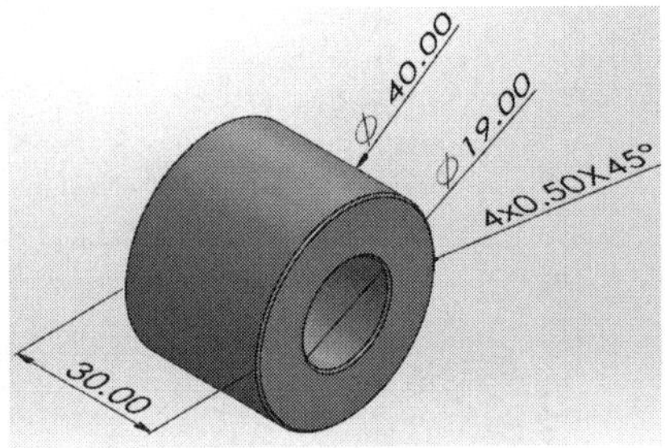

조립 상태

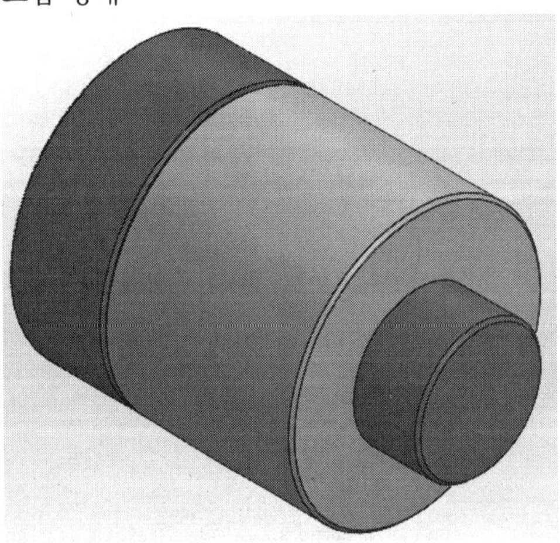

조립 상태(단면 보기)

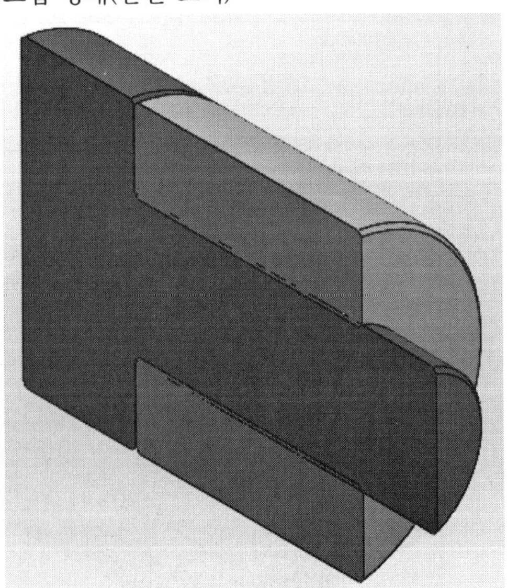

2) "간섭 탐지" ➔ "계산" ➔ "간섭부 발생(간섭1 - 903.73mm^3)"

※ 간섭 부품의 모델 치수를 수정하여 간섭 제거하여 설계 오류를 방지할 수 있다.

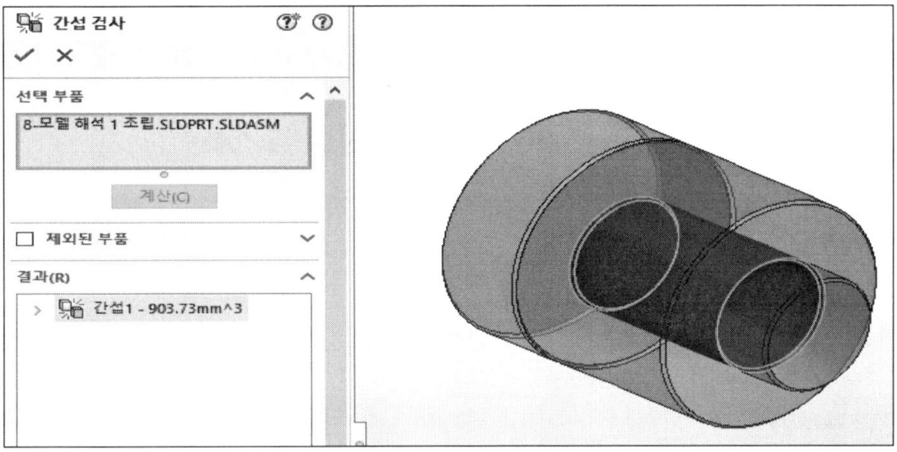

8.4 여유값 확인하기

여유값 확인은 어셈블리에서 선택한 부품 간의 여유값을 확인해 설계자가 부여한 부품 간의 최소 거리를 확인하여 사용자가 지정한 최소 허용 여유값과 일치하지 않는 여유값을 제시해주어 설계에 도움을 주는 기능이다.

1) "여유값 확인" ➔ "부품1 선택" ➔ "부품2 선택" ➔ "계산"

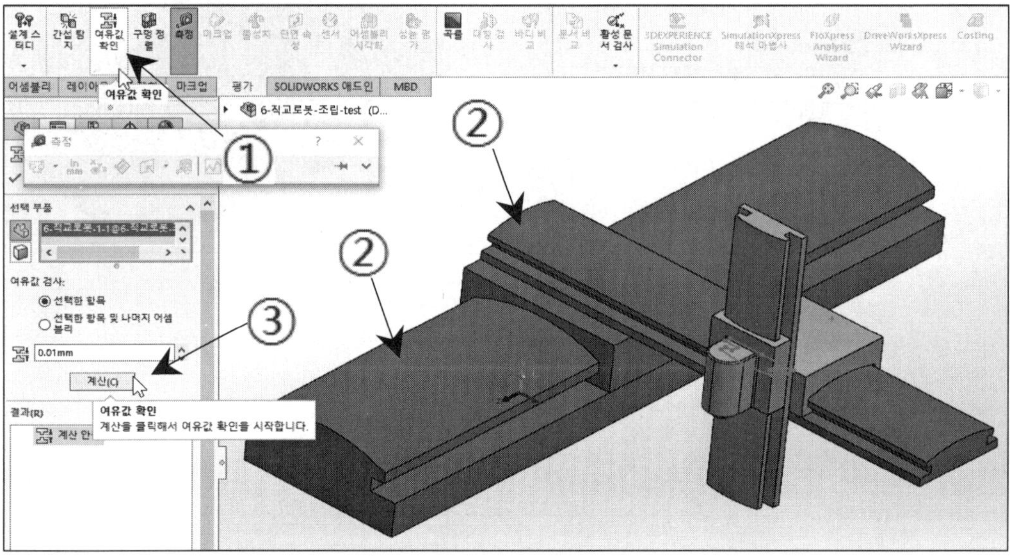

2) "계산 결과 확인" ➔ "여유값 1 더블클릭" ➔ "부품 확인 가능"

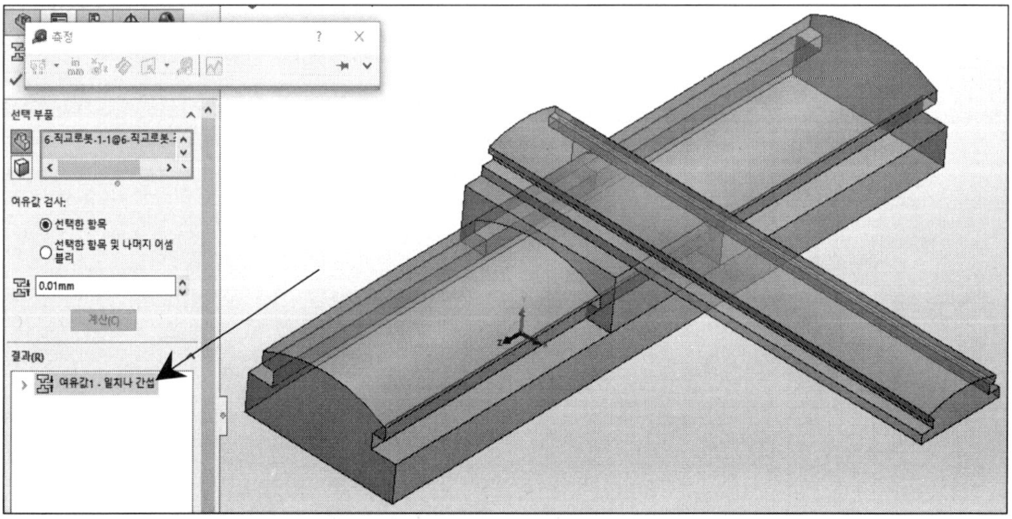

8.5 구멍 정렬 확인하기

구멍 정렬 기능은 어셈블리에서 정렬되지 않은 구멍을 파악해 알려주는 기능이다.

1) "여유값 확인" → "부품1 선택" → "부품2 선택" → "계산"

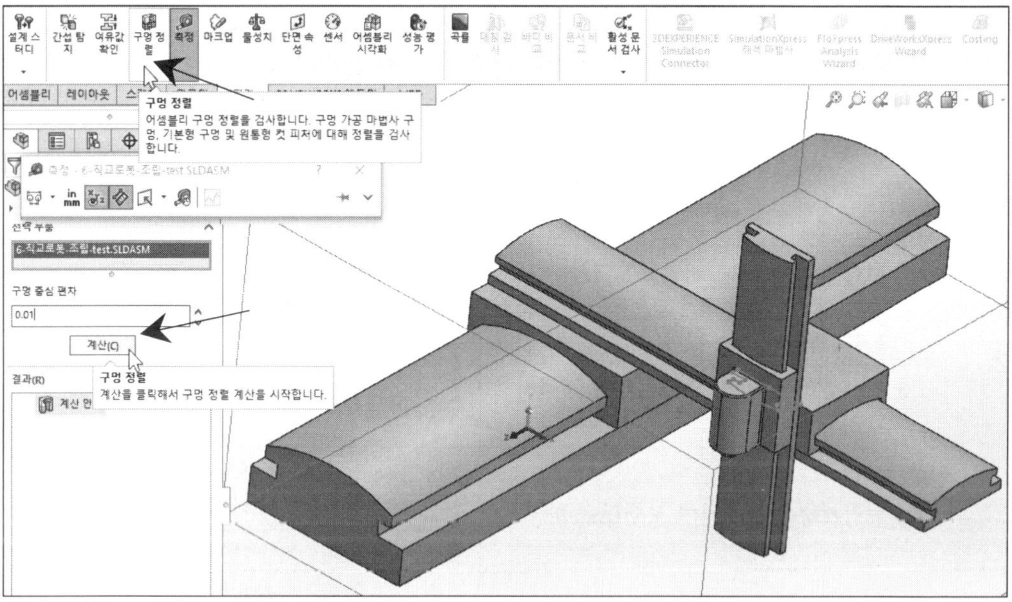

2) "계산 결과"(현재 정렬안된 구멍 없음을 알려줌)

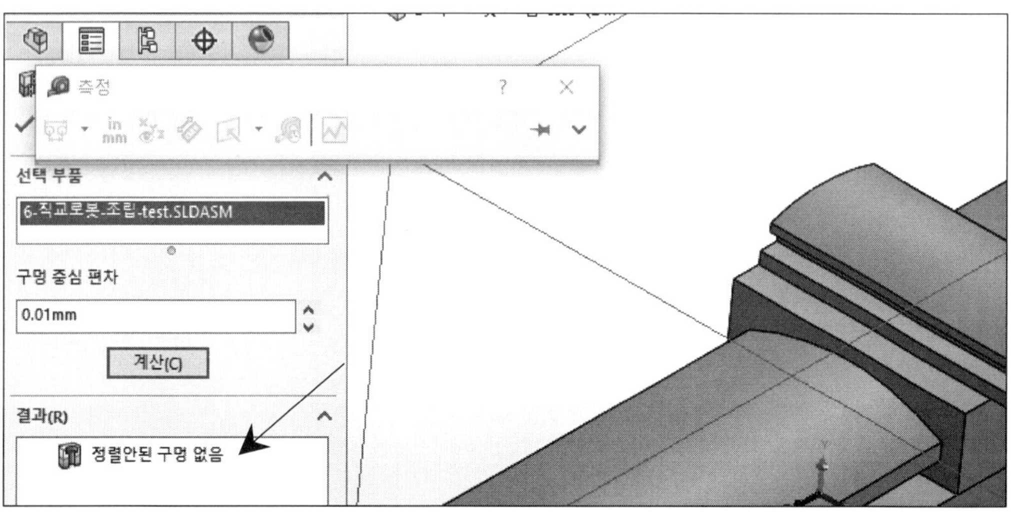

8.6 NCS 능력단위 평가

3D형상모델링 검토하기(1501020114_16v3.1) 능력단위 요소

능력단위요소-수행준거	평가방법	비고
1.1 3D형상모델링의 관련 정보를 도출하고 수정할 수 있다.	현장평가 : 스케치의 정보를 확인해 오류를 파악하고 적절한 방법으로 수정할 수 있는 능력 보유 파악	
	질문 : 스케치 오류 부위를 찾고 적절한 수정 방법을 질문이나 체크리스트 등을 통해 파악	
1.2 각각의 단품으로 조립형상 제작 시 적절한 조립 구속조건을 사용하여 조립품을 생성 할 수 있다.	추후 어셈블리에서 평가	
1.3 조립품의 간섭 및 조립여부를 점검하고 수정할 수 있다.	추후 어셈블리에서 평가	
1.4 편집기능을 활용하여 모델링을 하고 수정할 수 있다.	현장평가 : 작성중 오류나 모델 변경시 수정 능력보유 여부 파악	
	질문 : 스케치 수정 방법을 질문이나 체크리스트 등을 통해 파악	

교육시간	48	강사	
교육개요	학생은 기계요소 설계 분야에서 중요한 업무인 형상모델링 능력을 모델링 프로그램을 사용하여 단순형상과 복잡형상의 모델링 데이터를 생성하고, 작성된 도면에 준하여 데이터를 확인 할 수 있다.		
교육육표	모델링 프로그램을 사용하여 단순형상과 복잡형상의 모델링 데이터를 생성하고, 작성된 도면에 준하여 데이터를 확인 할 수 있다.		
단원명	단원별 학습목표		
1501020204_14v2.1 모델링 작업 준비하기	1.1 모델링 데이터 생성에 필요한 정보를 정의하여 수집할 수 있다.		
	1.2 모델링 프로그램의 환경을 효율적으로 설정할 수 있다.		
	1.3 모델트리 구성을 결정하여 모델링 작업시간을 단축할 수 있다.		
	1.4 단순형상과 복잡형상을 확인하기 위해 모델링 데이터의 오류여부를 확인할 수 있다.		
1501020204_14v2.2 모델링 작업하기	2.1 이용 가능한 모델링 프로그램의 기능을 사용하여 요구되는 형상을 완벽하게 구현할 수 있다.		
	2.2 모델링의 수정 및 편집을 용이하게 할 수 있다.		
	2.3 관련 산업표준을 준수하여 모델링 할 수 있다.		
	2.4 영역, 길이, 각도, 공차, 지시 등 모델링에 관련된 추가적인 정보를 도출하고 생성할 수 있다.		
1501020204_14v2.3 모델링 분석하기	3.1 도면과 모델링을 비교·검토하여 모델링의 오류 발생 정보를 최소화하고, 오류 발생 시 즉각적으로 수정할 수 있다.		
	3.2 제작상의 문제점 및 핵심부를 검토하여 오류 발생 시 관계부서와 협의하여 모델링 데이터를 수정할 수 있다.		
	3.3 제작성을 고려하여 모델링 작업의 결과물을 수정·보정할 수 있다.		
	3.4 부품 간 상호 결합상태를 검증할 수 있다.		
1501020204_14v2.4 모델링 데이터 출력하기	4.1 작업 표준서에 의하여 요구되는 2D 데이터 형식의 파일로 저장하거나 출력할 수 있다.		
	4.2 작업 표준서에 의하여 요구되는 3D 모델링 데이터 형식의 파일로 저장하거나 출력할 수 있다.		
	4.3 출력된 모델링 데이터에 요구되는 소요자재목록, 부품목록 등의 정보를 산출할 수 있다.		
선수능력 (필요한 경우)	그래픽 툴의 원활한 사용		

학습활동

학습활동	특기사항
[모델링 작업 준비하기] 1 모델링 데이터 생성에 필요한 정보를 정의하여 제출하시오. 2 모델링 프로그램의 환경을 효율적으로 설정하는 방법을 정리하여 제출하시오. 3 모델트리 구성을 결정하여 모델링 작업시간을 단축할 수 있도록 설정하고 그 방법을 정리하여 제출하시오. 4 단순형상과 복잡형상을 확인하기 위해 모델링 데이터의 오류여부를 판단하고 정리하여 제출하시오. **[모델링 작업하기]** 1 이용 가능한 모델링 프로그램의 기능을 사용하여 요구되는 형상을 완벽하게 구현한 후 파일을 제출하시오. 2 모델링의 수정 및 편집을 용이하게 할 수 있는 방법을 정리하여 제출하시오. 3 관련 산업표준을 준수하여 모델링 하고 파일을 제출하시오. 4 영역, 길이, 각도, 공차, 지시 등 모델링에 관련된 추가적인 정보를 도출하고 생성한 후 파일을 제출하시오. **[모델링 분석하기]** 1 도면과 모델링을 비교·검토하여 모델링의 오류 발생 정보를 최소화하고 정리 하여 제출하시오. 2 제작상의 문제점 및 핵심부를 검토하여 오류 발생 시 관계부서와 협의하여 모델링 데이터를 수정한 후 파일로 제출 하시오. 3 제작성을 고려하여 모델링 작업의 결과물을 수정·보정한 후 그 내용을 정리하여 제출 하시오. 4 부품 간 상호 결합상태를 검증 분석하고 그 방법을 정리하여 제출하시오. **[모델링 데이터 출력하기]** 1 작업 표준서에 의하여 요구되는 2D 형식으로 출력하여 제출하시오. 2 작업 표준서에 의하여 요구되는 3D 모델링 데이터 형식의 파일로 저장하여 제출하시오. 3 출력된 모델링 데이터에 요구되는 소요자재목록, 부품목록 등의 정보를 산출 정리하여 제출하시오.	• 질문 사항 및 도면 검토(검도)는 이메일로 제출 – 메일주소 : • 컴퓨터 전원 관리 철저 및 안전에 주의(문어발식 콘센트 사용금지) • 실습 및 학습과 무관한 소프트웨어 및 허가받지 않은 소프트웨어를 설치하지 말것(비허가 및 불법 소프트웨어는 삭제 될 수 있음) • USB의 사용전, 후 반드시 바이러스 검사를 실시 • 바이러스가 예상되는 웹사이트에 접근금지 • 책상주변에 커피, 물 등의 음식물 보관 금지 • 실습실 개방시간 : 9:00 ~ 18:00 • 컴퓨터 고장 및 프린터, 플로터 사용시 관리자 – 연락처 : 학과사무실 – 전화번호 :

학습자료

<table>
<tr><td>보조자료</td><td colspan="2">• 개발시 필요한 국/내외 표준
• 한국소프트웨어기술진흥협회 가이드
• 개발 시 적용되는 국/내외 개발표준 문서
• 개발 시 적용되는 개발표준 문서
• 표준 및 절차 매뉴얼(템플릿 포함)
• 전자정부 웹 표준 준수지침</td></tr>
<tr><td>사용장비 및 공구</td><td colspan="2">• 컴퓨터
• 프린터, 플로터
• 형상모델링 작성 프로그램</td></tr>
<tr><td>소요재료</td><td colspan="2">프린터잉크 및 토너, 플로터잉크</td></tr>
<tr><td rowspan="4">관련
지식 · 기술 · 태도</td><td>구 분</td><td>주 요 내 용</td></tr>
<tr><td>지 식</td><td>• 공작기계의 종류 및 특성에 대한 지식
• 기계재료의 종류 및 특성에 대한 지식
• 모델링 프로그램 전반에 대한 지식
• 모델링 프로그램 매뉴얼에 대한 지식
• 부품 상호운동의 기구학적 특성에 대한 지식
• 유사 사례의 성공, 실패요인에 대한 지식
• 좌표계의 종류 및 특성에 대한 지식
• 치수공차 및 기하공차에 대한 지식
• KS 및 ISO 등 규격에 대한 지식
• SI 및 MKS 단위에 대한 지식
• 2D 도면해독에 대한 지식</td></tr>
<tr><td>기 술</td><td>• 모델링 데이터 검증 기술
• 모델링 분석 기술
• 모델링 제품의 제작방법 검토 기술
• 모델링 공정 단축을 위한 설계기술
• 모델링 프로그램 전반에 대한 운용 기술
• 유사 사례에 대한 분석 기술
• 관련 분야의 산업표준에 대한 검토 기술
• 공차 및 기하학적 기호에 대한 이해 능력
• 체크리스트 확인 능력</td></tr>
<tr><td>태 도</td><td>• 가공시간을 단축시켜 생산성 향상을 위한 적극적인 자세
• 관련 분야 산업표준에 대한 분석 의지
• 도면에 따른 모델링의 치밀한 분석 자세
• 모델링 데이터 오류에 대한 객관적 분석 의지
• 모델링 분석을 위한 객관적 판단 의지
• 모델링 프로그램 매뉴얼 습득 의지
• 유사 사례를 면밀하게 분석할 수 있는 태도
• 정확한 도면분석을 위한 검토 의지
• 타 부서와의 협력 검토 의지</td></tr>
<tr><td>교재</td><td colspan="2">본 교재, NCS 학습모듈, 솔리드웍스 따라하기(건기원)</td></tr>
</table>

자기평가서

자 기 평 가 서				
평가영역 (단원명)	문 항	미흡	보통	우수
모델링 작업 준비하기	1.1 모델링 데이터 생성에 필요한 정보를 정의하여 수집할 수 있다.			
	1.2 모델링 프로그램의 환경을 효율적으로 설정할 수 있다.			
	1.3 모델트리 구성을 결정하여 모델링 작업시간을 단축할 수 있다.			
	1.4 단순형상과 복잡형상을 확인하기 위해 모델링 데이터의 오류여부를 확인할 수 있다.			
모델링 작업하기	2.1 이용 가능한 모델링 프로그램의 기능을 사용하여 요구되는 형상을 완벽하게 구현할 수 있다.			
	2.2 모델링의 수정 및 편집을 용이하게 할 수 있다.			
	2.3 관련 산업표준을 준수하여 모델링 할 수 있다.			
	2.4 영역, 길이, 각도, 공차, 지시 등 모델링에 관련된 추가적인 정보를 도출하고 생성할 수 있다.			
모델링 분석하기	3.1 도면과 모델링을 비교 · 검토하여 모델링의 오류 발생 정보를 최소화하고, 오류 발생 시 즉각적으로 수정할 수 있다.			
	3.2 제작상의 문제점 및 핵심부를 검토하여 오류 발생 시 관계부서와 협의하여 모델링 데이터를 수정할 수 있다.			
	3.3 제작성을 고려하여 모델링 작업의 결과물을 수정 · 보정할 수 있다.			
	3.4 부품 간 상호 결합상태를 검증할 수 있다.			
모델링 데이터 출력하기	4.1 작업 표준서에 의하여 요구되는 2D 데이터 형식의 파일로 저장하거나 출력할 수 있다.			
	4.2 작업 표준서에 의하여 요구되는 3D 모델링 데이터 형식의 파일로 저장하거나 출력할 수 있다.			
	4.3 출력된 모델링 데이터에 요구되는 소요자재목록, 부품목록 등의 정보를 산출할 수 있다.			

평가자 체크리스트 평가 표

평가 항목(체크 리스트)		교수자 평가	
		배점	득점
1. 3D 형상 모델링 작업 준비할 수 있는가?		30점	
	- 명령어를 이용하여 3D CAD 프로그램을 사용자 환경에 맞도록 설정할 수 있다.	10점	
	- 3D 형상 모델링에 필요한 부가 명령을 설정할 수 있다.	10점	
	- 작업 환경에 적합한 템플릿을 제작하여 도면의 형식을 균일화 시킬 수 있다.	10점	
2. 3D 형상 모델링 작업할 수 있는가?		70점	
	- KS 및 ISO 관련 규격을 준수하여 형상을 모델링할 수 있다.	10점	
	- 스케치 도구를 이용하여 디자인을 형상화할 수 있다.	10점	
	- 모델에 치수를 기입하여 치수에 맞게 형상을 수정할 수 있다.	10점	
	- 기하학적 형상을 구속하여 원하는 형상을 유지시키거나 선택되는 요소에 다양한 구속 조건을 설정할 수 있다.	10점	
	- 특징 형상 설계를 이용하여 요구되어지는 3D 형사 모델링을 완성할 수 있다.	10점	
	- 연관 복사 기능을 이용하여 원하는 형상으로 편집하고 변환할 수 있다.	10점	
	- 요구되어지는 형상과 비교, 검토하여 요류를 확인하고 발견되는 오류를 즉시 수정할 수 있다.	10점	
점수 환산 (총 득점 / 만점) x 100		100점	

※ 평가 문제는 앞 페이지의 예제 도면에서 교수자가 선정하여 실시한다.

※ 평가에서 평가 시점 및 방법은 매 단원마다 실시하거나 중간평가, 기말평가 또는 교육기관 형편에 맞추어 적합한 평가 시점이나 횟수 방법을 적용해 실시한다.

CHAPTER 09

색상 및 텍스쳐 부여하기

9.1 색상 부여할 모델 작성하기

모델링을 열심히 수행하여 멋진 제품을 작성한 다음 그냥 기본으로 제공되는 회색의 밋밋한 색상보다는 제품의 재질과 용도에 따라 다양한 색상을 부여하면 제품의 가치가 더욱 상승할 것이며, 이를 위해 색상을 부여해 보자.

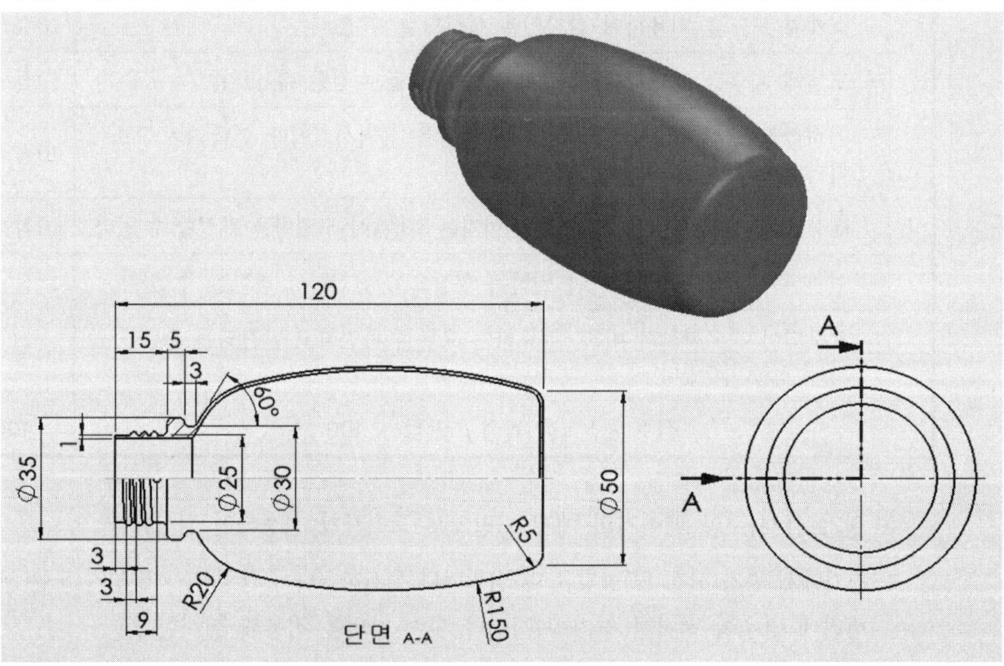

※ 도시되고 표시없는 모서리 R1.5

1) "정면" → "스케치" → "회전" → "확인"

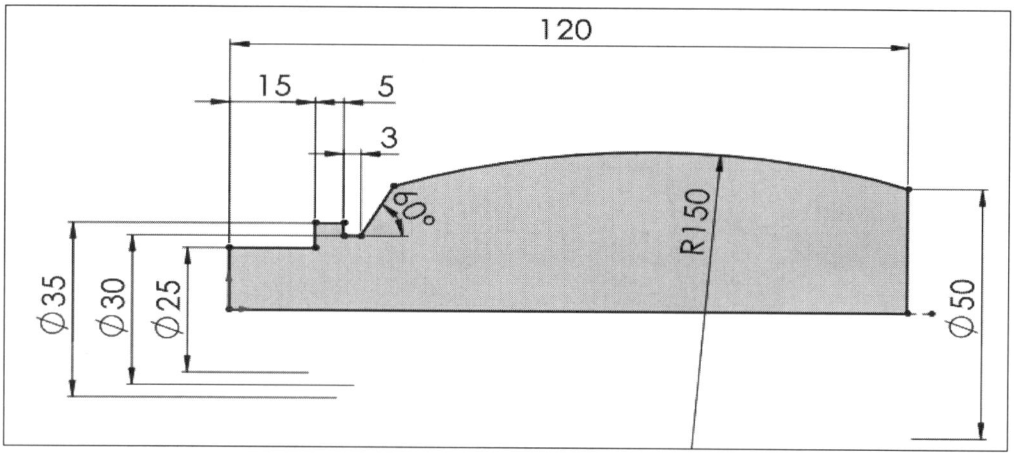
120
15
5
3
60°
R150
Ø35
Ø30
Ø25
Ø50

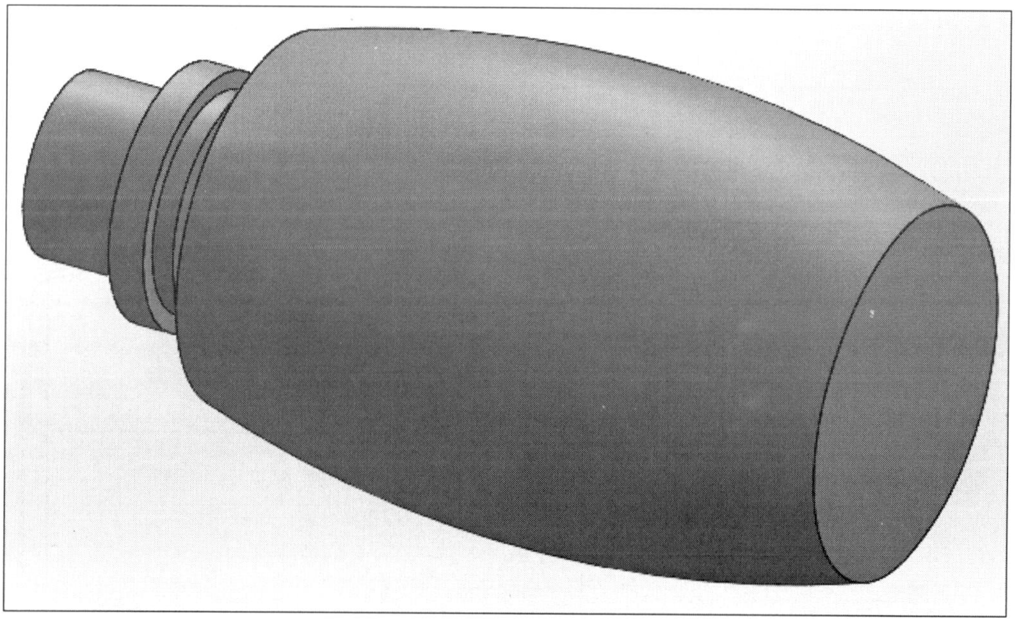

2) "필렛" → "R5" → "R20" → "R1.5(4개 부위)"

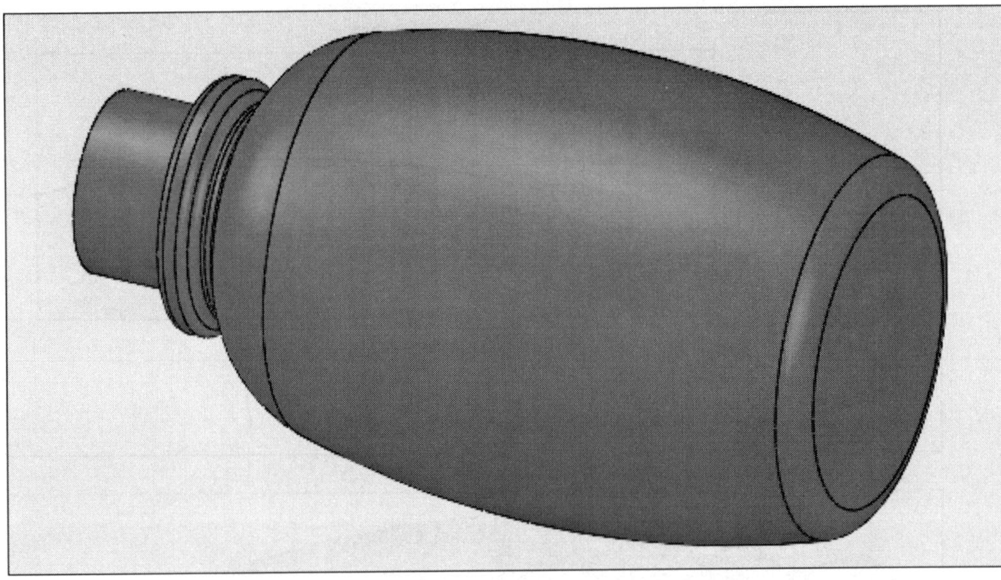

3) "정면" → "스케치" → "모서리 선 선택" → "요소 오프셋(1mm)" → "직선 연결"

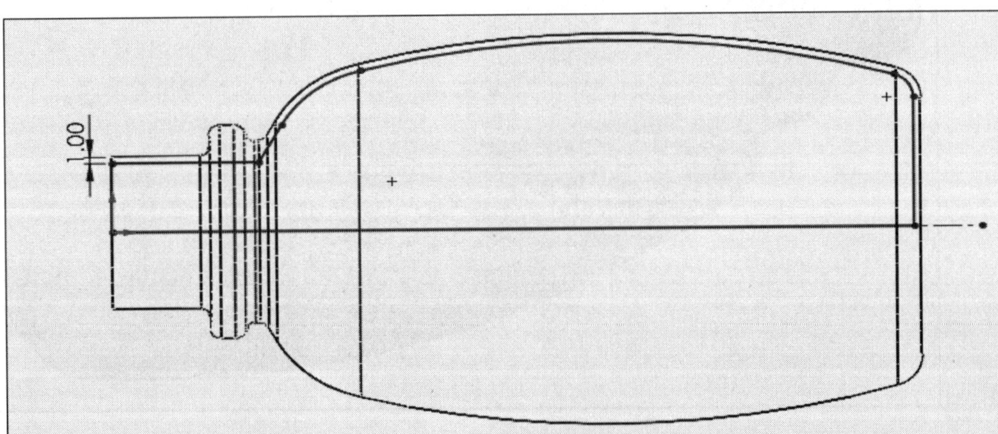

4) "회전 컷"(쉘 기능을 사용해도 가능)

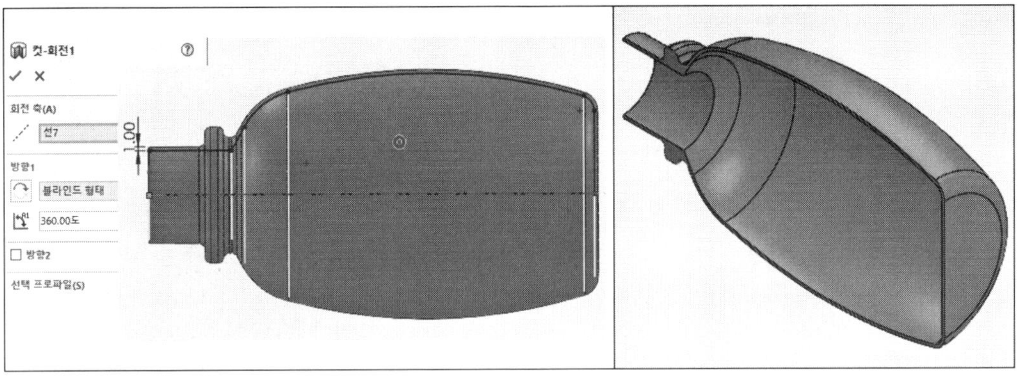

5) "삽입" → "곡선" → "나선형 곡선" → "피치 3" → "회전 3"

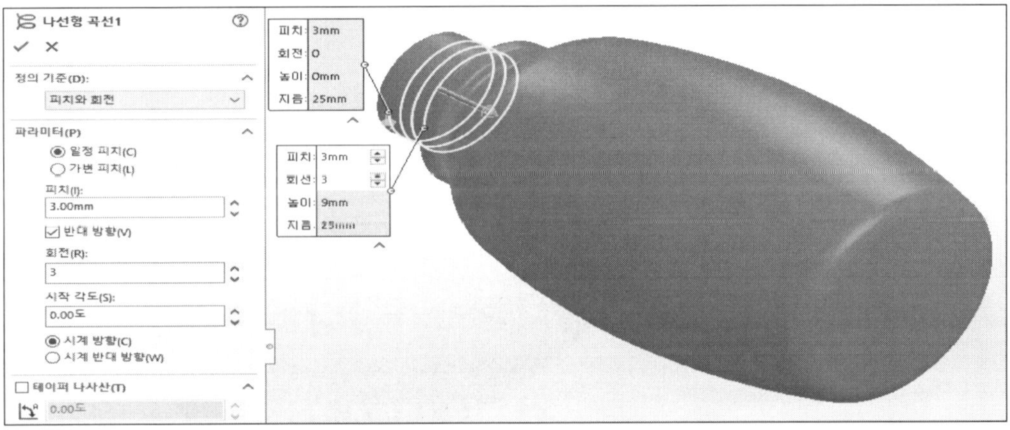

6) "평면" → "나선형 곡선+점" → "스케치" → "원 작성"

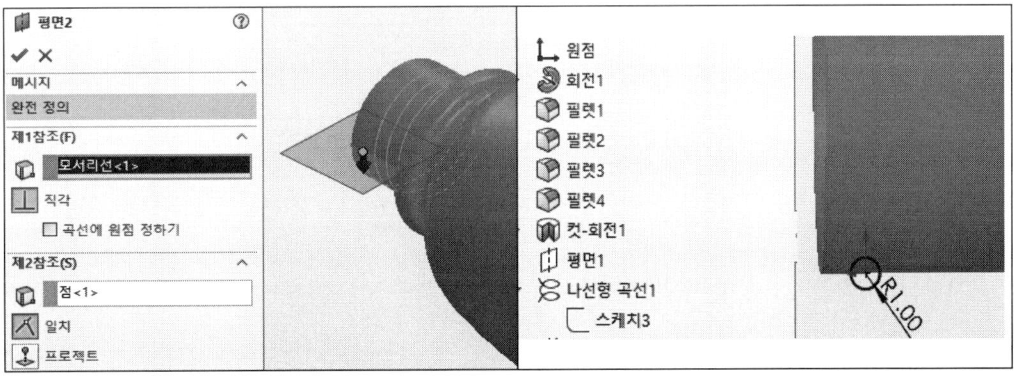

7) “스윕” ➔ “단면 곡선” ➔ “경로 곡선”

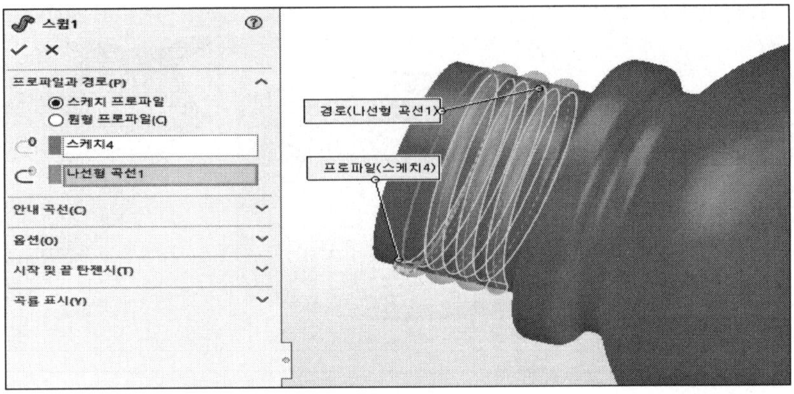

8) “완성된 모델”(플라스틱 용기)

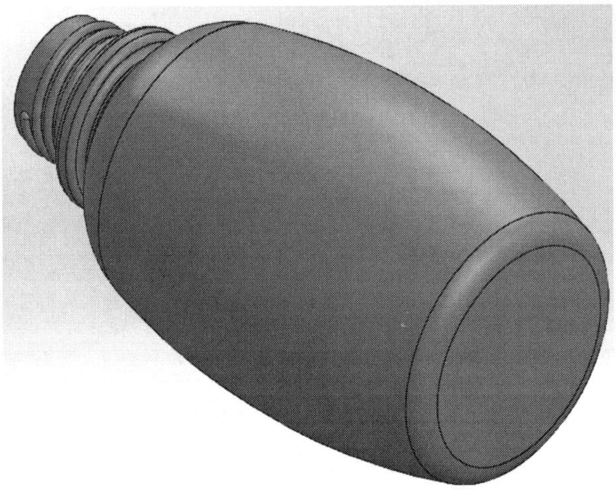

9.2 모델에 색상 부여하기

작성된 모델의 재질에 따라 소재의 색상이 다르며, 소비자가 원하는 경우 다른 색상을 부여하기도 하므로 두가지 방법을 실습해 보자.

9.2.1 모델에 재질 부여와 바탕색 변경하기

1) "재질" → "오른 마우스" → "재질 편집" → "플라스틱" → "PE 고점도"

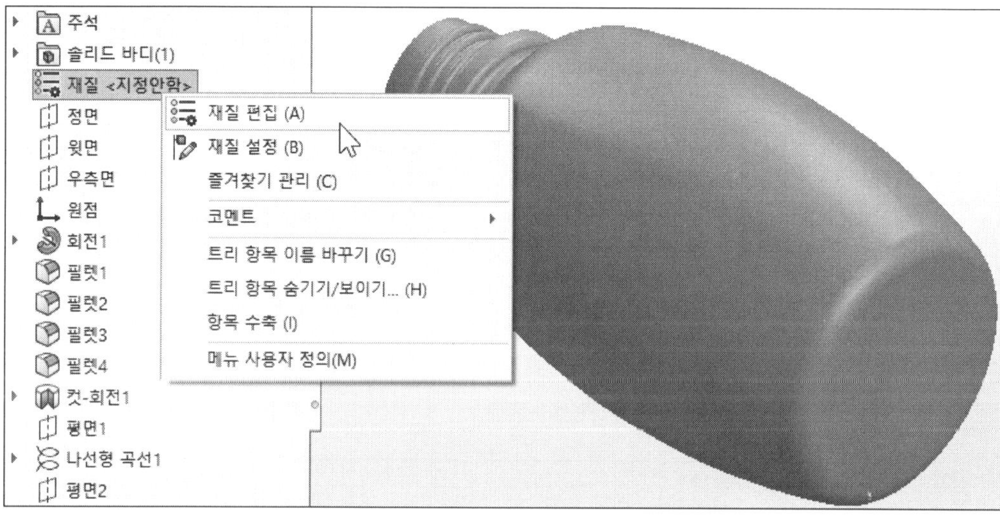

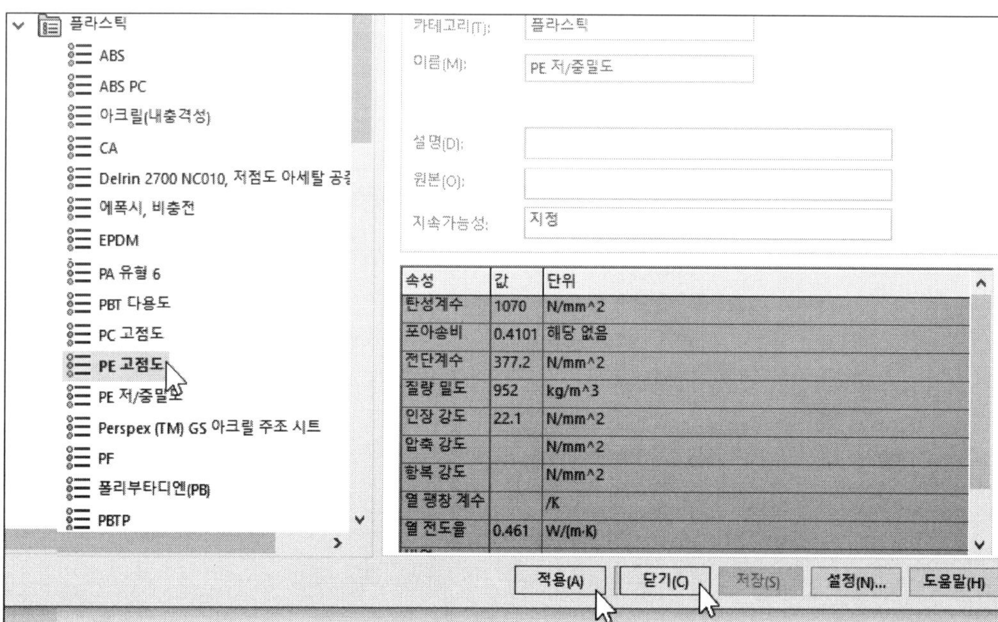

2) 바탕화면 색상 바꾸기

"옵션" → "시스템 옵션" → "색"

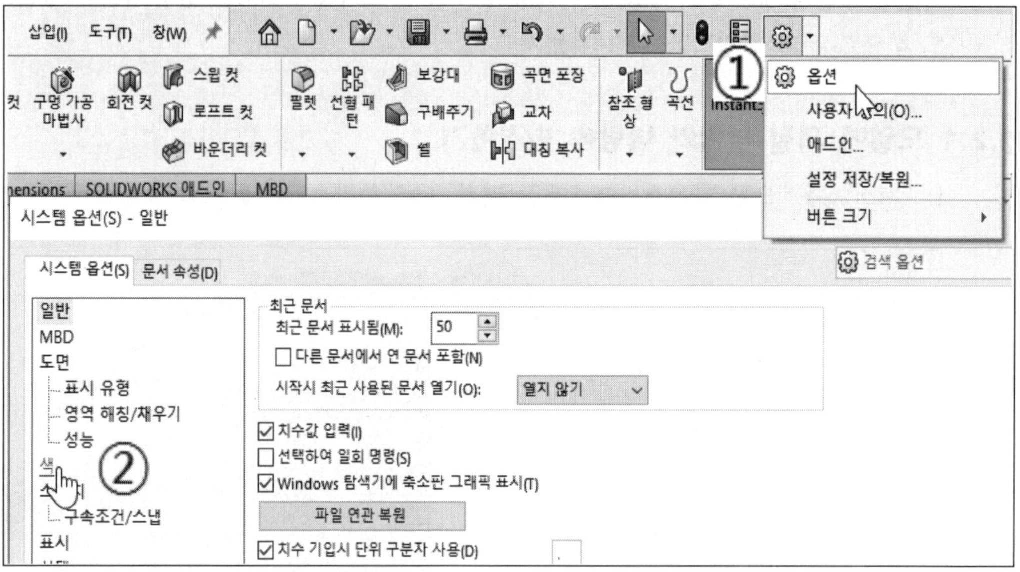

3) "색" → "단색(위의 시점 배경색)" → 바탕화면의 그라데이션 효과 없앰

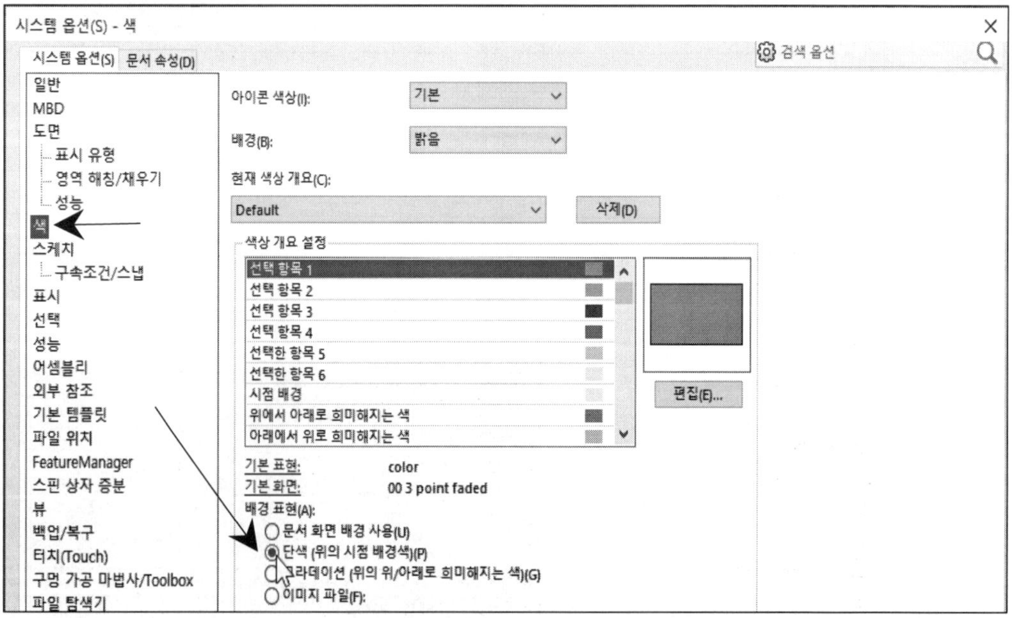

4) 배경 색상 변경 전 후의 상태

배경 색상 변경전	배경 색상 변경후
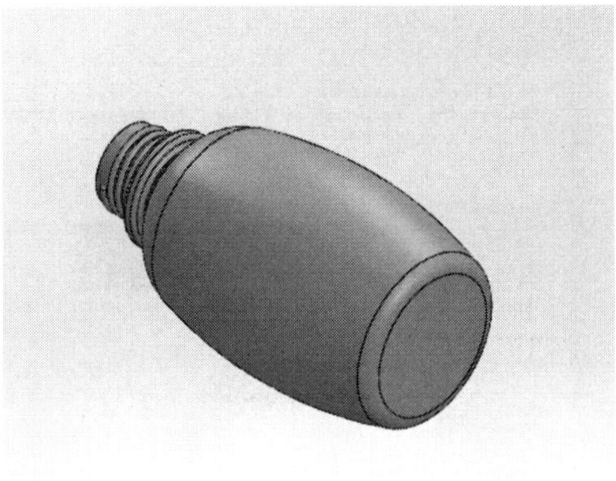	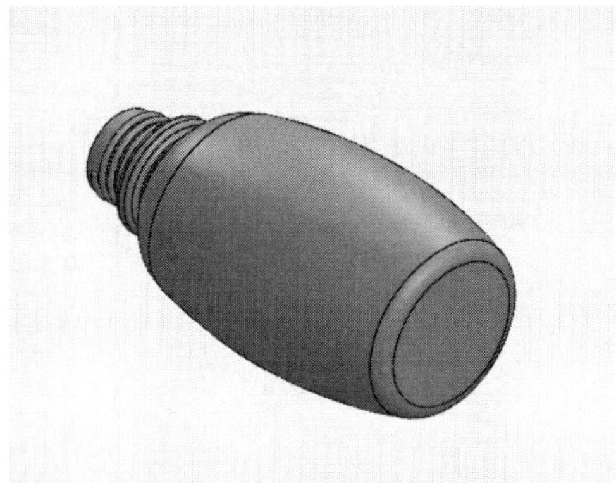

9.2.2 바탕의 색과 풍경 변경하기

1) "그래픽 영역" → "오른 마우스" → "화면 편집"

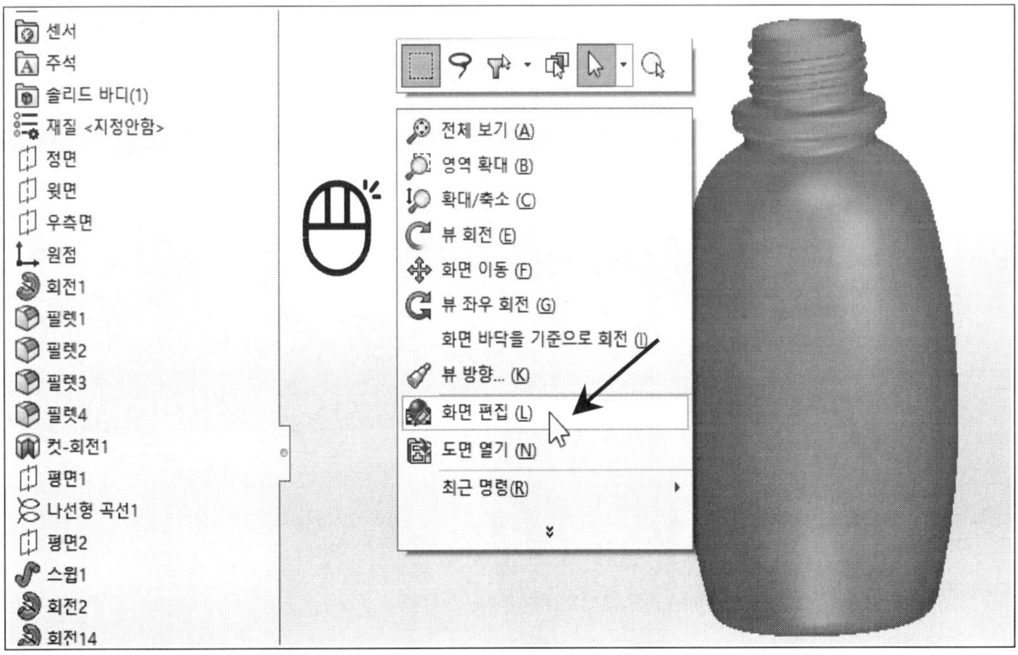

2) "찾아보기" ➔ "daytime.jpg" ➔ "열기"

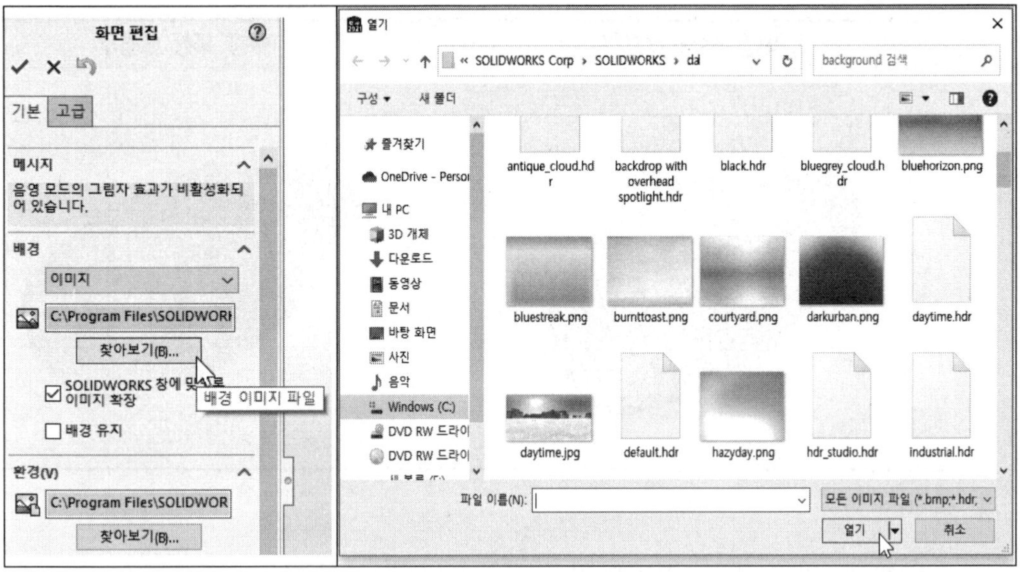

3) "그림 적용 화면"

4) “그래픽 영역” ➔ “오른 마우스” ➔ “화면 편집”(색상 변경 화면)

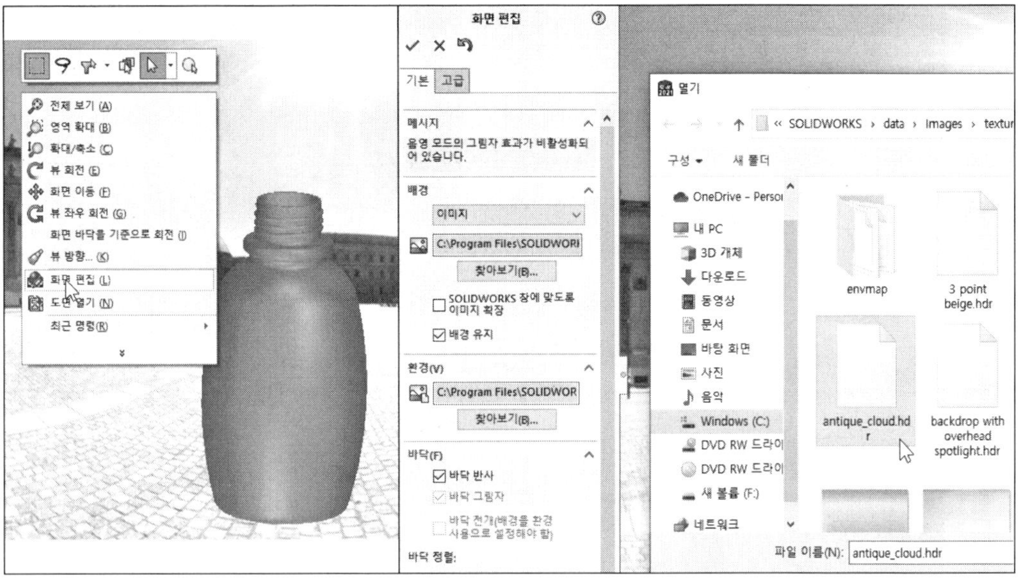

5) “다양한 연출”

9.3 모델에 텍스쳐 부여하기

작성된 모델에 재질을 부여하여 질감을 제공하고 여기에 무늬를 부가해 줌으로서 실제 제품과 같은 효과를 부여해 보자.

1) “표현, 화면 및 데칼” ➔ “오른 마우스” ➔ “화면 편집”(색상 변경 화면)

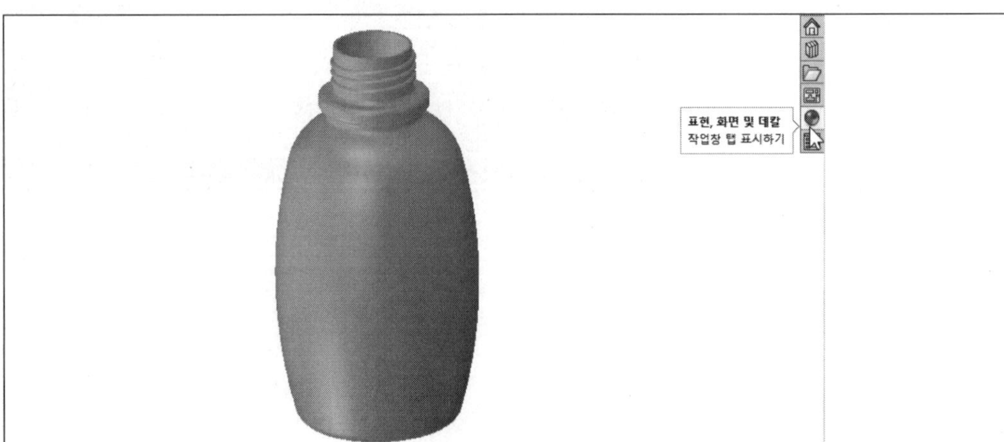

2) “플라스틱” ➔ “고광택”

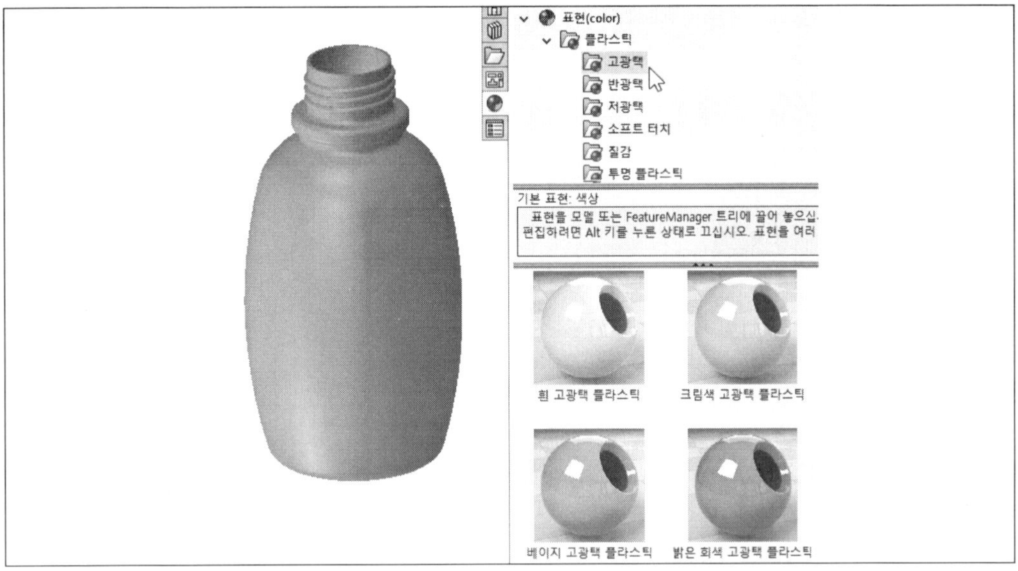

3) “고광택 플라스틱 선택” ➔ “드래그” ➔ “모델에 놓음” ➔ “모델 선택”

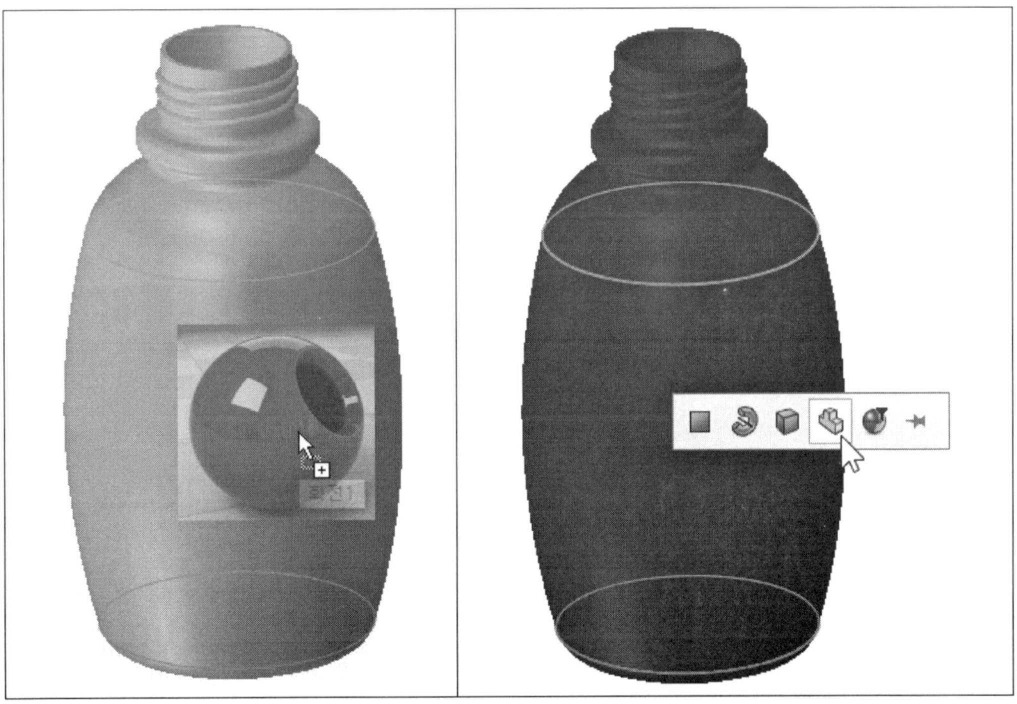

4) "합성" ➔ "탄소 섬유 아라미드" ➔ "모델에 놓음" ➔ "모델 선택"

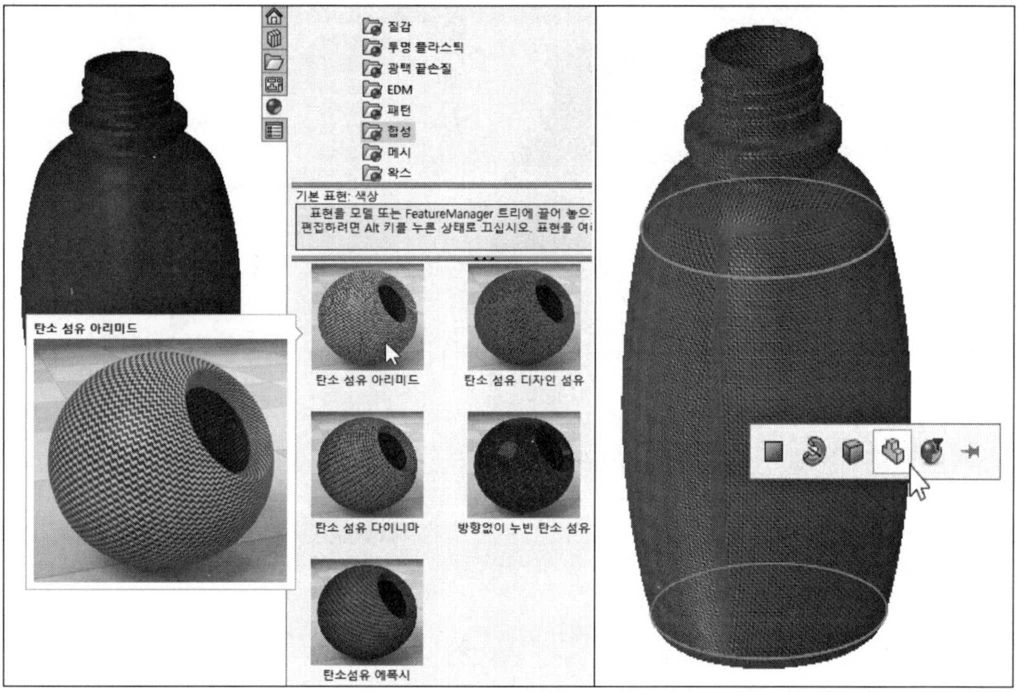

5) "다양한 적용"

9.4 NCS 능력단위 평가

3D형상모델링 검토하기(1501020114_16v3.1) 능력단위 요소

능력단위요소-수행준거	평가방법	비고
1.1 3D형상모델링의 관련 정보를 도출하고 수정할 수 있다.	스케치의 정보를 확인해 오류를 파악하고 적절한 방법으로 수정할 수 있는 능력 보유 파악	질문, 체크리스트 등
	스케치 오류 부위를 찾고 적절한 수정방법 능력 보유 파악	질문, 체크리스트 등
1.2 각각의 단품으로 조립형상 제작 시 적절한 조립 구속조건을 사용하여 조립품을 생성 할 수 있다.	조립 부품이 적절한 구속조건을 사용한 조립 여부와 설계 의도대로 작동 가능 여부 평가	
1.3 조립품의 간섭 및 조립여부를 점검하고 수정할 수 있다.	어셈블리 후 부품간의 간섭 체크와 수정 능력 보유 파악	
1.4 편집기능을 활용하여 모델링을 하고 수정할 수 있다.	작성중에 오류나 모델 변경시 수정 능력보유 여부 파악	질문, 체크리스트 등
	스케치 수정 방법을 질문이나 체크리스트 등을 통해 파악	질문, 체크리스트 등

교육시간	48	강사	

교육개요	학생은 기계요소 설계 분야에서 중요한 업무인 형상모델링 능력을 모델링 프로그램을 사용하여 단순형상과 복잡형상의 모델링 데이터를 생성하고, 작성된 도면에 준하여 데이터를 확인 할 수 있다.
교육육표	모델링 프로그램을 사용하여 단순형상과 복잡형상의 모델링 데이터를 생성하고, 작성된 도면에 준하여 데이터를 확인 할 수 있다.
단원명	단원별 학습목표
1501020204_14v2.1 모델링 작업 준비하기	1.1 모델링 데이터 생성에 필요한 정보를 정의하여 수집할 수 있다.
	1.2 모델링 프로그램의 환경을 효율적으로 설정할 수 있다.
	1.3 모델트리 구성을 결정하여 모델링 작업시간을 단축할 수 있다.
	1.4 단순형상과 복잡형상을 확인하기 위해 모델링 데이터의 오류여부를 확인할 수 있다.
1501020204_14v2.2 모델링 작업하기	2.1 이용 가능한 모델링 프로그램의 기능을 사용하여 요구되는 형상을 완벽하게 구현할 수 있다.
	2.2 모델링의 수정 및 편집을 용이하게 할 수 있다.
	2.3 관련 산업표준을 준수하여 모델링 할 수 있다.
	2.4 영역, 길이, 각도, 공차, 지시 등 모델링에 관련된 추가적인 정부를 도출하고 생성할 수 있다.
1501020204_14v2.3 모델링 분석하기	3.1 도면과 모델링을 비교 · 검토하여 모델링의 오류 발생 정보를 최소화하고, 오류 발생 시 즉각적으로 수정할 수 있다.
	3.2 제작상의 문제점 및 핵심부를 검토하여 오류 발생 시 관계부서와 협의하여 모델링 데이터를 수정할 수 있다.
	3.3 제작성을 고려하여 모델링 작업의 결과물을 수정 · 보정할 수 있다.
	3.4 부품 간 상호 결합상태를 검증할 수 있다.
1501020204_14v2.4 모델링 데이터 출력하기	4.1 작업 표준서에 의하여 요구되는 2D 데이터 형식의 파일로 저장하거나 출력할 수 있다.
	4.2 작업 표준서에 의하여 요구되는 3D 모델링 데이터 형식의 파일로 저장하거나 출력할 수 있다.
	4.3 출력된 모델링 데이터에 요구되는 소요자재목록, 부품목록 등의 정보를 산출할 수 있다.
선수능력 (필요한 경우)	그래픽 툴의 원활한 사용

학습활동

학습활동	특기사항
[모델링 작업 준비하기] 1 모델링 데이터 생성에 필요한 정보를 정의하여 제출하시오. 2 모델링 프로그램의 환경을 효율적으로 설정하는 방법을 정리하여 제출하시오. 3 모델트리 구성을 결정하여 모델링 작업시간을 단축할 수 있도록 설정하고 그 방법을 정리하여 제출하시오. 4 단순형상과 복잡형상을 확인하기 위해 모델링 데이터의 오류여부를 판단하고 정리하여 제출하시오. **[모델링 작업하기]** 1 이용 가능한 모델링 프로그램의 기능을 사용하여 요구되는 형상을 완벽하게 구현한 후 파일을 제출하시오. 2 모델링의 수정 및 편집을 용이하게 할 수 있는 방법을 정리하여 제출하시오. 3 관련 산업표준을 준수하여 모델링 하고 파일을 제출하시오. 4 영역, 길이, 각도, 공차, 지시 등 모델링에 관련된 추가적인 정보를 도출하고 생성한 후 파일을 제출하시오. **[모델링 분석하기]** 1 도면과 모델링을 비교 · 검토하여 모델링의 오류 발생 정보를 최소화하고 정리 하여 제출하시오. 2 제작상의 문제점 및 핵심부를 검토하여 오류 발생 시 관계부서와 협의하여 모델링 데이터를 수정한 후 파일로 제출 하시오. 3 제작성을 고려하여 모델링 작업의 결과물을 수정 · 보정한 후 그 내용을 정리하여 제출 하시오. 4 부품 간 상호 결합상태를 검증 분석하고 그 방법을 정리하여 제출하시오. **[모델링 데이터 출력하기]** 1 작업 표준서에 의하여 요구되는 2D 형식으로 출력하여 제출하시오. 2 작업 표준서에 의하여 요구되는 3D 모델링 데이터 형식의 파일로 저장하여 제출하시오. 3 출력된 모델링 데이터에 요구되는 소요자재목록, 부품목록 등의 정보를 산출 정리하여 제출하시오.	• 질문 사항 및 도면 검토(검도)는 이메일로 제출 - 메일주소 : • 컴퓨터 전원 관리 철저 및 안전에 주의(문어발식 콘센트 사용금지) • 실습 및 학습과 무관한 소프트웨어 및 허가받지 않은 소프트웨어를 설치하지 말것(비허가 및 불법 소프트웨어는 삭제 될 수 있음) • USB의 사용전, 후 반드시 바이러스 검사를 실시 • 바이러스가 예상되는 웹사이트에 접근금지 • 책상주변에 커피, 물 등의 음식물 보관 금지 • 실습실 개방시간 : 9:00 ~ 18:00 • 컴퓨터 고장 및 프린터, 플로터 사용시 관리자 - 연락처 : 학과사무실 - 전화번호 :

학습자료

<table>
<tr><td>보조자료</td><td colspan="2">• 개발시 필요한 국/내외 표준
• 한국소프트웨어기술진흥협회 가이드
• 개발 시 적용되는 국/내외 개발표준 문서
• 개발 시 적용되는 개발표준 문서
• 표준 및 절차 매뉴얼(템플릿 포함)
• 전자정부 웹 표준 준수지침</td></tr>
<tr><td>사용장비 및 공구</td><td colspan="2">• 컴퓨터
• 프린터, 플로터
• 형상모델링 작성 프로그램</td></tr>
<tr><td>소요재료</td><td colspan="2">프린터잉크 및 토너, 플로터잉크</td></tr>
<tr><td rowspan="4">관련
지식 · 기술 · 태도</td><td>구 분</td><td>주 요 내 용</td></tr>
<tr><td>지 식</td><td>• 공작기계의 종류 및 특성에 대한 지식
• 기계재료의 종류 및 특성에 대한 지식
• 모델링 프로그램 전반에 대한 지식
• 모델링 프로그램 매뉴얼에 대한 지식
• 부품 상호운동의 기구학적 특성에 대한 지식
• 유사 사례의 성공, 실패요인에 대한 지식
• 좌표계의 종류 및 특성에 대한 지식
• 치수공차 및 기하공차에 대한 지식
• KS 및 ISO 등 규격에 대한 지식
• SI 및 MKS 단위에 대한 지식
• 2D 도면해독에 대한 지식</td></tr>
<tr><td>기 술</td><td>• 모델링 데이터 검증 기술
• 모델링 분석 기술
• 모델링 제품의 제작방법 검토 기술
• 모델링 공정 단축을 위한 설계기술
• 모델링 프로그램 전반에 대한 운용 기술
• 유사 사례에 대한 분석 기술
• 관련 분야의 산업표준에 대한 검토 기술
• 공차 및 기하학적 기호에 대한 이해 능력
• 체크리스트 확인 능력</td></tr>
<tr><td>태 도</td><td>• 가공시간을 단축시켜 생산성 향상을 위한 적극적인 자세
• 관련 분야 산업표준에 대한 분석 의지
• 도면에 따른 모델링의 치밀한 분석 자세
• 모델링 데이터 오류에 대한 객관적 분석 의지
• 모델링 분석을 위한 객관적 판단 의지
• 모델링 프로그램 매뉴얼 습득 의지
• 유사 사례를 면밀하게 분석할 수 있는 태도
• 정확한 도면분석을 위한 검토 의지
• 타 부서와의 협력 검토 의지</td></tr>
<tr><td>교재</td><td colspan="2">본 교재, NCS 학습모듈, 솔리드웍스 따라하기(건기원)</td></tr>
</table>

자기평가서

자 기 평 가 서				
평가영역 (단원명)	문 항	미흡	보통	우수
모델링 작업 준비하기	1.1 모델링 데이터 생성에 필요한 정보를 정의하여 수집할 수 있다.			
	1.2 모델링 프로그램의 환경을 효율적으로 설정할 수 있다.			
	1.3 모델트리 구성을 결정하여 모델링 작업시간을 단축할 수 있다.			
	1.4 단순형상과 복잡형상을 확인하기 위해 모델링 데이터의 오류여부를 확인할 수 있다.			
모델링 작업하기	2.1 이용 가능한 모델링 프로그램의 기능을 사용하여 요구되는 형상을 완벽하게 구현할 수 있다.			
	2.2 모델링의 수정 및 편집을 용이하게 할 수 있다.			
	2.3 관련 산업표준을 준수하여 모델링 할 수 있다.			
	2.4 영역, 길이, 각도, 공차, 지시 등 모델링에 관련된 추가적인 정보를 도출하고 생성할 수 있다.			
모델링 분석하기	3.1 도면과 모델링을 비교 · 검토하여 모델링의 오류 발생 정보를 최소화하고, 오류 발생 시 즉각적으로 수정할 수 있다.			
	3.2 제작상의 문제점 및 핵심부를 검토하여 오류 발생 시 관계부서와 협의하여 모델링 데이터를 수정할 수 있다.			
	3.3 제작성을 고려하여 모델링 작업의 결과물을 수정 · 보정할 수 있다.			
	3.4 부품 간 상호 결합상태를 검증할 수 있다.			
모델링 데이터 출력하기	4.1 작업 표준서에 의하여 요구되는 2D 데이터 형식의 파일로 저장하거나 출력할 수 있다.			
	4.2 작업 표준서에 의하여 요구되는 3D 모델링 데이터 형식의 파일로 저장하거나 출력할 수 있다.			
	4.3 출력된 모델링 데이터에 요구되는 소요자재목록, 부품목록 등의 정보를 산출할 수 있다.			

평가자 체크리스트 평가 표

평가 항목(체크 리스트)	교수자 평가	
	배점	득점
1. 3D 형상 모델링 작업 준비할 수 있는가?	**30점**	
- 명령어를 이용하여 3D CAD 프로그램을 사용자 환경에 맞도록 설정할 수 있다.	10점	
- 3D 형상 모델링에 필요한 부가 명령을 설정할 수 있다.	10점	
- 작업 환경에 적합한 템플릿을 제작하여 도면의 형식을 균일화 시킬 수 있다.	10점	
2. 3D 형상 모델링 작업할 수 있는가?	**70점**	
- KS 및 ISO 관련 규격을 준수하여 형상을 모델링할 수 있다.	10점	
- 스케치 도구를 이용하여 디자인을 형상화할 수 있다.	10점	
- 모델에 치수를 기입하여 치수에 맞게 형상을 수정할 수 있다.	10점	
- 기하학적 형상을 구속하여 원하는 형상을 유지시키거나 선택되는 요소에 다양한 구속 조건을 설정할 수 있다.	10점	
- 특징 형상 설계를 이용하여 요구되어지는 3D 형상 모델링을 완성할 수 있다.	10점	
- 연관 복사 기능을 이용하여 원하는 형상으로 편집하고 변환할 수 있다.	10점	
- 요구되어지는 형상과 비교, 검토하여 요류를 확인하고 발견되는 오류를 즉시 수정할 수 있다.	10점	
점수 환산 (총 득점 / 만점) x 100	**100점**	

※ 평가 문제는 앞 페이지의 예제 도면에서 교수자가 선정하여 실시한다.

※ 평가에서 평가 시점 및 방법은 매 단원마다 실시하거나 중간평가, 기말평가 또는 교육기관 형편에 맞추어 적합한 평가 시점이나 횟수 방법을 적용해 실시한다.

CHAPTER

10 툴박스(Toolbox) 사용하기

10.1 툴박스 불러오기

기계 장치 등에서 범용으로 많이 사용되는 부품으로 “베어링”, “키”, “볼트”, “너트”,“핀”,“기어”,“멈춤링”,“와셔”등이 있는데, 사용 빈도가 높은 이런 부품들을 솔리드웍스에서 모델링하지 않고 제공된 툴박스에서 불러들여서 사용하면 매우 효율적인 방법이라고 하겠다.

툴박스는 주로 어셈블리 화면에서 불러서 사용하므로 모델링된 부품과 조립하는 과정을 살펴보자.

아래와 같은 축에 스퍼어 기어가 조립되어 기어끼리 맞물려 구동되는 기계 장치의 일부를 모델링을 통해 구현해 보자.

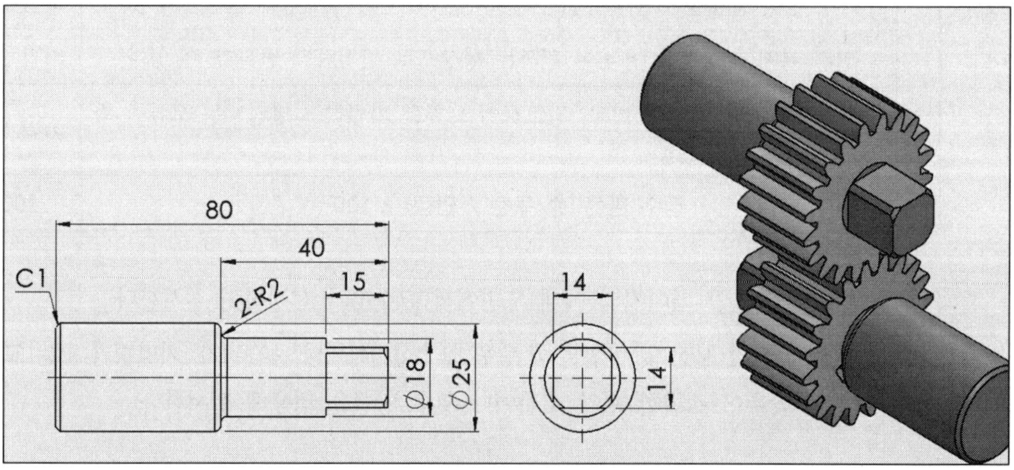

1) “새문서” ➔ “파트” ➔ “정면” ➔ “스케치” ➔ “회전”(돌출도 가능)

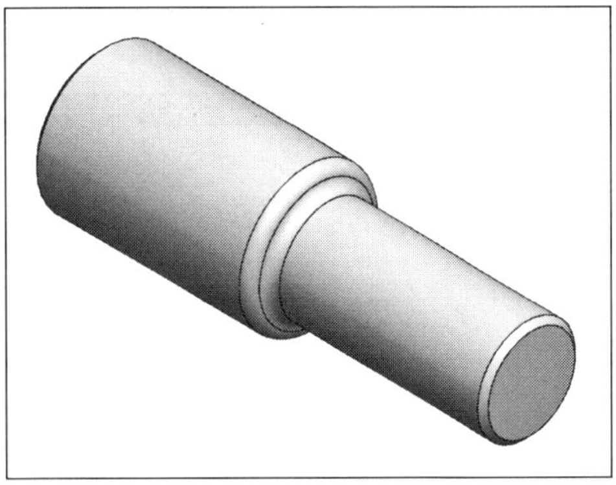

2) “우측면” ➔ “ㅁ 각형” ➔ “치수기입” ➔ “돌출 컷(자르면 뒤집기)” ➔ “15mm”

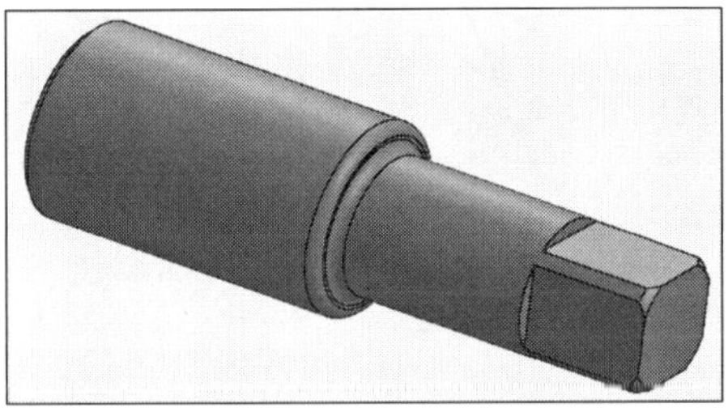

3) “새문서” ➔ “어셈블리” ➔ “설계 라이브러리” ➔ “Toolbox” ➔ “지금 애드인”

(※ 솔리드웍스를 설치한 다음 Tool Box를 한번 실행하면 다음부터는 애드인 불필요)

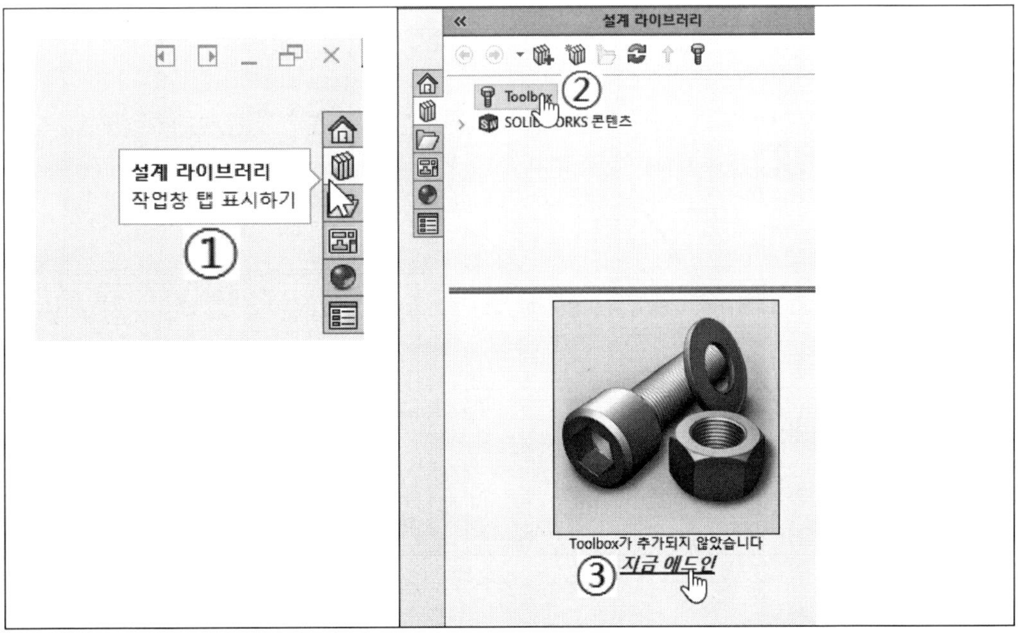

4) "KS-더블 클릭" ➔ "베어링 등 8종" ➔ "전동-더블 클릭"

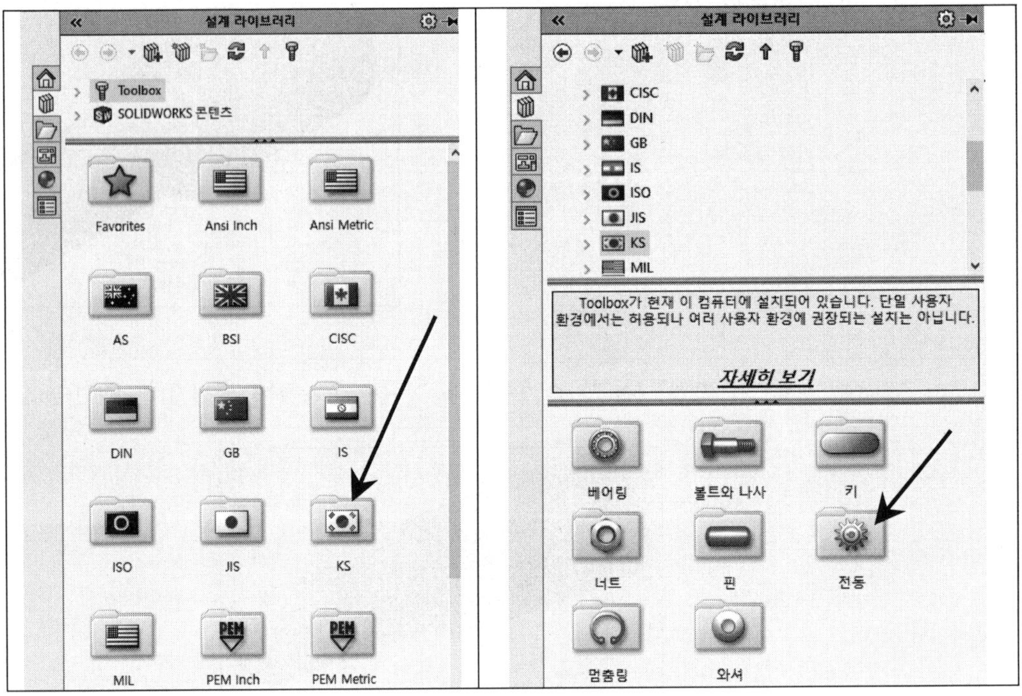

5) "기어-더블 클릭" ➔ "스퍼 기어" ➔ "조립 화면으로 드래그"

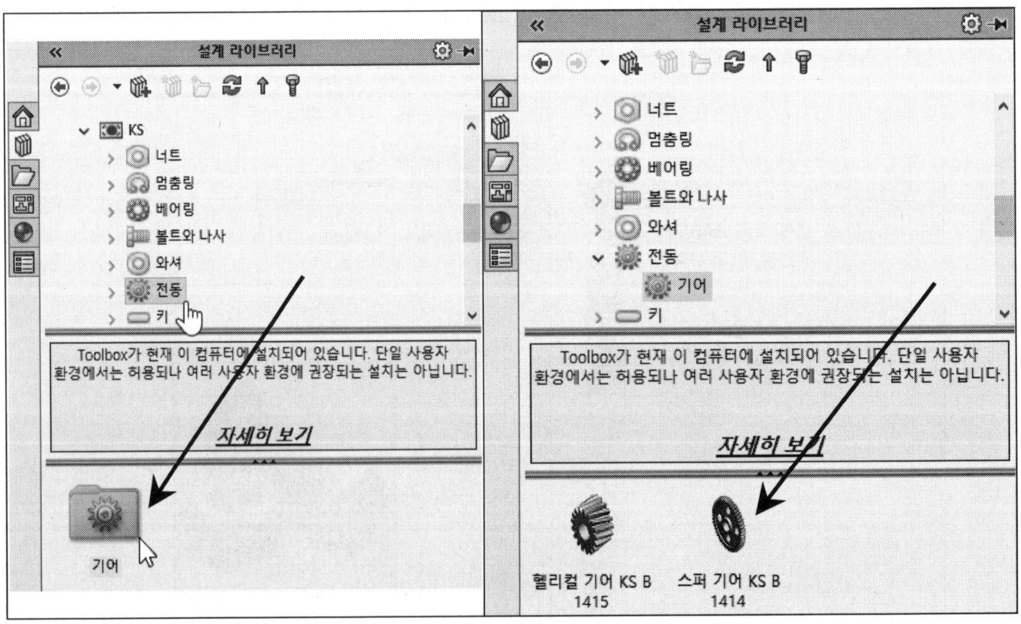

6) "조립 화면 드래그 상태" → "부품 설정" → "기어 속성 변경"

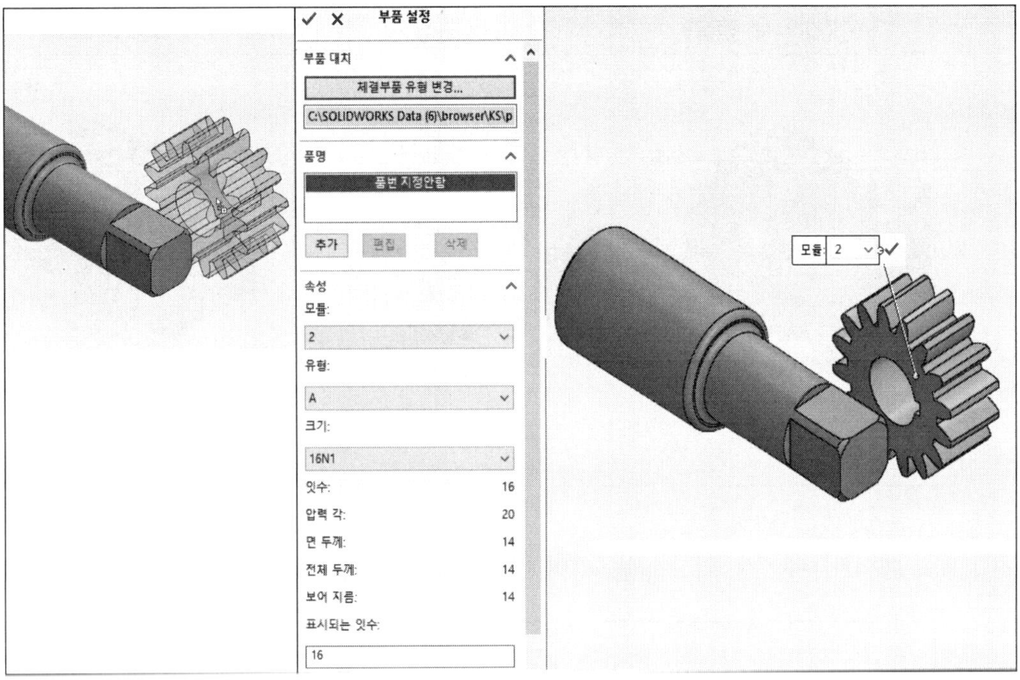

7) "모듈 값 지정"

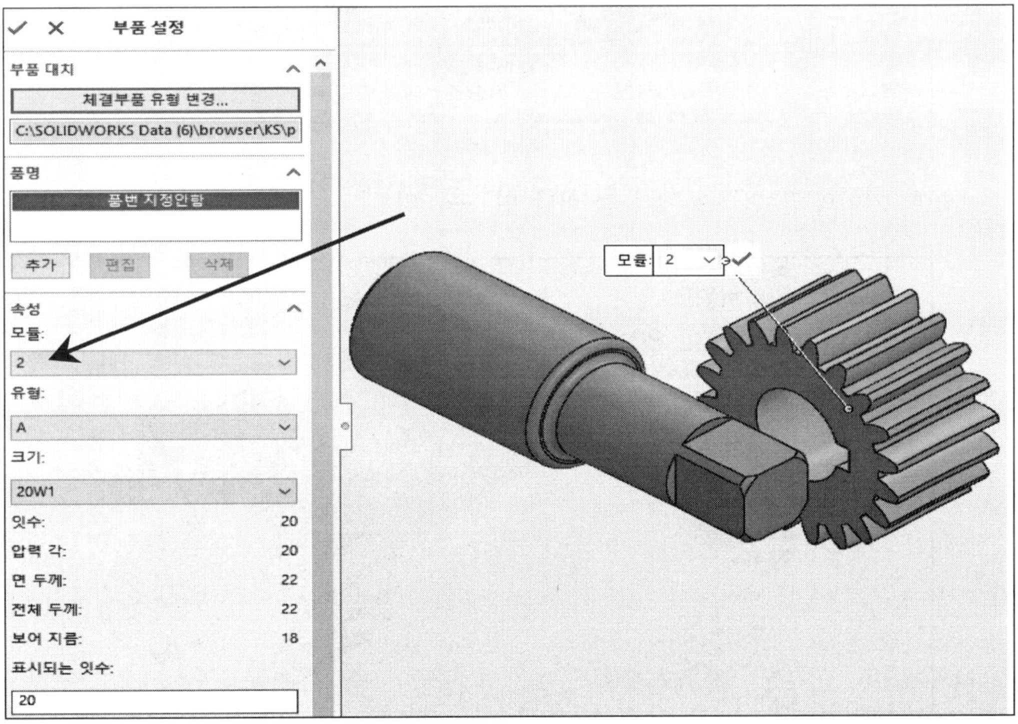

8) "기어의 유형 지정" ➔ "A형" ➔ "기어 크기 지정" ➔ "20W1"

A형(좌우 턱 없음)	B형(좌측 턱)	C형(양쪽 턱)

9) "메이트" ➔ "축 외경" ➔ "기어 내경" ➔ "동심"

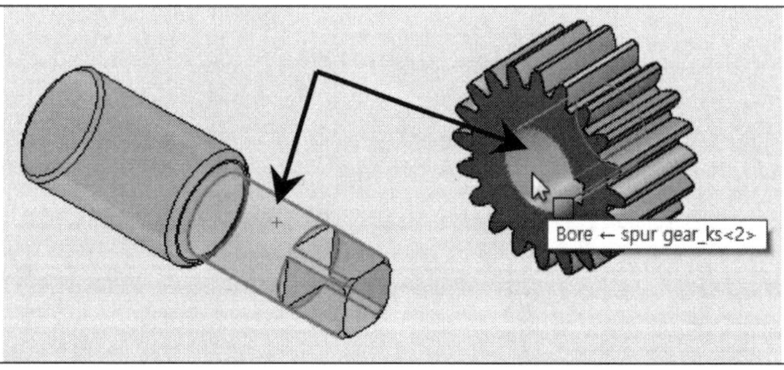

10) "기어의 끝 면" ➔ "4각 축 바닥 면" ➔ "일치"

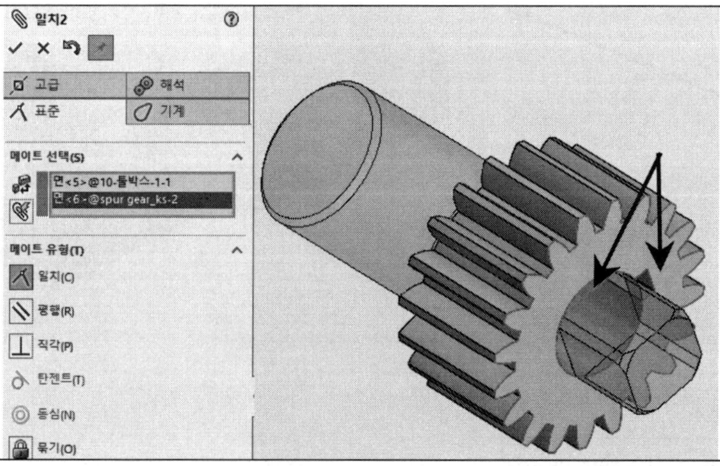

11) “기어와 축 복사(Ctrl+드래그)”

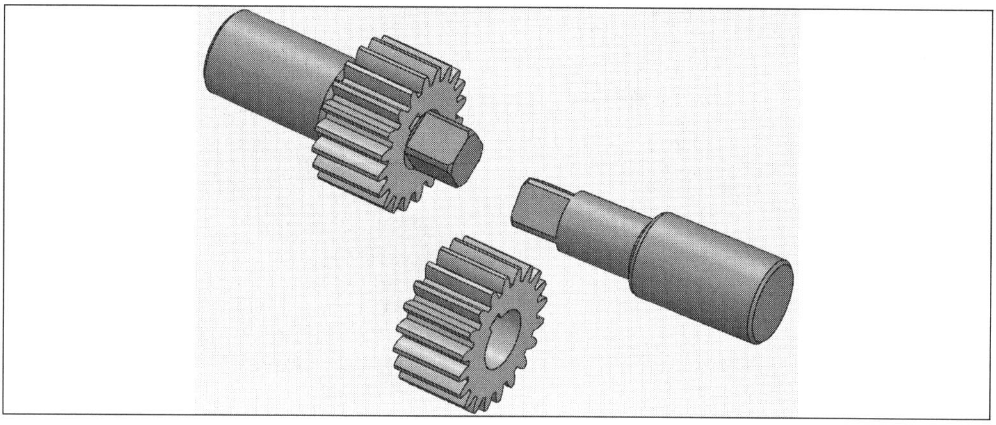

12) “외경” ➔ “내경” ➔ “동심” ➔ “기어 단면” ➔ “4각축 단면” ➔ “일치”

13) “1 기어 단면” ➔ “2 기어 단면” ➔ “일치”

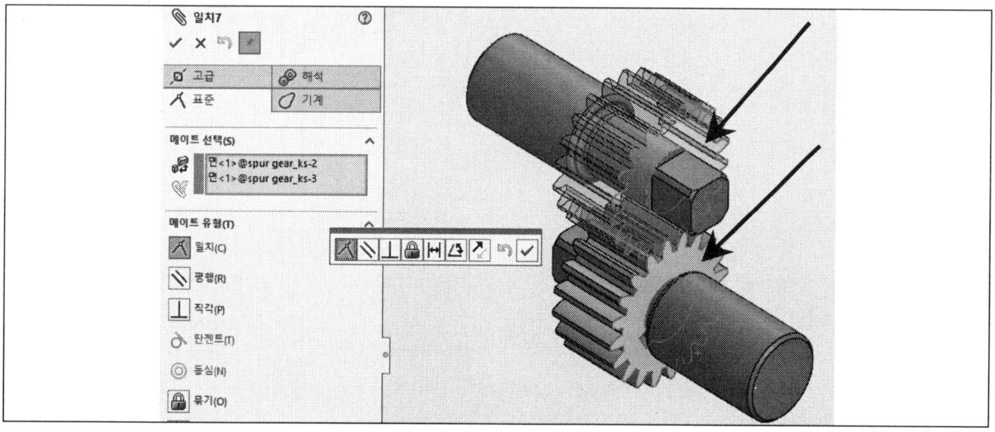

14) "축1-정면" ➔ "축2-정면" ➔ "일치"

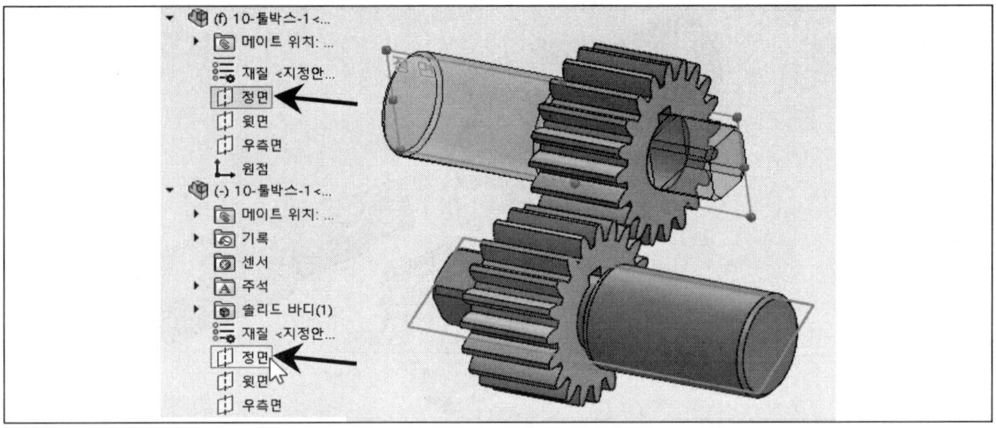

15) "축1-윗면" ➔ "축2-윗면" ➔ "일치"

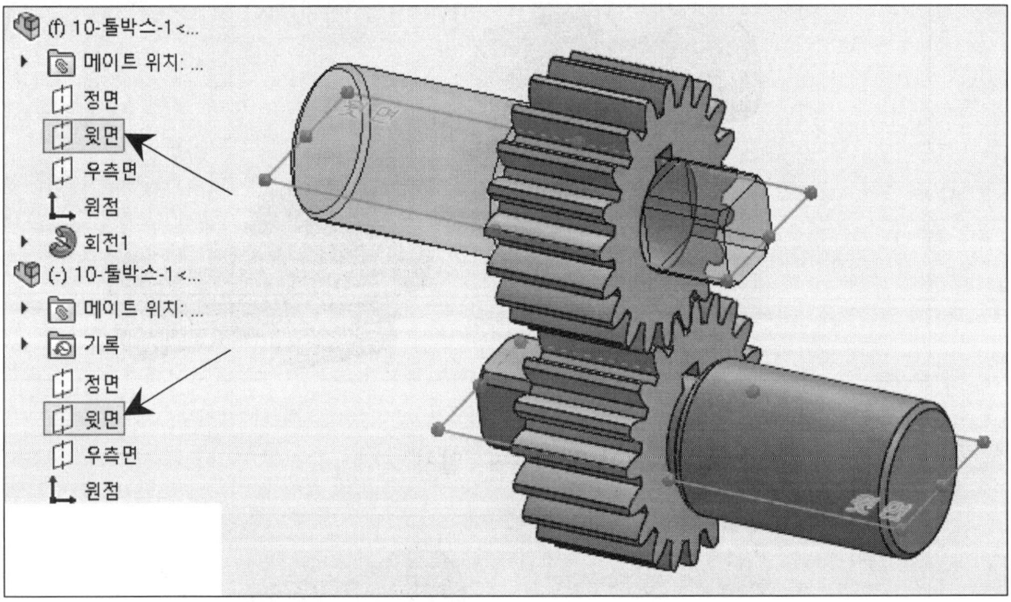

16) "메이트" → "기계" → "기어"

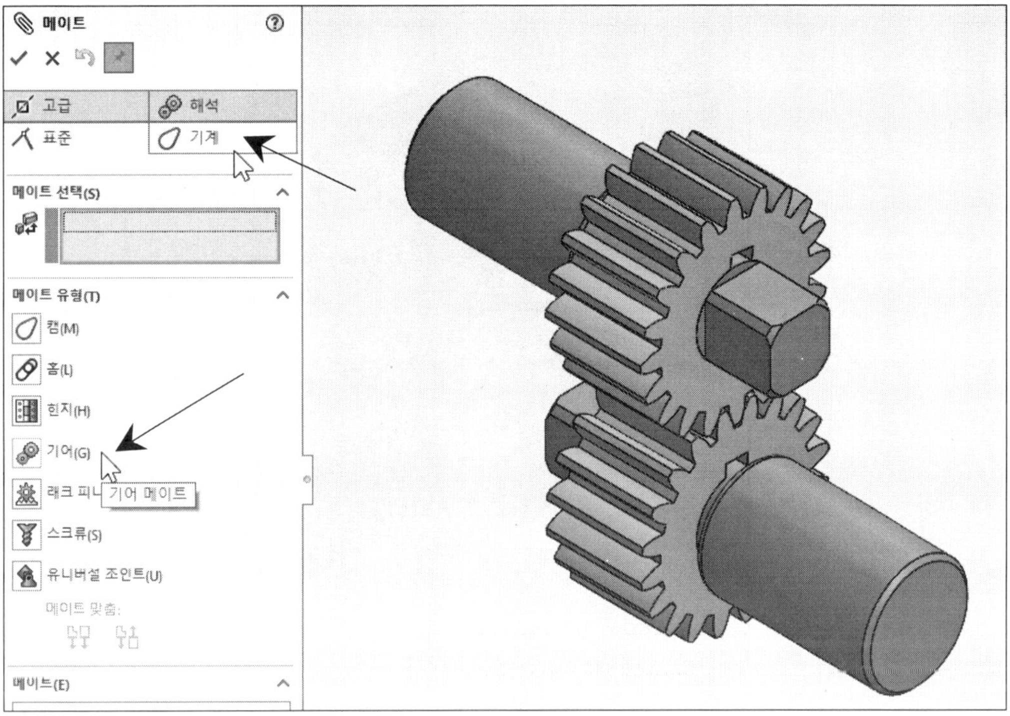

17) "기계" → "기어" → "기어1 외경 면" → "기어2 외경 면" → "확인"

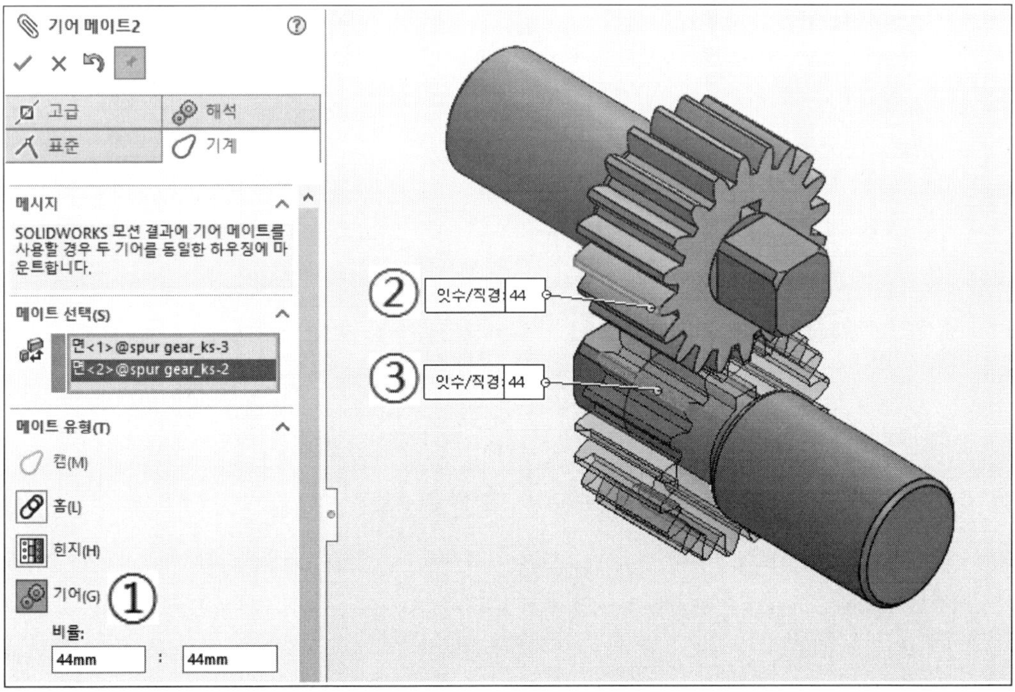

18) “완성된 기어축과 기어”

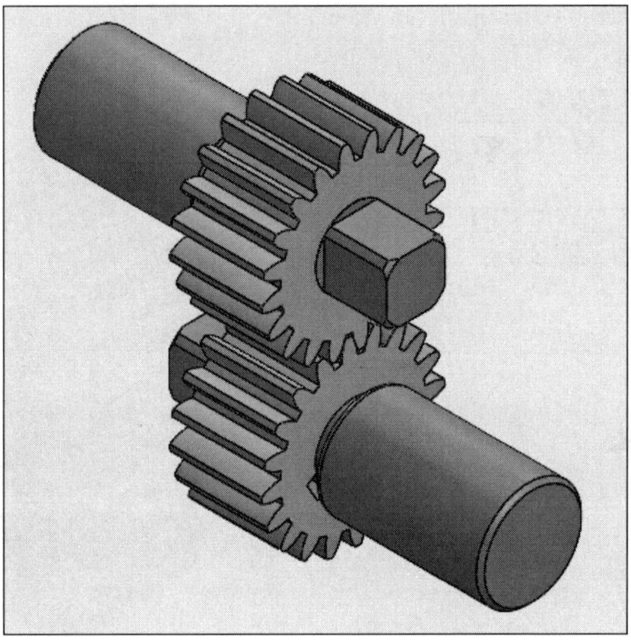

※ 메이트에서 기어의 속성을 부여 했으므로 기어끼리 결합 회전 운동이 되는 것을 확인할 수 있으며, “베어링”, “키”, “핀”, “너트”, “멈춤링”, “와셔” 등도 동일한 방법으로 툴박스를 이용해 사용 가능하므로 연습을 통해 숙련도를 높이면 실무에 많은 도움이 될 것으로 생각된다.

10.2 NCS 능력단위 평가

3D형상모델링 검토하기(1501020114_16v3.1) 능력단위 요소

능력단위요소-수행준거	평가방법	비고
1.1 3D형상모델링의 관련 정보를 도출하고 수정할 수 있다.	스케치의 정보를 확인해 오류를 파악하고 적절한 방법으로 수정할 수 있는 능력 보유 파악	질문, 체크리스트 등
1.1 3D형상모델링의 관련 정보를 도출하고 수정할 수 있다.	스케치 오류 부위를 찾고 적절한 수정 방법 능력 보유 파악	질문, 체크리스트 등
1.2 각각의 단품으로 조립형상 제작 시 적절한 조립 구속조건을 사용하여 조립품을 생성 할 수 있다.	조립 부품이 적절한 구속조건을 사용한 조립 여부와 설계 의도대로 작동 가능 여부 평가	
1.3 조립품의 간섭 및 조립여부를 점검하고 수정할 수 있다.	어셈블리 후 부품간의 간섭 체크와 수정 능력 보유 파악	
1.4 편집기능을 활용하여 모델링을 하고 수정한 수 있다.	작성중에 오류나 모델 변경시 수정 능력보유 여부 파악	질문, 체크리스트 등
1.4 편집기능을 활용하여 모델링을 하고 수정한 수 있다.	스케치 수정 방법을 질문이나 체크리스트 등을 통해 파악	질문, 체크리스트 등

교육시간	48	강사	
교육개요	학생은 기계요소 설계 분야에서 중요한 업무인 형상모델링 능력을 모델링 프로그램을 사용하여 단순형상과 복잡형상의 모델링 데이터를 생성하고, 작성된 도면에 준하여 데이터를 확인 할 수 있다.		
교육육표	모델링 프로그램을 사용하여 단순형상과 복잡형상의 모델링 데이터를 생성하고, 작성된 도면에 준하여 데이터를 확인 할 수 있다.		
단원명	단원별 학습목표		
1501020204_14v2.1 모델링 작업 준비하기	1.1 모델링 데이터 생성에 필요한 정보를 정의하여 수집할 수 있다.		
	1.2 모델링 프로그램의 환경을 효율적으로 설정할 수 있다.		
	1.3 모델트리 구성을 결정하여 모델링 작업시간을 단축할 수 있다.		
	1.4 단순형상과 복잡형상을 확인하기 위해 모델링 데이터의 오류여부를 확인할 수 있다.		
1501020204_14v2.2 모델링 작업하기	2.1 이용 가능한 모델링 프로그램의 기능을 사용하여 요구되는 형상을 완벽하게 구현할 수 있다.		
	2.2 모델링의 수정 및 편집을 용이하게 할 수 있다.		
	2.3 관련 산업표준을 준수하여 모델링 할 수 있다.		
	2.4 영역, 길이, 각도, 공차, 지시 등 모델링에 관련된 추가적인 정보를 도출하고 생성할 수 있다.		
1501020204_14v2.3 모델링 분석하기	3.1 도면과 모델링을 비교·검토하여 모델링의 오류 발생 정보를 최소화하고, 오류 발생 시 즉각적으로 수정할 수 있다.		
	3.2 제작상의 문제점 및 핵심부를 검토하여 오류 발생 시 관계부서와 협의하여 모델링 데이터를 수정할 수 있다.		
	3.3 제작성을 고려하여 모델링 작업의 결과물을 수정·보정할 수 있다.		
	3.4 부품 간 상호 결합상태를 검증할 수 있다.		
1501020204_14v2.4 모델링 데이터 출력하기	4.1 작업 표준서에 의하여 요구되는 2D 데이터 형식의 파일로 저장하거나 출력할 수 있다.		
	4.2 작업 표준서에 의하여 요구되는 3D 모델링 데이터 형식의 파일로 저장하거나 출력할 수 있다.		
	4.3 출력된 모델링 데이터에 요구되는 소요자재목록, 부품목록 등의 정보를 산출할 수 있다.		
선수능력 (필요한 경우)	그래픽 툴의 원활한 사용		

학습활동

학습활동	특기사항
[모델링 작업 준비하기] 1 모델링 데이터 생성에 필요한 정보를 정의하여 제출하시오. 2 모델링 프로그램의 환경을 효율적으로 설정하는 방법을 정리하여 제출하시오. 3 모델트리 구성을 결정하여 모델링 작업시간을 단축할 수 있도록 설정하고 그 방법을 정리하여 제출하시오. 4 단순형상과 복잡형상을 확인하기 위해 모델링 데이터의 오류여부를 판단하고 정리하여 제출하시오. **[모델링 작업하기]** 1 이용 가능한 모델링 프로그램의 기능을 사용하여 요구되는 형상을 완벽하게 구현한 후 파일을 제출하시오. 2 모델링의 수정 및 편집을 용이하게 할 수 있는 방법을 정리하여 제출하시오. 3 관련 산업표준을 준수하여 모델링 하고 파일을 제출하시오. 4 영역, 길이, 각도, 공차, 지시 등 모델링에 관련된 추가적인 정보를 도출하고 생성한 후 파일을 제출하시오. **[모델링 분석하기]** 1 도면과 모델링을 비교·검토하여 모델링의 오류 발생 정보를 최소화하고 정리 하여 제출하시오. 2 제작상의 문제점 및 핵심부를 검토하여 오류 발생 시 관계부서와 협의하여 모델링 데이터를 수정한 후 파일로 제출 하시오. 3 제작성을 고려하여 모델링 작업의 결과물을 수정·보정한 후 그 내용을 정리하여 제출 하시오. 4 부품 간 상호 결합상태를 검증 분석하고 그 방법을 정리하여 제출하시오. **[모델링 데이터 출력하기]** 1 작업 표준서에 의하여 요구되는 2D 형식으로 출력하여 제출하시오. 2 작업 표준서에 의하여 요구되는 3D 모델링 데이터 형식의 파일로 저장하여 제출하시오. 3 출력된 모델링 데이터에 요구되는 소요자재목록, 부품목록 등의 정보를 산출 정리하여 제출하시오.	• 질문 사항 및 도면 검토(검도)는 이메일로 제출 - 메일주소 : • 컴퓨터 전원 관리 철저 및 안전에 주의(문어발식 콘센트 사용금지) • 실습 및 학습과 무관한 소프트웨어 및 허가받지 않은 소프트웨어를 설치하지 말것(비허가 및 불법 소프트웨어는 삭제 될 수 있음) • USB의 사용전, 후 반드시 바이러스 검사를 실시 • 바이러스가 예상되는 웹사이트에 접근금지 • 책상주변에 커피, 물 등의 음식물 보관 금지 • 실습실 개방시간 : 9:00 ~ 18:00 • 컴퓨터 고장 및 프린터, 플로터 사용시 관리자 - 연락처 : 학과사무실 - 전화번호 :

학습자료

<table>
<tr><td>보조자료</td><td colspan="2">• 개발시 필요한 국/내외 표준
• 한국소프트웨어기술진흥협회 가이드
• 개발 시 적용되는 국/내외 개발표준 문서
• 개발 시 적용되는 개발표준 문서
• 표준 및 절차 매뉴얼(템플릿 포함)
• 전자정부 웹 표준 준수지침</td></tr>
<tr><td>사용장비 및 공구</td><td colspan="2">• 컴퓨터
• 프린터, 플로터
• 형상모델링 작성 프로그램</td></tr>
<tr><td>소요재료</td><td colspan="2">프린터잉크 및 토너, 플로터잉크</td></tr>
<tr><td rowspan="4">관련
지식 · 기술 · 태도</td><td>구 분</td><td>주 요 내 용</td></tr>
<tr><td>지 식</td><td>• 공작기계의 종류 및 특성에 대한 지식
• 기계재료의 종류 및 특성에 대한 지식
• 모델링 프로그램 전반에 대한 지식
• 모델링 프로그램 매뉴얼에 대한 지식
• 부품 상호운동의 기구학적 특성에 대한 지식
• 유사 사례의 성공, 실패요인에 대한 지식
• 좌표계의 종류 및 특성에 대한 지식
• 치수공차 및 기하공차에 대한 지식
• KS 및 ISO 등 규격에 대한 지식
• SI 및 MKS 단위에 대한 지식
• 2D 도면해독에 대한 지식</td></tr>
<tr><td>기 술</td><td>• 모델링 데이터 검증 기술
• 모델링 분석 기술
• 모델링 제품의 제작방법 검토 기술
• 모델링 공정 단축을 위한 설계기술
• 모델링 프로그램 전반에 대한 운용 기술
• 유사 사례에 대한 분석 기술
• 관련 분야의 산업표준에 대한 검토 기술
• 공차 및 기하학적 기호에 대한 이해 능력
• 체크리스트 확인 능력</td></tr>
<tr><td>태 도</td><td>• 가공시간을 단축시켜 생산성 향상을 위한 적극적인 자세
• 관련 분야 산업표준에 대한 분석 의지
• 도면에 따른 모델링의 치밀한 분석 자세
• 모델링 데이터 오류에 대한 객관적 분석 의지
• 모델링 분석을 위한 객관적 판단 의지
• 모델링 프로그램 매뉴얼 습득 의지
• 유사 사례를 면밀하게 분석할 수 있는 태도
• 정확한 도면분석을 위한 검토 의지
• 타 부서와의 협력 검토 의지</td></tr>
<tr><td>교재</td><td colspan="2">본 교재, NCS 학습모듈, 솔리드웍스 따라하기(건기원)</td></tr>
</table>

자기평가서

자 기 평 가 서				
평가영역 (단원명)	문 항	미흡	보통	우수
모델링 작업 준비하기	1.1 모델링 데이터 생성에 필요한 정보를 정의하여 수집할 수 있다.			
	1.2 모델링 프로그램의 환경을 효율적으로 설정할 수 있다.			
	1.3 모델트리 구성을 결정하여 모델링 작업시간을 단축할 수 있다.			
	1.4 단순형상과 복잡형상을 확인하기 위해 모델링 데이터의 오류여부를 확인할 수 있다.			
모델링 작업하기	2.1 이용 가능한 모델링 프로그램의 기능을 사용하여 요구되는 형상을 완벽하게 구현할 수 있다.			
	2.2 모델링의 수정 및 편집을 용이하게 할 수 있다.			
	2.3 관련 산업표준을 준수하여 모델링 할 수 있다.			
	2.4 영역, 길이, 각도, 공차, 지시 등 모델링에 관련된 추가적인 정보를 도출하고 생성할 수 있다.			
모델링 분석하기	3.1 도면과 모델링을 비교 · 검토하여 모델링의 오류 발생 정보를 최소화하고, 오류 발생 시 즉각적으로 수정할 수 있다.			
	3.2 제작상의 문제점 및 핵심부를 검토하여 오류 발생 시 관계부서와 협의하여 모델링 데이터를 수정할 수 있다.			
	3.3 제작성을 고려하여 모델링 작업의 결과물을 수정 · 보정할 수 있다.			
	3.4 부품 간 상호 결합상태를 검증할 수 있다.			
모델링 데이터 출력하기	4.1 작업 표준서에 의하여 요구되는 2D 데이터 형식의 파일로 저장하거나 출력할 수 있다.			
	4.2 작업 표준서에 의하여 요구되는 3D 모델링 데이터 형식의 파일로 저장하거나 출력할 수 있다.			
	4.3 출력된 모델링 데이터에 요구되는 소요자재목록, 부품목록 등의 정보를 산출할 수 있다.			

평가자 체크리스트 평가 표

평가 항목(체크 리스트)	교수자 평가	
	배점	득점
1. 3D 형상 모델링 작업 준비할 수 있는가?	**30점**	
– 명령어를 이용하여 3D CAD 프로그램을 사용자 환경에 맞도록 설정할 수 있다.	10점	
– 3D 형상 모델링에 필요한 부가 명령을 설정할 수 있다.	10점	
– 작업 환경에 적합한 템플릿을 제작하여 도면의 형식을 균일화 시킬 수 있다.	10점	
2. 3D 형상 모델링 작업할 수 있는가?	**70점**	
– KS 및 ISO 관련 규격을 준수하여 형상을 모델링할 수 있다.	10점	
– 스케치 도구를 이용하여 디자인을 형상화할 수 있다.	10점	
– 모델에 치수를 기입하여 치수에 맞게 형상을 수정할 수 있다.	10점	
– 기하학적 형상을 구속하여 원하는 형상을 유지시키거나 선택되는 요소에 다양한 구속 조건을 설정할 수 있다.	10점	
– 특징 형상 설계를 이용하여 요구되어지는 3D 형사 모델링을 완성할 수 있다.	10점	
– 연관 복사 기능을 이용하여 원하는 형상으로 편집하고 변환할 수 있다.	10점	
– 요구되어지는 형상과 비교, 검토하여 요류를 확인하고 발견되는 오류를 즉시 수정할 수 있다.	10점	
점수 환산 (총 득점 / 만점) x 100	**100점**	

※ 평가 문제는 앞 페이지의 예제 도면에서 교수자가 선정하여 실시한다.

※ 평가에서 평가 시점 및 방법은 매 단원마다 실시하거나 중간평가, 기말평가 또는 교육기관 형편에 맞추어 적합한 평가 시점이나 횟수 방법을 적용해 실시한다.